*Эта книга посвящается Саше Гарросу,
моему покойному мужу и соавтору.
Несколько лет назад, в прошлой жизни,
мы вместе с ним придумали историю
Лисьих Бродов, которая легла в основу
романа, написанного мной в одиночку.*

Анна Старобинец

ЛИСЬИ БРОДЫ

РИПОЛ КЛАССИК
Москва
2023

УДК 821.161.1
ББК 84(2Рос=Рус)6-44
С77

Продюсеры проекта
Борис Макаренков, Диана Смирнова

Старобинец, Анна
С77 Лисьи Броды / А. Старобинец. — М. : РИПОЛ классик, 2023. — 720 с.

ISBN 978-5-386-14700-6

«Лисьи Броды» — новый роман Анны Старобинец, приключенческий мистический триллер про затерянное на русско-маньчжурской границе проклятое место, в котором китайские лисы-оборотни встречаются с советскими офицерами, а беглые зэки — с даосом, владеющим тайной бессмертия. Захватывающее и страшное путешествие в сердце тьмы, где каждый находит то, что он заслужил: кто-то — любовь, иные — смерть, и абсолютно все — свою единственно верную, предначертанную то ли богом, то ли чертом судьбу.

УДК 821.161.1
ББК 84(2Рос=Рус)6-44

ISBN 978-5-386-14700-6

Вместо предисловия

ЧАСТЬ 0

Баю-бай, засыпай, детка,
Я с тобой посижу.
Если ты не уснешь, монетку
В руку тебе вложу.
Баю-бай, не кричи, не плачь,
В доме открыта дверь.
Спи, скорей засыпай, иначе
В дом явится зверь.

(Дальневосточная колыбельная)

Москва. 21.06.1941

Я дышу горячо и часто, как больная собака. Я хочу зажмуриться и погрузиться во тьму. Или открыть глаза и посмотреть ему прямо в лицо. Он не позволяет мне сделать ни того, ни другого. Ни заснуть, ни проснуться. Тусклый свет, пульсируя, сочится в меня через неплотно сомкнутые веки. Я — собака, издыхающая у ног хозяина. Я — поломанная кукла в руках ребенка-садиста. Я закатываю глаза, я оставляю ему только узкие прорези белков — но ему их достаточно. Через эти прорези его монотонный голос проникает мне в мозг вместе с пульсацией света.

— В каком мы городе, Максим Кронин?

Мои губы горячие и сухие, как опаленная деревяшка, мои губы не подчиняются мне, но подчиняются ему, и я отвечаю:

— В Москве.
— Какое сегодня число, Максим Кронин?
— Двадцать первое июня сорок первого года.
— Кто я такой?
— Ты Глеб Аристов. НКГБ.
— А ты упрямый, Макс. У тебя непросто забрать контроль.

В его голосе мне чудится похвала, и на долю секунды я даже испытываю гордость. Как пес, которого похвалили за то, что он нагадил на улице, а не в доме. Если бы я был псом, я бы постарался вильнуть хвостом.

— Сейчас я буду считать от десяти до нуля, — говорит он.

Дверные петли скрипят. Он отвлекается — и мне удается слегка распахнуть глаза. В амбразуре, открывшейся между век, — три смутных, колеблющихся силуэта. Один — Глеб Аристов, он прямо напротив меня. Еще двое — на пороге, в пепельной полосе света, простертой ко мне от двери через непролазную тьму. Мужчина и женщина. Он — в черном костюме, она — в черном платье. У обоих — светлые волосы. Они как будто ожившее черно-белое фото.

Они закрывают за собой дверь, и полоса пепла исчезает, проглотив их обоих.

— Вы отвлекаете, — голос Аристова звучит раздраженно.
— Я хочу попрощаться. Пожалуйста! — говорит женщина.

Говорит моя женщина.

— Молчи и жди, — Аристов поворачивается ко мне. Я не вижу его лица, но через узкую щель между век различаю руку в лайковой черной перчатке. В черной ладони — карманные часы-луковица на тонкой цепочке. Он нажимает на рычажок, и крышка, щелкнув, откидывается. Знакомое, тихое тиканье: по циферблату бежит секундная стрелка. Не вижу, но знаю: на крышке с внутренней стороны — фотопортрет блондинки с родинкой над губой. Фотопортрет моей женщины.

Рука в перчатке берет часы за цепочку и раскачивает передо мной.

— Я буду считать от десяти до нуля. Я заберу твою волю. Ты должен следовать за моим голосом, Максим Кронин.

Его голос тянет меня, как поводок упрямого пса. Но я упираюсь. И я рычу:

— Зачем, учитель?! Зачем? Ведь я и так тебе предан!

— Боюсь, что родине ты предан больше, чем мне. Расслабься, Макс. Сопротивление бесполезно. Я буду считать — а ты будешь забывать.

Сопротивляться. У меня непросто забрать контроль. Сосредоточиться. Не поддаваться. Не подчиняться...

— Десять. Твои стандартные навыки останутся при тебе.

...Хозяин сказал, что оставит мне мою кость. Благодарность. Какая может быть благодарность?! Это нелепо. Не подчиняться. Абстрагироваться. Увидеть себя со стороны. Вот он, Макс Кронин, сидит на стуле, его тело слегка подергивается — так бывает, когда человек засыпает... Так бывает, когда собака бежит во сне... За секундной стрелкой, бегущей по циферблату...

— Но — девять. В твоем мире больше не будет чуда.

...Ночь. Огромная оранжевая луна. Я вижу силуэты зверей, крадущихся под луной. Собак или, может, лисиц... Они встают на задние лапы...

— Восемь. Мир для тебя снова станет очень простым.

...Они распрямляются, они оказываются людьми...

— Семь. Начнется большая война.

...Хищный высверк клинка. Острие вычерчивает на человеческой коже три продольные полосы, перечеркивает их одной поперечной, все четыре набухают и сочатся густым, багровым...

— Шесть. Ты пойдешь на эту войну.

...Оранжевая луна отражается в луже. Дождевые черви, сотни червей копошатся в рыжей воде под дождем. Я иду по этой воде, я иду по червям. Впереди — спина солдата, на рукаве его свастика...

— Пять. Там все будет элементарно: свои и враги.

...Я стреляю, и солдат падает лицом в грязь. Я бросаю ему монету, как будто подаю нищему. Его форма на глазах истлевает, пулевые раны затягиваются, превращаются в едва заметные шрамы. Его кожа чернеет, из чернозема прорастают алые маки. Женщина с белыми волосами стоит на маковом поле. Гладит рукой стремительно вылезающие из почвы побеги...

— Четыре. Ты забудешь все, что я тебе показал. Ты забудешь меня. Остальное ты будешь помнить: мир без чудес.

...Алые маки вспыхивают, маковое поле горит. Прядь отрезанных светлых волос и черные лайковые перчатки летят в огонь...

— Три. За тобой придут. Но ты не сможешь ничего рассказать.

...Языки пламени вылизывают маковое поле дотла...

— Два. Потому что ты забыл самое важное.

...Ослепительная вспышка — белая пустота...

— Один. Если кому-то когда-либо удастся вернуть тебе память, в чем я лично сомневаюсь... ты немедленно себя уничтожишь. Ты захочешь умереть, очень страстно, всем существом. Это ясно?

Я отвечаю:

— Ясно.

— Вот и славно, Макс. Твои веки становятся легче, ты скоро проснешься... Он скоро проснется. Прощайтесь.

Торопливый стук каблучков. Женщина с длинными светлыми волосами и с родинкой над губой, женщина, которую я с трудом, но все-таки узна***ю***, моя женщина подходит ко мне. Она опускается передо мной на колени, она проводит рукой по моей щеке.

Ее спутник говорит с чуть заметным немецким акцентом:

— Пора, Элена. Не мешкай

Это Юнгер, ее сводный брат. Моя женщина послушно шепчет мне в ухо:

— Прощай.

Она целует меня в губы — испуганно, торопливо и нежно. Как ласточка, по ошибке свившая гнездо под чужой крышей и на секунду подлетевшая к птенцу, чтобы сунуть осу в его раззявленный клюв.

Она поднимается и идет к выходу. Полоска света ложится на темный пол и спустя несколько секунд гаснет, поглотив похожую на птицу светловолосую женщину. Мою женщину.

Она уходит, и я в тот же миг забываю, что она здесь была.

Чья-то рука в черной лайковой перчатке вкладывает часы в мою липкую от пота ладонь.

— Ноль, — говорит чей-то тихий, спокойный голос.

Я открываю глаза.

Я сижу на стуле перед зеркалом во всю стену, один в гримерке. В окно сочится ядовитая ртуть луны, и в ртутном свете мое лицо — как у мертвеца. На зеркале, поверх моего мертвого лица, красной помадой написано слово «прости».

В моей руке — часы-луковица, на внутренней стороне откинутой крышки портрет. Все стрелки указывают на мою женщину: ровно полночь.

Я чувствую себя совершенно разбитым.

Ощущение, что у меня разбилось что-то внутри, и самый крупный осколок, пока я спал, кто-то вынул — торопливо и грубо, в кровь изранив нутро.

Я возвращаюсь домой на рассвете — и не нахожу там жену. Вместо жены меня встречают двое чекистов. Один из них жрет яблочный штрудель, который Елена испекла накануне: отламывает руками куски, вытряхивает на пол начинку, а пустой рулет сует в рот. Вообще-то Елена делает божественный штрудель. Наверное, он просто не любит яблоки и орехи.

Другой распарывает ножом обивку дивана. В квартире разгром, наши вещи валяются на полу, зеркала и стекла серванта разбиты.

— А ну руки, контра! — орет чекист с пирогом, и полупрожеванные кусочки летят у него изо рта. — На колени, сука!

Я падаю на колени. Я кричу им:

— Это ошибка! Я артист цирка!

Они мне почему-то не верят. Тогда я нащупываю на полу стеклянный осколок. Жест отчаяния. Дохлый номер, как говорят у нас в цирке.

Это все, что у меня есть для защиты, — осколок стекла от серванта. Я один, а их двое, они вооружены, а я нет. Но спустя четверть часа я стою, привалившись к стене, — а у ног моих валяются два остывающих трупа и недоеденный штрудель. Я прикончил их так легко, как будто всю жизнь только и делал, что голыми руками убивал вооруженных людей. Но ведь я же артист. Всего-навсего артист цирка.

Я зачем-то вкладываю каждому из них в рот по монете. Я брожу по дому с острым куском стекла и с отбитым куском души. В тот же день начинается война, но удивления я не испытываю. Как будто жизнь развивается по сценарию, который я когда-то читал.

Я иду на войну. Там все просто: свои и враги. Мне везет. У меня по-прежнему рваная рана внутри, но снаружи я остаюсь невредимым.

Прямо с войны меня забирают в лагерь. Урановый рудник «Гранитный». Там тоже все просто. Все по понятиям. Я изучаю чужие понятия, я делаю их своими. Я сижу за преступления, которых не совершал. Я сижу за измену и шпионаж. Пятьдесят восьмая статья. Я сижу за то, что чего-то не рассказал на допросе. Я сижу за то, что мне нечего было сказать.

Пустота зарастает во мне диким мясом, затягивается кривыми, воспаленными шрамами. Я живу с заросшей внутри дырой, как живут с культей на месте руки. Но однажды я слышу от старого вора про мою женщину. Я не знаю, есть ли шанс отыскать ее и обнять ее. Но я точно не вижу смысла сидеть в этом каменном мешке дальше.

у тебя непросто забрать контроль, Максим Кронин

Кто-то мне однажды сказал эту фразу. Не помню кто — и не важно. Главное, он был прав.

Есть два фокуса.

Один заключается в том, чтобы видеть себя как бы со стороны. Без эмоций, без чувств, без рефлексии, без души. Я не помню, кто научил меня этому трюку, — возможно, я додумался сам. Потерять контроль над собой может только пленник своего тела. Настоящий хозяин всегда снаружи. Он наблюдает. Фокус в том, чтобы «я» превратилось в «он».

У хозяина нет настоящего и нет будущего. Настоящее постоянно меняется, будущее — загадка. У хозяина есть только прошлое — и оно в его власти. Все, что с ним происходит, уже случилось. Все, что с ним случится, уже прошло. Он живет, подобно японскому самураю, как будто он уже умер. Это делает его бесстрашным и беспощадным. Это дарит ему контроль. Фокус в том, чтобы настоящее время превратилось в прошедшее.

Я умею показывать оба фокуса. Оттого у меня непросто забрать контроль.

Оттого у него непросто забрать контроль.

У Максима Кронина было непросто забрать контроль.

ЧАСТЬ 1

То сознание, которое у него еще оставалось и которое, возможно, уже не было человеческим сознанием, имело слишком мало граней и сейчас было направлено лишь на одно — чтобы скорее убрать камни.

(Варлам Шаламов. «Колымские рассказы»)

ГЛАВА 1

Дальний Восток. Урановый рудник «Гранитный». Конец августа 1945 г.

— Куда башку свернул? — голос вертухая сорвался, как у подростка, на петушиный крик. — А ну ко мне повернись!

Неровный строй заключенных в бушлатах, карабкавшихся вверх по усыпанной камнями тропе к зеву штольни, на несколько секунд — пока каждый примерял сказанное к себе и к соседу — оцепенел. Потом все двинулись дальше, старательно глядя на вертухая и не глядя на Кронина. Хороший парень, но нарвался — его проблемы.

Макс Кронин молча смотрел на далекие приземистые горы с намотанными на верхушки лоскутами тумана, с азиатской вкрадчивостью проступавшие в утренней полумгле. На хищно ощеренные гранитные останцы, кривыми серыми рядами торчавшие из скалы по обе стороны от входа в штольню, как недосомкнутые челюсти давно убитого великана. На огибавшую скалу речку Усть-Зейку, за лето совсем было пересохшую, но после недели дождей заклокотавшую и поднявшуюся. На растянувшихся в муравьиные цепочки зэка, которые, задыхаясь, минуя конвоиров с автоматами и овчарками, тащились в шесть утра по узкой дороге вверх, к штольням. И которые на закате той же муравьиной тропой с коробами на спине отправятся назад — к лагерю уранового рудника «Гранитный», к баракам за колючей проволокой, построенным из серых гранитных плит.

Гранит везде. Снаружи и внутри — камни. Скала из камня, стены из камня, каменное крошево под ногами, каменная взвесь в легких. Всё из камня, и все из камня. Каменный лазарет в одном из бараков в седловине горы — для доходяг, выкашливающих каменную пыль вместе с кровью. И братская могила, Ров Смерти за лазаретом, — для тех, кто больше не кашляет, а значит, больше не дышит...

— Триста третий! На меня смотреть, я сказал!

Триста третий повернулся к вертухаю, всем своим видом выражая готовность смотреть на него бесконечно, даром что сверху вниз: он был на голову выше и раза в два шире в плечах; вертухай рядом с ним смотрелся как задиристый поросенок рядом с лесным кабаном.

— Руки поднял! — поросенок ткнул Кронина автоматным стволом в грудь, в нашитый на бушлат номер.

Кронин послушно поднял руки, чуть разведя их в извиняющемся жесте: мол, извини, командир, зазевался. И, уже без команды, расставил ноги на ширине плеч. Заключенных досматривали два вертухая, прежде чем впустить в штольню: один — поросенок — наставлял ППШ, другой бегло обыскивал поднявшего руки зэк***а***.

— Работай! — вертухай подтолкнул Кронина стволом в спину.

Тот расслабил руки и шагнул в штольню.

— Чо уставились?! — взгляд вертухая бешено заметался от одного зэк***а*** к другому. Прогорклой кислой отрыжкой вдруг пришло запоздалое понимание, что триста третий его унизил, унизил надсмотрщика перед всеми зэка. В осанке триста третьего, в подчеркнуто доброжелательных его жестах, в прямом его взгляде не было главного: страха. Триста третий имел наглость его не бояться. Триста третий не подчинился — он как будто бы уступил. Так уступает слабому сильный...

Зэка покорно опустили глаза, не понимая, да и не пытаясь понять, почему минуту назад на вертухая необходимо было смотреть, а теперь это запрещено. Просто хозяин изменил правила — так бывает...

Вертухай удовлетворенно оглядел гусиный строй заключенных. Так-то лучше. Он — хозяин. Они — гранитная пыль под его ногами. Но настроение все равно безнадежно испортилось. Надо будет навестить триста третьего в штольне. Сбить с него спесь.

Когда Кронин, наконец, свернул в боковой лаз, Флинт ждал его уже час. Вместо приветствия ощерил сухой, воспаленный рот, сверкнув железной фиксой в свете газового фонаря. Флинту было под шестьдесят, татуировки покрывали руки и спину, в лагере его уважали. Ждать было ему не по рангу.

Кронин, молча кивнув и не извинившись, забрал у вора небольшой сверток и, осторожно ступая по гранитному месиву, двинул по лазу первым; Флинт, прихватив фонарь и лопату, пошел за ним. Тут же закашлялся, плотно зажал рот ладонью.

Когда лаз сузился до тесного аппендикса, оба опустились на животы и, извиваясь земляными червями, выбрались в грот, откуда-то сверху, как будто из-под купола храма, подсвеченный рассеянной пыльцой солнца. Заброшенная разведочная штольня. Там, наверху, когда-то был вход. Теперь его почти завалило камнями снаружи, а лестница, что вела от входа вниз, обрушилась, за несколько лет разъеденная холодом и сыростью.

Флинт не считал Кронина другом. Врагом не считал тоже. Когда Кронин попал в лагерь, Флинтовы кореша попытались отобрать у него невесть как пронесенные на зону часы, а тот им не отдал. Как игрушки у малышей, отобрал самоточки, одного отключил ударом в голову, другого ткнул напряженными пальцами в солнечное сплетение, третьего взял за горло. Сказал спокойно — не нападавшим, но наблюдавшему в стороне Флинту, безошибочно угадав в нем главного: «В следующий раз убью». Это вызвало уважение, они пару раз потом побалакали, но по большому счету между ними не было ничего общего — кроме этой покинутой, затянутой изумрудной плесенью штольни. Они нашли ее неделю назад, случайно. Просто стояли рядом во время отпалки. Просто пробили взрывом лаз, который привел их сюда.

— Посвети, Флинт,— Кронин извлек из свертка несколько брусков динамита, бикфордов шнур и детонатор.

— Волшебное слово забыл, — Флинт с нарочитой ленцой осветил карбидным фонарем лаз, из которого они только что выбрались: над горловиной опасно нависала кладка крупных валунов.

— Я много чего забыл, — Кронин приладил под одним из валунов шашку, вставил детонатор и принялся вводить в него шнур, нежно обжимая пальцами гильзу.

— Чо, на пару с зоны канаете? — вкрадчиво спросил кто-то за спиной Флинта.

Флинт, дернувшись и мазнув фонарем по стене штольни, обернулся на голос. Беспомощно, как игрушечное ружье, выставил перед собой во тьму пучок света.

В стеклянную сердцевину фонаря с жирным шмяком ткнулся невесть как проникший сюда мотылек, отбросив на стену крылатую монструозную тень, а следом за ним в золотистый круг света, точно паяц на сцену, разболтанной походкой шагнул из темноты блатной Пика — щуплый и подвижный, нагловато-расхлябанный, похожий на дрессированную гиену. Осклабился неполным комплектом зубов, отвесил шутовской поклон Флинту и Кронину.

— Тебя третьим не звали, понял? — Флинт плавно поставил фонарь на землю и перехватил поудобнее черенок лопаты на случай удара. Обернулся на Кронина — тот расслабленно изучал Пику, за кирку не хватался.

— А зря не позвали Пику, — голос прозвучал вкрадчиво, как у торговца лежалым товаром на азиатском базаре, — Пика — честняга. Не подведет.

— Олень ты. — Флинт смачно харкнул себе под ноги. — Чо стоишь, как хер спозаранку? Линяй отсюда. Хавальник откроешь — на лоскуты тебя попишут.

— Чо за базар, Флинт? Я закон уважаю, хозяину не стучу... Э! Ты чо?! — Пика суетливо шарахнулся от Кронина, который мгновенно и бесшумно переместился к нему вплотную. — Не подходи, контра!

Пика дернул рукой — по стене бритвенно-острым клинком мелькнула тень заточенной ложки — и попятился от Кронина:

— Чо ж ты, Флинт, честного вора гонишь, а «пятьдесят восьмую» в рывок тянешь?!

— Кончай хипиш, — Кронин выставил вперед руку, демонстрируя, что безоружен, — но это не помогло.

Истерично дернувшись и чуть взвизгнув, Пика споткнулся, ухватился рукой за стенку и, выворотив плохо державшийся булыжник, вызвал небольшой и локальный, но шумный камнепад.

— Да ты ж, с-сука, нас всех сейчас запалишь, — Кронин прижал Пику к стене и почувствовал запах гнилой селедки из его полуоткрытого рта.

— Запорю-у-у! — Пика полоснул воздух заточкой в том месте, где секунду назад была шея Кронина, замахнулся еще раз — но Кронин выбил из его руки ложку, а потом напряженными пальцами ткнул Пику под челюсть. Тот обмяк и привалился к стене.

— Как кота искупал, мать твою... — Кронин направился к лазу. И увидел направленный на него ствол ППШ.

— Лечь, падаль! — Вертухай-поросенок выпростался из лаза и, дергая стволом попеременно в сторону то Флинта, то Кронина, пошел на них.

Если ты человек в форме, наделенный властью и пистолетом, то по логике вещей ты сильнее двух человек в бушлатах с нашитыми номерками, вооруженных лопатой и ложкой. Но есть логика хаоса (его еще иногда называют судьбой), согласно которой тебе может просто не повезти. Один из зэков вдруг с ловкостью гимнаста отпрыгнет в сторону на руки, перекатится через голову и увильнет от выпущенной тобой очереди. Ты будешь стрелять, а рикошеты высекут из камней искры, фонтаны искр в полумраке. И ты не заметишь, что второй зэк стоит у тебя за спиной с лопатой. Больной и хилый, он будет кашлять, нанося свой удар, и ты успеешь заслониться от него автоматом, и черенок лопаты сломается, и ты почти победишь — ударишь кашляющую тварь прикладом в живот, и тварь опустится на колени, хрипя и пуская слюни. Но тот, другой, который сильный и молодой, запустит тебе в голову камнем. И камень ударит тебя в переносицу. И ты почувствуешь боль и вкус железа во рту и горле. Ты потеряешь контроль над телом, ты начнешь падать навзничь. И тот, что кашляет, тот, которого ты опустил на колени, нащупает что-то на каменном, холодном полу и ударит тебя в живот. Ударит острой, бритвенно-заточенной ложкой. И ты упадешь, и фуражка покатится по холодному полу, и тот, что рядом с тобой на коленях, оседлает тебя. И ты перестанешь чувствовать боль, потому что будешь уже не здесь, а он станет бить тебя заточенной ложкой еще и еще — между ребер и в горло. Ты будешь хрипеть и пару раз дернешься. Ты затихнешь в луже собственной крови. Совсем молодой. Тебе будет навсегда двадцать три...

— Хорош уже. Все! — Кронин забрал самоточку у Флинта и осторожно положил на пол. Флинт снова закашлялся. Отдышался. Оглядел себя удивленно, все еще глухо поперхивая, — он был весь в крови вертухая. Сполз с трупа, как бы уступив место Кронину. Тот опустился рядом с телом на корточки, на всякий случай пощупал артерию, бегло осмотрел ППШ — отчетливо погнутый и помятый, — отбросил за непригодностью. Заглянул вертухаю в нарисованные глаза. Потянулся было закрыть — но отдернул руку.

Только тот, кто не видел смерть близко, полагает, что глаза у мертвецов «стекленеют». Нет, они становятся муляжом, подделкой, рисунком. Становятся как будто бумажными — с намалеванными наскоро, в первые пять минут яркими, а потом сразу выцветшими радужками, зрачками, белками. Потому их так поспешно и закрывают — чтобы не видеть муляж.

Кронин против муляжа ничего не имел. Куда проще обчистить куклу с бумажными зенками, чем убитого человека.

Стараясь не измазаться кровью, Кронин обыскал вертухая. Извлек из его кармана пару монет, одну взял себе, другую — пятнадцатикопеечную, медно-никелевую — вложил вертухаю в открытый рот. Снял с трупа часы. Нащупал штык-нож, резко отстегнул вместе с ножнами, отчего голова вертухая мотнулась вбок, и монета выкатилась изо рта на каменный пол. Кронин ее подобрал.

— Прими, — он вложил монету вертухаю в ладонь и сжал его мертвые пальцы в кулак.

Флинт глянул дико, но промолчал.

— Надо рвать когти, — Кронин добыл из другого вертухайского кармана пачку папирос и зажигалку-самоделку из гильзы.

— Сейчас? Пайки нет... — Флинт кашлянул и поморщился. — Ни хера не готово.

— Давай тогда куму жмура, что ли, притащим, да? Мол, за мокруху извини, дай еще денек на подготовку... — Кронин деловито вытянул из штрипок солдатский ремень. — Сейчас, Флинт, — приложил сапог вертухая к своей ноге, разочарованно цокнул: мал, — его искать будут. По баракам шмон пройдет, по штольне. Оставаться тут — дохлый номер.

Кронин встал, рассовывая по карманам добычу. Подошел к сидевшему у стены Пике. Легонько ткнул носком сапога — проверить, в сознании ли. Тот, коротко бормотнув, завалился на бок.

— Допустим, — Флинт пересек грот и тоже навис над Пикой. — Бикфорда-то хватит, что я добыл?

— Полминуты будет у нас.

— А с этим чо? — в руке Флинта опять материализовалась окровавленная самоточка.

— Нет. Хватит на сегодня жмуров.

Флинт хмыкнул неодобрительно, но пристроил самоточку в голенище сапога и стал наблюдать, как Кронин с удовольствием, широко замахиваясь, хлопает Пику открытой ладонью по щекам. На пятой пощечине Пика всхлипнул, дернулся, открыл глаза и, увидев над собой Кронина, начал нелепо отмахиваться руками.

— Как кот, — Кронин широко улыбнулся. — В побег хотел? Щас побегаешь.

— Лезь, — Флинт пихнул Пику в спину к устью расщелины, ведшей косо по стене вверх, к старому входу в штольню.

Оттуда, сверху, сочилась солнечная пыльца.

— А если застряну? — Пика вскарабкался до середины и замер.

— Если застрянешь, перо тебе в очко вставлю. — Флинт, карабкавшийся за ним следом, сплюнул вниз, явно метя в труп вертухая.

Промахнулся. Зыркнул на Кронина, оскалился, обнажив железную фиксу:

— Давай, Циркач. Пли!

Кронин выдавил из трофейной зажигалки язычок пламени, дал ему нежно лизнуть кончик бикфордова шнура — тот вспыхнул по-бенгальски, по-новогоднему, — и полез следом за Пикой и Флинтом. Те как раз выбрались, оттолкнув пару некрупных булыжников, через полузаваленный вход на узкий каменный выступ-карниз, нависавший над горной рекой.

— А-а, в рот меня! — Пика затравленно огляделся. — Где тропа? В эту штольню как-то же заходили!

— Тропу оползнем пересыпало, — Кронин выбрался на выступ следом за ними. — Давай, Пика, — пошел!

— Куда пошел? — Пика вжался в скалу.

— В реку прыгай, куда еще?!

Пика затрясся, судорожно растопырив исполосованные татуировками пальцы — как кот на верхушке сосны, вцепившийся всеми когтями в кору.

— Брысь! — Кронин легко отодрал потную ладошку Пики от камня и столкнул его с выступа.

С невнятным воплем Пика плюхнулся в гудящую воду. Флинт прыгнул следом — зажав рукой нос, солдатиком. Кронин — технично, рыбкой.

Спустя секунду раздался взрыв — и Кронин вошел в воду ровно, руками вперед, вместе с каменной мелкой шрапнелью.

Крупные камни тоже оторвались, но остались там, в штольне. Крупные камни погребли под собой труп вертухая с нарисованными глазами, завалили вход в грот, ставший ему могилой.

Какая разница, что становится тебе пухом, земля или камни.

ГЛАВА 2

Смерть — хищная, жадная, ненасытная тварь. Она неумна, но хитра, и она всегда голодна. В ней нет никакого высокодуховного смысла. Она — как вошь. Она — как земляной червь. Она очень быстро входит во вкус, одной жертвы ей мало. Чем больше трупов, тем ей сытней. Поэтому тварь любит войну. И больницы. И тюрьмы. Тварь любит мясо. Пушечное мясо, обреченное мясо, больное, слабое мясо с гнильцой.

Если тварь не может тебя сожрать, если ты для нее пока что слишком силен, она постарается от тебя скрыться. Она не хочет, чтобы ты раньше времени знал, что и как она потом с тобой сделает. Она предпочтет остаться для тебя незаметной — до срока. Она выманит тебя из больничной палаты за минуту до смерти любимого человека. Она будет мешать тебе заглянуть в нарисованные ею глаза.

Она сделает для тебя исключение, она подпустит тебя совсем близко, только если ты сам накормишь ее с руки. Сам кого-то убьешь. Вот тогда ты станешь ее сообщником.

Смерть — голодная тварь, принимающая разные формы. Четверть часа назад она приняла форму остро заточенной ложки. А сейчас она приняла форму воды и хочет забрать двоих сразу — больного зэка, не справляющегося с ее течением, и захлебнувшегося ею подлого зэка. Она хочет, чтобы сильный зэк посмотрел, как она сожрет двух других.

Нас здесь четверо, в этой воде: три беглых зэка и извивающаяся прозрачная тварь, притворяющаяся бурным течением в изгибе Усть-Зейки.

Я не могу отдать ей больного зэка, потому что он знает, где искать мою женщину.

Я могу отдать ей подлого зэка, это будет рационально. Он не нужен. Он обуза. Он ненадежен.

Но я знаю, что нельзя кормить тварь без крайней необходимости — это правило. Я не помню, откуда оно, но всегда его соблюдаю.

Я вытаскиваю обоих по очереди, больного и подлого.

— Суч-чонка... — Флинт стянул с себя мокрый бушлат и закашлялся. — ...зря выловил... Разве что его как корову на черный день... Но воры это не одобряют.

Кронин молча приподнял лежавшего лицом в камнях Пику, поставил на четвереньки и надавил на живот. Удовлетворенно кивнул двум щедрым порциям выблеванной воды. Выжал свой бушлат, потом бушлат Флинта, трясущегося в ознобе.

— Что за шрам такой? — стуча зубами, Флинт легонько ткнул Кронина ледяным пальцем в грудь — в то место, где кожа зарубцевалась тремя продольными лиловыми полосами, перечеркнутыми одной поперечной.

— Просто шрам.

— Просто шрамов не бывает, — осклабился Флинт. — Каждый шрам — как наколка. Свое значенье имеет. И кольщика своего. Вот этот шрам у меня, — Флинт коснулся пальцем крестообразной отметины на впалой груди, — от братана моего. Этот вот — от хунхузов. А у тебя от кого?

— Уже не помню, — Кронин сделал ловкое движение пальцами — в руке блеснули карманные часики с портретом блондинки на откинутой крышке.

Девять утра. Под цоканье тонкой секундной стрелки на камень рядом с содрогавшимся в сухих спазмах Пикой лег золотистый блик света. Край солнца отпоротой медной вертухайской нашивкой блеснул в просвете между двух гор. Блик растянулся в тонкую золотую полоску, пополз через реку к скале, к руднику «Гранитный», словно силясь дотянуться до заваленного камнями зева, ведшего в штольню, словно прочерчивая для тех, кто будет искать их, самый короткий маршрут.

— Подъем, — Кронин ткнул Пику в живот носком сапога. — Бегом марш.

Они перешли с бега на шаг в полдень — когда отдельные деревья на тех горах, из кольца которых они вырвались утром, стали неразличимы, размазавшись по склонам мутно-зеленой плесенью, когда маячившее перед ними дымчато-голубое пятно распахнулось неровным строем приземистого таежного леса, когда их бушлаты высохли на солнце, а потом снова намокли, пропитавшись горячим потом, когда Флинт, пошатнувшись, согнулся в приступе кашля и закрыл рот рукой, когда он отнял ладонь ото рта и Кронин увидел на пальцах Флинта алые брызги.

— Идти-то сможешь, Флинт?

— Не бзди, Циркач, — вор вытер руку о край бушлата. — Зона не согнула — воля не сломает.

Они сделали привал на закате — у чахлого ручейка, из последних сил проковырявшего себе русло в песке и хвое.

Флинт, сипло дыша, присел на корточки, погрузил руки в ручей, остервенело, долго смывал засохшую кровь, с ладоней и пальцев свою, из-под ногтей — вертухайскую. И, лишь закончив, зачерпнул воды в пригоршню и стал жадно пить — будто выменял воду на кровь у засыхающего ручья.

Кронин присел на корень сосны и придирчиво осмотрел намокшие спички: серные головки облезли и раскрошились. Отбросив размякший коробок, движением фокусника извлек на свет трофейную вертухайскую зажигалку.

— Вот это я уважаю, — подал голос Пика, покровительственно и льстиво одновременно. За этот день он явно переоценил иерархию в их компании и определил в Кронине лидера. Небрежно харкнув в ручей зеленоватым комком и проследив краем глаза за поплывшей в сторону Флинта соплей, расхлябанной походочкой подошел к Кронину: — Где наблатыкался фокусы так показывать?

— В цирке. — Кронин попытался извлечь огонек из гильзы, но колесико от щелчка отвалилось, и наружу выпал размякший фитиль.

На секунду Пика пришел в замешательство, потом громко, неестественно рассмеялся и похлопал себя по ляжкам, демонстрируя, что оценил хохму. Быстро зыркнул на Флинта — тот закашлялся, поперхнувшись водой.

— Керя, слышь... — доверительно шепнул Пика. — Ты мужик, как я вижу, правильный... Пошли на пару? С Пикой не пропадешь. Пика фарт имеет... А Флинт — бацильный, доходит уже. Не на себе ж его переть — балласт, падаль...

— Это ты падаль. — Кронин вынул из трофейной пачки «Норда», изъятой у вертухая, покоробившуюся от воды, но просохшую папиросу — и вдруг быстро, прежде чем тот успел отшатнуться, засунул ее за ухо Пике.

— Это... чо? — Пика недоуменно ощупал пальцами папиросу.

— Это тебе на дорожку, — дружелюбно сообщил Кронин.

Флинт хихикнул — и снова закашлялся.

— Ты чо, а? Вы чо оба? Прогоняете, значит?

Кронин молча, без выражения оглядел Пику — и отвернулся.

Не дождавшись ответа, тот дергано, как марионетка в руках контуженного кукловода, пошагал прочь, вдоль ручья. На безопасном, как показалось ему, расстоянии остановился, повернулся к Кронину с Флинтом, криво ощерив рот:

— Ты, Флинт, сдохнешь скоро, к тебе у Пики вопросов нет. А вот ты, контра, за унижение мне ответишь. — Не дожидаясь реакции, Пика суетливо перепрыгнул ручей и порысил в лес.

— Спалит нас. — Флинт с досадой сплюнул желтый комок с прожилками крови. — Прикопать тебе надо было сучонка, а не папиросками угощать.

— Я не мокрушник, — Кронин принялся подбирать сухие сосновые ветки. — Тебе, смотрю, полегчало? Собирай тогда хворост.

— Не мокрушник? — Флинт не двинулся с места, нехорошо усмехнулся. — Вертухая-то мы с тобой не вместе разве пришили?

Кронин молча собрал охапку сучьев, свалил на землю, начал складывать из сухих веток «вигвам».

— Я — добил, — ответил наконец тихо, будто себе самому. — Удар милосердия.

Он вытряхнул в рот табак из двух папирос, пожевал, опустевшие папиросные бумажки засунул в щели «вигвама», туда же запихал комочки сухого мха.

— Ты мне хоть один резон обозначь, милосердный мой, — в голосе Флинта прорезалась опасная воровская тяжесть, — зачем сучонку жить надо?

— Зачем кому жить — это не мне решать. — Кронин, поморщившись, выплюнул табачную жвачку, присел на корточки у ручья, зачерпнул в пригоршню воды, плеснул в рот.

— А кому ж? — изумился Флинт. — Ты что, в бога веришь?!

Кронин вернулся к заготовке из веток, положил рядом трофейные часы вертухая и свои карманные — с женщиной на отщелкнутой крышке. Острием ножа поддел стекла обоих часов, сомкнул их в подобие линзы, выдул туда порцию воды изо рта.

— Я не помню, в кого я верю, — он выковырял из-под корня сосны комок глины, размял в пальцах, скрепил линзу по канту.

— Я тебе говорил, Циркач, что ты чокнутый?

— Говорил, — Кронин повертел в руках линзу, фокусируя ослепительно-белого солнечного зайчика на растопке.

— А в разведке своей ты сколько фрицев заделал? — Флинт коротко полоснул большим пальцем у горла. — Ручками, а? Или тоже всех отпускал и папироску дарил?

Папиросная бумажка занялась, вспыхнула, сине-рыжий червячок огня деловито переполз на мох, на тонкие ветки. Кронин отложил линзу. Взял с земли нож. Посмотрел в глаза Флинту.

— В разведке я врагов убивал.

Флинт поднялся на ноги, напряженно глядя на нож. Кронин бережно подправил острием покосившуюся сухую веточку, усмехнулся.

— Еще вопросы имеешь?

— Имею. — Флинт кашлянул, сухо и резко, будто треснула в костре ветка. — Пока по этапу идешь, сто раз ошмонают. На зону явился — вертухаи в очко залазят. Так как ты часики свои рыжие в лагерь пронес?

— Так я ж циркач. Ловкость рук. Слышал — фокус с исчезновением?

— Допустим, — без малейшего доверия сказал Флинт. — А зачем вертухаю-жмуру монету оставил? Тоже фокус?

— Нет. Суеверие. Я с ним расплатился.

— Я приметы такой не знаю, чтоб со жмурами расплачиваться. Это кто тебя научил?

— Не помню... — Кронин внимательно вгляделся в огонь, словно там мог вспыхнуть ответ.

ГЛАВА 3

Москва. НКГБ. Август 1945 г.

Полковник Глеб Аристов расслабил душивший его с самого утра галстук, закрыл глаза и сделал глубокий вдох, мысленно считая до трех. Затем выдох. На выдохе сосчитал до пяти — выдох длиннсс вдоха.

И еще раз. Вдох короче, чем выдох. Выдох длиннее вдоха. Нет ничего, кроме темноты и ровного, сосредоточенного дыхания.

Нет удавки на шее.

Нет буравящих его взглядом вождей — иконостаса Ленин-Сталин-Дзержинский в дубовых рамках на бледной стене.

Нет шеренги фикусов на окне и лоснящейся от дождя Лубянской площади за окном.

Нет двухтумбового канцелярского стола, нету черного телефона-кремлевки и стопки корреспонденции на столе, и среди стандартных конвертов нет массивного пакета из плотной бумаги с сургучной печатью без адреса и имени отправителя.

Нету верхнего ящика справа, а в ящике нет коробки школьных мелков, нет удобно лежащего — мигом схватить, если что, — «парабеллума» и лайковых черных перчаток.

Нет трофейного приемника «Телефункен».

Нет его кабинета.

Нет цветов и форм, есть только ритмично дышащая в нем и вокруг него тьма. И еще голоса, звучащие в этой тьме.

— ...преодолевая отчаянное сопротивление японских оккупантов, вышли в центральные районы Маньчжурии и продолжают стремительно двигаться к Чанчуню. В то же время войска Второго Дальневосточного фронта, разбив японские части на всех направлениях, заняли семь укрепрайонов противника. Бьют врага в хвост и гриву советские героические воины...

Голос радиодиктора. Он мешает, он заглушает все прочие голоса, он должен умолкнуть. Не открывая глаз, Аристов выключает приемник, и остаются два голоса. Один снаружи, другой внутри.

Дребезжащий, трескучий голос дождя за окном.

И его, полковника Аристова, внутренний голос.

— За тобой придут, за тобой придут, за тобой придут, — тарабанит дождь.

— Не сегодня, — отвечает внутренний голос. — Они придут не сегодня.

— В любой момент, в любой момент, в любой момент, — плюет в оконное стекло дождь.

— Не сейчас. Они придут не сейчас. Когда и если это случится — придется открыть верхний правый ящик стола и взять пистолет. Но это будет потом. Сейчас сосредоточимся на дыхании. Сосредоточимся на том, что важнее всего в данный момент. Протягивай руки вперед — ладонями вверх, ладонями вниз... Почему дрожат руки? Почему тебе холодно, Аристов? Попробуй почувствовать, что самое важное — здесь и сейчас. Попробуй определить, откуда исходит холод.

— От большого конверта, — произносит Аристов вслух. — От конверта без имени отправителя.

— Имя отправителя — Смерть, — подсказывает с улицы дождь. — И в конверте — смерть, и рядом с тобой ходит смерть...

— Вполне возможно, — соглашается Аристов. — Но это чья-то чужая смерть. Моя — не сегодня. И даже не в этом году. Я не планирую умирать в сорок шесть лет.

Полковник Аристов открыл глаза, свинцово-серые, как московское дождливое небо, снова затянул галстук, смахнул с пошитого на заказ костюма несуществующую пылинку, чуть тронул ладонью белоснежный жесткий ежик на голове — и вытащил из стопки корреспонденции осургученный толстый пакет. Решительно надорвал по краю и извлек на стол содержимое: письмо, пару фотографий и миниатюрные стеклянные капсулы, похожие на крошечные пузырьки парфюмерии, с плотно притертыми крышечками. Первым делом изучил фотографии. На одной худая, огненно-рыжая, почти красная лиса в клетке — с раззявленной пастью и рассеченным надвое, облепленным присохшими катышками крови хвостом. На другой: молодая, обнаженная, изможденная китаянка со следами побоев, привязана к медицинскому креслу, в вене катетер, рядом с ней азиат — лицо немного не в фокусе, но, похоже, японец, — в круглых очках, в заляпанном кровью белом халате, в одной руке шприц, в другой — лоточек с колотым льдом.

Аристов дернул уголком рта, отложил фотографии и бегло прочел письмо. На секунду снова прикрыл глаза — а потом с силой нажал пальцами на глазные яблоки через веки. Простой трюк, чтобы замедлить ритм сердца. Темнота запестрила текучим зелено-красным узором, изменчивым, как в калейдоскопе, а сердце послушно сбавило темп. Тот, кто хочет быть хозяином ситуации, абсолютно спокоен. Никакого возбуждения, никакого адреналина. Никаких эмоций, рефлексий, чувств, никаких движений души. Потерять контроль может только пленник своего тела. Настоящий хозяин всегда снаружи. Настоящий хозяин — наблюдатель. Экспериментатор.

Аристов открыл верхний ящик справа, нежным, едва уловимым движением, словно погладил уснувшего в укромном углу котенка, коснулся ствола «парабеллума» и вынул из ящика лайковые перчатки. Надел их. Взял капсулу. Поглядел на просвет. Почти черная, с рубиновым отблеском, тягучая жидкость. Как пропитанный кровью убитого хищника перегной. Как рижский бальзам.

Он подошел к окну и осторожно свинтил с капсулы крышку. Дождь перестал. Аристов капнул одну черную каплю в лейку с водой — и полил фикусы.

Потом повернулся лицом к двери и, прищурившись, точно целился из «парабеллума», четко и внятно подумал: «Силовьев, ко мне!»

Майор Силовьев, жизнерадостный тридцатилетний детина с лоснящимся, круглым, чуть тронутым угревой сыпью лицом, похожим на неидеальный, но с явной любовью приготовленный бабушкин блин, сидел за захламленным столом в крошечной приемной-предбаннике у кабинета полковника и бодро поглощал беляши из промасленного газетного кулька, когда в голове его, четко и внятно, как в телефонной трубке, вдруг прозвучало: «Немедленно зайди к шефу».

Силовьев дернулся, чуть не подавился горячим, полупрожеванным куском беляша и вскочил. Такое с ним случалось не в первый раз — и всегда изрядно пугало. Он словно слышал зов, слышал голос, приказывавший ему, к примеру, сделать чай или сварить кофе и отнести Аристову. Шеф объяснял этот феномен удивительно развитой интуицией и мощным «шестым чувством» Силовьева, что звучало в общем-то лестно — но только если не брать в расчет издевательскую ухмылку, с которой полковник его хвалил.

На этот раз конкретного указания не было. Силовьев на всякий случай прихватил кулек беляшей, негромко, деликатно постучал в дверь и, не дождавшись ответа, шагнул в кабинет шефа, как обычно, стараясь не споткнуться на пороге, — и, как обычно, споткнувшись. Силовьев не считал себя неуклюжим и не считал себя трусом. Летом он ходил в горы и на охоту, зимой катался на лыжах, в любое время года отжимался от пола сто раз подряд, он многократно разнимал дравшихся и еще чаще лез в драку сам. Но всякий раз, переступая порог кабинета шефа, он покрывался испариной и словно бы на секунду запутывался в невидимой, но плотной и удушливой паутине, и всякий раз паутину приходилось с усилием разрывать.

Полковник Аристов стоял у окна и озирал Лубянскую площадь. В его кабинете висел густой, резкий запах разгоряченного зверя. Силовьев знал этот запах: так пахнут загнанная лиса и загнавшая ее гончая.

Он покосился на стол, увидел фотографию с голой связанной женщиной — и снова чуть не подавился куском беляша, который, оказывается, все это время держал за щекой. Силовьев с усилием проглотил остывший, слипшийся будто во что-то неорганическое комок фарша и беспомощно тряхнул газетным кульком:

— Хотите беляш, товарищ полковник? Горяченькие.

— Спасибо, не надо, — Аристов брезгливо повел плечом.

— Прошу прощения, Глеб Арнольдович, я думал, может, вы проголодались, дай, думаю, беляшей... Ну, значит, я зря к вам...

— Не зря. Есть задание для тебя.

Полковник Аристов наконец повернулся к Силовьеву, и тот, как всегда, просто на автомате, отметил несоответствие между молодым, с единственной вертикальной морщиной на переносице, лицом шефа и снежно-седыми его волосами. Было в этом несоответствии что-то дурное, тревожное...

— Пункт первый. Выясни, в каком лагере сидит Максим Кронин. Пятьдесят восьмая, двадцать пять лет строгого, измена, шпионаж, весь букет. Как узнаешь — готовь на него бумаги. Он мне нужен.

— Вас понял, товарищ полковник.

— Пункт второй. Собери мне всю информацию по «Отряду-512». Это у японцев секретная часть в Маньчжурии. Лаборатория — опыты на людях, переохлаждение, инфекции. Оба пункта — срочно.

— Сделаю, товарищ полковник, — майор снова покосился на фотографию измученной китаянки и переступил с ноги на ногу.

— Силовьев? Что-то неясно?

— Так точно. Не вижу связи между первым и вторым пунктом.

— А ты, Силовьев, не ищи связи. — Аристов открыл форточку, отошел от окна, уселся за стол и перевернул тревожившее Силовьева фото изображением вниз. — Паши, кушай беляши, а связи предоставь мне. Еще вопросы?

— Один вопрос, — просипел Силовьев. — Что с фикусами?

Тиская в потных руках промасленный газетный кулек, Силовьев смотрел на подоконник, от которого только что отошел Аристов. Растения в горшках, еще с утра, когда он их поливал, выглядевшие абсолютно здоровыми, почернели. Как будто сгорели и обуглились, сохранив, однако же, форму.

— Фикусы завяли, — буднично сообщил Аристов.

Силовьев еще немного помялся в ожидании пояснений, но, так и не получив их, просеменил к выходу и открыл дверь. Порыв сквозняка подхватил фотографии со стола шефа и швырнул на пол, прямо Силовьеву под ноги: он чуть не наступил на лису с раздвоенным красным хвостом. Уже выходя и запнувшись, как всегда, на пороге, майор обернулся. Горшки на подоконнике стояли пустые: обуглившиеся фикусы осыпались черной пылью.

Дождавшись, когда помощник выйдет из кабинета, Аристов вынул из ящика стола коробку мелков, подошел к двери и опустился на корточки. По паркету, едва заметная, нарисованная мелом, тянулась цепочка рунических символов, змеясь, взбиралась на оба дверных косяка и соединялась над дверью, образуя замкнутый прямоугольник.

Аристов взял голубой мелок и подправил охранительную руну, смазанную подошвой Силовьева.

В кабинете сладко и гнилостно пахло мертвым, остывающим диким зверем. Или, может быть, беляшами.

ГЛАВА 4

Дальний Восток. Тайга. Август 1945 г.

Дыхание смерти — одно на всех. В который раз я вижу этому подтверждение. Солдат и зверь, умирая, испускают дух одинаково. Короткий вдох — не вдох даже, а отчаянная, последняя, безнадежная попытка втянуть в себя кислород — и длинный, и такой вдруг спокойный, исполненный безразличия выдох. Да, смерть не любит свидетелей, но она любит убийц. И если убийца склоняется над испускающим дух, и если я склоняюсь над солдатом ли, зверем — мне открывается истинный запах смерти.

Нет, смерть не воняет разложившейся падалью; падаль — последствие. У смерти — тонкий, пряный, сладкий аромат увядших гвоздик, и прелой листвы, и остывающего, но еще теплого воска, и спутанных, спрятанных под косынкой волос, и липкой, гнойной, сочащейся из разреза на коре священного аравийского древа смолы, из которой делают ладан. У смерти — сложный букет с едва заметным намеком на начало распада...

Когда кабан испускает, наконец, дух, а тот его глаз, что остался целым, в последний раз вспыхивает багровой бусиной боли и ненависти и застывает намалеванной наскоро блеклой картинкой, я извлекаю из кабаньей головы трофейный вертухайский штык-нож, засаженный в глазницу по самую рукоять, обтираю лезвие о встопорщенную жесткую гриву и прячу в карман. И я выдергиваю из его боков три остро заточенных палки, которыми не нанес зверю глубоких ран, но раздразнил его и спровоцировал к нападению. Мне повезло: когда я выследил кабана, он уже был ранен: спина разодрана когтями какого-то хищника — тигра или медведя. Все раны поверхностны, но кабан спасался от нападавшего бегством, и это подорвало его силы.

Я выкуриваю папироску — не потому, что хочу курить, а чтобы едкий дым заглушил во мне ощущение сладкой отравы, неконтролируемое, древнее возбуждение воина, убившего в одиночку дикого вепря.

И я тащу тяжелую тушу в сторону нашего с вором привала, марая низкую сухую траву густой, остывающей кровью зверя. Тревожная и безумная, ворочается в голове мысль: за эту кровь мне полагается заплатить. Но не монетой — чем-то другим. Когда-то я знал, чем платят зверю за кровь, а теперь забыл.

Я волоку кабана, ухватив за одно из задних копыт, а он цепляется за корни торчащим из раззявленной пасти желтым клыком и таращится в закатное небо багровой глазницей. Как будто и после смерти он сопротивляется мне. Как будто он молит своего лесного дикого бога отомстить за несправедливость.

Я возвращаюсь с добычей, и вор встречает меня у костра, голодный, присмиревший и, кажется, впервые за этот день — благодарный. Мы вместе разделываем кабана, сооружаем вертел и подвешиваем над огнем тушу, и мертвая кровь, шипя, стекает в красные угли, и вор заходится кашлем, трескучим, как наш костер, и сплевывает в огонь темный слизистый сгусток собственной крови.

В эту секунду я понимаю, чем платят мертвому зверю. И я беру вертухайский нож с присохшей коростой кабаньей крови на лезвии, и этим ножом я делаю на левой ладони короткий разрез, и я встаю над костром и сжимаю руку в кулак, и алые капли, шипя, орошают убитого мною зверя.

Когда убиваешь человека — платишь за кровь монетой.

Когда убиваешь зверя — за кровь платишь кровью.

ГЛАВА 5

Дальний Восток. Урановый рудник «Гранитный».
Август 1945 г.

Начальник лагеря «Гранитный» подполковник Модинский сжал челюсти так, что захрустело в ушах, и едва заметно кивнул. Майор Гранкин, его помощник, откинул край брезента и направил на труп фонарик.

В невнятном буром месиве, на том самом месте, где Модинский предполагал увидеть голову вертухая, красовался круглый булыжник.

— Как? — хрипло процедил сквозь зубы Модинский.

— Зарезали его, об-бобрали, шашку рв-ванули — и втроем у-ушли, — волнуясь, Гранкин начинал заикаться. — Тут, сами видите, штольня ок-ка-азалась разведочная...

Гранкин суетливо прикрыл брезентом булыжник, заменивший вертухаю лицо, мазнул фонарем по кое-как расчищенному, с грудами камней по периметру, нутру штольни и указал на разлом в стене, из которого мутной сукровицей сочился закат.

— ...И выход наверху... ок-ка... — Гранкин мучительно напряг челюсти, силясь вытолкнуть из себя последнее слово, — ...азался.

— Ока-ка-ка-зался! — зло передразнил Модинский и с тоской подумал, что фляжку свою с коньяком напрасно оставил внизу, в лагере. — Двое блатных и капитан, фронтовик, кто б подумал! Сколько дней они готовили этот побег? Пробивали лаз в штольню? Динамита столько откуда у них?!

— Не могу знать, товарищ начальник! Всех трясу! Вы-выясняю! — убито отрапортовал Гранкин.

— Мудями ты трясешь, попка ссыкливый! — заорал Модинский и пнул ботинком кусок гранита. Камень отлетел, ударился о труп вертухая, и из-под брезента выпростался посиневший, плотно сжатый кулак.

Модинский присел над трупом и, скалясь от натуги и отвращения, разжал окоченевшие пальцы. На каменный пол скользнула из холодной мертвой ладони замаранная кровью пятнадцатикопеечная монета.

— Что за... ч-черт? — начальник лагеря подобрал монету, брезгливо повертел и сунул в карман.

Поднялся, попытался было с разбегу вскарабкаться к разлому в стене, но на середине расщелины соскользнул и грузно осел в гранитную пыль. Еще недавно подтянутый, дерзкий офицер НКГБ с эффектными кубиками мышц на покрытом пушистой порослью торсе — не дашь и сорока, не то что истинного полтинника, — в последние пару лет, с тех пор, как оказался на службе в этой гранитной дыре, Модинский отрастил брюшко и мешки под глазами, обрюзг и пристрастился к грузинскому коньяку. Без коньяка ни с новым своим телом, ни со ссылкой в дальневосточное захолустье он смириться никак не мог. Как будто там, внутри, под слоем жира и дряблой кожи, сидел, как в камере-одиночке, настоящий Модинский, сильный и молодой. Как будто грузное тело было его собственным вертухаем, и коньяком он все пытался изничтожить его, отравить.

— Чего уставился, ну?! Лестницу мне сюда!

— Так вот же она, лестница, — Гранкин посветил фонарем на прислоненную к стене в паре метров от Модинского приставную лестницу и предупредительно пододвинул ее к разлому. — Я ж все предусмотрел, Михал Саныч, я и фляжечку вашу вам прихватил...

Модинский молча взял фляжку, втянул в себя три длинных, жгучих глотка и полез в пролом наверху. Гранкин, помявшись, устремился за ним, по-собачьи дыша в затылок.

Выбравшись на узкий карниз, Модинский качнулся было вперед, с трудом удержал равновесие и привалился к шершавой скале.

— Осторожно, тут высоко, — с некоторым опозданием сообщил Гранкин и взял его за рукав.

Модинский резко выдернул руку, выпрямился и уставился вниз, на розовую в предзакатном свете пену реки.

— Так мы общую тревогу объявляем, товарищ Модинский?

— Никакой тревоги. — Начальник лагеря хлебнул из фляжки. — Отсюда не выплыть. Ждем два дня. Если трупы вынесет, ты их сразу доставляешь сюда и пишешь мне рапорт: несчастный случай, завал, обрушение, четверо погибших, сактировали, закопали. Если трупы не вынесет, пишешь мне рапорт: несчастный случай, завал, обрушение, четверо погибших. Сактировали, закопали. Все, точка.

— Я не понял, товарищ подп-полковник. А в чем разница между первым и вторым в-вариантом рап-порта?

— Ни в чем, Гранкин.

— Но ведь это ж мы с вами — п-под статью, если скроем п-побег...

— А если не скроем?! — взревел Модинский, и горное эхо швырнуло в них осколками последнего слова: «скроем!», «роем!», «ем!».

— У вас глаз сильно красный, товарищ подполковник, — заметил вдруг Гранкин. — Сосуд, наверное, лопнул.

— Это рудник «Гранитный», — внезапно успокоившись, процедил сквозь зубы Модинский. — Объект. Особой. Секретности. Побегов здесь — не бывает. Точка.

ГЛАВА 6

Трещит вхолостую мотоциклетный движок. Я в гоночных латах и шлеме, в седле мотоцикла, на арене московского цирка. Передо мною ездовая дорожка, окольцовывающая манеж и переходящая в отвесную трехметровую стену.

Я проверяю закрепленную на груди «обойму» с метательными ножами: короткие лезвия, длинные рукояти. Я трогаю лезвия пальцами левой руки — и сам себе удивляюсь. Зачем я их трогаю? Ведь я поранюсь до крови, а мне сейчас выступать...

Все лезвия остро наточены — но они не ранят меня. Я изучаю руку, подушечки пальцев: нет ни следа. Лишь на ладони короткий, покрытый тонкой коркой разрез. Откуда он? Я вспоминаю, что вроде бы сам его сделал. В лесу, над костром... Где этот лес? Почему я здесь?..

Тревога прорастает во мне, как острые побеги бамбука. Грохочут аплодисменты и марш ударно-духового оркестра. Зал полон зрителей, и из первого ряда на меня смотрит блондинка в черном вечернем платье. Елена, моя жена. Но разве... Я разве не потерял ее четыре года назад?.. Она улыбается мне, беспечно и нежно, и ростки тревоги во мне засыхают и обращаются в прах, и даже царапина на ладони затягивается и исчезает. Все хорошо. Ведь все хорошо? Она здесь, со мной. На шее ее, на цепочке — золотые часы, такие же, как у меня, с моим портретом под крышкой. Все хорошо. Я ношу у сердца ее лицо, а она носит мое.

— Сегодня в нашем цирке! Смертельный! Н-номер! — надрывается шпрехшталмейстер в дешевом красном сюртуке с блестками. — Гонки по вертикали на мотоциклете! С одновременным метанием ножей! В живую! Женщину!.. Встречайте!.. Макса!.. Кронина! А-а-а теперь я приглашаю на сцену женщину-у! Кто готов поучаствовать в представлении добровольно, доверившись судьбе и н-неповторимому!.. Максу!.. Кронину?

Елена поднимается и выходит на сцену. Зал рукоплещет. Теперь на ней вместо черного платья — обтягивающее золотое трико. Когда она успела переодеться?.. Она встает в центре арены у затянутой черным бархатом стойки и разводит в стороны руки, будто прислонившись к невидимому кресту.

Шпрехшталмейстер направляется к ней, жонглируя тремя апельсинами. Два апельсина он кладет на раскрытые ладони ее широко разведенных рук, один — на макушку. Он кричит:

— Запомните этот день! Двадцать первое июня! сорок первого! года!

И снова что-то не так. С трудом выдавливаю из глотки слова:

— Сейчас сорок пятый... год... Сейчас не тот день...

— Спи, спи, Циркач, — тихо шепчет шпрех, и во рту его блестит железная фикса. — Сегодня у нас мясной день...

Он стреляет из стартового пистолета, и мой мотоцикл срывается с места. Дорожка сама летит под колеса, зал вертится пестрой, стрекочущей каруселью — и начинает крениться: мотоцикл выходит на вертикаль. Я кидаю нож, я в себе уверен, это мой коронный бросок. Свистнув в воздухе, нож пробивает фрукт, лежащий в ладони моей жены, и пригвождает его к черной стойке. Зал охает. Елена подносит освободившуюся руку к губам и посылает мне поцелуй. Цирк бешено вертится, я мечу еще один нож, и еще один.

Зал вдруг смолкает. Я замедляюсь, съезжаю с вертикали на ездовую дорожку, останавливаю мотоциклет. Три апельсина пригвождены к стойке, три липких, сладких дорожки сока на черном бархате, но на полу, под стойкой, не сок, а кровь... А женщины нет. Моей женщины нет.

— Лена? — я спрыгиваю с мотоциклета и выбегаю в центр арены.

Мне хочется кричать, но горло перехвачено спазмом, и я с трудом, почти беззвучно выдавливаю:

— Лена, где ты?

— Тут бабы твоей точно нет, — шипит мне в ухо шпрех и сухо, с присвистом, кашляет.

В руке его — нож; лезвие вымазано в апельсиновом соке и чьей-то крови. Я не могу его оттолкнуть, я не в состоянии шевелиться. Я понимаю, что это сон, — но я им не управляю. Холодная, липкая сталь касается моей шеи — не только во сне, но и по ту сторону сна.

Из зала свистят. Один из зрителей в первом ряду встает. Он кажется мне смутно знакомым. Высокий и худощавый, с деревянно-прямой спиной, моложавый, но абсолютно седой, в дорогом костюме. Лица его мне со сцены не видно, но я откуда-то знаю, что глаза у него цвета оплавленного свинца. Он поднимает руку в лайковой черной перчатке. Двумя черными пальцами он держит золотые часы за цепочку. Часы раскачиваются из стороны в сторону, а он говорит:

— Ты мне все еще нужен, Кронин. Не позволяй зарезать себя как свинью. Не позволяй тому, кто тебе снится, быть сильнее тебя! Я разрешаю тебе вспомнить, как контролировать сон! Я буду считать до пяти. Когда я скажу «пять», ты проснешься! Раз...

Первым делом я отменяю время. Во сне оно всегда течет медленно, но сейчас я его совсем останавливаю — оно не движется, пока седой человек в костюме считает вслух. Шпрехшталмейстер замирает с ножом, приставленным к моей шее. Зрители в зале застывают в нелепых позах, их лица — как дешевые маски из итальянских уличных представлений. Я тоже не двигаюсь. И седой человек в костюме. Только часы на цепочке, которые он держит в руке, болтаются из стороны в сторону.

— Два...

Я представляю себе тигра, мечущегося в клетке там, за кулисами. Я создаю его силой мысли — большого, голодного зверя. Я создаю его клетку, и дверцу клетки, и того бестолкового человека, который забыл ее запереть.

— Три...

Я представляю, как тигр крадется по коридору и замирает за кулисами, готовясь к своему новому номеру. Я представляю себе его полосатый хвост, беззвучно и резко вычерчивающий на полу полукруги, то слева направо, то справа налево, как взбесившаяся секундная стрелка. Я представляю себе его напружиненные задние лапы.

— Четыре...

Я представляю прыжок.

И, преодолевая сопротивление сна, я заставляю мой язык шевелиться, и я выдавливаю из себя:

— Тигр на арене!

Мой тигр выпрыгивает на сцену с утробным рычанием, и красный с блестками камзол шпреха чернеет под мышками, от этих черных пятен несет застарелым потом, перемешанным с потом свежим, и грязный нож в руке шпрехшталмейстера мелко-мелко трясется.

— В натуре тигр, бля буду... — лопочет он.

Теперь, когда он удивлен и напуган, я, наконец, возвращаю себе контроль. И я хватаю и выкручиваю его трясущуюся, слабую руку, я подбираю выпавший нож, и в тот момент, когда седой человек в черных перчатках говорит...

— Пять!

...я кидаю нож прямо в седого человека в перчатках. И я просыпаюсь, даже не посмотрев, попал ли я ему в сердце. Я абсолютно в себе уверен. Это мой коронный бросок.

— Порешить меня хотел, падла, пока я сплю? — Кронин резко выкрутил Флинту руку — вертухайский трофейный нож выпал и ткнулся острием в землю, — повалил его и схватил за горло.

Флинт раззявил рот с белесой трубочкой языка в немом кашле; глаза его, панически выпученные, смотрели не на Кронина, а куда-то ему за спину и чуть вбок, в безразмерную черноту, в редких паузах между деревьями истыканную занозами звезд.

— На меня смотреть, сука! — взбесился Кронин.

— Ты во сне про тигра базарил... — просипел Флинт, продолжая таращиться в ночь. — Вон он, у тебя за спиной!

— Фуфло гонишь, — Кронин немного ослабил хватку.

— Бля буду, — прошептал Флинт и потянулся к голенищу сапога. — Рычит, слышь? Щас обоих нас схавает...

Кронин молча перехватил дрожащую руку Флинта, молниеносным движением фокусника вытянул из Флинтова сапога ложку-самоточку — и лишь после того застыл и прислушался. Треск костра. Свистящее дыхание Флинта. И влажное, нутряное рычание.

Продолжая прижимать Флинта к земле, Кронин медленно обернулся.

Тигр, поджарый, крупный, стоял рядом с деревом, в нескольких шагах от костра, напружинив задние лапы. Приоткрытая пасть с четырьмя лоснящимися клыками, черный узор на лбу: три горизонтальные полоски, перечеркнутые по центру одной вертикальной. Хвост вычерчивал на земле полукруги, слева направо, справа налево, как взбесившаяся секундная стрелка.

Вспышкой бреда мелькнула в голове Кронина мысль, что не только в сон, но и сюда, в ночную тайгу, он привел животное усилием воли, что он может им управлять. Впрочем, нет, все проще: тигр пришел по кровавому следу убитого кабана.

И сейчас он прыгнет.

Глядя тигру прямо в глаза, Кронин плавно, не совершая резких движений, отпустил шею Флинта, нащупал торчащую из земли рукоять и вытянул нож.

Тигр сощурил янтарные глаза и покосился на направленное на него острие. Перевел взгляд на Флинта: тот, скрючившись, лежал на земле и прикрывал рот ладонью, чтобы заглушить кашель; на спине его подрагивала наскоро сварганенная из подкладки бушлата, вся в сальных пятнах, котомка, из котомки высовывался здоровенный ломоть зажаренного кабана. Тигр снова посмотрел в глаза Кронину, и тому показалось, что диким своим чутьем зверь понял расклад. Вот есть сильный, с острым металлом в руке. А вот с ним рядом валяется, точно падаль, больной и слабый. Этот слабый хотел украсть добытое сильным мясо, зарезать сильного и сбежать. Тигр не тронет сильного, но тот должен отдать ему слабого — без крови, без боя. Это честная, справедливая сделка.

Кронин медленно, очень медленно отполз от Флинта чуть в сторону, продолжая смотреть в глаза тигру и как бы обозначая, что принял условия соглашения.

Тигр плавно, как в замедленной съемке, моргнул — и прыгнул на Флинта.

— Прости, киса, — Кронин прицелился и метнул нож.

Пропоров полосатую шкуру, нож вошел в спину тигра под левой лопаткой по самую рукоять. Прямо в сердце: Кронин удовлетворенно кивнул. Милосердная, быстрая смерть без мучений, зверь ее заслужил. Вот сейчас он застынет — короткий вдох, длинный выдох — и рухнет на Флинта...

Тигр застыл, по-прежнему нависая над Флинтом, сделал короткий, мучительный вдох — но не рухнул, а повернул к Кронину оскаленную в бешенстве морду и тихо, протяжно рыкнул. Не глядя, дважды полоснул Флинта по лицу лапой, будто отвесил пару пощечин, и сделал шаг к Кронину, не отводя от него потемневших от боли и гнева янтарных глаз. Рукоятка ножа торчала из-под лопатки.

Невозможно. Нож вошел в сердце. Он должен быть мертв. Кронин сжал в руке самоточку.

Тигр сделал еще один шаг, наморщил нос и напружинился. Полосатая шкура на спине и на левой лапе пропиталась кровью и в отблесках костра казалась огненной, раскаленной... Тигр снова рыкнул.

Секундой позже утробный рык послышался сверху, как будто зверю ответил яростный лесной бог. Кривое лезвие молнии порезало черное небо на лоскуты. И в этом высверке узор на лбу тигра — три перечеркнутые полоски — показался Кронину как будто знакомым... Шрам на груди, его собственный шрам, имел такую же форму...

Смотреть в глаза. С диким зверем главное — не отводить взгляд, это Кронин выучил в цирке. Кто отведет глаза первым — тот проиграл, потерял контроль.

«Уходи, — мысленно сказал тигру Кронин. — Уходи, ты ранен и слаб».

Несколько секунд тигр смотрел на Кронина, тяжело и хрипло дыша, потом резко отвернулся, одним прыжком пересек поляну и нырнул в темноту.

Кронин выдохнул и, по-прежнему сжимая в руке самоточку, подошел к возившемуся на земле Флинту. Вытянул из кармана воровского бушлата свои часы на цепочке. Пнул вора сапогом:

— А ну встал.

Флинт поднялся. На щеке его багровели следы когтей.

— Я уж думал, амбец мне, — осторожно, но без заискивания сообщил вор, — ни бзднуть, ни пёрнуть.

Кронин молча схватил его за грудки, стряхнул с плеча котомку с кабаньим мясом и приставил к горлу острие самоточки.

— Что ж ты, вор, за пайку жирную и котлы решил товарища замочить?

— Какой ты мне товарищ, — просипел Флинт. — И не в п**а**йке дело... И не в котлах.

— Договор был! — Кронин чуть вдавил острие; на тощей шее Флинта выступила бусинка крови.

— И что теперь? Припорешь меня — и монетку в пасть сунешь? — Флинт поперхнулся собственным смехом и, изловчившись, сплюнул бурый сгусток под ноги Кронину. — Не-е-ет, не припорешь, я тебе нужен. Без меня ты бабу свою не найдешь.

Раздался гром — гораздо ближе и громче, чем минуту назад.

— Вот как все будет, Флинт. Если скажешь сейчас, где ее искать, — останешься жив. Своей дорогой пойдешь, я — своей. А если нет — припорю. Ну?! — удерживая Флинта левой рукой, правой Кронин сильней надавил на ложку. Темная бусина медленно поползла по щетинистой коже Флинта, оставляя за собой тонкую алую дорожку, и впиталась в ворот бушлата — вместе с первыми каплями дождя.

— Заточку убери, на шаг отойди — тогда побазарим, — спокойно ответил Флинт.

Секунду помедлив, Кронин отпустил Флинта и отвел от него руку с заточкой. Запрокинул лицо к небу.

— Бабу твою я в Маньчжурии с двумя япошками видел. Больше года назад. Япошки там, у маньчжур, такое творили... Лютые, как волки на овец. Не боишься, что они ее давно уже?.. — Флинт чиркнул себя по горлу воображаемым острием, размазав пальцами кровь, и многозначительно умолк.

— Не твоя забота, чего я боюсь. Расстегивай бушлат.

— Чо за фуфло, зачем тебе мой бушлат? — растерялся Флинт.

— Костер спасать будем, чо. Сейчас ливанет.

Вверху оглушительно грохотнуло, еще одна молния косо рассекла тьму — и, словно перерезали магистральную артерию неба, потоки воды мгновенно захлестнули тайгу.

Задрав и сомкнув над головами полы бушлатов, нос к носу, с налипшими на лбы волосами, Флинт с Крониным согнулись над хилым, бессильно шипящим костром в корнях плешивой сосны.

— Дай точное место! — перекрикивая очередной раскат грома, проорал Кронин. — Где конкретно ты видел Лену?

— Точное место дам, когда ты мне подсобишь границу перескочить! — проорал в ответ Флинт и зашелся в приступе кашля, одной рукой заслоняя рот. Отвел ладонь под струи дождя — и смыл с руки кровь. — Я честный вор, мое слово железное.

— Только ржавеет быстро... Какая нам граница с тобой?! Ты только что меня спящего хотел припороть, честный вор так не поступает! Последний раз говорю: дашь мне точное место, где Лену искать, — разбегаемся, нет — здесь подохнешь.

— А если я про место загну? — прищурился Флинт. — Ты ж честным вором меня не считаешь. Тогда что? Фуфло мое схаваешь, закруточку с собой дашь и отпустишь?

— Не схаваю. Когда мне врут, я по глазам вижу.

Костер с шипением испустил дух — последний тонкий дымок — и погас. И вместе с костром почти мгновенно иссяк небесный поток, как будто единственной его задачей было лишить их тепла.

Поежившись, Флинт запахнул насквозь мокрый бушлат и присел на корень сосны.

— Ты все-таки, Кронин, чокнутый, — сказал он. — Давай мы так с тобой порешим. За свой поступок я тебе сейчас поясню, а ты в глаза мне смотри — фуфло гоню или нет. Если фуфло — значит, порешишь меня здесь, я без тебя до границы все равно не дойду. А если поверишь — то дальше вместе. Согласен?

Кронин уселся рядом.

— Говори, Флинт.

— Я думал, ты перевертыш.

— Я — кто?!

— Ну, оборотень, нежить такая — то в человека перекидывается, то в зверя, но суть его — бесовская, мертвяцкая... Чо лыбишься, как майская роза? Я знаю, что говорю. Ты, Кронин, сразу, как мы вертухая пришили, мне подозрителен стал. То жмуру монету подаришь, то сучонка отпустишь, спички-часики из пустоты достаешь, руку сам себе вскрыл и кровь в огонь капнул... На груди твоей йероглиф китайский вырезан. Кабана без ружья пришил и мне сюда приволок... А я ж вижу — у него спина тигриными когтями вся вспорота. Что я должен был думать?!

— Что я — тигр?! Что я задрал кабана? Ты в своем уме вообще, Флинт? Ты же вор! Как ты можешь верить в это фуфло?!

— А я обосную. Двадцать лет назад я в Маньчжурии золото через границу возил. И меня подстрелили. Хунхузы. Легкое мне пробили, — Флинт распахнул мокрый бушлат и показал Кронину шрам от пули. — Песочек рыжий забрали, меня оставили подыхать. Я юшкой харкал — вот как сейчас. Тогда мой кореш, охотник, к девке меня повел. На себе поволок. Косоглазая, по прозвищу Хулидзин... Она была ведьма. Перекидывалась в лисицу с тремя хвостами. Я сам видел, бля буду. И та девка меня травой какой-то поила, и все время смеялась, и еще она мне... — Флинт замялся. — Короче, за три дня я на ноги встал. А когда я от нее уходил, она сказала: «Я сейчас одну твою смерть от тебя отвела, а взамен тебе другую придумала. Ты узнаешь, что смерть твоя рядом, когда опять встретишь оборотня. На том оборотне будет иероглиф «ван», по-русски значит вожак, хозяин. Он убьет тебя сам — или оставит на тебе свою метку, чтобы смерть тебя быстро нашла»... — Флинт закашлялся.

Продолжая перхать, вытянул из погасшего костра полусгоревшую палку, начертил на мокрой золе три горизонтальные полоски, перечеркнул их посередине одной вертикальной.

— Вот это — иероглиф «ван», — сказал он хрипло, когда приступ прошел. — Такой же — у тебя на груди. В натуре не помнишь, Кронин, кто тебя так расписал?

— В натуре не помню.

— И где ж тебе так кукушку встряхнули?

— Контузило на войне.

— А я подумал, ты мне в уши ссышь, что не помнишь. Что ты мой перевертыш и есть. Решил тебя припороть, чтоб от смерти своей слететь. А потом тигр с этим «ваном» на лбу меня чуть не замочил, а ты мне жизнь спас. Выходит, он перевертыш, а ты нормальный мужик. Облажался я, Кронин. Вперед к тебе уважение обещаю иметь. Ну что, канаем вдвоем? Или, скажешь, я фуфло тебе гнал?

— Фуфло. Но ты в него честно веришь. Так что канаем, — Кронин встал и протянул Флинту руку.

— Сам встану. — Вор поднялся, добрел до котомки с кабаньим мясом, подобрал ее, повесил на плечо — и его снова пробил озноб. «Мясо вепря дают человеку в последний путь», — подумал вдруг Кронин и тут же раздраженно поморщился. Он не помнил, кто ему это сказал или где он это прочел. Может быть, сам только что выдумал.

— Солнце выйдет — обсушимся, — Кронин глянул в пепельно-серое небо с набухающей гематомой рассвета. — А пока пойдем, а то околеем.

— Только с хавчиком, — Флинт излек из торбы два куска мяса, один протянул Кронину — и улыбнулся вдруг совершенно детской улыбкой.

На щеке его темнели отметины от когтей тигра: три горизонтальные борозды и перечеркивающая их поперечная.

ГЛАВА 7

Москва. Кремлевская больница на Воздвиженке.
Август 1945 г.

— Вот рубашка, галстук и брюки, товарищ полковник. Хоть убей, никак не пойму, зачем они вам в больнице... А вот по списку, Глеб Арнольдович, как вы просили. Достать было непросто, — Силовьев многозначительно воздел указательный палец и принялся выкладывать из объемистой сумки на больничную тумбочку кульки с сушеными травами. — Женьшень княжеский, красный клевер алтайский, красные финики китайские, дудник китайский, бессмертник, корень лакричника... и вот... — Силовьев плюхнул поверх кульков сетчатую авоську, — яблочки!

— Я не просил яблочки, — поморщился Аристов.

— Так для сердца яблочки — самое то! Там витаминов знаете сколько? — Лоснясь улыбкой, Силовьев покровительственно оглядел шефа. Тот был бледен, небрит и в больничном халате выглядел почти жалким.

— В яблоках железо! — одобрительно прогудел сосед Аристова по палате, пожилой энкавэдэшник с багровым лицом. — У кого сердечные дела, как у нас, тем без железа никак!

— Я вам обоим сейчас помою самые спелые! — Силовьев цапнул из авоськи два больших яблока и поднялся было со стула.

— Сидеть, — процедил Аристов так тихо, что Силовьев даже засомневался, прозвучала ли реплика во всеуслышание — или только в его голове. Он осторожно положил фрукты обратно в авоську, опустился на стул и принялся сосредоточенно разглядывать круглую сетчатую штуковину в обрамлении птичьих перьев и бусин, подвешенную у изголовья аристовской койки.

— Красивая вещица, — с сомнением пробормотал Силовьев. — У меня племянник тоже поделочки мастерит. Своими руками. Перьев на улице насобирает — и...

— Это ловец снов, — перебил Аристов. — Тебе кошмары по ночам снятся, Силовьев? Можешь не отвечать. Знаю, что снятся. Попроси своего племянника тебе такую же штуку сделать. Сетка плотная должна быть. Чтоб кошмары не пропускать.

— А ко мне мертвецы по ночам приходят, — встрял сосед по палате. — С дыркой во лбу, вот тут, — он ткнул себя в багровый, со вздутыми венами, лоб.

— В вашем случае необходим крепкий дневной сон, — брезгливо отозвался Аристов.

— А я днем никогда не сплю, такая моя особенность организма. Как-то раз даже...

— Раз, — сказал Аристов. — Ваши веки тяжелеют.

— Что?.. — лицо энкавэдэшника побагровело еще сильней.

— Два. Вы чувствуете усталость. Не пытайтесь бороться с усталостью. На счет «три» вы заснете... Три. Вы спите. Вы крепко спите. Вам снятся люди, которых вы поставили к стенке...

— Зачем же так, товарищ полковник... — Силовьев сочувственно уставился на спящего старика. Тот резко, прерывисто всхрапнул не то всхлипнул — и заскрипел зубами. Зрачки его метались под набрякшими веками.

— Чтоб не мешал, — равнодушно ответил Аристов.

— Это да, но мертвецы-то во сне...

— Уверен, он с ними сладит. Живые в снах гораздо опасней мертвых. Как, впрочем, и наяву... — Аристов резко сел на кровати. — Ты собрал то, что мне нужно? Принес?

— Так травки же... — промямлил Силовьев. — Вам, кстати, заварить? Я и кипятильничек с собой... — Силовьев суетливо запустил пятерню в сумку.

— Не травки. Информацию.

Рука Силовьева застыла на дне сумки.

— Мне ваш доктор строго-настрого велел вас не волновать и по работе не дергать. Он сказал, у вас ночью сердце остановилось. Еле вас откачали и сюда привезли. А информация... она бывает очень волнительной... Давайте мы, товарищ полковник, дождемся выписки, а там уж я вам всю информацию в лучшем виде...

— Сегодня. Сейчас, — Аристов требовательно протянул руку. — Я считаю до трех, Силовьев. На счет «три» ты узнаешь, что чувствует человек с остановкой сердца.

— Тут по «Отряду-512» в Маньчжурии! — Силовьев быстро извлек из сумки тонкую папку и вложил в руку шефа. — Их неделю назад наши десантники накрыли. Двенадцать японцев при штурме погибли, пленных нет, два грузовика прорвались через оцепление.

— Нужен полный...

— ...список участников операции, протоколы допросов, отчеты — все тут, Глеб Арнольдович.

— Молодцом, Силовьев, — полковник раскрыл папку и хищно впился взглядом в верхний листок. — А по Максу Кронину? Что-то есть?

— По Кронину... неудачно. Он в «Гранитном» срок отбывал — урановый рудник в системе Дальлага...

— Отбывал? Почему прошедшее время?

Силовьев виновато поерзал на стуле.

— Погиб, товарищ полковник. Неделю назад. Обвал в штольне. С ним еще два зэк***а*** из уголовных и конвоир. Всех насмерть.

— Завари-ка мне бессмертник, Силовьев, — Аристов откинулся на подушку.

— Слушаюсь! — Силовьев с облегчением подскочил, выудил со дна сумки кипятильник, схватил стакан. — Водичка нужна. Туалет где, на этаже?

— Туалет в палате, — Аристов указал взглядом на дверь за спиной Силовьева. — Это Кремлевская больница. Для избранных. Избранные не ходят ссать на этаж.

— Понял.

Силовьев метнулся за дверь, вернулся со стаканом воды, приладил кипятильник.

— Тела нашли?

Багроволицый энкавэдэшник громко всхрапнул и шмякнул себя ладонью по лбу.

— Тела, товарищ полковник?..

— Тела зэк***а***, погибших в «Гранитном».

— Так точно. Нашли.

Аристов прикрыл глаза, вслушиваясь в нарастающее бульканье кипящей воды.

— Товарищ полковник, сколько бессмертника на стакан?

— Сыпь весь. Бессмертника много не бывает, — Аристов открыл глаза. — Я не верю, что Кронин мертв.

— Почему, Глеб Арнольдович?

— Пункт первый. Кронин — особенный человек. Пункт второй. Утверждать, что он умер, можно, только если перед тобой его труп. Да и то имеет смысл убедиться, что у трупа отсутствует пульс. Пункт третий. Я видел Кронина живым вчера ночью.

— Где?! — Силовьев бухнул в стакан с кипятком пригоршню буро-желтых сухих цветков и растерянно уставился на полковника.

— Во сне.

— Но, товарищ полковник... Мне, к примеру, вчера бабуля приснилась. Она тоже особенная была, такие блинчики жарила, — Силовьев принялся энергично помешивать бессмертник, звеня ложечкой о стакан. — Вот уже три года, как умерла. Совершенно точно, я труп в гробу видел. Пульс, правда, не проверял...

— Перестань бренчать! — Аристов раздраженно поморщился. — Я не в своем сне видел Кронина!

— А в чьем? — Силовьев в последний раз робко звякнул ложечкой.

— В его.

— Не понял, товарищ полковник.

Аристов дернул уголком рта и ничего не сказал. Бесполезно. Из этой тупой шестерки ему не вырастить настоящего помощника никогда. И что бы он Силовьеву ни сказал и ни показал, и сколько бы раз тот ни становился свидетелем *чуда,* он все равно не сможет вырваться за рамки обыденности. Не сможет стать менталистом. Останется преданным, исполнительным рохлей, жующим блинчик или беляш и спотыкающимся в дверях. Он никогда *не поймет.* Никогда не заменит Максима Кронина.

А впрочем, Кронина не заменит никто. Макс великолепен даже теперь — живущий в плоском, необъемном, примитивном мирке, где все поделены на своих и врагов. Лишенный навыков, лишенный чудес, лишенный воспоминаний о чудесах. Забывший все, что он когда-то умел. Забывший того, кто его всему научил. Он, Аристов, с кровью вырвал из Кронина все чудеса, он оскопил и прогнал его, как провинившегося шелудивого кобеля... Но иногда — нет, не оттого, что скучал, а просто удостовериться, что Кронин по-прежнему под контролем, — он проникал в его сны.

Искусство входа в чужие сны — одно из самых опасных для менталиста. В чужие сны не ввалишься с улицы, вышибив дверь, не проскользнешь во тьме, поковырявшись в замке отмычкой. В чужие сны можно только шагнуть из собственных снов. Шагнуть — и не сорваться в промозглую пустоту, в которой лязгают жернова безумия и беспамятства.

Сон постороннего человека — как поезд, несущийся вдоль обрыва на полном ходу. Чуть не рассчитаешь, пытаясь запрыгнуть в него с другой стороны обрыва, — сознание твое навсегда перемелется в кашу, в межсонье, в предсонье, в гриппозную, тошнотворную путаницу обрывков воспоминаний, своих и чужих, и бреда, своего и чужого, в уродливую груду асимметричных фигур, осыпавшихся мозаик, несходящихся уравнений и не складывающихся в слова букв. А тело твое, парализованное, коматозное, с перекошенным ртом, со слюнями на подбородке, с расширенными зрачками, — да, тело твое доставят в больницу навроде этой. И врач с важным видом скажет: «С ним во сне случился удар», и даже не будет знать, насколько он прав.

Нет, прыгать в кронинский сон на полном ходу — это риск. Он знал менталистов, которые рисковали, вот взять того же Юнгера, например. Но Аристов не любил риск. Он любил точность расчетов. В сон Кронина он попадал не как каскадер — скорее, как стрелочник. Не прыгал через бешено гудящую пустоту — но четко и уверенно направлял свой собственный сон на общие пути их с Крониным воспоминаний, к той точке, где стрелки их видений пересекались, где бешеные составы их снов бесшумно и мягко входили в текучую ткань друг друга. К той точке, где им снилось одно и то же. И в этой точке Аристов ловко совершал пересадку — точнее сказать, он ловко оставался сидеть на собственном месте — в московском цирке, в первом ряду, рядом с Еленой и Юнгером, ее сводным братом, 21 июня 41-го года, — но просто это был уже не его, а кронинский сон.

Сон Кронина про тот вечер, когда он утратил контроль над собственной жизнью, когда он потерял сразу все — жену, и *чудо*, и смысл. Про вечер, когда Аристов лишил его всего разом. Про вечер накануне войны. Удобно, что этот вечер снился Кронину регулярно, повторялся снова и снова, кошмарной тенью скользя по кругу кронинского сознания, как мотоцикл по краю арены, лишь с небольшими вариациями в сюжете.

Обычно Елена сразу же исчезала, как только Кронин кидал свой нож, и после нее на сцене оставался сочащийся кровью распоротый апельсин. Случалось также, что нож входил ей в живот и пригвождал к черной стойке, как булавка бабочку-лимонницу. Она улыбалась и махала ему рукой, а изо рта ее вытекала ржавая струйка апельсиновой липкой сукровицы.

Однажды на сцену вместо Елены выбрался Юнгер. Он встал, раскинув руки, как на кресте, и сказал с этим своим мягким немецким акцентом — очень громко, со сцены сказал Кронину то, что в реальности когда-то нашептал ему в ухо:

— Я хочу увезти Елену. Ты хочешь тоже сбежать? Я говорю с тобой сейчас не как сотрудник абвера, а как брат твоей жены. Я не предлагаю тебе измену. Только свободу! У меня есть окно на границе, швейцарские паспорта...

И Кронин громко ответил «нет», и под рев и свист зрителей метнул в Юнгера нож, а Юнгер стоял на сцене с ножом во лбу и говорил ему, почти ласково:

— Ты Dummkopf. Фанатик. Ты погибнешь тут, Макс. Тебя поставят к стенке твои же дружки с Лубянки...

Чуть реже события приближались к тому, как все было на самом деле, и Кронин тогда метал свои ножи не в Елену, а в ассистентку по имени Аннабель, жена же смотрела на него из первого ряда. Потом он вдруг замечал, что ее место пустует, в антракте обнаруживал на зеркале в гримерке слово «прости», написанное ее почерком, ее красной помадой, и брел обратно на сцену, раздавленный, под хлопки и свист зрителей...

Аристов никогда не вмешивался в ход сна. Он спокойно сидел в зрительном зале, оставаясь полузнакомым пятном на периферии зрения и сознания, сохраняя инкогнито, — и уходил, когда ему становилось скучно или ткань сновиденья рвалась, распоротая острыми краями воспоминаний, к которым Аристов закрыл Кронину доступ...

Но вчера что-то внезапно пошло не так. Что-то неправильное происходило со шпрехшталмейстером, он слишком много на себя взял, перетянул на себя весь сон, и он был явно, очевидно *двойным:* в его словах, в его щербатом оскале, и даже в позе его отражался другой человек. И человек этот представлял смертельную угрозу для Кронина по ту сторону сна.

Смерти Кронина Аристов не мог допустить. Никаких сантиментов, никакой стариковской привязанности к ученику — просто чистый расчет: Максим Кронин нужен ему живым.

Так что Аристов впервые нарушил принцип. Вмешался. Он вернул контроль Максу Кронину на несколько жалких секунд, чтобы тот мог спасти свою жалкую шкуру, — и сразу же получил нож под ребра.

Что ж, любуйтесь на результат: остановка сердца, больница, лучший в стране кардиолог не понимает причины.

А причина проста: Макс Кронин великолепен. Даже теперь.

— Как мы себя сегодня чувствуем, Глеб Арнольдович? — Виногорский, лучший в стране кардиолог, по обыкновению своему, прошмыгнул в палату бесшумно и незаметно, словно через одному ему известную больничную щель, и замер в метре от Аристова, беспокойно оглаживая пальцами усы и с насекомой осторожностью оценивая то ли состояние пациента, то ли степень исходившей от пациента угрозы.

— Мы сегодня чувствуем себя превосходно, — Аристов отложил принесенную Силовьевым папку. — Вашими стараниями, доктор.

— А мы что же, забыли, что нам нельзя утомляться? — Виногорский неприязненно зыркнул на ссутилившегося Силовьева и одобрительно — на спящего энкавэдэшника. — Покой и сон — залог нашего с вами выздоровления. Распахиваем халатик...

Виногорский просеменил, наконец, к койке Аристова, пристроился рядом и прислонил к его груди трубочку фонендоскопа, хищно и нежно, как слепень — хоботок. Замер, вслушался в пульсацию крови.

— Превосходно... У нас с вами весьма любопытный случай... — Виногорский закрыл глаза и переместил хоботок в центр груди. — Нарушение ритма и остановка сердца на фоне полного здоровья... Симптоматика повреждения перикарда и кардиальной мышцы... Такую картину часто дает проникающее ножевое ранение...

— На вас напали, товарищ полковник?! — всполошился Силовьев.

— Молчим и не мешаем осмотру! Симптоматика ножевого ранения — но самого ранения нет! Кстати, а это у нас что за старенький шрамик? Интересная форма, напоминает китайский иероглиф «ван».

Хоботок фонендоскопа потыкался в три белесые горизонтальные линии, перечеркнутые посередине одной вертикальной. Силовьев дико скосил глаза на грудь шефа, стараясь не шевелиться и не поворачивать головы.

— Мы владеем китайским языком, доктор? — Аристов с интересом оглядел Виногорского.

— Знаю пару иероглифов. В девятьсот седьмом служил в Маньчжурии фельдшером... «Ван» — знак власти. Китайцы считают, у кого такой знак, с тем рядом смерть ходит. Как бы ни было, Глеб Арнольдович, наши с вами симптомы ушли в течение суток, это прекрасно. — Хоботок переместился чуть выше, к левой ключице. — Но в ближайшую неделю мы выписаться не можем никак. Наблюдение и покой — вот что нам с вами нужно, наблюдение и покой...

— Ну, раз нужно... Я всецело вам доверяю. Вы же личный доктор наркома, не так ли? — Аристов наградил Виногорского одной из самых своих дружелюбных улыбок и отметил, что хоботок беспокойно дернулся. — Раз уж вам удается решать все... пикантные, скажем так, проблемы со здоровьем наркома, и даже не по вашему профилю, то в моем уж случае...

Хоботок резко отлепился от шеи Аристова.

— Откуда вам известны?.. — Виногорский покосился на спящего энкавэдэшника и покрывшегося испариной Силовьева и не закончил фразу.

— Откуда *нам с вами* известны симптомы, тревожащие наркома? — Аристов запахнул халат и свесил голые ноги с кровати. — Так ведь вы же сами мне вчера рассказали, пока снимали кардиограмму, не помните? Я напомню. Вы сказали, он подхватил кое-что. Эх, все беды от женщин, верно?.. И теперь он через день приезжает на процедуры. Значит, завтра снова приедет. Так?

Виногорский отошел от койки Аристова на пару шагов, пригладил усы и замер, как насекомое, почуявшее опасность и притворившееся мертвым, но готовое укусить.

— Я не разглашаю информацию о моих пациентах.

— Вот и славно! — Аристов отхлебнул отвара бессмертника, довольно причмокнул и положил принесенную Силовьевым папку себе на колени. — Я вас не прошу мне больше ничего разглашать.

Я прошу вас о маленьком одолжении, доктор. Когда завтра у вашего *пациента* закончится процедура, я хотел бы с ним переговорить. Очень коротко. Лично. Вопрос государственной важности. Это ясно?

Не дожидаясь ответа, Аристов деловито погрузился в изучение бумаг, словно сидел за дубовым столом в своем кабинете в костюме и галстуке, а не здесь, свесив с койки худые волосатые ноги.

Виногорский облизнул усы сухим языком и едва заметно кивнул:

— Посмотрим, что мы с вами сможем завтра сделать... для государства.

ГЛАВА 8

№ 79

Из протокола допроса свидетеля, майора Бойко С. М.

Допрос провел полковой уполномоченный ОКР СМЕРШ 381-й дивизии (Дальневост. фронт) Рябышев В. И. 23.08.1945

Бойко Сергей Михайлович, 1905 г. р., уроженец города Ворошилов, командир 7-й десантной роты 783-го стрелкового полка 381-й дивизии (15 арм., Дальневост. фронт). Временный гарнизон в г. Лисьи Броды.

Вопрос: Майор Бойко, вы 19 августа руководили операцией по захвату японской военной лаборатории «Отряд-512»?

Ответ: Так точно.

Вопрос: Итоги операции?

Ответ: Я все указал в рапорте.

Вопрос: Для нас повторите.

Ответ: При захвате ранены двое моих бойцов, один убит, с японской стороны потери составили 12 человек убитыми, из них четверо зарезали себя сами, чтобы не сдаться в плен. Несколько японцев, от 7 до 10, точнее сказать не могу, прорвались через оцепление и сбежали на двух грузовиках. С собой они увезли подопытных пленных, около 12 человек. А также подопытных животных: волка, собак и лисиц.

Вопрос: Почему упустили японцев? Почему не отбили пленных? Провалили операцию!

Ответ: При всем уважении, лично я считаю операцию успешной. Мы потеряли только одного бойца при захвате, враг — больше половины состава. Да, нам не удалось отбить пленных и захватить «Отряд-512» в полном составе, но в этом нет ни моей вины, ни моих ребят. Я неоднократно сообщал командиру полка о готовности к операции, однако дата захвата несколько раз откладывалась.

Вопрос: Майор Бойко, вы утверждаете, что виноват командир полка?

Ответ: Я не это хочу сказать.

Вопрос: А что же?

Ответ: В день, когда мы, наконец, получили приказ к наступлению, враг уже был предупрежден. Мы с ребятами сработали чисто и сделали, что могли, по максимуму, несмотря на обстоятельства и плохие погодные условия, проливной дождь. Следуя приказу, мы начали операцию по захвату лаборатории «Отряд-512» в 18:00. Когда я со снайпером Тарасевичем и с группой ребят расположился в кустарнике на холме, японцы на территории лаборатории уже жгли бумаги в бочках из-под горючего и заканчивали погрузку оборудования, я видел в бинокль.

В 18:10 капитан Деев, следуя нашему плану и моему приказу, рискуя собственной жизнью, тайно проник на территорию «Отряда-512» через ограждение. С ним была группа из трех бойцов. Они устранили часовых, открыли ворота территории и подали нам сигнал из ракетницы. В это же время снайпер Тарасевич успешно уничтожил вражеского пулеметчика. В 18:15 я с ребятами вошел на территорию лаборатории. Нами была захвачена пулеметная вышка, у них там был станковый «Тип 92». Мы открыли огонь по врагу из ППШ и пулемета. Но они уже погрузили и оборудование, и пленных! Они были готовы, знали, что мы идем!

Вопрос: Пленные у них кто, китайцы?

Ответ: В основном там были женщины китайской наружности, но и несколько славянских парней, если я правильно разглядел. Все сильно заросшие, босиком и в больничных робах. Двоих японский офицер пристрелил на месте за медлительность, они остались валяться в луже, в грязи. Одна пленная была одета не как остальные, в прорезиненный плащ с капюшоном. Лица не видел. Мне показалось, я видел выбившуюся светлую прядь. Ее с черного хода вывел японец в форме капитана и со старинным мечом.

Вопрос: С каким мечом?!

Ответ: С самурайским старинным мечом, а огнестрела при нем вообще не было, ну то есть совсем психованный. Но мечом владел виртуозно, одного из наших тяжело ранил. Я в этого самурая из ТТ стрельнул, но тот как будто прям мечом заслонился, короче, меч-то я выстрелом выбил, но сам он в грузовик прыгнул и женщину уволок... Ну, в общем, двум грузовикам удалось покинуть территорию лагеря. Я лично открыл по ним огонь с вышки из пулемета, но закончилась лента.

Вопрос: Что вы нашли в здании?

Ответ: Ну я ж писал в рапорте. В лаборатории нами были обнаружены медицинские инструменты и приборы неизвестного назначения, частично сожженные медицинские записи на японском языке, несколько фотографий, а также трупы замученных подопытных. Один подопытный был найден раненым.

Вопрос: А деньги, ценности?

Ответ: Не понял вопрос.

Вопрос: Майор Бойко, были ли вами или кем-то из ваших людей обнаружены и присвоены деньги либо ценные вещи в захваченном «Отряде-512»?

Ответ: За кого вы нас принимаете? И какие там, по-вашему, ценности? Это вам замполит-крысеныш наплел? Груду трупов мы там обнаружили!

Вопрос: Подробней.

Ответ: Совместно с капитаном Деевым, лейтенантом Гореликом и сапером Ерошкиным я вошел в лабораторный корпус. К тому времени мои бойцы уже осуществили захват корпуса. Там был полный разгром. На полу — три убитых японских офицера. Под одним из трупов — динамо с проводом. Провод вел к приоткрытой двери и далее вниз по лестнице в подвал. В подвале электроосвещение на последнем издыхании: лампы трещат, мигают. По проводу мы пришли к грозди взрывателей, подсоединенных к фугасам, у япошек все было готово к подрыву. Сапер Ерошкин успешно перерезал провод. Мы стали обходить подвал по периметру и обнаружили разбитые колбы и пробирки, три фотографии, а также...

Вопрос: Что на фотографиях?

Ответ: Так я ж приложил их к рапорту.

Вопрос: Отвечайте на поставленный вопрос.

Ответ: На одной была лисица в вольере с разрубленным надвое хвостом, на другой двое людей в белых халатах и противогазах осматривают покойника. Третий снимок — старая черно-белая фотография в картонной рамке, на заднем плане пожилой японский морской офицер при орденах, рядом с ним пожилая женщина в кимоно, на переднем плане двое молодых людей, один тоже в форме ВМФ, второй — в кителе без знаков различия. Мне показалось, что это тот самый самурай из лаборатории, только чуть младше. На обороте написано иероглифами.

Вопрос: Что написано?

Ответ: Я по-японски не читаю. Нашли под кого копать.

Вопрос: Что еще в подвале?

Ответ: В центре помещения — четыре мертвых японца в белых халатах поверх формы, со вспоротыми животами, чтобы мы их не взяли в плен. Вдоль стен — вольеры. Одни распахнутые, пустые, в других валялись трупы животных: мертвые крысы, кошки, собаки, один мертвый тигр, две мертвые лисы. Когда мы дошли до самого большого вольера, освещение окончательно вырубилось. Мы включили фонари — и тогда увидели, что в этом вольере мертвые люди.

Вопрос: Сколько людей?

Ответ: Трудно сказать. Они лежали грудой. Все — голые, изможденные, с многочисленными ранениями. У всех — дырка контрольного выстрела над переносицей. И у всех очень длинные, отросшие ногти и волосы, у мужчин — бороды. Но в основном там были женщины. Тяжелое зрелище. Мы с ребятами повидали на войне многое, но такого... Нам там прямо нехорошо стало. Мы с Гореликом и Ерошкиным отошли, а Деев остался — и груду эту разворошил. И назад меня зовет: смотри, говорит, тут один еще дышит. Я смотрю: мужчина, славянской наружности, неопределенного возраста, длинные кривые ногти на руках и ногах, сильно заросший. На лбу — только глубокая царапина: прошло по касательной. Но состояние крайне тяжелое: пулевые отверстия в животе, в правой части груди и в ноге. Я раны осмотрел: не жилец, легкие пострадали и печень.

Вопрос: Но в рапорте вы указали, что подопытный пленный сбежал.

Ответ: Так точно.

Вопрос: В крайне тяжелом состоянии сбежал не жилец?!

Ответ: Да.

Вопрос: Объясните?

Ответ: Да я и сам бы хотел понять. Но он просто взял и... самостоятельно выбрался, то есть, вернее, выпрыгнул из груды трупов. Я абсолютно уверен, что тяжесть его ранений была такова, что он никак не мог совершать активные действия. Тем не менее он их совершал. Сначала он сел на корточки. Руки между колен опустил, как, знаете, собаки сидят. А потом как прыгнул. В прыжке Дееву щеку оцарапал, когтем своим, до крови...

Вопрос: Вы рассчитываете, что мы поверим в эти небылицы?

Ответ: Не знаю, что за опыты японцы там с ним проводили, но это правда. Спросите лейтенанта Горелика, он подтвердит.

Вопрос: Спросим, всех спросим. Так что же, тяжелораненый прыгнул, как собака, оцарапал бойца Красной Армии когтем — и?

Ответ: Капитан Деев выпустил по нему очередь из ППШ.

Вопрос: Красноармеец стрелял по раненому подопытному славянской наружности, которого японцы держали в плену?!

Ответ: Деев был в шоке. Если бы вы видели то, что видели мы... Я прошу заметить, что действия капитана объясняются состоянием аффекта, он один из моих лучших бойцов. Я скомандовал ему отставить, сказал, стрелять нужно по врагам. Капитан Деев немедленно подчинился. Но подопытного он спугнул. Тот побежал вверх по лестнице, быстро, на четвереньках. Мы бросились за ним, но догнать не смогли. Когда мы выскочили во двор, его уже не было.

Вопрос: Уточним. Ранненый в легкое и печень истощенный человек побежал от вас на четвереньках, и вы не смогли его догнать, так, майор Бойко?

Ответ: Так точно. Я не понимаю, как такое возможно, чисто физически. Он был ранен, смертельно ранен, но крайне активен.

Вопрос: А на следующее утро капитан Деев пропал из Лисьев Бродов и вместе с ним — четверо бойцов?

Ответ: Да.

Вопрос: Куда он делся?

Ответ: Я написал в рапорте. Я не знаю.

Вопрос: Он отбыл, выполняя ваш приказ, майор Бойко?

Ответ: Нет. Я не отдавал ему никаких приказов. Он отбыл самовольно.

Вопрос: Вы допускаете, что капитан Деев — вражеский шпион?

Ответ: Нет. Капитан Деев — один из моих лучших ребят.

Вопрос: Выходит, вы не контролируете своих ребят? Отвечайте на вопрос, майор Бойко. Как вышло, что один из лучших ребят, прихватив еще четверых хороших ребят, без вашего ведома исчез в неизвестном направлении?

Ответ: Насколько я знаю Деева... Я думаю, он хотел исправить свою ошибку.

Вопрос: Какую ошибку?

Ответ: С подопытным пленным, которого он спугнул. Может быть, он решил его разыскать. Своими силами. А дальше — с ребятами что-то случилось. Я жду от командира полка отмашки, чтобы организовать поисковую операцию.

Вопрос: Ничего ты не дождешься от командира полка. Сиди ровно теперь. Это дело СМЕРШ берет на особый контроль. Все понятно?

Ответ: То есть... вы лично, что ли, будете заниматься?

Вопрос: Бери выше. Из ОКР по дивизии к вам приедут. Капитан Степан Шутов. Слыхал про такого?

Ответ: Не доводилось.

Вопрос: Догадываешься, что он с тобой сделает, когда ты ему эту сказку свою расскажешь?

Ответ: Сразу к стенке?

Вопрос: Не сразу. Сначала он душу из тебя вынет, майор.

С этого места стало неинтересно: шантаж, угрозы, топорные провинциальные методы. Полковник Аристов отложил протокол допроса майора Бойко, взял из папки одну из фотографий и мечтательно откинулся на смятую больничную подушку. Черно-белый парадный снимок в картонной рамке, на заднем плане пожилой высокомерный морской офицер при орденах и сухая женщина в кимоно и с белым лицом, на переднем — двое юных японцев, один в форме офицера ВМФ, второй в кителе без знаков различия. На обороте — каллиграфические столбцы японских иероглифов.

Аристов пробежал их глазами и улыбнулся, хищно и возбужденно, уголком рта. Хорошо, что языки давались ему легко, и чернильные насекомые лапки чужих древних знаков покорно складывались под его взглядом в осмысленный текст:

«Ояма-сан, сын мой. Со скорбью и гордостью сообщаю: твои отец и брат пали смертью воинов. Они погибли в Нагасаки от взрыва бомбы. Тем утром они были на торпедном заводе «Мицубиси», и бомба взорвалась совсем рядом. Огонь, забравший их, был жарче погребального костра на кладбище Окуно-Ин. Говорят, там сгорело все, что могло гореть, и во всем Нагасаки не осталось целых домов. Говорят, взрыв был ярче тысячи солнц, а столб дыма поднялся выше самых высоких гор. Десятки тысяч погибли сразу, но тысячи продолжают умирать и теперь, перед смертью теряя разум и человеческий облик.

Но я не плачу, сын. Я верю в «Отряд-512» и в «Хатиман» — твое великое дело. Настанет день, и ты создашь воинов, несущих смерть и неуязвимых для смерти. И да свершится возмездие».

ГЛАВА 9

Приграничная территория у озера Лисье.
Конец августа 1945 г.

В закатном небе, путаясь в кровянистых мотках облаков, тяжело кружили гуси, утки и лебеди, то и дело с хриплыми стонами пикируя вниз и чуть не задевая крыльями головы бредущих через заливной луг Флинта и Кронина.

Раз спустившись, обратно птицы уже не взлетали, а вяло бродили, поклевывая что-то в пожухлой траве, меж отражавших закат молочно-розовых лужиц и ручейков, которые, сплетаясь и расплетаясь, утекали к воспаленному горизонту, к еще не видимой, но уже ощущаемой близко большой воде.

— Почти дошли, — Флинт вяло махнул рукой. — Лисье озеро. На том берегу — Маньчжурия.

Он что-то хотел добавить, но передумал и замолчал, экономя силы. Покрытый испариной лоб казался мертвенно-бледным, особенно по контрасту с густой, чернявой многодневной щетиной.

— Да что за... ч-черт? — Кронин споткнулся о неподвижную птицу и остановился. Весь луг впереди, сколько хватало взгляда, был усеян лежавшими в траве гусями, лебедями и утками — не ранеными, не подстреленными, а просто мирно дремавшими. Одни слегка шевелились, другие не двигались вовсе. Упитанный гусь, сонно пасшийся меж отдыхавших товарищей, склевал пару зерен ячменя, мутно глянул на Кронина и, пьяно пошатнувшись, пристроился спать в мелкой луже.

Кронин нагнулся к гусю, извлек из приоткрытого клюва недоклеванное ячменное зернышко и понюхал:

— Водярой шибает.

— Водяра и есть, — отозвался Флинт равнодушно. — Китайская. Ханшин называется Птица бухает, кемарит, ее собирают и на балочку волокут. Такой метод.

— Хороший метод, — Кронин вытащил нож, собираясь прирезать гуся.

— Нельзя, — ощерился Флинт. — Не ты заначил, не тебе брать.

— Решил меня понятиям поучить? — Кронин бережно взял гуся за голову, примериваясь, куда нанести удар. — За браконьеров местных впрягаешься?

— За тебя впрягаюсь, — прохрипел Флинт, но сквозь хрип в голосе вдруг прорезались властные нотки. — Учу — спасибо скажи.

Шепятничать тут нельзя. Чужую птичку разок отвернешь — считай, порчушка. Может, и не запорют, но уважать не будут тебя мои кореша, через границу не поведут...

Немного помедлив, Кронин молча убрал нож и отбросил гуся. В тот же момент послышался выстрел, и к ногам Кронина шмякнулась, забрызгав штанину кровью, подбитая утка.

— А вот и «кореша» твои... — прищурившись, Кронин посмотрел на вышедшую из зарослей кустарника, тянувшегося слева вдоль луга, компанию азиатов с корзинами и холщовыми мешками, явно предназначенными для сбора урожая бухих птиц, и с висящими за плечами «зауэрами». Китаец, шедший впереди без корзины, остановился и прицелился в Кронина и Флинта из ружья. Остальные, последовав его примеру, сложили мешки и корзины на землю и тоже вскинули ружья.

— Да уж не твои... — напряженно процедил Флинт и приветственно сложил руки перед грудью: ладонью правой руки обхватил сжатую в кулак левую и слегка кивнул. — Сложи-ка руки, как я.

— Я им не клоун.

— Не тяни фазана! — прошипел Флинт. — Руки, Циркач! Кивни!

Поморщившись, Кронин неохотно сложил перед грудью руки и отвесил китайцам ернический, почти шутовской поклон. Флинт, впрочем, остался доволен:

— Вот так. Пойду теперь с ними побалакаю.

— Дохлый номер, Флинт...

— Ты здешние понятия знаешь? — ощерился Флинт. — Я — да. Ты здесь гастролер, я — пахан. Стой тут. Резких движений не совершай.

Застыв на месте, Кронин смотрел, как Флинт на деревянных ногах, напрасно пытаясь изобразить непринужденную походку вразвалочку, приблизился к банде. Теперь двое азиатов целились в него, остальные по-прежнему держали на мушке Кронина. Флинт начал говорить, все больше возбуждаясь и жестикулируя, явно что-то доказывая, но это не возымело эффекта: позы и лица китайцев оставались такими же агрессивными. Раздосадованный, Флинт зэковским движением порвал на груди рубаху.

— Идиот, — Кронин на несколько секунд отвернулся, чтобы не видеть постыдной сцены.

Когда он снова взглянул на банду, диспозиция изменилась. Китайцы больше не целились ни в него, ни во Флинта, а вместо этого с вежливым интересом рассматривали оголенную грудь вора. Затем один из бандитов тоже распахнул на груди рубаху, обнял Флинта и сделал Кронину приглашающий знак рукой.

— Товарищ мой с зоны, — Флинт указал на приблизившегося Кронина.

Китайцы озарились вежливыми улыбками и закивали, как глиняные болванчики.

— А это Веньян, братан мой. Не сразу меня признал, — Флинт подмигнул Кронину и глянул на китайца в распахнутой рубахе, с круглым гладким лицом, исчерканным тонкими лучами морщинок.

— Можно просто Веня, — довольно чисто, споткнувшись только на звуке «р», представился китаец.

На безволосой его груди красовался такой же, как и у Флинта, крестообразный маленький шрам.

ГЛАВА 10

Москва. Кремлевская больница на Воздвиженке.
Август 1945 г.

Больничный этаж был непривычно пуст, на время визита наркома объявили санобработку. Только Аристов, в парадной рубашке и при галстуке, с пухлой папкой под мышкой и с капсулой темной жидкости в потной ладони, прохаживался в дальнем конце коридора (подойти ближе не разрешили), да шестеро здоровенных старлеев НКГБ — четверо у закрытой двери кабинета, двое у выхода на лестницу — дежурили вот уже часа полтора, с пустыми лицами и с табельным оружием в расстегнутых кобурах, передвинутых на живот.

Наконец дверь открылась. Круглые стекла очков без оправы блеснули из-за плеча одного из старлеев — и тут же скрылись за мощными спинами. Преданными черными пешками шахматно обступив наркома с четырех сторон, старлеи повлекли его к выходу, в противоположную от Аристова сторону; доктор Виногорский замыкал шествие.

Это было не по плану. Совсем не по плану. Виногорский обещал переговорить с наркомом и пригласить Аристова в кабинет по окончании процедуры... Аристов дернул уголком рта — и рысцой устремился за удалявшейся свитой.

— Подождите! Я полковник Аристов! — привычным движением он на ходу вынул из кармана брюк корочку, раскрыл и потряс в воздухе. — У меня срочная информация для наркома!

Старлеи напряглись и замедлили шаг, те двое, что стояли на входе, положили руки на кобуру. Меж спин мелькнул щекастый горбоносый профиль с пижонским кругляшом очков. Секундная заминка — и доктор Виногорский остался на месте, нарком же и его свита решительно миновали охранников, которые, пропустив их, тут же преградили выход для Аристова.

— У меня к наркому дело союзного значения! — потрясая удостоверением, Аристов двинулся было вперед, но старлеи не расступились, а напряглись еще больше. Один из них, оставив правую руку на кобуре, левую почти нежно положил полковнику на плечо:

— Товарищ полковник. Сделайте шаг назад.

— Да как вы... смеете?! — Аристов стряхнул с себя руку, но на шаг отступил. — А вы?! — он в ярости уставился на Виногорского. — Мы же с вами договорились! Вы должны были меня к нему провести!

— Прошу прощения, — Виногорский беспокойно огладил усы. — Во-первых, нет никаких «нас с вами». Во-вторых, я не знал ситуации. Оказалось, товарищ маршал ужасно занят.

— Мне нужно десять минут его времени! Хорошо, не сегодня. Завтра?

— Боюсь, товарищ маршал не может тратить десять минут на каждого, кто желает с ним говорить...

— Я не каждый! У меня есть основания считать, что Советский Союз может стать обладателем биологического оружия небывалой разрушительной силы!

— Глеб Арнольдович, — Виногорский доверительно взял Аристова за локоть, вежливо побуждая отступить от охраны еще на шаг. — Боюсь, я ничего не могу для вас сделать. Почему бы вам после выписки не явиться к наркому с докладом? Если вы, конечно, по-прежнему вхожи в его кабинет...

— Вы же умный человек, доктор, — Аристов попытался поймать взгляд Виногорского, но глаза у того бегали, как ошпаренные прусаки-тараканы. — Это у них... — Аристов презрительно кивнул на старлеев, — значок ГТО вместо мозга. Но вы. Посмотрите мне в глаза, доктор. Разве вы не понимаете логику момента?

— Глеб Арнольдович. Я боюсь, это вы недопонимаете логику... вашего момента...

Аристову удалось, наконец, перехватить взгляд Виногорского: испуганные тараканы застыли.

— Я не должен этого говорить... — не мигая, монотонно произнес Виногорский. — ...Но Лаврентий Палыч не будет с вами встречаться... ни завтра, никогда... И министр вас тоже не примет... На вас уже готово... Стоп! — Виногорский резко встряхнул головой, отвел глаза и принялся тереть рукой висок. — Вы, Аристов, свои эти штучки бросьте!

— Какие штучки, доктор? — невинно переспросил Аристов, внимательно разглядывая руку собеседника.

Под чуть задравшейся манжетой медицинского халата на запястье виднелся браслет из тонкой кожаной тесьмы, с болтающимися крохотными глиняными фигурками африканских божков, дырявыми камешками, разноцветными узелками и деревянными пуговками с выжженными на них иероглифами и рунами.

— Верите в обереги, доктор? Я думал, вы — человек науки.

— Мои пациенты постоянно расширяют мои научные горизонты, — Виногорский быстро одернул рукав. — Особенно такие, как вы.

— Какой же — я?

— Вы мамонт, Глеб Арнольдович. Под Дзержинским еще начинали. С Бокием работали, с Блюмкиным. Столько видели, столько знаете, столько умеете... Таких, как вы, считай, не осталось. Перестреляли всех мамонтов.

— Перестреляли бизонов, доктор, — любезно уточнил Аристов. — Мамонты сами вымерли.

— Уверен, вы найдете для себя правильный выход, — Виногорский улыбнулся, наслаждаясь двусмысленностью фразы. — Как врач я больше не вижу необходимости в вашем пребывании в стационаре. Я выпишу вам дигоксин, но это необязательно. Покой, вот что важно. Надеюсь, вам будет обеспечен полный покой.

— В расход меня, значит? — Аристов прищурился и уставился Виногорскому в переносицу. — По-вашему, это так просто?

Врач опустил глаза и неопределенно дернул плечом.

— Семь, — тихо сказал Аристов.

— Что «семь»? — удивился Виногорский и непроизвольно взглянул Аристову в глаза.

В этих глазах Виногорский увидел ледяное зимнее небо. То самое небо, что нависнет спустя семь лет над его могилой... В этих глазах он увидел серую бетонную стену. Ту самую стену, по которой расползется узор из его теплой крови. В этих глазах он увидел жидкий свинец. Тот самый свинец, из которого через семь лет будет вылита предназначенная ему пуля. Эти глаза смотрели ровно туда, куда войдет эта пуля. В переносицу...

Виногорский мотнул головой, пытаясь стряхнуть наваждение, но свинцовое небо держало, не отпускало...

— Я сейчас сосчитаю от семи до нуля, Виногорский. Я сейчас сосчитаю те годы, что вам остались. Вам будет страшно, очень страшно, пока я считаю. Но когда я произнесу «ноль», вы забудете. Вы не будете знать, что те, кому вы прислуживаете, поставят вас к стенке. Вы не будете знать свое будущее — поэтому не сбежите. А я знаю свое. Поэтому я сбегу.

ГЛАВА 11

Мы плывем по черной воде к границе миров, мой спутник и я. Мы плывем из мира живых в мир мертвых через смрадный туман. Он рождается из нашего дыхания, этот смрад. Мы плывем. Мы пахнем лежалым мясом убитых птиц.

Нас везет паромщик с круглым, желтым лицом. У него нет возраста, но много имен. В узких прорезях его глаз тлеют красные угольки. У границы миров он бросает весла, мы качаемся на воде. Он, наверное, ждет навлон — оплату за наш проезд. Он спокоен. Он ждет от меня монету. Из тумана слышен нарастающий стук.

Я ощупываю свой рот языком — монета должна быть здесь. Мертвецам ведь дают монету с собой, чтобы на границе они могли заплатить. Но монеты нет. Вместо монеты во рту у меня почему-то стебель бамбука.

Я знаю: раз у меня нет монеты, я должен его усыпить. Спеть ему колыбельную. Понятия не имею, откуда мне известны слова: они просто всплывают в голове, как будто поднявшись со дна взбаламученной черной воды.

Баю-бай, засыпай, детка,
Я с тобой посижу.
Если ты не уснешь, монетку
В руку тебе вложу.

Я должен петь громко, но стебель во рту мне мешает. Паромщик тянется рукой к моему лицу — но что-то его отвлекает, и он смотрит в туман. Потом встает на ноги и кланяется кому-то, кто сильнее его. И произносит:

— Я очень рад видеть моих друзей.

— Что везем? — обращаются к нему из тумана.

И он говорит:

— Как всегда.

В этот момент мой спутник сдавленно, с присвистом, кашляет, и я просыпаюсь под грудой убитых птиц.

Граница между СССР и Маньчжурией. Озеро Лисье.
Начало сентября 1945 г.

Патрульный катер с тремя вооруженными погранцами вынырнул из тумана и подплыл вплотную к моторке Вени. Тот незаметно ткнул локтем в бок своего помощника, молодого китайца, и озарился такой утрированно-солнечной улыбкой, что лучики морщин на его желтом лице, казалось, вот-вот порвут растянутую донельзя кожу.

— Я очень рад видеть моих друзей, — Веньян отвесил поклон советским погранцам в темно-синих бушлатах.

Молодой помощник протянул им бутылку гаоляновой водки. Те нагловато-расслабленно, сытыми хищниками, взирали сверху вниз на китайцев и их подношение с более высокого борта; наконец один из патрульных, нагнувшись, молча принял подарок. Второй посветил в лодку контрабандистов: фонарик выхватил из темноты и тумана груду гусей и лебедей с противоестественно вывернутыми шеями.

— Что везем?

— Как всегда, — Веня старательно сморщился в гримасе стыда.

В тот же момент груда мертвых птиц отчетливо содрогнулась и из глубины ее послышался сдавленный, с присвистом, кашель — как будто в приступе зашелся убитый гусь. Окаменев лицом, Веня выхватил из-за пояса нож. Патрульные тут же вскинули автоматы.

— Ай-ай-ай, птички мои бедные, недобитые...

Напевно сокрушаясь, Веня рванул к груде и принялся кромсать ножом птичьи туши. Гневно зыркнул на молодого помощника:

— Сколько раз тебе говорил: проверять товар, добивать, чтоб не мучились! Природа хорошая, она щедро дает, у природы много берем!..

Помощник виновато ссутулился в ожидании подзатыльника.

Продолжая лопотать, Веня выхватил несколько исполосованных птичьих тушек из кучи, сделал знак молодому, чтобы тот последовал его примеру. Вдвоем они поволокли тушки к патрульному катеру.

— ...У природы берем, но природу мучить нельзя, надо добивать обязательно... Вот, возьмите, друзья, что нам природа дала...

Погранцы, приспустив автоматы, обалдело переводили взгляд с подозрительной кучи на протянутые новые подношения.

— Ладно, Сунь-хуй-в-чай. Давай сюда свои дары леса. И водки еще давай. А пушнина есть?

Когда груженный дичью патрульный катер, вспенив темную, чуть тронутую ржавчиной рассвета водную гладь, занырнул в туман, молодой китаец вернулся к штурвалу моторки, а Веньян убрал с лица клоунскую улыбку, просеменил к груде птиц и прошипел зло:

— Псы ненасытные! Все им мало! Дашь палец — поглощают руку...

— Во бу минбай! Дуйбутси! — перекрикивая шум мотора, возопил молодой. Он чувствовал себя все более и более виноватым в каком-то неведомом, но явно очень большом грехе.

Веньян отмахнулся и разгреб груду с дичью. Под птичьими тушами скрючились Флинт и Кронин с бамбуковыми трубками для дыхания во рту.

Кронин выплюнул трубку, поднялся, стряхнул с себя перья и полной грудью вдохнул. Туман был свеж: мельчайшая взвесь заповедной живой воды.

Флинт продолжал сидеть среди трупов гусей и уток, сам точно птица, зябко нахохлившись, с заострившимся носом и синевой вокруг рта. С натугой и часто втягивал в себя воздух, как будто он был гуще, чем надо. Как будто Флинт так и остался в кронинском сне и дышал ядовитыми испарениями мертвой реки.

Китаец Веня присел на корточки рядом с вором и расстегнул на себе рубаху. Коснулся пальцем своего иксообразного шрама, потом дотронулся до того места на тощей груди Флинта, где под бушлатом скрывался точно такой же шрам. Вор тут же закашлялся, как будто прикосновения было достаточно, чтобы ему стало хуже, и выхаркнул алый сгусток на рябое крыло гуся.

— Я рад, что братан мой свободен и вернулся в эти края. Но я печалюсь, что болен мой братан, — китаец извлек из кармана маленький тряпичный мешочек и вынул из него корень, похожий на фигурку кургузого человечка с тремя ногами. — Вот жэньшэнь, исцеляющий хвори. Хороший жэньшэнь, он стоит дороже золота, но я не стану его продавать, я лучше отдам его братану моему.

Веня протянул корень Флинту.

Тот принял дар и кивнул в знак благодарности:

— Спасибо, братан. Вот только от лихого человека корешок не спасет. Мне бы волыну...

Китаец поднялся и коротко окликнул молодого помощника. Тот оторвался от штурвала, подошел и склонил голову в глубоком кивке. Веньян приказал ему что-то по-китайски. Тот тихо залопотал в ответ, уставившись себе под ноги, хоть и робко, но явно возражая. Лучистая, круглая физиономия Вени вдруг исказилась гримасой ярости. Он заорал на подчиненного по-китайски; тот молча слушал, опустив глаза, сжав губы и коротко кивая.

— Чего шипит? — шепотом поинтересовался Кронин, кивнув на Веню.

— Понятиям сявку учит, — вслух ответил Флинт. — Про братанов. Мой братан — твой братан, говорит. Братану, говорит, что попросит, все дай. С братаном, говорит, раны сделали на груди, пальцы макнули, смешали кровь теплую и слизнули... Клятва верности у них такая, сечешь? На всю жизнь. Мы с Венькой двадцать лет назад побратались. Когда рыжий песочек тут через границу возили...

...Наученный понятиям, «сявка» сдернул с плеча ружье и с вежливым кивком протянул его Флинту. Веня умолк, из состояния бешенства мгновенно вернувшись к свойственной ему благостной созерцательности.

— Венька! Век не забуду... — Флинт нежно погладил ствол.

— Еще подарки для моего братана и друга моего братана! — Веньян сделал знак молодому, и тот притащил кожаную баклагу с водой, заткнутую кукурузной кочерыжкой, две стеганых куртки взамен истертых и грязных лагерных бушлатов и два вещмешка с провизией, после чего вернулся к штурвалу.

Еще с полчаса моторка прыгала по волнам, с треском пропарывая плотную белую пустоту. Наконец из кокона тумана явилась нежная бабочка маньчжурского берега: низкорослые дубы и сосны на мелких сопках, голым боком песчаных склонов спускающихся к воде, и пушистые островки тростника и осоки на мелководье, затянутом молочно-розовыми пенками рассветного неба.

— Маньчжурия, — Веньян с гордостью обвел рукой берег. — Природа щедро дает.

Кронин первым соскочил с лодки и двинулся к берегу через осоку, по колено в воде. Обернулся, почувствовав на спине холодок недружелюбных, пристальных взглядов — будто вскарабкалось к затылку вдоль позвоночника ядовитое насекомое. Флинт стоял в воде рядом с лодкой, Веня что-то ему втолковывал по-китайски; оба смотрели на Кронина. Молодой китаец тоже смотрел — с удивлением и опаской. Флинт внимательно выслушал братана и что-то коротко, тихо ответил.

— О чем базарите? — Кронин в упор взглянул на Веньяна, тот отвел глаза и вежливо улыбнулся.

— Мой братан говорит, с тобой рядом ходить опасно, — перевел Флинт. — Оставайся, говорит, с нами.

— А ты?

— А я тебе дал слово вора.

ГЛАВА 12

Маньчжурия. Лес у озера Лисье.
Начало сентября 1945 г.

Лиза остановилась, отдышалась, поправила на шее цепочку с круглым кулоном и понюхала у себя под мышкой. Ей нравился собственный запах. Но еще больше ей нравился терпкий запах лесной богини. Когда богиня потела, она пахла прелой землей, смолой и, сильней всего, можжевельником. Прикрыв чуть раскосые глаза и раздувая ноздри, Лиза уткнулась лицом в синюю гроздь шишкоягод, потом лизнула одну из ягод кончиком языка и привязала красную ленту к можжевеловой ветке. Прошла босиком по изумрудному, хрусткому, присыпанному сухими иглами мху к алтарю храма Отшельницы-Лисицы. Чугунный колокол, подвешенный к крепившемуся на четырех столбах навесу, болтался на ветру, издавая траурный звон. Она воскурила благовонные палочки, воткнула их в глиняную чашку с пеплом и поставила на жертвенный пень, а рядом с деревянной фигуркой крылатой лисы положила подношение — мертвого петуха. В прошлый раз Лиза привела сюда дочь, чтобы Небесная Ху-Сянь убедилась: ребенку нужна помощь, и срочно. Тогда они принесли для Ху-Сянь гусыню, и Настя спросила: «Неужели небожителям нравится есть дохлых птиц?» Лиза засмеялась и сказала: «Думаю, нет. Но когда мы приносим небожителям подарки, они становятся к нам добрей». На самом деле она не была в этом так уж уверена. Ни в прошлый раз, ни теперь.

Таежный лес, тянувшийся по сопкам вдоль озера Лисье, уже подернулся мутной ряской вечерних сумерек, и тонкие витиеватые струйки дыма тянулись от рыжих огоньков на кончиках курительных палочек к темнеющим хвойным лапам, к можжевеловым ягодам, к напряженным соскам на Лизиной обнаженной груди и к ее золотому кулону.

Она опустилась перед алтарем на колени, горячо зашептала по-китайски, потом на всякий случай повторила по-русски:

— Я принесла тебе еду, о Небесная Лисица Ху-Сянь. Ты вознеслась, но я молю, будь милосердна к стаду живых! Особенно к моей дочери Насте, ей скоро семь. Обереги ее, не дай умереть, она всего лишь...

Лиза вдруг замерла и насторожилась, прислушиваясь, как встревоженный зверь. Не рискуя встать в полный рост, на четвереньках отползла за можжевеловый куст. Спустя минуту к поляне выбрели двое бородатых мужчин с вещмешками, в стеганых куртках. Их лица в сумерках казались нечеткими, но по движениям, позам и голосам было ясно, что один из них слаб и болен, а другой полон жизни.

— Стой, сил нет... — Слабый прислонился к низкорослой сосне. — Дай пить... — его голос почти утонул в хрусте бодрых шагов второго, сильного.

Сильный остановился, снял с пояса баклажку, сделал короткий глоток сам, остаток протянул Слабому. Тот жадно прильнул к горлышку — как будто надеясь этой водой напитать свою иссушенную болезнью и усталостью плоть. Сильный молча оглядел Слабого, потом сказал:

— Границу мы с тобой еще утром перескочили, Флинт. Выполняй уговор. Скажи, где мне искать Лену?

— Не бзди, Кронин, — прошелестел Слабый. — Дойдем до ведьминой фанзы, чифирнем — тогда расскажу.

— А если не дойдешь?

— Мое слово железное. Фанза рядом уже. Дойду.

— Это ж двадцать лет назад было, Флинт! А если нет давно никакой фанзы, а ведьма сдохла твоя давно, как ее хули там звали!..

— Хулидзин ее зовут. Она сдохнуть не может. Ведьмы вечно живут.

— Как будто звон похоронный... Слышь? — Сильный приблизился к кумирне, потом шагнул к зарослям, за которыми пряталась Лиза, потрогал разноцветные тряпицы и ленты, привязанные к можжевеловым веткам, снова отошел к алтарю. — Что за хрень тут?

— Типа церкви у косоглазых. Они здесь молятся, — Слабый завороженно уставился на курящиеся свечи.

— Молятся пню? — Сильный потянулся рукой к фигурке крылатой лисы.

— Не трожь! — Слабый перехватил руку Сильного. — Шепятничать в кумирне нельзя. Плохая примета.

— А что в кумирне можно? — насмешливо спросил Сильный.

— Сказал же тебе: молиться. Еще тут можно желание загадать. Загадай, чтоб кралю свою найти. Одну свечу выбери. Если догорит — сбудется.

В темном небе, словно насмехаясь над Слабым, громко хохотнул филин-пугач.

— А ты что загадаешь, Флинт? — спросил Сильный.

— Есть у меня желание. В Австралию я хочу. Вот ведьма меня починит, для верности еще женьшень пожру, подлечусь — и в Шанхай, а оттуда пароходом в Австралию...

— Почему в Австралию?!

— А куда ж еще таким, как мы с тобой, Кронин? Там, в Австралии, только воры и каторжники живут. И все на воле, вертухая нету ни одного... — Слабый закашлялся. — Ладно, пойдем, стемнело совсем.

Сильный и Слабый двинулись прочь.

— А еще в Австралии, говорят, животное есть — сам вроде бобер, а клюв как у утки... — задыхаясь, сообщил на ходу Слабый. — Бобер с клювом! Я должен его увидеть!..

От порыва ветра колокол над кумирней зазвонил громче, заглушая голоса русских и их удаляющиеся шаги.

Они ушли, но Лиза на всякий случай еще несколько минут пряталась в зарослях, теребя кулон и глядя во тьму, на мерцающие рыжие огоньки курительных свечек. Ветер усилился — и после короткой агонии они погасли один за другим.

ГЛАВА 13

— Скоро прогреется, — Кронин развел огонь в очаге и глянул на Флинта.

Зажав между колен ружье, тот скрючился на циновке на кане — так местные называли лежанку с дымоотводом, примыкавшую к очагу, — и трясся в ознобе.

— Она придет, — процедил Флинт. — Придет ведьма.

Кронин промолчал. Похоже, фанза пустовала уже давно; никаких следов жизнедеятельности ведьмы тут не было. В рваном свете огня — только пыльная, скомканная циновка в углу (Кронин, как мог, ее отряхнул и подстелил Флинту, чтобы тот не валялся на голом камне), обрывки заменявшей стекло просаленной бумаги в окне, дыры в крыше, крытой ломтями коры, полусгнившая звериная шкурка, растянутая на рогатке, черный от копоти котелок и пара глиняных пиалок.

— Рассказывай, Флинт. Как найти место, где ты видел Лену.

— Чифирку замастыри... — стуча зубами, отозвался вор. — Губу макнем за людское и воровское, нутро прогрею — и расскажу.

Кронин хотел было возразить, но, оглядев еще раз дрожащего Флинта, только прицокнул досадливо языком и вытряхнул из вещмешка на кан узелок с черным чаем и завернутое в тряпицу вяленое мясо. Отодрал зубами кусок, жадно проглотил, почти не разжевывая, и взял пустую баклагу:

— Схожу за водой. Будет тебе чифирь.

Полная луна лоснилась в темной рванине облаков, заливая песчаный берег и Лисье озеро маслянистым мерцающим светом. Кронин скинул сапоги и размотал покрытые бурыми пятнами, присохшие к кровавым мозолям портянки. Закатал штанины, зашел по колено в стылую воду, встал на бледно-золотую дорожку, раскатанную от его ног к горизонту. На секунду Кронину показалось, что он слышит гул автомобильного двигателя, — но это был просто ветер. Ветер гнал по лунной дорожке косые, мутные волны.

Набирая баклагу, он почувствовал чей-то взгляд на спине. Обернулся. У кромки воды сидела лиса с добычей в зубах — из раззявленной пасти свисали крылья летучей мыши — и спокойно, внимательно смотрела на Кронина оранжевыми глазами. Он заткнул баклагу и направился к берегу по лунной дорожке. Лиса не двинулась с места. Только шире, будто в дикой улыбке, приоткрыла бурую пасть, демонстрируя бритвенно-острые клыки и оскаленную мертвую голову летучей мыши на языке.

У лисы было два хвоста. Рыже-пепельные с черными, будто опаленными огнем, кончиками, они нервно подрагивали на влажном песке.

В тишине раздался выстрел — и сразу второй. Лиса тявкнула и метнулась в заросли. Кронин выскочил из воды, натянул сапоги и рванул к ведьминой фанзе.

Рядом с фанзой — двухместный джип «виллис» с брезентовым верхом и армейский мотоцикл БМВ с коляской. Рядом с джипом курит старшина в форме, в левой руке сигарета, в правой — ТТ. Старшина набирает полную грудь дыма, округляет рот и выплевывает в ночное небо идеально круглые, тугие колечки. Он, наверное, долго тренировался делать такие.

Я тоже долго тренировался. Сначала в цирке, потом на войне. Я умею двигаться бесшумно. Как летучая мышь. Как тень.

Я стою за спиной старшины и, когда он в очередной раз затягивается, бью его под лопатку остро заточенной ложкой. Он роняет сигарету и обмякает в моих руках. Я сажаю его на сиденье «виллиса», забираю ТТ. Изо рта его выплывает кривое полукольцо.

Пригибаясь к земле, я обхожу фанзу и забираюсь на крышу. Приникаю к щели между ломтями древесной коры.

Вор сидит на кане, его руки связаны за спиной, из раны на плече идет кровь. И лицо его тоже разбито в кровь, один глаз заплыл. Его ружье валяется на полу. Рядом с вором трое: капитан с «вальтером ППК» в руке, здоровенный белокурый бугай-лейтенант — кулак обмотан армейским ремнем с металлической бляхой, на боку кобура с пистолетом, — а у входа еще один лейтенант с южным смуглым лицом, с автоматом наперевес. На двери, чуть выше его головы, след от выстрела, охотничья гильза у него под ногой. Видно, вор стрелял из ружья, да вот не попал.

Белокурый почти без замаха, но умело и сильно бьет Флинта по лицу кулаком, увенчанным металлической бляхой с пятиконечной звездой. Вор заваливается на бок на кан, из угла рта вытекает струйка кровавой слюны.

— Фамилия, имя, откуда сбежал? — орет капитан. — Отвечать быстро, четко, сука!

— Сука... мать твоя... петух зашкворенный... — сипит Флинт.

Капитан бьет вора рукоятью «вальтера» в нос и говорит почти ласково:

— Ты у меня тут кукарекать будешь, мясо. Я капитан СМЕРШ. Я диверсантов фашистских потрошил. Откуда бежал? И где дружок твой?

— Я один. — Флинт слизывает с верхней губы струящуюся из ноздри кровь.

— Тут два вещмешка. Время мое, сука, не трать.

Капитан делает знак лейтенанту, тот снова бьет Флинта пряжкой. Капитан отводит глаза. Замечает на кане сверток с вяленым мясом, отдирает кусочек, с аппетитом жует.

— Я ж его все равно добуду, подельника твоего, — говорит сквозь чавканье.

— Ты балду свою из штанов... не добудешь... мусор...

Лейтенант ударом ноги сбивает вора на грязный пол. Капитан брезгливо вытирает брызги Флинтовой крови со штанины и отходит на шаг.

— Все, кончай его, — говорит белобрысому бугаю.

— Ну а как же, товарищ капитан... имя, фамилия, откуда сбежал, он же ничего не сказал...

— Да мне похер. Подельника его спросим. Этот мне надоел.

— Вас понял, капитан, — лейтенант вынимает из кобуры пистолет.

...Это дохлый номер. Наши силы не равны, я один, а их трое, и все трое умеют убивать не хуже меня. Человека, который, перхая кровью, корчится на полу, я все равно не спасу. Он умрет. Мне нечем ему помочь. Единственное, что я могу сейчас сделать, — просто бежать.

Я смотрю через щель в коре, как белобрысый взводит курок. Я никуда не бегу. Дело даже не в том, что человек на полу мне должен кое-что рассказать. Дело в том, что он свой, а эти трое — враги.

По логике вещей четыре человека в форме, наделенные властью, автоматами и пистолетами, сильнее двух беглых зэков, один из которых, вор, смертельно болен, избит и связан, а второй, циркач, распластался на скате прогнившей кровли. Но есть логика хаоса (его еще иногда называют судьбой), согласно которой четверым людям в форме может просто не повезти. И тот из них, что лучше всех пускал колечки из дыма, будет сидеть, запрокинув голову, в «виллисе» и смотреть нарисованными мертвыми глазами в брезент. А тот циркач, который забрал его пистолет, начнет палить через дыру в крыше фанзы. И белобрысый лейтенант, который бил больного и связанного пряжкой ремня и собирался его пристрелить, вдруг выронит пистолет и опустится на колени, будто вымаливая у вора прощение, а потом, хрипя, рухнет рядом, и кровь лейтенанта смешается на полу с кровью вора, и на секунду их взгляды встретятся, и лейтенант попробует сделать вдох, но получится только выдох, и он умрет непрощенным.

Из четверых тогда останутся двое: прильнувший к стенке капитан СМЕРШ и лейтенант-южанин со смуглым лицом. Южанин выпустит очередь из автомата вверх, в потолок, и сгнившие балки и куски коры рухнут на пол, но беглый зэк с акробатической ловкостью перекувырнется на крыше и останется невредим, и выстрелит в смуглого, и промахнется, и выстрелит снова, и на этот раз попадет. И смуглый приложит руку к груди, и оглядит удивленно окровавленную ладонь, и вдруг улыбнется, потому что исчезнут и фанза, и кровь, и боль, и маньчжурская ночь, и в солнечном мареве к нему выйдет гнедой чубастый конь Бахтияр, и он без седла поскачет на нем по пыльным улицам Хасавюрта.

А капитан по стеночке проберется к двери, перешагнет через труп смуглолицего и выскочит в ночь. До водительского сиденья «виллиса» ему останется семь шагов, когда выстрел уложит его на влажный, хрустящий мох. И над ним нависнет огромная, изрытая кратерами луна, и луна придавит его к земле, и за пару секунд до того, как наступит тьма, капитан почувствует железный привкус на языке, и успеет подумать: нет, это не может быть моя кровь, это просто вяленое мясо застряло в зубах под коронкой.

ГЛАВА 14

— Мать твою, Флинт!.. — обдирая пальцы, Кронин разгреб куски коры и обломки балок, засыпавшие вора и лейтенанта.

Оба неподвижно лежали на побуревшем от крови земляном полу фанзы. Лейтенант скрючился гигантским, откормленным эмбрионом; он, казалось, внимательно, не мигая, рассматривал сжатую в посиневшей руке пятиконечную пряжку: размотавшийся ремень пропитался кровью — как оторванная пуповина, еще недавно соединявшая его с жизнью. Флинт уткнулся лбом в приклад подаренного китайскими братанами ружья. На месте глаза, щеки, виска — бесформенное красное месиво.

— Что ж ты слово не сдержал, вор?.. — Кронин перевернул Флинта на спину. Неподвижное, отекшее, перекошенное — один глаз совсем заплыл, — лицо его напоминало маску пирата, нашедшего на острове гибель вместо сокровищ...

Маска дернулась. Распухший рот расползся в улыбке, в рваном свете камина блеснула металлическая фикса и осколки зубов. Флинт хихикнул, тут же закашлялся и прокаркал:

— Слово вора — желез...ное. Я так просто... копыта... не кину.

Флинт с трудом уселся на земляном полу и харкнул красным на труп белобрысого лейтенанта.

— Ну ништяк... — он восхищенно оглядел фанзу. — Ты что же, трех мусоров положил?

— Четырех, — бесцветно ответил Кронин, перерезая веревки, туго стягивавшие сухие запястья Флинта.

Флинт кивнул и пошевелил отекшими, лиловыми пальцами.

— Красава!.. Чифирнем, как собирались, Циркач?

Кронин усмехнулся уголком рта, залил в котелок воды из баклажки и поставил на огонь. Флинт хотел было что-то сказать, но поперхнулся словами и кровью и затрясся в приступе кашля.

— А знаешь, Флинт. Может, и правда она придет, эта твоя Хули бздинь.

— Фуфло не гони.... — просипел вор сквозь кашель. — Мне жалость твоя... не нужна...

— А я не гоню. Я ее у озера видел. С двумя хвостами лису.

Флинт выхаркнул алый сгусток и уставился на Кронина единственным глазом — с таким доверчивым, детским ожиданием чуда, что Кронину стало не по себе. Как будто он обманул ребенка. Но ведь он правда видел лису... Слезящийся глаз вора вдруг резко сощурился, зрачок метнулся на что-то за спиной Кронина.

— Сзади! — одними губами произнес Флинт и схватил ружье.

Кронин кинулся на пол и перекатился к стене, одновременно спуская курок, стреляя не глядя в того, кто стоял за ним.

Я стреляю в того, кто стоит за мной, но слышен только сухой щелчок: патронов у меня больше нет. Зато патроны остались у того, кто ступил на порог. И у Флинта, который держит ружье.

На пороге — недобитый капитан СМЕРШ. Вокруг дырочки на груди по мундиру расползлось темно-алое. Рот открыт; металлические коронки на месте нижних зубов неуловимо роднят его с Флинтом. Мутный взгляд направлен куда-то внутрь, словно он недоуменно разглядывает содержимое собственной головы. Он стреляет из «вальтера» Флинту в живот. А потом направляет дуло мне в лоб. Выстрел слышится до того, как он спускает курок: это Флинт палит из ружья. Капитан роняет «вальтер». У него больше нет лица. Он стоит несколько секунд, чуть покачиваясь, будто мучительно принимает решение, а потом, обмякнув, рушится на пол. По дверному косяку сползают ошметки его мозгов.

...Я осматриваю рану. Я роюсь в походной аптечке смершевцев. Нахожу флакончик пенициллина, флягу спирта, шприц, бинт. Это все уже бесполезно, вор не жилец, но я говорю ему:

— Потерпи.

Рву зубами бинт. Пытаюсь остановить обильно выхлестывающую из раны теплую кровь.

Он глядит на меня из единственной щелки глаза — будто с насмешкой.

— Не мельтеши, Циркач. Отвлекаешь.

Открывает глаз шире, таращась на что-то у меня за плечом.

— Прав был Венька, братан мой. С тобой нельзя ходить рядом... С тобой рядом смерть ходит.

А потом он вдруг говорит:

— Лисьи Броды.

— Что?

— Проклятое место... Лисьи Броды... Километров... тридцать отсюда. Там видел бабу твою. Котлы рыжие... на шее... как твои. Шла... с япошками... Конвой... У япошек там рядом... лагерь. Надо было сразу в Австралию, там нет вертухаев... А тут плохо. Добей, а? Страшно...

Он дышит часто и мелко. Его глаз подергивается мутью, как у больной птицы. Я поднимаю с пола «вальтер» убитого им капитана.

— В Лисьих Бродах — сычи... Там лес... Охотник в лес ходит... В лес не надо, не-ет. Не люди. С хвостами... Бесы и ведьмы... Их жгут... их режут... а они лают. Страшно. Страшно. Добей.

Я направляю на него дуло. Я медлю. Смерть любит приходить в свое время. Смерть нельзя торопить. Тогда напоследок — в бреду, в предсонье — она, возможно, выболтает вам тайну.

Флинт распахивает единственный глаз — удивленный и неожиданно ясный. Из угла рта вытекает тонкая алая струйка. На лице — недоумение, смешанное с детским восторгом:

— Бобер с клювом! На хрена?..

Я стреляю.

В закопченном котелке над очагом закипает вода, давится мутными пузырями. Я высыпаю в воду весь чай из мешочка и даю еще покипеть.

Я беру под мышки мертвого вора, сажаю на кан, протираю его лицо и собственные руки смоченным в спирте бинтом. Остаток спирта выплескиваю в котелок — в черное и густое, как деготь, варево.

Я зачерпываю чифирь в две пиалы, одну ставлю на кан рядом с Флинтом, другую выпиваю до дна — за людское и воровское. Я наливаю себе еще.

Я перетаскиваю в фанзу из джипа труп старшины. Я пью в компании пятерых мертвецов. Я раздаю каждому по монете в пять фэней — чтобы им было чем заплатить за паром перевозчику мертвых. Я не помню, кто научил меня этому правилу, просто его выполняю. Двум лейтенантам, вору и старшине я вкладываю монеты за щеку; капитану — в кулак, ведь рта у него больше нет. Нижняя челюсть мертвого вора вдруг отвисает, окровавленная монета выкатывается на кан.

— Прими, — я кладу монету обратно в его раззявленный рот. — На понт меня не бери.

...Я обыскиваю мертвого капитана, у которого теперь нет лица. Забираю у него деньги — мятую пачку заляпанных кровью гоби и совсем новенькие, хрустящие юани Красной Армии. Забираю вачинскую финку в кожаных ножнах. Отстегиваю кобуру от «вальтера». Из нагрудного кармана достаю потрепанную красную корочку: «Капитан Шутов Степан Владимирович состоит на службе в Отделе Контрразведки СМЕРШ 381 дивизии ДКА Дальневосточного фронта в должности: оперуполномоченный». Поблекшее черно-белое фото, чисто выбритое, невыразительное лицо.

В офицерском планшете Шутова — военная карта, книжка «Алиса в Зазеркалье» 24-го года издания и сложенная вчетверо бумага с печатями вместо закладки.

«...Вероятно, это и есть тот лес, — подумала Алиса, — в котором вещи не имеют названий. Что-то будет с моим именем, когда я вступлю в этот лес? Я вовсе не хочу потерять мое имя...»

Я закрываю книжку и разворачиваю бумагу: «Предъявитель сего капитан ОКР СМЕРШ Шутов С. В. командируется для расследования ЧП в населенный пункт Лисьи Броды».

Лисьи Броды... дыра... там видел бабу твою...

Лисьи Броды. Похоже, у нас с тобой общий пункт назначения, капитан.

Я снимаю полоски густой щетины с подбородка и щек позаимствованной у мертвых опасной бритвой. Я обрызгиваю бритую шею трофейной кельнской водой. Я приглаживаю волосы пятерней. Я смотрю на себя в квадратное зеркальце — треснувший кусок стекла с амальгамой. Мое лицо перечеркнуто трещиной. Это больше не я.

Я поливаю фанзу бензином — внутри и снаружи. Поливаю бензином джип «виллис». Я сажусь в седло мотоцикла, чиркаю спичкой и давлю ногой на стартер. Я вхожу в поворот под наклоном, как на арене, с трескучим ревом. За моей спиной горит ведьмин дом, горит «виллис», взрывается бензобак.

За моей спиной остаются пять мертвецов: троих я предал огню, а двоих — земле.

При мне — вещмешок убитого капитана, на мне — его выстиранная форма. Я аккуратно заштопал дырку от пули. Я смыл в озере кровь — свою и чужую. Это больше не я.

У обочины — обгорелый остов японского бэтээра, под ним уютно дремлют собаки. Вылезают, разбуженные треском моего мотоцикла, и, побрехивая, рысят по проселочной дороге за мной. Выезжаю к мосту. Покосившийся, простреленный щит на трех языках возвещает начало города и моей новой жизни. Две разлапистые, хищные многоножки японских иероглифов; под ними, шрифтом поменьше, китайские; а поверх всех иероглифов, наискось, свежей краской, надпись русскими буквами: «Лисьи Броды»...

у тебя непросто забрать контроль, Максим Кронин

Не помню, кто мне это сказал, и не важно. Главное — он был прав.

...За мостом — убогие деревянные фанзы и убогие люди. Все шарахаются при виде моего мотоцикла и отводят глаза. Выезжаю к кладбищу с православной церквушкой. Мимо кладбища идет молодая черноволосая женщина с закинутой на спину сеткой, в сетке бьется, беззвучно скалясь, клубок летучих мышей. Черноволосая замедляется, ее мыши беспомощно молотят костлявыми крыльями. Она смотрит на меня — не как другие, исподтишка, — но открыто и с детским почти любопытством. У нее глаза с азиатчинкой — полукровка. Длинные волосы — совсем мокрые. Платье липнет к груди, через влажную ткань просвечивают соски...

У меня непросто забрать контроль. Потерять контроль может только пленник своего тела. Настоящий хозяин не ведает страха смерти; он живет, как будто он уже умер. Он живет, умирая и возрождаясь, меняя лица и имена. Он живет без настоящего и без будущего. Он оборотень. Он тень.

...Я въезжаю на центральную площадь. По периметру — обветшалые трехэтажные особнячки эпохи модерна, над одним из них — красный флаг. У дубовых дверей, сидя прямо на земле, дремлет красноармеец в надвинутой на нос пилотке, автомат сполз с плеча, широко раскинуты ноги в безразмерных, заправленных в сапоги галифе. Он похож на нескладного щенка овчарки с большими лапами...

Если хочешь владеть ситуацией, если хочешь быть оборотнем — смотри на себя со стороны. Я глушу мотор мотоцикла. Он глушит мотор мотоцикла.

Он когда-то был циркачом, солдатом и зэком. Его когда-то звали Макс Кронин. А теперь он — капитан СМЕРШ Степан Шутов. Командирован в населенный пункт Лисьи Броды для расследования ЧП.

Шутов пнул рядового носком сапога и проорал:

— А ну встать!

ЧАСТЬ 2

Ты на крысу взгляни — щеголяет кожей,
А в тебе нет ни вида, ни осанки пригожей!
Коль в тебе нет ни вида, ни осанки пригожей,
Почему не умрешь ты, на людей непохожий?

(Ши-цзин, или «Книга песен»)

ГЛАВА 1

Маньчжурия. Лисьи Броды. Временный штаб советского гарнизона. 4 сентября 1945 г.

Майор Бойко сидел, закинув ноги на стол. На ногах — добротные егерские ботинки. Трикони, трофейные, со стальными набойками, майор их сам стянул с убитого немца. В руке — короткий десантный нож, на краю стола — еще два таких же. Не меняя ленивой позы и как будто даже не целясь — секундное напряжение выдавала разве что едва приоткрывшаяся, резко очерченная щель рта, повторявшая контур квадратной майорской челюсти, — Бойко бросил нож в портрет императора Хирохито, висевший на стене рядом с дверью. Император остался тут от японцев. Ребята хотели снять, но Бойко не дал: «Мы его по назначению будем использовать».

Нож воткнулся монарху в лоб. Из каждого глаза уже торчало по рукоятке. Майор взял новый нож и уже расслабленно замахнулся, когда дверь пинком распахнули снаружи, и в комнату нагло, по-хозяйски шагнул человек в офицерской форме. За ним, неестественно скрючившись, семенил рядовой Овчаренко, его вывернутое запястье вошедший сжимал левой рукой. Правой он небрежно, с ленцой козырнул майору.

Бойко снял ноги со стола и, не выпуская ножа, поднялся:

— Это что здесь такое?!

— Это здесь контрразведка СМЕРШ. Я — капитан Степан Шутов. Вы?

— Майор Бойко.

— Что у вас тут за балаган, майор? — Шутов неприязненно покосился на изувеченный портрет Хирохито. — Где все? Один рядовой — и тот спит на посту! — капитан наконец разжал хватку. Овчаренко потер запястье и виновато вытянулся по струнке. — Я зашел как к себе домой. А если бы враг зашел?!

— Если б враг зашел, — Бойко положил на стол нож, нарочно стукнув о столешницу рукоятью, — я б с ним иначе поговорил. А ребята на стрельбище тренируются. — Словно в подтверждение его слов, из-за здания послышались выстрелы.

— Вы ведь знаете, по какому делу я прибыл.

— Как не знать, товарищ капитан, — майор поморщился, как от кислого, и напряженно сжал губы.

Как не знать, по какому делу слетаются после боя стервятники.

— Будете ребят допрашивать?

— Естественно, буду. У вас чепэ, майор Бойко. Вы это осознаете?!

Кругами ходит. И смотрит — странно так. Как будто ждет от Бойко подсказки.

— Чепэ, — осторожно кивнул майор. — Осознаю, капитан.

— Тогда жду подробностей.

— Да все, что мог, я вам уже в рапорте написал, товарищ капитан Шутов. Мне добавить нечего. Извиняйте, — Бойко холодно улыбнулся — как будто оскалился — и глянул капитану в глаза.

Плохие у особиста глаза. Холодные, хищные.

он душу из тебя вынет

Не подсказки, нет, слабины алчут эти волчьи глаза. Унизить, значит, хочешь майора Бойко, напугать, да, крыса? Ну-ну. Майор Бойко сам тебя в парашу макнет — да так, что ты не заметишь. Ты стрелять-то из своего «вальтера» небось только в спину умеешь.

— Капитан! — на суровом лице майора появилось простодушное, ребяческое выражение, а оскал мгновенно сменился задорной улыбкой. — А хотите перед допросами пострелять? Разомнетесь немножко с товарищами... Где, кстати, ваши товарищи?

— А товарищи мои уже постреляли, — процедил Шутов. — Погибли мои товарищи.

— Как?

— Вопросы я задаю, майор. И развлекаться мне некогда. Сейчас со штабом свяжусь, дальше буду снимать допросы. Человека себе возьму... — Шутов повернулся к рядовому, бестолково переминавшемуся у двери. — Как зовут?

— Пашка! То есть, это... рядовой Овчаренко! — красноармеец снова вытянулся по струнке и отдал честь.

— Писать умеешь?

— Так точно!

— Будешь вести протокол. А сейчас на радиоточку меня веди. — Не дожидаясь ответа, Шутов направился к выходу. — Я надеюсь, майор, ты не против одолжить мне столь ценный кадр.

Пока мы идем к радиоточке, рядовой Пашка, неуклюжий большой щенок, как я и рассчитывал, выбалтывает, что у них тут случилось, в этой лисьей дыре. Пропал некто капитан Деев, а с ним четыре бойца, две недели назад. Этот Деев — подчиненный майора Бойко и его лучший друг. На рассвете самовольно покинул штаб, взяв оружие и людей. С тех пор никто их не видел...

— Вы же наших ребят найдете, правда, товарищ Шутов?

У Пашки веснушки и доверчивые, незабудкового цвета, глаза. Такие глаза я видел у новобранцев. А одному я их потом закрывал. С такими глазами почему-то всегда быстро гибнут.

Мне вдруг мучительно, так, что челюсти сводит, хочется сказать ему, кто я. Вместо этого я прессую его тяжелым, как глыба льда, взглядом и отвечаю, тихо и зло:

— Из-под земли их достану.

Он легко выдерживает мой взгляд; в незабудковых глазах вместо страха рождается грусть:

— Вы думаете, они под землей?

А вот старшина Артемов, радист, отдавая честь, старается на меня не смотреть. Для него я — как, впрочем, для всех, кроме придурковатого Овчаренко, — вертухай с чекистской гнильцой. Зараженная бешенством, но наделенная властью крыса.

И я озираю радиоточку, быстро и воровато, как и положено крысе. И я смотрю на радиста нагло и требовательно, как и положено вертухаю. И я говорю ему:

— Связь со штабом дивизии, срочно.

Он покорно напяливает наушники, с минуту перебирает частоты, «Подснежник, я Ласточка! Как слышно меня, Подснежник, прием?», потом протягивает мне трубку:

— Есть связь.

— Можешь быть свободен.

— Но... товарищ капитан, я обязан быть при радиостанции...

— Это дело особой секретности, старшина.

Я глазами указываю на дверь и подношу трубку к уху, как бы не сомневаясь, что он подчинится и выйдет. Когда он выходит, я кладу на стол трубку и достаю финский нож.

Связь — понятие относительное. Вот, допустим, армейская радиостанция РБМ. Если снять боковую панель, то на корпусе, среди прочего, будут четыре контурные катушки с ферритовыми сердечниками, на сердечниках — втулки с резьбой. Если вставить отвертку в паз и слегка подкрутить — пару-тройку витков, не больше, — частота поплывет. То же самое можно сделать и без отвертки — достаточно финки капитана СМЕРШ Шутова. Вроде только что была связь — и вот уже ее нет...

Быстро ставлю панель на место — и тут же луплю по ней кулаком. Бубню в трубку:

— Прием! Как слышно меня? Прием!

Наконец, ору во всю глотку:

— Радист! Будет чертова связь или нет?!

ГЛАВА 2

— Как приехал, так и уедет. — Майор Бойко сделал ложный выпад вправо, резко качнулся влево, перекатился и стрельнул из ТТ по мишени, угодив в самый центр концентрических кругов на изрешеченном пулевыми дырками лбу плоского фанерного человечка. — Не ссать, парни. Не таких обламывали.

Человечек рухнул в груду битого кирпича, рядом с ним из завала с жужжанием поднялся следующий. Помотавшись из стороны в сторону, Бойко снова засадил пулю, на этот раз в обведенное траурным кружочком фанерное сердце. Стрельбище они организовали со скуки прямо за штабом, на руинах взорванного склада, среди битой кирпичной кладки. Поясные мишени в движение приводил сочиненный сапером Ерошкиным агрегат: трофейный мотоцикл со снятыми колесами и работающим движком, к ведущей оси присобачен редуктор, от него к мишеням тянутся веревки. Лицо сапера Ерошкина всегда хранило выражение задумчивости и грусти, как будто мысленно он присутствовал за длинным столом на бесконечных поминках. Однако руки его жили независимой от поминок увлекательной жизнью: любую попавшую в них железяку они переиначивали и награждали новой судьбой и смыслом.

— Так а что на допросе-то говорить? — Ерошкин пожевал травинку, переступил с ноги на ногу, хрустнув рыжим крошевом кирпича, и скорбно воззрился на очередного восставшего с земли человечка с решетом на месте груди.

— Говорить как есть, просто лишнего не болтать. — Бойко сделал в решете еще одну дырку и уступил место на огневом рубеже снайперу Тарасевичу. — Нам бояться нечего. Совесть наша чиста. Да, снайпер?

— А то ж. — Тарасевич, флегматичный увалень с припухшим, сонным лицом, принялся дырявить человечков, стоя на месте и лишь лениво перебрасывая руку.

— Вот нас особист-то, смелых и чистеньких, к стеночке рядочком поставит и — бах! — лейтенант Горелик, чернявый, курчавый и тощий, издалека весьма похожий на Пушкина, а вблизи — на нервного пуделя, дернул буратинистым носом в сторону падающих и вскакивающих мишеней. — Только мы обратно не встанем... А вот и он, стервятничек наш. — Горелик сплюнул под ноги.

Бойко быстро покосился на приближавшегося к стрельбищу Шутова и уставился в упор на лейтенанта. Как взбешенная, но перед нападением честно обозначающая угрозу собака, чуть приподнял верхнюю губу, обнажив удивительно белые и крепкие для заядлого курильщика резцы. Процедил:

— Лейтенант Горелик. А ну придержите язык.

— Виноват, товарищ майор.

Горелик осторожно глянул в лицо майора и, убедившись, что опасный оскал уже превратился в дружескую улыбку — Бойко был гневлив, но отходчив, — добавил:

— Я просто особистов... со штрафбата... не очень.

— Все понимаю, Слав, — Бойко успокаивающе тронул Горелика за плечо. — Но на рожон не лезь. И себя, и всех подставишь.

— Что ж теперь, особисту жопу лизать?

— Понадобится — лизнешь, лейтенант. И хватит звать его особистом. Нет больше особистов, есть СМЕРШ. Тебе все ясно?

— Так точно, — Горелик мрачно кивнул майору и отдал подошедшему Шутову честь. Тот смерил его змеиным, невыразительным взглядом и шагнул вплотную к Бойко. Сапер Ерошкин, горестно качнув головой, выключил механический тир.

— Майор, вам какая формулировка ближе: «разгильдяйство» или «саботаж»? — Шутов говорил тихо, но зло. — Мои товарищи погибли. Я должен срочно связаться с руководством. А у вас рация неисправна. Это как понимать?

— У нас тут, капитан, не как вы привыкли... не как в тылу, — миролюбиво, но без намека на подобострастие произнес Бойко. — ВЧ-связи нет, кабель не протянули пока, у нас тут две недели назад еще бои были. Есть только радио. Перебои случаются. Но радист у меня опытный. Связь будет, лично ручаюсь.

— Ловлю на слове, майор. — Шутов снисходительно оглядел стрельбище. — У вас тут, смотрю, прямо полигон.

— Десанту навык терять нельзя. Ерошкин, сапер, машинерию нам наладил. А хотите все же опробовать? У вас в СМЕРШе, говорят, своя школа стрельбы особая. Покажите, а? Ерошкин, свежих фрицев заряди товарищу капитану!

— Некогда, — Шутов раздраженно поморщился.

Но Ерошкин уже врубил мотоциклетный движок, и фанерные фрицы неспешно поднялись из своих братских могил.

— Ну, товарищ капитан, просим! — Бойко сделал приглашающий жест. — Ребятам поучиться полезно.

С досадой дернув уголком рта, капитан СМЕРШ вынул из кобуры «вальтер» и шагнул на огневой рубеж.

— Вторую скорость включи, Ерошкин, — приказал Бойко.

— Может, первую? — Ерошкин печально чмокнул зажатой во рту травинкой. — Не потянет же, — добавил он совсем убито и тихо.

— Вторую, вторую.

Ерошкин переключил скорость. Капитан поднял «вальтер» и повел дулом: трафаретные фрицы суетливо и бессистемно ложились и вскакивали.

Бойко весело подмигнул нахохлившемуся лейтенанту Горелику и шепнул ему в ухо:

— Смотри и учись, Славик, как особистов в говно макать вежливо.

Шутов выстрелил — мимо. Вторым выстрелом пробил фанерному человечку плечо, далеко от концентрических кругов на голове и груди. Третий — снова промах. И опять попадание — в того же человечка, что в прошлый раз, но тоже с краю, в плечо. И еще одно — куда-то в область фанерного паха.

— Выключайте шарманку! — особист раздраженно сунул пистолет в кобуру.

Обреченно козырнув, Ерошкин вырубил тир. Шутов молча, избегая смотреть на десантников, направился к штабу.

— Неплохой результат, капитан! — великодушно прокричал ему в спину Бойко и подошел к отстрелянным трафаретам.

Снисходительно оглядел фрица, которого Шутов трижды задел. Дырка в левом плече, дырка в правом и еще одна внизу живота, все по самому краю фанерного силуэта, еще б полсантиметра — и мимо. Крыса. Это тебе не в затылок стрелять. Бойко пнул ногой фанерного фрица и направился было прочь, но вдруг раздумал и вернулся к поверженному трафарету. Что-то было не так. Что-то с этими промахами у него не сходилось. Или нет, напротив. Сходилось слишком уж точно. Растопырив пальцы, майор замерил расстояние от яблочка грудной мишени до каждого из трех пулевых отверстий. Оно было одинаковым: идеальный треугольник с кружочком в центре.

— Товарищ капитан Шутов велел всем в штаб! — хрустя битыми кирпичами и стеклами, на стрельбище влетел раскрасневшийся рядовой Овчаренко.

— А ты у особиста на побегушках теперь, Овчара? — недобро сощурился Горелик.

— Никак нет, товарищ лейтенант, — Пашка неуклюже переступил с ноги на ногу в кирпичной пыли. — Просто у товарища капитана товарищи же погибли... Только что их доставили. Там трое ребят. Обгорели сильно... — Пашка стянул с головы пилотку. — Прямо как головешки. Капитан на них такими глазами смотрел, что прям жутко. А потом ко мне повернулся и говорит, мол, пока мне новых товарищей сюда не прислали, будешь мне помогать, зови, мол, всех на допрос.

ГЛАВА 3

Дальний Восток. Урановый рудник «Гранитный».
Сентябрь 1945 г.

— Зачем вам это, полковник? Мертвяка допросить хотите? — начлаг Модинский прикрыл отекшей рукой багровый, в тонкой сеточке проступивших сосудов, нос. С утра и так мутило (вчера на нервах перебрал коньяку, когда явился этот черт из Москвы), а тут еще вонь из Рва Смерти, разворошенного по прихоти гостя...

— Да. Накопились вопросы к заключенному Кронину.

Полковник Аристов, в серой шляпе борсалино и в элегантном плаще, безмятежно и с легкой скукой — так столичный театрал с бельэтажа смотрит провинциальную оперу — с края рва наблюдал за зэками, ковырявшимися в братской могиле под дулами автоматчиков-конвоиров. «Адъютанты» начальства, Силовьев и Гранкин, топтались чуть в стороне, ожидая распоряжений.

Трупы в яме лежали грудой, обнаженные, с бирками на ногах и размозженными головами.

— Они все у вас, что ли, в завалах гибнут? — поморщился Силовьев.

— Отчего же все? Т-т-только т-трое, — выдавил Гранкин.

— Так ведь бошки у всех разбиты?

— Их киркой разбивают. Н-на всякий случай. Пыа... п... — Гранкин мучительно скривил рот, выплевывая непокорное слово. — П-последняя печать называется. Чтоб живые за зону не выходили.

— Предусмотрительно, — Силовьев брезгливо передернул плечами. — А побеги часто у вас бывают?

— Редко. Никогда. Это рудник г... гыа... гг...

— Гранитный рудник, я понял, — Силовьев сделал ободряющую гримасу.

— Объект особой с-секретности, — на лбу Гранкина выступила испарина. — Отсюда не убегают.

— Нашли! — словно в подтверждение его слов прокричал из рва конвоир. — Нашли триста третьего!

— П... пыа...

— Да ты не мучайся, сам скомандую, — Силовьев подмигнул Гранкину. — Поднимайте! Полковник Аристов желает осмотреть труп.

— Именно он. Триста третий, — Модинский тронул носком сапога бирку на обломке ноги мертвеца. — Кронин Максим Петрович, пятьдесят восьмая статья.

— Это не он, — спокойно повторил Аристов.

— Я же предупреждал: труп сильно обезображен в завале. Лицо всмятку, конечности раздроблены. Опознать невозможно.

— Максима Кронина я опознаю любым, подполковник. Уж вы поверьте. У нас с ним... особая связь.

— А я, товарищ полковник, в особые связи не верю. А верю в документацию. На бирке указан номер, соответствующий фамилии зэк***а***? Указан. Опознать его по лицу, по зубам и так далее есть возможность? Нет возможности. Тогда — зарываем.

Полковник Аристов задумчиво оглядел далекие приземистые горы с намотанными на верхушки лоскутами тумана, и близкие, хищно ощеренные гранитные останцы, кривыми темными рядами торчащие из скалы, и серые каменные бараки. Тут даже в братской могиле — осколки камней и гранитная крошка...

— Шрам, — сказал Аристов очень тихо и посмотрел в лицо начальнику лагеря.

Гранит везде, подумал вдруг Модинский как будто бы не свою, а совершенно чужую, чуждую, бесформенным обрывком влетевшую в голову мысль. Тут даже в могиле — осколки камней и гранитная крошка. И глаза у полковника — такие же серые, как этот гранит...

— Не понял вас, товарищ полковник, — Модинский с усилием отвел взгляд. — Какой шрам?

— У Кронина на груди — шрам в форме китайского иероглифа «ван». Три продольные полосы, одна поперечная. У вашего безголового шрама на груди нет.

— Безобразие! — взревел Модинский. — Майор Гранкин! Опять перепутаны бирки на трупах! Найти виновных! Под трибунал у меня пойдут!

— Т-так т-точно! — выпучил глаза Гранкин. — А с эксг...г-гумацией что прикажете делать?

— Зарывать! — скомандовал Модинский. — До выяснения, с чьей биркой перепутали триста третью.

— Отчего же зарывать? — мягко поинтересовался Аристов.

— А что же мне, мертвяков до выяснения на солнышке тут держать? А если пару недель займет выяснение, что прикажете делать?

— Что прикажу? — все с той же вкрадчивой интонацией произнес Аристов — и тут же резко повысил голос: — Прикажу вам лично, ручками перерыть эту вонючую яму и предоставить мне тело со шрамом в форме иероглифа «ван»! Как вариант — можете просто сказать мне правду. Где Максим Кронин?

Модинский почувствовал, как становится горячим лицо, как кровь приливает к щекам и глазам, шумит и бьется в горле, в ушах, вскипает рубиновой пеной гнева. Унизить его, начальника лагеря «Гранитный», перед Гранкиным, перед конвоирами, перед зэк***а***?! Да что он о себе возомнил, этот хлыщ? Ничтожество с гонором. Уж он-то, Модинский, знал такую породу. С такими что главное? С такими главное — взять правильный тон. Тогда они быстро поджимают хвосты.

— Послушай сюда, полковник, — стараясь звучать спокойно, сказал Модинский. — Я просьбу твою уважил. Эксгумацию произвел. Но ты мне, Аристов, не начальник. Начальник мой — генерал-лейтенант товарищ Наседкин. Будет от него приказ перерыть всю яму — перерою всю яму. Нет приказа? Значит, ужин в комендатуре, коньяк хороший, грузинский. За Родину выпьешь, за Сталина — и утречком на самолет.

Полковник Аристов улыбнулся — чуть заметно, уголком рта:

— Ошибку делаешь, подполковник.

— Это урановый рудник «Гранитный», товарищ Аристов. Объект особой секретности. Тут ошибок не делают, — Модинский оглядел ров. — Зарываем! Проследи, Гранкин.

Начальник лагеря развернулся и пошел прочь, на ходу выуживая из кармана фляжку.

— Товарищ полковник, — Силовьев склонился к уху начальника. — Полномочий-то у нас правда нет. Мы ж самовольно вот это все, без распоряжения сверху, — он кивнул на развороченную зэковскую могилу.

— А сверху никого больше нет, — Аристов по-отечески положил руку Силовьеву на плечо. — Так что ты не волнуйся.

— Не понял, товарищ полковник.

— Над тобой теперь только я, Силовьев. Я — на самом верху. А скоро поднимусь еще выше.

ГЛАВА 4

Маньчжурия. Лисьи Броды. Начало сентября 1945 г.

— Товарищ Шутов, а номер дела какой писать?
— Оставь там место, я потом сам заполню.

Пашка понимающе кивнул, послюнил химический карандаш и, высунув от усердия кончик языка, принялся старательно, но на удивление быстро выводить округлым детским почерком записи в протоколе.

— Красиво пишешь, рядовой Овчаренко. Каллиграфически. Тебе бы тушь, кисточку — да иероглифы по рисовой бумаге. Не пробовал?

— Никак нет, товарищ Шутов...

Дело № ___ об исчезновении капитана Деева О.М. и 4 бойцов Красной Армии в районе населенного пункта Лисьи Броды.

Допросы снимает: капитан Шутов Степан Владимирович, ОКР СМЕРШ 381 дивизии (15 арм., Дальневост. фронт).

Протокол ведет: рядовой Овчаренко Павел Иванович (7 рота 783 стрелкового полка 381 дивизии, 15 арм., Дальневост. фронт).

г. Лисьи Броды, 4 сентября 1945 года.

Допрос начат в 15:00.

Свидетель по делу №___ лейтенант Горелик Станислав Валерьевич, десантник, 1925 г. р. (7 рота 783 стрелкового полка 381 дивизии, 15 арм., Дальневост. фронт).

Вопрос: Лейтенант Горелик, что вам известно об исчезновении капитана Деева?

Ответ: В ночь с 19 на 20 августа капитан Деев взял четырех бойцов, оружие, лошадей, провизию и ночью покинул расположение части.

Вопрос: Куда и с какой целью они ушли?

Ответ: Капитан Деев, как старший по званию, мне не отчитывался.

Вопрос: Есть какие-то предположения?

Ответ: Никак нет.

Вопрос: Видели когда-нибудь в городе эту женщину?
(примечание: капитан Шутов демонстрирует свидетелю фото на крышке карманных часов)

Ответ: Нет.

Свидетель по делу №___ мл. лейтенант Тарасевич Савелий Денисович, снайпер, 1910 г.р. (7 рота 783 стрелкового полка 381 дивизии, 15 арм., Дальневост. фронт).

Вопрос: Что вам известно о местонахождении капитана Деева?

Ответ: Так ведь капитан Деев пропал куда-то, потому вы к нам приехали это дело расследовать.

Вопрос: И что же, никто ничего не слышал, не видел в ночь с 19 на 20 августа, когда Деев с лошадьми и людьми покинул расположение части?

Ответ: За других не знаю, а я-то сплю хорошо, товарищ капитан. Вот и в ту ночь, опять же, хорошо спал, крепко так. Ничего не слыхал.

Вопрос: У вас лично есть предположения, куда ушел Деев с отрядом?

Ответ: Та какие предположения! Сам удивляюсь: глухомань на сто верст, токо зверье бродит и браконьеры, ну еще япошки-дезертиры, вы ж знаете... Шо ему там занадобилось? Непонятно.

Вопрос: Видели эту женщину?

(примечание: капитан Шутов демонстрирует свидетелю фото на крышке часов)

Ответ: А кто это?

Вопрос: Отвечайте на вопрос.

Ответ: Не видел я эту женщину никогда. Красивая, такую я бы точно запомнил.

Свидетель по делу № ___ капитан Родин Георгий Григорьевич, замполит, 1904 г.р. (7 рота 783 стрелкового полка 381 дивизии, 15 арм., Дальневост. фронт).

Вопрос: Располагаете ли вы информацией об исчезновении капитана Деева?

Ответ: В некоторой степени, так сказать, располагаю.

Вопрос: Конкретней?

Ответ: У меня есть основания полагать, что капитан Деев взял с собой проводника из местных староверов. Андрон Сыч его зовут, охотник. Потому что упомянутый Сыч в ту же ночь, что и Деев, покинул Лисьи Броды и до сих пор не вернулся. Я несколько раз расспрашивал жену Андрона Сыча, Татьяну Сыч, и брата его, Ермила, они утверждают, что Андрон Сыч ушел на охоту своим отдельным маршрутом. Но у меня к этим, понимаете, староверам доверия нет.

Вопрос: А майору Бойко вы сообщали о своих подозрениях?

Ответ: Так точно, сообщал. Майор Бойко мне отдал распоряжение перестать вынюхивать и найти себе дело.

Вопрос: Что-то еще имеете сообщить по поводу Деева?

Ответ: Моральный облик капитана Деева давно у меня вызывал, так сказать, сомнения. Самонадеян, недисциплинирован, склонен к авантюрам, допускает высказывания. Любовницу себе завел из местных, Лизой зовут. Она полукровка, дочь китайца-кабатчика. Между прочим, мать-одиночка, дочку неизвестно от кого прижила. Ее моральный, так сказать, облик вызывает сомнения... Предполагаю, что она Деева даже чем-то, так сказать, заразила. Последнее время он бледный ходил, мешки под глазами, и сильно, так сказать, исхудал... Также имею подозрение, что, будучи кандидатом в члены КПСС, Деев тайно употреблял опиум, так сказать...

Вопрос: Капитан Деев курил опиум?

Ответ: Нет, опиум, так сказать, для народа. Имею в виду религию. Капитан Деев несколько раз посещал местную православную церковь, вел беседы с попом, в последний раз — вечером накануне отбытия. А поп, между прочим, происхожденья дворянского, в Первой мировой служил авиатором, потом — белым летчиком... То есть тут вам и религия, и антиреволюционные настроения, со всех сторон получается, так сказать, разложение. Об аморальном поведении Деева я, как политрук, то есть замполит, неоднократно в письменной форме сообщал майору Бойко. И, между прочим, Деев не единственный в роте морально, так сказать, разложился. Мне стало известно, что лейтенант Горелик также имеет любовницу из местных жительниц, которая является...

Вопрос: Моральный облик лейтенанта Горелика меня не волнует. По Дееву у вас все?

Ответ: Еще имею сказать, что Деев что-то в сейфе хранит. Тут через площадь — бывшее отделение Русско-Азиатского банка.

Там сейф остался, очень большой. И капитан в него, так сказать, что-то запер, а что — не сказал.

Вопрос: Вам знакома эта женщина?
(примечание: капитан Шутов демонстрирует свидетелю фото на крышке часов)

Ответ: А что, она имеет какое-то, так сказать, отношение?

Вопрос: Отвечайте на поставленный вопрос.

Ответ: Эта женщина мне, так сказать, не знакома.

Свидетель по делу №___ Долин Арсений Александрович, церковнослужитель (батюшка), 1893 г. р., житель г. Лисьи Броды.

Вопрос: Что вы можете сказать об Андроне Сыче, охотнике и старовере? Известно ли вам, что он покинул город одновременно с капитаном Деевым? Они ушли вместе?

Ответ: Андрюшка-то... Он даже у раскольников наших вроде черная овца, не шибко древлеотеческие заповеди блюдет. А уж со мной-то ему с чего откровенничать? Куда он и с кем ушел — того мне знать не дано.

Вопрос: А Деев? Что он вам говорил, когда посещал вашу церковь?

Ответ: Простите великодушно, но вам я это открыть не могу. Потому как что мне человек поверяет — сие есть тайна исповеди.

Вопрос: А сие есть допрос, и сейчас вы говорите с оперуполномоченным СМЕРШ. А от СМЕРШ у вас тайн быть не может, уважаемый батюшка. Мы караем быстрее, чем ваш господь. Вы, насколько мне известно, из белых?

Ответ: Для меня больше нет ни белых, ни красных. Познав ужасы войны, пришел к вере.

Вопрос: Так в каких грехах вам исповедовался капитан Деев?

Ответ: Капитан познал ужасы войны, как и я. Он рассказывал, как на фронте людей убивал.

Вопрос: Так ведь он врагов убивал?

Ответ: Перед Господом нет своих и врагов, мы все — Его дети.

Вопрос: Что сказал вам Деев вечером 19 августа, накануне исчезновения?

Ответ: Капитан интересовался изгнанием бесов.

Вопрос: Что?

Ответ: Он спрашивал, как ведут себя одержимые бесами и как изгнать бесов.

Вопрос: Из кого? Кто был одержим?

Ответ: Сие мне неведомо.

Вопрос: Вы встречали в городе эту женщину? *(примечание: капитан Шутов демонстрирует свидетелю фото на крышке часов)* Отвечайтс.

Ответ: Я ее не знаю.

Свидетель по делу №___ Новак Иржи Францевич, врач, 1876 г. р., житель г. Лисьи Броды.

Вопрос: Капитан Деев в последнее время жаловался на здоровье?

Ответ: У него были носовые кровотечения, головокружения, общая слабость. Симптомы начали развиваться стремительно в последнюю неделю до его исчезновения. А до того был здоров как вол. Диагноз я установить не успел. Деев очень переживал и товарищам просил не рассказывать. Привык быть здоровым, крепким.

Вопрос: Видели эту женщину?
(примечание: капитан Шутов демонстрирует свидетелю фото на крышке часов)

Ответ: Нет. А что?

Вопрос: Вопросы тут задаю я. Кроме общей слабости, были еще секреты от товарищей у капитана?

Ответ: Откуда мне знать. Мое дело — не секреты выведывать, а людей лечить.

Свидетель по делу №___ майор Бойко Сергей Михайлович, 1905 г.р., командир 7 десантной роты (783 стрелковый полк 381 дивизии, 15 арм., Дальневост. фронт).

Вопрос: Капитан Деев покинул Лисьи Броды по вашему указанию?

Ответ: Я все уже излагал в рапорте и на допросе полковому уполномоченному.

Вопрос: Я хочу услышать еще раз.

Ответ: Капитан Деев, находившийся в моем прямом подчинении, взял людей и ушел самовольно. Я такого приказа не отдавал. Направление и маршрут мне неизвестны.

Вопрос: Замполит Родин сообщал вам об аморальном поведении капитана Деева?

Ответ: Так точно. Сообщал в письменной форме. Много бумаги извел.

Вопрос: И что вы делали с бумагой?

Ответ: Складывал вчетверо и совал в задний карман. А что я должен был делать? Отличного офицера наказывать за излишнюю лихость? У нас десант, а не детсад. У Олежки... У капитана Деева орден Славы, два Боевых Красных Знамени, тринадцать забросок за линию фронта, фашистов как баранов резал! Ему сам маршал Жуков именной пистолет вручал, с благодарностью! Деев — боец, а не крыса штабная, он всю войну прошел.

Вопрос: А вы в курсе, что ваш лихой боец что-то в сейфе прятал?

Ответ: Замполит Родин докладывал.

Вопрос: И вы сейф до сих пор не вскрыли?

Ответ: А его не вскроешь. Шифр неизвестен. Рвануть невозможно. Это «Мауэр» пятого класса. У него бронеплита — во! Полгорода ляжет. А внутри все в пыль разотрет.

Вопрос: Есть предположения, куда все-таки ваш герой Боевого Красного Знамени делся?

Ответ: Я уже говорил полковому уполномоченному. Я думаю, он хотел найти подопытного, которого мы упустили.

Вопрос: Какого подопытного?

Ответ: Пленного из японского лагеря «Отряд-512».

Вопрос: Подробнее?

Ответ: 19 августа мы штурмовали лагерь. Два японских грузовика прорвались через оцепление и скрылись. В здании мы обнаружили груду трупов и одного раненого, со следами пыток и истязаний. Мы его упустили. Деев считал себя виноватым.

Вопрос: Опишите внешность раненого.

Ответ: Вот зачем это, капитан? Я уже указал все подробно в рапорте, потом на допросе... Мужчина славянской внешности, возраст определить затрудняюсь, обнаженный, очень длинные ногти на руках и ногах, борода, спутанные длинные волосы. Тяжело ранен в живот, в грудь и в ногу.

Вопрос: И вы его упустили?

Ответ: И мы его упустили. Несмотря на тяжелое состояние, он проявил неожиданную сноровку.

Вопрос: Как вы это объясняете?

Ответ: Говорят, японцы в «Отряде-512» выводили идеальных солдат, нечувствительных к увечьям и боли. А уж как и что — это вам там в вашем отделе виднее. Извините, я в опытах над людьми понимаю мало. Я военный, мое дело — Родину защищать.

Вопрос: Укажите на карте место расположения «Отряда-512» на момент штурма.

Ответ: Здесь. А то вы не знаете.
(примечание: майор Бойко указывает точку на карте)

Вопрос: Укажите, куда передислоцировались японцы из «Отряда-512»?

Ответ: А, вы вот к чему клоните, капитан. Шпиона из меня сделать решили? Я служу в Красной Армии. С японцами не сотрудничаю. Куда они делись, не знаю. Враг мне о своих передвижениях не докладывает.

Вопрос: В японском лагере среди пленных, живых или мертвых, вы видели эту женщину?
(примечание: капитан Шутов демонстрирует свидетелю фото на крышке часов)

Ответ: Затрудняюсь ответить на вопрос, капитан. Даже если я ее видел, вряд ли смогу опознать.

Вопрос: В каком смысле?

Ответ: Тут на фото — ухоженная, красивая дама. А те пленные, которых я видел в «Отряде-512»... выглядели иначе. Они практически утратили человеческий облик.

Свидетель по делу №___ Елизавета Бо, 1918 ? г.р., род занятий неопределенный (знахарка?), жительница г. Лисьи Броды.
На допрос не явилась. По месту жительства не застали.

Свидетель по делу №___ Сыч Ермил Игнатьевич, 1906 г.р., охотник, житель г. Лисьи Броды.
На допрос не явился. По месту жительства не застали.

ГЛАВА 5

Никитка бежит по лесу. За Никиткой гонится человек-тигр. Он бывает человек, а бывает тигр. Когда он человек, его зовут Лама. А когда он тигр, у него на лбу четыре полоски, три вдоль, одна поперек. Человек плохой, и тигр тоже плохой. Он знает Никиткин запах и находит его везде. Он хочет Никитку утащить обратно, откуда Никитка сбежал, посадить в клетку и делать уколы. Или просто убить. Никитка бежит от тигра быстро-пребыстро.

Никитка теперь стал сильный, он бегает хорошо, умеет даже бегать на четвереньках. Но тигр тоже сильный. Тигр сильнее Никитки. Никитка не хочет, чтобы тигр его догонял. Никитка хочет, чтобы тигр ушел далеко. Но тигр уже рядом с Никиткой. Никитка садится на корточки и закрывает глаза. Если Никитка не видит тигра, тигр тоже не должен его увидеть. Но этот тигр очень хитрый. Особенный тигр. Он видит, даже если темно. Он подходит к Никитке и нюхает его сзади. Изо рта у тигра пахнет войной, пахнет так же, как пахли застреленные солдаты. Когда тигр бывает человеком, от него все равно идет этот запах, просто слабее. Но Никитка чует. Никитка теперь все чует...

Тигр делает больно Никитке, он режет ему спину когтями. Он злой тигр, наказывает Никитку за то, что Никитка сбежал. И он хватает Никитку зубами и волочет. Чтобы Никитка опять сидел в клетке и отдавал свою кровь.

Никитка не хочет в клетку и кричит, очень громко. За это тигр наступает ему лапой на горло, и Никитка больше не может кричать.

Никитка слышит выстрел и чует запах земли, железа и дыма. Это значит, он опять умирает. Пока Никитка не убежал, он много раз уже умер в клетке после уколов, и перед этим почти всегда бредил, что он на фронте. В него стреляют — и он падает лицом на дно ямы, и раскрывает рот, чтобы сделать вдох, но вдохнуть не может, а может только выдохнуть, отдать земле весь свой воздух, испустить в нее дух. И кровь с землей перемешиваются во рту, и он уже не может понять, где чье, как будто в нем — остывающий чернозем, а раскрытая пасть окопа сочится кровью.

Тот патрон, что предназначался ему, достался сто третьему. Сам же тигр отскочил в бурелом за секунду до выстрела, почуяв взгляд и прицел охотника кожей спины, тем самым местом чуть ниже левой лопатки, где до сих пор, уже вторую неделю, кровоточил при метаморфозе шрам от ножа. Обычно раны заживали на нем за пару часов, но эта рана была особой. Во-первых, располагалась она неудобно — нельзя зализать. Но главное — она как будто нагнаивалась от мысли, что он не вправе растерзать того, кто ее нанес, потому что тот был неприкасаем. Он не вправе убить того, кто попал бы ему ножом прямо в сердце, будь сердце там, где оно обычно у тигра, а не с другой стороны.

Все метят в сердце ему — свинцом и порохом, камнями и осиновым колом, и горящими стрелами... Ермил, охотник, тоже целился из «меркеля» Ламе в сердце — но попал сто третьему в легкое; похоже, он вообще не видел сто третьего, когда выстрелил: подумал, тигр задрал какого-то зверя и тащит в чащу. Теперь охотник сидит на корточках перед сто третьим и смотрит на его тощую, тяжело вздымающуюся грудь, на две струйки крови — одну, выхлестывающую в такт с неровным биением сердца из пробитых дробью ребер, другую, тоненькой алой змейкой уползающую из уголка посиневших губ в нечистые заросли спутанной бороды и длинных, сальных волос. Он смотрит на его бурые ногти, на нескольких пальцах обломанные под корень, на остальных же — такие длинные, что они закручиваются в спираль. Косится на набедренную повязку из продранной мешковины, заглядывает в закатившиеся глаза, копается в своем заплечном мешке, выуживает сменную сухую обмотку, бинтует сто третьему грудь.

Сто третий широко разевает рот, как будто пытается, но не может зевнуть, скребет когтями впалую грудь, потом расслабляется и делает долгий, спокойный выдох, как человек, который смертельно устал и вправе, наконец, отдохнуть. Ермил-охотник щупает ему пульс, с досадой сплевывает на землю, встает. Переминается рядом с телом, не зная, как быть.

Оставь его здесь. Ты же видишь, из него ушла жизнь. Оставь его мне и иди своей дорогой, охотник, тебе не нужно знать, что будет с ним дальше...

...Ермил поправил ружье, накинул заплечный мешок, перекрестился двумя пальцами и пошел прочь.

Минуту спустя вернулся, взвалил сто третьего на плечо.

Вот это ты зря, охотник. Нельзя отбирать у хищников их добычу.

Когда охотник скрылся из виду, Лама вышел из бурелома, бесшумно ступая босыми ногами по сухим иглам. Глаза слезились, и противно ныла нижняя челюсть, как всегда после дневного метаморфоза, совершенного рефлекторно и слишком резко, по велению не разума, но инстинкта. И как всегда после такого метаморфоза, он чувствовал, что унижен. Столько лет прошло, а человека в нем все еще больше, чем зверя, и в минуту опасности его тело принимает привычную форму — будто хочет прикинуться слабым и жалким, чтобы его пощадили.

Лама плавно опустился на четвереньки и обнюхал багровое пятно на земле. Запах крови подопытного номер сто три — особенный запах. Будоражит, даже если ты человек и не чувствуешь полутонов и оттенков. Все равно это запах жертвы на пороге преображения, которое никогда не случится. Запах боли, гнева и предстоящего чуда, он зовет за собой.

Лама выгнул спину дугой, готовясь к метаморфозу, отдаваясь нарастающему шуму в ушах, содрогаясь всем телом в такт захлебывающемуся сердцу... И почувствовал, как горячая капля скользнула из-под левой лопатки, проползла вдоль хребта, перечеркивая узор змеящихся татуировок, и скатилась вниз по ноге. В нос ударил запах собственной крови: открылась рана. Ножевая, та самая. Он поднялся на ноги, сделал глубокий вдох и скрестил на груди руки, успокаивая пульс. Тело знает, что делать. И знает, чего не делать. Он не будет совершать два метаморфоза подряд. Тем более днем.

Как и смерть, метаморфоз не любит свидетелей и дневной свет. *Переход* — так когда-то Лама вслед за Учителем Чжао называл превращение, но теперь ему нравилось научное «метаморфоз» — по сути, и есть короткая смерть, распад всех тканей и органов. А затем перерождение, воссоздание. Ояма называет это регенерацией. Как у гусеницы, становящейся бабочкой, у личинки, становящейся мухой, только гораздо быстрей. Весь процесс давно уже занимал у Ламы всего восемь секунд. И из них три секунды абсолютного небытия.

Как-то раз, давно, мастер Чжао дал Ламе нож и приказал разрезать куколку бабочки. Лама сделал, как Учитель ему велел. Из кокона вылилось темное, жидкое месиво.

— Вот чем ты являешься во время каждого *перехода,* — сказал мастер Чжао. — Нигредо. Ничто.

Лама тронул пальцем содержимое кокона и понюхал. Оно было липким и пахло смертью. Он спросил:

— Я каждый раз умираю, Учитель?

Мастер Чжао ответил:

— Плоть оборотня сильна, она может хоть каждый день переживать короткую смерть. Но душа его всякий раз тоскует.

Тогда Лама спросил:

— Где в момент превращения пребывает моя душа?

— Кто сказал, что она все еще у тебя есть? — мастер Чжао улыбнулся так безмятежно, что у Ламы заныло в груди.

— Почему ты говоришь мне эти жестокие слова, о Учитель?

— Потому что ты только что убил жизнь, — Учитель кивнул на перепачканный в буром нож и вскрытую куколку.

— Ты же сам приказал мне!

— Но рука твоя даже не дрогнула.

Та куколка была первым живым существом, которое Лама порезал ножом. С тех пор он убивал много раз, и вовсе не бабочек. Он отточил мастерство и скорость своих *переходов* до рекордных восьми секунд. И он не знал, во время какой из тысяч смертей — своих ли, чужих — душа покинула его навсегда и осталась одна лишь плоть.

ГЛАВА 6

Каждый раз, когда Никитку убьют, ему больше не больно, но очень грустно. Потому что он как будто бы вылупился из тела, как птенец из яйца, и оказался совсем один, и не знает, куда деваться, и нс чуст большс, гдс сго стая. И поэтому Никитка ждст рядом с телом, пока оно впустит его обратно. У Никитки теперь очень сильное тело, оно может умереть ненадолго и снова ожить. В первый раз, когда Никитке сделали укол и убили, он подумал, что за ним сейчас придет ангел и уведет жить на небо, — но никто не пришел. И Никитка понял, что такому, каким он стал, не полагается ангел. И что он отдельно от тела просто исчезнет — не уйдет жить на небо, а сам станет частью неба, станет ветром, облаками и воздухом, станет ничем. Это было страшно, еще страшней, чем уколы, и Никитка тогда решил оставаться в клетке, рядом с собственным телом, хотя оно казалось чужим: очень длинные ногти и волосы, как у ведьмы. Раньше он был другим. Раньше был Никитка солдатом, а потом его взяли в плен и сделали с ним плохое.

Но сейчас Никитка умер в лесу, а не в клетке. Его тигр подрал, а потом застрелил из ружья охотник. Он хороший, охотник. Он убивать его не хотел. Он Никитку спасти хотел, и даже рану забинтовал, а теперь несет куда-то Никиткино тело, а Никитка следом идет, потому что, если рана затянется и тело опять оживет, он вернется в него вместе с воздухом, вернется на вдохе...

Когда охотник выходит из леса и несет Никиткино тело мимо сельского кладбища, за ними увязываются собаки. Никитка им улыбается, он любит собак, но собаки не видят Никитку, а видят только Никиткино тело, и рычат, и морщат носы. А потом Никиткино сердце опять начинает биться, и Никитка тогда прижимается к своему телу и как будто его обнимает, и оно принимает Никитку обратно, и засасывает в себя, когда делает вдох.

И ему теперь опять больно, а собаки бешено лают. Никитка слабый пока, не может открыть глаза, но уже все слышит и чует. Собаки раньше всегда любили Никитку, а теперь хотят разодрать.

Охотник пинает собак, заносит Никитку в церковь и кладет его на пол, а сам выходит. Никитка не видит, но знает, что это церковь, потому что тут пахнет смертью, теплым воском и деревяшкой. Никитке не нравится запах, но нравится, что в церкви всегда есть бог на кресте: он, как Никитка, умеет умереть, а потом ожить, и тоже мучают его, как Никитку, и еще у него длинные волосы.

Никитка не может пошевелиться. Он чует, что кроме него здесь два человека. Один Никитке не нравится, потому что пахнет табаком и уколами. Второй пахнет свечками, хлебом и теми собаками, что лаяли на Никитку. Никитке человек нравится, потому что он наверняка гладил тех собак и кормил, а собаки ему руки лизали.

— Ну, отче, хватит спать над доской, — говорит тот, что пахнет уколами; голос у него старый. — В последний раз, может быть, играем.

Тот, что собак кормил, которого зовут Отче, стукает чем-то, судя по звуку, костяным по деревяшке:

— Хожу ладьей. Отчего же в последний-то, Иржи Францевич?

— Вы с гостем нашим из СМЕРШа разве не познакомились? Щас он нас всех тут... как в Харбине. Там стариков из белогвардейцев по ночам забирают и... Шах!

— А мне этот Шутов показался хорошим человеком, — говорит Отче.

Никитка не понимает, о чем разговор, но голос у Отче добрый и почти молодой. Никитка знает, что отче — это все равно как отец. Когда-то у Никитки тоже был отец, и мать была, но теперь у него есть только стая.

— Все-то у вас хорошие, отче. А вот как набегут сюда из Чека эти хорошие люди... Вас в лагеря, меня так, может, и к стенке, а потом уж друг за друга возьмутся...

— Нет, вы неправильно говорите! Вы не верите просто в возрождение Родины, а я верю! Народ наш такую войну выиграл, такой кровью! Русский человек пол-Европы прошел. Он гордо подымет голову...

— Вот ему по голове и дадут.

— Циник вы, Иржи Францевич.

— Я не циник, отец Арсений, я медик. Вы ходить-то будете? А впрочем, нет смысла. Тут все равно у вас мат в два хода... Вы чего, отче?

— Вы слышите этот звук?

Никитка стонет — и оба человека, наконец, его замечают, бегут к нему. Тот, который доктор, склоняется над Никиткой, и разматывает повязку на ране, и говорит:

— В лазарет его надо срочно.

А Отче выбегает из церкви и кричит:

— Погоди, Ермил! Это кто? Ты кого принес?

Никитка слышит, как охотник замедляет шаг и отвечает:

— Се человек. Похорони его, батюшка, по-людски.

— Так ведь... рано пока хоронить-то. Подлечить его надо.

— Он живой?! — шаги охотника приближаются.

— А то ж! Ты доктору подсоби до лазарета, Ермил.

Никитка не хочет, чтобы его забрал доктор. Никитка пытается объяснить, что все само заживет, но вместо этого только слабо рычит. Никитка хочет сбежать — но он пока слишком слаб и не может пошевелиться. Охотник снова взваливает его на плечо и уносит — туда, где страшно пахнет лекарствами и уколами.

ГЛАВА 7

Лама проглотил кусок яблока и принюхался. В церковном притворе пахло смертью, воском и подопытным номер сто три. Он скинул обувь и пошел босиком — уж конечно, не из уважения к этому их приколоченному к доскам божку, а просто чтобы бесшумно ступать. Их бог не заслуживал уважения — да и вряд ли являлся богом. Всего лишь немощный, жалкий даос, согласившийся на пытки и унижения ради бессмертия. Интересно, что сказал бы о нем Учитель. Вероятно, похвалил бы за ненасилие и смирение. Путь бездействия, невмешательства и уступки — Учитель любил такое. «Тот, кто пишет историю, не должен сам в ней участвовать», «Чтобы вырастить сад, нужно только разбросать семена», «Хочешь выиграть схватку? Тогда воспари над схваткой» — так говорил мастер Чжао.

Но у Ламы свой путь. Путь насилия и вмешательства. Чтобы выиграть схватку, нужно убить противника. Чтобы вырастить сад, нужно выполоть сорняки...

На лавке у стены лежала шахматная доска с недоигранной партией. Белым предстоял неминуемый мат в два хода. Лама замер: ему были знакомы фигуры. Китайский даос вместо короля. Лисица вместо ферзя. Слонов заменяли тигры. Пешки — в форме волков... Искусная подделка. У учителя Чжао были такие шахматы.

Отец Арсений стоял к Ламе спиной у распятия, припорошенного дрожащими бликами заупокойного огонька. Лама тихо подошел сзади — и двумя пальцами придушил свечку.

— Отпустите мне грехи, батюшка. — Он с хрустом откусил кусок яблока. — Я убил девятьсот двадцать семь человек.

— Тебе в храме не место, нечисть.

— И что же твой бог мне сделает? Моя версия — ничего. Потому что он слаб. Он даже слабее тебя. В твоем храме, отче, самый жалкий и беспомощный бог из всех, что я видел. Наши идолы — они хотя бы из золота, в позе лотоса, вокруг них — подношения... Этот ваш — изувеченный, голый, облезлый, прибитый к деревяшке гвоздями. Он похож на наших подопытных... Например, на сто третьего. Ты не видел его сегодня, а, отче?

С неожиданной сноровкой отец Арсений отскочил в сторону, выудил из-под амвона двустволку и навел на Ламу:

— Изыди.

Лама, чавкая яблоком, подошел вплотную к ружью и прижался грудью к стволам:

— Ты не сможешь спустить курок. Ведь это же грех?

— На все воля Божья.

— Ну а как ты отличаешь божью волю от дьявольской? — Он в последний раз куснул яблоко, в руке остался огрызок. — Куда Ева дела огрызок, в твоей священной книге не сказано?

— Она съела плод целиком, — отец Арсений отступил от Ламы на шаг, ружье в его руках чуть подрагивало.

— Любопытно. Я пришел с тобой говорить как раз о познании... Ты ведь знаешь, отче, откуда взялся подопытный номер сто три, которого приволок из леса охотник. Знаешь, что мы с ним сделали. Знаешь много лишнего, отче. Ты ведь жив только потому, что оказал «Отряду-512» услугу. Оказал нам услугу стукача... — Лама сжал в кулаке огрызок, и на заляпанный воском пол капнул яблочный сок. — Не делись ни с кем, кроме нас, своими познаниями. Или станешь моим девятьсот двадцать восьмым смертным грехом.

— Я храню тайну исповеди, — отец Арсений опустил ружье и ссутулился. — Но Господь — он все видит.

— Да пусть смотрит. — Лама запустил огрызком в Христа и направился к выходу. — Он все равно не участвует.

ГЛАВА 8

От лазарета Ермил Сыч пошел той дорогой, что вела мимо харчевни китайца Бо. Получался приличный крюк, но Ермил домой не спешил. На ходу привычно взглянул на окно Лизиной комнаты и привычно почувствовал, как просыпается в груди тяжелый, скользкий клубок. Есть ли свет керосинки в ее окне, или там темно — в любом случае тоска обвивала сердце холодной змеей. Если света нет, то и Лизы нет — и он не знает, где она, а главное, с кем. Кто на этот раз греет эти ее вечно замерзшие руки. Если свет горит — значит, она дома и, скорее всего, без мужчины, не приведет же она мужчину, когда в доме ее ребенок, да и нет у нее вроде мужчины, с тех пор как Деев ушел... Как бы ни было, Ермил остановится, и будет мучительно бороться с желанием к ней зайти, и победит это свое желание, и молча уйдет. А может быть, проиграет, и зайдет в харчевню, и потребует подать ему сейчас же ханшин, потребует громко, чтобы Лиза услышала, что он здесь. Ее отец, невозмутимый, вежливый Бо, тогда зачерпнет ему водки из чана, на дне которого лежит свернувшаяся в кольца змея. Она такая же, как у Ермила в груди, но только мертвая, а у Ермила живая — с тех пор, как Лиза его прогнала, он постоянно носил клубок тоски в своем сердце. Уже семь лет.

Он выпьет до дна настоянную на змее водку, потом еще и еще, но Лиза так и не выйдет и Настю к нему не пустит, а он не посмеет к ним постучаться. Или посмеет, но они ему не откроют.

На этот раз света в ее окне не было. Ермил помялся у входа в харчевню и пошел дальше. Тоска поднялась, куснула его прямо в горло раздвоенным жалом и скользнула обратно под сердце, сворачиваясь привычной спиралью. Ермил шел домой, убаюкивая свою змею, усыпляя: наипаче омый мя от беззакония моего и от греха моего очисти мя, яко беззаконие мое аз знаю, что ни делается, все к лучшему, это Бог отводит от прелюбодейства с блудницей, а Сатана искушает... Сатана давно за Ермилом ходил по пятам, вот сегодня даже толкнул его под руку, чтоб Ермил убил не тигра, а человека, но Ермил от греха уберегся.

Пробираясь к староверским избам вдоль гаолянового поля, уже частично убранного, Ермил в который раз подумал, что никогда эта скудная, истощенная, не способная выносить овес и пшеницу земля не станет ему родной. Ермилу было двенадцать, когда они всей общиной бежали в Маньчжурию и поселились на окраине Лисьих Бродов, и он, в отличие от младшего брата Андрона, знал вкус настоящего пшеничного хлеба, и ненавидел тот хлеб, что они стали печь здесь — из гаоляновой муки, из перемолотых сорняков. Тогда, в восемнадцатом, Андрону было два года, и он забыл, а вот Ермил всегда помнил первую ночь, когда они воткнули в эту землю сырые колья, накрыли их мокрыми ветками и на рассвете разожгли под этой «крышей» огонь. Они воспользовались древним местным законом: того, кто построил на земле дом, сколь угодно хлипкий, и развел в нем очаг, уже нельзя выгнать. Они остались здесь, в Лисьих Бродах, построили дома — уже добротные избы из сруба — на окраине поселения, но жили своей жизнью, особняком.

Ермил и по-китайски-то ни слова не знал, пока не начал навещать Лизу, дочь китайца Бо, полукровку. До этого он много раз встречал ее в городе — в харчевне или на рынке, — но не чувствовал ничего, кроме легкой брезгливости: местные азиатки вызывали у него отвращение, их руки казались липкими, лица — хищными, волосы — сальными, голоса — монотонными. По-настоящему он увидел Лизу восемь лет назад, в кумирне, в лесу. Она была голой и молилась своим богам. Она пахла свежим, молодым потом и можжевельником, и соски ее, когда он вышел к кумирне с ружьем, напряглись и стали маленькими и твердыми, как пара можжевеловых ягод. Она научила его китайскому слову «ай», похожему на судорожный, испуганный, болезненный стон — и значившему «любовь». Она показала ему древнее начертание этого слова, вывела прутиком на влажной земле иероглиф, состоявший из четырех элементов: «покрывало», «сердце», «ходить» и «когти». Она попросила его согреть ее холодные руки. Они легко помещались в его больших, шершавых, горячих руках.

Его любовь, его мучительное, внезапное «ай» воткнуло в сердце ему острые когти, накрыло душу тяжелым, непроницаемым покрывалом и погребло под собой все то, что было дорого раньше, — детей, жену, и даже брата, и даже Бога; и с той поры, куда бы Ермил ни шел, он приходил к ее дому...

...Шагнув за калитку, Ермил привычно поклялся себе выкинуть блудницу из головы, а любить семью, как подобает честному человеку. И привычно почувствовал новый укус тоски, увидев выскочившую навстречу жену.

— Ты где был? — слово «был» Марфа выплюнула ему в лицо вместе со слюной. — Опять у этой? У ведьмы?

Когда-то самая красивая в их общине, после третьего, Прошки, она совсем расползлась, обвисла грудь, а живот не ушел, остался, как будто теперь она всегда была немножечко на сносях, и староста даже недавно спросил «Когда ждете?», а Марфа ушла в избу и там выла, потому что никого они больше не ждут. Она и правда после Прошки еще трижды беременела, но каждый раз кончалось выкидышем на небольшом сроке; потом Ермил перестал ее трогать совсем. После последнего выкидыша у нее случилось помраченье рассудка: она завернула в пеленку багровые сгустки и в чем была — в заляпанной кровью ночной рубашке — отправилась в церковь к отцу Арсению и умоляла, чтобы тот покрестил ее малышку по любому обряду, а что малышка не гулит — так это оттого, что ее ведьма сглазила. Она и раньше говорила, что Лиза — ведьма, но только в ту ночь, выводя скулящую жену из чужой тихой церкви, Ермил подумал, что это, может быть, не пустые слова. В последнее время он и сам временами чувствовал себя странно: похудел, при быстрой ходьбе задыхался. А в те ночи, когда он оставался у Лизы, ему снились тревожные, душные, пропитанные грязным вожделением сны. В этих снах к нему выходила из темноты хвостатая женская тень и опускалась на четвереньки, и пристраивалась у него между ног, приникала к нему прохладным, трепещущим хоботком, и пила из него густой, теплый сок, и хоботок становился теплым. И Ермил просыпался и со стоном извергал горячее семя на узорчатую циновку, а в том месте, где была его голова, циновка тоже становилась горячей. И красной, потому что носом шла кровь.

Он зарыл пеленку на краю православного кладбища на рассвете, к тому времени Марфа уже пришла в разум и стояла, пристыженно уставившись в сухую, комковатую землю. У могилы их неслучившегося ребенка Ермил дал слово, что больше не будет путаться с ведьмой.

Его решение Лиза приняла легко и спокойно, сказала «Иди своей дорогой, охотник» и почему-то на прощание рассмеялась. Уже спустя три дня Ермил не выдержал и пытался всрнуться, но Лиза его не приняла. Через неделю к ней стали ходить мужчины. Через восемь месяцев она родила девочку с чуть-чуть раскосыми, как у нее, но серыми, как у Ермила, глазами. А впрочем, Бог его знает, какие глаза были у того, с кем она путалась сразу после него.

— ...Когда Господь уже изничтожит эту тварь и ее ведьминское отродье?! — голос Марфы сорвался на визг. — Где был? У них был? — в углах ее рта запеклись белесые комочки слюны.

— Не твоего ума дело, — Ермил взошел на крыльцо.

— Не моего, значит?! Тогда, может, ихнего?! — Марфа по-лошадиному мотнула головой в сторону избы, платок криво сполз на затылок. — Под монастырь подвел ты нас всех, Ермил! Вместе с братцем твоим! Ты что наделал, ты мне скажи, ты что сотворил? Не думаешь обо мне, о Боге не думаешь, хоть бы о детях подумал! По наши души пришли, кровавые псы!

— Что ты несешь, кликуша, какие псы? — Ермил поморщился и на секунду прикрыл глаза. Голос жены, бессмысленная дробь ее слов отдавалась в висках — как жужжание бьющейся в керосинку осы, как монотонный, нудный осенний дождь, как зубная боль.

— Такие псы! Днем был один, хотел тебя забрать на допрос! Теперь другие двое пришли, так Танька, дура, пустила их в дом! А как не пустишь, когда мы слабые бабы да дети, защиты нет никакой... А они сапоги не сняли! За матицу зашли!

Ермил сорвал с плеча двустволку, отодвинул жену и решительно шагнул в дом, в душное облако, свитое из горящего дерева, аромата свежих блинов и дыхания множества ртов.

Младшие дети, Прошка и двойняшки Андрона, притихшие и испуганные, жались друг к другу на полатях. Бабка, как и все последние дни, лежала на печи, скрючившись и уткнувшись носом себе под мышку — как больная крупная птица, безучастная ко всему, кроме тепла, разгонявшего ее густую, старую кровь. Старшие дочери и Танька, жена Андрона, хлопотали по хозяйству в напряженных, неестественных позах. Они стояли рядом, спина к спине, и как будто бы живой стенкой загораживали собой печь, чугунные сковородки, и опару для блинов, и лук с яйцами для припека: чужаки не должны были видеть, как женщины готовят еду.

На лавке слева от входа со скучающим видом сидел майор Бойко. В глубине же избы, прямо в красном углу, под иконами — чужак в офицерской форме, перед ним на столе — жестяная миска с блинами. Он жевал с аппетитом. На вошедшего Ермила уставился нагло и властно.

Это было грубейшим нарушением всех приличий. В староверской избе в красном углу мог сидеть только глава семейства — то есть Ермил. Да и просто проходить за матицу — потолочную балку, означавшую границу между прихожей и внутренней частью дома, — посторонним не полагалось. Вот майор, тот их традицию чтил и сидел на правильном месте.

— Хорошо, что ты *с охоты* вернулся, Ермил, — Бойко выделил голосом слово «охота». — Тут к тебе капитан СМЕРШ Степан Шутов... имеет вопросы.

Ермил молча, недобро уставился на капитана:

— Какие вопросы?

— Удалась ли охота, товарищ Сыч? — Шутов сунул в рот крупный кусок блина.

— Божьей милостью, — Ермил скинул вещмешок и ружье и подошел к рукомойнику.

— Где же дичь?

— Промахнулся, — Ермил, отвернувшись, принялся мыть руки из чайника. В корыто полилась красновато-бурая вода.

— А мне сказали, Ермил Сыч не промахивается, — особист посмотрел на текущую с рук охотника воду и снова вцепился взглядом Ермилу в спину.

— Вы не слушайте его, он у девки был! — вмешалась в разговор Марфа.

— А ну вон пошла! — одеревеневшими от злости губами процедил Ермил. — Перед людьми меня не позорь!

— А ты сам себя с проблядовкой бесовской не позорь! — взвыла Марфа и выбежала из избы. Таня глупо хихикнула и тут же заслонила ладошкой рот.

— Интересно живете, — особист отодвинул от себя миску с недоеденным блином.

— Как все живем, — огрызнулся Ермил.

— Значит, все тут у вас живут интересно. — Шутов медленно, с ленцой потянулся и вдруг резким, совсем другим тоном спросил: — Где ваш брат Андрон Сыч? Где отряд капитана Деева?

— Не знаю. Я не сторож брату моему. А тем более Дееву.

Шутов пристально поглядел Ермилу в лицо — тот выдержал взгляд — и коротко кивнул, словно счел этот довод достаточно веским.

— Не сторож. Зато охотник и следопыт. Нам пригодятся ваши профессиональные навыки, — капитан поднялся из-за стола и направился к двери, на ходу отщелкивая крышечку золотых нагрудных часов. — Знаете эту женщину? — особист сунул Ермилу под нос портрет какой-то изнеженной, самодовольной блондинки на внутренней стороне крышки.

— Нет, Бог миловал.

Шутов резко захлопнул крышку.

— Поисковая группа выдвигается завтра, — сказал он уже с порога. — Ваше дело — вывести нас на след брата.

Не дождавшись ответа, даже не взглянув на Ермила и небрежно козырнув Бойко, особист спустился с крыльца и под бешеный лай сторожевого пса пошагал к калитке через утонувший во мраке двор.

— Убери, — Ермил мрачно кивнул на миску с недоеденным кусочком блина.

Таня послушно взяла со стола миску и выбросила ее в поганое ведро.

— Странные вы все-таки люди, — подал голос Бойко. — Что за вера такая — гостю еду, как собаке, в миску кидать, да потом еще миску выбрасывать?

— Так ведь если чужой человек из нашей посуды ест, там нечистая сила сразу заводится, дядя Бойко! — сообщил с полатей Прошка.

— Помолчи, сынок, — тихо сказал Ермил и уставился на Бойко потемневшими от бешенства глазами. — Ты кого мне в дом притащил, майор?!

— Как будто у меня был выбор, Ермил.

— У нас был с тобой уговор! Ты ж обещал: если я выйду на след, то мы по-тихому, без начальства, сами пойдем! Ну вот я вышел сегодня на след.

— Поздно вышел. Он уже здесь. Суется везде, разнюхивает, копает под меня, крыса, глаза прозрачные...

— И что же мне, на брательника теперь вывести СМЕРШ?!

— А я, думаешь, мечтаю с этой крысой завтра в тайгу идти? У тебя, Ермил, брат пропал. А у меня — целый отряд!

— Так, может, мне его тогда до завтра... того? — Ермил выразительно кивнул на ружье.

— Мам! Таракан! Таракан! — на два голоса завопили с полатей близнецы.

— Ты не дури у меня, охотник! — Бойко возмущенно потряс указательным пальцем, будто грозил ребенку. — Давай-ка без самодеятельности.

— Мам! А в таракане бывает бес? А таракана прихлопнуть?

— Не надо, вдруг это Чун-ван! — страшным голосом предостерег близнецов Прошка. — Командир всех насекомых...

— Прихлопните! — разрешила Татьяна. — Только потом помолитесь.

С полатей послышался дробный, задорный стук, и через щель между досками к ногам Ермила вывалился жирный, полуживой прусак. Ермил поморщился и додавил его сапогом.

— Да без толку, — тоскливо бормотнул Бойко. — Одного прихлопнешь, семеро набегут.

ГЛАВА 9

Ложь — маленькая, вертлявая, скользкая тварь. Беспокойный, норовящий высунуться из тебя паразит. То мелькнет в неестественно напряженном изгибе губ, то глумливо зыркнет из уголков опущенных глаз, проползет щекотно по голосовым связкам, заставив голос дрожать, или брызнет кому-то в лицо неуместной, неловкой каплей слюны.

Я смотрю на себя в мутный, треснувший осколок зеркала на стене. В бледном свете спиртовки я похож на вернувшегося с войны мертвеца. На груди моей — шестилапый, зияющий, незаживающий шрам. В черных проймах глазниц — перечеркнутые трещиной, больные глаза. Приоткрытый рот — как еще одна трещина, ведущая в черное никуда. Набираю в пригоршни воду из рукомойника, бросаю в лицо. И растягиваю губы в хозяйскую полуулыбку крысиного вожака.

Я умею лгать. Я умею различать ложь.

Майор Бойко на допросе солгал. И охотник солгал. Оба знают больше, чем говорят. Бойко покрывает Деева, охотник — брата, обоих можно понять. Оба, видимо, хорошие парни. Ненавидят меня. Все солгали на допросе хоть в чем-то, и все меня ненавидят, кроме, разве что, стукача замполита.

Все солгали хоть в чем-то — но про Елену не лгал никто. Здесь не знают ее. Разве только отец Арсений смотрел на портрет на секунду дольше, чем остальные. Но не думаю, что он врал. Ложь, вертлявую тварь, конечно, можно взять под контроль, но вряд ли это умеет поп.

Для начала — непродолжительное молчание, непроницаемое лицо. Запереть и усмирить ложь внутри, не дать высовываться ее скользкой головке. Она любит вылезать через рот, так что важно следить за губами, жевательными мышцами, носогубными складками. Но нельзя забывать про глаза. Важно брать под контроль не только рот, но и брови, переносицу, лоб.

Через трещину в зеркале равнодушно и нагло за мной следят мои чужие глаза. Я был клоуном, солдатом и зэком, сегодня я смершевец, завтра стану кем-то еще.

Есть сложнейший фокус, позволяющий навсегда укротить в себе норовящую вылезти ложь. Недостаточно загнать паразита внутрь — нужно сделать его собой. Без остатка, без жалости отдать себя лжи, позволить ей сожрать себя целиком. Самому стать ложью. Самому обернуться тварью.

Я застегиваю на себе чужую, несвежую гимнастерку. Я оглядываю выделенную мне комнату на втором этаже когда-то богатого особняка. Здесь в начале века, видно, жила прислуга кавэжединского чина: из единственного окна вид не на площадь, а на разрушенный склад. А году в тридцать пятом сюда заселили японского рядового. Три недели назад он напрасно пролил свою кровь за Маньчжоу-Го, марионеточное маньчжурское государство. Или, может быть, здесь ворочался по ночам предавший свою землю китаец, исполнительная, задерганная марионетка на серой циновке.

А теперь бойцы Красной Армии разместили здесь особистскую крысу. Венский стул с обугленной ножкой, кое-как застеленный липкой клеенкой, опрокинутый на попа снарядный ящик вместо стола — что еще нужно крысе? На клеенке — жестяная кружка, спиртовка, пиала с отбитым краем. Рукомойник с облезлым ведром в углу. Деревянный топчан, на котором мне ни разу не доведется поспать.

Потому что я — гастролер, и сегодня я уйду в ночь. Оставаться здесь — дохлый номер. Лены нет здесь, а может, не было никогда. Связь починят в любой момент. Разоблачение неминуемо. Больше здесь ловить нечего.

Завтра утром они будут ждать капитана Шутова, но капитан не придет. Поисковая операция сорвана. Причина: капитан вернулся в могилу.

Беглый зэк Максим Кронин этой ночью уйдет в тайгу. На рассвете проберется лесными тропами через сопки к разоренной японской лаборатории. И найдет того беглого пленного с огнестрельными ранами, когтями и длинными волосами, найдет живым или мертвым. Потому что если кто и видел Елену — живой или мертвой — так это он.

Поправляю портупею. Надеваю фуражку. У меня с собой револьвер «смит-вессон» и «вальтер».

Самодельное стрельбище на руинах склада тонет во тьме — как мои воспоминания в темном крошеве забытого, разбитого прошлого. Вероятно, из-за контузии я многое позабыл. Но я помню, я всегда помню первую встречу...

...Я стою на арене. На поясе «обойма» с метательными ножами. На глазах — глухая повязка. Надрывается шпрехшталмейстер, невидимый оркестр выдает барабанную дробь.

— А-а теперь!.. Смер-ртельный номер нашей гастроли!.. Непревзойденный! Гений! Клинка-а!.. Максим Кронин!

Невидимый зал рукоплещет хищно и возбужденно. Это Рига. Буржуазная Латвия. Январь тридцать третьего года. Но на самом деле это неважно, публика всегда и везде ведет себя одинаково: плотоядно надеется, что уж в этот-то раз кровь прольется. Хоть капля крови.

— Кто готов стать отважным добровольцем и выйти на сцену, дамы и господа? Кто станет мишенью для маэстро Кронина и его острейших ножей?

Я спокоен. Я знаю, что на сцену выйдет мой человек. Аннабель, моя девочка, моя ассистентка. На ее по-детски трогательных запястьях, на ее тонких щиколотках — серебряные браслеты, на шее — серебряная цепочка. А на каждом браслете и на цепочке — крошечный колокольчик.

Зал смолкает. Я слышу приближающийся перестук каблучков. Только что-то не так: я не слышу, как звенят колокольчики. Зато слышу нснакомый запах фиалок. Женский голос — гораздо ниже и гораздо уверенней, чем у моей Аннабель, — произносит:

— Я хочу быть мишенью.

— Вы... э-э... уверены?.. — блеет шпрех. — Как к вам... э-э... обращаться?

— Фройляйн Елена.

— Я прошу вас подумать, Елена. Это... э-э... немного опасно.

— Я всегда сначала думаю. Я готова.

Снова стук каблучков. На этот раз Аннабель:

— Возьмите лучше меня!

В ее голосе слышится паника: она опоздала.

— Нет. Я первая, — спокойно отвечает та, что вышла на сцену первой.

В зале шепчутся и свистят. Тогда я снимаю повязку.

По вискам и лбу шпрехшталмейстера крупными каплями течет пот, его красный сюртук почернел под мышками, он затравленно теребит на шее блестящую бабочку, как будто она впилась в него лапками. Передо мной на арене стоят две женщины: моя тонкая, маленькая помощница Аннабель — и высокая, незнакомая, очень дорого одетая блондинка в черном вечернем платье. Аннабель от волнения так морщит лицо, что оно похоже на мордочку нашкодившей обезьянки. Белокурая смотрит насмешливо и безмятежно. И внезапно я понимаю, что она прекрасно знает, что делает. Она просто развлекается. Она знает, что доброволец у нас подставной. Может быть, она даже знает про колокольчики. Ей забавно наблюдать, как пропитывается потом красный сюртук, любопытно, как мы выйдем из положения. Она знает, что я не приму ее в качестве добровольца.

Тогда я говорю ей:

— Вы правы. Вы вызвались первой, Елена. Я прошу вас пройти к мишени. Шпрехшталмейстер поможет вам закрепить ремни.

Ее пушистые брови чуть вздрагивают — опаленным, беспомощным мотыльком:

— Это будет по-настоящему?

— Конечно, по-настоящему. Вы стоите, пристегнутая к мишени. А я с завязанными глазами бросаю ножи. Моя задача — освободить вас. Перерезать ремни.

— А если вы в меня попадете? Если сделаете мне больно?

— Я не могу гарантировать, что этого не случится.

Она пристально смотрит — не на меня, а чуть выше. Словно пытается разглядеть что-то прямо над моей головой. На ее красивом лице появляется страх.

Зал аплодирует и ревет. В любом городе публика одинакова — она любит смотреть на тех, кому страшно.

— Вы, должно быть, не видели прежде моих выступлений. Вы вольны уйти со сцены, Елена. Уступить место той, что доверяет мне больше, — я киваю на Аннабель.

Аннабель и шпрех с облегчением ждут, когда Елена освободит сцену.

— Я останусь, — говорит она громко, а потом добавляет так, чтобы слышать мог только я: — Между болью и унижением я выбираю боль, Максим Кронин.

Я киваю. Она встает у мишени, раскинув руки, как для полета. Или как для распятия. Шпрех трясущимися пальцами застегивает у нее на запястьях, на сведенных вместе лодыжках и на горле пропущенные через отверстия в мишени тонкие ремешки.

Я опускаю на глаза повязку, достаю первый нож и дожидаюсь, когда стихнут аплодисменты и барабанная дробь. Обычно в этот момент я слышу легкий перезвон колокольчиков Аннабель. Я хорошо знаю расстояние до мишени и расположение на ней тела. Я меткий, и у меня острый слух. Звон колокольчиков служит мне ориентиром. Я знаю точно, куда бросать нож, чтобы перерезать ремни. Сначала я освобождаю от ремней ее ноги, потом руки и, наконец, горло.

На этот раз перезвона колокольчиков нет.

Я делаю вдох на счет «три», а потом на счет «семь» длинный выход, и снова, и снова, чтобы унять биение сердца. И я бросаю нож в тишину. Бросаю нож в тишине.

Я не помню, как мне удается освободить Елену без крови. Я в повязке, и воспоминание вместе со мной погружается в темноту. Помню только, как спустя час мы с ней стоим под открытой лестницей, прячась от мелкого, вертлявого снега, и на ней расстегнутая нежно-палевая шубка из норки, и от нее пахнет фиалками, она курит тонкую папиросу через мундштук и не стряхивает с нее пепел, и раз за разом отрастает омертвевший пепельный кончик, и сам срывается, и смешивается со снегом...

Прямо на нас, гогоча и дурачась, вываливается из цирка компания латышских студентов, один, узнав меня, приветливо машет рукой, на рукаве его пальто — алая лента с черной свастикой в белом круге. А следом за ними выходит моя помощница Аннабель в нелепом берете, и на секунду застывает, и смотрит на меня больными глазами, а я отвожу взгляд и делаю вид, что мы не знакомы; она отворачивается и бредет через пургу по улице Меркеля в сторону Верманского парка. Она вернется, если я ее позову, и бросится мне на шею, если я ее догоню, она как преданная ручная обезьянка, но мне больше не нужна обезьянка. Мне нужна женщина, которая смотрит на меня уверенно и немного насмешливо, и не стряхивает пепел с кончика сигареты, и поправляет волосы, и смеется:

— Скажите правду, в вашей повязке ведь была дырка, через которую вы смотрели?

Я отвечаю:

— Секреты фокусов не разглашаются даже под страхом смерти.

Но я не помню, теперь я уже не помню того секрета. Наверняка в моей повязке и впрямь была дырка, через которую я смотрел...

...Я запускаю мотоциклетный движок, запускаю стрелковую машинерию. Редуктор щелкает, приходят в движение веревки, и трафаретные фрицы не спеша восстают во тьме из своих могил. Я выставляю вторую и сразу же третью скорость. Теперь мишени выскакивают суетливо, как черти из пустых табакерок, и угрожающе погромыхивают.

Я отхожу на огневой рубеж. Отсюда я не вижу мишени. Я меткий, и у меня острый слух. И я стреляю с двух рук, из «вальтера» и «смит-вессона», как автомат, без пауз, не меняя положения корпуса, лишь перебрасывая руки в направлении новых целей, и в головах невидимых фрицев, ровно по центру, появляются свежие дыры.

Я продырявлю их всех и уйду во тьму, из тьмы — в тайгу, из тайги — за ней. А после — с ней или без нее — в Шанхай, а из Шанхая пароходом в страну таких же, как мы. Туда, где только беглые каторжники и нет вертухаев. Туда, где ходит по земле бобер с клювом. Туда...

— Товарищ Шутов, вот вы где! Наконец-то! А я вас ищу.

Я вырубаю движок. Позади меня на груде битого кирпича стоит с фонариком нелепый рядовой Пашка:

— Я вас в харчевню папаши Бо отведу. Я его Боряном зову.

— Зачем мне в харчевню? — я пытаюсь придать голосу жесткость, но он звучит просто хрипло.

— Ну как же? Вы же дочь его Лизу допросить собирались, любовницу Деева. А она обычно к ночи приходит. А еще у Боряна водка рисовая — чудо как хороша! Там ребята наши уже сидят, выпивают, закусывают. Я подумал, может, вам с ними? Глядишь, и подружитесь?

Ложь — жадная, властная, ненасытная тварь. Если она уже пожирает тебя, от нее непросто избавиться. Она потребует напоследок накормить ее до отвала. Что ж, хорошо. Сначала девка китайская. Потом китайская водка. А потом уже тьма.

Пусть Шутов еще поживет.

ГЛАВА 10

Дальний Восток. Урановый рудник «Гранитный».
Начало сентября 1945 г.

Начальник лагеря подлил себе в граненый стакан коньяка и вытянул из ленд-лизовской белой пачки с красным кружком последнюю сигарету. Пустую пачку чуть смял и кинул на пол. Пятьсот шестая, не меняя положения тела, подобрала.

— Ты знаешь, что общего между табаком «Лаки страйк» и Хиросимой?

Она наморщила лоб, безуспешно пытаясь сообразить.

— И то и другое американцы поджаривают! — Модинский хлопнул себя по ляжке и захохотал. Пятьсот шестая поспешно захихикала вместе с ним, прикрыв влажный рот ладонью.

Он чиркнул спичкой, затянулся, отхлебнул из стакана и блаженно откинулся на спинку кресла.

Скомандовал почти нежно:

— Включи-ка, милочка, граммофон.

Пятьсот шестая послушно поднялась с пола, обтерла руки о голый живот, дрожащими пальцами, медленно, чтобы не повредить пластинку, опустила металлическую иглу. Из уютного граммофонного потрескивания выплыли вкрадчивые фортепьянные аккорды. Пятьсот шестая снова встала на четвереньки и взялась за тряпку.

— И вот мне приснилось, что сердце мое не болит... — проникновенно затянул Черный Пьеро. — Оно — колокольчик фарфоровый в желтом Китае...

Подполковник Модинский умиротворенно стряхнул пепел на пол. Он наблюдал, как пятьсот шестая ерзает с тряпкой по полу у его ног, как двигаются ее обнаженные ягодицы, и с ленцой прикидывал, чего ему сейчас хочется больше: застегнуть, наконец, ширинку, прогнать ее и в одиночестве насладиться Вертинским — или дождаться, когда она закончит уборку, а потом поставить ее перед собой на колени еще раз. Наверное, все же второе. Ему нравился ее нежный, неопытный, еще почти детский рот, она всего пару дней как поступила в женский барак, и Гранкин сразу же присмотрел ее для подполковника, когда новеньких зэчек раздели в бане.

— ...А кроткая девушка в платье из желтых шелков, где золотом вышиты осы, цветы и драконы, с поджатыми ножками смотрит без мысли, без слов...

Модинский почувствовал, как, убаюканный песней, невольно соскальзывает в золотистую и густую, как мед, дремоту, обожравшейся мухой увязает в сладкой, застывающей топи, и оттуда, из глубины, слышит, как Черный Пьеро ему говорит:

— Я буду считать от семи до нуля. Когда я скажу «ноль», вы очнетесь.

— Внимательно слушает легкие, легкие, легкие...

— Ноль.

Модинский проснулся, как от пощечины. Пятьсот шестая спала у его ног на полу, скрючившись в позе эмбриона. А в соседнем кресле, закинув ногу на ногу, сидел полковник Аристов — в расстегнутом длинном плаще и лайковых черных перчатках. Пижонская шляпа борсалино лежала у него на коленях. Страдальчески изогнув брови, он смотрел на заикающийся, захлебывающийся одним и тем же словом граммофон:

— Легкие... легкие... легкие... легкие...

Модинский хотел было выхватить из-за пояса револьвер, короткоствольный «бульдог», но рука ему не подчинилась и так и осталась лежать на расстегнутой ширинке; удалось лишь слабо пошевелить указательным пальцем. Казалось, сознание его ожило, но тело так и осталось под слоем загустевшего меда. Как во сне, когда хочешь ударить врага, но не можешь.

— Дивная вещь, — задумчиво произнес Аристов. — Стихи контрреволюционного поэта Гумилева. Записано на фирме «Парлофон» в буржуазном Лондоне. Смутьян вы, подполковник, космополит. И женщин не уважаете, — полковник брезгливо кивнул на пятьсот шестую. — А впрочем, бог с ними, с женщинами. Но разве ж можно так обращаться с пластинками? Игла совсем стерта! — полковник потянулся к граммофону и убрал с пластинки тонарм с иглой.

— К... к-к... — Язык начальника лагеря неповоротливо трепыхнулся, и будто не из прошлого, а прямо из сведенного горла оторванным жалом выдавилось в рот давно забытое воспоминание: ему пять лет, и его покусали пчелы, язык распух, и он не может ни говорить, ни дышать.

— Не надо пучить глаза, подполковник, а то удар хватит. Вы вон уже весь багровый. Этак мы и поболтать не успеем.

— Кт... кт... кт...

— Давайте так. Я вас сейчас освобожу от своего, скажем так, влияния. Но прошу без глупостей.

— Кто позволил?! — сипло выдавил Модинский, трясущейся рукой выхватил из-за пояса «бульдог» и направил на Аристова.

— А кто ж не позволит? Часовой дрыхнет, каналья. Девка ваша тоже, от греха. Генерал-лейтенант товарищ Наседкин? Так он далеко, в Москве. Опустите револьвер. Обожжетесь.

— Я связывался с Наседкиным, — прохрипел подполковник. — Он сюда вас не отправлял.

— Не отправлял, — с некоторой даже грустью признал Аристов.

— Я сейчас... стрелять буду.

— Ну мы же вроде договорились без глупостей, — сказал полковник разочарованно и тут же добавил монотонным, глубоким голосом: — Ваш револьвер раскален добела.

Сначала в нос ударил запах паленой кожи, и лишь потом пришла боль. Модинский с воем отшвырнул револьвер и стал баюкать правую руку левой. На алой ладони вздувались мутно-желтые пузыри.

— Предупреждал ведь, что обожжетесь. Ладно, перейдем к делу. — Полковник снова заговорил низким голосом, на одной ноте: — Равняйсь. Смирно.

Марионеточно дернувшись, Модинский поднялся с кресла и вытянулся по струнке.

— Убрать срам!

— Так точно! — Модинский застегнул ширинку.

— Отвечать на вопросы четко, лаконично, исчерпывающе. Вам известно, где Кронин?

— Никак нет, — начальник лагеря скосил глаза вниз. Между ног по брюкам расползалось темное, мокрое пятно.

— На меня смотреть.

— Слушаюсь!

— Что произошло в штольне?

— Заключенный номер триста три, Кронин Максим, кличка Циркач, пятьдесят восьмая статья, заключенный номер двести сорок один, Рукавишников Аристарх, кличка Флинт, статья сто пятьдесят четыре А, и заключенный номер двести семьдесят два, Лизунов Анатолий, кличка Пика, статья сто шестьдесят семь, совершили нападение на надсмотрщика и, забив его камнями и остро заточенной ложкой, сбежали с уранового рудника «Гранитный», являющегося объектом особой секретности. Опасаясь наказания, я поручил своему помощнику майору Гранкину скрыть факт их бегства.

— Что-то еще ценного сообщить имеете?

— Никак нет.

— Как скучно. Вы и правда знаете столько же, сколько ваш подчиненный Гранкин. Это ошибка, Модинский. Подчиненный всегда должен знать чуть меньше.

— Позволите спросить?

— Спрашивайте.

— Вы сделали с майором Гранкиным то же, что и со мной?

— Вовсе нет. Товарищ Гранкин рассказал мне все добровольно. По собственной инициативе. Давайте монету, — Аристов требовательно протянул руку в кожаной перчатке.

— Какую монету, товарищ полковник?

— Которая была у мертвого охранника. При нем ведь нашлась монета?

— Так точно.

Модинский деревянной походкой проследовал в дальний конец комнаты, порылся в кармане шинели и положил на обтянутую черной лайкой ладонь полковника пятнадцатикопеечную медно-никелевую монету.

— Прощайте, Модинский.

Аристов поднялся, элегантным движением надел шляпу, снял с граммофона пластинку Вертинского и сунул под мышку.

— Играные иглы нельзя использовать, — укоризненно сообщил он. — Стальная игла служит недолго, быстро стачивается, и ее тут же следует заменить.

Полковник шагнул к выходу, приоткрыл дверь и уже с порога обернулся:

— Вы испытываете невыносимую душевную боль, подполковник Модинский. Вы не видите смысла жить. Вам хочется застрелиться. Можете воспользоваться револьвером, он уже остыл.

Аристов прикрыл за собой дверь и вышел на воздух. Часовой с ППШ спал стоя, привалившись к стене. Полковник на ходу щелкнул его по носу и направился к Гранкину и Силовьеву, стоявшим чуть в отдалении.

— Личные вещи принесли, майор Гранкин?

— Так точно, провели шмон. — Гранкин поспешно полез в офицерскую сумку, добыл оттуда два пузатых бумажных пакета с бирками и протянул Аристову.

Тот быстро изучил надписи на бирках: «Рукавишников А. С. (№ 241)» и «Лизунов А. И. (№ 272)».

— А Кронин? Триста третий? Его вещи где?

— Ничего н-не н-нашли, т-товарищ полковник. Как будто его здесь и не было. Этот Кронин ваш — он как п... пыа... п... — Гранкин скривился, тужась непослушным словом, — как призрак какой-то!

Аристов смерил оцепеневшего Гранкина змеиным, ледяным взглядом — и вдруг весело хлопнул его по плечу:

— Молодец, Гранкин! Все верно сказал. Кронин — призрак. Теперь зайди к своему начальнику и найди там обложку вот от этой пластинки, — полковник продемонстрировал майору Вертинского. — И коньяк еще прихвати. У него там грузинский, марочный. Хороший у товарища Модинского вкус был. Нервы только ни к черту.

— Б-был? — наморщив лоб, переспросил Гранкин.

Из избы Модинского послышался выстрел. И тут же — женский истошный визг. Часовой, очнувшись, бросился внутрь, майор Гранкин — за ним.

— Товарищ полковник... — Силовьев преданно заглянул в лицо Аристову. — А зачем вы велели майору Гранкину это все принести?

— Как зачем? — Аристов безмятежно улыбнулся ему в ответ. — Отличный коньяк. А пластинка без обложки испортится.

— Я про личные вещи.

— Вещи, Силовьев, могут нам многое рассказать. Главное — грамотно их допросить.

ГЛАВА 11

Маньчжурия. Лисьи Броды. Начало сентября 1945 г.

— Лиза не здесь, — папаша Бо зажег керосиновую лампу и быстро обошел с ней всю комнату, как бы в доказательство того, что его дочь не скрывается в каком-нибудь темном углу. — Но Лиза скоро здесь, — он поставил лампу на маленький деревянный столик с короткими ножками, отошел на шаг и услужливо кивнул.

Желтая лысина Бо, сплошь покрытая пигментными пятнами, напоминала панцирь крапчатой черепахи, а глубокие морщины на лбу — кольца времени на древесном срубе. Седая, жидкая бородка топорщилась, как пучок засушенных трав, но брови были густыми и черными, а тело — не по-стариковски сухим, а, скорее, как у гимнаста поджарым. Пятьдесят ему лет или сто — никто не смог бы определить.

Шутов бегло оглядел помещение: две тряпичные куклы на застеленном яркой циновкой кане, глиняные идолы на приколоченной к стене полке (тот, что в центре, — с телом лисы, головой женщины и тремя хвостами), и тут же какие-то пузырьки с мутными жидкостями и темными порошками, и повсюду, вдоль стен и под потолком, висят пучки засушенных трав и вязанки кореньев, и от этого в комнате пахнет осенним, увядающим лесом.

— Его дочь — знахарка, товарищ Шутов, — сообщил Пашка. — Да, Борян? Травница.

— Лечить, помогать, да-да, — мелко закивал папаша Бо и указал на нить ярко-пунцовых семян, похожую на молитвенные четки. — Вот сян-су-цу — отхаркиваешь, рвота, и убивает червя. Вот цянь-е-лань, — он ткнул в пучок тысячелистника с корневищами. — Легко дышишь, хорошо видишь, запора нет... Пока Лиза не здесь — хотим чай? — китаец гостеприимно указал на дверь, ведшую из комнаты дочери в захламленный коридор, а оттуда — в основное помещение харчевни.

— Нам бы лучше, Боря, по стопочке рисовой, — сказал Пашка.

— Лисовой, — понимающе кивнул Бо, и глаза его из-под набрякших век блеснули лукаво и молодо.

Сапер Ерошкин, лейтенант Горелик и майор Бойко, сидевшие за дальним столом, при появлении Шутова мгновенно умолкли. Ерошкин печально и сосредоточенно погрузился в изучение стоявшей перед ним пиалы, как будто в ней заключались все знания и все скорби. Горелик резко и дергано, как деревянный Пиноккио на шарнирчиках, обернулся на Шутова и обратно к окну и принялся отбивать сапогом по дощатому полу нервную дробь. И только майор, не меняя расслабленной позы, поглядел на особиста открыто и прямо, и даже изобразил подобие слабой улыбки.

Другие два стола пустовали, под одним из них девочка лет шести, с явственной азиатчинкой в лице, но сероглазая и русая, сосредоточенно играла с серым пушистым обрубком, напоминавшим заячий хвост. Увидев Бо, закричала:

— Дедушка! Тут дядям очень пить хочется!

— Устами младенца! — Майор Бойко, явно навеселе, добродушно захохотал. — Борян, принеси-ка кувшинчик еще! — Он снова взглянул на Шутова. — Присоединишься к нам, капитан?

Горелик выпучил глаза на майора, но тот уже энергично сдвигался вправо, освобождая Шутову край лавки рядом с собой, у окна. Секунду поколебавшись, особист подошел и, явно неохотно, как бы делая им всем одолжение, уселся на расчищенное для него место.

Бо поставил перед ними на стол полный кувшин рисовой водки и блюдо с освежеванными, нанизанными на тонкие шпажки и зажаренными до коричневой корочки летучими мышами. Очищенные от перепончатых крыльев, длиннопалые скрюченные лапки у одних были молитвенно скрещены на груди, у других же раскинуты, будто они улетали в рай, уготованный тем, кто безвинно насажен на кол.

— Закусим! — Борян озарился гостеприимной улыбкой. — Подарок, деньги не платить.

— Спасибо, Борь, но мы такое не едим, — стараясь скрыть отвращение, сказал майор Бойко.

— Летала мышь хороша! Летала мышь на здоровье! — растерянно залопотал китаец и даже показал руками, как хорошо мышь летала. — Скажи, Настя! — Он затараторил по-китайски.

— Дедушка говорит, летучие мышки полезны для организма! — с готовностью сообщила девочка. — Угощайтесь!

— Вот как они это могут жрать? — Ерошкин скорбно воззрился на оскаленные мышиные пасти, застывшие в последней гримасе боли.

— А я, с вашего позволения, попробую! — рядовой Овчаренко бодро плюхнулся на лавку рядом с Гореликом, ухватил одну шпажку и снял с нее маленькую хрустящую тушку. — Я так рассуждаю, от угощения отказываться невежливо!

Пашка откусил кусочек обугленного мяса, перекосился, но героически прожевал и проглотил. Папаша Бо тем временем притащил две чистые пиалки, одну поставил на стол перед Пашкой, другую уважительно протянул Шутову в сложенных лодочкой ладонях.

— Ну что, капитан, — Бойко тут же наполнил из кувшина все пиалы и поднял свою. — За победу советского солдата?

— За победу. — Особист поднес рисовую к губам, но отпить не успел. Из темноты по ту сторону окна прозвучал одиночный выстрел, и, выронив пиалу, Шутов опрокинулся с лавки.

Зазвенели осколки.

— Убили дядю! — заплакала Настя.

ГЛАВА 12

Смерть — голодная, хитрая тварь, принимающая разные формы. Но она так часто крутилась рядом со мной, что я научился ее узнавать. Она может быть похожа на уставленный угощеньями стол. На окно, распахнутое во тьму за моей спиной. На едва различимый, щекотный звук сдвигаемого предохранителя, тонущий в голосах собутыльников и в гомоне ночных птиц. Смерть шустра, но я умею чувствовать ее приближение.

И за долю секунды до выстрела я успеваю броситься на пол. Пуля, метившая мне в центр спины, задевает плечо по касательной. Я выхватываю «вальтер» и выбегаю на улицу. Остальные — за мной. Майор Бойко орет:

— Кто, сука, стрелял?

Кто бы ни был, он уже исчез в темноте. По надорванному рукаву гимнастерки расползается красное, но я отказываюсь идти в лазарет: царапина, ерунда.

Капитану СМЕРШ Шутову уже не поможет доктор. А Максиму Кронину, беглому зэку, пора уходить.

— Под трибунал у меня все пойдете! — скалюсь я напоследок, поворачиваюсь к ним спиной и шагаю прочь.

— Товарищ Шутов, вы ж ранены! Товарищ майор, он же ранен! — Овчаренко мечется между мной и своими, как щенок между удаляющимся вожаком и остающейся стаей; выбирает меня. — Товарищ Шутов, вы в штаб? Я с вами!

— Шестеришь на побегушках, Овчара? — шипит Горелик.

Рядовой застывает и морщится, как от удара. Я не вижу этого, но чувствую горлом, спиной. И я слышу, как он отвечает не обиженно, но удивленно:

— Да вы разве не видите? Человеку же больно!

И упрямо идет за мной.

«Рядовой, отставить! Приказываю остаться». Я хочу, я должен это сказать и уйти один — но нельзя его сейчас от себя прогнать. После слов лейтенанта он и так плетется побитой собакой. Оттолкнуть его теперь на глазах у стаи — обречь на их презрение навсегда.

Ничего. В штабе я скажу, что мне нужно поспать, — он козырнет и отвяжется.

А пока пусть идет со мной. Пусть хоть кто-нибудь, кроме смерти, сейчас идет со мной рядом.

ГЛАВА 13

Дальний Восток. Урановый рудник «Гранитный».
Начало сентября 1945 г.

— Товарищ п-полковник! Зачем же в к-карцер? Там условия неблагоприятные. Да и запах... — майор Гранкин рысил следом за

Аристовым и Силовьевым по промозглому коридору с початой бутылкой грузинского коньяка, их шаги тяжелой дробью отскакивали от каменных стен и, гулко дрожа, повисали в воздухе.

— Я уже объяснил. Мне надо уединиться.

— Так д-давайте я вам лучше к-кабинет т-товарища Модинского предоставлю? Уединяться разве ж обязательно в одиночке?!

— Где ж еще, — задумчиво произнес Аристов, останавливаясь перед густо вымазанной бурой краской тяжелой дверью с трафаретной белой надписью: «Одиночная камера для осужденных».

Гранкин отворил дверь, и полковник Аристов шагнул внутрь. Одиночка — тесный каменный мешок с крепившейся к стене откидной лавкой, крошечным зарешеченным окошком под потолком и парашей — пахла сыростью, отчаянием и мочой.

— Вы свободны, майор, — Аристов вынул из руки Гранкина бутылку и ключ от камеры и откинул лежанку.

— Слушаюсь. — Гранкин козырнул и потопал обратно по коридору, разбрасывая в воздухе дребезжащее эхо шагов.

— А я с вами тут, да? — Силовьев был явно польщен.

— Оставайся пока что. Вдруг ты не безнадежен.

Аристов глотнул коньяку из горл***а***, поставил бутылку на лавку и раскрыл кофр. Достал из него коробку с мелками, маленький бумажный сверток и кожаный футляр для игральных карт. Вынул было пакеты с личными вещами бежавших вместе с Крониным зэков, поколебался, убрал обратно. Вместо них извлек из недр кофра сложенную вчетверо фотографию и изъятую у Модинского пятнадцатикопеечную монету.

— А и правда, товарищ полковник, почему вам понадобился именно карцер? Кабинет-то чем хуже?

— Неужели ты не чувствуешь силу этого места, Силовьев? Одиночество, боль, обреченность? Вечный холод каменных стен?

На блиновидном лице майора отобразилась работа мысли.

— Так а сила-то в чем?

— Нет, ты все-таки безнадежен.

Аристов развернул фото — и Силовьев по-птичьи вытянул шею, силясь из-за спины полковника разглядеть четырех людей, снятых на фоне старинных зданий. Слева стоял сам Аристов, только чуть-чуть моложе, в щегольском элегантном костюме. По центру — Кронин, тоже недурно одетый, приобнимающий светловолосую женщину в черном платье. Справа — арийский блондин с пронзительным взглядом.

— Шею сломаешь, Силовьев, — не оборачиваясь, сказал Аристов. Он положил фотографию на каменный пол и извлек из коробки белый мелок. — Это Рига. Тридцать третий год. Меня ты, полагаю, узнал. Кронина, наверное, тоже.

— Так вы с ним, получается... давно?..

— Знакомы? О да.

Полковник начертил вокруг фотографии треугольник.

Силовьев помялся, ожидая подробностей, но их не последовало. Полковник начертил второй треугольник, наложенный на первый, — получилась шестиконечная звезда.

— А эти двое, блондины... Кто?

— Эти двое — вышка для меня, если фотографию увидит начальство. И десять лет строгого для тебя — если ты о ней немедленно не доложишь.

— Это вы так шутите, товарищ полковник?

— Это я демонстрирую тебе безграничное, Силовьев, доверие, — Аристов развернул сверток и извлек из него шесть коротких тонких черных свечей. — Блондинка — Елена, в девичестве фон Юнгер. Жена Кронина. В июне сорок первого бежала из СССР. Нелегально — сводный брат, вот этот блондин, вывез ее через окно на границе. Его имя — Антон Вильгельм фон Юнгер, рижский немец, барон, между прочим. Породистый. До осени сорок третьего — оперативник абвера. После — сотрудник института «Аненербе». Знакомое заведение, Силовьев? — Аристов чиркнул спичкой и, последовательно обмакивая свечи в огонек, принялся прилеплять их в тех местах, где пересекались контуры треугольников.

— Расовые исследования, насколько я знаю. Оккультизм, — Силовьев пожал плечами. — Всякое мракобесие.

— Вот и я сейчас займусь мракобесием, — полковник принялся зажигать свечи. — А ты, Силовьев, иди. Распоряжения для тебя будут такие. Пункт первый. Захлопнешь дверь в камеру и постоишь там, снаружи. Пункт второй. Если через пятнадцать минут я не выйду — зайдешь обратно, возьмешь монету, — он положил пятнадцать копеек в центр фотографии. — Задуешь свечи, а меня до утра здесь запрешь, что бы я ни говорил и ни делал.

Он протянул Силовьеву ключ от карцера.

— Зачем, товарищ полковник?!

— Для всеобщей безопасности. Пункт третий. Монету вложишь в рот покойного товарища Модинского. А впрочем... рта могло не остаться. Ну, тогда в руку. Только смотри, чтоб не выпала. Хочешь спросить, зачем?

— Никак нет, товарищ полковник.

— Вот и славно, Силовьев.

Полковник Аристов зажег от спички последнюю, шестую, свечу и вынул из футляра неполную колоду «марсельского» Таро — двадцать два старших аркана. Перетасовал. Вытянул, не глядя, шесть карт.

Ритуал с Таро — формальность, не более. Один из способов красиво и плавно войти в нужное состояние. Полковник любил формальности. И красивые жесты.

Он аккуратно разложил карты по треугольным лучам звезды — начиная с вершины и против часовой стрелки: аркан Сила, аркан Шут, аркан Суд, аркан Справедливость, аркан Повешенный и аркан Дьявол. Непроизвольно дернул уголком рта: получившаяся последовательность его настораживала. Тем не менее он вытянул из колоды еще одну карту и положил ее поверх фотографии и монеты, рубашкой вверх. Он знал, что рискует с монетой, но и шанс на удачу был довольно велик. Все зависело от того, принял ли мертвый надсмотрщик эту монету. И тут важно именно внутреннее принятие, а не формальное, внешнее. Монета, навязанная покойнику силой, не считается принятой. Он должен согласиться ее забрать.

Если надсмотрщик монету не взял — а и с чего бы ему принимать подачки от зэка? — значит, монета принадлежит Кронину. Если монета принадлежит Кронину — он установит с ним связь.

Но если надсмотрщик принял монету, Аристову предстоит несколько очень неприятных мгновений: надсмотрщик отдал ее Паромщику, а тот швырнул ее в реку, и Аристову придется почувствовать в ноздрях и во рту вкус черной воды на *той стороне*. Он ненавидел контакты на *той стороне*. После такого контакта требуется изоляция и длительный отдых, о новых *контактах* на некоторое время придется забыть. Смерть — это тварь, трупным ядом помечающая свою территорию. Нельзя к ней вторгнуться — и не унести немного яда в себе.

Полковник Аристов залпом допил коньяк, отставил бутылку, положил руку на карту Таро и закрыл глаза. Он чувствовал, как металлический холод монеты перетекает через того, кто скрыт под рубашкой карты, ему в ладонь. И еще прежде, чем свечи завертели своими огненными язычками против часовой стрелки, и даже до того, как Аристов перевернул карту, и даже не открывая глаз, он ее угадал. Аркан Смерть — скелет с косой, идущий по головкам цветков и головам мертвецов. Он попробовал прервать контакт и отдернуть руку — но неудачно. Только резко откинулся назад, будто получил удар в челюсть, а рука его отбросила карту — скелетом вверх — и снова накрыла монету, уже не по воле Аристова, и даже не по воле мертвого вертухая. По воле Паромщика.

Полковник Аристов дернулся снова, с мучительным стоном пробуя вырваться из пахнувшего лежалым мясом тумана, — но туман лишь сгустился. Послышались тяжелые шлепки весел о воду.

Получается, вертухай не просто принял монету Кронина. Как назло, он еще и блуждал с ней все это время, только сейчас наконец нашел пристань и взошел в лодку. От вертухая полковнику не было никакой пользы — за две недели он забыл и себя, и язык человека и теперь изъяснялся на этом их жутком шипяще-харкающем наречии, — но от него хотя бы не исходило угрозы, он еще даже не расплатился с Паромщиком.

Но вот Паромщик — тот почуял чужака в своей лодке.

У Паромщика нет глаз и нет возраста. В его мутных глазницах тлеют красные угольки. У Паромщика много имен из разных легенд, но ни одно ему не подходит. По большому счету он вовсе и не Паромщик — просто принял доступную для полковника форму, потому что истинную его сущность полковник, как и все остальные, познать не способен.

Да и лодка его наверняка никакая не лодка. Вне материи и вне времени какие могут быть лодки?

где навлон
и почему ты живой

Паромщик не издает звуков. Его слова звучат у Аристова в голове. Полковник разлепляет запекшиеся губы и, преодолевая сопротивление сна и тумана, пытается выдавить из себя слова колыбельной:

Баю-бай, засыпай, детка,
Я с тобой посижу.
Если ты не уснешь, монетку
В руку тебе вложу...

Паромщик, не дослушав, сует ему в рот свою окоченевшую, распухшую руку — и шарит негнущимися холодными пальцами за щеками и под языком, а потом лезет в горло.

дай мне монету
делай короткий вдох
теперь длинный выдох

Спустя пятнадцать минут Силовьев вежливо постучал в дверь камеры-одиночки — но полковник не ответил. Майор оглянулся, быстро перекрестился — и шагнул внутрь.

Полковник Аристов извивался на животе, просунув неестественно вывернутую руку в центр шестиконечной звезды. На ладони лежала пятнадцатикопеечная монета, и он судорожно сжимал и разжимал вокруг нее побелевшие пальцы — как будто кто-то крепко держал его за запястье. Лицо посинело. Изо рта на каменный пол текла слюна с прожилками крови.

— Товарищ полковник, вам плохо?

— Монету, — просипел Аристов.

— Так точно!

Силовьев опасливо, словно перед ним было полураздавленное ядовитое насекомое, потянулся к полковнику, цапнул с его ладони монету и тут же отдернул руку.

Полковник выгнулся дугой и обмяк. Изо рта его доносилось тихое, стрекочущее шипение.

— Товарищ полковник...

Шипение нарастало.

Силовьев, сбиваясь, с третьего раз задул все свечи, выскочил в коридор и запер дверь карцера.

— Открой, Силовьев! — послышался из одиночки сдавленный, но узнаваемый голос полковника. — Отопри камеру! Это приказ-з-с!

Последнее слово предательски утонуло в свистящем шипении.

— Вы приказали ваши приказы не выполнять, товарищ полковник! — оттарабанил Силовьев. — Я с утреца к вам зайду!

Майор еще раз перекрестился и деревянной походкой пошагал прочь.

ГЛАВА 14

Маньчжурия. Лисьи Броды. Начало сентября 1945 г.

Мы идем мимо бедных китайских фанз. Кое-где за бычьими пузырями маленьких окон тускло светятся очаги — там теплится жизнь. Но по большей части фанзы необитаемы: обгоревшие, гнилые, разрушенные, они пялятся пустыми глазницами на противоположную сторону улицы — на чужие кладбищенские кресты и чужую православную церковь, залитую масляным светом родной азиатской луны.

У одной из фанз нет ни крыши, ни передней стены. Внутри на кане, как на сцене амфитеатра, сидит нищая китайская семья: двое взрослых, он и она, с ними согбенная старуха и трое детей, все в рваных лохмотьях. И сама ситуация, и их кукольные, застывшие позы выглядят неестественно. Я замедляю шаг и направляю на них армейский фонарь, добытый в вещмешке убитого Шутова:

— Странные люди. Почему у них не горит очаг?

Отец семейства, словно услышав мои слова, слезает с кана. У него в руках — гнилое полено. Он кидает его в холодный, расколотый надвое, темный очаг и протягивает руки к несуществующему огню.

— Какие люди, товарищ Шутов? Там никого нет.

Рядовой Овчаренко растерянно смотрит то на меня, то на фанзу. Он как будто действительно их не видит.

Мать семейства тоже слезает с кана. В ее левой руке копошится черная курица. Правой женщина берет нож. Раздается короткий шмяк, обезглавленная курица бежит по двору и кидается мне под ноги.

— Она чумная, — говорит женщина. — Мы все чумные. Сожги нас, Кронин.

Я отталкиваю ногой курицу, тычущуюся в меня запекшимся обрубком шеи, и она, взбивая крыльями воздух, кидается к кладбищу. Когда я снова смотрю на фанзу, она пуста, но я не могу зафиксировать на ней взгляд, она как будто колышется на темной воде и раз за разом отплывает, отплывает, отплывает с причала.

— Товарищ Шутов, обопритесь-ка на меня, вас шатает.

— Сам пойду.

Я иду, цепляясь рукой за кладбищснскую ограду. На земле, при слонившись к ограде, сидит вертухай. Он без головы, он держит в руке безголовую курицу, из горла его торчит ложка. Рядом с ним вальяжно, словно на пикнике, развалился Флинт. Они выглядят корешами.

Флинт засовывает руку в дыру в своем животе, обмакивает пальцы в крови и протягивает мне пятерню:

— Циркач. Давай побратаемся.

— Куда башку свернул? — слова выходят с бульканьем из горла безголового вертухая. Он вынимает из шеи ложку и заточенным, красным концом указывает на дорогу. — Туда смотри, триста третий!

Впереди на дороге — торопливо удаляющаяся в сторону штаба и главной площади фигура в черном плаще с накинутым капюшоном. От быстрой ходьбы капюшон спадает на плечи, под ним — белокурые длинные волосы.

Я кричу ей:

— Лена!

И я бросаюсь за ней.

Не оборачиваясь, она идет через площадь и сворачивает во двор, прилегающий к зданию штаба. Я бегу, но ноги тяжелые, как во сне, они тяжелей, чем брусчатка, они утопают в ней, они врастают в нее.

— Товарищ Шутов! Вам надо в лазарет! У вас из раны кровь хлещет!

Я отталкиваю рядового Овчаренко, и он падает на брусчатку.

Во дворе у штаба дымит полевая кухня. За сколоченным из досок длинным столом — почти вся рота, человек двадцать. Бодро звякают ложки. Тарасевич, снайпер, щедро плещет в протянутые к нему жестяные кружки самогон из оплетенной бутыли.

— За победу!

— За русский народ!..

Когда я появляюсь, они смолкают.

— Где она? Где женщина? — слова выходят из меня мучительными толчками, как будто я не произношу их, а меня ими рвет. — Черный плащ. Длинные волосы. Светлые волосы.

Тарасевич затыкает горло бутыли бумажным катышем и плавно опускает ее наземь, к ноге:

— О дает особист.

— Капитан, вы ранены? — стукач Родин таращится на мой пропитанный кровью рукав возбужденно и жадно, он похож на слепня, прикидывающего, где удобнее присосаться.

— Ерунда, царапина, — раздается хриплый, знакомый голос.

Во главе стола, на почетном месте, как юбиляр, — капитан СМЕРШ Степан Шутов. Его форма вымазана в земле, из дыр в груди и во лбу прорастают бледные сорняки, он хватает и выдергивает их с корнем, в корнях копошатся черви:

— До свадьбы все заживет.

Рядом с Шутовым молча курит молодой старшина. Голова его запрокинута, из дыры в спине выпрастываются пушистые кольца дыма.

Капитан поднимается над столом, рвет из кобуры «вальтер», такой же, как у меня, и наводит на меня ствол:

— Добегался, контра!

Я спокоен. И как будто не в моей голове, а где-то за пределами моего тела рождаются слова, которые я почему-то произношу вслух:

— А ты разве не понял? Ты труп. Прими свою смерть.

Он сгибается, как от удара в живот, рука с пистолетом трясется. Теперь он целится не в меня, а в десантников за столом. Черное дуло ствола растревоженной мухой мечется от одного красноармейца к другому.

Побледневший Тарасевич медленно задирает вверх руки:

— Не стреляй, капитан.

А я смеюсь:

— Не ссыте, ребята! Капитана тут нет!

Они мне не верят. Застыв с поднятыми руками, Тарасевич таращится на мертвого Шутова и его дергающийся из стороны в сторону ствол. Подоспевший следом за мною Пашка хватает с земли оплетенную бутыль самогона и метит призраку в затылок.

— Дохлый номер, — комментирую я.

Рядовой Овчаренко замахивается — но бьет почему-то не призрака, а меня. И, падая в темноту и роняя «вальтер», я успеваю услышать визгливый голос:

— Ты что наделал, дурак? Ты ж капитана СМЕРШ по голове, так сказать, бутылкой!..

И голос Пашки, виноватый, растерянный:

— Так ведь он в ребят целил...

А дальше все голоса сливаются в звон и гомон, и слова утрачивают значенье и уподобляются птичьим крикам, а потом смолкают и птицы — и тьма смыкается надо мной.

ГЛАВА 15

Аглая обработала раны на плече и затылке смершевца — обе были неглубоки, — потом сменила влажное полотенце на лбу Дикаря и принялась подстригать ему длиннющие ногти, которыми он сам себя царапал, когда метался по койке и дергал руками и ногами, как бегущая во сне собака. Его нашли в лесу и принесли в лазарет заросшим и обнаженным, поэтому она сразу назвала его про себя Дикарем.

Интересно как получается, размышляла Аглая. Один снаружи страшен, а внутри — ну чисто ребенок. В бреду называет себя Никиткой. «Никитка хочет, чтобы тигр ушел далеко!» Другой снаружи красив, — она покосилась на мускулистую шею и неподвижное лицо смершевца — идеальные черты и пропорции, золотое сечение, ей ли не знать, по призванию она ведь художник... Даже шрам его красив, напоминает китайский иероглиф «владыка»... Но внутри он страшен. Он преследует, уничтожает людей. Благородных людей. Таких, как ее отец.

И вот случилось, что эти двое ненадолго равны. На соседних койках, без сознания, оба страдают — и оба сейчас в ее власти. Но сестра милосердия в равной степени милосердна должна быть к каждому. И к тому, кто страшен внутри, и к тому, кто страшен снаружи. Надо будет эту мысль записать в дневник и рассказать Паше... Пока не забрали Пашу. После того, что он сделал, обязательно заберут.

Она бросила взгляд поверх раздвижной ширмы из реек и желтой рисовой бумаги, разрисованной выцветшими китаянками с веерами, — удостовериться, смотрит ли на нее Паша. Он смотрел. Она сегодня убрала волосы в косу, но точно знала, что из-под плата выбивалось несколько завитков. Ей нравился плат сестры милосердия — он напоминал головной убор монахини, а значит, делал ее в глазах мужчин слегка недоступной. Ей нравилось строгое платье под горло — оно подчеркивало стройность и хрупкость ее фигуры. Еще ей нравилось, как лямочки фартука перекрещивались на спине, указывая всем, что, как сестра милосердия, она взяла на себя тяжкий крест.

Встретившись с ней взглядом, Пашка зарделся и зачем-то отступил к стене, чуть не уронив с полки пузырьки и мензурки, одну едва успел поймать в воздухе. Ну чисто слон в посудной лавке. Пашка поставил мензурку на место и от греха вернулся к захламленному столу, где у доктора в каком-то одному ему известном порядке были свалены тетради, истории болезней, микроскоп и к нему стекла, лупы, пеналы со шприцами и скальпелями, стетоскоп, макет парусника, дореволюционные фотографии... На краю стола опасно располагалась керосиновая лампа. Если Пашка сшибет эту лампу и что-нибудь загорится, дядя Иржи его прибьет...

Для нее этот Овчаренко, конечно, слишком простой. Тут и думать не о чем. Но его по-человечески жалко. Капитана СМЕРШ избил. Бутылкой по голове. Что за это с ним будет? Что за это будет с ними со всеми?..

— Я еще вот, доктор, пулю подобрал, которой в капитана стреляли... — Пашка неловко протянул Новаку пулю. На большой Пашкиной ладони она смотрелась как растопыривший хищные, острые лепестки свинцовый цветочек. — Ей, видите, носик рассекли, чтоб была разрывная.

— Нам тут, Пашенька, пули не нужны, — кротко сообщила Аглая. — Мы людей лечим. Пулю ты лучше отдай своему красному командиру.

— А я думал, вдруг пригодится, — Пашка глянул на нее так беспомощно, что она тут же пожалела о сказанном.

— Ну давай, — Иржи Новак, сжалившись, взял у беспомощно топтавшегося Пашки злосчастную пулю. В конце концов, человека, может быть, через несколько дней расстреляют. Так что лучше теперь с ним по-доброму, хоть и красноармеец...

Чтоб порадовать Пашку, доктор Новак вынул из груды хлама лупу и изучил пулю.

— Любопытно...

Вопреки ожиданиям, пуля и впрямь показалась ему интересной. Он взял скальпель и соскреб с распахнутых лепестков на лабораторное стеклышко сероватую субстанцию. Рассмотрел под микроскопом. Удовлетворенно хмыкнул.

— И чего там? — Пашка наблюдал за действиями врача с почтением и непонятной надеждой. Доктор Новак сунул в рот трубку — сталкиваясь с интересными явлениями и давая им объяснение, он всегда закуривал трубку, — но разжечь ее не успел. В лазарет стремительно вошел майор Бойко, с порога кинул резкое:

— Где он?

Не дожидаясь ответа, шагнул за ширму. Увидел лежащего без сознания Шутова.

— Рядовой Овчаренко! Ты как посмел на капитана СМЕРШ поднять руку?! Теперь нам всем... — Бойко задохнулся словами, только сжал бессильно кулак, то ли грозя рядовому, то ли демонстрируя, как им всем теперь будет.

— Да я не рукой, товарищ майор. Бутылкой. Он в ребят целил.

Верхняя губа майора чуть дрогнула.

— Значит, он целил? — Бойко кивнул на неподвижного Шутова.

— Так точно. Сначала в себя самого, потом в Тарасевича, да еще кричал, страшно так, что Тарасевич, мол, уже труп и должен принять свою смерть, потом во всех ребят по очереди...

— А ты, рядовой, ребят, значит, спас? — с металлом в голосе уточнил майор Бойко и вдруг рявкнул так, что затряслись пузырьки и пробирки на стенах: — Спас, да?!

— Виноват, товарищ майор, — Пашка горестно переступил с ноги на ногу в опасной близости от керосиновой лампы.

— Ладно, Паша, с тобой потом разберемся, — майор чуть хлопнул рядового по плечу, смягчившись так же внезапно, как и озверел, и повернулся к доктору Новаку. — Когда он придет в себя?

— Строго говоря, он уже должен быть в себе. — Новак раскурил трубку. — Черепно-мозговой травмы нет, ну разве что небольшое сотрясение — и только. Огнестрельная рана тоже несерьезная. Но на пуле, которой в него стреляли, я обнаружил следы вещества... подозреваю, что какого-то яда растительного происхождения. Налицо симптомы острейшей интоксикации...

— Что вы собираетесь предпринять?

— Много жидкости и покой. — Новак пыхнул трубкой. — Противоядия у нас нет. Так что я не берусь сейчас делать прогнозы.

— Хотите сказать, он может и не очнуться? — уточнил майор.

— Как медик могу сказать, что человеческая жизнь — штука хрупкая... Взять вот нас с Глашенькой... да и с вами, товарищ майор. Сегодня мы все живы-здоровы, а завтра товарищ Шутов очнется, огорчится, что с ним такая неприятность в Лисьих Бродах случилась, — и...

— Не стреляй! — выкрикнул вдруг с койки заросший, которого Аглая называла про себя Дикарем. — Не стреляй! Не стреляй в Никитку! — Он заслонил лицо руками и обмяк, увязая, как в могиле, в своем темном бреду.

— А этот у вас откуда? — с изумлением спросил Бойко, который только теперь обратил внимание на второго пациента. — Это ж наш подопытный!

— Подопытный?..

— Мы его с Деевым нашли в «Отряде-512». Япошки его недобили. И от нас сбежал — даром что не жилец. В легком дырка, в печени...

— Боюсь, вы его с кем-то путаете, майор, — уверенно сказал доктор Новак. — У этого только одна огнестрельная рана — сегодняшняя. Она не критична. Еще его тигр подрал — но следы от когтей поверхностные, не глубокие. Жить будет, определенно.

— Если от меня кто сбежал — я того ни с кем не перепутаю, — задумчиво произнес Бойко. — В общем, так, доктор. Товарищу Шутову обеспечьте наилучший уход. Если с ним что-то случится... — майор сделал выразительную паузу, — это будет большой потерей.

— Несомненно. — Доктор пыхнул трубкой. — Очень большой потерей. Для всех нас. Я сделаю все возможное.

— Рядовой Овчаренко. Будешь сюда заходить, присматривать за подопытным. Если очнется, сразу доложишь...

— Вам? — с готовностью вскинулся Пашка.

— Старшему по званию. А если... то есть когда капитан Шутов придет в себя, скажите ему, что поисковая группа вынуждена была уйти без него.

— Но как же... без него-то? — оторопел Пашка.

— Рядовой! Вы капитана СМЕРШ бутылкой по голове отоварили. Теперь мои приказы будете обсуждать?!

— Виноват, товарищ майор.

— Мы действуем согласно распоряжению товарища капитана, — зачем-то все-таки пояснил Бойко уже с порога. — Было сказано на рассвете выдвигаться — вот мы и выдвигаемся. Ожидать, пока товарищ капитан придет в сознание, не было сказано.

— Я тут часик-другой сосну, Глашенька. — Доктор Новак поправил на спинке плетеного кресла плед и, крякнув, уселся. — Нелегкий был день. Если кто-то из пациентов ухудшится... — он растянул рот в зевке, — ты буди, не стесняйся.

— А вы правда ведь сделаете для товарища капитана все возможное, доктор? — с тревогой уточнил Пашка.

— А ты правда думаешь, что тебе будет лучше, если товарищ капитан моими стараниями выздоровеет?

— Так не в этом же дело, — растерянно сказал Пашка. — Это ж человек. Беспомощный. Ему надо помочь.

Глаша снова, словно насильно себя убеждая, подумала, что для нее этот Пашка — слишком простой. Он читает-то небось по складам. А она — генеральская дочка. Он простой, а оттого наивный и добрый. Рядом с ним просыпается совесть.

— Дядь Иржи... грех это, — сказала Аглая тихо.

— Что грех?! Спать? — изумился Новак.

Она молча кивнула на бледного, поверхностно и часто, по-собачьи дышавшего Шутова.

— Так не мы же его подстрелили! — доктор с досадой поднялся с кресла; сон, так мягко и приятно его было сморивший, теперь совсем улетучился. — Мы ничего дурного не делаем.

— Иногда бездействие — тоже грех, — почти прошептала Аглая. — Он и правда сейчас беспомощен.

Она знала, что лицо ее в свете керосиновой лампы одухотворенно светилось. Пашка бросил на нее восхищенный, собачий взгляд.

— Если нужно противоядие, вы же знаете, к кому надо идти, — добавила она совсем кротко.

— Это мы с тобой, Глаша, перед этим человеком беспомощны! — Новак принялся яростно набивать трубку.

— Не курили б вы тут, дядя Иржи. Пациенты все-таки...

— Он таких, как мы с тобой, не задумываясь к стенке поставит! Ты забыла, кто твой отец и мой лучший друг? Так я напомню. Белый генерал Петр Смирницкий!

— Ну и что? — встрял Пашка. — Она с отцом порвала за его антисоветские убеждения! И вот сказал же товарищ Сталин: сын за отца не в ответе! Я и сам из белоказачества происхожу — и ничего, не расстреляли. Наоборот — как есть боец Советской...

— Я знаю, кто мой отец, дядь Иржи, — игнорируя Пашку, сказала Глаша. — А еще я знаю, что вы клятву Гиппократа давали...

Новак хотел что-то возразить, но как-то вдруг весь разом обмяк и как будто сильно состарился. Изо рта свисала так и не зажженная трубка.

— Все так, Глашенька, — сказал он устало. — Все так. Мы по чести живем. А они пусть глотки друг другу грызут, — он неопределенно махнул рукой в сторону коек. — И в спину стреляют... Пойду беспомощному вашему помогать.

Над горизонтом криво размазались первые неуверенные разводы рассвета. Стоя у распахнутого окна, Аглая смотрела, как Новак, по-стариковски сутулясь, идет по утонувшей в стылом тумане брусчатке — как будто по палубе потерпевшего бедствие корабля. На противоположном конце площади красноармейцы из поисковой группы седлали коней. Она закрыла окно, но помещение уже насквозь пропиталось промозглой маньчжурской хмарью. Аглая взглянула на неподвижный силуэт особиста за ширмой и зябко поежилась. Зачем все это? Что на нее нашло? Зачем дядя Иржи пошел за помощью? Этот человек не заслуживает спасения, он опасен. Может быть, он даже участвовал в арестах в Харбине. Может быть, он арестовал и ее отца.

— Ты дрожишь, — Пашка накрыл ее плечи своей шинелью. — Замерзла?

— Знаешь, Пашечка. Я ведь даже не знаю, где сейчас папа. И жив ли. Если будут меня пытать и допрашивать — это все зря. Больше месяца от него нет вестей.

— Тебя не будут пытать, — напряженно ответил Пашка. — Я тебя в обиду не дам.

— Я вот думаю... — продолжила она, чуть покачиваясь из стороны в сторону и как будто не слыша, — а вдруг этот капитан на самом деле за мной пришел?

— Что ты, Глаш. Он здесь совсем по другому делу.

— Я просто чувствую, Пашенька, что за мной идет кто-то...

— А ты выходи за меня! — он с шутовской решимостью рухнул на одно колено, едва не своротив микроскоп. — Будешь не Смирницкая, а Овчаренко. Выслужусь в маршалы — и никто тебя не тронет.

— Пашка, ты клоун.

Она рассмеялась, как бы обозначая, что не отвергает его предложение, но просто знает, что слова его — не всерьез. Смех получился мелодичным, но немного искусственным, как будто включили запись на грампластинке.

— Я простоват для тебя, да, Глаш? — отозвался он без обиды, но и не принимая ее великодушной игры. — Ты генеральская дочка, а я — никто.

— Ну что ты, Пашенька.

Она погладила его по доверчивой большой голове — и вдруг зачем-то поцеловала в макушку. Пашкины волосы пахли дождем и рисом и были неожиданно жесткими. Как шерсть у овчарки, повалявшейся на мокром рисовом поле.

ГЛАВА 16

Московская область. Спецшкола-интернат ГПУ. 1923 г.

...Сразу после удара наступает милосердное, освобождающее ничто: только тьма и безмолвие. Но это длится недолго. Первой возвращается боль. Пульсируя в такт биению сердца, боль выхлестывает из того места на затылке, куда пришелся удар бильярдного кия. Вслед за болью возвращаются звуки. Сначала мне кажется, что по ту сторону тьмы кричит, свистит и рукоплещет огромный зал. Спустя секунду я понимаю, что это гремит в ушах моя кровь, а там, снаружи, — голоса и гогот моих мучителей, Фили и его шайки. Мне четырнадцать, а им по шестнадцать, я один, а их четверо.

— Чо скулишь, гаденыш? Ты глиста буржуйская — или красный воин?

Один из них хватает меня под мышки и рывком ставит на ноги. Я не вижу кто. Но точно не Филя, он обычно стоит в стороне и рук не марает. Почему темно?.. Я пугаюсь, что зрение не вернется, трясу головой, и холстина трется о мою щеку, и тогда я, наконец, вспоминаю, что на голову мою накинут глухой мешок. Это часть «тренировки» по придуманным Филей правилам. Они ловят меня, нахлобучивают мешок, волокут в подвал интерната, где когда-то была бильярдная, берут кии и мне тоже дают один. Моя задача — отбиваться от них вслепую. Если я, конечно, боец, а не какое-то там ссыкло белопогонное, недобитое. А если ссыкло, «тренировку» можно прервать одним способом — встать на колени.

— Ну чо, Кронин, продолжим? — Филя брезгливо и совсем легонько тычет меня острым концом кия под ребра, будто проверяя, не сдохло ли насекомое. — Или все-таки на колени?

Я молчу. Через непроницаемую холстину мешка я не вижу, но чувствую, как Филя откладывает кий и делает им знак: приступайте. Я сжимаю свой кий и встаю в боевую стойку. Я пытаюсь ориентироваться по звуку — но все звуки тонут в их дружном гоготе. Один бьет меня кием в спину, другой в живот.

Мне четырнадцать, а им по шестнадцать, я один, а их четверо, я всхлипываю, а они смеются, но они меня почему-то боятся.

— Для чего ты здесь, среди нас, а, гнида буржуйская? Чтоб за нами шпионить?

Я молчу и слепо размахиваю в воздухе кием. И на долю секунды мне кажется, что я сейчас не с ними, не здесь. Что с тех пор прошли годы, столько лет, что я успел позабыть, для чего я был среди них. Я не помню, кто и зачем меня к ним привел. Помню только, что тренировки закончились плохо, очень плохо для Фили...

— ...А давайте ему юху из носа пустим? Если голубая — значит, точно белогвардейский пащенок! А будет красная — значит, не все потеряно!

Кто-то бьет меня в нос. Из-под мешка мне на грудь стекают сопли и слюни с кровью.

— Зырьте, красная! — комментируют с деланым удивлением.

Они, конечно, видели мою кровь много раз. Но им нужен предлог, чтобы не забить меня до смерти.

— Дайте кий, — важно говорит Филя, и я чувствую, как стая почтительно уступает место рядом со мной вожаку.

Он заходит сзади и с размаху подбивает мне голени — я падаю на колени. Но я знаю, что они знают: я не сдался, это не их победа.

— Не боец ты, Кронин, — удовлетворенно говорит Филя. — Завтра повторим тренировку.

Я не хочу их видеть, когда рассеется тьма. Я жду, пока они уйдут из подвала. И только потом, когда стихают шаги, сажусь на корточки и начинаю реветь в голос и распутывать веревку, которой примотан к шее мешок. Руки трясутся, я дергаю веревку так, что она только сильнее затягивается. И вдруг ощущаю, что рядом со мной кто-то есть. Я точно знаю, что Филя и его шакалы ушли, но через пропитанный соплями и кровью мешок в меня впивается холодный, свинцовый взгляд. Я замираю. Секунду спустя мне на затылок ложится чья-то рука. И кто-то гладит меня через мешок — сочувственно, по-отечески.

Я плачу — но теперь уже не от боли, а оттого, что не в состоянии вспомнить, чья это рука, такая родная и сильная, меня утешает. Я как слепая собака, которая чует по запаху, что рядом хозяин, и захлебывается от желания лизнуть его пальцы. Я кричу ему:

— Кто ты?

Мой голос почему-то мужской и грубый, не как у подростка. Я пытаюсь стянуть с головы мешок, но человек обнимает меня за плечи, и баюкает, и шепчет:

— Подожди, Максим Кронин. Давай с тобой поболтаем. Не надо, не просыпайся.

— Я тебя знаю?

— Ты был мне как сын, — его голос звучит печально. — Скажи, Максимка, где ты сейчас?

— В подвале школы-интерната...

— Чушь. Это воспоминание. Сон. Где ты *на самом деле*? Куда ты сбежал из лагеря? Дай мне точное место.

И я отвечаю:

— С какой целью интересуешься?

И, не дожидаясь ответа, нащупываю на полу кий — и бью его снизу, быстро и четко, острым концом в живот.

Потом я сдергиваю мешок. И жду, когда расступится тьма.

ГЛАВА 17

Маньчжурия. Лисьи Броды. Начало сентября 1945 г.

— Капитан отравлен «Сном пяти демонов». В составе пять элементов. Сначала берут адамов корень — он имеет форму человеческой фигуры и вырастает там, где когда-то была виселица, из семени повешенного мужчины...

...Тьма расступается не сразу. Сначала я слышу голос. Женский голос, глубокий, мелодичный и нежный, от которого у корней волос высыпают бисеринки мурашек, от которого, не успевая проснуться, уплываешь обратно в сон...

— ...Голыми руками нельзя извлекать этот корень, а то случится удушье. К стеблю привязывают шелудивую собаку, кидают ей сердце и печень черной курицы, и когда она бросается к потрохам — вырывает растение с корнем, а оно стонет, как человек...

...Таким голосом, наверное, заманивает путников на дно моря русалка, а потом убаюкивает рожденных под водою детей, и из сосков ее, пока звучит колыбельная, течет молоко, и становится морской пеной....

— ...Потом кладут семена черной белены; растение должна срезать обнаженная женщина. А следом — плоды бешеной вишни, но только выросшие возле кладбища и обязательно с гнилью...

Я совершаю усилие — и выныриваю из покачивающих меня волн забытья. И вслушиваюсь в слова, и понимаю, что текст «колыбельной» очень уж странный.

— ...Болиголов. Со стебля соскребают серый налет, он пахнет как мышиная шерсть, и красные пятна, они пахнут как засохшая кровь. В самом конце кладут цяо-ву-тоу, по-русски называется волчья смерть. Бывает с голубыми цветками, а бывает с зелеными. Из сока ву-тоу делают яд для охотничьих стрел. Для «Сна пяти демонов» используются только ву-тоу с голубыми цветками, а сок из стеблей следует отжимать на восьмой луне, отобрав лишь те из растений, у которых корни изъедены червем....

Вслед за слухом возвращаются тактильные ощущения. Я чувствую на себе ее руки — они холодные, но горячей коже вокруг раны это приятно, — она втирает мне в плечо густую, скользкую мазь. Я лежу на спине.

...Потом обоняние. Мазь пахнет лесом, травой и осенью — а может быть, так пахнет сама эта женщина.

Я все еще в темноте. Одной рукой она приподнимает мне голову. Другой вливает в рот густой и терпкий, сладкий, но с полынной ноткой отвар.

Когда я делаю глоток, тьма рвется клочьями, и эти клочья обретают окраску и очертания. И сквозь дрожащее марево, как если бы между нами горел костер, я вижу склонившуюся надо мной женщину. Она мне знакома. Я узнаю ее глаза с азиатчинкой и черные волосы — это ее я видел, когда въезжал в город; на ней тогда было мокрое платье и она несла сетку, полную летучих мышей.

Но самое главное — мне знакомо то, что болтается у нее на шее вместо кулона. Часы на цепочке. Такие же, как мои. И я хватаюсь за них, и резко дергаю, и женщина вскрикивает. Цепочка лопается, и часы раскрываются в моей одеревеневшей ладони.

На внутренней стороне крышки — мой собственный овальный портрет. Это часы моей Лены.

Чужая женщина смотрит на меня бесстыдно, с насмешкой.

— Я жизнь спасла тебе, капитан. Это твой способ сказать спасибо? Отнять у женщины украшение?

— Где... украла?.. — каждое слово дается так тяжело, как будто на груди у меня лежит гранитная глыба.

На секунду лицо ее застывает — только слегка раздуваются ноздри. Она смотрит на меня очень пристально, сверху вниз. Потом вдруг смеется, звонко и беззаботно, разворачивается — и просто уходит.

Я вскакиваю с койки, делаю шаг за ней следом — но это отнимает все силы. Тьма наваливается на меня снова, опрокидывает на спину и оглушает, как камнепад в штольне.

ЧАСТЬ 3

Там растет дерево, у него листья с черными прожилками,
цветы его освещают все вокруг. Его название — дурманное гу.
Если носить такой цветок у пояса, то не заблудишься...
И там водится животное, похожее на лису, но с девятью
хвостами; звук ее голоса напоминает плач ребенка.
Она может сожрать человека. Тому же, кто съест ее,
не опасен яд змеи.

(Шань хай цзин, или «Каталог гор и морей»)

ГЛАВА 1

Дальний Восток. Урановый рудник «Гранитный».
Начало сентября 1945 г.

С раннего утра Аристов так мучился животом, что об отъезде из «Гранитного» не могло быть и речи. Полковник разместился в спальне безвременно почившего начальника лагеря, и Силовьев притащил ему из лазарета какой-то отвратительный порошок «от живота», но порошок не помог. Полковник потребовал, чтобы Силовьев спустился к Рву Смерти, вырвал с корнем росшие там ромашку и подорожник и заварил их, но и отвар не возымел никакого действия — может быть, Силовьев побрезговал, поленился и собрал растения не на могиле, или просто в сложившейся ситуации никакие средства не помогли бы.

Нет, конечно, Аристов не рассчитывал, что лекарства или отвары быстро устранят последствия *контакта* с Паромщиком, тем более все еще и усугубилось ударом кия в живот, но он надеялся хотя бы на краткосрочное облегчение боли, на небольшую передышку между позывами рвоты. Однако не было ни облегчения, ни передышек, и раз за разом Силовьев, сострадательно охнув, менял стоявший на полу у кровати таз и переставлял иглу в граммофоне, гоняя одну и ту же пластинку.

Стало тихо в дальней спаленке.
Синий сумрак и покой,
Потому что карлик маленький
Держит маятник рукой.

И не было сил приказать Силовьеву сменить опостылевшего Вертинского, и даже мысль, что к ночи должно непременно хоть немного, но отпустить, уже не была утешительной, потому что казалось, что ночь теперь никогда не настанет, и день застыл в одном мучительном спазме, и маленький карлик будет стискивать в руке этот маятник бесконечно.

Ошибкой было, не дав организму отдохнуть и восстановиться после *той стороны*, вообще без передышки, в ту же ночь штурмовать еще и кронинский сон. Он не планировал, конечно, этого делать. Хотел всего лишь, как обычно, понаблюдать за Максом, сидя в зрительном зале, и успокоиться, и убедиться, что все идет своим чередом и что, хотя физически он его пока не нашел, в ментальной плоскости Кронин по-прежнему под контролем. Для этого Аристов, как всегда, уселся в первом ряду, ожидая едва заметного толчка, обозначавшего переход из его собственного сна в повторяющийся кронинский сон, — и, как всегда, ощутил его. Однако зал московского цирка, вопреки обыкновению, не заполнился зрителями, но остался пустым, хотя из задних рядов и послышались неуверенные хлопки. А «неповторимый Макс Кронин» на сцену так и не вышел, сколько ни звал его полупрозрачный, с пробелами на месте рта и носа, шпрехшталмейстер.

На всякий случай Аристов выждал пару минут, однако слабая завязь сна не окрепла, а, напротив, окончательно порвалась, оставив на месте сцены ледяную, гудящую тьмой прореху. Как будто Кронин просто взял и передумал смотреть этот сон и собственной волей выбрал себе другой.

И вот тогда растревоженный предшествующим *контактом*, выведенный из равновесия Аристов поддался внезапному импульсу (совсем на него не похоже, обычно он не действовал на эмоциях), подошел к тому, что осталось от сцены, заглянул в разверзшуюся пустоту — и, рискуя разбиться, шагнул в маячивший на дне разлома кронинский сон.

Тут ему повезло. Он прошел через жесткую ткань чужого сна удачно, без травм, как будто просто раздвинул ведущие за сцену кулисы. Объяснялось это, по всей вероятности, тем, что и место, и время действия Аристову были знакомы. Двадцать третий год, Московская область, спецшкола-интернат ГПУ. Подростком Кронин провел там семь месяцев — ровно столько понадобилось, чтобы у него случился *прорыв*.

Когда Аристов шагнул в подвал, дружки Фили избивали Кронина бильярдными киями, а он нелепо и тяжело, преодолевая сопротивление сна, отбивался. На голову Кронина они нахлобучили глухой мешок. Филя молча стоял в стороне и, не моргая, следил за происходящим нарисованными, неживыми глазами. Макс не мог его видеть через мешок и тем более не мог помнить, как именно Филя умер тогда, в двадцать третьем, однако, раз глаза у Фили были такие, значит, сам факт смерти он помнил.

Аристов тихо прошел мимо Фили, щелкнув его походя по носу, и почувствовал то спокойствие, ради которого, собственно, сюда и явился: все идет своим чередом, Кронин по-прежнему под контролем. Если раньше Аристов гордился Максом как учитель блестящим учеником, то теперь, оскопленный ментально, с хирургической точностью избавленный от воспоминаний о чуде, Кронин все равно оставался его достижением, просто иного рода. Он гордился им, как гордится врач пациентом после удачной лоботомии.

Волей Аристова с сорок первого года и до сих пор даже кронинские сны были начисто лишены фантазии и чудес — ему снились просто обрывки из прошлого с легкими искажениями. И, конечно, с купюрами в тех местах, где их с полковником прошлое было общим.

Этот сон тоже был довольно точным оттиском прошлого. В спецшколе над Максом действительно издевались. Время от времени Аристов самолично наблюдал за этими «тренировками» через глазок в подвальной двери. Рядом с ловким, волевым, властным Филей Кронин выглядел абсолютно беспомощным, но полковник верил, вернее, видел, что прорыв и озарение в его случае очень возможны.

— Держи его все время на грани, ты понял, Фил? Пусть он будет на взводе, ждет удара и днем, и ночью. Только так мы его научим видеть во тьме.

— Так забьем ведь сопляка, товарищ полковник, — с сомнением отвечал Филя. — До полной непригодности доведем.

— Если даст себя забить — значит, он мне не нужен.

— Или он сорвется и глотку мне ночью вскроет, — рассудительно продолжал Филя.

— Если дашь себя зарезать — значит, *ты* мне не нужен.

Иногда после «тренировки», дождавшись, когда Филя и его шестерки уйдут, Аристов заходил в подвал к скулившему Кронину, обнимал и гладил по голове.

— Папа Глеб, забери меня отсюда! — канючил Кронин.

— Еще не время, Максим.

Каждую субботу Аристов увозил его в лес — пострелять. Уже через месяц спецшколы Макс отлично стрелял, он вообще потрясающе быстро всему обучался... кроме самого главного. Того, что следовало освоить сверх школы.

— Я выбрасываю из-за дерева карты, а ты стреляешь, Максим. Ты стреляешь всего один раз. В даму пик.

— Я отсюда не вижу карту! — Кронин щурился, стоя с револьвером в руке. — Как я могу ее угадать?

— Я, я, я! — раздражался Аристов. — Не пытайся увидеть и угадать! Отключи и чувства, и ум, возьми, наконец, контроль!

— Папа Глеб...

— Я не папа!

— Товарищ полковник, я вас не понимаю.

— Что тут можно не понимать?! Перестань быть пленником своего тела! Закрой глаза, слейся полностью с тьмой! Тьма все сделает за тебя!

Кронин щурился и стрелял, и отлично попадал прямо в центр карты — но карта была не та. Девятка бубен, туз червей, валет треф — но не дама пик.

Двадцать девять ошибочных выстрелов. Двадцать девять испорченных карт. Двадцать девять потраченных зря суббот. Тридцатым выстрелом он попал. В ту субботу они поехали в лес втроем — Аристов, Макс и Филя...

...Подкатило. Аристов свесился с кровати над тазом и скривился в сухом, болезненном спазме. Он был пуст, как сброшенный бабочкой кокон, безжизненно пуст внутри: ни отвара ромашки, ни черной ядовитой воды, ни слюны, ни желчи, ни сил — в нем ничего не осталось.

Он откинулся на подушку и поймал себя на сентиментальном стариковском желании вернуть Максу пару воспоминаний лишь для того, чтобы вместе с памятью к тому вернулось также и знание, кто он, Аристов, для него. А вместе с этим знанием пришло бы подчинение и сочувствие. В желании подчинить себе Кронина ничего постыдного не было, напротив, это совершенно нормально: всякая система стремится к равновесию и гармонии, в том числе система учитель и ученик; если же ученик бьет учителя кием в живот, это уже не система, а нонсенс, иными словами — хаос. Однако Аристов, будучи беспристрастен и даже придирчив к себе, сознавал, что куда больнее бильярдного кия его задело не нарушение равновесия и гармонии, а именно отсутствие к нему у Кронина сострадания. Не помня его, Макс был к нему во сне абсолютно безжалостен.

Впрочем, вздор. Аристову просто следовало вчера здраво оценить свои силы. Посмотреть на тренировку и сразу уйти. Что за дерзкая, дурная идея — задавать вопросы сновидцу? Но избитый Кронин показался ему ребенком, безутешным и безобидным — там, в подвале, на корточках, с мешком, привязанным к голове...

Очень зря он так близко к нему подошел. Даже в нынешнем своем виде Макс Кронин великолепен. И удар его точен.

К ночи все-таки полегчает. Но впредь себя нужно беречь. Никаких *контактов* в ближайшие дни. И никаких чужих снов. Ему нужен полноценный, хороший отдых.

Аристов скрючился в постели начлага и закрыл глаза. В темноте капризной, назойливой мухой вился голос Черного Пьеро.

Но ад ли это, рай ли?
Сигары, и коктайли,
И кокаин подчас
Разносит Джонни кротко,
А денди и кокотки
С него не сводят глаз,
С него не сводят глаз.
сводят глаз
сводят глаз
сводят глаз

Игла опять затупилась. Аристов осторожно повернулся лицом к двери и прикинул, на что уйдет меньше сил: задействовать дыхание, голосовые связки, язык и позвать Силовьева вслух — или же выцедить еще одну нематериальную каплю из пересохшего родника пустоты.

Иглу необходимо сменить, а родник как можно скорее снова наполнить. Сон и отдых — самый правильный путь, но и самый длинный. Черный Пьеро подсказывал Аристову путь покороче. Кокотки полковника никогда не интересовали, а вот кокаин... подчас.

Майор Силовьев как раз решил перекинуться с майором Гранкиным в дурака, когда в голове его, четко и внятно, как в телефонной трубке, прозвучало: «Смени иглу в граммофоне и раздобудь марафет».

ГЛАВА 2

Аглая коротко остригла бессвязно бормотавшему Дикарю волосы и бороду и даже еще раз подровняла ему ногти на руках и ногах. Она никогда не стригла ногти под корень, ведь это может быть больно, но вчера, верно, так спешила, что на некоторых пальцах оставила слишком уж длинные. Покончив с ногтями, Аглая отступила на шаг и оглядела пациента — придирчиво и тревожно, как только что дописанную картину. Теперь Дикарь не казался уже дикарем, а походил на обычного раненого солдатика. Она решила, что впредь даже про себя будет называть его, как полагается, человеческим именем, то есть Никитой, и тут же поймала себя на мысли, что тот, кто за ней наблюдает, сейчас может убедиться, что она все делает правильно и хорошая. Аглая почувствовала, что ей как будто слегка не хватает воздуха — так обычно бывало, если она подмечала у себя одну из *неправильных* мыслей. Ведь никто за ней, конечно же, не следил: оба больных — Никита и смершевец — лежали в забытьи, дядя Иржи ушел к себе на второй этаж, поспать немного перед началом дневного приема. А больше в лазарете никого не было.

Она покосилась на шкафчик с лекарствами — после прошлого раза Новак держал его запертым — и распахнула окно. В помещение хлынул запах намокшей хвои: многолетний кедр рос впритирку к стене особнячка, в котором располагался их лазарет; после каждого дождя иголочки дивно пахли. И зачем она только сидела тут с закрытым окном, в этом спертом, пропитанном лекарствами и болезнью, стоячем воздухе? Оттого и было ей душно, а вовсе не от иных каких-то причин.

Она вставила тонкую дамскую сигарету в мундштук, чиркнула спичкой, закурила и выпустила струйку дыма на улицу, воображая, как вместе с дымом из нее выходят все неправильные, лишние мысли...

Ну и кому она врет? — *неправильная* мысль нагноившейся занозой сидела в правой половине головы. Самой себе врет. Уж ей ли не знать, что следят-то ведь не снаружи, а изнутри. Что тот, кто наблюдает за ней, знает все ее чувства и помыслы. Что от этого соглядатая не отделаться, не избавиться. Что невозможно, никогда невозможно ей просто побыть одной.

— Это Бог, — сказала Аглая, выпуская еще один клубок дыма.

Она старалась как можно реже разговаривать с собой вслух, чтобы не быть похожей на маму — не вообще на маму, а на чужую, гневную, разлюбившую ее маму, какой та стала в последние дни болезни. Но иногда ей все же требовалось произнести что-то громко и четко — это помогало привести мысли в порядок.

Вот и сейчас помогло. Неправильная мысль то ли соскользнула куда-то совсем глубоко, то ли полностью вышла, оставив после себя небольшую ломоту в правой глазнице.

— Изнутри за мной следит только Бог, — сказала Аглая, чтобы эффект закрепился.

Мысль исчезла. А вот мигрень подступала. Перед приступом в голову вечно лезет какой-то вздор... Боли как таковой пока не было, но даже предчувствие этой боли мучило и пугало, как будто правую половину лица уже заслонила темная тень, и там, под тенью, готовилось проснуться что-то хищное, острое и чужое.

Аглая на всякий случай подергала дверцу шкафа с лекарствами — конечно же, заперто. Левая стеклянная створка волнообразно переливалась, как будто дразня ее, не позволяя не то что взять, но даже просто увидеть за этим сиянием пузырек с морфием. Она уже знала — если переливается слева, болеть будет справа... Жестоко было со стороны Иржи Новака забирать ключ от шкафчика. В конце концов, она не хуже их пациентов. Имеет право на обезболивание! Купировать приступ мигрени морфием — совершенно нормально. Но нет же, Новак вбил себе в голову, что пара шприцов с трехпроцентным раствором сделают ее морфинисткой!

Она взглянула на настенные часы — острые концы стрелок тонули в вертящемся против хода времени водовороте сияния, но по расположению оснований стрелок на циферблате она заключила, что уже десять. Это значит, ей пора пробудить монстра, выжившего ее же стараниями: Лиза сказала дать смершевцу вторую часть снадобья ровно в десять утра.

Сместившись вместе с ее взглядом от циферблата к койке, сияние окутало голову особиста вертящимся ореолом, а потом вдруг разом исчезло — как будто тьма, исходившая от Шутова, этот ореол поглотила.

Аглая взяла трясущейся рукой оставленную Лизой пиалу с отваром и подошла к койке. Уже поднося к губам капитана темно-бурое пойло, застыла от мысли: может, не надо?..

— Если вторую пиалу не дать, может не выжить, — сказала ей двумя часами ранее Лиза. Она уверенно шла через площадь, и подол ее платья, и черные ее волосы на ветру развевались, а Аглая бежала следом, отчаянно завидуя тому, как Лиза не побоялась просто взять и уйти. — «Сон пяти демонов» очень сильный. Для пробуждения нужно три полных пиалы.

— А третья где? — спросила Аглая.

— Когда очнется, скажи, пусть за третьей ко мне придет. Только он должен будет сначала извиниться за грубость. За то, что сорвал с меня золото и обвинил в краже.

— Ну что ты, Лиза! Это же капитан СМЕРШ. Такие за грубость не извиняются.

— Не извинится — значит, останется с мертвецами. — Она рассмеялась, как если бы ей удалась хорошая шутка, и пошла дальше, как если бы ей был неведом страх.

— Ты что, совсем его не боишься? — прокричала ей в спину Аглая.

— Зачем бояться других людей? — не оборачиваясь и не замедляя шага, ответила Лиза. — Бояться нужно того, что у нас внутри.

От этих слов Аглаю вдруг замутило и стало неудобно дышать, как будто слова ударили ее в солнечное сплетение. Ей захотелось дать сдачи, и она крикнула еще громче, на всю площадь:

— У тебя же дочь, Лиза! Как можно быть такой легкомысленной? Если тебя заберут, что она одна будет делать?

Лиза остановилась. Потом повернула к ней фарфорово-бледное, по-прежнему улыбающееся, но как будто застывшее вместе с этой улыбкой лицо:

— Моей дочери грозит беда пострашнее, чем СМЕРШ.

...Аглая приподняла тяжелую голову капитана и маленькими порциями стала вливать ему в рот отвар из пиалы. Пусть тот, кто за ней наблюдает, поймет уже, наконец, что Глаша не делает людям зла и хорошая. А помыслы — что ж, наверняка и у праведников бывают недобрые помыслы.

ГЛАВА 3

Настя убедилась, что за ней никто не следит, залезла в заброшенную чумную фанзу — на самом деле там давным-давно уже никакой чумы не было — и стала ждать Прошку.

Ей запрещалось водиться с другими детьми. Мать разрешала Насте гулять одной, но только с условием, что она будет держаться подальше и от китайских фанз, и от изб староверов. «Ходи по лесу или вдоль озера, людей избегай». Она не раз пыталась выяснить и у мамы, и у дедушки Бо причину этих ограничений, но они отвечали так, что понятней не становилось. «Такие правила в нашей семье». Вот и все объяснение.

Ей, впрочем, не нужно было никого избегать: другие дети от Насти и сами шарахались, им тоже не разрешалось с нею водиться. Потому что Настина мама — якобы ведьма. Это были глупости и неправда, и бред сумасшедшей Марфы, но дети Лисьих Бродов ей верили — все, кроме Прошки. Ему тоже строго-настрого запрещали с Настей играть, но он не слушался и играл, и за это его Марфа била, если вдруг узнавала. Но Прошка все равно потом убегал играть с Настей. Он был Настиным лучшим и единственным другом. Три дня назад Насте исполнилось семь — она была на год младше Прошки, — и он подарил ей на день рождения крестик. Сказал, из чистого золота. Она ответила, что золото никогда не бывает чистым (однажды слышала эту фразу от мамы), и догадалась, что крестик Прошка украл у собственной матери либо у тетки. Но про догадку свою ничего не сказала, как не сказала и того, что молится Небесной Ху-Сянь, а не распятому богу, она с благодарностью приняла подарок, потому что знала, что, воруя у родственников, Прошка ради нее рисковал и сознательно совершал грех. Это придавало крестику настоящую ценность и очищало золото, из которого он был сделан, от грязи. Они зарыли подарок в лесу, чтобы ни Прошкины мать с отцом, ни ее мать и дедушка Бо его никогда не увидели. Потому что если Прошкина мать узнает, она его просто прибьет, а если ее мать узнает, она этот крестик у нее отберет и скажет, что мы, мол, не берем чужое нечистое золото. И это будет нечестно, потому что сама она как раз носила чужие золотые часы. Они воткнули палочку в землю, чтобы не забыть, где тайник, и Прошка сказал: вот бы ты была моей младшей сестрой. А Настя ответила, что это можно устроить.

Они назначили братание на сегодня, на одиннадцать утра. Перед тем как идти в чумную фанзу, Настя выкопала свой крестик, чтобы надеть его на церемонию.

Прошка явился с получасовым опозданием, заплаканный, взмокший и, судя по вспухшим на руках багровым следам, сильно поротый: его, наверное, Марфа била ремнем, а он заслонялся. Настя не стала его расспрашивать, просто открыла и протянула пузырек с целебным настоем: мать последние три дня отчего-то ужасно за нее волновалась и велела всюду носить лекарство с собой, а если что-нибудь заболит, сразу выпить и тут же бежать домой.

— Это что? — Прошка недоверчиво понюхал настойку.

— Травяной сбор. Выпьешь — перестанет болеть.

Он послушно опрокинул в себя содержимое и поморщился:

— Горько.

— Потому что там корень женьшеня, на который помочилась лисица.

— Я выпил ссаньё лисы?! — Прошка перекосился и принялся яростно сплевывать слюни на земляной пол.

— Вот дурак. Она помочилась на стебель, а в отвар моя мать положила корень. Боль прошла?

Прошка осторожно потрогал спину, а потом даже слегка потерся задом о стену фанзы. Изумленно взглянул на Настю:

— Почти не больно... Твоя мама, что ли, и вправду ведьма?

— Моя мама — травница. Но знаешь что, Прошечка. Если думаешь, что я дочка ведьмы, давай тогда не будем брататься.

— Что ты сразу, — Прошка неуклюже тронул рукой ее волосы, и Настя решила, так уж и быть, принять это за жест извинения.

— Нож принес?

— А то, — Прошка вытянул из кармана складной охотничий нож.

— Тогда режь.

— Что резать?!

— Как что? Ладонь. Хочешь, я свою сначала порежу, если боишься.

— Ничего я не боюсь. — Прошка надулся и, сосредоточенно сопя, сделал в центре левой ладони косой надрез. Отдал Насте нож — та быстро полоснула себя ближе к запястью.

— Теперь плюнь в мою ранку, — она протянула ему руку. — А я тебе плюну.

Когда они соединили руки и их слюни смешались с их кровью, Настя сочла уместным вознести небольшую молитву:

— О Небесная Лисица Ху-Сянь, обрати свой взор на стадо живых, видишь, я и Прохор теперь брат и сестра, я прошу, оберегай моего брата, как оберегаешь меня.

— Мне, наверное, тоже помолиться? — осознавая важность момента, предложил Прошка.

— Только если знаешь что-то подходящее.

Прошка наморщил лоб.

— Господь, пастырь мой... — начал он нерешительно. — Это Настя, моя сестра. Так что Ты теперь... Покой ее на злачных пажитях и води ее к водам тихим. Подкрепляй ее душу, направляй ее на стези правды. А если она пойдет долиной смертной тени, пусть не убоится зла, потому что Ты с ней. Твой жезл... ой!

В забитое окно фанзы ударился здоровенный булыжник; гнилые доски проломились и осыпались на земляной пол трухлявыми щепками. За окном стояли Андроновы близнецы и еще трое пацанов лет десяти-одиннадцати, тоже из староверской общины:

двое обриты наголо из-за вшей, третий, племянник старосты Тихон, на голову выше всех, белобрысый.

— Зырьте, Прошка с ведьмой в чумной избе обжимается! — гоготнул Тихон.

— Ну все, мамка тебя совсем прибьет! — со смесью восторга и страха сообщил Прошке один из близнецов.

— Мы все твоей мамке скажем! — поддакнул второй.

— Скажете — сам вас прибью, — набычился Прошка.

— Не прибьешь. — Белобрысый развязно подошел вплотную к проломленному окну, шмыгнул носом и выхаркнул внутрь, прямо под ноги Насте, зеленую, густую соплю. — Мы своих в обиду не даем, да ведь, парни? — Тихон обернулся к маячившим у него за спиной бритым приятелям, потом подмигнул близнецам.

— А то, — с готовностью отозвались «парни», предвкушая веселье. Тишка всегда придумывал что-нибудь интересное.

— Потому как наша с тобой, Прохор, община — аки одна большая семья. И мы в ней законы древлеотеческие блюдем, а к ведьмам и блядям не идем! — Племянник старосты, лыбясь во весь рот, сделал выразительную паузу, чтобы товарищи оценили каламбур и красоту рифмы.

— Зырь, Тихий, — снова подал голос один из близнецов. — Это ж ведьма у нашей мамки украла! — он указал грязным пальцем на Настину шею. — Его ж мамка уже три дня везде ищет!

Вся стая недобро уставилась на Настин золотой крестик. Тихон молча наклонился и поднял с земли два камня, по одному в каждую руку. Остальные последовали его примеру.

— Она не крала! — отчаянно крикнул Прошка. — Это я украл!

— Нет, я, — спокойно сказала Настя. — Его не бейте.

— Мы тут будем, а вы двое к двери идите, — приказал Тихон двум бритым. Не выпуская камней, те послушно переместились от окна к двери фанзы.

— Ты, Прохор, выходи сюда к нам, — негромко, но оттого особенно страшно сказал белобрысый.

— Не выйду.

— Я сказал, выйдешь.

— Пошел ты.

— Вот как оно, значит, — произнес Тихон спокойно, но кожа под белыми волосами побагровела от гнева. — Ну, значит, ничего не поделаешь. А я-то хотел по-божески, по добру... — Он повернулся к Андроновым близнецам. — Бегите к Марфе. Скажите, сын ее с ведьмой заперся в чумной фанзе и не выходит.

— Не надо, стойте! — крикнула Настя. — Выходи! — она сорвала с шеи золотой крестик, сунула Прошке в руку и подтолкнула его к двери. — Она тебя тут если со мной увидит, совсем прибьет!

Прошка сжал крестик и молча вышел из фанзы. Из надрезанной ладони, сочась через стиснутые, побелевшие пальцы, на землю капала кровь.

— Зырьте, распятие после ведьмы кровит... — вылупился один из близнецов. Второй стоял, точно так же вылупившись, но молча.

Тихон, ухватив камень тремя пальцами, указательным и средним перекрестился:

— Значит, так. Каждый пусть кинет в нее два камня. Один — за воровство, другой — за колдовство. После этого будем считать, что она наказана. Ты, Прохор, тоже кидаешь. Если не кинешь — мамке твоей расскажем, что она крест украла.

— Это я украл, — еле слышно выдавил Прошка.

— Ну, значит, расскажем, что ты. Украл крест семейный — и ведьме некрещеной его подарил. Ты хочешь, чтобы мы рассказали?

— Нет, — совсем тихо, чтобы не услышала Настя, ответил Прохор.

— Вот и слава Богу. Тогда камни с земли поднял быстро. По моей команде со всеми кинешь.

Прошка медленно, не дыша, как будто стоял в глубокой воде, сунул крестик в карман, наклонился, выбрал камни поменьше и поднял. Настя молча смотрела на него из пролома в окне. Потом опустила голову. У нее на ногах были красные войлочные туфельки с вышитыми на носках мордами тигра — традиционные китайские обереги. Ей подарил их дедушка Бо, чтобы тигры всегда ее защищали.

— Ну, помолясь... — Тихон снова перекрестился. — В наказание за воровство — пли!

Настя присела на корточки и закрыла руками голову. Камни — в том числе Прошкины, но она знала, что он метит мимо, — полетели через окно и дверь в фанзу, но в нее не попали. Она погладила руками носки туфелек-тигров.

— Чо вы мажете?! — озверел белобрысый. — За ворожбу в проклятую ведьму — пли!

Настя метнулась вправо, а потом, в последний момент, бросилась к левой стене, надеясь таким образом обмануть их ожидания и выскользнуть из-под обстрела. Но это не сработало: поднявшись в полный рост, она стала куда более доступной мишенью. Один камень попал ей в ногу, другой — в лицо. Она даже не сразу поняла, куда именно, потому что и лоб, и нос, и челюсть как будто бы онемели. Она увидела, что на грудь двумя струйками льется кровь, и только потом, когда спереди ее платье из желтого стало красным, почувствовала во рту вкус железа, а в переносице — жжение.

Наверное, тигры на туфельках помогают только настоящим китайским девочкам. А у нее слишком много неправильной крови.

— Слушай мою команду! — племянник старосты подобрал с земли еще пару камней; глаза его сияли от возбуждения. — Теперь кидаем камнями в бесов! Они там в ней внутри прячутся!

Он кинул камни, один за другим, остальные тоже. Из фанзы доносился плач Насти.

— Ты обещал по два камня! — закричал Прошка. — Это нечестно!

— Так это в нее по два камня. А в бесов — лучше побольше. Ты что же, не за Христа, а за бесов? — Тихон угрожающе ткнул Прошку в плечо. — А ну кидай камни! И чтоб мне не мазал! Я ж знаю, ты меткий, в папашу!

Близнецы, возбужденно прильнув к окну, кидали камни и куски досок уже без команды, в свое удовольствие. Краем глаза Прошка заметил, что бритоголовые, гогоча, вошли в фанзу.

— Прикажи им, чтоб прекратили, — без выражения сказал Прошка.

— Иначе — что? — издевательски уточнил Тихон.

— Иначе — вот, — Прошка вытянул из кармана охотничий нож, дрожащими руками раскрыл и направил на Тихона острие.

— И что, порежешь нас, братьев по вере, ради бесовской нехристи?

Тихон вразвалочку подошел к Прошке и требовательно протянул руку:

— Давай сюда. Это игрушка для больших мальчиков. Давай-давай, не бойся. Нож отдашь — мы уйдем.

Не веря Тихону, понимая, что врет, но притворяясь перед собой, что поверил, Прошка отдал ему нож. Племянник старосты осмотрел рукоять и лезвие со знанием дела. Сложил нож, засунул в карман, приблизил свое лицо к Прошкиному вплотную, так, что почти соприкоснулись их лбы:

— У бати взял?

— Ну.

— Ты знаешь, что воровство — смертный грех?

— Ну.

— Отступаешься от греха?

— Отступаюсь.

Белобрысый сделал шаг назад, кивнул, вроде бы удовлетворившись ответом, а потом с оттяжки ударил Прошку кулаком в скулу. Тот упал, и Тихон принялся методично, как будто даже слегка скучая, бить ногами лежачего. Не в полную силу, так, чтоб ничего не сломать, — а то не хватало еще, чтоб Ермил потом пришел разбираться.

Близнецы, присмирев, испуганно топтались рядом: они такого поворота не ожидали:

— Тиш, мож, не надо? Он все-таки брат наш...

— Заткнитесь! — Он и сам понимал, что пора бы остановиться, но от этого их нытья только больше зверел и остановиться никак не мог.

Из фанзы слышались взрывы смеха бритоголовых и Настины вскрики.

— Еще раз повтори, а то я уши не чистил, — отсмеявшись, прогундосил тот, что помладше. — Где, говоришь, твой папка?

— Мой папа на войне, — стараясь не плакать, ответила Настя.

Оба снова загоготали.

— Это мамка твоя, шлюха, тебе спиздела? Нет у тебя никакого папы!

— Если мама у меня шлюха, а из Лисьих Бродов она точно не уезжала... — прошептала Настя, понимая, что теперь они ее точно прибьют, — тогда, значит, мой папа — кто-то из здешних. Может, ваш? — Она зажмурилась, ожидая удара.

— Это чо она щас сказала? — оторопел младший.

— Это бесы в ней говорят, — со знанием дела констатировал старший. — Ибо она есть ведьминское отродье. Слышь, ты. Ну-ка, разденься! — он рывком задрал Настин подол. — Мы щас с братом проверять будем, ты ведьма или не ведьма.

— Слуш, Серый, а как мы проверим? — тот, что помладше, озадаченно поскреб бритую голову.

— Ты чо, дурак? — беззлобно ответил Серый. — Если ведьма, на теле будут ведьмины родинки, которыми ее дьявол пометил, а еще, конечно, третий сосок.

— Чо, правда?

— Да вот те крест, — Серый перекрестился двоеперстием и рявкнул на Настю: — Быстро, сука, разделась!

Она как раз стягивала с головы намокшее и липкое от крови платье, когда у фанзы прогремел выстрел; бритоголовые вжались в стену. Следом за выстрелом раздался голос мужчины, сильный, гневный и ясный, как раз такой голос, какой, по Настиным представлениям, будет у папы, когда тот вернется с войны:

— А ну прекратить! Встал! Руки по швам! Имя, фамилия, где живешь?

— Тихон я... Милованов... — беспомощным, тонким голосом отчитался с улицы Тихон. — Там живу. Мой дядя — староста...

— Еще раз кого-то обидишь, я тебя расстреляю. А всю семью твою — в лагерь, вместе со старостой. Это ясно?

— Ясно, — еще тоньше проблеял Тихон.

Послышались тяжелые, уверенные шаги, и в фанзу вошел человек, в которого вчера стреляли у дедушки Бо. Тот человек, чей портрет ее мама носила на шее под крышкой часов. Когда мама спала, Настя иногда брала часы и играла, как будто человек на портрете — ее родной папа. Он ушел на войну, а мама его очень ждет. Он скоро вернется назад в Лисьи Броды и их с мамой от всех защитит.

В том, что теперь именно этот человек спас ее и Прошку, и вышвырнул из фанзы бритоголовых, и помог ей натянуть платье, и взял ее на руки, и понес на руках домой, — во всем этом было что-то не столько чудесное, сколько обыденно правильное. Как будто Небесная Лисица Ху-Сянь наконец-то сделала то, что пора было сделать давно.

ГЛАВА 4

Когда стало понятно, что кровь из носа шла от удара, а не оттого, что *это* уже *началось*, когда Настя умылась, выпила целебный отвар, переоделась и взахлеб рассказала, что ее побили камнями, а дядя Шутов вмешался и спас, когда Прошка, замирая от ужаса, попросил воды, когда смершевец сообщил, что детей теперь никто в Лисьих Бродах не тронет, так что пусть идут погуляют, а у него к ней будут вопросы, Лиза разом вдруг успокоилась и почувствовала, как отступил страх, потому что не боялась она ни допросов, ни староверов, ни их камней. А боялась только, что сбудется скоро проклятье, потому что Насте уже исполнилось семь.

— Пусть он воду допьет и уходит, — ровным голосом произнесла Лиза, не глядя на Прошку. — Никогда пусть не возвращается. А ты, Настя, иди побудь с дедушкой.

— Я хочу гулять с Прошкой!

— Ты с ним больше никуда не пойдешь. Вон отсюда, а то прокляну твою душу, — она, наконец, взглянула на Прошку.

Тот поставил пустую кружку на кан и молча попятился к выходу.

— Так не честно! Не смей так делать! — заплакала Настя. — Прош, не верь, она тебя специально пугает!

Прошка замер, не зная, что хуже: здесь остаться и погубить свою бессмертную душу — или выбежать вон и стать в Настиных глазах трусом.

— Это правда нечестно, — вдруг вклинился Шутов. — Пацан ее, как мог, защищал. Запретить им дружить будет очень несправедливо.

— Что ты знаешь о несправедливости, капитан? — прищурилась Лиза.

— Например, что дети ее не терпят.

Лиза вдруг засмеялась, искусственно и не к месту, и сказала тихо и зло:

— Не лезь. В наши семейные. Дела. Капитан.

— Это, как я понимаю, твой способ сказать спасибо? — Шутов издевательски подмигнул.

— Мама! Дядя Шутов хороший!

— Дядя разный, — серьезно ответил Шутов. — Он и правда лезет в чужие дела. В том числе и в семейные. У дяди такая работа: оперуполномоченный СМЕРШ.

Он пристально глянул на Лизу. В его взгляде отчетливо читались угроза и снисхождение: не при детях. Лиза быстро отвела взгляд — не из страха, а чтобы себя не выдать. Она видела его неделю назад. В сумерках, в лесу, у кумирни. Она плохо разглядела тогда лицо, но запомнила запах и голос. Вместе с ним был еще один человек, больной, слабый. Он звал Шутова другим именем. И они говорили между собой как беглые каторжники, а не как смершевцы... Она сразу узнала его вчера в лазарете, но никому не сказала. Такой козырь следует держать при себе.

— ...Я хочу гулять с Прошкой! — Настя явно восприняла слова «дяди Шутова» как защиту и покровительство. — Он мой брат! — добавила она нерешительно.

Лиза вдруг покачнулась, как от удара:

— Кто это сказал?!

— Я сказала. Мы с Прошкой побратались, теперь мы брат и сестра! — она продемонстрировала надрез на ладони. — Ну, мама, пожалуйста! Мне Прошка дупло обещал показать!

— Побратались, — повторила за дочерью Лиза, устало и как будто бы обреченно. — Хорошо. Идите, гуляйте. Только недолго.

Настя радостно сорвалась с места, обняла ее, потом схватила за руку Прошку и потащила из дому.

— Настя! Если ты почувствуешь боль или слабость...

— Знаю! Сразу бежать домой! — дочь повернула к ней радостное лицо. — Только зря ты боишься, мама! Я совершенно здорова!

— Я не крала часы, — Лиза помешала варево в котелке. — Мне Деев их подарил. Он капитан, как и ты.

— Вы с Деевым были любовниками?

— Почему же были? — Она подула на угли, тлевшие в очаге. — Он обещал, что вернется.

— Откуда у Деева эти часы?

— Он не сказал. Я не спрашивала. Наверно, трофей. Подарил мне после захвата японского лагеря. Сказал — они из чистого золота. Мне понравились — я взяла.

Она поставила низкий столик на кан рядом с Шутовым. Перелила горячий отвар из котелка в пиалу. К потолку, к пучкам засушенных трав, потянулись дрожащие лапы пара.

— А почему фотографию чужого мужчины из-под крышки не вынула?

— Побоялась испортить чистое золото. — Она засмеялась. — И к тому же фотография чужого мужчины мне тоже понравилась.

— Куда ушел Деев?

— Он не сказал. Я не спрашивала. Вот, пей. — Она подула на горячий отвар, как если бы давала его ребенку, и с легким кивком протянула ему пиалу в сложенных лодочкой ладонях.

— Что это?

— Противоядие. Называется Пробуждение Третьей Лисы. Пробуждение первых двух Лис ты уже выпил. Это последняя порция. Когда допьешь — избавишься от Сна Пяти Демонов.

— Мне передали, я получу противоядие, только если принесу извинения. А я вроде не извинялся.

— Ты помог моему ребенку. Для меня это лучшее извинение.

Шутов принял из ее рук пиалу. Осторожно понюхал.

— Из чего это?

— Там сладкие корни болотного аира, или цян-пу, они похожи на сморщенные хлысты. Когда больной проглотит отвар, они высекут захвативших его демонов. Но только если над болотным аиром, пока он рос, лиса махнула хвостом. Еще там сухие листья воронца колосистого, или шэн-ма: они острые, как когти дикого зверя, и когда больной проглотит отвар, они распорют демонам животы. Но только если листьев шэн-ма касалась лапой лисица. Еще я положила гуй чи, «зубы призрака», — это сгнившие в земле корни бамбука, которые погрызла лиса. Ну и пепел сожженного корня женьшеня. Этот корень имеет форму человечка. Оказавшись в теле больного, он посрамит демонов, и те выйдут из него со слезами. Но, естественно, только если лиса помочилась на землю, из которой был извлечен этот корень.

— Разумеется, только если лиса помочилась... — Шутов сделал крошечный глоток и усмехнулся. — Но зачем мне третья порция, если я и так себя хорошо чувствую?

— Чтобы ты очистил свою силу ци и оплакал своих мертвецов, — она с удовлетворением наблюдала, как глаза его наполняются слезами. — Иногда мужчине необходимо поплакать. Отвар поможет.

Он зажмурился и вытер глаза тыльной стороной ладони.

— Пей до дна. Иначе мертвые тебя не отпустят, будут к тебе возвращаться.

— Какие мертвые? — его голос прозвучал хрипло.

— Этой ночью к тебе должны были приходить мертвые. Пуля, ранившая тебя, была смазана «Сном пяти демонов». Там пять элементов...

— Это я уже слышал. «Сон пяти демонов» — яд?

— Если мало — не яд. Скорее, способ встретиться с душами мертвых. Если много — яд. Тяжелая смерть. Сначала к человеку приходят его мертвецы, потом он сам становится мертвецом. — Она помолчала. — Тебя, капитан, хотели убить.

— Если я не выпью эту бурду, я умру — или просто буду видеться с мертвыми? — он старался звучать насмешливо, но в глубине его голоса она уловила напряжение и даже как будто надежду.

— Будешь видеться. Но не когда и с кем ты захочешь. Когда они захотят.

Он задумчиво смотрел на пиалу. Потом отставил ее на столик.

— Я пока не буду оплакивать своих мертвых. Она захочет меня увидеть, если мертва.

— Кто? Та женщина, чьи часы я носила?

Шутов вздрогнул и взглянул на Лизу так удивленно, будто только что вспомнил, что в комнате не один.

— Да, — ответил сухо. — Моя жена. Чьи часы ты носила.

Он поднялся.

— Кто мог сделать «Сон пяти демонов»?

— Я могла. И много раз делала. — Она снова невпопад засмеялась. — Но не я начинила им пулю и уж точно не я стреляла.

— Кто?

— Откуда же мне знать, капитан.

— Кто-то брал у тебя «Сон пяти демонов»?

Она помолчала. Разве жертва должна защищать охотника? Он позволил всем называть ее шлюхой и ведьмой, а Настю — отродьем. Он позволил другим своим детям бить Настю камнями. Он ни разу не вмешался. Ни разу не пришел им на помощь. Этот, кем бы он ни был, — вмешался, пришел, не позволил.

— Ермил Сыч, охотник, взял у меня «Сон пяти демонов».

ГЛАВА 5

— Вы этому Сычу доверяете, товарищ майор? — Горелик успокаивающе похлопывал свою лошадь по крупу, хотя она как раз, в отличие от седока, совершенно не нервничала, а преспокойно себе щипала траву на берегу широкого лесного ручья.

Майор Бойко, тоже в седле, — его конь стоял копытами в мелкой воде, — вопросительно вскинул бровь и продолжил свое занятие: точильным камешком он неторопливо правил лезвие десантного ножа.

— Как по мне, он нас на засаду скорее выведет, чем на Деева, — продолжил лейтенант. — Он же нас ненавидит всех. Так зыркает — я спиной к нему поворачиваться боюсь...

С полминуты оба молча наблюдали, как спешенный Ермил бредет по противоположному берегу, то и дело нагибаясь и внимательно вглядываясь в кромку воды. Кобыла Сыча стояла рядом с другой, запряженной в телегу, и обе помахивали хвостами как будто бы в ритм точильному камушку Бойко. Снайпер Тарасевич, привалившись к телеге, что-то сонно жевал, сидящий рядом сапер Ерошкин курил с такой скорбной миной, будто это была последняя самокрутка перед предстоявшим ему эшафотом.

— А ты спиной к Сычу, Славка, не поворачивайся, — ответил наконец майор Бойко. — Потому как Ермил Сыч есть браконьер, религиозный мракобес и кулацкий последыш, и нашего брата он си-ильно не любит. Зато своего... брата... — майор с усилием дважды провел камнем вдоль лезвия, — он любит. И землю рыть будет, чтобы найти его раньше, чем особист наш очнется.

— В особиста-то Ермил, небось, и стрелял?

— Не знаю, Славка, — майор поморщился не то от вопроса, не то невзначай задев пальцем лезвие. — Зато я знаю, что Ермил здесь не за доверие — за интерес. А интересы наши временно совпадают.

Сыч, разогнувшись, издал короткий свист, и кобыла его бодро затрусила к нему, разбрызгивая холодную воду. Майор Бойко, двинув своего коня пятками, припустил следом.

— Тут шли, — Ермил ткнул пальцем в ничем не примечательный глинистый кусок берега.

— Где тут?.. — сощурился Бойко.

— Да вот же! Видишь, следы подков?

Майор недоуменно оглядел указанное Сычом место.

— И там еще... — охотник чуть презрительно покосился на Бойко. Нагнулся, выковырял из земли скукоженный окурок самокрутки. — Махру-то хоть видишь? Капитан твой махру курил?

— Курит, — мрачно поправил Бойко. — Что, следопыт, дальше двинем?

Со склона заросшего лесом холма вдруг с криком снялась стая птиц.

Майор насторожился:

— Там кто-то есть.

Сыч вскинул руку козырьком от полуденного солнца, другой рукой приставил к глазам бинокль — и тут же расслабленно опустил:

— Да просто зверье. — Он запрыгнул в седло. — Едем дальше.

Ермил пришпорил кобылу и направил ее рысью к холмам. Туда, где в засаде скучала банда Камышовых Котов.

ГЛАВА 6

Нужно было покончить с подопытным номер сто три: они уже выжали из него все, что можно. Несомненно, инъекции повысили способность сто третьего к регенерации, однако от него не приходилось ждать *перехода.*

Едва ли в нынешнем своем состоянии сто третий был способен рассказать кому-либо что-то внятное про лабораторию. Тем не менее Лама считал легкомысленным оставлять в живых и на воле такого свидетеля. Так что Лама взял с собой нож — тот, который извлек из собственной раны две недели назад, — и, когда стемнело, забрался на кедр. Он планировал дождаться, пока доктор уйдет к себе, а медсестра за ширмой уснет, и спокойно пробраться через окно в лазарет, и ножом, который так больно ранил его самого, перерезать горло подопытному номер сто три. Можно быть сколь угодно живучим, и даже несколько раз пережить короткую смерть, но распоротую артерию пережить невозможно.

Медсестру, если вдруг проснется, придется прирезать тоже.

Все, однако, пошло не так, как задумал Лама. Он торчал в ветвях проклятого кедра всю ночь, но никто в лазарете даже не думал спать: поздно вечером туда доставили нового пациента, и солдаты, и врач, и сестра толклись у его койки всю ночь, а к утру пришла полукровка.

На рассвете он воткнул нож в ствол кедра и прошел через метаморфоз: в теле тигра легче было сливаться с древесной корой. А потом полукровка напоила лежавшего на койке отваром, и тот встал, а затем упал, а Лама впился когтями в ствол, потому что его узнал.

Это был неприкасаемый. Тот, кто ранил Ламу в лесу две недели назад. Тот, кто ранил Ламу в Харбине шесть лет назад. Тот, кому здесь было совершенно нечего делать. Тот, кого ему запретил убивать его нынешний господин.

Полукровка ушла, и доктор ушел, медсестра осталась одна с неприкасаемым и сто третьим. Распахнула окно. Ее шея была белой и тонкой, а рука с сигаретой дрожала. Она пахла нежной, свежей, испуганной самкой. Он легко мог запрыгнуть на подоконник и перегрызть ее глотку, а после — глотку подопытного, но не стал. План теперь изменился. Неприкасаемый полностью менял дело. Теперь Ламе предстояло войти через дверь. Это требовало небольшой подготовки.

...Он прокрался вдоль берега через заросли густых камышей, осторожно ступая лапами по песчаному дну. Лисьим озером звали русские эту воду, Ху-Сянь-Хай ее называли китайцы. Лама помнил ее древнее маньчжурское имя — Дориби Омо. Прямо там, по грудь в священной воде, он прошел обратный метаморфоз и рукой нашарил на дне, под камнем, крупную закрытую раковину. Он вскрыл створки. В слизистой моллюсковой мякоти переливалась черная в перламутровой патине жемчужина неправильной формы. Она чем-то напоминала клык хищника. Лама вынул ее, понюхал и лизнул языком. Много лет назад, когда душа его еще была с ним, когда он умел возбуждаться не от крови, а от любви, он подарил одной женщине жемчужину, удивительно похожую на эту. Его женщина очень любила жемчуг, особенно черный. Она носила подарок на золотой цепочке на шее, и от постоянного соприкосновения с кожей жемчужина всегда была теплой. Она была под его руками, когда Лама сжал шею женщины и ее задушил. Они остыли одновременно, женщина и жемчужина...

Лама мотнул головой, оттоняя воспоминание из другой, давно отброшенной, как высохший кокон, жизни. Эту жемчужину он если кому и подарит, то домашней вороне своего господина. Пусть поиграет, она любит блестящие вещи. Или пусть подавится и подохнет.

Острым краем раковинной створки он расковырял себе до мяса ладонь. Эта рана должна быть рваной и воспаленной.

В лазарете бешено и пьяняще пахло свежей человеческой кровью. Как и прежде, сто третий лежал и бредил, а вот неприкасаемого там больше не было. На его койке сидел, зажмурившись, здоровенный и потный мужик лет тридцати, лесоруб. Доктор Новак зашивал глубокую, длинную рану у него на бедре. После каждого стежка лесоруб скалил зубы и негромко хрипел. Под ногами у него был подстелен кусок брезента — насквозь в крови.

— Жди. Я занят, — не глядя на Ламу, процедил доктор Новак.

Лама вежливо кивнул, но не остался ждать на пороге, а прошел в помещение и прислонился к стене в углу, всем своим видом давая понять, что мешать никому не будет; самодельная тканевая повязка у него на руке пропиталась гноем и кровью.

— Там жди! — Новак ткнул узловатым пальцем в сторону коридора.

— Дядь Иржи, да пусть стоит, жалко, что ли, — сказала медсестра и посмотрела на Ламу грустно и виновато, как будто ей было стыдно за эту чужую грубость. — Он, наверное, по-русски не понимает.

Лама снова кивнул — даже, скорей, поклонился. Новак насупился, молча наложил лесорубу последний шов и обрезал нить.

— Глаш, тампон мне дай. Спиртовой.

Медсестра торопливо раскупорила склянку со спиртом и дрожащей рукой схватила тампон.

— Лучше б, барышня, внутерь... — выдавил лесоруб.

— Внутсрь ты, приятсль, впрок принял, закусывать рядом можно. Глаша, что ты копаешься, сколько ждать?

— Все, уже. — Медсестра смочила тампон, но бутыль со спиртом выскользнула из рук и разбилась об край стола. В указательном и большом ее пальцах застряли осколки, кровь закапала на пол.

— Что с тобой сегодня такое, Аглая?! — Новак сам достал другую бутыль со спиртом, смочил тампон и вернулся к лесорубу.

— Едрить твою в бога душу мать, — с тоской шепнул лесоруб. — Говорил же ж, что лучше внутерь...

Лама тихо прикрыл глаза и трепещущими ноздрями потянул воздух. Кровь сестры милосердия пахла не так, как кровь лесоруба. Лесоруба хотелось разодрать на куски, как кабана на охоте. А к Аглае хотелось подойти и зализать ее ранки.

— Ну, давай, показывай, что у тебя? — проводив, наконец, лесоруба, доктор Новак склонился над раной Ламы. — Это чем ты так?

Лама молча продемонстрировал доктору и медсестре створку раковины. Ему очень понравилась подброшенная Аглаей идея языкового барьера. Молчание — золото.

— Собиратель жемчуга? — Новак неловко изобразил, как будто что-то подбирает и тут же разламывает. — Жемчужины, говорю, собираешь?

Лама улыбнулся и закивал с энтузиазмом:

— Дуй-дуй!

— Обработай ему, Глашенька, рану, когда приберешься.

— Может быть, с наркозом? — сметая в совок осколки, глухо спросила она. — У нас же есть морфий.

Доктор Новак прищурился.

— Морфий мы по пустякам не расходуем. Его мало. Взгляни-ка на меня, Глаша.

— Для чего, дядя Иржи? — она выпрямилась и посмотрела ему в глаза.

— Зрачки нормальные, — пробормотал доктор. — Но в последнее время ты меня, Аглая, тревожишь, потому как...

Новак осекся: по лестнице протопали быстрые, легкие шаги, и на пороге появилась заплаканная, запыхавшаяся дочь полукровки:

— Прошке плохо! Не может дышать! Скорей!

— Так, давай-ка, Настенька, по порядку.

— Мы пошли... В лесу... И тогда... На дереве... там дупло... он полез... Я не знала!.. Я думала, что он знает!..

— Что случилось-то, Настя?!

Она зачем-то зажмурилась, заткнула уши и на одной ноте, отчаянно прокричала:

— Он полез за медом, его покусали пчелы, он упал и дышать не может, я сестрам его сказала, они его в избу потащили, а я побежала к вам, он мой брат, он хрипит, и горло у него вот такое! — она открыла глаза и показала растопыренными пальцами, как сильно опухло горло. — Мы так больше не будем!

Слава пчелам, бесстрастно подумал Лама. Старик, наконец, уйдет.

— Ясно, шок... — Новак нашарил прицепленный к цепочке на поясе ключ, открыл шкафчик с лекарствами и суетливо, постариковски, принялся копаться в пузырьках и разнокалиберных ампулах.

Вынул нужное, принял из рук Аглаи докторский чемоданчик, сунул туда шприц и ампулы и, все больше суетясь, перебрал содержимое чемоданчика.

— Фонендоскоп-то, Глашенька, где? Вечно ты куда-то засунешь...

— Я не трогала, дядь Иржи.

— Ладно, бог с ним! — Новак захлопнул свой чемоданчик и устремился по лестнице за дочерью полукровки.

— Бог в помощь! — крикнула им вслед медсестра.

Дураки. Ко всему приплетают бога. Как будто богу есть дело до фонендоскопа. Как будто богу есть дело до умирающего от удушья ребенка.

Она обработала и перевязала рану у него на ладони, и Лама молча взял ее за запястье и поцеловал порезанные осколками пальцы.

— Что вы делаете? — она отдернула руку.

— Простите. Не удержался.

— Вы говорите по-русски?! Почему перед доктором притворялись?

— Не с каждым хочется разговаривать. Меня зовут Лама.

— Вы странный человек, Лама, — она отступила к окну и трясущимися руками засунула папиросу в мундштук.

— У вас, похоже, нашествие странных людей, — он кивнул на подопытного, потом на пустую соседнюю койку. — Я заглядывал утром. Не стал беспокоить. Тот человек, по-моему, тоже был странный.

— Тот человек скорее страшный, чем странный. — Она закурила и красиво выпустила изо рта струйку дыма. — Степан Шутов. Оперуполномоченный СМЕРШ.

— Неужели СМЕРШ? — Лама приблизился к пустой койке и понюхал матрас.

Пахло кровью лесоруба и кровью неприкасаемого. Две недели назад неприкасаемый не был смершевцем, а шесть лет назад и подавно. Да и звали его иначе.

— Вы пытаетесь унюхать смершевский запах? — улыбнулась Аглая.

— Да, такие, как он, пахнут крысой.

— В этом вы правы.

— Я не буду испытывать ваше терпение, — Лама вежливо поклонился, как будто прощался, но не двинулся с места. — Я вам был бы признателен за пиалу горячего чая. Может быть, это связано с воспалившейся раной, но я очень зябну.

— Но... у нас тут, в лазарете, нет чая, — растерялась Аглая. — Разве только у доктора, этажом выше...

— Я подожду, пока вы сходите... Глаша.

Когда она поднялась по лестнице, Лама вытащил нож и подошел к подопытному номер сто три. Через пять минут она вернется с пиалой, и увидит подопытного с перерезанной глоткой, закричит, опрокинет чай, и всю жизнь, до последнего вздоха, будет считать странного человека по имени Лама, поцеловавшего ей пальцы, чудовищем. Это грустно, но ничего не поделаешь: он и правда чудовище. Да к тому же уже и не совсем человек.

Он занес над сто третьим руку с ножом. Тот наморщил нос и пробормотал:

— Пахнет зверем. Никитка тоже злым зверем станет.

Лама медленно опустил нож в карман и понюхал сто третьего за ушами и в области паха. Потрясающе. Все признаки близкого *перехода*. И предчувствие самого подопытного. И его обостренное обоняние. И, главное, его новый запах. Уже не человеческий запах.

Она вернулась с кружкой черного чая. Он больше любил зеленый и из пиалы, но вежливо принял то, чем его угощали.

Сто третий заскулил на измятой койке:

— Пусть тигр уйдет далеко... Никитка боится тигра...

— Бедняга. Бредит, — Лама склонился над подопытным; тот заслонил руками лицо. — Кто он такой?

— Мы не знаем.

— Наверное, тяжело все время видеть чужую боль? — он медленно подошел к приоткрытой дверце шкафа с лекарствами. — Вам нравится морфий?

— Какая глупость. С чего вы взяли?

— Мне, может быть, показалось. Я знаю место, где есть очень хороший опий.

— Какой-то вздор.

— Простите.

Он поставил чашку на захламленный стол, приблизился к Аглае вплотную и стянул с нее плат сестры милосердия. Понюхал волосы. Она отшатнулась от него, но не сразу.

— Вам не идет этот убор, — Лама положил плат на стол рядом с чашкой. — Вы похожи в нсм на монахиню.

— Что вам за дело? — На бледной коже ее, вокруг носа, проступили алые пятна — как горящие крылья бабочки.

— Красивая женщина не должна быть монахиней, — он засунул руки в карманы.

В одном кармане был нож, в другом — жемчужина черного цвета. Он выбрал жемчужину:

— Это мой вам подарок. Китайцы раньше считали, что душа человека заключена в жемчуге.

— Вы вручаете мне свою душу, Лама, собиратель жемчужин? — Она засмеялась. — А почему она черная?

— Такого цвета бывает жемчуг, которому больше ста лет.

ГЛАВА 7

Если ты зэк номер триста три, приговоренный за измену и шпионаж, сбежавший из лагеря, убивший одного вертухая и четверых особистов, если ты забрал одежду, имя и документы у одного из убитых, и явился в населенный пункт Лисьи Броды на один день, чтобы найти свою женщину, и испортил радиосвязь, и провел допросы, и ничего не узнал о женщине, зато узнал много лишнего о ненужном тебе чужом капитане Дееве, если ты после этого собирался уйти, но тебя подстрелили, и ты чуть не умер, но выжил, — если ты такой человек, то по логике вещей тебе следует немедленно покинуть населенный пункт Лисьи Броды. Пока связь не починили, пока майор Бойко бродит по окрестным лесам и верит, что не ты его, а он тебя обманул, пока тебя не поймали и не поставили к стенке. Но есть логика хаоса (его еще называют судьбой), согласно которой твои цели и цели майора Бойко могут внезапно совпасть. И теперь тебе тоже нужен капитан Деев. Тебе нужно узнать, что он прячет в сейфе. Тебе нужен он сам. Тебе нужно понять, где он взял часы твоей женщины. Тебе нужно еще на денек-другой задержаться здесь, в Лисьих Бродах.

Ты являешься в штаб, и мрачно рявкаешь перепуганным бойцам «вольно», и говоришь:

— Рядовой Овчаренко, а ну на выход.

Он понуро идет с тобой, уверенный, что это арест, а может, что и похуже, ведь он поднял руку на капитана СМЕРШ Шутова. И ты должен его хотя бы ударить — по лицу, прикладом, до крови. И ты должен его хотя бы посадить на гауптвахту. Ты ведь Шутов. Ты капитан СМЕРШ. Ты должен играть свою роль.

Но ты смотришь в эти его незабудковые глаза, и ты вдруг говоришь:

— Спасибо, Пашка. Ты вчера все правильно сделал.

А потом добавляешь:

— Мне нужна твоя помощь. Мы сейчас с тобой, рядовой, будем взламывать сейф.

ГЛАВА 8

— ...Стану я, раба Божия Марфа, благословясь, пойду из западу в восток. Подымается царь грозна туча, и под грозною тучею мечется царь-гром, царица-молния. Как от царя-грома и от царицы-молнии да бежат враги и дьяволы лесные, водяные, дворовые, чумовые, и всяка нечиста тварь и нежить в свои поместия — под пень и под колоду, во озера и во омуты, и так бы бежали и от живущих во оных хоромах, от рабы Божией Марфы и раба Божиего Прохора, и бежали всякие врази и дияволы лесные, хворобыи, всякая нечистая творина во свои поместья, под пень, под колоду, во озера и во грязи лепкие безотпятно, безотворотно, век по веку и до веку, аминь!..

Марфа с трудом сглотнула пересохшим горлом и посмотрела на сына. Он лежал на лавке под образами и дышал по-собачьи, хрипло и часто. Лицо и шея опухли, посиневшие губы раздулись, как у утопленника. От глаз остались только узкие щелки. Они специально навели на Прошку такую порчу, чтобы глаза его стали такие же, как у них, проклятых бесов китайских...

К окну прильнула, хлюпая носом, Танька. Она притворялась, что высматривает, не идет ли к ним доктор, на самом же деле просто боялась смотреть на Прошку.

— И ты молись! Чего скулишь, пялишься! — Марфа подскочила к свояченице, схватила за волосы, потащила к образам и швырнула на пол. — На коленях стой и молись!

— Христос родися и роспяся и воскресе... — испуганно присоединилась к молитве Танька. — ...И в третий день воскресения живот дарова всему миру и рабу Божию Прохору, крестная сила с нами! Крестом человек родися, крестом частися, крестом подпояшуси, Бог прославися, сатана связан бысть с сильными своими бес; отныне и до века, и до второго пришествия Христова, аминь.

Со двора — как будто издалека, из другого мира — послышались звуки открываемой калитки, собачий лай и возгласы близнецов:

— Скорее, доктор, помирает наш Прошка!

Таня хотела было подняться с колен и идти встречать, но Марфа одернула ее и прошипела:

— Молис-с-сь!

Она прекрасно знала, что доктор сыну ее не поможет. Поможет только горячая, из самого сердца, молитва.

— Стану я, раба Божия Марфа, благословясь, и пойду, перекрестясь, из избы дверьми, из двора воротами, в чисто поле за воротами под утреню зорю, под восточну сторону, ко истинному Спасу Сыну Божию, Царю Небесному, и помолюся я, раба Божия, истинному Господу Богу, Спасу, Сыну Божию и Царю Небесну, и святым архангелам, шестокрылым херувимам, хранителем святого мира и поднебесья, и прочим бесплотным небесным силам, и святому честному кресту, и святым четырем силам охранным, и святому огню, святой земле, святой воде, святому духу небесну поклонюся я. Создай, Господи, свое Божие великое милосердие, от престола Господня грозну тучу темную, каменну, огненну и пламенну, из тое тучи грозной спусти, Господи...

— Где больной?

— Вот он, Прошечка наш! — Танька вскочила и потащила доктора чуть ли не за рукав к лавке.

Тот присел перед Прошкой на корточки, раскрыл саквояж, набрал шприц и постучал по нему пальцами, выгоняя пузырьки воздуха вверх вместе с тонкой струйкой лекарства. Вот так и демоны изыдут ничтожными пузырьками, и сглаз, и порча уйдут от горячей молитвы. Марфа поправила сползший набекрень платок и продолжила быстро бормотать:

— И спустил истинный Господь Святый Дух царя-грома, царицу-молнию, царь-гром грянул, царица-молния огненно пламя пустила да во темны силы, молния осветила, расскакалися, разбежалися всякие нечистые духи во тьму. И как из тыя Божей милости, из грозной тучи, из сильного грому, от молнии вылетает грозно громовая стрела, и сколь она грозно, и пылко, и ярко, и принимчиво диавола изгоняет, и нечистого духа, демона насыльного и нахожего у Прохора, раба Божия, из двора выганивает...

— Мракобесие, — поморщился Новак, всаживая полный шприц в Прошкину ягодицу.

— ...И как от тое грозныя сила освещает светом своим ясным все теменья, громовые стрелы не может камень в одно место сростать, древо отростать, а такоже и проклятый диавол уходит за нечистым духом и демоном, крестная сила с нами!

Марфа отвернулась от икон, чтобы указать демонам на дверь, чтобы они точно знали, куда уходить, и застыла с открытым ртом. На пороге стояла бесовка, ведьминское отродье.

— Ты-ы-ы?! — Марфа медленно поднялась с колен и повернулась к ведьме, осеняя себя крестами. — Пошла вон, сатанинское ты отродье! Сглазила мне сыночку, тварь! Ведьма! И мать твоя — ведьма!

— Я просто доктора привела, — заскулила бесовка, притворяясь невинным ребенком. О, они умеют мастерски притворяться...

— Во-о-он! — Марфа схватила со стены распятие, занесла над головой и, тяжело ступая, двинулась к ведьминой дочке. — Чтоб ты сдохла! И чтоб мать твоя сдохла! От вас все беды!

Убоявшись креста, бесовка заплакала и попятилась.

— Не смейте пугать ребенка! — доктор Новак преградил Марфе путь и обернулся к двери: — Иди домой, Настенька. Не бойся, вылечу Прошку.

— Она не ребенок! — взвизгнула Марфа. — Она вовсе не человек!

Бесовка всхлипнула, развернулась и побежала к калитке. Их пес Буян захлебнулся лаем, чувствуя сатану. Слепой глупец этот доктор. Глупее Буяна. Не видит, кто перед ним. Как можно не видеть, что это сатанинская тварь, родившаяся на свет вместо Марфиной неродившейся дочки? Как можно не видеть, что она украла у ее малышки глаза? Такие же серые, как у Ермила, у старших дочерей и у Прошки...

— И как ты и грозные, огненные, громовые стрелы боится проклятый диавол и нечистый дух, демон, — бормотнула Марфа и снова грохнулась на колени. — И такаже бы раба Божия Прохора устрашилися и убоялися недруги и супостаты, ведьма Елизавета и ведьма Анастасия, и всякие нечистые духи, расскакалися и разбежалися от раба Божия Прохора восвояси и канули б, водяной в воду, земляной в землю, под скрыпучее дерево, под корень, под камень и под ветряной куст, и под холм, а дворовый, насыльный и нахожий, и проклятый диавол, и дух нечистый, изыди во мороке вон!

— Мама, — прошептал Прохор.

— Отек спадает, — с облегчением сказал Новак. — Лекарство подействовало.

— А что с ним было-то, доктор? — спросила Танька.

Она была совсем дура. Ведь ясно, что их Прошечку сглазили. Навели порчу. И что подействовало, конечно же, не лекарство, а горячая молитва любящей матери.

— У мальчика анафилактический шок.

Танины глаза затуманились. Будучи дурой, она не могла взять в толк, что сказал ей доктор. Вот Марфа, хоть раньше таких слов тоже не слышала, — поняла. Ей даже понравилось: анафематический шок. Анафема. Изгнание из общины. Проклятие.

— Это реакция... — доктор наморщил лоб, подыскивая более простые для Танькиного понимания слова. — Это случилось из-за укуса пчелы.

— Пчелы, — повторила Марфа и захихикала. — Пчела, значит, виновата...

Продолжая хихикать, она поцеловала сына в опухшие глаза и повернулась к Новаку:

— И не стыдно вам, доктор?

— Прошу прощения?

— Пчелу обвиняете, Божью тварь, а сами разве не знаете, кто во всем виноват? Не боитесь Бога?

— Я вас решительно не понимаю.

— Так вы с ней, значится, за одно, с богомерзкой ведьмой? Я слышала, она вам дает колдовские травы! Вы тоже, значит, за бесов? Вон из нашего дома!

— Интересный у старообрядцев обряд изъявления благодарности, — доктор Новак захлопнул свой чемоданчик и направился к выходу. — Поправляйтесь.

И как наше прародове во земле лежат, не чуют звону оне колокольного, ни пения церковного, и такоже бы сей мой заговор и приговор был бы крепок и нерушим во всякое время, до будущего веку, во веки. Азже силою чистою Боговой и крестом диавола проклинаю, отступи бес и диавол и нечистый дух от раба Божия Прохора, от сих дверей, от четырех углов, крестная сила с нами.

ГЛАВА 9

В помещении Русско-Азиатского банка все разгромлено и разграблено, кроме, собственно, сейфа — здоровенного, кубического, в заклепках, с циферблатами кодового замка. Я цепляю на шею фонендоскоп, позаимствованный в лазарете. Пашка чуть склоняет голову набок, как доверчивая собака, пытающаяся понять, что у хозяина на уме.

— А зачем вам, товарищ Шутов, эта штуковина, как у доктора?

— Чтобы слушать. Вещи могут многое рассказать, если их грамотно допросить.

— То есть вы сейчас будетс допрашивать сейф?!

— А ты — вести протокол.

Он растерянно таращится то на меня, то на сейф.

— Так у меня ж карандаша с собой нет...

— Да? Тогда на шухере стой.

— Что, товарищ капитан? Я не понял.

— Рядовой Овчаренко, приказываю занять пост на улице, у входа. Сюда никого не пускать. Ни-ко-го. Даже если сам товарищ Сталин придет. Так понятней?

— Так точно! — Он воодушевленно мне козыряет и удаляется строевым шагом.

Я вдеваю в уши оливы фонендоскопа. Шифровой замок с тремя дисками для выставления комбинации; подбирать ее путем перебора можно всю жизнь, но Флинт однажды мне рассказывал про другой способ. Я прислоняю к корпусу сейфа акустическую головку фонендоскопа и начинаю медленно поворачивать первый диск — пока в ушах не раздается тихий щелчок. Я повторяю процедуру со вторым диском и с третьим — и слышу за спиной знакомый, с хрипотцой, голос:

— Я думал, ты бабу свою ищешь, Циркач. А ты зачем-то сейф ломанул.

Я не оборачиваюсь. Он сипло, со свистом, хихикает; хихиканье переходит в стрекочущее шипение.

— Пац-цанч-чик твой меня пропус-стил, — шипит он. — Вообщ-ще не з-заметил.

— Ты умер, Флинт.

— Конечно, умер. Ты ж меня и добил. Монетку с-сунул — только это был дохлый номер. Монетку твою я не взял. Решил тебя навещ-щать.

Он придвигается ко мне совсем близко, я чувствую спиной сырой холод. Как будто прямо позади меня открылся промерзший, заброшенный погреб. Его рука, вся в пятнах запекшейся крови, ложится поверх моей дрожащей руки. Мы вместе тянем на себя дверцу сейфа — и она подается.

Флинт дружески хлопает меня по плечу ледяной ладонью и принимается деловито копаться в сейфе. Листает потрепанную, исписанную шифром тетрадь. Вертит в грязных пальцах фотоаппарат «Минокс». Разворачивает сложенную вчетверо карту местности: окрестности Лисьего озера, химическим карандашом отмечен маршрут, завершающийся жирным кружком. Швыряет карту на пол.

— Золотиш-шко! — он взвешивает на ладони тускло поблескивающего идола с телом лисицы, женской головой и тремя хвостами.

Последним он вынимает из сейфа старинный меч:

— Вот это, я понимаю, перо! Япошки умеют делать, — костлявым пальцем с каемкой земли под ногтем он гладит лезвие заточенного клинка.

Из рассеченной подушечки пальца капает кровь.

— Бери золотую бабу с хвостом и рви когти, Кронин.

Он убирает руки, и холод за моей спиной исчезает — как будто резко закрыли погреб. В моей руке — самурайский меч. Из порезанного пальца сочится кровь, капля падает на разложенную на полу карту, прямо на карандашный кружок.

С улицы доносится решительный голос Пашки:

— Товарищ замполит! Товарищ Шутов приказал никого не пускать!

— Да что ты, рядовой, себе, так сказать, позволяешь?! Как офицер, ответственный за коммунистическую сознательность, я при вскрытии обязан присутствовать!

— Товарищ Шутов четко сказал — не пускать. Будь это хоть сам, грит, товарищ Сталин!

— Ты что ж это думаешь, рядовой Овчаренко, раз особисту жопу, так сказать, лижешь, я на тебя не найду управу?!

— Никак нет, товарищ капитан Родин! То есть так точно!

Не выпуская из рук катану, я выхожу к ним на улицу. Стукач шарахается в сторону и косится на меня, как испуганный резким движением мусорный голубь, не желающий выпускать из поля зрения крошку.

— Желаете присутствовать, замполит Родин? — я хватаю его за погон и тяну за собой в помещение банка. — Действительно, поприсутствовать стоит.

— ...Неучтенная штабная карта с неизвестным маршрутом! Фашистский шпионский фотоаппарат! Записи личным шифром! Золото! — Шутов сунул замполиту Родину в лицо тетрадь и китайского идола. — У советского офицера! В личном тайнике! Золото!

Замполит вжал голову в плечи и зажмурился, как кот, которого ткнули носом в тот угол, где он нагадил. Он действительно чувствовал себя виноватым. Да, он тонким своим чутьем давно чуял, что Деев — враг, но что дело настолько серьезное, не догадывался.

— Деев ваш — вражеский агент и шпион, — процедил сквозь зубы капитан СМЕРШ.

— Я неоднократно, так сказать, обращал внимание командования на товарища Деева...

— Вы совсем дурак или притворяетесь? Он явно действует не один! У вас тут целая сеть!

Сеть. Действительно. Ну как же иначе. Смершевец прав. Теперь главное — до него донести, что замполит Родин к этой сети отношения не имеет. И что, более того, он предоставит любую ценную информацию, характеристики, любое содействие... То есть страшно, конечно, но все еще может обернуться благополучно. Если вместе они вскроют вражескую шпионскую сеть, тогда Родина может даже ждать повышение...

— Кто в меня стрелял? — проговорил смершевец совсем тихо и приблизил свое лицо к бледному и потному лицу замполита. А потом вдруг оглушительно гаркнул: — Кто стрелял в капитана СМЕРШ?!

Замполит зажмурился и протявкал срывающимся фальцетом, от которого самому стало противно:

— Виновного найдем! Допросы я буду лично!..

— Допросы вам скоро предстоят, это точно, — капитан СМЕРШ смотрел на него, замполита Родина, как на предателя. Это было и страшно, и несправедливо.

Держи лицо. Держи лицо, будь мужественным, капитан Родин. Оперуполномоченный СМЕРШ должен тебя уважать, только так возможно сотрудничество...

— Я буду сотрудничать!

Капитан Шутов посмотрел на Родина с легким презрением, но как будто уже без гнева. Это было хорошо. Обнадеживающий, многообещающий взгляд. Теперь важно держаться с достоинством и дальше.

— Откуда золото у советского офицера?

— Я полагаю... это, так сказать... клад! Андрона Сыча три недели назад задержал патруль, там Деев был старшим. Он мне не доложил, но ходили слухи, что при Сыче были ценности и даже, так сказать, золото...

— Продолжайте, — Шутов кивнул.

Да, он явно теперь смотрел благосклонно.

— Я так думаю, что Сыч нашел клад. Тут ведь мало ли что зарыто. Китай — страна древняя. Практически, так сказать, остров сокровищ... А Деев охотника расколол. И маршрут обозначил на карте — на всякий, так сказать, случай... А потом Сыча взял, бойцов — и сам за кладом отправился...

Шутов молча, внимательно разглядывал Родина. Вероятно, прикидывал, стоит ли тот доверия. Замполит постарался держать спину ровно и глаз не отводить, но это не получилось. А впрочем, и правильно. Не стоит смершевцу в глаза пялиться — они такое вызывающее поведение не любят.

— Значит, будем сотрудничать, — вынес вердикт Шутов.

Родин почувствовал, что сразу стало легче дышать. Как будто все это время ледяная рука держала его за горло, а теперь, наконец, разжалась. И даже по плечу его по-дружески хлопнула.

— Я сейчас отправляюсь на поиски вашего Деева. А заодно и вашего Бойко. Я хочу, чтобы вы...

— Так точно! Я немедленно соберу отряд для сопровождения...

— Отставить, Родин! Никакого отряда. Я иду один. Пока не разберусь в ситуации — никому здесь доверять не могу. Даже вам. Это ясно?

— Так точно. Даже мне, — смакуя слово «даже», повторил Родин.

Это слово — оно дорогого стоит...

— Позаботьтесь, чтобы у меня были амуниция и провизия. Даю вам на это час.

ГЛАВА 10

— Устал я, Глашенька, от этих людей. Темные люди! Темное место... — доктор Новак отдал Аглае медицинский чемоданчик и плащ.

— Так отчего ж вы, дядь Иржи, не уехали в Харбин, как отец?

— Оттого, что генералы нужны в Харбине, а врач, Глашенька, нужен здесь. Если я уеду, кто людей-то будет лечить? У каждого, выходит, свой крест...

Он прошел к столу, тяжело опустился в кресло, сунул в рот трубку — и только тогда заметил, что давешний раненый пациент, которого притащил Сыч-охотник, очнулся и сидит на койке на корточках, просунув тощие руки между колен и напряженно глядя перед собой. Он был похож на испуганное животное, старающееся не двигаться, чтобы его сочли мертвым.

— Я смотрю, вам лучше? — доктор поднялся, подошел к раненому и протянул руку в приветствии. — Я доктор Иржи Новак. Вас как зовут?

Тот не отреагировал; только дыхание стало заполошным и частым.

— Давно он так? — спросил Новак.

— С полчасика. Два слова сказал — и больше не реагирует ни на что.

— А что сказал?

— Сказал: тигр плохой. Похоже, он, дядь Иржи, помешанный...

— Любопытно... — Новак пососал нераскуренную трубку. — Померяем пульс?

Он положил пальцы на запястье больного. Тощая рука вздрогнула и напряглась, уродливые длинные ногти впились в простыню.

— Пульс частит... Что ж ты ногти ему, Глаш, не остригла? Я же просил!

— Я остригла! Они заново отросли.

— За полдня? Ну что ты, ей-богу, городишь!

Он посмотрел на Аглаю. В последние дни она его беспокоила. Опять это вранье без повода и без смысла, ну или пусть не вранье — фантазии. Не слушает, все теряет, все забывает. Моторика, опять же, нарушена, роняет предметы.

— Вытяни-ка, Глашенька, руки.

Послушно и виновато, как нашкодивший ребенок, она вытянула перед собой обе руки, на одной были перебинтованы пальцы. Руки заметно дрожали.

— Дядь Иржи, ну все в порядке. Я просто ночь не спала... А тут еще этот смершевец... И от отца нет вестей, — она опустила руки. — А с вами он, дядь Иржи, не связывался?

— Со мной? — Новак принялся раскуривать трубку. — Ты же его знаешь, Аглая. Если Петр Евсеич чего решил, он от этого не отступится. Вот решил он, что я ему враг, — значит, так для него врагом и останусь. И никогда он мне не напишет... Только мне твой отец всегда останется другом. И ты мне, Глаша, как дочь.

— Я знаю, дядя Иржи. Спасибо.

Может быть, он сам виноват. Раздражается все время по пустякам, пару раз на нее даже прикрикнул. А с ней надо бережно, терпеливо. Аглая — девица нервная. А какой еще она может быть после пережитого в детстве, когда собственная мать пыталась ее убить? Да, у каждого свой крест...

— Ты ведь скажешь мне, Глашенька, если что-то такое... похожее... снова будет? Сразу скажешь?

Она кивнула:

— Конечно. Только я, дядь Иржи, про ногти его вам не вру. Отросли они. А раны — зарубцевались. Так, как будто полгода прошло. Посмотрите сами.

Значит, все же снова фантазии. Новак с грустью покачал головой, осторожно, чтобы не напугать умалишенного пациента, приспустил повязку у него на груди — и поперхнулся дымом. Абсолютно состоятельный, заживший рубец. Пациент принюхался к струйке дыма, широко раздувая ноздри, и издал очень тихий, утробный звук, похожий на ворчанье собаки.

— Потрясающая способность к регенерации! Возьми-ка, Глашенька, у него кровь на анализ.

Аглая вышла за ширму; вернулась, погромыхивая медицинским лоточком. Умалишенный, часто дыша, скосил разросшиеся во всю радужку зрачки на шприц с иглой, пузырек со спиртом и ватку и принялся раскачиваться из стороны в сторону.

— Укол не надо. Укол не надо. Укол не надо!

— Не бойтесь, это просто как комарик укусит, — Аглая обмакнула в спирт ватку, чуть было снова не уронив пузырек, протерла пациенту участок на сгибе локтя и примерилась к вене, чуть тронув ее дрожащим указательным пальцем.

— Давно у тебя, Глаша, в руках такой тремор? — нахмурился Новак.

— Дядь Иржи, ну сколько можно! Что вы за мной следите, как надзиратель? — Она зарыдала и дважды ткнула пациента иглой мимо вены. — От этого у меня и тремор, и что угодно!

На коже больного в местах неудачных тычков проступили маленькие алые бисеринки.

— Никитка не хочет умирать...

— Так, Глаша, дай-ка я сам.

— Оставьте! Я прекрасно умею!

С третьего раза она все же попала и стала набирать кровь, но шприц держала под таким нелепым углом, что игла надорвала вену и выскочила.

— Номер сто три не хочет умирать!

По руке больного потекла тонкая багровая струйка.

— Да что ж ты творишь, истеричка?! — Новак выхватил у нее из рук шприц с небольшим количеством забранной крови, швырнул в лоток.

Уже ругая себя за грубость, решил сначала наложить больному ватный тампон, а потом перед ней извиниться. Он обмакнул вату в спирт и потянулся к больному, но тот вдруг, резко толкнувшись от койки всеми четырьмя конечностями, запрыгнул на подоконник и кинулся в открытое окно.

— Господи!.. — Новак подбежал к окну, ожидая увидеть внизу, на булыжниках, больного с переломанными ногами.

Там, однако же, никого не было. Новак с недоумением оглядел площадь. Поднял взгляд на росший у лазарета кедр. Умалишенный, в казенных трусах и повязке, сидел в прежней позе, на корточках, на толстой, разлапистой ветви и сосредоточенно зализывал рану на сгибе локтя. Заметив доктора, он вздернул верхнюю губу, глухо рыкнул и со звериным проворством спустился по стволу вниз, а потом побежал по краю площади в сторону кладбища, периодически опускаясь на четвереньки.

ГЛАВА 11

Я иду мимо темных, рубленых изб староверов. Две корявые бабки в цветных платках лузгают семечки у калитки.

— А что приехал он ихний отряд искать, это токмо для отвода глаз, — визгливо говорит та, что ко мне спиной. — Он тута за нами. Небося знает, что Егорка наш был за белых, а Михалыч...

Ее товарка, заметив меня, дико таращит глаза. Шелуха от семечки повисает на ее нижней губе, она прикрывает губы ладонью. Визгливая оборачивается, упирается в меня слезящимися глазами и тоже в ужасе закрывает рот темными, узловатыми пальцами. Ее рука сплошь покрыта пигментыми пятнами. Ее рука такого же цвета, как ее рубленая изба.

Они молчат, а когда я прохожу рядом с ними, смотрят под ноги, на груду семечной шелухи. Везде — на улицах, в огородах, в распахнутых окнах — при виде меня все умолкают, отводят глаза и закрывают руками рты. Как будто боятся, что изо рта у них выползет что-то, принадлежащее мне.

А я иду через коридор тишины. И я не вижу, но знаю: они смотрят мне в спину и крестятся. Как будто я демон.

Я подхожу к калитке Сычей, и старшая девочка, повторив пантомиму с рукой и ртом, спешно уводит в дом младших. Собака рвется с цепи и заходится лаем, разрывая заговор тишины. Из избы выбегает сначала Таня, жена Сыча-младшего, и застывает, прикрыв рот, на крыльце, а следом Марфа, жена Ермила, с набитым тряпичным узлом. В отличие от всех остальных, она не мешает тому, что копошится внутри, проскользнуть через рот наружу. Она голосит:

— Я готова! Веди меня, пес ненасытный, на муки смертные! — Она выбегает ко мне за калитку. — Все муки приму! К стенке стану! Ты только детишек невинных не трожь! Христом Богом молю! И Таньку не трожь, она ни при чем! Пусть она при детишках будет!

Невинные детишки смотрят на нас из распахнутого окна. Танька тихо подвывает с крыльца. За щелястым забором соседского огорода, одной рукой прикрыв рот, другой раз за разом, как заведенная, крестится пузатая баба.

— Я детей не ем. И баб тоже.

Марфа мутно пялится на меня, наморщив лоб и мучительно пытаясь постигнуть смысл моих слов.

Танька, явно соображающая быстрее и понявшая, что арест отменяется, семенит к калитке:

— Вы блинчиков хотите, товарищ? У нас со вчера остались!

— Вчерашние сами ешьте. Где Сыч, охотник?

— Не виноват он! — завывает Марфа. — Христом Богом кляну-усь!

— Так ыть два Сыча-то, — чирикает Танька. — Ермил Сыч, он еенный муж, Марфин. А я за брата его младшего, Андрона, значится, вышла. И оба охотники. Мой-то, он еще дней десять тому ушел, а вот ейный... — Марфа корчит свояченице страшную рожу, но та делает вид, что не понимает, и продолжает чирикать. — ...а ейный сегодня только ушел. С майором, за главного у них который. С утреца пораньше.

Я разворачиваю карту, найденную в сейфе у Деева. Указываю пальцем на точку, обозначенную черным крестом и расползшейся поверх креста каплей крови:

— Куда он их повел? Вот туда?

— Ничего мы не знаем. Нам мужья отчет не дают! — быстро говорит Марфа.

— Отчего ж не туда? Я так рассуждаю, что как раз-то туда! — Танька улыбается безоблачно-идиотской улыбкой; ей почти не приходится притворяться, чтобы так улыбнуться, разве что самую малость.

— Да куда тебе рассуждать, помолчала бы! — бесится Марфа и снова делает страшные глаза Таньке. — Вы ее, капитан, не слушайте, она у нас дура!

— Вы, товарищ, если туда собираетесь, — пропустив мимо ушей оскорбление, продолжает гнуть свою линию Танька, — вы длинным путем не ехайте! — она обводит пальчиком извилистую линию, обозначающую маршрут. — Вы ехайте коротким!

Она прочерчивает воображаемую линию вдоль озерного залива и дальше, через заштрихованный черным овал. Марфа смотрит на нее удивленно и, впервые за весь разговор, одобрительно.

— Тут, небось, болото? — я указываю на заштрихованный участок.

— Болотце, да! — Танька улыбается еще шире.

— А не опасно?

— Да что вы, товарищ! Оно не топкое! Мы туда по клюкву ходим, — глаза ее поблескивают мечтательно. — Красивые такие места... И ничего там нет, никаких ловушек! Вы ехайте, вам понравится!

Ложь — маленькая, вертлявая тварь. Беспокойный, норовящий высунуться паразит. То мелькнет в неестественно напряженном изгибе губ, то глумливо зыркнет из уголков опущенных глаз, или брызнет в лицо неуместной, неловкой каплей слюны.

Я стираю с подбородка мелкие брызги, вместе с лживыми словами вылетевшие из ее рта, и сворачиваю карту, и говорю:

— За совет спасибо.

Я умею лгать. Я умею различать ложь.

Тем не менее я собираюсь воспользоваться советом. Чтоб нагнать поисковую группу, мне нужен короткий маршрут. Просто теперь я знаю, где его слабое место.

ГЛАВА 12

Номер сто три бежит через кладбище, а за ним, с отрывом в сорок-пятьдесят метров, бегут бродячие псы.

Раньше у номера сто три было имя, и собаки его любили, а он не различал их по рангам. Раньше номер сто три был человеком, и имя у него было людское, еще недавно он помнил, как его звали, а теперь вдруг забыл. У него, наверное, появится новое имя, но пока что сто третий свое имя не знает. У него пока что есть только номер. Потому что он уже больше не человек, но пока еще и не зверь.

Номер сто три бежит очень быстро, а стая неспешно рысит на дистанции. Номер сто три уже приближается к церкви, когда пегий кобель с мотками невылинявшей шерсти на тощих боках, захлебываясь лаем, вырывается вперед, обгоняет стаю и его настигает. Номер сто три понимает: этот кобель, хоть и первым бежит, — не вожак. Он шестерка, разведчик, сигнальщик, его отправляют вперед, потому что, если подохнет — не жалко; в этом смысле между номером сто три и пегим сигнальщиком есть что-то общее.

Пегий скалится и вцепляется зубами в свисающую со сто третьего размотавшуюся повязку, отрывает клок и замирает с этим клоком в зубах. Он не чувствует себя вправе решать, что следует предпринять дальше. Так что он разворачивается и трусит обратно к своим. Пусть Вожак понюхает кусок тряпки и примет решение, кто перед ними: опустившийся человек или зверь-чужак. Номер сто три заставляет себя остановиться и встать вполоборота к стае. Побежать сейчас дальше — подтолкнуть Вожака к атаке. А Вожак, судя по всему, до сих пор слегка сомневается. Если б не сомневался — сто третьего уже бы догнали. Так что сейчас ему лучше просто застыть. Бегство — знак провинности и знак слабости.

Номер сто три различает и чует всю их бродячую стаю. Все надгробные камни на кладбище, все кусты, все основания деревянных крестов помечены ими. Крупный черный вожак рысит рядом с каштановой самкой. Это Старшая Мать. Она тоже вправе понюхать тряпку и высказать свое мнение. У нее сейчас течка, и Вожак с ней особенно нежен, так что к мнению ее он прислушается. Еще трое — Воины; непосредственно подчинены Вожаку и выполняют в драке его приказы. Судя по запаху и окрасу, они близкие родственники Старшей Матери; вероятно, братья из одного с ней помета. Есть еще две сучки, одной крови с вожаком стаи. Они обе сейчас не беременны и без щенков, а значит, подчиняются Воинам и участвуют в драке. Позади — молодняк, подрощенные щенки Старшей Матери и Вожака. С ними Телохранитель; как и пегий Сигнальщик, он не родня им, приблудный. Его дело — заботиться о благополучии чужого потомства. Иметь собственную самку ему запрещается. Его мучает запах течной подруги Вожака, Старшей Матери. Он будет счастлив перегрызть номеру сто три глотку, чтобы немного отвлечься.

Когда Сигнальщик подбегает с клоком повязки в зубах, Вожак останавливается, и в тот же миг останавливается вся стая. Сигнальщик кладет добычу к ногам Вожака. Тот спокойно и вдумчиво нюхает ткань, потом позволяет понюхать ее своей самке.

Вожак и Старшая Мать встречаются взглядами, и в их позах номер сто три читает свой приговор. Они считают, что он все-таки представляет опасность. Они считают, он притязает на их территорию рядом с церковью.

На всякий случай номер сто три опять срывается с места, петляет то на двух ногах, то на четвереньках между крестов, но это безнадежно и бесполезно. Они, конечно, его догонят. И растерзают. Они не потерпят чужака на территории, где их кормят — мясными обрезками, и куриными костями, и хлебом из чуть помятой жестяной миски у ворот церкви.

Номер сто три не претендует ни на их территорию, ни на их миску. Он просто хочет пробежать мимо церкви и кладбища, чтобы вырваться из города в лес. И чтобы там, в лесу, найти свою стаю.

В своей стае номер сто три будет Воином. Он будет непосредственно подчинен Старшей Матери, потому что у них нет вожака.

Он кричит:

— Номер сто три бежит мимо!

Но они его не понимают.

Он кричит:

— У номера сто три тоже стая! Другая стая!

Они не слушают. Они настигают его, и набрасываются, и валят на землю, и рвут остатки повязки и кожу с ног лоскутами. Три Воина вгрызаются в него методично, почти бесстрастно, они просто выполняют приказ. Телохранитель, истекая слюной и пеной, подбирается к горлу. Заходятся хрипом и визгом сучки, молодняк и Сигнальщик возбужденно подтявкивают. Вожак и Старшая Мать стоят в стороне. Не унижаются до участия.

Номер сто три уже готовится умереть еще один раз, когда вдруг слышит шаги человека и глухие удары. Телохранитель, взвизгнув и поджав хвост, отскакивает в сторону.

— А ну пшли, шелудивые! — произносит знакомый голос.

Воины и сучки замирают, но не отходят — смотрят на Вожака. Им ничего не стоит растерзать подошедшего человека, если Вожак им прикажет. У человека нет ни ружья, ни ножа, есть только посох, которым он размахивает у них перед носом. Он путается в подоле рясы. Он не опасен. И он не молод.

Вожак спокойно смотрит на человека, разворачивается и уходит. Вся стая тут же рысит за ним. Решение Вожака им понятно. Тот, кто их кормит, тот, кого называют Отцом, имеет право вмешаться в драку на своей территории.

— Пойдем со мной, сынок, — Отец протягивает номеру сто три руку и помогает подняться.

Его рука пахнет хлебом и мясом, и номер сто три хочет ее облизать, но вместо этого зачем-то целует.

Отец приводит сто третьего к себе в дом — в пристройку-флигель при церкви. Сажает на стул, приносит таз с прохладной водой, и номер сто три ставит в таз свои кровоточащие, изувеченные собаками ноги. Отец встает перед номером сто три на колени и промывает его рваные раны. Вода в тазу становится красной.

— Ты кто, сынок?

— Сто три.

— Как твое имя?

— Номер сто три.

— Это не имя, сынок. — Отец, кряхтя, поднимается с колен и гладит сто третьего по голове пахнущей хлебом, мокрой рукой. — Вот изуверы! Что ж они с тобой сделали!..

Отец пытается встретиться с номером сто три взглядом, но тот отворачивается: он не может смотреть в глаза человеку.

— Скажи, сынок, как называла тебя твоя мать?

Сто третьему нравится, что Отец зовет его сыном. От этого сто третий как будто опять становится почти человеком. Он даже вспоминает свое человеческое, прежнее имя. С трудом ворочая во рту человеческие слова, он отвечает:

— Мать... звала сына... Никиткой.

— Так ты Никита! — радуется Отец.

Номер сто три начинает раскачиваться на стуле:

— Уже нет. Уже нет.

ГЛАВА 13

Настя прошла мимо чумной фанзы, пнув носком туфельки с вышитым тигром один из камней, которыми в нее сегодня кидали. Следующая фанза была без передней стены; она забралась на полуразвалившийся старый кан. Дедушка Бо говорил, тридцать четыре года назад на этом кане умерла от чумы плохая семья. Семья, которая добилась, чтобы из Лисьих Бродов прогнали Настину бабушку, мамину маму, потому что она якобы демон.

Настя спрыгнула с кана, прошла еще две обугленные, полусгоревшие фанзы и остановилась у деревянного моста, перекинутого через поросшую рогозом канаву, как бы очерчивавшую границу их города.

В Лисьих Бродах их всегда ненавидели. Ее саму, и маму, и бабушку, и, наверное, прапрабабушку.

Покосившийся, простреленный то ли японцами, то ли красными щит возвещал на трех языках конец населенного пункта. По-японски она не читала, а по-китайски Лисьи Броды обозначались тремя иероглифами: Ху-Цзинь-Цунь — «деревня Переправа Лисы».

Настя знала еще древнее маньчжурское название места — Дорибиг Догонь. На щите его не было, но именно оно ей нравилось больше всего. В нем звучало как будто добро, а еще огонь и погоня. В нем звучало как будто наложенное на город заклятье.

Настя вышла на мост. В Лисьих Бродах ее ненавидят. От нее одни беды. Будет лучше для всех, если она отсюда уйдет. Даже Прошке, даже маме и дедушке Бо без нее будет легче. Они, конечно, чуть-чуть поплачут, но потом успокоятся. А она одна будет жить в лесу. Настя остановилась посередине моста и прислонилась лбом к шершавым деревянным перилам. Она чувствовала себя странно. То есть вроде бы она решила уйти, потому что здесь ее все ненавидят и от нее одни беды. Но при этом в голове упорно вертелась фраза, которую дедушка Бо год назад сказал про их кошку Мими, когда та пропала из дома: «Мими ушла в лес умирать. Она хочет умереть в одиночестве. Смерть не терпит свидетелей». Вдруг и Настя уходит в лес, чтобы умереть? Только это ведь ерунда: кошка Мими была больная и старая, а Настя здоровая и ребенок...

Мост затрясся, она услышала конское цоканье и обернулась. Рядом с ней нетерпеливо переступал копытами вороной конь, а в седле сидел капитан Шутов. Тот, что спас ее утром. Тот, что был на фотографии в часах ее мамы. Тот, которого она звала папой в своей игре. Но не в жизни. Только в игре. На поясе его был пистолет, на бедре — револьвер, к седлу приторочен объемистый вещмешок.

— Уезжаете? — спросила она.

— Ненадолго, — он спешился. — А ты куда собралась? — кивнул на ее узелок.

В узелке у нее лежала сменная обувь, ватная куртка и спички. Если ты собираешься жить в лесу, тебе понадобятся эти вещи.

— Секрет, — она насупилась.

— Почему?

— Потому что вы расскажете маме.

— Я умею хранить секреты, — он присел рядом с ней на корточки. — Ты можешь мне доверять.

Ее папа точно так же будет сидеть рядом с ней на корточках, когда вернется с войны. Ее папе тоже можно будет доверить секрет. А впрочем, это все просто выдумки. Ведь война уже кончилась. А папа к ней не вернулся.

— Я иду жить в лес, потому что меня все ненавидят и от меня одни беды. Вы же сами видели, дядя Шутов. А потом еще Прошка Сыч из-за меня чуть не умер. Его еле спасли. Его пчела покусала, и он распух.

— Значит, он из-за пчелы чуть не умер. При чем тут ты?

— Прошкина мать сказала, это я его сглазила.

— А ты сглазила?

— Я не знаю, — у Насти задрожал подбородок, но она сдержалась, чтоб не заплакать. — Вроде нет. А вдруг да? Вдруг я правда пожелала зла Прошке, потому что он вместе с другими кидал в меня камни? Вдруг я виновата?

— Знаешь, Настя, у каждого человека бывают плохие мысли. Эти мысли не делают его виноватым... Или делают. Но тогда мы все виноваты.

— Даже если Прошка распух не из-за меня, все равно я уйду. Кроме деды Бо, никто нас с мамой в Лисьих Бродах не любит. Говорят, что мы ведьмы. А еще у меня нет отца. Когда нет отца — это стыдно. А вот Тихон, который Прошку ногами бил, он недавно сказал, чтоб мы с мамой убирались из Лисьих Бродов, а то нас... Охотники... Из ружья!..

Она все же заплакала.

— Эй, смотри, — сказал Шутов. — Хочешь, покажу фокус?

Ее папа тоже показывал бы ей разные фокусы.

— Да, хочу.

В его раскрытой ладони появилась монетка. Шутов сделал неуловимое движение рукой — и монетка исчезла. Снова быстрое движение — и он вынул монету из красной туфельки Насти. И опять она пропала. Он выпучил глаза и вытащил монету у себя изо рта.

— Этот Тихон тебя больше не тронет, — Шутов стал вдруг серьезен. — Я обещаю. Я ему разъяснил, что теперь в Лисьих Бродах я главный. И что я вас с мамой в обиду не дам. Так что ты возвращайся домой. Не расстраивай маму. Договорились?

Настя кивнула и улыбнулась. Даже если папа не вернется с войны, хорошо, что теперь этот дядя их защищает.

Он поднялся с корточек и вставил ногу в стремя.

— А куда вы едете?

— Любопытная ты. Секрет.

— Я никому не скажу! И потом, так нечестно: я же вам свой секрет сказала!

— Справедливо. Смотри. — Шутов развернул карту и сказал нарочито торжественным голосом: — Это древняя карта, я достал ее из неприступного сейфа. Мне — сюда, — он указал на место, обозначенное крестиком и засохшей бордовой каплей.

— А какой маршрут? Вот такой? — Настя со знанием дела обвела на карте замусоленным пальцем обходной путь.

— Нет, я срежу. Вот так пойду, — он прочертил невидимую короткую линию от моста к финальной точке через заштрихованный черным участок.

— Так нельзя! Там болото. Плохое. Вы там с конем не пройдете.

— Я туда коня и не поведу, — он улыбнулся и похлопал вороного по шее. — У болота отпущу. Он назад вернется.

— Все равно нельзя, — Настя сделала страшные глаза. — То болото проклято. Даже мама туда не ходит.

— А я знаю. Но я в проклятья не верю. А раз так, они на меня не действуют.

Он запрыгнул в седло.

— Товарищ Шутов! Подождите меня! Товарищ Шутов, я с вами!

В облаке пыли к мосту скакал Пашка на блекло-белой кобыле. Настя знала, что кобыла была очень старой и староверы ее собирались забить, а Пашка ее у них то ли купил, то ли выменял на патроны, чтобы от смерти спасти, и над ним тогда все смеялись. Староверы эту лошадь звали Гречкой, но Пашка дал ей имя Ромашка. Он сказал, у нее теперь новая жизнь, значит, нужно новое имя. Пашка добрый был и немножечко как дурак, Насте он единственный из всей Красной Армии нравился. А однажды они вместе после дождя убирали с дороги червей, чтоб их не раздавили солдаты...

— Отставить со мной, рядовой Овчаренко! — Шутов поморщился. — Возвращайся немедленно в часть.

— Тогда хотя бы возьмите лошадь!

— Какую лошадь?!

— Вот эту... — Пашка спешился, взял под уздцы свою старенькую кобылу и подвел вплотную к вороному жеребцу капитана.

— Рядовой Овчаренко, ты в своем уме? — изумился Шутов. — Эта кляча еле ноги переставляет. Ты ее предлагаешь мне взять вместо здорового скакуна?

— Оно, конечно, конек у вас красивый и бойкий, товарищ замполит Родин от чистого сердца выбрал. Вот только товарищ Родин в лошадях-то не очень, а я кой-чего понимаю, я все-таки из забайкальских казаков... — Пашка осекся. — То есть, идейно-то я с ними расплевался, но вот в лошадках немного смыслю... — Пашка совсем поник.

Насте стало его жалко:

— Дядя Шутов, он правда понимает в лошадках! Он на вашей вот этой черной скакал без седла галопом, я сама видела!

— Потрясающе. — Шутов хмыкнул, сдерживая улыбку. — Хорошо, рядовой Овчаренко. Что имеешь доложить о лошадках?

— Ваш — совсем молодой, подъездок, — Пашка похлопал вороного по крупу. — Я ж его, кстати, и объезжал. От любого шороха шарахаться будет. Тут в лесу — и волки, и тигры, и топких мест много...

— Не убедил, Овчаренко. Я с норовистыми жеребцами обходиться умею.

— ...Испугается, понесет, в болото еще чего доброго вас потащит!

— Он как раз собирается через болото! — вставила Настя. — Но коня он хочет назад отправить.

— Вороной назад не вернется, — уверенно сказал Пашка. — Он бог знает куда ускочет и сгинет. А Ромашка — хоть и старая, но надежная. Не капризная. К этим лесам привычная. Довезет куда надо — и спокойно к нам в часть прицокает. Она знает дорогу.

Шутов долгим взглядом посмотрел на Пашку, на его бледную, низко склонившую голову клячу. Чертыхнулся, спрыгнул на мост, отвязал вещмешок, протянул Пашке поводья:

— Вот теперь убедил. Коня губить не хочу. Верни его товарищу Родину. А девочку доставь-ка домой.

— Так точно, товарищ Шутов!

Пашка потрепал Ромашку по загривку, пошептал ей что-то в поникшее мохнатое ухо. Потом подхватил Настю на руки и посадил верхом на вороного. Тот раздраженно переступил копытами и тряхнул головой: он был очень недоволен происходящим. На роль прогулочной детской лошадки куда лучше годилась Ромашка. Его дело — скакать галопом по сопкам, желательно с табуном и без седла. Ну или хотя бы с товарищем капитаном. С какой стати с товарищем капитаном остается старуха, а он должен возвращаться обратно в стойло, да еще так позорно, шагом, с девчонкой в седле? Вороной хотел было встать на дыбы, он уже подвел задние ноги под туловище и толкнулся передними, но Пашка резко дернул его вниз за поводья. Панибратски похлопал по шее:

— Тише, друг. Мы после с тобой побегаем. Без седла.

Пашка развернул вороного и повел под уздцы в сторону города. Настя радостно помахала рукой и тут же снова вцепилась в черную гриву.

Ромашка проводила их взглядом, повернула к Шутову обреченную бледную морду и пошамкала грызлом. У нее были седые ресницы и седые волоски вокруг рта.

— Дохлый номер, — Шутов запрыгнул в седло и пришпорил лошадь.

Ромашка понуро поцокала через мост.

ГЛАВА 14

Замполит Родин зашел в харчевню папаши Бо, выпил для храбрости стопочку рисовой водки, зачесал пятерней волосы слева направо — он специально подолгу не мыл их, в чистом виде они безбожно пушились, а вот сальные пряди идеально прикрывали раннюю лысину, — и постучался в дверь Лизиной комнаты. Три быстрых стука и еще один через паузу. Как будто у них был свой условный сигнал. Ну, то есть сигнала, понятно, пока еще не было, но Родин заранее решил, что он должен быть. В целях конспирации. Такие вещи нужно сразу продумывать, когда имеешь дело со шлюхой. Уж в чем в чем, а в конспирации Гоша Родин знал толк. В шлюхах — тоже. Этой, к примеру, придется делать подарки. Он сжал в потной ладони сверток. Ничего не попишешь, такие женщины не умеют любить бескорыстно.

Она открыла. Мокрые волосы. Тонкий шелковый халат с вышитыми осами, драконами и цветами. Голые ноги. Все как и положено шлюхе.

— Я тут, так сказать... некий презент, — замполит суетливо развернул сверток и протянул ей черные чулки в сеточку. Он надеялся, что угадал ее вкус. По его представлениям, шлюх должны были радовать чулки в сеточку.

— Это что? — спросила Лиза, не прикасаясь к подарку.

Замполит потеребил подношение в протянутой руке:

— Это, так сказать, трофей. Чулки дамские в сеточку.

— Ах, дамские! Тогда ясно, — она было улыбнулась, но тут же беспокойно нахмурилась. — Впрочем, нет. Все равно не ясно. Для чего же вы, товарищ замполит Родин, протягиваете мне «чулки дамские в сеточку»?

— Я счел, что в нынешней ситуации... когда капитан Деев зарекомендовал себя как предатель и дезертир...

Ее губы медленно расползлись в улыбке, которую Родин счел поощряющей.

— ...И вы теперь, так сказать, свободная женщина, к тому же мать-одиночка... Я мог бы, так сказать, оказать покровительство...

Лиза вынула из безвольной руки замполита один чулок:

— Когда я прихожу с дарами к богам или демонам, я обычно прошу покровительства, а не предлагаю его оказать. — Она подцепила пальцем черную нить сеточки и порвала. — Ты решил купить меня за чулки, замполит?

— Но я, так сказать... готов и что-то другое... — Он беспомощно уставился на нее в ожидании подсказки. Лиза молчала и улыбалась. — Что обычно принято приносить таким женщинам?

— Каким — таким?

Он облизнул пересохшие губы, панически подыскивая формулировку.

— Ну, так сказать, ночным бабочкам...
— Так я, значит, бабочка?

Она звонко, весело рассмеялась. Ее смех был таким беспечным и многообещающим, что замполит почувствовал, как от пупка к паху побежали стайки горячих, сладких мурашек, их было так много, что они мгновенно заполнили его член, и он сделался тугим и тяжелым.

Теперь ему, пожалуй, следует сделать ей комплимент. Той шлюхе, Нинке, к которой он ходил два года назад, достаточно было сказать, что у нее пизда сладкая, или что она его сучка, или просто хлопнуть по заду, и она немедленно начинала стонать. Но с этой Лизой нужно действовать тоньше, она явно дамочка с норовом и много о себе мнит. Зато и по внешним, так сказать, данным ту шлюху Нинку она во сто крат превосходит. У Нинки фигура была как у бабы на чайник, а эта тонкая, легкая... И очень волнующей представлялась замполиту эта ее азиатчинка. Он както слышал, что у азиаток божественно ловкие и длинные языки... Он, наконец, придумал шикарнейший комплимент:

— Нет, ты не бабочка. Ты — богиня.

Она вдруг швырнула ему обратно испорченный черный чулок; он зацепился сеточкой за левый погон и повис.

— Идите прочь, товарищ замполит Родин. Богиня не примет ваших даров.

Опять засмеялась, отступила на шаг и захлопнула перед его носом дверь.

Замполит снял с плеча порванный Лизой чулок, аккуратно свернул и поместил его вместе со вторым, целым, обратно в сверток. Мурашки, теперь уже как будто прогорклые и холодные, поднялись из паха к самому горлу вместе с волной тошноты; рот наполнился вязкой слюной. Замполит подождал, пока накопится еще больше слюны, и смачно плюнул на Лизину дверь. Просто знак, что офицер не простит насмешек и унижения.

Он уселся за стол в харчевне — на всякий случай не за тот, где накануне сидел капитан Шутов, и вообще не у окна, а то, не ровен час, и его подстрелят, — и потребовал у папаши Бо большую пиалу горячего ханшина. Сразу сделал глоток, обжег язык и небо, опрокинул пиалу на пол, Бо принес ему другую и принялся ползать с тряпкой у ног замполита, убирая осколки.

— Твоя дочь — шлюха, — сказал ему Родин.

Китаец на секунду замер, поднял к Родину улыбающееся лицо и радостно покивал:

— Дочь людей лечить, да!

Родин винтом влил в себя теплую китайскую водку, перекосился и направился к выходу.

— Платить водка? — пролепетал Бо.

— Тебе что, жалко водки налить для Красной Армии, Боря? — он развернулся и, набычившись, пошел на китайца, расстегивая кобуру. — А Красной Армии было, так сказать, не жалко кровью полить эту землю?! Чтоб освободить от японских захватчиков тебя и дочь твою косорылую!

— Не жалко водка! — китаец поднял руки и попятился от замполита. — Не платить водка!

У выхода из харчевни Родин столкнулся с малолеткой, шлюшьим отродьем. Уже сейчас, несмотря на малолетство, она разгуливала в вызывающих красных туфлях и с голыми щиколотками.

— Твоя мать — шлюха, — процедил Родин. — И ты, когда вырастешь, станешь шлюхой. Давай-ка, деду своему тупому переведи. А то он меня, так сказать, недопонял.

ГЛАВА 15

— Почему так долго? — Лиза усадила дочь на кан и поцеловала в лоб. Не столько из нежности, сколько чтобы убедиться, что лоб не горячий.

Убедилась. Это был добрый знак.

— Прошку пчела покусала, и он опух. Его мать сказала, это потому, что мы с тобой ведьмы. Мам, мы ведьмы?

— Нет.

— И Прошку не мы с тобой сглазили?

— Нет, не мы.

Она взяла Настю за руку. Рука была ледяная. Это плохо. Могло быть симптомом. Но, возможно, она просто замерзла.

— Хорошо. Дядя Шутов тоже сказал, что это не мы. Я хотела уйти жить в лес, а он сказал, что не надо.

Лиза быстро отвернулась к окну, чтобы Настя не увидела ее страх.

— Ты хотела уйти жить в лес? Почему?

— Потому что здесь меня ненавидят.

— Это все? Других причин нет?

— Разве мало?! — истерично вскрикнула Настя, и Лиза почувствовала, что истерикой она прикрывает что-то другое.

— А тебе не казалось, что ты должна пойти в лес, чтобы спрятаться от людских глаз?

— Так ведь я же и говорю! — Настин голос сорвался на визг. — Меня все ненавидят! И я хочу от них спрятаться!

— Потому что с тобой случится что-то, что им нельзя видеть?

Настя закрыла лицо руками.

Смерть не терпит свидетелей

— Мам, я скоро умру? Ты поэтому все время проверяешь мой лоб?

Лиза прижала ее к себе и шепнула в ухо:

— Ты не умрешь. Я этого не допущу.

— Дядя Шутов умеет показывать фокусы, — мгновенно успокоившись, зачирикала Настя. — Он в руку берет монетку, а она исчезает, а потом появляется у меня в туфле! А потом опять исчезает! А он ее достает изо рта!.. Дядя Шутов скоро вернется и всех накажет! Всех, кто нас обижает... — Она внезапно умолкла. — Мам. За что они нас ненавидят?

Лиза отвернулась от дочери и затравленно посмотрела на деревянного идола, как будто бы ища помощи. Да, она нуждалась в помощи Небесной Лисицы Ху-Сянь. Пусть Ху-Сянь поможет ей сказать дочери правду.

— Понимаешь, Настенька... Мы не такие, как все.

— Ты же сказала, что мы не ведьмы!

— Правду сказала.

— Значит, мы шлюхи?

— Мы не ведьмы, и мы не шлюхи.

— Тогда кто мы?!

— Помнишь сказки про лисичек, которые умеют превращаться в людей? Тебе читал их дедушка Бо.

— Да, я помню. Из-за этих лисичек люди болеют и умирают, — Настя испуганно посмотрела на мать. — Нас сглазили плохие лисички?

О Небесная Лисица Ху-Сянь, помоги мне сказать ей правду.

— Нас не сглазили. Но мы...

— Хорошо! — перебила Настя; она устала говорить о страшных и взрослых вещах; не сглазили — и отлично. — Мам, ты знаешь, дядя Шутов поехал искать пропавший отряд! Он мне даже карту показывал! Он ее из сейфа достал! Он пойдет через плохое болото! Я ему сказала, что по болоту нельзя! Но он не послушал! Он к болоту поскакал на Ромашке. А меня зато Пашка домой на черном коне привез!..

Лиза медленно поднялась с кана и на деревянных ногах подошла к полке с идолами.

— Дядя Шутов показал тебе на карте маршрут?

— Да, маршрут! — возбужденно воскликнула Настя, но тут же стала очень серьезной. — Только это секрет.

Лиза сняла с полки деревянную лисицу с тремя хвостами, опрокинула вниз головой и открыла дно. Дрожащей рукой вытянула из деревянного нутра карту. Развернула ее перед Настей.

— Вот у дяди Шутова была точно такая, только там все на русском, а не на китайском, как здесь!

Столько подлостей, столько страха, столько усилий и человеческих жизней... Неужели сейчас все будет так просто? Просто точка на карте, которую Шутов достал из сейфа... Сколько раз она пыталась заглянуть в этот деевский сейф. Сколько раз выспрашивала, известно ли ему место. Сколько раз она для этого перед ним унижалась и раздевалась, сколько раз у него потом носом шла кровь... Она так и не увидела его карту, так и не выведала, куда он идет. Но теперь Богиня наконец-то над ними сжалилась.

— Покажи мне конечную точку, Настя. Куда отправился дядя Шутов?

Дочь нахмурила брови:

— Мама, я обещала, что никому не скажу.

— Не говори, — Лиза протянула ей карандаш. — Просто молча поставь крестик на карте.

ГЛАВА 16

Когда лес редеет и меж стволов уже просвечивает плоское, отливающее янтарем и изумрудом пространство, я натягиваю поводья, спешиваюсь и выстругиваю себе крепкую, длинную, в два метра, жердину.

Отвязываю притороченный к седлу вещмешок, закидываю его на спину и говорю кобыле:

— Отсюда я сам.

Она медленно опускает голову к самой земле, как будто кивает.

Я шагаю к болоту. Ромашка, помедлив, бредет за мной.

— Иди домой! — Я беру ее за поводья, разворачиваю в сторону города, а сам иду дальше.

В плотной тине и ряске — проплешины мутной воды с лоснящимися розовыми лоскутами закатного неба — как пропитанные сукровицей повязки на гнойных ранах. Кое-где между кочек, поросших мхом, кустарником и лишайником, — россыпь бледной, еще не дозревшей клюквы. Кое-где — пучки густой, высокой травы и островки камышей.

Мне не нравится эта трава. Слишком буйная и ярко-зеленая. Плохо. Под такой травой скрываются топи. Камыши — совсем плохо... А вот мох и кустарники — хорошо. Под ними — твердая почва.

Далеко впереди, за несколько километров — каменистый холм, увенчанный единственным кряжистым, раскидистым деревом. Этот холм — конечная точка маршрута.

Опираясь на жердину и прощупывая ею поверхность, я шагаю с кочки на кочку. Ставлю ногу медленно, всей ступней, потом плавно переношу тело.

— Зачем ты, Кронин, сюда поперся?

Я оборачиваюсь — так резко, что чуть не теряю равновесие. Я ставлю ногу на кочку — но это зыбун, он уходит вниз. В последний момент успеваю опереться на жердь и нащупать подошвой твердое место.

Флинт сидит в паре метров от меня на корточках и ест клюкву. Заскорузлыми, негнущимися пальцами неловко собирает в пригоршню бледно-розовые ягоды и сует в рот вместе с тиной. Жует. Из уголка его рта стекает тонкая алая струйка.

— Не ссы, Циркач. Это просто клюквенный сок.

Я отворачиваюсь и осторожно ступаю дальше по кочкам. Флинт нагоняет меня. Он идет по ряске, не утопая, как Иисус.

— Тебе не пройти тут, Циркач. Дохлый номер.

— Дохлый номер, Флинт, мой коронный номер.

— Места тут гиблые. Деев сюда две недели назад утопал. Значит, он уже жмур навроде меня. — Флинт хихикает. — И что же, много тебе жмур про бабу твою расскажет?

— Посмотрим. Ты вот для жмура разговорчив на редкость.

— Иди сюда, — говорит вдруг Флинт кому-то у меня за спиной. Срывает пучок изумрудно-зеленой травы, протягивает на вытянутой руке. — Иди, иди. Подохнешь — будет у меня лошадь. Мертвый вор на мертвой кобыле — это ж ништяк!

Я оборачиваюсь, на этот раз осторожно. У кромки болота понуро стоит Ромашка.

— Иди домой, дура! — ору я ей. — Ты ж знаешь дорогу!

Она мутно смотрит на меня из-под белых ресниц и не двигается.

Я стреляю в воздух из «вальтера ППК». Кобыла вздрагивает, отступает на пару шагов и опять застывает. Стоит. Не уходит.

— Ты мне, Кронин, лошадку-то не пугай, — скалится Флинт. Железная фикса у него во рту потемнела и покрылась налетом ржавчины. Он стоит прямо у меня на пути.

Я говорю:

— Пропусти.

— А то что? Пристрелишь еще раз?

Я молча прохожу сквозь него. Он просто морок. Он — просто пахнущий мертвой птицей холодный туман.

ГЛАВА 17

Она смешала в палитре ляпис-лазурь с церулеумом, добавила каплю прусского синего и сделала широкий мазок. На пару шагов отошла от мольберта. Опять не то. Уже который день ей не удавалось подобрать цвет для пронзительного, ясного неба. Как будто краски поблекли — не только в ее палитре, все краски мира. Как будто небо разучилось быть синим. Или сама она напрочь забыла, как выглядит синее небо.

Аглая бросила кисть и принялась вышагивать из угла в угол. Все было блеклым, ненастоящим, неправильным, как если бы большая невидимая пиявка высосала из предметов не только их цвет, но и самую суть, оставив пустые, фальшивые оболочки. Вот эта тонкая занавеска из тюля и кружевная салфетка на круглом столе — они лишь притворяются изящными и воздушными. На самом деле в них нету воздуха. Они давно задохнулись. Салфетка — сотканная черной вдовой паутина, занавеска — саван, ожидающий мертвеца. А ваза с луговыми цветами, которые вчера подарил ей Паша? Они ведь только притворяются свежими. На самом деле эти цветы — предвестники распада и тления; их истинная суть — увядание.

На полочке трюмо — фарфоровая танцовщица с неестественно выгнутой шеей, нарисованные глаза таращатся в потолок; это не танец — агония. А рядом письменный прибор с рисунком на сюжет басни «Лисица и виноград» и с выгравированной надписью: «Глаше от папы, генерала Смирницкого». Подарок любящего отца? О нет. Оскорбление. Он подарил ей этот прибор в сорок первом, когда она покинула Харбин навсегда. Она бежала не из города — от него. От папы, генерала Смирницкого. Лет до шестнадцати она просто мало разбиралась в политике, но с тридцать восьмого ей претили его дела с Родзаевским и Российским фашистским союзом, его подборка номеров газеты «Наш путь», его черный китель с золотыми пуговицами со свастикой, его сотрудничество с японцами в БРЭМе. А в сорок первом, когда на Советский Союз вероломно напал Адольф Гитлер, она просто не могла оставаться рядом с отцом — и уехала в их старый дом в Лисьих Бродах. Отец, однако, это объяснение счел вздором, а решение ее свел к другому: что она якобы уехала из Харбина, потому что ее работы не взяли на русско-японскую выставку в Харбинском железнодорожном собрании, куда она очень хотела. «Ну да, понятно, виноград фашистский, незрелый», — сказал глумливо, когда она уезжала. А позже прислал в подарок этот прибор. Вместе с письмом, в котором сообщал, что доктор Иржи ему больше не друг, потому что «осмелился вмешаться в его семейные дела», то есть помог Аглае устроиться сестрой в лазарет. Смирницкий рассчитывал, что Аглая помается дурью — да от безденежья скоро вернется назад. Она не вернулась.

Самоуверенный, презирающий и своих, и врагов и слышащий только себя. Таков отец. В конечном счете мать погибла не от душевной болезни, а от этого удушающего презрения, неуважения к ее чувствам. Вернее, болезнь ее явилась следствием отцовского к ней отношения. Вот взять хотя бы Глашин детский рисунок «Западный Феникс»... Она привычно покосилась на стену, но рисунка там не было: сама ведь и убрала его в сорок первом, как только переехала, на чердак. Но все эти годы, с того проклятого дня, когда она восьмилеткой нарисовала красивую китаянку и придумала ей имя Сифэн, Западный Феникс, а мать ее впервые обнаружила признаки помешательства, — все эти годы отец настаивал, что картина должна висеть на стене, «чтобы ребенку было приятно». Хотя ни о чем, кроме темного, злого демона, вселившегося в тот день в маму, Аглая, глядя на эту картину, не помышляла. А мама, пока была жива, старалась на стену вообще не смотреть, а если случайно взгляд ее падал на рисунок — плакала или кричала. И если отец не распорядился бы оставить Сифэн на стене, то мама до сих пор, возможно, была бы жива.

На место Сифэн Аглая давно уже повесила написанный по памяти поясной портрет матери. Но и он тоже врал. Врало лицо мамы, и Глашина память врала. Такой ли на самом деле помнит ее Аглая? Кроткой, нежной, мечтательной, с добрыми лучиками у глаз, с руками, уютно сложенными на груди? Нет. Она помнит, как эти глаза наливаются кровью, как эти губы кривятся и изрыгают проклятия, как эти руки прижимают к ее лицу большого плюшевого медведя по кличке Месье Мишель:

— Где моя Глашенька? Что ты сделала с моей доченькой, ведьма? Я убью тебя, тварь!

Все так мучительно и невозвратно забылось — нежные руки, объятья, улыбки, годы любви, и вышитые на платье ромашки, и чудесное исцеление порванного уха Месье Мишеля... Все это было, но задохнулось в кошмаре последних дней жизни мамы — когда та уже совсем перестала узнавать Глашу и считала ее подменышем, оборотнем, прикидывающимся ребенком...

Она вдруг почувствовала, что в комнате кончился воздух. Вот это ее ощущение притворства, фальши, подмены в каждом предмете — не признак ли подступающего, такого же, как у мамы, безумия?

Хватая ртом воздух — нет, именно что не воздух, а то, чем он притворялся, — Аглая огляделась в поисках чего-нибудь настоящего. Какой-то опоры. Какой-то точки отсчета. Уперлась взглядом в мухоморы в тарелке на подоконнике. Они единственные, пожалуй, уже не скрывали своей истинной губительной сути: пупырчатые шляпки в сахарной воде облеплены дохлыми мухами. Они — приманка, сладкий соблазн, и они же — яд, ловушка и смерть...

Она почувствовала прилив тошноты и метнулась к кровати, на ходу закатывая рукав. В конце концов, это просто невыносимо. Сколько она должна себя мучить?! Ведь облегчаем же мы боль телесную. Так отчего же надо стыдиться, когда хочешь облегчить боль души?

— Я не воровка, я взяла совсем мало, — шепнула она тому, кто за ней наблюдал и читал ее мысли. — Один-единственный шприц с трехпроцентным раствором...

Для дяди Иржи это пустяк, он даже и не заметит, а для нее — облегчение. Она не морфинистка. Это просто средство от боли.

Ее просто мучает этот проклятый отцовский дом, построенный в проклятом, богом забытом месте...

...Облегчение пришло почти что мгновенно, вместе с чувством полета. Она откинулась на подушки, одновременно паря и будучи неподвижной, и через щели меж тяжелых век наблюдала, как то, что мучило ее и казалось поддельным и отвратительным, наполняется цветом и смыслом, как впитывающая повязка на ране наполняется кровью...

Спустя полчаса она поднялась, подошла к мольберту и макнула кисть в китайский красный. Несколько раз махнула кистью, брызгая краску на холст. Повторила то же самое с черным. Она назовет эту работу «Душа расстается с плотью». Нет, лучше так: «Рождение черного жемчуга из киновари». Все-таки морфий, что ни говори, незаменимый помощник для человека духовного, творческого...

Она отошла от мольберта и склонила голову набок, оценивая картину. Ей удалось ровно то, что она задумала: минимальными средствами, кистью воздушной и легкой, передать глубочайшее, заповедное таинство...

...В дверь постучали. Три медленных тука, а после быстрое двойное тук-тук. Аглая застыла. Господи, лишь бы жив. Она все бы ему простила. Стук повторился. Это был их с отцом условный сигнал.

ГЛАВА 18

Желтое солнце медленно тонет в трясине, и тень от жерди, которой я нащупываю твердую почву, такая длинная, что почти дотягивается до моей цели — каменистого холма с раскидистым деревом на вершине. Мне вдруг кажется, что этот холм с точно таким же деревом я уже видел раньше, на картине или на фото, — но, наверное, это дежавю оттого, что я пялюсь на холм уже пару часов. Больше здесь зацепиться взглядом практически не за что. Только плоская, нежилая, зелено-бурая топь, из которой косо торчат рогатый череп и часть скелета затонувшего лося. Меж ветвистых рогов, как в кроне мертвого дуба, пристроился ворон. Методично выклевывает из глазниц остатки иссохшей плоти. Заметив меня, он наклоняет голову набок и внимательно следит за моими перемещениями круглым змеиным глазом. Явно пытается оценить свои шансы полакомиться человечиной сегодня на ужин.

Когда я приближаюсь, ворон недовольно снимается с места, отлетает метра на полтора и усаживается на торчащий из ряски холмик. Вероятно, шансы он оценил как высокие. Я приглядываюсь к лосиным останкам. Между белых ребер торчит стрела. Вынимаю бинокль. Чуть в стороне, в зарослях камыша, — похоже, замаскированный арбалет. Или даже парочка арбалетов. Я осторожно погружаю жердину в полужидкое месиво, неторопливо шарю, тяну — и на свет является тонкая, прочная нить, с которой капает грязь. Она тянется к арбалету. Ловушка.

Снова шарю жердью в болоте, разыскивая другие нити, ведущие к арбалетам. Их нет. В метре от меня — с виду вполне надежная, покрытая мохом кочка, именно на ней сидит ворон. Но что-то мне в ней не нравится. Как будто она притворяется не тем, чем является. Я осторожно трогаю ее палкой — ворон сварливо каркает и перелетает обратно на череп лося. Кочка устойчивая, вниз не уходит. В этом болоте я уже наступил на сотню таких же кочек. Но она все равно мне не нравится. Необъяснимое чувство. Возможно, просто усталость. Я снова тянусь к ней жердью — но на этот раз не ощупываю, а наношу ей удар. Из болотной жижи выскакивают остро заточенные бурые колья. Один из них пропарывает кочку прямо по центру. Если бы я ступил на нее, я был бы насажен на кол.

— А ты знал, Циркач, что трясина засасывает живое, но не трогает мертвое?

Флинт сидит, свесив ноги, на костяной шее лося. С интересом изучает арбалетную стрелу, торчащую у того между ребер. Вынимает, прилаживает к дырке у себя в животе — сосредоточенно, будто примеряет сапог, — аккуратно проталкивает; наконечник высовывается из спины.

Я прощупываю жердиной пространство вокруг ловушки из кольев: палка всюду с чавканьем погружается в жижу, твердой почвы тут нет. Кроме, собственно, распоротой колом кочки.

— Не, Циркач, не лезь туда. Иди назад. Дохлый номер.

— Я уже ее обезвредил.

Осторожно переношу на кочку правую ногу, осторожно берусь рукой за один из кольев — и он тут же проваливается обратно в трясину, а из зарослей камышей раздается тенькание тетивы.

Говорят, перед смертью замедляется время, чтобы дать человеку возможность вспомнить все совершенные им грехи. Врут. Оно замедляется в пику смерти, чтобы дать человеку фору. Тратить фору на воспоминания о грехах — дохлый номер. Медленно, как во сне, вылетает из арбалета стрела. Медленно летит ко мне над болотом. За это время я успеваю сместиться корпусом вбок, толкнуться ногой и жердью и отпрыгнуть с траектории стрелы в сторону. Теперь я тоже медленно лечу, уклоняясь от медленно летящей стрелы. И моя жердь тоже медленно летит в сторону, потому что я ее выронил. Мы на секунду встречаемся в воздухе — я и стрела. Она проходит ко мне впритирку, вырывает клок моей гимнастерки и с этим кусочком ткани падает на поверхность трясины, как подбитая хищная птица с добычей.

Я тоже падаю. Но, в отличие от стрелы, начинаю сразу же погружаться. Я сбрасываю со спины вещмешок и пытаюсь принять горизонтальное положение, чтобы распределить массу тела, но от каждого движения только быстрее иду ко дну — вертикально, штопором.

— Не бзди, Кронин, — Флинт смотрит на меня сверху вниз.

Он стоит на поверхности, а я в трясине уже по пояс. У него над головой — стремительно темнеющее небо с бледной, оборванной с одного краю нашивкой луны. Флинт протягивает мне руку, и я судорожно пытаюсь за нее ухватиться — но между пальцев сочится холодный туман, а я от резкого движения погружаюсь уже по грудь. Флинт рассыпается серыми клочьями тумана, они, сгущаясь, дрожат над болотом.

— Умирать — это просто, — шепчет Флинт из тумана. — Я на той стороне тебя жду.

Я не двигаюсь. Я смотрю на останки затонувшего лося. На сидящего между рогами ворона. Мы теперь примерно на одном уровне — я и ворон. Он тоже на меня смотрит — с отчетливым беспокойством. Вероятно, его тревожит, уйду ли я в топь целиком, или что-нибудь останется для него. Секунда — и ворона вместе с черепом лося сжирает туман.

Я нащупываю на поясе «вальтер», с усилием, как во сне, вытягиваю из трясины руку, выливаю из ствола воду и приставляю дуло к виску. Я не чувствую страха. Только усталость. Я давно живу так, как будто я уже умер.

Я уже собираюсь спустить курок, когда слышу знакомое треньканье тетивы — и тут же конское ржание. Я смотрю в туман. И из тумана выходит Ромашка.

Она медленно бредет ко мне по болоту — осторожно ступая копытами, нащупывая твердые островки почвы. Из правого ее бока торчит стрела: угодила в ловушку. Кровь тонким ручейком стекает к центру пепельно-бледного живота и оттуда капает в темную жижу, мгновенно в ней растворяясь.

Она останавливается на ближайшей ко мне кочке, между торчащих кольев, и смотрит из-под белых густых ресниц, спокойно и обреченно. Как будто с самого начала, там еще, на мосту, она знала, что так и будет.

Она сходит с кочки — и оказывается рядом со мной. Застывает на месте, раздувая ноздри и пуча глаза. Не брыкаясь, не сопротивляясь, она медленно, очень медленно погружается в топь.

Я беру ее за поводья.

ГЛАВА 19

Даже пьяный, он не утрачивал навык ведения слежки: профессионализм не пропьешь. Замполит следовал за шлюхой на почтительном расстоянии, хоронясь за деревьями. Благо деревьев на пути было много — она шла через лес.

Наконец, шлюха выбрела к одной из диких бухт Лисьего озера, на песчаный берег, освещенный щербатой луной. Замполит присел на корточки и затаился.

Она сбросила обувь, разделась догола, шелковый сарафан свернула и сунула себе в рот. После этого встала на четвереньки.

Значит, вот как проводит время грязная шлюха. По ночам отклячивает зад и сношается здесь с мужиком, заткнув себе рот сарафаном, чтобы не слишком громко кричать. Родин почувствовал, как в брюках становится тяжело и туго, расстегнул ширинку и огляделся в поисках мужика. Наверняка в отсутствие Деева ее трахает кто-то из их отряда. Может быть, Тарасевич. Но не исключено, что Ерошкин. Никакого мужика, однако, поблизости не наблюдалось. Замполит опять посмотрел на Лизу — но и ее тоже не было. В воды Лисьего озера по лунной дорожке входила лисица с двумя хвостами. Из пасти ее свисал Лизин сарафан. Замполит протер глаза, чтобы прекратилось двоение, и снова посмотрел в воду. Лисица быстро плыла во тьму. Хвостов он не разглядел.

— А лисички взяли спички, — бормотнул Родин и сунул руку в расстегнутые штаны. — К морю синему... пошли... море синее... зажгли!..

Он закрыл глаза и представил, что его семя выстреливает в глотку стонущей шлюхе, а не в серый песок в корнях трухлявой сосны.

Он заснул почти сразу, привалившись спиной к стволу. Ему снилась мечущаяся в клетке лисица.

Она выбралась на палубу корабля и снова сделала *переход*. Надела мокрый шелковый сарафан — он облепил грудь. Тихо ступая босыми ногами по деревянному палубному настилу, прошла к каюте барона фон Юнгера. Постучала — три быстрых тука, два длинных, снова три быстрых.

Лама, верный слуга барона, приоткрыл дверь:

— Опять ты здесь, полукровка. Опять пришла клянчить. Господин от тебя устал.

Из каюты донесся голос Юнгера и чей-то надтреснутый смех.

— На этот раз у меня есть информация, — громко, чтоб Юнгер услышал, сказала Лиза.

— Какая?

— Я скажу лично барону.

— Впусти ее, Лама! — крикнул Юнгер. — Я надеюсь, почтенный Лю не станет возражать, если к нам присоединится дама.

Она вошла.

За низеньким круглым столиком на шелковых подушках сидели двое. Ну, или трое, если считать и ворона, который топтался непосредственно на столе и обгладывал рыбий хребет на блюде. Барон фон Юнгер был в роскошном черном халате дачан с красной оторочкой, светлые волосы собраны на затылке в тугой узел фацзи. Его собеседник — старик-китаец в лохмотьях; к бесформенной дырявой хламиде были пришиты бубенчики. Лиза пару раз видела старика на причале, он просил милостыню. Сейчас они оба, барон и нищий, пили вино из изящных фарфоровых стаканчиков. Лама тихо встал у старика за спиной с кувшином вина в руках.

Лиза вежливо поклонилась. Барон ответил ей пренебрежительным легким кивком, старик, хихикнув и мазнув сальным взглядом по Лизиной облепленной тканью груди, повторил за бароном и заговорил по-китайски:

— ...Скорее твой карп... ай! — звякнув бубенчиками, нищий пьяно ткнул пальцем в обглоданный скелет на столе, ворон тут же тюкнул его клювом в ороговевший неухоженный ноготь. — ...Скорее твой карп встретит Будду, когда попадет в отхожее место, чем ты найдешь мастера Чжао. — Он залпом допил вино из стаканчика, хотел было поставить на стол, но побоялся снова спровоцировать ворона. — Путь дао не имеет конца, слыхал? А мастер Чжао прошел этот путь много раз. И даже если... — Старик икнул и потерял мысль. — И даже... Напомни, что ты только что говорил про Восток?

Лама перевел слова нищего Юнгеру. Тот молча кивнул.

— Господин сказал, что спасение мира придет с Востока, — ответил за него Лама. — Вместе с бессмертным войском.

— Да, точно! — Нищий хихикнул. — Даже если ты, господин, встретишься с мастером Чжао — зачем ему твои глупые мысли? Они наскучили ему раньше, чем твой прадед встретил твою прабабку. Великий Чжао может быть в трех местах разом, он ходит дорогами демонов и богов, он знает секрет бессмертия. Он не станет беседовать с ничтожным вроде тебя.

— Подлей-ка почтенному Лю еще вина, Лама.

Лама кивнул и наполнил фарфоровый стаканчик старика до краев. Тот сразу отпил большой глоток.

— Ты искушен и мудр, почтеннейший Лю, — произнес Юнгер, и Лама почтительно склонился к уху нищего и зашептал перевод. — Мне говорили, что ты лично встречался с мастером Чжао. Мне говорили даже, что он — и есть ты.

— Мастер Чжао — человек с тысячей лиц и тысячей ж-жизней. — Нищий снова икнул. — Он может быть кем захочет. Даже ничтожным вроде меня. Ты никогда не найдешь его, — китаец погрозил пальцем; ворон примерился клюнуть, но не успел. — Сам император Цинь Шихуан не смог этого сделать. Он искал Мастера по всей Поднебесной, а также за морем. Он казнил мудрецов и сжигал их книги, чтобы Чжао-сянь отдал ему секрет вечной жизни. Ему и его терракотовым воинам. Ничего у него не вышло...

Ворон уселся на самом краю стола, повернул голову вбок и принялся с большим интересом рассматривать глаза старика. Тот подался назад.

— ...Ни у кого ничего не вышло — за две тысячи лет! Они все умерли, когда им положено. И ты умрешь, — он ткнул пальцем в направлении Юнгера.

Ворон каркнул и клюнул нищего в палец. Из-под ногтя выкатилась бусинка крови и капнула в вино, оставшееся на дне фарфорового стаканчика. Старик поморщился и залпом допил вино вместе с кровью. Требовательно протянул Ламе пустой стаканчик.

Лама вопросительно взглянул на хозяина.

— Почтенный Лю, мне жаль, что я зря потратил твое драгоценное время.

Юнгер едва заметно кивнул Ламе. Тот поставил кувшин с вином на столик, вынул из-за пояса малокалиберный пистолет, другой рукой выдернул из-под локтя старика шелковую подушку — и тут же выстрелил через нее старику в висок. Лиза вскрикнула. Ворон взмыл со стола. Несколько секунд старик продолжал сидеть, протягивая, словно для подаяния, пустой винный стаканчик. Потом разжал пальцы и безмолвно свалился на бок. Бубенчики громко звякнули и затихли. Белый пух, разлетевшийся из подушки, тихо падал в расползающуюся вокруг головы багровую лужу на пестрой циновке. Фарфоровый стаканчик подкатился к Лизиным мокрым, босым ногам.

Удовлетворенно каркнув, ворон опустился на лицо нищего и потрогал клювом его неподвижные, будто нарисованные, глаза. Глаза людей невероятно его привлекали. Они были даже интересней, чем пальцы.

— Зато теперь, почтенный, мы точно знаем, что бессмертный мастер Чжао — не ты, — барон помассировал обезображенное шрамом колено и, крякнув, поднялся с подушек на ноги.

— Пьяный ишак, — Лама пнул ногой нищего. — Какой из него Учитель.

— Имей уважение к смерти, убийца.

— Слушаюсь, господин.

— И прибери тут.

— Конечно, — Лама принялся бесстрастно заворачивать труп старика в циновку.

— Я говорил тебе, Лама, что у тебя в лице чего-то будто бы не хватает? — спросил барон.

— Да, господин. Вы тогда пришли к выводу, что дело в скупой азиатской мимике. Что европеец не может прочесть полноценно лицо китайца.

— Но его лицо я читал без малейшего затруднения, — барон кивнул на уже замотанного в окровавленную циновку китайского старика. — Значит, дело не в этом. У тебя, мне кажется, что-то не то с глазами... Может быть, ты знаешь, — Юнгер, наконец, повернулся к Лизе. — Чего не хватает в глазах моего слуги?

— Я не вижу в них ци, — тихо сказала Лиза. Заметив на лице Юнгера непонимание, попыталась объяснить: — В них нет дыхания жизни, духа, души.

— Ци, — задумчиво повторил Юнгер. — Мне нравится слово. А в моих глазах есть ци?

Она взглянула в его холодные, светло-голубые глаза.

— Пока да. Но скоро не станет — если продолжишь лишать жизни невинных.

— Ты меня осуждаешь? Ты?! — он презрительно скривил рот.

— Я просто ответила на вопрос.

— Ладно, хватит с меня китайской мудрости на сегодня. Какая у тебя информация?

— Я знаю, где место, которое ты ищешь, барон.

ГЛАВА 20

Бледно-желтая луна с отколотым краем сочится в болото болезненным, гнойным светом. Клочья тумана, набрякшие над трясиной, пропитываются гноем луны, как ватные тампоны в нехороших, дурно пахнущих ранах.

Черное дерево на далеком холме — как иероглиф, значение которого я должен знать, но не знаю.

Я сижу на Ромашке по грудь в трясине. Лошадь нащупала копытами относительно твердое место и старается стоять смирно, но все равно мы с ней погружаемся, мало-помалу. Полчаса назад темная жижа едва покрывала седло, теперь из болота торчит только запрокинутая Ромашкина голова.

Она дышит тяжело и неровно, седые ресницы и ноздри трепещут, на шее испарина. Время от времени она вздрагивает всем телом — будто через нее проходит электрический разряд боли. Ее мучает рана. Стрелы, вонзившейся в бок Ромашке, когда она задела копытом нить от арбалетной ловушки, уже не видно под темной жижей, но она по-прсжнсму там. Я пробовал сс вынуть, но Ромашка так билась, что я оставил попытки.

— Эй, Циркач, — громко шепчет Флинт из тумана. — Тут с тобой еще один жмур побалакать хочет.

Я молчу. С того момента, как я выкарабкался из трясины на спину Ромашки, мертвый вор одного за другим приводит ко мне мертвецов. Тех, кого я убил.

Приходил вертухай из лагеря — на месте головы у него был большой серый камень, на камне нарисованы глаза и кривая улыбка. Он просил меня убрать камень. Повторял:

— Тяжелый, тяжелый, тяжелый...

Приходил Степан Шутов, капитан СМЕРШ, с дырой на месте лица. Эту дыру он неловко прикрывал пропитанной кровью фуражкой. Шутов требовал вернуть ему документы и проводить в населенный пункт Лисьи Броды. Беспокоился, что опаздывает и начальство будет ругаться.

Приходил немецкий солдатик, совсем еще мальчик. Просил, чтобы я нашел его маму и передал ей, что он хочет дрезденский штоллен с цукатами и изюмом на Рождество. Но только, пожалуйста, без орехов.

Приходили и те, кого я не узнал вовсе... Трое китайцев со сгнившими кляпами в раззявленных ртах. Говорить они не могли. Флинт сказал, их расстреляли из-за меня в Харбине в 39-м году. Из-за какой-то старинной карты. Якобы в них стреляли, а я мог их спасти, но не спас. Смотрел, как их убивают. Я ответил, что они меня с кем-то путают. Я ни разу в жизни не был в Харбине и понятия не имею, что за карта стала причиной их смерти. Они мне кланялись, как позолоченные болванчики с блошиного рынка, и невнятно мычали через истлевшие кляпы. Один из них указывал серым пальцем на холм с раскидистым деревом, до которого я так и не дошел. Постепенно они растворились в тумане, но беспомощное их мычание еще долго звучало...

...Я с трудом разлепляю сухие губы:

— Кто теперь?

— Пацан какой-то. Говорит, ты его замочил в двадцать третьем. Тебе было тогда четырнадцать.

Лошадь вздрагивает — и из тумана выходит Филя. Как и все они, он идет по болоту, не погружаясь в трясину, но зачем-то прощупывает поверхность бильярдным кием. Его школьная гимнастерка ему немного мала. На нагрудном кармане — дырка от пули. Из простреленного кармана он вынимает простреленную игральную карту и пытается сунуть мне. Это дама пик.

— Молодец. Попал. Молодец. Попал.

Я смотрю на даму. Вокруг ее картонной простреленной груди — настоящая засохшая кровь. Эта кровь как-то связана с тем, что случилось с Филей... Но я не помню. Не помню.

Филя тычет в меня кием — он входит мне с солнечное сплетение бесплотным, пронзительным холодком.

— Это все товарищ полковник придумал, — говорит Филя. — Он приказал мне спрятать карту в кармане, а тебе завязал глаза. Он сказал, чтобы ты выстрелил в карту. Это все полковник Аристов. Аристов.

— Кто такой полковник Аристов? — шепчу я.

— Тот, кто научил тебя убивать, — Филя заваливается навзничь, нелепо размахивая в воздухе кием. — Я твой первый покойник. Ты попал в карту.

Он сливается с болотным туманом.

Ромашка поворачивает ко мне голову и вздыхает хрипло и тяжело. Ее рот полуоткрыт. В глазах — смиренье и боль.

— Добей лошадку, Кронин. Не мучай, — Флинт гладит Ромашку по белой морде. — Все равно она сдохнет. Вы оба сдохнете.

Флинт прав. Пока лошадь не упала, я жив — но я просто продлеваю агонию, и ее, и свою. Мы все равно с ней утонем. Через час. Через пару часов. Я не готов ее столько мучить.

Я глажу ее потную белую шею и шепчу ей в ухо:

— Прости. Со мной рядом смерть ходит.

Я встаю на ноги — прямо у нее на спине. И стреляю из «вальтера» ей в затылок.

Она роняет голову в болотную грязь, и белая грива рассыпается по темной трясине и тоже становится темной. Как будто пытаясь не подвести меня даже сейчас, Ромашка не рушится на бок, а медленно оседает на дно, подогнув под себя колени. Я больше не вижу ее, но чувствую подошвами ног, как она пытается вдохнуть, но не может, и как она, уже лежа на дне, делает свой последний, спокойный, долгий, исполненный безразличия выдох.

Солдат и зверь, умирая, испускают дух одинаково.

Я стою на спине мертвой лошади, задрав голову. Я смотрю на луну с отколотым краем, а трясина затекает мне в рот. Дыхание смерти — одно на всех.

Я испущу дух точно так же, как моя лошадь.

ЧАСТЬ 4

И я взглянул, и вот конь бледный, и на нем всадник, которому имя «смерть»; и ад следовал за ним;

(Откровение Иоанна Богослова)

ГЛАВА 1

Ромашка рысит по поверхности болота, не проваливаясь в трясину. Она слегка изменила цвет: из блекло-белой стала пепельно-зеленоватой; но, может быть, это просто разводы болотной тины. На ней больше нет седла, мы сидим на ее бледной, мокрой спине: я позади, а вор спереди.

Флинт поворачивает ко мне землистое, с черными провалами глаз, лицо:

— Ну что, Циркач, опять мы вместе с тобой. Сейчас держись за меня, а то упадешь.

Он наклоняется к уху Ромашки и коротко, трескуче шипит — как будто в горле у него раскаленные угли, на которые плеснули воды. Ромашка кивает и тут же переходит в галоп, а трясина превращается в заливной луг, со всех сторон окруженный стеной тумана. Под лошадиными копытами хрустят головки мясистых белых цветов и черепа людей и животных.

Я чуть не падаю и хватаюсь за Флинта, и чувствую пальцами рваные края раны у него в животе. На шее его и под мышками — уродливо вздутые волдыри, такие огромные, что он не может опустить руки и держит их распростертыми в стороны, как будто летит.

— Чумные бубоны, — говорит Флинт. — На приграничной территории всегда так. Через границу перескочим — пройдет.

«Какую границу?» — пытаюсь спросить, но получается только стон, язык не подчиняется мне.

— Ты говорить не можешь, потому что уже не дышишь, Циркач. После границы попустит. Там выучу тебя нашему языку. И покажу бобра с клювом.

— Пус-ти, — с большим трудом мне удается выцедить одно слово.

— Да кто ж тебя держит, Кронин? Ты ж сам в меня и вцепился! Не хочешь смотреть утконоса — вали. Вот только шляться здесь одному — дохлый номер. Это приграничная территория.

Ромашка вдруг резко тормозит, прядает ушами и поворачивает к нам бледную морду. Ее глаза закрыты трепещущими седыми ресницами. Я отпускаю Флинта; на пальцах моих остается его густая, темная кровь.

— Что, девочка моя? Что ты чуешь? — вор нежно поглаживает ее белую гриву и озирает заливной луг. — А это чо за фраер такой? — он щурит темные глаза-дыры. — Похоже, по твою душу, Кронин.

Из тумана выходит на луг человек. Его глаза — цвета расплавленного свинца, цвета набрякшего снегом неба. Его волосы — как сам этот снег, но спина прямая и молодое лицо. На нем перчатки из черной кожи. Он делает повелительный жест рукой — как будто подзывает лошадь к себе. Ромашка ржет и поднимается на дыбы — и я падаю на четвереньки в прелую, пахнущую гнилью траву. Вокруг меня цветы и осколки костей, а под ними — по-прежнему ледяная трясина. Я снова тону.

— Не ссы, Циркач. Ты просто тень. Мы с Ромашкой тебя прикроем.

Флинт наклоняется к лошадиному уху, щелкает и шипит, и Ромашка испуганно распахивает нарисованные глаза.

— Давай, давай, ты сможешь, — Флинт хлопает ее по бледному крупу.

Она опять закрывает глаза, легко толкается копытами от вязкой, с чавканьем засасывающей меня жижи и мчит навстречу седому человеку в перчатках. А Флинт, раскинув тощие руки, как в полете, как на кресте, встает на ее спине в полный рост.

— И дана мне власть над четвертою частью земли! — кричит он. — Умерщвлять мечом, и голодом, и мором, и зверями земными!

И прежде чем тьма, усеянная черепами и луговыми цветами, смыкается надо мной, стоящим на четвереньках, я успеваю увидеть, как Ромашка бьет седого человека копытами в грудь, и он падает, а Флинт харкает в него чумной, черной кровью.

ГЛАВА 2

Тьма выходит из меня вместе с гнилой болотной водой — и я снова могу дышать. Я стою на четвереньках у кромки болота, на сухой кочке рядом с криво растущей корягой; рядом со мной на земле — мой пистолет «вальтер» и мой револьвер «смит-вессон». Надо мной, пыхтя, нависает Пашка.

На основание коряги наброшена петля, свободный конец веревки уползает в трясину. Тьма, заполнившая все внутри и вокруг меня, была такой плотной и окончательной, что только сейчас я впервые вижу веревку, за которую держался, пока Пашка меня вытягивал.

— Виноват, товарищ Шутов, нарушил приказ, — довольно лыбится рядовой. — За вами пошел. Потому как Ромашка-то не вернулась, вот я и подумал: случилось что-то. Ну и, значит, хожу брожу тут в потемках — где вас искать?.. А потом слышу — выстрел. Это вы хорошо придумали — в воздух стрелять.

Я выблевываю из себя еще одну порцию мутной жижи, а следом за жижей — слова:

— Я не в воздух стрелял, рядовой...

— А куда? — Пашка удивленно оглядывается. — В кого?..

Улыбка сходит с его лица.

— Товарищ Шутов, где лошадь?

Я молча указываю глазами на топь. Несколько секунд он без выражения смотрит туда. Потом садится на землю, подбородок его начинает дрожать, и совершенно по-детски оттопыривается губа. Он горько, беззвучно плачет.

— Пришлось добить, — я хлопаю его по плечу. — Ее стрелой ранило, когда она меня полезла спасать.

Он вытирает лицо рукавом гимнастерки:

— Значит, такая была у нее судьба.

Я сажусь рядом с ним.

— Спасибо ей. И тебе, Паш, спасибо, — я трогаю рукой привязанную к коряге веревку. — Ты как живым-то сюда дошел?

— Так местный же я, считай. Забайкальский. У меня и батя, и дядья все казаки, в пластунах служили, обучили кой-чему... — Он осекается и испуганно хлопает мокрыми ресницами. — Но идейно я с ними, конечно, никак не согласен...

— Не оправдывайся. Обучили — и молодцы.

Пашка стягивает с себя гимнастерку и протягивает мне:

— Товарищ Шутов, вы зубами стучите. Давайте вы пока в моей, а я в вашей, на мне и обсохнет.

— Отставить, рядовой.

— Да я ж от чистого сердца, — обиженно сопит Пашка.

Он смахивает со щеки комара — тот лениво перелетает на другую щеку и снова присасывается. Овчаренко сгоняет его рукой, комар садится ему на голый живот, рядовой размахивает в воздухе гимнастеркой.

— Да прихлопни ты его уже, Овчаренко!

— Говорят, кусаются только самки, причем беременные. Жалко самку-то убивать, она ж не со зла, ей детишек надо кормить... Ой, товарищ Шутов, смотрите!

В прогалине жижи в паре метров от нас чумными бубонами вздуваются и лопаются пузыри, а над пузырями извиваются голубые язычки пламени. Пашка завороженно на них таращится, забыв дышать и отвесив челюсть. Его распахнутые глаза такого же цвета, как эти болотные огоньки:

— Смотрите, это же чудо!

— Не чудо, а химия, рядовой Овчаренко. Метан, горючий болотный газ. Образуется, когда что-то гниет.

— А запалилось-то почему? — он смотрит на меня недоверчиво.

— Самовоспламеняется.

— Так я ж и говорю — чудо.

Насосавшаяся самка комара тяжело взлетает, оставив на Пашкином лбу красный прыщик.

— Иногда мне кажется, рядовой, в моей жизни тоже было когда-то чудо. А потом пропало. Как будто хирург его вырезал скальпелем под наркозом. Понимаешь, о чем я?

— Понимаю, — Пашка важно кивает. — Без чуда жить страшно. Я надеюсь, товарищ Шутов, оно у вас опять отрастет.

Предрассветный туман заволакивает сопки пушистым шелковым коконом, будто готовя их к превращению. Через этот туман мы идем к холму с раскидистым деревом на вершине. Небо все еще темное, но на востоке уже как будто надорван край, и из открывшейся бреши сочится еще не свет, но обещание света.

Во мне сейчас такая же брешь. Я иду в Пашкиной гимнастерке — он все-таки настоял — и мучительно борюсь с желанием открыть ему правду. Или хотя бы часть правды.

— Рядовой Овчаренко. Зря ты со мной связался, — говорю на ходу.

— Это почему же, товарищ Шутов? — в голубых удивленных глазах отражается темное небо. В них как будто два неба одновременно, в этих глазах, — то, которое над нами сейчас, и то, каким оно станет в полдень.

— Потому что я свое дело сделаю — и уеду. А ты здесь останешься.

— И чего?

Я останавливаюсь. Он тоже.

— Пашка. Я не тот, кем кажусь.

Несколько секунд он напряженно морщит взопревший лоб и скребет пятерней пшеничные волосы. Потом кивает — как будто бы понимающе:

— Да все мы, товарищ Шутов, не те, кем кажемся. Не зря ж говорят, что чужая душа — потемки...

Рядовой Овчаренко бодро идет вперед, погромыхивая автоматом и, очевидно, считая вопрос закрытым. Я молча шагаю рядом, и прореха во мне стремительно зарастает, скрывая под толщей лжи едва забрезживший свет. Он сам виноват. Имеющий уши да услышит, имеющий глаза да увидит. Он не услышал и не увидел, пока была такая возможность. Теперь момент упущен. Остались только потемки моей души.

— ...Я и батю-то родного в душевном плане не знал. Мой батя...

Я резко останавливаюсь, делаю Пашке знак молчать и вскидываю свой «вальтер». В обмотанном паутиной, мглой и туманом кустарнике справа от нас кто-то есть. Его не видно — но я и не пытаюсь увидеть, я просто знаю: он там. Я закрываю глаза. Я сливаюсь с собственной тьмой. Моя тьма все сделает за меня.

ГЛАВА 3

— Ты должен отдать мне вакцину.

— Я тебе что-либо должен? — Юнгер презрительно вскинул бровь. И тут же с досадой отметил, что фраза построена хоть и грамматически верно, однако слишком громоздка. Достаточно было одного слова: «Должен?» Вот эта склонность к построению полных фраз выдает в нем иностранца гораздо больше, чем остзейский акцент, совсем легкий.

— Я выполнила свою часть договора. Выяснила, где святилище, — полукровка тряхнула мокрыми волосами. — Значит, ты должен.

Ее наглость ему почти нравилась. Но «почти» не считается. Никто не смеет с ним так говорить, тем более в присутствии слуг, — барон покосился на Ламу. Тот уже выбросил за борт обернутого в циновку китайского старика и теперь отдраивал с дощатого пола остатки кровавых пятен. Когда барон придет к власти, он возвысит и Ламу — даст ему должность главного палача. В этой жизни каждый должен заниматься предназначенным ему делом. Наслаждающийся убийством, кровожадный зверь Лама — палач при тиране. Он же, Юнгер, утонченный, аристократичный, породистый — великий тиран.

Юнгер молча протянул руку с пустым фарфоровым стаканчиком, и Лама, отложив тряпку, наполнил его вином из кувшина.

— С чего ты решила, что в нашем с тобой договоре в графе «обязанности» у тебя всего один пункт? — Он отхлебнул из стаканчика.

— Я прошу тебя отдать вакцину для Насти. — Вот теперь она испугалась, подбирает слова. — Появились предвестники. Переход случится в любой момент.

Он молча сделал еще глоток.

— Я прошу, барон. Без вакцины Настя умрет!

Вот теперь полукровка в правильном состоянии, то есть в отчаянии. Не так уж сложно ею манипулировать. Просто задействовать базовые инстинкты. Страх за детеныша.

— Бедное дитя, — он поставил пустой стаканчик на стол. — Хорошо, что в наших силах предотвратить ее смерть. Я, конечно, дам тебе вакцину... но не прямо сейчас. Ты сначала сделаешь для меня еще что-то.

Полукровка прикрыла глаза. Она выглядела усталой.

— Что еще ты от мсня хочешь?

— Мне сказали, в Лисьи Броды приехал офицер СМЕРШ. Степан Шутов. Этот человек для меня интересен.

— Он не... — Лиза вдруг осеклась, не договорив.

— Что?

— Он не кажется мне интересным, барон.

Юнгер несколько секунд смотрел на Лизу с таким выражением, будто с ним внезапно заговорила циновка или цветок. Наконец улыбнулся:

— Твое мнение интересует меня в последнюю очередь.

Если Лама не ошибся, если в Лисьи Броды под видом смершевца действительно проник Кронин (это в принципе в его духе: неслыханная наглость, чудовищный риск, все как Макс любит), нужно выяснить, что он делает так близко от «Отряда-512» и от святилища. Что он делает так близко от него, барона фон Юнгера, и от женщины, которая барону принадлежит. Что он делает так близко от тех вещей, которые должен был напрочь забыть. Неужели Аристов с ним не справился? Или Аристов вернул ему память и снова к себе приблизил? Как бы ни было, наблюдение будет полезным...

— Я хочу, чтобы ты вступила с этим Шутовым в интимную связь. Как ты это умеешь. Как с Деевым, — Юнгер весело подмигнул.

С ее мокрых, черных волос на платье стекали капли воды. Она, пожалуй, даже красива, но ему такое неинтересно. Не арийка. У женщины должны быть светлые локоны. Такие, как были у Элены, пока он не посадил ее в клетку. Впрочем, дело, может быть, не в цвете волос. Вероятно, ему мешал его немецкий перфекционизм: он ведь знал ее природу. Полукровка. Значит, неполноценна. Идеальные хулицзин несут в себе гены двух оборотней, матери и отца. Эта — только по матери. Ни то ни се. Недозверь. Недочеловек. Вызывает брезгливость, а не желание. Он даже не взял ее подопытной в лабораторию — не на сто процентов чистая кровь. Она куда полезней в роли агента.

— Не заставляй меня это делать... опять, — сказала она очень тихо.

— Разве я заставляю? — он с издевательским изумлением вскинул бровь. — Все по доброй воле. По договору. Ты мне — я тебе.

— Почему тебе нужна от меня только подлость?

Он поморщился.

— Что такое... «подлость»? Слово без смысла.

Вдруг заныло колено, как перед сменой погоды; настроение сразу испортилось.

— Все узнай про этого... Шутова. Кто, откуда, зачем, что у нас здесь вынюхивает. И почаще с ним... — он потыкал правым указательным пальцем в приоткрытый левый кулак. — Пусть ослабнет. Теперь проваливай. Я устал.

Лама дождался, пока полукровка спрыгнет за борт и уплывет, и, почтительно склонив голову, произнес:

— Кронин опасен, мой господин. Его не следует ублажать. Его следует уничтожить.

Юнгер поморщился.

— Кровь осталась. Ты плохо оттер, — он указал на бледное пятно на полу, тем самым как бы указывая и Ламе, где его место.

Черный ворон, нахохлившись, сидел у Юнгера на плече и разочарованно смотрел на пятно. Он расстроился, что тело быстро убрали и он не успел выклевать у трупа глаза.

— Это еще с прошлого раза, мой господин, — Лама расстелил поверх пятна новую циновку с драконами. — Позвольте мне убить Кронина.

— Нет.

— Почему?

— Он был мужем моей сестры Элены.

— Но это же в прошлом!

— Будем считать, я просто сентиментален, — Юнгер погладил старинную шкатулку, лежавшую у него на коленях. На лакированной крышке красовалась исполненная в манере китайской миниатюры картинка: каменистый холм, единственное дерево на вершине холма и иероглиф «владыка» — ван.

— Я не понимаю, мой господин.

— Держу слово, которое я дал сестре в прошлом. Дело чести. Тебе не понять.

Лицо Ламы осталось почтительно-непроницаемым. Он ничем не выдал презрения. Европейцы. Таскают за собой свое прошлое, свою честь, свои гербы, кресты, реликвии, клятвы — как груды ржавого скарба в гнилых сундуках.

Оставить жить того, кто несет угрозу, из-за какого-то дурацкого слова — недальновидно и глупо. Глупо сейчас. И было глупо шесть лет назад.

...Тогда, в Харбине, в тридцать девятом, Лама сразу понял, что Кронин ему почти ровня. Что он силен и опасен. Что вместе с Крониным в Никольский собор вошла ручная, верная, оберегавшая его от чужих посягательств смерть.

В соборе Кронин должен был отдать карту с маршрутом к святилищу своему человеку, но человека Лама уже прирезал, и тот лежал у алтаря в луже крови; Ламе нравилось убивать в церкви. Они поджидали Кронина вшестером: Лама с ножом и пять вооруженных огнестрелом японцев, и Лама от скуки выцарапывал лезвием на деревянной стене знак ван, свою хозяйскую метку — три поперечные черточки и одну вертикальную. Из этих царапин шел едва уловимый запах противоположной части света, чужой земли, в которой Лама никогда не бывал: Никольский собор был построен из канадских сосновых бревен, правление КВЖД опасалось, что здешние или сибирские могут быть с червоточиной.

Есть логика и порядок вещей, согласно которым у Кронина не было шансов выйти из собора живым, да еще и с картой. Но он разрушил этот порядок и эту логику, и он вышел живым, и побежал через площадь, оставив после себя пять трупов и хаос. И Лама погнался за ним один.

В торговых рядах, между духами Коко Шанель и чуринскими колбасами, Лама на полминуты его упустил. Он быстро встал на след, настиг и вырубил Кронина, когда тот пытался проскочить через центральную арку, — но карты при нем уже не было. Была только пустая шкатулка с холмом и одиноким деревом на лаковой крышке. Тех тридцати секунд в слепой зоне Кронину, похоже, хватило, чтобы кому-то передать карту. Что ж, не беда. Под пытками все расскажет. Под пытками все все рассказывают, такова человеческая природа.

Лама доставил его в пыточную избушку — так они с Юнгером ласково называли пропахший кровью одноэтажный каменный домик с деревянными ставнями, один из тех, что строили для простых служащих КВЖД. Туда же люди майора Сато привели троих китайских товарищей Кронина, они таращили глаза и мычали через грязные кляпы. Сато расстреливал китайцев по очереди, а барон Юнгер перед каждым выстрелом спрашивал у Кронина, куда он дел карту, и обещал пощадить невинного человека. Кронин молчал. Он дал убить всех троих.

— Ты жестокий человек, Макс, — сказал ему Юнгер. — Продал жизни своих соратников за старый шелковый свиток... Где карта?

Кронин молчал.

Они сорвали ему все ногти — на руках, потом на ногах. Они посадили ему на живот голодную крысу и накрыли сверху жестянкой, и стучали по жестянке прикладом, сводя крысу с ума. И пока она с визгом вгрызалась в его кожу и мясо, Лама вывел у него на груди острием ножа свою метку — знак вожака, знак хозяина, ван. Он любил помечать этим знаком того, кто скоро испустит дух.

Кронин больше не молчал. Он кричал, что не видел карту. Хрипел Юнгеру:

— Антон, пристрели!

— Что ж, похоже, он и правда не знает, где карта, — Сато убрал жестянку с живота Кронина. — Если б знал, рассказал бы. Эту пытку никто не выдерживает.

Майор Сато пристрелил соскочившую на пол крысу и прицелился было в лоб Кронину, но Юнгер с вежливым поклоном сказал:

— Сато-сан, позвольте, я сам?

— Как угодно, советник Юнгер.

Юнгер выстрелил — но не в Кронина, а в Сато. А потом в его человека — умирая, тот успел прострелить барону колено. Двух других японских солдат добил Лама — не зная, не понимая, зачем они с Юнгером убивают своих.

— Расскажи мне, где карта, Макс, — голос Юнгера звучал так жалобно и просительно, что Ламе стало противно.

Это был первый раз, когда господин показался ему глупым и жалким. Он сидел на полу перед Крониным, не в силах подняться из-за простреленной японцем ноги, — и казалось, что он умоляет Кронина на коленях.

— Мне нужна эта карта, Макс! Мой отец, барон фон Юнгер, отдал жизнь, чтоб найти святилище, отмеченное на ней!

— А мой отец отдал жизнь за барона фон Врангеля. — Кронин сплюнул на пол кровавый сгусток. — Ну и что? Мы не наши отцы, Антон. Мы вольны не повторять их ошибки. Развяжи меня.

— Где карта?

— Я не знаю, где карта.

Юнгер сделал знак Ламе — тот подошел. Он надеялся, что господин убил Сато и его людей, потому что хотел знать тайну один. Он надеялся, что теперь господин прикажет ему продолжить пытки — или перерезать Кронину глотку.

— Отпусти его, — сказал Юнгер устало. — Разрежь веревки.

— Но, хозяин, его нельзя оставлять в живых! — в изумлении сказал Лама. — Он враг. Он опасен.

— Ты мне смеешь перечить? — Юнгер взял из рук Ламы нож и сам разрезал веревки — так поспешно и суетливо, как будто боялся, что Лама не подчинится и сделает все по-своему. — Я запрещаю тебе трогать этого человека.

— Почему, господин?

— Он женат на моей сестре. И я дал ей слово.

Перед тем как покинуть пыточную избушку, Кронин молча обшарил карманы майора Сато и извлек из них мелочь; сунул каждому из убитых китайцев в рот по монете, заправив между кляпом и нижней губой. Провел пальцем по разодранной вокруг пупка коже, подошел к мертвой крысе, провел тем же пальцем по ней.

Если по твоей вине убит человек, ты платишь за кровь монетой. Если зверь — за кровь платишь кровью. Лама тоже знал это правило. Очень древнее. Он давно уже перестал его соблюдать.

Равно как и другое древнее правило — служить господину верой и правдой. На своем веку он сменил немало господ и хозяев, он использовал их деньги, власть, происхождение, связи, он беспрекословно им подчинялся — но финал всегда был один. Когда господин становился ему не нужен, Лама перегрызал ему глотку. Вкус их крови компенсировал ему пережитые от них унижения.

...Юнгер нужен был Ламе в Харбине шесть лет назад — и он подчинился. Юнгер все еще нужен ему сейчас — и он подчиняется.

— Я нашел подопытного номер сто три, господин, — почтительно сообщил Лама и налил барону еще вина.

— Хорошо. Ты убил его?

— Нет, господин. Хотел — но не стал.

— Ты? Не стал? Убивать? — Юнгер пьяно хохотнул. — Ты что, приболел, мой мальчик?

— Сто третий начал переходить в активную фазу.

— Ты уверен? Ояма говорил, что он безнадежен.

— Я уверен, хозяин.

Юнгер мутно уставился Ламе в глаза:

— Интересно, после перехода у него сделается такое же пустое лицо, как и у тебя?

— Не могу знать, господин.

Юнгер открыл шкатулку. Ворон осторожно теребил клювом деревянную шпильку в его волосах. Сухие светлые пряди выбились из узла на висках и затылке, черный шелковый халат шэньи сполз набекрень, обнажив на груди татуировку в форме иероглифа «ван» — три поперечные черты и перечеркивающую их вертикальную. Барон был жалок и пьян, а это значило, что он сейчас заговорит с портретом отца.

— Сегодня хороший день, отец, — старательно артикулируя, произнес Юнгер и извлек из шкатулки черно-белое фото: усатый господин в кителе, в старомодном овале. — Твоя мечта начинает сбываться. Свет арийской расы придет с Востока. Не из Европы, нет... Европа сдохла... она гниет... Адольф — дурак! Он отказался от великого знания и предпочел танки... Но я все сделаю правильно! Я найду то, что искал ты, отец! — Юнгер ткнул пальцем в крестик на карте, которую принесла полукровка. — И подниму великое войско бессмертных, и поведу за собой! И я схвачу твоего убийцу, и заберу у него тысячу его жизней... Все жизни мастера Чж... жао... не стоят одной твоей... — Он уронил фотографию обратно в шкатулку и откинулся на подушки; ворон уселся ему на грудь. — И мне плевать, что имп-ператор Цзинь... шинь... шихан...

Барон засопел. Шкатулка выпала из его рук.

— Пьяный ишак, — Лама пнул барона ногой, тот замычал и причмокнул.

Мучительно, до ноющей боли в челюсти, захотелось взять шелковую подушку и прижать ее к лицу господина, и перегрызть его холеную глотку — прямо так, не делая перехода... Он взял подушку и подложил барону под голову. Накрыл его пледом.

Нет, не сейчас. Пусть этот одержимый сначала сделает свое дело. Пусть он отыщет, выманит Учителя — мастера Чжао. Дальше Лама сам разберется.

ГЛАВА 4

Иржи Новак сунул в уши турунды из ваты, а на глаза нацепил плотную марлевую повязку, но заснуть все равно не мог. Птицы все громче гомонили на кедре, возбужденно накликивая рождение нового дня; их крики пробивались через турунды, а первый свет, пока еще водянистый, неверный, но от этого как будто особенно ядовитый, просачивался через повязку.

Чертовы птицы. Чертова бессонница. Чертов рассвет. Чертов микроскоп. Не нужно было так долго засиживаться. Доктор Новак потуже затянул повязку и уткнулся лицом в измятую, пахнувшую стариковским потом подушку. Свет снаружи теперь почти что не ощущался, но по ту сторону повязки, по ту сторону глазных яблок, по ту сторону черепа, в голове его роились обрывки мыслей и образов, и он как будто бесконечно рассматривал и сравнивал под микроскопом чьи-то красные сплющенные кровяные тельца.

А ведь он знал, что с ним всегда так бывает, если вовремя не улечься и упустить время. И ведь никто не заставлял его до четырех утра над микроскопом сидеть. И уж тем более никто не заставлял его так много курить — теперь в груди и горле першило. Зачем сидел? Подумаешь, странная кровь у сбежавшего пациента — так мало ли чем он болеет? Да, слишком много красных кровяных телец, гораздо больше, чем у обычного человека... Да, вариабельность их размеров, у человека красные кровяные тельца примерно все одинаковые... Ну так ведь тут вполне возможна нетипичная реакция крови на раны или на инфекцию, занесенную тигром... Да и какая теперь вообще разница? Пациента-то нету... Тем не менее странная кровь Подопытного (он поймал себя на том, что теперь и сам называет пациента «подопытным» вслед за майором Бойко) всю ночь не давала ему покоя. Он зачем-то даже взял кровь у себя и сравнил с образцом Подопытного. Ну да, у него, у Новака, эритроцитов раза этак в два меньше, и все ровненькие, аккуратные, по семь с половиной микрометров примерно. У Подопытного же некоторые по пять, другие по десять... Он зачем-то даже применил итальянский метод: пробу крови с щелочным раствором калия. Кровь Подопытного дала гематин только спустя шесть с половиной минут. Его собственная — как положено, спустя две минуты.

До шести утра он ворочался, мучительно припоминая, и еще более мучительно пытаясь заставить себя не припоминать, кровь какого животного дает при щелочном анализе гематин за шесть-семь минут. Лошади?.. Крысы?.. Собаки?.. Кажется, все же собаки...

В седьмом часу вскочил, с остервенением сбросил повязку и извлек из ушей турунды. Сдернул с кровати простыню. Поднялся наверх, в помещение лазарета, открыл шкафчик с лекарствами. Взял люминал. Самое лучшее снотворное средство.

Телохранитель осторожно отполз от спавших вповалку щенков, тихо выбрался из разрушенной фанзы, в которой заночевала стая, и потрусил через кладбище в сторону пристани. Ему нужна была сука. Запах течной Старшей Матери лишил его сна, но сук из собственной стаи ему запрещено было трогать. Там, у пристани, жила хромая, одноглазая Мэй. Он не любил ее, ее единственный глаз гноился, а из пасти пахло болезнью, но все же он брал ее, когда становилось невмоготу: она была слабой и за нее некому было вступиться.

У выхода с кладбища стоял человек. Телохранитель знал человека — тот иногда приходил к Отцу, и они вместе переставляли черные и белые костяные фигурки на большой квадратной доске. Его звали Доктор. Обычно Доктор пах бинтами, касторкой и спиртом, но в этот раз к неприятному запаху примешивался еще один. Пасть Телохранителя наполнилась вязкой слюной — от Доктора пахло нежнейшим, свежайшим мясом.

Доктор пошарил рукой в кармане — и швырнул Телохранителю кусок говяжьей вырезки. Вот это свезло так свезло. Обычно ему доставались объедки — Телохранитель ел после всех, на пару с Сигнальщиком. А тут — такое сочное, красное... По правилам стаи он должен был отнести этот кусок Вожаку, но он не дурак: это его добыча. Его удача.

Телохранитель обнюхал мясо.

— Ешь, Шарик, ешь, — сказал человек.

Телохранителю не понравилось имя Шарик, оно звучало унизительно. Ему показалось, что к запаху говядины примешивался какой-то еще дополнительный, лекарственный запах, но это было неудивительно — ведь Доктор трогал мясо руками, а руки его пахли лекарством. Он, не разжевывая, заглотил весь кусок, уселся на землю и уставился на Доктора, стараясь казаться максимально несчастным. Ведь где один кусок, там и два... Доктор снова полез в карман. На этот раз он, однако, достал не мясо, а резиновые перчатки. Телохранитель, почуяв дурное, кинулся прочь — но его лапы внезапно отяжелели и подкосились, а кладбищенские кресты вдруг завертелись перед глазами, как возбужденные собачьи хвосты... Он увидел, как человек надел резиновые перчатки и развернул простыню, и эта простыня накрыла Телохранителя одновременно с пришедшей откуда-то из живота тугой тьмой. Он успел подумать, что это конец...

...Но он ошибся. Это было начало. Ему свезло.

Он очнулся в пахнувшем лекарствами помещении — на мягкой, чистой циновке. Перед ним стояли две миски: одна с водой, другая с мясными обрезками и хрящами, смешанными с рисовой кашей. Левая передняя лапа чуть ниже колена была перевязана бинтом, и на долю секунды он вдруг вспомнил ощущение входившей под кожу иглы.

В кресле-качалке сидел Доктор и курил вонючую трубку.

— Проснулся, Шарик? — Доктор, крякнув, наклонился и похлопал его по холке. — Хороший пес. Послужил науке...

Телохранитель вильнул хвостом и подошел к миске. Выходит, с ним произошло настоящее чудо. Его взяли в человеческий дом. Не нужно больше унижаться перед Старшей Матерью и Вожаком. Не нужно больше бороться за существование. Ну а что Шариком его здесь зовут и что проткнули лапу иглой — так это, в сущности, пустяки. Бывают и хуже имена у собак, например Дружок. А лапа — что лапа? За пару дней заживет.

ГЛАВА 5

Цун из Братства Камышовых Котов сидел в засаде в кустарнике тихо, не шевелясь. По потной шее ползала муха, но он ее не согнял, чтобы не выдать себя движением. В итоге муха нырнула за шиворот, под воротник ватной куртки, под перекрещивающиеся кожаные перевязи с патронами, и теперь противно жужжала и наматывала круги по липкой спине Цуна в бесполезных поисках выхода. Осталось недолго, муха. Через пару минут все кончится. Сначала Цун убьет человека — не из винтовки, но ножом в спину, чтоб не шуметь. А брат его Лин, скрывающийся в зарослях метрах в трех, точно так же убьет второго. И после этого Цун убьет муху.

Вообще-то этих двоих, капитана и рядового, здесь не должно было быть. По плану Цун вместе с еще шестерыми «котами» должен был незаметно следовать за охотником и отрядом красноармейцев до их конечного пункта, то есть до входа в святилище, и только там убить всех, включая охотника. Забрать их оружие, лошадей. И главное — забрать из проклятого святилища золото.

Если верить атаману — а Цун ему безоговорочно верил, — там, в святилище, золота будет столько, что на долю от добытого каждый сможет уйти из Братства и жить безбедно до самой смерти. Только Цун не уйдет. Ведь он не нищий крестьянин, как брат его Лин. Он потомственный хунхуз, отец и дед его был хунхузы, дед во время налетов надевал накладную рыжую бороду... Цун же красил рыжим в бороде одну прядь и заплетал эту прядь в косичку. Сколько б ни было золота в проклятом святилище — он останется в банде...

Эти двое, что явились со стороны Плохого Болота и теперь, сами того не зная, шли за «котами» след в след, были лишними в плане. Цун и Лин остались в засаде, чтобы их тихо убрать, остальные пошли вперед, за отрядом.

Изнывая от щекотных прикосновений мушиных лапок к спине, Цун смотрел из густого кустарника, как рядовой с капитаном приближаются, беспечно болтая на излюбленную русскими тему — о загадочной и темной душе. Капитан был с вещмешком, отчего-то в мокрой насквозь гимнастерке и с автоматом. Рядовой же — налегке, с пистолетом за поясом и револьвером на правом бедре; с капитаном говорил как будто бы свысока, снисходительно. Цун слегка удивился, но значения не придал: кто их, красных, разберет, небось еще с ночи пьяные; они пьяные всегда забывают о субординации.

Цун удобней обхватил рукоять ножа: сейчас они пройдут мимо — и он кинет нож рядовому в спину, тот к нему ближе. Лин прикончит пьяного капитана. А потом он попросит Лина прихлопнуть муху...

Поравнявшись с кустарником, рядовой почему-то остановился — и выхватил из кобуры «вальтер». Напряженно повел дулом вправо и замер, целясь прямо в Цуна — будто каким-то чудом он видел его сквозь густую листву и обмотанные паутиной ветки кустарника. Будто он мог видеть насквозь.

Цун облился потом и перестал дышать. Жужжание мухи под рубахой и курткой казалось ему оглушительным. Это все из-за мухи, подумал он вдруг. Этот русский — он в муху целится... Главное сейчас — чтобы он не выстрелил. Выстрел услышат Бойко и его люди на склоне холма. Выстрел выдаст присутствие Камышовых Котов... Но он не выстрелит. Кто станет по мухе стрелять?..

...Рядовой выстрелил. Цун коротко взвыл от боли и выронил нож: пуля угодила ему в запястье. Он попытался сдернуть с плеча винтовку, неловко орудуя онемевшей, как будто не принадлежавшей ему больше рукой, но не успел: красноармеец метнулся в кустарник, выволок его из засады, бросил на землю, заломил за спину здоровую руку, прижал щекой и носом к гнилым иголкам и прелой листве, как щенка, нассавшего в неправильном месте:

— Ты кто такой?

— Не нада стреляй, не нада убивай! — залопотал Цун. — Русски солдата дружи!

Со склона холма, как бы опровергая его слова, послышались хаотичные выстрелы. Рядовой сдернул с Цуна винтовку и уже на бегу коротко приказал второму:

— Овчаренко, карауль его здесь!

— Так точно, товарищ Шутов!

Тяжелый ствол уперся Цуну в затылок, и в этот самый момент до него дошло, что ранивший его рядовой был вовсе не рядовым, а как раз капитаном, что эти двое по какой-то причине — возможно, по пьяни — поменялись одеждой.

Раздался выстрел — на этот раз не со склона, а совсем близко — кажется, стрелял из винтовки Лин. И еще один выстрел — похоже, из «вальтера». Дело плохо. Под штаниной шароваров к голени Цуна был примотан маленький пистолет ТК, но воспользоваться им сейчас, лежа на животе, он не мог. Цун шевельнул изувеченной рукой, застонал и прогундосил:

— Капитана рука стреляй, рука ломай есть. А Цун русски солдата дружи, русски солдата люби!..

Муха, притихшая было у него под одеждой, опять забилась и зажужжала.

— У тебя там ползает, что ль, кто-то? — сочувственно спросил Овчаренко.

— Муха ползи много-много! — Цун поморщился и покивал.

— Это не дело. Дай-ка я ее выпущу.

Цун почувствовал, как дуло автомата соскользнуло с затылка: Овчаренко, сопя, принялся возиться с воротником его куртки, пытаясь высвободить для мухи проход.

Сейчас или никогда, подумал Цун, рывком поднялся на четвереньки, кувырнулся, вскочил и побежал к зарослям.

— А ну стой! — взревел Овчаренко и выстрелил — но промахнулся.

Цун нырнул в кустарник, левой рукой рванул пистолет из-под обмотки, приподнялся — и стрельнул в ответ, метя в сердце. Он, в отличие от красноармейцев, с такого расстояния не промахивался, даже стреляя левой рукой.

Овчаренко схватился за грудь и повалился ничком на землю. Цун успел увидеть его глаза — в них не было ни боли, ни гнева, только чистое, ясное, безоблачное какое-то изумление.

Где-то в темных складках души щекотно шевельнулось раскаяние — или это просто муха, так и сидевшая у него под рубахой, замолотила мерзкими лапками. Цун попробовал ее прихлопнуть — но она копошилась в самом центре спины, и он не дотягивался. Эти русские, у кого такие глаза, они всегда гибнут, всегда. Они сами виноваты. Бестолковые, стрелять не умеют. Не заслуживают его сострадания...

Цун вернулся к русскому, забрал его автомат и, хоронясь за кустами, ползком направился к склону. К своим. На земле, в буроватом перегное, он заметил алые бусины крови. Сначала редкие и мелкие, они постепенно становились крупнее и лежали друг к другу все ближе, пока не слились в одно сплошное гранатово-кровавое ожерелье. Один конец этого ожерелья выхлестывал из прошитого пулей горла «камышового кота» Лина. Неподвижные глаза таращились в рассветное небо равнодушно и как будто даже со скукой. Цун закрыл эти скучающие глаза — и почувствовал, как ружейный ствол уткнулся ему в центр спины, туда, где жужжала муха. Послышался конский топот.

— Ермил, не стрелять! — проорал майор Бойко. — Этот — последний! Допросим!

Очень хотелось жить. Забрать свою долю, выстричь рыжую прядь из бороды, уехать далеко, на другой конец Китая, где атаман его не найдет, построить домик на рисовом поле. Или можно еще в Шанхай, оттуда пароходом в Австралию...

— Не нада убивай. Цун русски солдата дружи! Цун все расскажи!

Ствол дрогнул и отлип от спины. В том месте, к которому он прижимался, конвульсивно дергалась полураздавленная муха.

— Да бандит он, чего его допрашивать, — мрачно сказал охотник Ермил за спиной Цуна.

— Кого допрашивать, это мы без тебя...

Остаток фразы Цун не услышал, потому что прогремел выстрел. И, хватая ртом воздух, который почему-то стал плотным и не втягивался в горло и легкие, и силясь разодрать перекрещенные на груди, душившие его патронные ленты, и прежде чем сделать свой последний, свой главный выдох, Цун подумал, что охотник, дурак, промахнулся. Выстрелил левее, чем надо. Не попал в муху.

ГЛАВА 6

Первые лучи солнца облизывали ядовитый сироп на сладких, лоснящихся шляпках облепленных мушиными трупиками мухоморов. Одна из мух никак не желала смириться с необходимостью смерти и, монотонно жужжа, трепыхалась в бесконечной агонии.

— Ну что ты отворачиваешься от меня, дочь?

Прозвучало почти просительно и на него совсем не похоже. Аглая продолжала упрямо смотреть на муху. Зрачки, наверное, до сих пор сужены. Отец не должен заметить. Решит еще, чего доброго, что она морфинистка.

— Картины нет. Той, с китаянкой Сифэн , которую ты в детстве нарисовала. Ты куда ее перевесила?

— Я сняла ее и убрала ее на чердак.

— Зачем сняла? Она и мне, и маме так нравилась.

— Неправда, — по-прежнему не глядя на отца, сказала Аглая. — Мама ненавидела эту картину. Она считала, что Сифэн — дьяволица, которая меня подменила.

— Аглая. Посмотри на отца, — в его голосе появилась привычная повелительная нотка.

И, как обычно, она подчинилась и выполнила повеление. Повернула голову. Взглянула ему в лицо. Он был очень бледен, изможден, под глазами — сморщенные черные тени. От еды отказался. Неподвижно сидел за пустым столом напротив нее, с упрямо прямой спиной.

— Милый дом... — генерал равнодушно оглядел комнату. — Сколько у нас здесь было счастливых дней. А ты знаешь, что этот домик — ровесник века? Ему тоже сорок пять лет. В Лисьих Бродах должна была быть станция, но после Боксерского восстания ее так и не достроили, и мы...

— Знаю. Ты говорил.

— Перебиваешь отца.

— Потому что я наизусть знаю все, что ты скажешь! — она с отвращением отметила, что переходит на крик, но не смогла совладать с собой. — Ты служил в охранной страже КВЖД! В Лисьих Бродах должны были открыть станцию, и ты построил здесь домик! Но станцию так и не сделали, а домик остался! И ты любил приезжать сюда порыбачить!..

— *Мы* любили, Глаша. Мы с мамой. Что ты кричишь?

— Я кричу, потому что ты не видишь и не слышишь никого в мире, кроме себя! Мама ненавидела здесь бывать! Она считала Лисьи Броды пр**о**клятым местом!

— Ты слишком нервная. С тобой всегда было трудно, Аглая. Все оттого, что ты поздний ребенок. В двадцать втором, когда ты родилась, мне было уже сорок пять. Ровно столько, сколько сейчас этому дому. Магия чисел...

Он потянулся к ее руке, бессильно лежавшей ладонью вверх на столе. Очень медленно, словно нарочно давая ей время отдернуть руку. Аглая не двигалась. Его пальцы замерли в сантиметре от ее кожи. Он сам убрал руку, так к ней и не прикоснувшись.

— Ты должна мне помочь.

Она усмехнулась.

— Тебе всегда все должны. Ведь ты — генерал Смирницкий, а остальные — ничтожества.

— В Харбине вовсю аресты. Мне некуда больше идти.

Он даже не счел нужным ей возразить. Действительно. Она ведь ничтожество.

— В Лисьих Бродах СМЕРШ, папа. Уже допросы идут. Если тебя здесь найдут, меня расстреляют.

Он поднялся из-за стола. Все с той же деревянно-прямой спиной.

— Хорошо. Я уйду.

— Прекрати немедленно! Сядь! — ее голос сорвался на визг.

Он снова уселся на стул. Еще раз окинул комнату безразличным, непроницаемым взглядом. Едва заметно поморщился при виде облепленных насекомыми мухоморов.

— А ты скучаешь, Глашенька, по Харбину?

Она вскочила и принялась мерить шагами комнату.

— Я был недавно в «Татосе» — помнишь, в районе Пристани, ресторан-погребок? Брал там твой любимый шашлык из карбашка. Хозяйка передавала тебе приветы. Как в воду глядела: как будто знала, что мы с тобой скоро свидимся...

— Я никогда не любила шашлык в «Татосе», папа, — она внезапно, к собственному удивлению, успокоилась. — Я брала там сациви.

Такой уж он у нее, что сделать. Живет в своем зеркальном, придуманном мире. Где все любят то же, что любит он, где каждый встреченный им человек — не более чем его отражение.

Она накинула плащ:

— Пойду к дяде Иржи. Скажу, что ты здесь.

— Нет. Никому не говори. Даже Иржи.

— Он твой лучший друг.

Смирницкий ухмыльнулся — высокомерно не то страдальчески, Аглая не разобралась еще в гримасах на его бледном и исхудавшем и оттого как будто слегка незнакомом лице.

— У меня больше нет друзей. Только ты, моя девочка.

В его голосе не было ни тоски, ни любви, ни нежности. Сухая, скучная констатация. Он вскинул руки, как бы приглашая ее в объятия, но тут же бессильно их уронил — Аглая не успела к нему подойти. Она почувствовала, как подступают к глазам беспомощные, детские слезы.

— Ты плохо выглядишь, папа. Когда ты в последний раз ел?

— Какая разница. Весь наш мир рухнул. А ты о еде.

— Я принесу тебе что-нибудь с полевой кухни.

Он прищурился:

— У красных с руки клюешь, побираешься?

— Не смей со мной так говорить. Я сестра милосердия. Мне полагается.

— Как знаешь, Глашенька. Твое дело. Но белый генерал от советских подонков подачки не примет. Желаешь меня накормить — сама стряпай. Как раньше. Как у нас было в Харбине.

— Как раньше не будет, папа, — она отвернулась к окну.

Та муха, что не желала принять сладкий яд неизбежной смерти, еще шевелилась. И лапки ее, и тельце влипли в сироп, но крылья слегка подрагивали.

— Аглая. Посмотри на меня.

Она посмотрела.

— Какие же у тебя стали, доченька, злые глаза. Зрачки — как булавки. Аж боязно уколоться.

ГЛАВА 7

Дедушка Бо насадил на иглу коричневый липкий комок и, придерживая его сбоку другой иглой, принялся вращать над маленькой пузатой лампочкой с дрожавшим внутри огоньком. Закопченное стекло лампочки украшал орнамент: три круга, в каждом из которых — красная лисица с тремя хвостами на вершине холма у одинокого дерева, а вместо корней у каждого дерева — иероглиф «ван». Когда Бо зажигал огонек, три лисицы как будто бы оживали, наливались сияющей, рубиновой кровью.

Насте нравилось смотреть, как оживают на лампе лисицы, как коричневый комок пузырится и выпускает серебряные шипы, пока дедушка Бо вращает иглу над огнем. Это было волшебство: и специальный серебряный поднос, и фаянсовые чашечки с иероглифами, и старинная длинная трубка из бамбука — все было волшебным. И потом, когда Бо, полулежа на кане, засовывал поджаренные шарики в чашечку трубки, он окутывался волшебным, пахучим дымом, и в этом дыму Настя угадывала фигуры летучих мышей, людей, и лисиц, и тигров, и они волшебно перетекали, превращались друг в друга.

Когда дым рассеивался и чудесные звери рассыпались бледными клочьями, дедушка Бо оставался лежать на кане; он как будто бы спал, но не до конца. Настя знала, что, если заговорит с ним, он ей ответит — из какого-то другого, соседнего мира, из старинной сказки, из полусна. Дедушка Бо очень мало спал. Не как все люди — гораздо, гораздо меньше. Ей иногда казалось, что он хоть немножечко спал, только когда курил свои волшебные шарики. Поэтому Настя с ним в эти моменты не говорила, а сама с собой тихонько играла или шла к маме.

На этот раз мамы не было — ее вообще всю ночь не было: Настя проснулась в комнате одна на рассвете. Она пришла к дедушке — тот как раз зажег волшебную лампу с лисами, и в дыму, который его окутал, тоже плясали и сплетались хвостами лисы. Так что Настя придумала игру, как будто серый кусочек меха, который ей недавно отдала мама, был зайцем, а она на него как будто охотится. Она зашвырнула мех в дальний угол харчевни, потом бросилась за ним следом на четвереньках, накрыла ладонью, сжала мягкий комочек в пальцах... И вдруг почувствовала, что ей мучительно хочется не в игре, а по-настоящему преследовать кого-то живого, пушистого, теплого, напуганного, с панически бьющимся сердцем, и поймать его, и прижать к холодной, влажной земле, и обнюхать, и придушить... Она в ужасе отшвырнула кусочек меха.

— Бедный зайчик, прости, я тебя не обижу!

Дедушка Бо приподнялся на локте и посмотрел на Настю волшебными глазами — они всегда у него становились такими, когда он возвращался из соседнего мира; наверное, там у всех были мудрые, мечтательные глаза с очень маленькими зрачками.

— Кто ты в этой игре? — спросил ее Бо.

— Я — лисичка...

— Почему?

— Лисы ловкие, сильные, быстро бегают... — как всегда в разговоре с дедушкой, Настя перешла на китайский.

По-стариковски крякнув, Бо слез с кана и прошаркал к ней.

— Человек тоже может быть ловким и сильным. Сильнее зверя. В человеческом теле заключена огромная сила.

— В моем теле нет силы. Мама боится, что я заболею и умру.

— Сила есть в тебе. Нужно просто ее пробудить и напитать энергией ци. Нужно делать специальные упражнения. Тогда не умрешь.

Бо сел в позу лотоса и закрыл глаза, Настя повторила за ним. Ей нравились его упражнения. Например, нужно было дышать животом, причем так, чтобы вдох был коротким, а выдох длинным. И при этом совсем-совсем ни о чем не думать. Только наблюдать за вдохом и выдохом. Дедушка Бо называл это утробным дыханием. Он говорил, что наблюдать, но не участвовать — значит быть нерожденным, а нерожденный не умирает. Он говорил, утробное дыхание — шаг к бессмертию.

Настя не понимала, что значит наблюдать, но не участвовать, и ей почти никогда не удавалось совсем ни о чем не думать, но зато очень нравилось представлять себя нерожденной, да к тому же еще бессмертной.

Дедушка Бо говорил: чтобы стать бессмертным, нужно сначала остановить свои мысли, потом дыхание, потом сердце, а потом освободиться из плена своего тела. Оказаться снаружи. Быть не рисом, но паром над чашей с горячим рисом. Настя знала, что из этих обозначений — пара и риса — складывался иероглиф жизненной силы Ци.

В этот раз у Насти получалось особенно плохо. Мысли, разные — про опухшего Прошку, про камни, про пчелиные соты, про ведьм, про войну, про отца, который никогда с войны не придет, про проклятое болото, про раздавленных солдатскими сапогами червей и слизней, и про черного молодого коня, и про старую белую лошадь, и про маму, которая куда-то ушла среди ночи, про подаренный Прошкой крестик, и снова про ведьм, и про Шутова, который ушел на болото, и еще про какие-то темные, пахучие норы... эти мысли не получалось остановить, и они роились в голове потревоженными, разъяренными, гудящими пчелами. А потом они как будто вдруг разом вонзили ей в мозг свои жала — и стихли, и остались только короткие вдохи и длинные выдохи. И там, внутри своей головы, в густой, как мед, пустоте, она услышала голос, и он сказал на древнем, но почему-то понятном ей языке:

Перестань дышать, не дыши совсем, убей в себе человека и иди в лес

Она подчинилась: сделала длинный выдох и постаралась больше не делать вдох, чтобы выбраться из плена своего тела.

Тут же зазвучал взволнованный голос дедушки Бо, он просил, чтобы Настя дышала, а потом голос мамы, она звала ее по имени и кричала, но древний голос был важней других голосов.

убей в себе человека, уходи в лес

По-прежнему не дыша, она открыла глаза. Она видела комнату, кан, серебряный поднос и волшебную лампу с красными лисами, видела склонившихся над ней дедушку Бо и маму, но поверх всего этого она видела опустившуюся на них тень соседнего мира, различала узкий, извилистый, темный лаз, по которому следовало пробираться на четвереньках, но не в этом, а в другом теле. Она встала на четвереньки. Мыслей и дыхания уже не было, оставалось только остановить сердце...

не дыши совсем

Мать влепила ей пощечину — наотмашь, резко и больно, — и Настя вдохнула воздух. Лаз закрылся, тень соседнего мира исчезла.

— Ты ударила меня по лицу, — прошептала Настя с обидой и удивлением.

— Почему ты перестала дышать? — Лиза схватила ее за плечи, с силой встряхнула и прижала к себе; Настя почувствовала, что у матери влажные платье и волосы. — Почему ты встала на четвереньки и перестала дышать?!

— Я хотела стать нерожденной, — сказала Настя.

— Это ты виноват! — Лиза повернула к дедушке Бо побледневшее лицо. — Эти дурацкие дыхательные упражнения!

Бо улыбнулся — печально и как-то беспомощно.

— Я просто учил ее использовать силу Ци...

— Деда не виноват, — вступилась Настя. — Это голос мне сказал не дышать и убить в себе человека, и уйти в лес.

— Голос? — в маминых глазах уродливой темной кляксой расползся страх, и от этого Насте тоже стало темно и страшно. — Какой голос, Настя?

— Я не знаю... древний. Не мужской и не женский.

— Началось.

Страх выплеснулся наружу из Лизиных глаз, и Настя увидела, что это никакая не клякса, а просто слезы.

— Я научу ее не подчиняться этому голосу, — сказал дедушка Бо.

— Да неужели? — спросила Лиза так визгливо и зло, что Настя высвободилась из ее рук и прижалась к дедушке. — И как ты предлагаешь не подчиняться? Сесть в позу лотоса и предаться неучастию и неделанию? Ты что, не видишь, что этот день совсем скоро?

— Какой день скоро? — спросила Настя, но ни мать, ни дедушка не ответили, они продолжали ссориться.

— Иногда неделание лучше, чем делание, — дедушка Бо коснулся рукой Лизиных влажных волос. — Куда ты ходила ночью? Кому еще ты сделаешь зло?

— Это ради Насти.

— От этого зло не перестанет быть злом. А подлость не перестанет быть подлостью. Как твой отец, я...

— Ты мне не отец! — вдруг крикнула Лиза. — И ей ты тоже никто!

Настя почувствовала, как дедушкин живот, к которому она прижималась щекой, стал каменным — как будто Бо пытался защитить себя от ударов. Она запрокинула голову: его лицо было, как всегда, спокойным и безмятежным. Он улыбался Лизе, но Настя знала, что это плохая улыбка.

— Твоя родная мать оставила тебя в свертке вон там, — Бо указал рукой на входную дверь. — А твой родной отец, Лиза... Наверняка он замечательный человек. Жаль, никому не известно, как его звать и где он живет. Если б я знал, я бы тогда отнес тебя к родному отцу, а не растил в своем доме.

— Прости ее, дедушка, — испуганно попросила Настя. — Мама так больше не будет.

Бо молча отодвинул от себя Настю, как будто и она сразу перестала быть ему родной и любимой, и пошаркал на кухню. Лиза кинулась за ним следом, схватила сухую, покрытую пигментными пятнами руку, попыталась поцеловать.

— Прости, прости меня, папа...

Бо быстро отдернул руку — как будто обжегся или испачкался.

— Не теряй лицо... дочка.

ГЛАВА 8

— Выходит, капитан, ты нас спас, — бубнит майор Бойко; от переизбытка эмоций он, сам того не заметив, переходит на «ты». — Засаду увидел. Эти бандиты — они ж нам прямо в затылок дышали...

Я не отвечаю. Я молча иду по тропе к тому кустарнику, где я оставил Пашку караулить раненого китайца. Я видел, как этого китайца пристрелил потом охотник Ермил. Совсем не в том месте, где я его оставил. Это значит, что он сбежал. И это значит, что я найду Пашку мертвым.

На самом деле я ведь знал это с первой минуты. Как только увидел его глаза. Те, у кого такие глаза, — они всегда быстро гибнут. Не надо было к нему привязываться. Не надо было его к себе подпускать. Возможно, дольше бы прожил.

со мной рядом смерть ходит

Он там, за кустарником. Лежит неподвижно на животе, уткнувшись щекой и носом в листву. Рот приоткрыт, глаза плотно сомкнуты, а руки широко раскинуты в стороны. Как будто он хотел кого-то обнять, но внезапно заснул. Я опускаюсь рядом с ним на колени.

— От суки-то. Овчару убили. И шо он им сделал? — причитает сочувственно Тарасевич, а прямо у меня за спиной кто-то тяжело, надрывно, утробно стонет, раз за разом, как угодивший в капкан крупный зверь.

Я оборачиваюсь, чтобы посмотреть, кто это, — но никого нет. Я сам издаю эти звуки. Десантники смотрят на меня изумленно.

Я делаю короткий вдох, а потом длинный выдох, и так три раза, это помогает мне успокоиться. Я переворачиваю убитого рядового на спину. Он по-прежнему в моей влажной, воняющей болотной затхлостью гимнастерке. На груди, как я и думал, дырка от пули — но почему-то нет крови. Я распахиваю на нем гимнастерку. На теле тоже нет крови. Слева, в области сердца, багрово-синим цветком расползлась гематома. Я кладу пальцы ему на шею, я щупаю его пульс, а потом я лезу в карман простреленной гимнастерки — и громко смеюсь.

Там, в кармане, — мои часы-луковица с портретом Елены. Или, вернее, то, что от них осталось после попадания пули калибром 6,35 миллиметра. В Пашку стреляли из дамского «браунинга» или пистолета Коровина. Если б калибр был больше, часы бы не помогли, его бы убило.

— Рядовой Овчаренко! — я трясу его за плечо. — А ты везучий, собака, отделался легким ушибом!

Он открывает глаза — изумленные, ясные, незабудковые. Такие глаза, что бывают у тех, кто обязательно гибнет.

— Товарищ Шутов... Меня ж разве не подстрелили? — он садится и с удивлением озирается.

Я демонстрирую ему простреленные часы.

— Часы спасли!.. Товарищ Шутов! Да это ж... чудо!

— И точно, чудо! — счастливо лыбится майор Бойко.

— Дураков бог любит! — гудит Тарасевич.

Я киваю. Мне так хочется испытать это их ощущение чуда, явленного добрым, любящим богом. Ощущение, что мы в сказке, где кто-то умер, но сразу ожил. Не выходит. Если кто-то там, наверху, все же есть, то, что он сделал с Пашкой, больше смахивает не на чудо, а на цирковой номер.

— Виноват я, товарищ Шутов, — бормочет Пашка. — Упустил китайца. Он когда побежал — я выстрелил, но промазал. А он выстрелил — и попал... Часы вам испортил.

— Ерунду не говори, рядовой. Промазал — с кем не бывает. Главное, жив остался.

— Вы, товарищ Шутов, не поняли, — он теперь говорит так тихо, что мне приходится к нему наклониться. — Я нарочно промазал.

— Почему?

— Не хотел убивать человека.

Я смотрю ему в лицо — и до меня вдруг доходит. Он вообще не убивал еще. Никогда. Никого. Я вдруг чувствую такую острую зависть, что мне хочется сказать ему что-то злое.

— Все равно его убили, Овчара. От судьбы не уйдешь.

ГЛАВА 9

Отец приносит сто третьему миску с едой и ставит на стол. Кладет рядом с миской ложку. Сто третьему неудобно, и ложка ему не нужна. Он хватает миску, уволакивает под стол, встает на четвереньки, вытаскивает куриную ножку на пол, очищает пальцами налипшие куски вареной картошки, а потом, придерживая ладонью конец косточки, рвет зубами ароматные куски мяса.

— Никита. Люди так не едят, — говорит Отец.

Сто третий хочет ответить, что он больше не Никита и больше не человек, но, если рот набит мясом, в него нельзя уместить еще и слова, поэтому он просто мычит.

Отец запихивает в печку поленья. Он будет делать огонь. Сто третий огня боится. Давясь и чавкая, он доедает курятину и отбегает в противоположный конец комнаты, чтобы быть от огня подальше. Садится в углу на корточки. Рядом с ним аккуратными стопками сложены книги. Сто третий раньше умел читать, а теперь разучился.

Отец подходит к нему, снимает с одной из книжных стопок альбом с фотографиями. Сто третий знает, что фотографии — это картинки из старой жизни. Отец уже показывал сто третьему фотографию черно-белого мальчика и рассказывал про него. Черно-белый мальчик раньше жил с Отцом, а потом разделился на тело и душу. Его душа теперь живет в небе, а тело живет под землей. Все потому, подумал сто третий, что мальчик с самого начала был двойной, черно-белый. Душа у мальчика, наверное, была белая, а тело, наверное, черное. Поэтому он разделился. Сто третий тоже несколько раз разделялся, но никогда не уходил ни под землю, ни в небо.

Отец показывает сто третьему еще одну картинку:

— Смотри, сынок, это биплан — самолет. Вот это у него фюзеляж, это крылья... Мой сын любил самолеты разглядывать. Тебе, Никита, нравится самолет?

Сто третий не смотрит на самолет. Он смотрит на черно-белого человека, который стоит рядом с самолетом. У человека есть сапоги, пистолет и шлем. И он похож на Отца.

— Солдат? — сто третий тычет в картинку. — Солдат?! — сто третий указывает на Отца пальцем. Сто третьему страшно.

— Да, я был в молодости солдатом, — отвечает Отец. — В первую войну. Но теперь я священник.

— Никитка тоже был раньше солдат, — говорит сто третий. Слова идут тяжело. — Никитка был красный рыцарь. Сражался с черными рыцарями.

— Постой, постой-ка, — Отец вдруг вскакивает. — С черными рыцарями!.. — Он выбегает из комнаты и тут же возвращается с деревянной коробкой, расчерченной черными и белыми квадратами.

Отец раскрывает коробку и вытряхивает на пол перед сто третьим черные и белые фигурки. Они красивые. Там есть человечки: два старика — белый с добрым лицом и черный со злым лицом, — а еще черные и белые рыцари на конях. И там есть звери: лисички, черная и белая, и тигры, два черных и два белых, и много-много черных и белых волков. Еще есть башенки с острыми зубцами — две черные и две белые. Сто третий трогает руками фигурки.

— Что, нравятся тебе шахматы?

Сто третий кивает.

— Тогда давай мы с тобой, Никитка, чуть-чуть поиграем. Бери фигурку. Кем ты будешь в игре?

Сто третий выбирает из груды белого волка.

— Волчок? — одобрительно кивает Отец.

— Волчок-воин.

— И что случилось с волчком?

Сто третий складывает в кучку всех белых волчков и белую лисичку, а рядом с ними ставит черную башню, а рядом с башней — двух черных рыцарей и черного тигра. Он вспоминает слова, сразу много слов.

— Волчок когда-то был человеком, солдатом. Но черные рыцари поймали его и посадили в черный замок Пятьсотдвенадцать. И там волчок познакомился со своей стаей. Черные рыцари мучили волчка, и брали кровь у волчка, и делали уколы ему, и убивали его. И он стал больше не человек, а номер сто три. И других из стаи волчка они тоже мучили. И еще там был очень злой тигр.

Сто третий возвращается к миске, хватает куриную кость, перекусывает ее пополам и острым концом разрезает себе ладонь. Отец охает.

— У всех волчков они брали кровь! — сто третий показывает Отцу глубокий надрез.

— Господь с тобой, Никита, ты что творишь? — причитает Отец.

Сто третий сжимает в руке белого рыцаря и ставит его рядом с черными. На голове и спине у белого рыцаря и на крупе его белой лошади теперь пятна крови.

— Потом пришли красные рыцари, — бормочет сто третий. — И черные рыцари испугались. И убили половину стаи. Совсем убили.

Сто третий отшвыривает часть фигурок-волков, других передвигает чуть в сторону — ко второй черной башне.

— А половину стаи черные рыцари увезли в новый замок.

В руке сто третьего остается один белый волк. Он разжимает ладонь. Кровь из разреза уже не идет. Он говорит:

— Но Волчок был хитрый. Он притворился, что совсем умер, а сам сбежал. Волчок окрепнет, а потом спасет свою стаю из черного замка.

— А кто в его стае главный? — спрашивает Отец. — У Волчка есть вожак?

Сто третий находит в груде белого старичка и прячет за спину:
— Нет вожака. Вожак давно куда-то ушел... Зато есть Старшая Мать — лисичка! — сто третий слегка касается пальцем фигурки белой лисы.

— Но как же Волчок найдет свою стаю, которую мучают черные рыцари? — спрашивает Отец. — Волчок разве знает, где новый замок?

Сто третий сидит среди черных и белых фигур и грызет куриную кость. Он говорит:

— Волчок всегда чует, где его стая.

Потом он слышит шаги и принюхивается. Морщит нос, закрывает лицо руками, раскачивается из стороны в сторону.

— Волчок не хочет уколы, сто третий не хочет уколы, Никитка не хочет уколы!

— Какие уколы? — не понимает Отец, и в ту же секунду человек, который пахнет табаком и уколами, стучит в дверь:

— Вы дома, отче? Отпирайте! Не побрезгуйте старым медикусом!

— Сто третий не хочет уколы! Никитка не хочет уколы!..

— Тише ты! — шипит Отец. — Не будет уколов.

Он хватает сто третьего за рукав и волочет его за собой. Сдергивает с пола циновку, открывает квадратный люк. Там лестница, она ведет в темноту.

— Лезь туда!

— Сто третий не хочет под землю... Сто третий лучше хочет на небо!

— На небо рано тебе. Сиди там тихо. Погрызи косточку.

Отец насильно заталкивает сто третьего в темноту, швыряет туда же куриную кость и захлопывает тяжелую крышку.

Отец Арсений прикрыл крышку люка циновкой и принялся поспешно сгребать шахматные фигуры в коробку. Стук повторился.

— Я знаю, что вы тут, отче, во флигеле! Дым идет из трубы!

— Сейчас, сейчас, — нарочно сонным голосом произнес Арсений. — Простите, Иржи Францевич, прикорнул...

Он вышел в прихожую, отпер дверь — жилой флигель примыкал к церкви, это было удобно, — и в помещение, не дожидаясь приглашения и пыхтя трубкой, шагнул доктор Новак. Обычно землистое его лицо сейчас казалось пунцовым, он выглядел болезненно возбужденным.

— Что ж вы, отче, к папаше Бо на чарку рисовой не заходите? — Новак быстро подошел к печке и принялся энергично, но как-то дергано потирать руки над огнем.

— Так ведь... два часа пополудни. Рано для рисовой.

— Тогда вечером?

— Сегодня не смогу. Прихворнул.

— Эк вы разом все прихворнули! Вот и Глашка моя дома сидит... Я стучал-стучал — не открыла! Через дверь со мной. Болею, мол. Инфлюэнца... А я чувствую — врет! — Доктор Новак возбужденно оглядел комнату, уперся взглядом в стоявшую на полу миску с объедками. — Вы собачку, что ль, завели, отче?

— Потихоньку подкармливаю приблудную.

— Взяли в дом?

— Тварь Божия. Отчего не взять в дом.

— А я тоже, представьте, собачку подобрал! Для науки! — Новак коротко хохотнул. — Вот вы, отче, в науку не верите, а верите в Бога... В чудо, стало быть, верите... А как вам такое чудо? У Подопытного, пока он в окно не сиганул, я кровь успел взять...

Отец Арсений нахмурился.

— Почему же вы, доктор, человека зовете подопытным?

— Да это не я, это его так назвал майор. Потому что он вроде как пленный из японской лаборатории... Так вот, кровь-то я у него взял и посмотрел в микроскоп. А потом у собачки взял. И у себя. И сравнил.

— Для чего?!

— Мне его кровь показалась странной. Слишком много красных кровяных телец, вариабельность по размеру, а когда я сделал пробу с щелочным раствором калия... А потом сщс с сывороткой Чистовича-Уленгута...

— Иржи Францевич, помилуйте, я ни слова не понимаю!

— В общем, кровь у него не вполне человеческая, — снова хохотнув, сказал Новак. — По своим свойствам напоминает собачью. Или, может быть, лисью, волчью... Но что-то псовое. Просто я с собачьей сравнил, под рукой, сами понимаете, волчьей крови-то не было...

Отец Арсений быстро перекрестился:

— Да Господь с вами, доктор, какая псовая!.. Может, стеклышко у вас было грязное? Или просто вы перенервничали?

— Не-е-ет уж, нет уж! — Новак погрозил батюшке пальцем и подумал, что сейчас он и впрямь, наверное, выглядит как душевнобольной. Нужно было успокоиться и объяснить попу ситуацию на доступном ему языке, раз уж тот не понимает про реакцию Чистовича-Уленгута. — Никаких грязных стекол, — сказал он уже спокойней. — Как есть — чудо. Но дурное, очень дурное. Чудеса тут дурные у нас, в Лисьих Бродах...

— Отчего ж дурные?

Доктор Новак вдруг хлопнул себя по бедрам — так, что из трубки вылетело несколько угольков.

— От батюшка! Вы ж душевед! Столько лет тут торчите, а ни ч-черта не поняли, где торчите!

— Я, Иржи Францевич, не слепой. Вижу, что городок наш особенный.

— Особенный? — Новак даже закашлялся, подавившись дымом. — Не-ет, не просто особенный! Бесовское, пр**о**клятое место! Так-то, отче. Храм ваш — в бесовском месте!

— Что ж вы не уезжаете? — в голосе отца Арсения прозвучала обида. — Неужто так привязаны к местным бесам?

— Привязан... Это вы сейчас очень точно... Привязан — петлей за шею...

— Иржи Францевич. Давайте-ка рюмочку самогончику? Оно, может, и полегчает? — Не дожидаясь ответа, отец Арсений скрылся за занавеской в соседней комнате и принялся копаться в кухонном шкафу.

— Может, и полегчает... — Новак обессиленно опустился на табурет у стола. — Тащите ваш самогон. И давайте партию в шахматишки. Я у вас в тот раз их забыл... А что они у вас тут раскрытые? Никак играли с кем-то?

— Да я так... сам с собой, — звеня стеклом, промямлил отец Арсений.

Доктор Новак перевернул доску и быстро расставил фигуры. Пешки-волка и ферзя-лисы не хватало. Белый конь с наездником был весь вымазан в чем-то красном. Новак недовольно хмыкнул.

— Что ж вы, батюшка, так дурно с моими шахматами обходитесь? Они ж старинные, я вам говорил, из слоновой кости. Двух фигур тут нет!

Отец Арсений вернулся со стопками и большой мутноватой бутылью. Наклонился под стол, поднял и поставил на нужную клетку белую фигурку лисы-ферзя. Доктор Новак покачал головой и тяжело опустился на четвереньки, шаря глазами по полу:

— Ну а пешка-то где?

Из-под пола раздался высокий, тоскливый звук — как будто там кто-то выл. Новак потянулся рукой к циновке.

— Нет, не надо! — Отец Арсений хотел было наступить на циновку ногой, но не успел: Новак ее уже сдернул и таращился на квадратную крышку люка. В центре крышки лежала пешка в форме маленького белого волка. Вой усилился.

— Вот и пешка нашлась, а вы беспокоились, — отец Арсений, крякнув и схватившись за поясницу, поднял фигурку.

— Кто у вас там в подвале, отче?

— Так собачка же. Приблудная. В этот раз я за белых?

ГЛАВА 10

У выхода с кладбища и запах, и следы Телохранителя обрывались. Сигнальщик повертелся на месте и заскулил. Ему было страшно возвращаться ни с чем, докладывать Вожаку, что он не справился с заданием и не отыскал пропавшего члена стаи. На всякий случай Сигнальщик решил сначала еще сбегать к озеру: до того, как Телохранителя взяли в стаю, он часто спал там, неподалеку от пристани, под старой сосной. Если вдруг Телохранитель решил уйти из стаи и снова стать одиночкой — что было бы, конечно, полным бредом, но мало ли, — он мог вернуться туда, на свое старое место.

...Но и там, под сосной у озера, Телохранителя не было. На его старом месте спал человек с опухшим лицом. Ширинка у человека была расстегнута, рядом с ним валялась фуражка, на макушке розовела проплешина. Изо рта несло водкой. По щеке человека кругами ползала муха. Сигнальщик обнюхал землю под старой сосной: судя по всему, человек ее недавно пометил. Это было весьма подозрительно.

Сигнальщик задрал лапу и помочился на ствол. Еще раз обнюхал человека. Наверняка это он сделал что-то плохое с Телохранителем, чтобы занять его место под сосной. А что, если потом он заявит права и на их территорию у церкви? В любом случае теперь у Сигнальщика была хоть какая-то информация для Вожака и Старшей Матери. Возвращаться в стаю с информацией было чуть менее страшно, чем вообще без всего.

Он уже собирался двинуться назад в город, когда услышал быстро приближавшиеся шаги и различил запах человека из той же стаи, к которой принадлежал спавший. Сигнальщик отполз в сторону, быстро вырыл ямку в песке и залег в углубление. Чем больше информации он принесет Вожаку, тем лучше.

Человек подбежал к сосне. Он казался взволнованным. Он был в форме, но Сигнальщик не умел различать военных людей по форме. Зато умел различать их по позам, жестам и запахам. Тот, кто пьяным спал на собачьей земле под сосной, не мог занимать высокое место в человеческой иерархии. Прибежавший же был по статусу еще ниже — по всей видимости, кто-то вроде Телохранителя. Он застыл и поднес руку к виску — поза подчинения:

— Товарищ замполит! Товарищ капитан Родин!

Капитан? Очень странно. Капитанами в человеческой стае обычно зовут уважаемых Воинов. Этот был на капитана совсем не похож. Он невнятно замычал, открыл заплывшие, налитые кровью глазки, сдержал позыв к рвоте и выхватил из кобуры пистолет.

Человек-Телохранитель поднял вверх обе руки: поза абсолютного подчинения и позора.

— Не стреляйте! Это ж я, старшина Артемов! Радист...

Капитан мутным взглядом оглядел старшину, вернул пистолет в кобуру, суетливо отряхнул фуражку, нахлобучил на голову, зачесав предварительно пятерней прядь сальных волос на плешь, вскочил, одной рукой держась за обоссанный ствол, пошатнулся. Нет, он все-таки был совсем не похож на Воина... Однако же, с подошедшим обращался как вышестоящий:

— Ты чего тут?! — Капитан снова сдержал рвотный позыв, но Сигнальщик из своего укрытия явственно уловил изошедшую от него волну перебродившего, ядовитого риса. — Прохлаждаешься, скотина, у озера, хотя должен, так сказать, чинить связь?

— Я починил связь, товарищ замполит!

Старшина с оловянными глазами вытянулся по струнке. Он старался смотреть замполиту строго в центр груди, чтобы не видеть ни его опухшего с похмелья лица, ни верхней части штанов. Замполит тем временем опустил голову и сам обнаружил, что ширинка расстегнута. Это его разъярило:

— Почему так долго чинил?! Почему не известил?! Под трибунал захотел?

— Так я вас в части найти не мог. А потом ребята окунуться пошли, и сказали, что вы тут... прикорнули. Так я сразу и...

— Недоумок! Я тут не прикорнул, а установил, так сказать, слежку, выполняя ответственное задание!

— Вас понял, товарищ замполит, — старшина снова сделал оловянные глаза. — Разрешите доложить?

Замполит застегнул ширинку.

— Докладывай.

— Тут такое дело. Поскольку товарищ майор Бойко... и вообще все старшие по званию, кромс вас, отбыли с поисковым отрядом... вам, как старшему по званию, имею сообщить, что втулки на ферритовых сердечниках контурных катушек...

— Давай, так сказать, короче!

— Товарищ замполит, рацию умышленно кто-то испортил.

Замполит метнулся в сторону, согнулся пополам, и его вырвало. Он обтер тыльной стороной ладони рот — и вдруг озарился счастливой улыбкой:

— Так это значит, так сказать... диверсия, а? Значит, прав капитан Шутов! Тут не один Деев, а целая вражеская, так сказать, группа!

— Не понял, товарищ замполит...

— А тебе и не надо понимать, старшина. Не твоего, так сказать, уровня дело. Так связь работает?

— Так точно.

— Тогда пойдем, старшина! Моя обязанность — немедленно доложить куда следует... Ты сейчас мне, Артемов, штаб дивизии вызовешь, отдел контрразведки, так сказать, СМЕРШ...

Когда они ушли, Сигнальщик вылез из углубления и тщательно отряхнулся. Понюхал рвоту — там не было ничего интересного, никаких кусочков, только вчерашний спирт с желчью.

Он был потрясен. Замполит, как он понял, в человеческой стае был кем-то вроде Сигнальщика — как он сам. Его дело было вынюхивать и докладывать. Только вот в человеческой стае должность Сигнальщика была, похоже, почетной. Старшина-Телохранитель ему не был ровней и в отсутствие Вожака и Воинов напрямую ему подчинялся. Интересный расклад. Справедливый...

Сигнальщик затрусил по направлению к кладбищу. Про место Сигнальщика в иерархии человеческой стаи он тоже доложит. Может быть, Вожак прислушается и уравняет его в статусе с Воинами.

ГЛАВА 11

— Двустволку сдал, зверобой.

Шутов требовательно протянул руку к Ермилу; на охотника он при этом даже и не взглянул, как бы не сомневаясь, что распоряжение будет выполнено. А смотрел особист в свежевырытую яму, в которой лежали шестеро мертвых китайцев с рыжими косичками в жидких бородках.

— Чегой-то сдал? — насупился Ермил и покосился на майора Бойко, ища поддержки.

Майор недобро прищурился:

— Сам не понимаешь, чего?

— Не понимаю, — упрямо буркнул Ермил, но ружье особисту отдал.

— А я тебе, гнида, объясню! — не выдержал лейтенант Горелик. — Ты, сука, нас в засаду к своим дружкам-бандитам привел!

— Какие они мне дружки, я одного сам прикончил!

— Так ты прикончил, чтоб он тебя, Сычик, не сдал, — бесцветным голосом прокомментировал Шутов. — А то сказал бы, что ты наводчик. Оно тебе надо?

Горелика передернуло от отвращения к самому себе: в который уже раз за последний час он осознал, что полностью солидарен не только со словами, но даже и с поступками особистской тыловой крысы.

Да и стрелял особист для тыловой крысы на удивление хорошо: он двух китайцев прикончил. Еще двух — майор Бойко, одного — Тарасевич, одного — предатель-охотник. Седьмого подстрелил сам Горелик, но тот, раненый, скрылся...

И дальше, когда они нашли в кустах Овчаренко, когда они думали, что он мертвый, — этот Шутов, он же прямо над ним завыл, как над родным братом.

Но самое главное — как ни крути, особист их спас. Засек врага. А Ермил, которому майор Бойко доверился, сдал их...

— Я людей не сдаю, — как будто прочтя его мысли, с ненавистью процедил Сыч.

— Ну да, мы ж для тебя не люди, верно, Ермил?! — Горелик в бешенстве выхватил из кобуры пистолет. — Давай, ссыкло, признавайся, что это за твари и что им от нас было надо, — а то щас сам к ним в яму пойдешь!

— Отставить, лейтенант, — Шутов с ленцой оглядел конфискованную у охотника двустволку и забросил ее в кучу снятых с китайцев винтовок. — Мы людей без суда и следствия в лесу не расстреливаем.

— Вы? Не расстреливаете? — сам понимая, что перегибает палку, огрызнулся лейтенант.

— Горелик, мать твою! — вмешался Бойко. — Разговорчики!

— Все в порядке, майор, — особист ухмыльнулся, потом уставился в глаза лейтенанту Горелику. Взгляд был тяжелый и ледяной, как могильный камень. — Я — не расстреливаю.

Горелик, ненавидя себя, опустил голову и тут же подумал, что у особиста Бусыгина в сорок втором глаза были совершенно другие: беспокойные, мутные, ни на ком надолго не останавливающиеся, как две навозные мухи; в них и захочешь-то заглянуть — не поймаешь. Он помнил, как эти мухи-глаза суетливо метались из стороны в сторону, пока Бусыгин говорил:

— Ты что предпочитаешь, Горелик: расстрел на месте — или в штрафбате искупить свою трусость кровью?

— Трусость? У меня орден Отечественной войны за отвагу, — онемевшими от гнева губами ответил он тогда особисту.

— Уже нет, — мухи на секунду застыли и тут же уползли вбок. — Ты наград лишен. И звания тоже.

— За что? Я бежал из плена, убив трех немцев!

— Горелик — это же еврейская фамилия? — спросил вдруг Бусыгин.

— Так точно.

— И как же ты, еврей, неделю провел в фашистском плену? Почему они тебя в первый же день не убили?

— Я сказал, что я украинец. Мои товарищи подтвердили.

— Боялся, значит, за свою шкуру. Перед фашистами изворачивался. Вот и выходит, Горелик, что ты предатель и трус, недостойный звания офицера...

— ...Товарищи офицеры! — стоявший на краю ямы Пашка тряхнул лопатой. — Так я чего, китайских товарищей зарываю?

Бойко кивнул:

— Давай, зарывай, Овчара.

Пашка бодро надавил сапогом на штык лопаты, зачерпнул большой ком земли с обмотками травы и корней — и вывалил в яму, на лицо китайца с рыжей косичкой в бороде и с равнодушными нарисованными глазами. По щеке китайца, извиваясь, поползла разрубленная лопатой половинка дождевого червя.

Рядовой Овчаренко страдальчески причмокнул, снял с лопаты вторую половинку и отбросил в кусты.

— Пары монет не найдется у вас, майор? — вдруг спросил особист. — Вернемся в Лисьи Броды, верну.

— Каких монет?

— Любых.

Майор порылся в карманах и непонимающе протянул Шутову один фэнь и пять фэней. Особист кивнул, взял монеты — и зашвырнул их в могилу. Бойко изумленно проследил их полет взглядом, но промолчал.

Зато Овчаренко, отставив лопату, спросил:

— А это, товарищ Шутов, зачем?

— Такая примета, — особист встал рядом с рядовым у края ямы и задумчиво посмотрел на присыпанные землей трупы китайцев. — Ну что, Сыч, скажешь последнее слово?

— Какое слово? — Ермил побледнел.

— Ну мы ж товарищей твоих тут хороним, — особист ухмыльнулся. — Ты уж скажи, что они за люди, откуда. Считай, что это дань уважения, не допрос.

— Они мне не товарищи!

Шутов слегка кивнул, давая понять, что ждет продолжения.

— Это Камышовые Коты, — нехотя проговорил Ермил. — Раньше были хунхузы в этих краях. Бандиты. В переводе — краснобородые. Эти — вроде как наследники ихние. Они мне никто.

— Чем промышляют?

— Разбой, опиум, курильни. Девки срамные тоже под ними. Торговцы, кабатчики, артельщики, которые китайцы, — все им дань платят. Какие не платят — тех могут и... — охотник сделал движение большим пальцем поперек бороды. — Но к вашим они раньше не лезли.

— Так чего им от нас понадобилось? — вклинился Бойко.

— Понятия не имею. Может, лошади, телега, оружие...

— Да, ребятки пострелять любят, — особист кивнул на груду винтовок, ружей и кожаных перевязей с патронами. — Но оружие у них — старье, хлам. То ли дело твое ружьишко, Ермил-охотник, — Шутов тронул сапогом лежавшую поверх груды двустволку. — «Меркель-двести», бокфлинт. Где денег-то на него взял?

— Скопил.

— Двенадцатый калибр?

— Ну.

Особист сделал быстрое движение рукой — как будто решил показать им всем детский фокус, — и в ладони его материализовалась сплющенная пуля.

— А вот эта — из твоего ружьишка-то, небось, выскочила?

— Это что? — Ермил помрачнел еще больше.

— Так это ж пуля, которой меня на коечку в лазарет вчера уложили, — Шутов широко улыбнулся. — Не узнаешь, охотник?

— Не узнаю. Я по смершевцам не стреляю. Больше по кабанам.

Особист несколько секунд внимательно изучал Ермила. Закурил, прищурился, выпустил струйку дыма:

— А ты, охотник, не трус.

— Капитан, — майор Бойко подошел к Шутову. — Оставь покурить.

Лейтенант Горелик сплюнул и отвернулся. Дело ясное, с особистом ссориться им не надо. Но вот чтоб папироску за ним докуривать...

— Капитан, раз уж вы нам, считай, жизнь спасли, попробуем с чистого листа? — услышал он за спиной голос Бойко. — На «ты», без обид, без церемоний?

— Валяй, майор.

Пересилив себя, лейтенант на них посмотрел. Шутов и Бойко пожимали друг другу руки.

— Я на фронте с зимы сорок первого, минус три месяца на госпиталь. Разных особистов видал — но таких... — Бойко широко улыбнулся. — Ты, капитан, первый.

— А я такой один и есть, — ответил смершевец без улыбки.

— Капитан. Давай откровенно? Ты зачем по нашим фрицам фанерным на стрельбище мазал?

— Не люблю хвастаться.

— А я тебя раскусил! — с ребяческими искорками в глазах произнес Бойко. — Три попадания — вроде все мимо, но расстояние-то от яблочка одинаковое, как по линеечке!

— Ну так я и прибедняться не люблю, — особист наконец улыбнулся — едва заметно, уголком рта.

Майор же от души рассмеялся, и Горелик внутренне съежился. Потому что в этом смехе не было ни расчета, ни подхалимства — зато чувствовалась искренняя симпатия, и Горелику она казалась предательством. Ведь он рассказывал Бойко про особиста Бусыгина. Как так можно?

— Раз уж мы откровенно... — Шутов передал Бойко недокуренную папиросу, — скажи, майор: как так вышло, что я к доктору отправился ночью на коечку, а ты с ребятами с утреца — в лес?

— Я отвечу, — Бойко перестал улыбаться. — Мы — десант, капитан. Войска особого назначения. У врага в тылу мы свои проблемы привыкли сами решать. И мертвецов своих хоронить.

— Понимаю, — Шутов кивнул. — Но на этот раз придется со мной.

— Этот раз отменяется, капитан. — Бойко сделал последнюю затяжку и раздавил окурок носком егерского ботинка. — Разворачиваемся. К Сычу доверия нет, идти за ним дальше нельзя.

— За ним нельзя, а за мной — можно. — Особист подмигнул непонимающе уставившемуся на него майору и повернулся к Овчаренко. — Паш, ну как там карта, просохла?

— Так точно, товарищ Шутов!

— Какая карта? — прищурился майор Бойко.

— Которую твой Деев в сейфе хранил. Считай, шпаргалку оставил.

ГЛАВА 12

Для приворотного зелья следовало взять ягоды бешеной вишни, но не гнилые, кладбищенские, как для «Сна пяти демонов», а недозрелые и собранные там, где совокуплялись лисицы. Еще нужна была ложка меда, сделанного из нектара, который собран с соцветий болиголова, а также крылья собравшей его пчелы. Затем — цветки ацерантуса стреловидного, или син-лин-пи;

их полагалось собирать, только когда на болоте танцуют синие огоньки. Перед кипением в отвар понадобится добавить восемь стеблей полыни айе, но перед этим их необходимо надрезать и сутки носить на голове как заколки. А сразу после кипения — кровь черной курицы, восемь капель...

У Лизы было все, кроме черной курицы, и не было выхода: она выполнит условие Юнгера ради Насти. Приворожит смершевца. Или кто он там. Ей не важно.

Она поправила в волосах надрезанные стебли полыни айе, вышла к причалу на берегу Лисьего озера, кивнула Гуань Фу — нищему китайцу в плетеной шляпе, сидевшему на днище опрокинутой лодки с миской для подаяния и с обезьянкой на поводке, — и пошла вдоль торговых рядов. По воскресеньям здесь обычно устраивали небольшой дневной рынок. Китайцы продавали свежий улов прямо с лодок, а староверские бабы предлагали клюкву, грибы, картошку, яйца и кур.

Она окинула взглядом рынок. Татьяна и Марфа сидели в ряду торговок в самом конце. Это была удача. Значит, мимо них идти не придется, и Марфа не закатит истерику. Лиза пошла вдоль деревянных лотков, внимательно разглядывая товар. Как назло, кур либо не было, либо не те: из сизых тушек торчали недовыщипанные белые перышки.

Она подошла к горбатой торговке, с открытым ртом сидевшей перед грудой треснувших и битых яиц. Торговка была слегка слабоумной, поэтому всегда улыбалась Лизе и не считала ее за ведьму.

— Мне нужна черная курица, — сказала ей Лиза. — У кого есть?

— Черная курочка, — улыбнулась горбатая. — Черная курочка — это токма есть у Сычей... Марфанька! — завопила она, обильно брызнув слюной, прежде чем Лиза ее успела остановить. — Марфу-уша! Тут за курочкой черной пришли! У тебя ж есть?

Все торговки разом притихли и принялись с тупым любопытством таращиться на Лизу и Марфу. Сидевшая рядом с горбатой толстая баба сунула в рот семечку, громко лузгнула и одновременно перекрестилась:

— Во нахалка. — Она сплюнула шелуху Лизе под ноги. — Сначала мужа ейного охмурила, а теперича ей курица, значит, занадобилась...

Из-за дальнего прилавка поднялась Марфа и, с багровым лицом, утиной походкой направилась вдоль рядов к Лизе:

— Ах ты, тварь! Сучка! Нечисть! — Марфа будто специально старалась, чтобы каждое ее слово совпадало с каждым ее новым шагом. — Шлюха! Ведьма! Шутовка! Бесовка!

Лиза молча развернулась, собираясь убежать с рынка, — но внезапно наткнулась на замполита. За спиной его маячили трое красноармейцев.

— Имею сообщить, — он дыхнул на нее перегаром и рвотой, — гражданка Елизавета... как вас, так сказать, по отцу?

— Моего отца зовут Бо Сунь-ли, — с улыбкой сказала Лиза.

— Гражданка Елизавета Сунь ли... Так сказать, Суньливна. Имею сообщить, что вы задержаны по подозрению в пособничестве.

Замполит сделал знак красноармейцам; те вынырнули у него из-за спины и обступили Лизу, отрезая ей пути к отступлению. Родин вынул из кармана наручники.

— Четыре мужика одну бабу арестовывать пришли. — Лиза хихикнула. — А кому же я, товарищи красноармейцы, пособничаю?

— Шпионам, Елизавета Суньливна, кому же еще. Дееву и, так сказать, остальным. Все детали вы нам скоро расскажете на допросе, когда в Лисьи Броды прибудет дополнительный отряд СМЕРШ. А пока что моя обязанность препроводить вас к месту вашего заключения, — Родин звякнул наручниками. — Протяните, так сказать, руки.

Лиза засмеялась — звонко и высоко, как будто ее щекотали под мышками, — и вытянула руки вперед. Замполит, сопя, защелкнул наручники.

— Еще один подарок, товарищ Родин? — сквозь смех проговорила Лиза. — Вчера вы чулки мне принесли, в сеточку. Сегодня — наручники. Вас так привлекают мои конечности?

Горбатая торговка захихикала в кулачок. Замполит, дико тараща глаза, уставился на нее:

— Я смотрю, тут кому-то весело. Так я это сейчас исправлю.

— Вы на Машку не обижайтесь, товарищ, — подала голос Марфа; ее лицо теперь было не сплошь багровым, а как будто забрызгано красными и белыми пятнами; глаза блестели, как в лихорадке. — Машка у нас слабоумная, завсегда улыбается. А вот эту... — Марфа просунула меж спин красноармейцев указательный палец. — Так ее, ведьму! На виселицу! Во славу Господу!

Продолжая кликушествовать, Марфа попыталась просунуть всю руку и ухватить Лизу за волосы:

— В озеро ее кинуть, ведьму! Камень к ногам — и в озеро!

— Отставить мракобесие! Не мешайте процедуре задержания! — поморщился замполит.

— Аще утопати начнеть, неповинна есть, аще ли пополоветь — волховъ есть! — дурным голосом провопила ему в ухо Марфа. Потом, внезапно умолкнув, принялась энергично двигать сомкнутыми губами, как хоботком, одновременно высовываясь из-за плеча Родина и примериваясь плюнуть Лизе в лицо.

— Пойдем, Марфа! Не мешай товарищам арестовывать! — подоспевшая Танька с силой дернула свояченицу за рукав.

Марфа пошатнулась — и в этот же момент плюнула. Старательно накопленная для Лизы слюна повисла на брови замполита. Лиза снова захохотала. Обступившие ее красноармейцы тоже давились смехом.

— И эту взять! — завизжал замполит. — Обеих увести!

Марфина слюна стекла с брови замполита в уголок глаза и поползла по щеке, как большая пенистая слеза. Он вытер ее рукавом.

Двое красноармейцев, гыгыкая, ухватили извивавшуюся Марфу и поволокли прочь, третий шагнул к Лизе. Она игриво ему улыбнулась и чуть повела плечом, как бы предлагая взять ее под руку. Рядовой попунцовел и положил руку ей на предплечье — как показалось замполиту, нежно и бережно.

— Отставить! — снова сорвавшись на фальцет, крикнул Родин.

Красноармеец отдернул руку, и замполит схватил Лизу сам — грубо и больно.

Рыночные торговки молча смотрели им вслед. Таня Сыч тихонько скулила, прикрыв рот ладонью.

Пусть все знают, что советский офицер унижения не прощает, сказал себе Родин. У него теперь полномочия. К его слову теперь прислушивается отдел контрразведки СМЕРШ.

— Я тебя к стенке поставлю, шлюха, — замполит на ходу еще сильнее сжал Лизину руку. — У меня полномочия.

Лиза молча ему улыбнулась.

Никакого удовлетворения от свершившейся мести замполит почему-то не чувствовал. То ли из-за плевка, то ли оттого, что с утра мутило, то ли от этой ее улыбки, в которой не было страха.

ГЛАВА 13

Владивосток. Складская зона порта. Сентябрь 1945 г.

— Врагу не сдае-отся наш го-ордый Ва-ряг... — гнусаво затянул Пика и выбрел из-за груды досок и ржавого лома на открытое место, под фонарь. Нарочно пошатываясь, направился к часовому, скучавшему с ППШ возле контейнера.

— А ну стой! — часовой резко сдернул автомат с плеча и навел на Пику.

Стало ссыкотно.

— Моряч-чок... ты ч-чо?.. ч-чо ты? — заплетающимся языком загундосил Пика, перекрикивая стук колотившегося в ушах сердца. Получилось правдоподобно. Пика вообще был мастер изображать пьяных. Именно поэтому его отправляли вперед. А не потому, что не уважали. Не потому, что было Пику не жалко, если подохнет. Это Слон ему фуфло гнал из зависти, потому что сам был шестеркой.

— Руки! Кто такой?

— Грузчик я... Гружу... Ты чо, морячок?..

Пика вскинул руки, попятился, зацепился ногой за моток веревки — и рухнул навзничь со вскриком.

— Эй? — часовой осторожно подошел к Пике и потормошил носком сапога. Пика не пошевелился. Не отводя автоматного ствола, часовой нагнулся над ним, всматриваясь, — и тогда Пика, взвизгнув, резко дернул ППШ в сторону, а другой рукой выхватил из кармана нож и несколько раз пырнул часового в живот. Тот плавно осел на землю — тихо и мирно, как будто просто улегся спать.

Слон быстро подогнал фургон к контейнеру и остался ждать за рулем, пока Пика и еще трое урок перетаскивали товар в кузов.

Они с Лысым уже волокли на пару последний ящик, когда в горле у Пики булькнуло и он как будто вдруг поперхнулся и схватился рукой за шею, отпустив свой край ящика. Фанера с грохотом раскололась, банки американской тушенки покатились по грязи и ткнулись в бок часовому, неподвижно лежавшему в луже крови.

— Чо творишь, баклан?! — возмущенно зашипел Лысый.

Пика ему не ответил. Он стоял на коленях, ковыряя пальцами горло, перхая и хватая ртом воздух.

Гвоздь. Как будто в глотку ему засунули гвоздь острием вперед и теперь упрямо пропихивали по пищеводу, разрывая нутро. Пика выпучил глаза и сделал глотательное движение. Как-то раз в «Гранитном» он заглотнул гвоздь перед шмоном, предварительно, чтоб не пораниться, загнув кончик. Через день тот гвоздь Пика высрал, разогнул обратно и пару раз потом использовал как оружие; тот гвоздь остался на зоне... Этот гвоздь был не загнут. Он был мучительно острым. Проглотить его не удалось.

— Хватит, с-сука!.. — прохрипел Пика. — Вынь!.. Все скажу!.. — он скрючил в воздухе пальцы, словно пытаясь отвести от себя невидимую враждебную руку, и задрыгал ногами. — Я во Владивостоке... в порту...

Лысый, Слон и еще двое урок ошалело смотрели на Пику, сражавшегося и говорившего с пустотой. Между ног его расползалось темное пятно влаги. Лысый суеверно сплюнул через плечо и переглянулся со Слоном:

— Канаем.

— С этим чо? — Слон кивнул на Пику; тот уже не булькал и не брыкался, а, застыв, тяжело и часто дышал. — Тут бросим? Пришьем?

— Лучше в кузов, — поразмыслив, постановил Лысый. — А там посмотрим.

Дальний Восток. Урановый рудник «Гранитный». Сентябрь 1945 г.

Аристов резко разжал кулак и выпустил гвоздь, обнаруженный им среди личных вещичек Пики. Вытер пот, обильно проступивший на лбу и висках, задул свечи. Вырвал лист из личного дела Пики, поверх папки сыпанул кокаин, гвоздем разделил на дорожки. Лист со списком Пикиных судимостей свернул в трубочку, втянул в ноздрю порошок.

Прилив сил ощутил практически сразу. Да и в общем, не так много он их потратил. Он готовился к худшему — что опять провалится на *ту сторону*. Что снова не повезет. Очень странно, что Кронин устранил Флинта, но оставил в живых второго свидетеля, Пику. Не в его привычках.

Впрочем, кто знает, какие теперь у Макса привычки.

Флинт — вот тот был действительно страшен. На границе миров. Чумной. На бледном коне. С темной тенью, присосавшейся к нему сзади, а потом внезапно исчезнувшей. Тень была полковнику непонятна: на той стороне теней не бывает.

Говорят, величайшие менталисты умеют переходить на ту сторону без урона для физической оболочки, без последствий, в виде бесплотной тени, и могут оставаться там сколько угодно... Это просто легенды. Полковник Аристов был величайшим из менталистов — но так не умел.

Аристов заскрипел зубами и поморщился. Пощупал себя под мышкой. Вскрытый с утра нагноившийся лимфоузел-бубон был все еще воспаленным, и боль отдавала в руку. Но это ладно, пройдет. В приграничье и на той стороне вечно цепляешь *ментально* всякую дрянь, а заодно страдает и тело. Хорошо, что надолго это не пристает.

Он втянул вторую дорожку, закрыл глаза и молча позвал Силовьева.

Тот явился спустя минуту с дымящейся жестяной кружкой в руке. Запнулся на пороге спальни начлага, едва не расплескав кофе.

— Идиот, — беззлобно констатировал Аристов. — Это самый простой барьер. Я ж тебе объяснил, что надо переступать его не только ногами, но и ментально.

— Виноват, забыл, — огорчился Силовьев, но тут же воспрянул. — Зато кофейку вам принес. Растворяшка американская — мертвого поднимает.

— Сахар?

— А то ж. Пять ложек, как вы любите, товарищ полковник.

— Молодец, хоть чего-то понял. Глюкоза, кофеин, допинг... Спиритуальные методы забирают все силы. А силы нам с тобой сейчас ох как нужны, Силовьев, — Аристов поднялся из-за стола, и сердце сразу бешено заколотилось. — Потому что мы с тобой наконец-то встали на след.

— Я не понял, товарищ полковник.

— Мы едем во Владивосток. Там есть тот, кто выведет нас на Кронина. Собирай манатки, Силовьев.

— Так точно, — без энтузиазма отозвался майор и остался стоять на месте.

— Что еще?

— Глеб Арнольдович... — Силовьев смущенно, по-пингвиньи переступил с ноги на ногу. — Вот вы злитесь, что я, дескать, необучаем, но ведь вы же ничего мне не объясняете!

Аристов отхлебнул кофе, удовлетворенно причмокнул.

— Ну, допустим, Силовьев, я готов ответить на три вопроса. Что тебе объяснить?

Силовьев возбужденно облизнул пересохшие губы — он не ожидал такой легкой победы.

— Вот та ампула, которую вы с собой возите... Из-за которой фикусы все подохли... Там какой-то яд или вирус?

— Ответ будет «нет».

— Так а что там?

— Эх, Силовьев, вместо одного вопроса зачем-то потратил два... В этой ампуле — мертвая вода, как в сказках. Разрушает молекулярные связи в любом живом организме. Причем мгновенно, и достаточно одной капли. Цепная реакция. Идеальное биологическое оружие. Разработано японцами в «Отряде-512».

— А при чем тут Кронин?

— Он разменная фигура. Пешка. А впрочем... — Аристов зажмурился и залпом всосал в себя сладкий, горячий кофе. — Нет, не пешка. Скорее ферзь. Только он про это забыл и живет как простая пешка.

— И на что мы его будем разменивать? На мертвую воду?

— У тебя, майор, попытки закончились, — Аристов вручил ему грязную чашку.

Выходя из комнаты, Силовьев споткнулся.

ГЛАВА 14

На холме с раскидистым деревом на вершине, на холме, который в деевской карте отмечен черным крестом, а поверх него моей кровью, на холме, по пути к которому мы убили шесть человек и одну белую лошадь, на холме, куда я привел поисковый отряд, — на этом холме совсем пусто. Здесь нет того, ради чего имело бы смысл под покровом ночи уйти из расположения гарнизона, и увести с собой четверых бойцов, и никогда не вернуться. Здесь нет того, ради чего имело бы смысл убивать. Здесь нет вообще ничего. Только кряжистое старое дерево, украшснное бслыми ленточками, красными бумажными фонарями и колокольчиками из глины. Только тихое перезвякиванье, шуршанье и шелест. Только голый и каменистый, оплетенный набухшими корнями, как венами, склон.

Это просто священное место, где китайцы молятся своим духам.

Бойко молча обходит дерево. Садится на камень. Закуривает. Он спокоен, но затягивается так сильно, что прогорает сразу полпапиросы. Он протягивает мне то, что осталось, он проявляет великодушие:

— Каждый может ошибиться. Даже капитан СМЕРШ.

Я молчу. Я раскрываю пробитые пулей часы. Я смотрю на крышку. На изувеченное пулей лицо блондинки. Здесь, на этом пустом холме, обрывается ниточка, которая вела меня к Дееву, а от него — к таким же часам, как эти, но с моим портретом на крышке, а от часов — к той женщине, которая их носила. К моей женщине. К Лене.

— Так мы что же, их не найдем? — простодушно, но со снайперской точностью озвучивает общую мысль Тарасевич.

Я молчу. И Бойко молчит. Зато высказывается рядовой Овчаренко:

— Обязательно найдем! Товарищ Шутов сказал, он ребят из-под земли вынет. Правда же вынете, капитан?

— Правда, Паша, — вру я. — Просто не в этот раз.

Овчаренко воодушевленно кивает и садится на корточки, прислонившись спиной к стволу.

— Ну чего, еще по одной покурим — и назад, в Лисьи Броды, — мрачно говорит Бойко.

Мы закуриваем еще по одной.

— Товарищ Шутов! — Пашка вглядывается во что-то прямо перед собой. — Гляньте, какие корни тут интересные!

Я не двигаюсь с места. Хороший он парень, но, похоже, совсем дурак.

— Ну, товарищ Шутов, взгляните, вам точно понравится!

Он канючит, как карапуз, который хочет показать свою дурацкую находку отцу. Мне становится его жалко, и я подхожу.

— Вот! Тут корни совсем как шрам у вас на груди — я его заметил, когда вы на болоте гимнастерку снимали. Я тогда еще подумал: похоже на китайский один иероглиф, мне Боря его показывал. Называется Ван — хозяин.

Я смотрю туда, куда тычет пальцами рядовой. Из сухой земли выбухают поросшие изумрудным лишайником древесные корни, они складываются в четыре противоестественно ровные и симметричные линии: три продольные и одна, поверх, поперечная. Как будто кто-то выложил из корней иероглиф. Вокруг иеролифа по земле ползет едва заметная трещинка. Как будто кто-то проковырял идеальную замкнутую окружность.

— Отойди-ка, Пашка.

Он непонимающе поднимается, по-собачьи заглядывает в глаза — неужели его находка мне не понравилась?

Когда он выходит за границу окружности, я наклоняюсь, берусь рукой за верхний, поперечный корень — и тяну на себя. И замаскированная крышка люка откидывается, открывая стертые земляные ступени, уходящие круто вниз, в темноту. И в лицо мне ударяет знакомый запах — не смерти, но ее обычных последствий: гниения и распада.

В лихорадочно шарящих по подземелью лучах фонарей — монеты, кольца, браслеты, идолы, статуэтки, слитки, опрокинутые и распахнутые сундуки и шкатулки... Это золото. Много золота. Ради которого дезертируют, уводят людей, предают, убивают.

Здесь же, прямо на грудах золота, густо вымазанного высохшей кровью, — убитые. Пять мертвецов в советской военной форме и один — в одежде охотника.

Ермил Сыч издает гортанный, сдавленный стон и крестится. Длинная тень от его руки как будто крестит заодно всю пещеру — и золото, и живых, и покойников. Ермил идет в дальний конец пещеры, перешагивая через тела убитых красноармейцев, — к лежащему на боку, как будто обиженно отвернувшемуся к стене, трупу охотника. Садится с ним рядом на корточки.

Мы переходим от одного мертвеца к другому. Один боец лежит на спине, у него две дырки в груди, его ППШ — в паре миллиметров от разжавшейся синей руки. Другой сидит, привалившись к земляной стенке. На коленях у него автомат, вместо глаза — дыра. Еще двое — друг на друге, вповалку у подножия лестницы, в груде покрытых слоем засохшей крови монет. Лежащий сверху, с дыркой в спине, как будто обнял нижнего на прощанье — его рука закинута товарищу под живот.

В центре пещеры, раскинувшись морской звездой, ничком лежит пятый. В правой руке ТТ, левая прижата к груди, на плечах — капитанские погоны. За один погон зацепилась золотая цепочка — как оборвавшаяся путеводная нить, так и не приведшая меня к Лене... Майор Бойко застывает над его телом. Потом поворачивается к Ермилу:

— Брат твой, как я вижу, здесь тоже.

Ермил, ссутулившийся над уткнувшимся в стену трупом, от слов майора вздрагивает, как будто проснувшись. Еще раз крестится. Выдыхает. Переворачивает мертвеца на спину — и вдруг принимается беззвучно, истерично смеяться.

— Это не он, — выдавливает из себя Сыч. — Это не Андрон.

— Он мог измениться, — говорю я. — Смерть меняет людей.

Я направляю фонарь на лицо мертвеца — и понимаю, что Ермил прав. Так изменить старовера не может ничто, даже смерть: это китаец. В его бороде — заплетенная в косичку рыжая прядь и белый опарыш.

— А вот мои все тут, — говорит Бойко неестественно ровным тоном. — Трое рядовых, один сержант и капитан Олег Деев.

— Майор... — я кладу руку ему на плечо.

— Найду их, тварей, — все так же ровно говорит он. — Тех, кто моих ребят порешил. Найду и убью.

— Майор, ты вряд ли их убьешь, — отвечаю.

Он поднимает на меня покрасневшие, непонимающие глаза.

— Твои ребята... Они сами перебили друг друга.

Он резко стряхивает мою руку с плеча. Его зрачки сужаются, а верхняя губа вздергивается — как у собаки, готовой вцепиться в глотку:

— Ты что несешь?

— А ты, майор, глаза разуй и смотри. Только смотри не как граф Монте-Кристо, а как десантник. Расположение тел, характер ранений, позы. Не веришь — спроси у снайпера своего, Тарасевича.

Бойко оглядывает пещеру и страдальчески смотрит на снайпера. Тот отводит взгляд и пожимает плечами.

— Смотрите, товарищ майор, — севшим голосом говорит лейтенант Горелик.

Лейтенант и сапер Ерошкин стоят у подножия лестницы, они только что перевернули на бок тех двоих, что как будто обнялись на прощанье, и скорбное выражение сапера впервые полностью соответствует моменту. Два тела по-прежнему сцеплены, как будто после смерти они срослись, как будто смерть их сделала сиамскими близнецами. В каком-то смысле так оно и есть. Теперь, когда они перевернуты, видно, что тот, кто сверху, не обнимает того, кто снизу, рукой, а мертвой хваткой сжимает нож. И он по самую рукоять погружен тому, кто снизу, в живот.

Бойко внимательно, долго, молча смотрит на трупы. Потом опускается на колени перед лежащим ничком капитаном Деевым:

— Что ж ты наделал, Олежка.

Майор переворачивает труп капитана на спину. Его глаза закрыты, в груди — пять пулевых дырок, вся гимнастерка покрыта сухой кровяной коростой. В руке его что-то зажато. Я наклоняюсь, легко разжимаю пальцы и забираю из ладони покойника хрустальный пузырек с чем-то темно-рубиновым внутри и с притертой пробкой.

Что-то не так. Есть какое-то несоответствие между простреленной грудью Деева, его рукой и этим кругленьким пузырьком. Я закрываю глаза, я сжимаю пузырек в пальцах, как сжимал его Деев, — и понимаю, какое.

Этот хрусталь — он теплый. И рука капитана, его сжимавшая, — тоже теплая. А пять смертельных ранений должны были сделать человека холодным.

Я опускаюсь перед Деевым на колени и кладу пальцы ему на шею.

Пульс есть. Сердце бьется.

ЧАСТЬ 5

Я постиг, что Путь Самурая — это смерть.
В ситуации выбора без колебаний предпочти смерть.
Только малодушные оправдывают себя рассуждениями
о том, что умереть, не достигнув цели, значит умереть
собачьей смертью. Каждый пытается найти оправдание,
чтобы не умирать. Но если человек не достиг цели
и продолжает жить, он поступает недостойно.

(«Хагакурэ кикигаки». Записи речей самурая
Ямамото Цунэтомо)

ГЛАВА 1

От моста мимо старых фанз, мимо пристани, мимо церкви и кладбища на почтительном расстоянии за нами следуют городские зеваки. Их становится все больше и больше, и на площади они, перешептываясь, обступают наш обоз беспокойным роем слетевшихся на запах крови слепней.

Под их пристальными взглядами рядовой Овчаренко и скорбный Ерошкин перекладывают неподвижного, бледного, изрешеченного пулями, две недели пролежавшего под землей, но какимто чудом живого Деева с телеги на носилки и несут в лазарет; русские вслед им крестятся. Еще четверо бойцов лежат в нашей телеге укрытые с головой. Им повезло меньше, чем Дееву: они мертвые. Тарасевич, Горелик и майор Бойко заносят их в здание

Русско-Азиатского банка. Там, в подвале-хранилище, сейчас самое прохладное место во всех Лисьих Бродах. Там уже лежат трое обугленных, сожженных мною «товарищей» в ожидании похорон. Их похоронят всех вместе, вечером.

Я снимаю с обоза сундук, под завязку набитый золотом, и волоку его туда же, в банк. Замполит семенит за мной следом, как голодная собачонка.

— Товарищ капитан, у вас там что-то тяжелое? Давайте я вам, так сказать, помогу?

— Отставить. Сам справлюсь.

Он заходит в здание следом за мной и застывает за спиной, когда я ставлю сундук рядом с сейфом.

— Покиньте помещение, Родин.

— Так точно, — с побитым видом он трусит к выходу.

Они тут все в этих Лисьих Бродах почему-то похожи на псов. Одни как будто бойцовые, Овчаренко — пастушья собака, а замполит — из тех, что копаются в выгребных ямах, вынюхивая сладкую падаль.

Я забираю деевский фотоаппарат «Минокс», запираю золото в сейфе и выхожу — Родин околачивается у входа. Бросается ко мне в надежде все-таки лизнуть руку и заработать подачку.

— Вот вы, товарищ капитан, мне не доверяете, а я, пока вас не было, добился-таки от этого лентяя Артемова, чтобы он рацию починил. Он обнаружил, что связь была нарочно испорчена!..

Я застываю. Чтобы лицо невозможно было прочесть, важно следить за губами и носогубными складками, но контролировать также глаза, переносицу, лоб и брови.

— ...Вы были правы: тут действует целая шпионская, так сказать, сеть. Так что я сразу со штабом дивизии вышел на, так сказать, связь. С самим подполковником Алещенком имел разговор, — он вглядывается мне в лицо в ожидании хоть какой-то реакции, но оно остается непроницаемым. — С вашим, товарищ Шутов, начальником...

— Что сказал подполковник? — мой голос звучит тревожно, но это сейчас нормально. Каждый может слегка занервничать, когда за его спиной говорили с его начальником.

— Он сказал, чтобы вы незамедлительно с ним вышли на связь, как только вернетесь. Мне показалось, товарищ капитан, он был немножко, так сказать, недоволен.

В припухших глазах замполита мелькает злорадство и тут же сменяется почти детским восторгом:

— А лично меня товарищ подполковник уполномочил, пока вас нет, подготовить особо, так сказать, подозрительных местных граждан для проведения допросов. Чтобы к прибытию отряда СМЕРШ они уже, так сказать...

— К прибытию отряда СМЕРШ? — вот теперь мой голос звучит абсолютно спокойно.

— Так точно, товарищ капитан, товарищи ваши уже едут к вам в помощь. Так вот, я уже, так сказать, и аресты провел. Арестовал гражданку Елизавету Суньливну Бо за пособничество шпиону и диверсанту Олегу Дееву, а также гражданку Сыч Марфу.

— Значит, два бабы тебе показались особо подозрительными?

— Елизавета Сыч, пособница и любовница Деева, притворяется шлюхой, а на самом деле шпионский связник. Когда я, так сказать, установил за ней слежку, она показала профессиональные навыки в уходе от наблюдения. А что до гражданки Сыч — она меня спровоцировала вызывающим поведением. Но там у них, староверов, в кого ни плюнь, все предатели. Охотника Ермила Сыча вы уже сами, так сказать, арестуете, это понятно...

Я слегка киваю в такт словам замполита, это его подбадривает.

— Также я лично фотолабораторию подготовил — тут два шага буквально, на том конце площади, — замполит указывает на ветхий особнячок с покосившейся вывеской «Братья Гольдштейнъ. Фотоателье». — Для проявочки и печати, так сказать, пленочки, которую вражеский агент Деев в сейфе хранил.

— Я не просил.

— Вы не просили, а я, так сказать, предвосхитил. Приедет комиссия — глядь, а пленочка-то уже вся проявлена, отпечатана. Я все по списочку: реактивы, бумага, фотоувеличитель, так далее... Позволите пленочку? — он протягивает руку ладонью-горсточкой вверх, как будто просит у меня милостыню. — Я быстренько ее проявлю, отпечатаю...

— Отставить. Это секретные материалы.

— Но я думал, мы вместе с вами...

— Я, товарищ Родин, в помощниках не нуждаюсь.

Замполит разочарованно разжимает горсточку, так и не получив подаяние:

— Вот вы, товарищ капитан, мне почему-то не доверяете... А я бы вам посоветовал приглядеться к рядовому, так сказать, Овчаренко, — он указывает на Пашку, который выходит из лазарета. — Он к вам в помощники набивается, а сам, между прочим, из белоказаков.

Я подхожу к замполиту вплотную и говорю очень тихо, глядя мимо него, на Пашку:

— Рядовой Овчаренко мне жизнь спас. Забудь про него, замполит. И про баб забудь.

Родин наклоняет голову набок — как собака, мучительно пытающаяся постигнуть смысл человеческой речи.

— Я немножко вас, товарищ капитан, недопонял. По моему опыту сотрудничества с контрразведкой и ранее Особым отделом...

— Тебе со мной твой опыт, замполит, не поможет.

Я протягиваю руку — не жалкой горсточкой, а открытой ладонью:

— Ключи давай.

Тот изумленно таращится на мою руку, как будто ждал, что там будет кусочек мяса, а там совсем голо.

— От чего, так сказать, ключи?.. Я не понял.

— От наручников, которые ты на подозрительных баб нацепил.

ГЛАВА 2

— ...Избави мя, рабу Божию, Господи, от навет вражиих, от всякаго зла, колдовства, волшебства, чародейства и от лукавой бесовки, да не возможет причинити мне никоего зла!..

Марфа Сыч стояла на коленях в дальнем углу подвала, по указанию замполита наскоро превращенного в изолятор, и, зажмурившись, покачиваясь взад-вперед и звякая наручниками, бормотала молитвы. Время от времени она открывала глаза и быстро зыркала в центр помещения, каждый раз надеясь, что Бог, вняв ее горячей молитве, удалил из подвала бесовку, но каждый раз убеждаясь, что Лиза по-прежнему сидит на полу, скрестив ноги.

— ...Господи, сохрани мя заутра, и полудне, и вечер, и на сон грядущаго и силою благодати Твоея отврати и удали всякая злая нечестия, действуемая по наущению диаволю... Господи, помилуй, Господи, помилуй, Господи, помилу-у-уй!..

Голос у Марфы сел, и первоначальная его заунывная монотонность, роднившая Марфины причитания хоть с замогильным, но все-таки пением, теперь скорее напоминала Лизе дребезжанье несмазанной телеги, бесконечно ездившей по кругу по разбитым дорогам.

— ...Аще кое зло замыслено или соделано есть, возврати его паки в преисподнюю, вместе с ведьмой проклятою, сатанинской шалавою, возжелавшей и совратившей, приворожившей моего мужа венчанного! И прости его, Господи, ибо нету его вины, ибо ведьма давала ему пить свою кровь в нечистые дни, а сама пила в пост его семя!..

Лиза хихикнула. Эта женщина считала ее ведьмой, одержимой демонами и бесами, а себя — богобоязненной и благочестивой, но сама при этом знала такие дремучие и темные приворотные рецепты, которые Лиза просто даже из чистой брезгливости никогда не решилась бы применить. Она нравилась мужчинам и так. Ароматные коренья и травы, правильно сваренные и собранные, помогали набухнуть, лопнуть и прорасти тому зернышку, что уже зародилось при виде ее волос, при звуке ее смеха в мужчине. В исключительных случаях она могла еще взять кровь черной курицы — но вот собственную грязную кровь она не использовала.

— Внемли, Господи! Се хохочет сатанинская ведьма! — Марфа возвысила голос. — Вот, сидит она, девка гулящая, ноги голые растопырила! Покарай ты бесовку, Господи, за то, что навела порчу, что дитя невинное, нерожденное во чреве моем убила!.

Лиза снова засмеялась. Она не причиняла зла детям — ни в утробе этой бабы, ни за ее, утробы, пределами. Даже тех, кто кидал камнями в ее бедную девочку, она пока что не тронула. Гремя наручниками, Марфа осенила себя крестом и поморщилась, пытаясь сглотнуть пересохшей глоткой. Лиза внимательно посмотрела на Марфино горло. У нее был зоб. Поэтому она не выносила ребенка, и никогда уже больше не выносит. Поэтому она была увядшей, опухшей, и вела себя как кликуша, и покрывалась пятнами, и сипела. Чтобы не стало хуже, Марфе нужно уехать из Лисьих Бродов к Желтому морю, где растет ламинария, целебная водоросль. Лиза чуть было даже ей не сказала, но передумала: все равно не поверит и не послушает.

— ...Уведи во ад, Господи, сатанинскую ведьму! И уничтожь ее дьявольское отродье, во грехе прижитое, во грехе рожденное!..

— Если твой бог обидит мою девочку, я уничтожу твоих детей.

Лиза резко развела ноги, встала на четвереньки и прямо так, на четвереньках, приблизилась к Марфе. И запустила метаморфоз — но не полный: только глаза; превращение начинается с глаз. На долю секунды Лизины карие глаза слепо застыли, как нарисованные, и тут же истлели, и снова нарисовались, уже другими, и ожили — теперь они были золотисто-янтарными, с вертикальным зрачком. Когда глаза *изменились*, она сразу остановила дальнейшее превращение, хотя сдерживать себя было больно.

Не в силах оторваться от этих рыжих, нечеловеческих глаз, Марфа нашарила на груди крестик, рванула его с цепочки и выставила перед собой. Руки ее тряслись, и мелко побрякивали наручники.

— Изыди, Сатана, помилуй, Господи, изыди, Сатана, помилуй, Господи!..

Лиза засмеялась, потом обнюхала крест, слегка лизнула его языком и снова уставилась на Марфу лисьими глазами. Та выронила крест.

— Молись за здоровье моей девочки своему богу, раба божия Марфа.

— Грех это, — прошептала Марфа и зажмурилась.

— Не грех. Она богу вашему не чужая. Я нарочно выбрала твоего мужа в отцы моей девочке, чтоб ваш бог ее защищал. Мне говорили, он милосердный.

В уголках зажмуренных Марфиных глаз стеклянными бусинками набухли слезы, но так и не скатились, а впитались обратно. То ли всхлипнув, то ли икнув, Марфа забормотала:

— Премилосердый Боже, Отче, Сыне и Святый Душе, призри благоутробную рабу Твою Настю, болезнию одержимаю...

Боль в глазах и голове стала нестерпимой. Лиза сделала обратное превращение и отступила от Марфы. Уселась в позу лотоса на прежнее место.

— ...Отпусти ей вся согрешения ее, подай ей исцеление от болезни; возврати ей здравие и силы телесныя...

Когда Марфа сказала «Аминь», в замке повернули ключ, дверь с протяжным лязганьем распахнулась, будто кто-то зевнул заржавевшей металлической пастью, и в подвал вошел Шутов. Тот, кто называл себя Шутовым. Бодрым шагом, позвякивая ключами, пересек помещение, остановился напротив Марфы.

— Гражданка Сыч, вы свободны.

Марфа медленно поднялась, сомнамбулически оглядела подвал, бессмысленно уставилась на Шутова. Скованными руками несколько раз одернула подол юбки, прежде чем протянуть их вперед. Шутов снял с нее наручники и чуть отступил, освобождая проход, но Марфа не двигалась с места.

— Имеете что-то сказать?

— В Лисье озеро ее надо бросить, — хрипло сказала Марфа. — Аще утопати начнеть, неповинна есть, аще ли попловеть — волховъ есть.

Лиза весело засмеялась, и Марфа, вздрогнув и как будто проснувшись, бросилась к двери и затопала прочь по коридору.

— Я тоже свободна? — Лиза поднялась с пола и подошла к Шутову. — Или мне лучше тут посидеть, а то добрые люди в озеро кинут? — она протянула ему руки.

— Тебе лучше бежать отсюда как можно дальше, — он отщелкнул наручники. — Если не хочешь пойти в лагеря за пособничество шпиону.

Она накрыла его пальцы своей ладонью:

— У меня руки замерзли.

Он застыл от неожиданности. Лиза погладила холодной рукой его колючую щеку. Встала на цыпочки, понюхала шею за ухом, волосы на виске и уголок рта. От него пахло костром, крепким чаем, табаком, и сильным самцом, и свежим, здоровым потом; ей понравился запах. Она быстро прикоснулась к его губам своими губами, улыбнулась и отстранилась:

— Это за то, что ты отпустил меня.

Он молча поднес к лицу руку и потрогал пальцами губы; этот жест совершенно с ним не вязался, Шутов показался вдруг Лизе беспомощным, уязвимым. Он смотрел на нее напряженно — будто пытался вспомнить что-то важное, но не мог.

— Спасибо за предупреждение, капитан. Я останусь в Лисьих Бродах. — Лиза развернулась и пошла к выходу. — Это пр**о**клятый город. Но здесь мое место.

— Мы нашли Деева, — сказал Шутов ей в спину. — Живым.

— Я знаю, — она остановилась, но не обернулась.

— Откуда?

— Чувствую. По запаху его крови на твоих пальцах.

ГЛАВА 3

Владивосток. Сентябрь 1945 г.

Через дырочку в щелястой стене Слон наблюдал, как Пика спустился с крыльца с большой холщовой сумкой, огляделся и потопал к сараю. Слон ощерился, погладил в кармане перо, отступил к дальней стене и притаился за штабелями ящиков. Похоже, вопрос по Пике снимался.

Уже на хазе с Пикой случился второй припадок. И он опять извивался, и хрипел, и объяснял какому-то невидимому «начальнику», как его отыскать. С Пикой надо было что-то решать, в этом никто из урок не сомневался. Но по вопросу, что конкретно с ним делать и как, согласия не было. Слон полагал, тут и думать нс о чем: Пику нужно вальнуть, и быстро. Если сегодня он с воображаемыми мусорами беседует — завтра пойдет и сдаст их реальным. Лысый был с ним отчасти согласен, но утверждал, что просто взять и порешить товарища за то, что тот вальтанулся, — это зашквар. А нужен нормальный повод. Васька Слёзка вообще зассал и нес какую-то ахинею про бесов, мол, им нужно окропить святой водой всю малину, а Пику отвести в церковь, чтобы из него бесов изгнали. Вобла выслушал всех и постановил, что нужно Пику проверить. Потому что корень вопроса — ссучился или нет.

Так что Пике они сказали, чтобы он отдыхал, не дергался, а они, мол, идут на дело. И оставили его на хазе вроде как одного, отсыпаться. Далеко не ушли. Все, кроме Слона, засели за сараем, а Слон — в сарае, внутри. Снаружи они Слона заперли.

Пика остановился у сарая, снова оглянулся, вынул из сумки топорик и сбил замок. Светя фонариком, нырнул внутрь и потрусил к ящикам. Отбросил два верхних. Третий, тяжелый, в котором хранили общак, осторожно снял, поставил на пол и, зажав фонарик между плечом и подбородком, встал на четвереньки и принялся выгребать из ящика в сумку деньги и побрякушки. Он так увлекся, что даже не сразу заметил, как из укрытия вышел и навис над ним Слон:

— Со сламом уйти решил?

Пика дернулся, подхватил сумку и на четвереньках пополз в сторону выхода. Слон загородил ему дорогу.

— Отойди, Слон! Канаю я! Псы за мной идут лютые!

Пика нашарил в сумке топорик и выставил его перед собой; другой рукой прижал к себе сумку. Поднялся на ноги. Слон не двинулся с места.

— Пропусти! Я свою долю взял. Чужого Пике не надо, Пика честный вор, закон чтет!

— На корефана дуру гнать — это чо, по закону? — Слон посмотрел на дрожавший в Пикиной руке топорик. — Да ты не ссы. Канай, чо уж. Мы не мусора, у нас воля воровская. Канай, тебе жить...

Слон лениво пожал плечами и отодвинулся, освобождая Пике проход. Тот недоверчиво обшарил взглядом Слона — его лицо было безмятежно, руки в карманах — и, не выпуская топорика, осторожно, бочком, двинулся мимо товарища к выходу. Когда Пике оставалось несколько шагов до заветной двери, Слон вынул нож и громко, протяжно свистнул.

— Ты чо? Чо вы? — застрекотал Пика. У входа в сарай нарисовались и тут же шагнули внутрь, оттесняя Пику назад, Вася Слёзка с выкидухой и Лысый с обрезом. За ними маячил Вобла с керосиновой лампой. Он вошел последним и затворил дверь.

— Братва, отпустите, мне чужого не надо, — загундосил Пика и бросил сумку. — Чует Пика, кончился его фарт!

— Что фарт твой кончился, это ты верно сказал, — процедил Вобла. — Сейчас казнить тебя будем. Говори, Слон, что ты видел.

— Общак забрать хотел, — с удовольствием отчитался Слон. — Про псов каких-то балакал. Дескать, за ним идут.

— Что за псы? — не понял Лысый.

Снаружи послышался шум мотора, визг тормозных колодок и дробные, тяжелые шаги.

— Это чойта? — изумился Вася Слёзка.

— Псы лютые... — прошептал Пика.

— Сдал нас, сука?! — взвыл Лысый и прицелился в Пику из обреза, но выстрелить не успел: Пика, взвизгнув, метнул в Лысого свой топорик. Раздался хруст, как будто раскололся спелый арбуз. Лысый уронил обрез и осел на земляной пол, остановившимися глазами требовательно уставившись на Пику, словно по-прежнему ждал от него ответа. Рукоять топора косо торчала над левой бровью. Кровь тремя торопливыми струйками змеилась по лбу и гладкому лысому черепу.

— Пика Лысого завалил, — констатировал очевидное Слон, наблюдая, как Вобла в бешенстве снимает с предохранителя пистолет.

В следующую секунду дверь сарая с грохотом слетела с петель и опрокинулась внутрь, накрыв собой Пику, и в сарай, ступая прямо по этой двери, ворвались четверо мусоров с пистолетами:

— А ну лежать! Мордой в пол!

Вобла выстрелил — но не попал. Ответным выстрелом его уложили на месте.

— Мусора-а-а! — ошалело завопил Вася Слёзка, рванул к выходу, получил рукоятью пистолета в лоб и тяжело рухнул.

Слон улегся на земляной пол добровольно. У дверного проема копошился, как опрокинутый на спину жук, придавленный дверью Пика. А в дверном проеме Слон разглядел еще две пары ног и черные кожаные плащи.

Мусора нацепили на Слона, оглушенного Васю Слёзку и хрипевшего Пику наручники.

— Раз сижу в землянке, чайник закипаеть! Бах — и больше нету дзоту моего!.. — дурным голосом запел Слон. — Я гляжу на чайник!..

— Силовьев, заткни его.

— ...Чайник протекаеть!.. У себя потрогал — вроде ни...

Один из черных плащей шагнул внутрь, развернул Слона за плечо и трижды ударил сапогом в челюсть. Слон умолк, давясь и булькая кровью.

Второй черный плащ, с нестарым лицом, но абсолютно седой, шагнул внутрь. На руках его были кожаные перчатки. Двумя пальцами он брезгливо сжимал за шляпку длинный, ржавый, чуть кривой гвоздь.

— Не надо, начальник! — просипел Пика, в ужасе глядя на гвоздь и извиваясь, как насаженный на иголку дождевой червь.

Седой перешагнул через него и подошел к мусорам, перебиравшим содержимое ящиков.

— Ну что, товарищи, этот мой, — он указал острым кончиком гвоздя на Пику. — Остальные ваши. Можете забирать.

— Так точно, товарищ Аристов.

ГЛАВА 4

Маньчжурия. Лисьи Броды. Сентябрь 1945 г.

Человек на койке спал очень крепко. От него пахло раненым солдатом и близкой смертью. Он не проснулся, даже когда Доктор разрезал на нем развившую застарелой кровью одежду, протер мокрой тряпкой грудь и живот, а потом воткнул ему в руку иглу и влил через нее прозрачную жидкость. Телохранитель решил, раз спящего человека принесли Доктору — значит, он принадлежит Доктору. А раз человек спит так крепко — значит, он беззащитен, практически как щенок, так что надо его охранять. Телохранитель улегся рядом с койкой, а когда в лазарет вошли двое военных — одного Телохранитель знал, он был вожаком здешней солдатской стаи, другой был пришлый, чужак, — он глухо, угрожающе зарычал.

— Фу, Шарик, — сказал ему Доктор. — Это свои. Иди на место.

По голосу Доктора Телохранитель сразу же понял, что «своими» эти двое хозяину не были. Но рычать перестал, и даже отошел от койки и брякнулся на циновку: приказ есть приказ.

— Когда он придет в себя? — спросил чужак.

— Понятия не имею, — ответил хозяин.

— Вы, кажется, не понимаете, доктор, — чужак посмотрел хозяину в глаза с явной угрозой, так что Телохранитель со своей циновки снова предостерегающе рыкнул. — Завтра здесь будет усиленная бригада СМЕРШ. Под подозрением окажутся все, и меры будут приняты самые жесткие...

Телохранитель не знал, что такое СМЕРШ, но слово звучало страшно — как смерть, только почему-то шипящая. Он заметил, что вожака солдатской стаи это слово тоже встревожило. Вообще, солдатский вожак вел себя необычно. Сам молчал, позволял чужаку на своей территории говорить таким тоном, как будто чужак теперь был тут главным.

— К ногтю нас, значит? — подал, наконец, голос вожак местной стаи. — Усиленную бригаду на нас натравил, капитан?

Теперь картинка начала складываться. Чужак был вожаком другой стаи, более сильной, чем здешняя. И стая чужака уже завтра придет сюда.

— Не мое решение. Дело взято на особый контроль. Но для всех будет лучше, если я установлю истину и найду виновных до прибытия в Лисьи Броды моих товарищей. А для этого мне нужны показания Деева. Сегодня.

— От меня-то вы чего хотите? — раздраженно сказал хозяин. — Я не волшебник, а медик в глухой деревне. Я ввел ему физраствор, чтобы не было обезвоживания. Это все, что я могу сделать. Пациент в коме. Он может прямо сейчас очнуться. Или умереть. Или лежать так годами. Если честно, я вообще не понимаю, почему этот человек жив, — Доктор сдернул со спящего простыню. — Я осматривал Деева незадолго до его загадочного... отбытия. Этих шрамов у него не было.

— Конечно, не было, — сказал местный вожак. — Его ранили там, в пещере.

— То есть ранениям две недели, — кивнул Доктор. — А на вид я бы дал им года два минимум. И пули, выходит, внутри... Это антинаучно, понимаете? Он выжил — с пятью смертельными ранами! — Хозяин принялся раскуривать свою вонючую трубку; Телохранитель чихнул. — Майор, вы помните, у меня тут бродяга лежал? Которого вы назвали подопытным?

Телохранитель принюхался. Теперь, когда хозяин упомянул бродягу, он понял, что за знакомый запах не давал ему здесь покоя. Это был запах, оставленный полуволком, которого они гнали всей стаей. И которого забрал к себе в дом Отец.

— Естественно, помню, — кивнул майор.

— С ним та же картина: смертельные раны, а месяц спустя он живехонек. И свежие рваные раны от тигра зажили за сутки. А ногти за день...

— Почему — подопытный? — резко перебил хозяина вожак чужой стаи.

— Он тот самый пленный, — нехотя отозвался местный вожак. — Из японского «Отряда-512». Которого мы с Деевым упустили.

— Он был здесь? Он лежал со мной на соседней койке?! — чужой вожак почему-то ужасно заволновался из-за этого бродячего полуволка. — Почему мне не доложили?! Где он сейчас?

— Не знаю. Сбежал, — сказал доктор. — Ноль благодарности — очнулся и в окно сиганул.

Телохранитель наклонил голову набок. Он знал, что полуволк теперь жил в доме Отца. Но почему же Отец скрывал это от Доктора? Похоже, что для людей полуволк представляет какую-то ценность. Это было ужасно странно. Ошибка природы. Уродец. Его невозможно использовать ни для охоты, ни для охраны...

— Так, майор, — чужой вожак возбужденно раздувал ноздри. — Прикажи своим немедленно прочесать Лисьи Броды и лес вокруг. Пусть найдут подопытного. Сегодня! У меня к нему есть вопросы. А вы, доктор, от Деева не отходите. Если очнется — немедленно посылайте за мной!

Чужой вожак направился было к выходу, но с порога вернулся. Достал из кармана флакончик с темно-красной жидкостью и открыл пробку. От флакончика шел необычный, манящий запах. Пахло кровью какого-то сильного зверя. Очень сильного. Самого сильного на земле. Всемогущего. Такого зверя Телохранитель никогда не встречал. Если бы нужно было объяснить этот запах человеческими словами, он бы сказал, что от флакончика пахло Богом.

— Это было у Деева в руке, — сказал чужой вожак. — Возможно, как-то связано с его состоянием. Вы же доктор, с химией дружите. Выясните состав. Я оставлю вам несколько капель.

— Ничего не обещаю, — хозяин подставил чужаку пустую мензурку, и тот перелил туда немного крови самого сильного зверя на свете.

Хозяин все больше нравился Телохранителю. Он вел себя независимо. Не заискивал и не клянчил. Был уважаемым одиночкой. Как когда-то Телохранитель.

Когда оба вожака, наконец, ушли, Доктор выкурил трубку, потом капнул из мензурки на стеклышко и склонился над микроскопом. Телохранитель уютно улегся у его ног. И вдруг почувствовал, как от хозяина резкой волной изошел запах пота, заглушив на секунду запах крови всемогущего зверя.

Доктор встал, взял скальпель, потом вернулся к Телохранителю и присел с ним рядом на корточки. Телохранитель насторожился. Скальпель ему не нравился.

— Тихо, Шарик, — голос хозяина звучал глухо. — Сейчас послужишь науке.

Телохранитель зарычал, потом сразу же заскулил. Он не хотел, чтобы хозяин трогал его острым скальпелем, но понимал, что, если цапнет хозяина за руку, тот его выгонит. Он принял позу покорности.

— Хороший мальчик. Теперь лежи смирно. Это просто как комарик укусит.

Доктор быстро полоснул Телохранителя по животу, и тот завизжал. Хозяин сказал неправду. Скальпель был вовсе не как комарик. Комары кусали Телохранителя много раз, и это было не больно. Сейчас было больно — и много крови.

— Терпи, терпи, Шарик...

Хозяин поднялся, набрал в пипетку кровь всемогущего зверя и капнул Телохранителю прямо в рану. Боль исчезла практически мгновенно. Обида тоже. Им на смену пришло ощущение из детства: он сосет густое и сладкое молоко своей матери, а она, изогнувшись, вылизывает его языком, и он знает, что, пока это длится, он неуязвим и бессмертен.

Телохранитель лизнул хозяину руку и скосил глаза на живот. Хозяин мокрой тряпкой вытер кровь с места разреза. Раны не было. Она затянулась. Осталась только тончайшая ниточка шрама.

Хозяин вдруг засмеялся — а потом визгливо и возбужденно то ли закричал, то ли взвыл. Телохранитель до сих пор никогда не слышал, чтобы люди издавали подобные звуки.

ГЛАВА 5

— Любишь? Любишь меня? — Танька замерла, но там, внутри, продолжала двигаться, ритмично сжимаясь и разжимаясь, предвкушая ответ, который вольется в нее вместе со Славкиным стоном и семенем.

Со Славкой Гореликом было совсем не так, как с Андроном. Андрон вообще-то не злой был, добрый, он даже не бил ее почти никогда, но никогда и не целовал. Он брал ее всегда сзади, пыхтел, наваливался и шумно дышал, как бык, который кроет корову. Его лица она в эти моменты не видела и ничего особо не чувствовала, ну разве что иногда становилось немного больно, когда Андрон наваливался со всей силой. Обычно Танька просто стояла на четвереньках и ждала, пока кончится, а в это время прикидывала, что на завтра сготовить и не пора ли вшей поискать у детишек, а то головы опять чешут...

И только от Славки она узнала, как целуются в губы. И с ним же узнала, что у мужчины, когда он отдает семя, лицо становится грустным и кривится, будто от боли. Ей нравилось смотреть на Славкино такое лицо, от этого становилось внизу горячо, и сладко, и липко, как будто там у нее появлялся дополнительный жадный рот со скользким, распухающим языком.

Когда она в первый раз легла со Славкой на сеновале, он, прежде чем войти в нее, достал из маленького картонного конвертика резиновый кругляшок и надел себе прямо на это самое место. Там на конвертике были нерусские буквы, и он сказал, что там написано по-немецки «Вулкан». Сказал, что отобрал эти резинки у мертвого немца и что они защищают от срамных болезней и от зачатия. Ну то есть, Танька так поняла, если в них ебаться, это будет вообще не грех.

На третью ночь резиновые кругляшки кончились, но Танька уже не могла без Горелика, поэтому стала грешить. От этого греха ей было каждую ночь страшно, потому что за измену, тем более с красным нехристем, она теперь неминуемо попадет в ад, и Танька перед сном вставала на колени под образами и бормотала покаянную молитву. ...Наипаче омыи мя от беззакония моего и от греха моего очисти мя... Окропиши мя иссопом, и очищуся. Омыеши мя, и паче снега убелюся... Сердце чисто созижди во мне, Боже, и дух прав обнови во утробе моей...

Зато по утрам было радостно. Она просыпалась и думала сразу о Славке, и жизнь ее наполнялась от этого светом и смыслом, и с дерзким, веселым отчаянием она понимала, что нс омостся, не убелится и не очистится, а пойдет грешить снова, и что в утробе ей не нужен никакой дух, а нужен только сильный и горячий, как вулкан, Славка.

— Скажи, что любишь! — Танька настойчиво сжала промежность. — Хочешь, я первая скажу? Я люблю!

Но Славка почему-то в ответ молчал, а потом и вовсе остановился. И на нее он в этот раз не глядел, а только на кур, которые толклись у кормушки за стогом сена в дальнем конце сарая.

— Андрону тоже так говоришь? — спросил, наконец, мрачно и отодвинулся.

— Так нет же Андрона... — растерялась Танька.

— А когда есть — говоришь? А ты знаешь, что Андрон твой моих друзей в засаду привел и их там всех перебили? А что Ермил ваш вчера пытался то же самое с нами сделать?

— Ничего я этого не знала! Если б знала, я бы предупредила! — Она заплакала.

Горелик, смягчившись, снова притянул Таньку к себе.

— Ты знаешь, Славка, — она уткнулась ему носом в подмышку, — мне кажется, это я виновата, что Андрон... и ваши солдаты... что они все не вернулись.

— Как так — ты?!

— А так, что я попросила Бога, чтобы я была без Андрона, а только с тобой. И тем же утром он и ушел. Понимаешь? Это Бог меня услышал и выполнил...

— Глупая ты. — Славка поцеловал ее в губы, потом за ухом. — Ты моя мракобеска. Нет никакого Бога. Я ж уже объяснял.

— А может, и правда... — Таньке стало так жутко, что заныло в животе. — Может, это не Богу я молилась, а дьяволу. Бог-то, он всегда за мужей. Он не стал бы меня, грешницу, слушать. Славк... А вдруг за мной придет демон и утащит в Геенну ог...

Танька вдруг выпучила глаза и пронзительно завизжала, и одновременно взорвались тревожным квохтаньем куры. Из дальнего конца сарая на Таньку смотрел демон, принявший облик лисицы с двумя хвостами. Из пасти демона свисала придушенная черная курица. Танька осенила себя крестом. Это помогло: демон хохотнул и исчез.

Зато спустя секунду в сарай ворвалась с ружьем наперевес Марфа:

— Кто тут? — Марфа дергано потыкала стволом в разные углы сарая и нацелилась на стог сена, откуда явственно слышалось копошение. — Выходи, стрелять буду!

— Не надо, Марфушка, не стреляй, — пискнула Танька и свесила с сеновала голые ноги. — А я думала, ты в тюрьме...

Марфа медленно опустила ружье и попятилась, не отрывая взгляда от голой бесстыжей Таньки и голого, судорожно натягивавшего штаны красноармейца:

— Какой грех-то, Господи, какой позор, какой срам... Ты что ж это... При живом муже?!. Да прямо в доме... Совсем не боишься Бога!

Горелик, на ходу запахивая гимнастерку, тем временем сиганул с сеновала, выбежал из сарая и под истошный собачий лай кинулся к калитке.

— Марфуша, ты только не выдавай меня Ермилу, прошу!.. — Танька плюхнулась перед свояченицей на колени на обгаженный курами земляной пол. — И Андрону, если вернется...

— Я женщина честная, богобоязненная, — Марфа ухватила голую Таньку за волосы и потащила к выходу из сарая. — Я врать родному мужу не буду.

Лиза вынула из волос и бросила в отвар стебли полыни айе, а когда пошли пузыри, взяла голову черной курицы и выдавила в котел восемь капель.

Из приворотного отвара она приготовит сироп и опустит туда спелую ягоду восковницы, и когда сироп застынет в глазурь, получится танхулу — сладкое лакомство. Это лакомство она даст мужчине, который называет себя чужим именем, и оно поможет раскрыться тому, что уже и так зародилось...

— О Великая Лисица Ху-Сянь, как ты высушила эти цветки синлин-пи, так заставь человека, их отвара испившего, сохнуть по мне.

Как манила ты, Лисица, своим запахом зверя к кусту, где зрели ягоды бешеной вишни, так и я приманю человека, сок этой вишни отведавшего. Как стремилась пчела за нектаром к соцветьям болиголова, так и он пусть мучится и томится вдалеке от меня. И когда он вкусит сделанный той пчелой из нектара болиголова сладчайший мед, пусть и я для него стану источником нектара и меда. И как лишилась та пчела своих крыльев, так и он пусть лишится воли, о Небесная Лисица Ху-Сянь, пусть не сможет от меня никуда убежать, улететь и скрыться. Восемь стеблей полыни айе, что носила я в волосах, пусть держат его, как восемь капканов: два за руки, два за ноги, два за ресницы, один за шею, а последний за сердце. Восемь капель крови черной птицы пусть смешаются с его кровью, чтобы...

— Значит, мама, ты все-таки ведьма?

Лиза вздрогнула. Настя стояла у нее за спиной, и синие отблески очага плясали болотными огоньками в ее глазах. Еще недавно она не умела подкрадываться сзади так тихо.

— Не ведьма.

— Кто ты?

Дочь смотрела на нее внимательно и спокойно. На этот раз она была готова услышать правду.

— Наполовину я человек. А наполовину — хулицзин. Лиса-оборотень.

— А я? Я тоже стану оборотнем?

— Еще недавно я надеялась, что ты — нет. В тебе лишь четверть лисьей крови... но эта кровь очень сильная. Я вижу, что ты меняешься. В семь лет случается первое превращение.

Настя залезла на теплый кан. Она дрожала.

— Я различаю запах всех ягод и трав, которые ты варишь в котелке, мама. Там бешеная вишня, мед из нектара болиголова, цветки син-лин-пи, полынь айе... Еще там, кажется, мертвая пчела и куриная кровь. Мне страшно, мама. Я раньше так не могла. И еще у меня все время есть эта мысль — что я должна уйти в лес. Эта мысль — она как будто не моя, а чья-то чужая. Я хочу, чтобы она от меня отцепилась! Чтобы все стало как раньше. Я боюсь! Я не хочу в лес...

— Я тоже боюсь, Настя, — Лиза сняла котел с огня, села на кан рядом с дочерью и погладила ее по волосам. Настины волосы были русые, чуть волнистые, совсем не китайские; она надеялась что эта русость, эта русскость ее защитит... Но лисья кровь оказалась сильней.

— Из-за моего превращения ты боишься? — спросила Настя. — Я что, уйду в лес, как кошка Мими, чтобы умереть в одиночестве?

— Не уйдешь. Я не дам тебе умереть. Но это будет... непросто.

— Почему?

Лиза посадила дочь к себе на колени. Настины руки и плечи были горячими. Слишком горячими.

— Много лет назад моя мать... твоя бабушка... совершила грех. За это весь наш род прокляли.

Настя округлила глаза — как всегда, когда она собиралась задать важный вопрос. Лиза с тоской подумала, что она сейчас спросит, что это был за грех, или еще хуже — какая за него полагается кара. И ей придется ответить, что за последние тридцать лет ни один ребенок в их роду не выжил во время первого превращения.

Но Настя спросила другое:

— Как звали твою маму? Ты никогда мне не говорила.

— Ее имя — Аньли.

— Она умерла?

Лиза закрыла глаза, прислушиваясь к тому, что шепчет ей лисья кровь — та ее часть, которая шептала голосом ее матери.

— Она пока жива. Но каждый день ее убивают.

ГЛАВА 6

Двое японских рядовых ввели ее в пыточный кабинет, где уже ждали молодой лаборант и капитан Ояма. Аньли опустила глаза и принюхалась. Запах смерти и страха здесь был еще не так густ, как на прежнем месте. В этом бункере кровь замученных еще не успела впитаться в шершавый бетонный пол.

Грубо дернув за цепь, крепившуюся к строгому металлическому ошейнику на шее Аньли, они усадили ее в железное кресло. Один по-прежнему держал цепь, другой снял с нее наручники. Она провела ладонью по свежеобритой голове — волосы у нее росли быстро, так что брили ее через день, и вот уже год она никак не могла привыкнуть к этому ощущению болезненно голой кожи. Зато к серой лагерной робе с номером восемьдесят четыре привыкла легко и быстро. Один из рядовых ударил Аньли по руке дубинкой. Как обычно, она подумала, что сейчас — хороший момент, чтобы вырваться и растерзать их на части. Как обычно — не вырвалась, а покорно положила руки на холодные подлокотники и позволила им защелкнуть на запястьях вмонтированные в кресло железные браслеты, а шею и затылок плотно прижать к железному подголовнику, закрепив цепь за спинкой.

Когда рядовые вышли, лаборант, как обычно, с громыханием подкатил к ее креслу железную тумбочку на колесиках, на которой свивались в кольца, как змеи, полупрозрачные трубки с разнокалиберными металлическими насадками-иглами.

— Разъем номер пять, — бесцветным голосом скомандовал Ояма.

Лаборант взял за хвост змею-трубку с самой длинной и толстой иглой, закатал на Аньли рукав робы и ввел иглу в вену.

Она не сопротивлялась. Она могла бы вырваться и убить их всех. Она могла бы просто не дать себя поймать год назад. Загрызть не пару японских солдат, а весь отряд, который ее окружил. И растерзать безумца барона, который считает себя гипнотизером, который снабжает «Отряд-512» деньгами на все эти исследования... Но она не тронула их. Она сдалась. Это был ее путь. Она совершила грех и за него была проклята. Если что-то и поможет снять проклятье с их рода — это ее пребывание здесь. Вакцина, которую Ояма сделает из ее крови.

Аньли равнодушно смотрела, как черный кровяной червячок пополз по прозрачной трубке к резервуару. Ояма, в расстегнутом халате поверх капитанской формы, стоял спиной к креслу.

— Сколько крови забираем сегодня, господин капитан?

— Двойную норму, — ответил Ояма, даже не повернувшись.

— Ояма-сан, вы уверены? Женщина может не выдержать...

— Как ты сказал, капрал? Женщина?

Лаборант рефлекторно вытянулся по швам, хотя Ояма на него не смотрел.

— Простите, господин капитан. Номер восемьдесят четыре может не выдержать. Мы брали двойную норму крови всего два дня назад. Учитывая степень истощения...

— Приказ руководства. Не обсуждается, — Ояма потеребил ворот кителя, будто ему стало душно. — Номер восемьдесят четыре выдержит. Ты свободен. Вернешься через час, отвезешь ее назад в клетку.

Когда лаборант ушел, Ояма запер за ним дверь на ключ и посмотрел на Аньли. Приблизился, побрякивая связкой ключей:

— Прости. У меня и правда приказ.

Он отпер металлические браслеты на руках Аньли, потом разомкнул ошейник. Встал на колени перед ее железным креслом, как перед троном. Обхватил ее тонкие ноги, прижался к ним шершавой щекой.

— Я и правда выдержу, — она провела рукой по его волосам. — Ты делаешь то, что должен. Не оправдывайся.

Она сама щелкнула рычажком под одним из подлокотников и разложила кресло в горизонтальное положение. Функцию каталки японцы задействовали, когда нужно было вывозить из пыточной бессознательные тела или трупы. Аньли и Ояма, оставаясь наедине, использовали эту функцию иначе.

Ояма задрал на ней серую арестантскую робу; поцеловал косой шрам, пересекавший живот.

— Иди ко мне, самурай, — она обняла его за шею одной рукой. Вторая по-прежнему лежала на подлокотнике: Аньли старалась ею не шевелить, чтобы игла не выскочила из вены.

— Я забираю твою жизнь, раз за разом, — Ояма горячо и часто задышал ей в ухо. — А ты зачем-то мне даришь любовь...

— Ты тоже даришь мне кое-что, — она выгнула спину и так застыла. — Не спеши, самурай... Мне хочется, чтоб это длилось подольше...

Глаза Оямы были закрыты, на лбу проступила испарина. В отличие от него, Аньли любила смотреть. Она смотрела, как темная кровь вытекает из нее и ползет по трубке к резервуару. И ощущала, как, невидимая, сочилась из тела Оямы в нее его энергия ци. Его жизнь. Тот биохимик, что был до Оямы, продержался всего три месяца. Она была к нему так же безжалостна, как он был безжалостен к ней: забирала двойные, тройные дозы его энергии ци, чтобы самой не слабеть. Ояму она почти берегла. На него у нее были другие планы.

— Что я дарю тебе? — прохрипел Ояма.

Она почувствовала, что он едва сдерживается.

— Надежду, — помолчав, шепнула Аньли.

Он застонал; его лицо исказилось, и она жадно всмотрелась в эту гримасу, принимая в себя поток его ци вместе с горячим, густым, перламутровым семенем и готовясь ощутить на губах вкус его крови. Так стонет человек и такое у него бывает лицо во время любви и во время смерти.

Любовь любого мужчины к Аньли со временем всегда становилась его же смертью. И в этом была математическая гармония, как в простом уравнении.

Он быстро вытер рукавом кровь, брызнувшую из ноздри, а она украдкой слизнула языком кислую каплю, упавшую ей в уголок рта.

— Мне тяжело быть твоим палачом, — как будто оправдываясь, сказал ей Ояма. — От этого я сам как будто болею.

— Ты не такой, как все, самурай.

Она говорила так каждому, но в этот раз ее слова были правдой. Он был другим. Она поняла это сразу, полгода назад, когда Ояма, прибывший в «Отряд-512» на место умершего биохимика, впервые осматривал заключенных, шагая за бароном фон Юнгером и его переводчиком вдоль рядов женских клеток, держа папку под мышкой и опираясь на тонкий железный прут, как на трость. Ояма останавливался рядом с каждой клеткой и спрашивал у заключенных имя и возраст. В основном они от него просто шарахались, тряслись и скулили, самые отчаянные называли свой номер. Прут он не применял. Имена ему назвали только две женщины. Одна — русская из соседней клетки, Елена. Ее только что обрили, и она то и дело трогала голову или по привычке ею встряхивала; похоже, у нее еще недавно были длинные волосы. Она была в арестантской робе, но на шее ее висели золотые часы на цепочке. Аньли тогда удивилась, почему их у нее не забрали. Когда русская заговорила, Юнгер приказал ей молчать, а Ояме сказал с апломбом через переводчика:

— Эта — не для тебя. Елена особенная.

Аньли в который раз тогда подумала, что Антон Юнгер так старается быть похожим на отца, что превратил себя в его гротескную, карикатурную копию. В каждом слове и жесте Юнгера-старшего было достоинство, в младшем осталось только высокомерие. Красота и артистичность барона-отца обернулась в сыне рисовкой, позерством. Ум, сквозивший во взгляде отца, в глазах его отпрыска высверкивал искрами помешательства, одержимости...

Вторая женщина, назвавшая свое имя Ояме, была Аньли. Ояма поинтересовался, сколько ей лет, и она засмеялась:

— Больше, чем ты можешь вообразить.

— Ты выглядишь молодо. Я бы дал тебе не больше двадцати пяти, — спокойно сказал Ояма.

Она опять засмеялась, готовая к тому, что он ткнет ее железным прутом, но Ояма, напротив, прислонил прут к стене, раскрыл папку и погрузился в бумаги.

— Тут сказано, тебя взяли в плен рядом с Лисьими Бродами. Ты при этом убила двух вооруженных японских солдат голыми руками.

Она равнодушно пожала плечами:

— Правильно сказано. Они пытались меня раздеть и овладеть моим телом. Мне не понравилось.

— Тебе здесь вскрыли брюшную полость без анестезии, потом зашили. В отчете сказано, пока шла операция, ты смеялась.

— Тебе бы больше понравилось, если бы я кричала?

— Тебе ввели чумную бациллу, и еще семи пленным. Те семеро умерли. Ты — даже не заболела. Как это возможно?

— Такие, как я, не умирают от ваших болезней.

— Какие — такие?

— Зачем ты с ней разговариваешь? — раздраженно вмешался Юнгер. — Это бессмысленно. Перед тобой не человек, а кусок мяса. Твоя задача — это мясо исследовать.

— Я биохимик, а не мясник, — брезгливо отозвался Ояма. — И люди остаются людьми.

— А на войне люди разве не были для тебя пушечным мясом?

— Я на войне убивал врагов, господин барон.

— Она тоже враг, — барон взял прут и ткнул Аньли в бок. — Здесь, в «Отряде-512», у таких, как она, нет имен, только номера. Каждый наш опыт над ней — это прыжок азиатского тигра к знаниям. Одна ее жизнь — это, может быть, сотня спасенных жизней японских и немецких солдат... Я оказал тебе доверие, пригласив на должность ведущего биохимика нашей лаборатории. Сейчас ты рискуешь мое доверие потерять.

— Простите, барон, — Ояма склонился в низком поклоне, но Аньли заметила, как тень отвращения снова мелькнула в его глазах.

Тогда она поняла, что он не такой, как все остальные. И если кому-то удастся сделать вакцину — это будет именно он...

...Она одернула подол серой робы и вернула кресло в вертикальное положение.

— Тебе плохо после любви со мной не потому, что ты палач, самурай. А потому, что иногда палач и приговоренный меняются местами. Здесь, в Китае, таких, как я, зовут хулицзин. У вас в Японии нас зовут кицунэ. Ты слышал о кицунэ, самурай?

— Лисы-оборотни, — хрипло отозвался Ояма. — Никогда не стареют. Суеверие. Сказка.

— Теперь ты тоже в этой сказке, Ояма. У мужчины там короткая роль. Лиса соблазняет его и раз за разом берет его кровь, его семя, его силу ци... его жизнь. Хочешь, я скажу тебе, сколько мне лет?

Он подошел к умывальнику и принялся смывать остатки засохшей под носом крови:

— Не надо.

— Я собиралась забрать твою жизнь, самурай. Как забрала жизнь того, кто был до тебя. Но ты и правда не такой, как другие. Я не хочу тебя убивать. Ты больше не должен спать со мной.

— Не смей говорить мне, что я должен, а что не должен.

Она улыбнулась. В его глазах была ярость не палача, но обиженного ребенка.

— Я могу помочь тебе, самурай. Я могу объяснить, почему у вас не получается добиться желаемого. Создать непобедимых солдат. Ты ведь знаешь сказку про живую и мертвую воду?

— Я не верю в сказки.

Он больше не смотрел на нее. Пристегнул ее руки к подлокотникам и замкнул на шее металлический строгий ошейник, старательно глядя в сторону.

— Веришь. Ты же сам внутри сказки. Ты пытаешься превратить кровь подопытных в волшебную воду. Такую, как у меня. Просто ты называешь это регенерацией. Но их кровь из живой воды очень быстро становится мертвой. Этой мертвой водой можно убить все живое, но и сами они уязвимы для смерти. А ты хочешь создать бессмертных, несущих смерть. И ты злишься, что даже самые сильные из подопытных гибнут...

Капитан Ояма устало закрыл глаза. В голове его, сливаясь с голосом Аньли, зазвучал голос матери — в суете он выронил ее письмо, когда они бежали из старой лаборатории, но Ояма помнил текст наизусть:

Взрыв был ярче тысячи солнц, а столб дыма поднялся выше самых высоких гор. Десятки тысяч погибли сразу, но тысячи продолжают умирать и теперь, перед смертью теряя разум и человеческий облик. Но я не плачу, сын. Я верю в «Отряд-512» и в «Хатиман» — твое великое дело. Настанет день, и ты создашь воинов, несущих смерть и неуязвимых для смерти. И да свершится возмездие...

— ...Ты убиваешь их раз за разом, — продолжала Аньли, — ты называешь это клинической смертью, но однажды они умирают совсем. Окончательно. Все, кроме меня. Как ты думаешь, почему?

Он скривился:

— Потому что ты оборотень из сказки? Твое тело действительно не такое, как у других, твоя способность к регенерации потрясает, но, Аньли, пойми, наконец, я — ученый. Я смотрю на все процессы с точки зрения науки, а не бабкиных сказок.

— Что ты можешь сказать о гусенице, самурай-ученый, с точки зрения науки? Разве ее перерождение в бабочку не является превращением? Разве превращение — это не волшебство? Что происходит там, внутри куколки?

— Там происходит гистолиз. Внутренности гусеницы превращаются в жидкую коллоидальную массу, обогащенную продуктами распада. Содержимое куколки возвращается к недифференцированному состоянию яйца. И потом из него формируется бабочка.

— Ну вот видишь. Ты сейчас рассказал мне сказку, ученый. Про смерть и возрождение в другом теле. Только ты зачем-то называешь это гистолиз. Я не против, если тебе так проще. Я умею делать гистолиз. Из живой становиться мертвой и снова живой, но в другом обличье. Остальные твои подопытные не могут пройти гистолиз. Остаются куколками. Не могут стать бабочками. Их кровь остается мертвой. Показать тебе мое превращение, а, ученый?

— Нет!

Он быстро подошел к двери, отпер замок и коротко выкрикнул в гулкий коридор:

— Заберите!

Его приказ был больше похож на мольбу о спасении. Спустя полминуты пришли конвоиры и лаборант. Пока они вели ее прочь, она беззаботно смеялась; Ояма смотрел ей вслед. Они скрылись из виду, но смех Аньли задержался в пустом коридоре. Этот смех метался меж стен, как лисица в клетке в поисках выхода, и Ояме вдруг мучительно захотелось отпустить его на свободу.

— Я постиг, что Путь Самурая — это смерть, — пробормотал Ояма. — В ситуации выбора без колебаний предпочти смерть.

— Смерть... смерть... смерть... — запрыгало слово по пустому, гулкому коридору и смешалось с заливистым лисьим смехом.

ГЛАВА 7

Радист Артемов перебирает частоты:

— Подснежник, я Ласточка, прием. Как слышно? Прием!

Я вдыхаю и выдыхаю, я успокаиваю бешено стучащее сердце, короткий вдох, длинный выдох.

Радист протягивает мне трубку:

— Штаб дивизии. Подполковник Алещенок на связи.

Я подношу трубку к уху и глазами указываю радисту на дверь. Он сразу выходит. Я молчу в трубку. Я вспоминаю, как звучал голос того, кто лежит сейчас в земле с простреленной головой и чья форма сейчас на мне.

я капитан смерш
я диверсантов фашистских потрошил
время мое, сука, не трать
кончай его, надоел

Я артист, у меня талант подражания. Я могу говорить его голосом. Но я молчу. Я не знаю, что говорить. У капитана СМЕРШ Шутова и его начальника Алещенка обязана быть своя система паролей-отзывов, специальных кодов для шифрования разговоров. И я не знаю ее. Я жду, пока Алещенок сам начнет разговор.

— Шпрехшталмейстер на связи, прием! — раздраженный голос прорывается сквозь треск и помехи. — Как слышно меня, прием! Шпрехшталмейстер здесь!

Шпрехшталмейстер... Я закрываю глаза. Я представляю себя в центре арены перед большим круглым зеркалом, в глухой повязке, плотно обтягивающей лицо. Система их кодов связана с цирком, и я должен в ней угадать свое место. Если подполковник, которому я подчиняюсь, — шпрех, то я тогда кто же? Я, капитан СМЕРШ Шутов... шут... гастролер... Я представляю, как стягиваю повязку и смотрю на свое отражение в зеркале, один на огромной сцене. Я вижу месиво вместо лица, к которому крепится красный клоунский нос.

И я вдыхаю и выдыхаю, и стискиваю трубку так, как будто душу ее, и говорю, стараясь имитировать голос Шутова:

— Клоун на связи, прием.

Он молчит. Если я угадал, у меня будет шанс отговорить его присылать усиленную бригаду, тогда я выиграю время. Даже если не удастся отговорить, у меня будет время до завтра. До прибытия подкрепления. Может быть, тогда я успею достичь своей цели. Поговорить с подопытным или с Деевым и узнать, где Елена.

Если я не угадал и обман раскроется, меня возьмут прямо сегодня. Прямо здесь. Майор Бойко и его ребята возьмут. Я не успею уйти из города. В любом случае я ничего не теряю, кроме собственной жизни. Где-то я однажды прочел или сам придумал: «Мы пытаемся найти оправдание, чтобы не умирать. Но если человек не достиг цели и продолжает жить, он поступает недостойно».

Его молчание длится подозрительно долго.

— Клоун на сцене, — зачем-то говорю я, хотя уже понятно, что не сработало, что я не узнан, а значит, разоблачен...

В прижатой к уху, горячей и липкой от моего пота трубке невидимый Алещенок выдыхает с яростью и отчетливым облегчением.

— Как здоровье клоуна?! — орет подполковник. — Клоун болен? Он забыл роль?!

— Клоун помнит роль, — говорю осторожно.

— Так на хера же клоун срывает представление в цирке?! Акробаты упали, а клоун об этом молчит, шпрехшталмейстер узнает про упавших акробатов от дрессировщика местной труппы! Какого хера клоун выступает перед зрителями один?! Прием!

Система в целом ясна. Я — клоун, Алещенок — шпрех, замполита Родина он назвал дрессировщиком... Скорее всего, десантная рота — это местная труппа, жители города — зрители... Упавшие акробаты — убитые смершевцы. Я должен ответить, что не доложил о потере людей, потому что не было связи, и что я действовал по ситуации, в одиночку, и что я нашел и привез в город Деева, и что подкрепление мне не нужно... Я должен сказать все это на его языке. Я закрываю глаза. Пусть тьма все сделает за меня.

— После падения акробатов цирк сразу закрылся. Но клоун успешно продолжил сольное выступление, и бродячий артист местной труппы вернулся в цирк. Все билеты на представление проданы. Клоун не нуждается в новых акробатах. Он жонглирует сам. Прием.

— Какая программа у вернувшегося артиста? — мрачно интересуется Алещенок.

— Он пока не выступает.

— Причина?

— Потерял голос.

— Что по фокуснику? Как продвигается его номер?

Фокусник... Кто у нас фокусник?

— Из местной труппы? — пытаюсь осторожно прощупать.

— Ну а откуда еще?! — взрывается он. — Клоун что, не помнит программу?

— Клоун помнит программу. Прием.

Я по-прежнему не понимаю, кто такой фокусник. Кто-то из труппы — значит, кто-то из роты. Это может быть кто угодно. Я понятия не имею, в чем его роль.

— Так что фокусник?! Его фокус удался? Прием!

— Фокус удался, — отвечаю я с облегчением. И промахиваюсь.

— Значит, клоун без акробатов выступать не умеет! Никакого больше сольного выступления. Клоун — тупица! И цирк закрылся не просто так! Да там явно не один фокусник! Там, может, и зрители подсадные! Акробаты прибудут в цирк завтра! Большая труппа. Это решение шпрехшталмейстера. Клоун понял?

— Так точно.

— Все. Конец связи.

Я выхожу из радиоточки. Радист Артемов курит на улице, на земле у его ног целая груда окурков.

— Как связь, товарищ капитан? — глядя в землю, бормочет он.

— Хорошая связь, старшина, молодцом!

Радист впервые поднимает на меня глаза. В них густая, тягучая, бесформенная тревога, и я вижу, что она ему очень мешает, она просится в рот, хочет оформиться в слова и его покинуть.

— Старшина, ты мне хочешь что-то сказать?

Он отводит взгляд. Облизывает сухие, растрескавшиеся губы.

— Я насчет капитана Деева... Тут товарищ замполит про него... мол, вражеский шпион... Я ему, товарищ Шутов, ничего не сказал.

— Кому?

— Ну как... замполиту.

— Про что не сказал, старшина?

— Ну как... Про шифровки. Я отдаю отчет, товарищ капитан, что это государственная тайна. Вы можете во мне быть уверены.

— Шифровки, — повторяю я ровно. — Да, это тайна. Что лично вам известно про шифровки, Артемов?

Он пугается.

— Только то, что капитан Деев отправлял их раз в три дня цифровым кодом. Содержание мне, конечно же, неизвестно!

— Вам известно, кому он отправлял шифровки?

Радист Артемов таращится на меня затравленно и вместе с тем напряженно, он так морщит лоб и межбровье, как будто у него свело мышцы. Наконец лицо его проясняется:

— Это вы меня проверяете?

Я киваю, внимательно глядя ему в лицо.

— Товарищ Деев, конечно, вам отправлял шифровки. Капитану Шутову. Отдел контрразведки СМЕРШ.

Я опять киваю, но на этот раз смотрю в сторону. Значит, Деев был не шпионом, а стукачом. Мне становится так обидно за его друга и командира майора Бойко, будто Бойко и мой друг тоже. И мой командир. Старшине Артемову не стоит меня таким видеть. Я вдыхаю и выдыхаю, и мои глаза снова становятся глазами бешеной крысы, и я холодно сверлю этим крысиным взглядом радиста.

— Держи рот на замке, Артемов.

— Так точно.

ГЛАВА 8

Вчера она ничего не брала на полевой кухне, поэтому сегодня попросила двойную порцию. Солдатик на раздаче выскреб со дна котелка и плюхнул Аглае в миску два половника разваренной, остывшей уже желтой пшенки. Цвет каши ей не понравился: похоже на гной. Кроме нее, за кашей никто не стоял: красноармейцы уже поели. Но все же странно, что не пошли за добавкой. Мелькнуло подозрение — вдруг в остатки каши они что-то плохое добавили, а потом дали ей? — но Аглая его отбросила: это была одна из ее неправильных, плохих мыслей. Плохие мысли легко отличать от обычных — они казались чужими. Как будто кто-то посторонний их думал. Плохие мысли обычно появлялись на следующий день после инъекции морфия. Чтобы прогнать их, нужен был еще морфий. Но нет. Это тоже плохая мысль. Она ведь не морфинистка.

Уже когда уходила с полевой кухни, унося с собой полную миску, ее догнал Пашка.

— Глаш, ты куда? Я тебя так ждал! — он потянул ее за локоть к сложенной из бревен скамье под транспарантом «Смерть врагам советской Маньчжурии». — Давай посидим.

Она шарахнулась, вырвала руку, чуть не уронив миску:

— Не трогай!

Никто не должен к ней прикасаться сегодня.

— Глаш, ты чего? — у Пашки сразу стал несчастный, побитый вид.

— Я не могу сейчас, Пашечка, мне домой нужно, — она пошла к площади.

— Я провожу? — он двинулся за ней.

— Не надо! Давай потом. Все потом...

— Тогда я вечером к тебе зайду? — он хотел тронуть ее за плечо, но она нарочно ускорила шаг, и Пашкина рука повисла в воздухе.

— Нет, в дом не надо заходить. Там не убрано. Там страшно неубрано.

— Тогда я на улице подожду, а ты выйдешь, — Пашка упрямо шагал за ней. — Куда-нибудь сходим. Хочешь, на озеро? А то ты бледная, грустная. Тебе полезно на воздухе. А хочешь... — лицо его озарилось, — хочешь, я картошку с собой возьму? Костер разведем, запечем ее на углях? Согласна?

— Да, хорошо. Потом. Вечером, — сказала Аглая, просто чтобы он оставил ее в покое. — Сейчас не иди за мной.

Она пошла через площадь не оборачиваясь, но зная, что Пашка смотрит ей в спину. Стоит и смотрит своими ясными глазами, и верит, что она сможет его полюбить, если он разведет для нее огонь и приготовит картошку.

От пшенки, взятой на полевой кухне, отец отказался.

— Поешь, прошу тебя. Ты совсем не ешь, папа.

— Выглядит как отрава.

— Вздор! Просто каша.

— Сама сготовишь, как я люблю, тогда и поем. Я, Глашенька, по оладушкам твоим очень соскучился.

— Ты с голоду сдохнешь, но настоишь на своем, да, папа?

Поморщился, не ответил.

Она сдалась, поджарила оладьи, швырнула ему в тарелку. Потыкал вилкой — и не стал есть:

— Без любви приготовлено.

Отставил тарелку. С прямой генеральской спиной, но шаркая, как глубокий старик, направился к лестнице.

— Ты, Глашенька, для чего же кабинет на чердаке заперла? Я сегодня, пока ты у Красной Армии побиралась, хотел картину твою с Сифэн повесить на место. Поднимаюсь — а дверь закрыта... Как так?

Он зашагал вверх по лестнице, не сомневаясь, что она как собачка пойдет за ним следом.

Она пошла.

— ...Ключи-то я, дочка, нашел. Но без тебя открывать не стал... Даром что бывший мой кабинет...

Смирницкий остановился перед дверью с висячим замком и неторопливо загремел связкой ключей, выискивая нужный и бормоча по-стариковски под нос:

— Угу... какой?.. дай Бог памяти...

Она посмотрела на его сухие, слегка трясущиеся бледные руки с узловатыми пальцами и вдруг подумала, что он теперь слабее ее.

Что если она сейчас легонько его толкнет — он упадет и скатится с лестницы. Это была плохая мысль. Чужая мысль. Не ее.

— ...Вот этот! — Смирницкий вставил в отверстие замка нужный ключ и отступил от двери на шаг. — Открой сама, дочка.

— Не буду.

— Нельзя убежать от прошлого, Глаша.

— Я туда не пойду!

— А я говорю — открой.

Он больше не бормотал. Он властно чеканил слова.

— Иначе что? — Глашин голос сорвался, и, как всегда, ей от самой себя тут же стало тошно. — Если не подчинюсь — ударишь меня, как маму?!

Он помолчал. Глаза его тонули, как в омутах, в черных кругах, и в самой глубине этих тонущих глаз болотными огоньками мерцало не то презрение, не то брезгливая жалость.

— Я, Глашенька, женщин не бью. Я маму твою один раз в жизни ударил — когда она к твоему лицу прижала плюшевого медведя и пыталась тебя убить. Тебя я ни разу пальцем не тронул.

Аглая зажмурилась. Вонючий, соленый, жаркий, вдоль позвоночника и под мышками, ее монашески-строгое платье разъедал стыд. Она вдруг вспомнила, как в детстве мечтала, чтобы папа ее ударил: пусть будет хотя бы такое прикосновение, раз не бывает объятий. Она тогда сможет баюкать и целовать оставленный им синяк. Она мечтала о синяке, потому что объятие недостижимо было даже в мечтах.

Она подчинилась. Повернула ключ в замке дважды и толкнула дверь в затхлый полумрак. Смирницкий решительно направился к окну, распахнул шторы, отворил ставни — и тут же красный закатный свет ворвался в комнату, вздымая в воздух вихри запекшейся на полу и старой мебели пыли.

Картина с китаянкой Сифэн стояла в дальнем углу, полузадвинутая за шкаф, лицом к стенке. Над ней висело массивное распятие темного дерева. Выцветший Месье Мишель с заштопанным плюшевым животом валялся в центре дубового письменного стола, бессмысленными круглыми пуговицами таращась в потолочные балки.

Задев головой распятие на стене, Смирницкий вытащил из-за шкафа картину и развернул к дочери. Китаянка в желтом платье с вышитыми на груди и подоле цветами, осами и драконами сидела в позе лотоса, сложив ладони под подбородком, и насмешливо смотрела на Глашу, свою создательницу. Она знала, что у нее, китаянки из древнего царства императора Цинь, и у дочки белого генерала Аглаи Смирницкой есть общее воспоминание. Они обе помнили, как жена генерала сошла с ума.

Глаша, кто эта женщина?!
Это Западный Феникс, мама. По-китайски — Сифэн...
Откуда ты ее знаешь?
Я просто ее придумала, мамочка!
Не ври мне! Она дьяволица! Она водила твоей рукой!
Нет, я сама рисовала!
Кто ты? Где моя дочь?

Покачивавшееся как маятник распятие сорвалось со стены вместе с гвоздем и упало на пол перед картиной. Теперь Сифэн как будто молилась на свой азиатский манер чужому изможденному богу.

— Я помню это распятие, — сказала Аглая. — Его вложили в мамины руки, когда она лежала в гробу. Еще там было очень много цветов.

— Да, твоя мама и в смерти была красива.

Слова отца прозвучали формально и равнодушно, как будто он выступал на похоронах. Таким он и был на похоронах жены — холодным и безупречным. Таким он и был всегда.

— Неправда, — прошептала Аглая. — Когда ее вытащили из Лисьего озера, она была некрасивой. Она была распухшей и синей.

— У тебя больная фантазия, — генерал поморщился. — Она совсем недолго была в воде.

Смирницкий рассеянно посмотрел на улицу — и тут же быстро отступил от окна к стене:

— Там Иржи Новак! Прогони его. Он не должен меня увидеть.

В ту же секунду раздался настойчивый и нервный стук в дверь. Аглая выглянула в окно. Доктор Новак стоял на крыльце в сползшей набекрень шляпе, незастегнутом плаще и с дорожным саквояжем в руке. Рядом с ним сидел лохматый бродячий пес с перевязанной лапой.

— Как ты, Глашенька? Как твоя инфлюэнца? — дядя Иржи, всегда такой деликатный, поставил саквояж у порога и обеими руками замолотил в дверь. Это было на него не похоже.

— Дядя Иржи, — подала голос Аглая.

Новак вздрогнул и задрал голову.

— Не шумите так... у меня голова раскалывается.

— Что, не лучше тебе?

— Нет, дядь Иржи... Пока что скверно.

— Что ж ты в дом не зовешь? Давай тебя осмотрю?

— Да я сплю сейчас, дядь Иржи. Сон лечит. И не прибрано. Давайте потом... Приходите потом, не сегодня... — она стала затворять ставни.

— Ну, не буду настаивать! — доктор Новак наклонился за саквояжем, уронил с всклокоченной головы шляпу, нацепил обратно, оглянулся вдруг украдкой, как вор. — Только, Глашенька, *потом* не получится. Уезжаю я. Видишь? — он встряхнул саквояжем, как будто само его наличие объясняло необходимость отъезда. — Я чего зашел-то... Ты уж, Глашенька, за Деевым проследи в лазарете. Чтобы не было обезвоживания и пролежней... А мне пора ехать.

— Куда ехать, дядь Иржи?!

— Подальше отсюда... — Он захихикал. — Да я, Глашенька, шучу. Просто шутка! По делам нужно съездить. Ты, главное, береги себя!

Он приподнял шляпу и подпрыгивающей походкой, на ходу размахивая саквояжем, зашагал вниз по улице. Бездомный пес побежал за ним.

— Пшел, Шарик! А ну пшел вон! — огрызнулся на него Новак.

Пес поджал облезлый хвост и чуть приотстал, но все равно упрямо трусил следом за доктором.

Аглая повернулась к отцу:

— Человека в дом не пустила... из-за тебя. У него, похоже, что-то случилось. Куда он так вдруг? Он с четырнадцатого года ни разу из Лисьих Бродов не уезжал...

Генерал Смирницкий встал у окна рядом с дочерью. Не мигая уставился в спину удалявшемуся бывшему другу.

— Никуда он не уедет, — сказал равнодушно. — Общий грех у нас. Но каждый несет свой крест.

— Я тебя не понимаю, отец.

Смирницкий медленно провел пальцами по дубовой столешнице. Его бледная кожа и пыль на столе были практически одного цвета. Аглае вдруг показалось, что отцовская рука, если ее сильно сжать, тоже рассыплется в пыль и тлен. Ороговевшим ногтем он ковырнул замочную скважину в ящике письменного стола.

— Не понимаешь? Как так? Ты разве, Глашенька, не открывала никогда этот ящик, чтобы прочесть мои записи? Вот этим ключиком открывается.

Он тронул самый маленький ключ на связке, и Аглая вдруг поняла, что все это время, с тех пор, как они зашли в комнату, она стискивает кольцо с ключами влажной рукой. Она разжала пальцы, и Смирницкий, брезгливо поморщив губы, забрал у нее связку. На ее ладони остались красные вмятины-отпечатки.

— Никогда не открывала, — Аглая завороженно смотрела, как отец поворачивает маленький ключик в замке, выдвигает дубовый ящик и вынимает тонкую, в черном кожаном переплете, тетрадь. — Ты мне запретил.

— Ты ж моя послушная девочка, — сказал Смирницкий бесстрастно и протянул ей тетрадь. — Читай. Разрешаю.

«17 августа 1930 г.

Проклятье начинает сбываться? Сегодня ночью Наталья ворвалась ко мне в спальню, тряслась, рыдала. Сказала, что в дом к нам пришла с кладбища китаянка, что платье на ней старинное, волосы все в земле, а имя ее — Сифэн, и что она сделала что-то страшное с нашей Глашей, сама же вместо нее улеглась на детской кровати. Я схватил револьвер и побежал в детскую. Аглая спала в кроватке, как всегда, сном ангела, в обнимку с плюшевым медведем, которого она так смешно считает французом и называет Мишелем. Наталья влетела в комнату следом за мной, сдернула с Глашеньки одеяло и страшно кричала, чтобы Сифэн убиралась вон, а сюда чтобы вернула нашу любимую девочку. Глаша проснулась, заплакала, испугалась. Наталью я насилу увел. Через полчаса она пришла в разум, но до тех пор вела себя как бесноватая.

Я долго тешил себя надеждой, что из всей нашей экспедиции именно я буду единственным, кто прощен, потому что я не только не переступил порога святилища, но и не взял ничего с того места, в отличие от моего друга Иржи: он-то взял шахматы. Чем больше я думаю о тех событиях, тем больше уверен, что крест мне дан не по силам, а главное, не по справедливости.

Нас было четверо пр**о**клятых...».

ГЛАВА 9

Я вынимаю фотопленку из кюветы с фиксажем, промываю, развешиваю на леске — и слышу тихий хруст по ту сторону двери: как будто кто-то бродит кругами по заброшенному фотоателье. С пистолетом в руке выхожу из подсобки в основное помещение «Братьев Гольдштейнъ». У дальней стены, переминаясь тощими босыми ногами на битом стекле, спиной ко мне стоит Флинт. Рассматривает единственное уцелевшее на стене фото в рамке: томную даму с собачкой.

— Все беды от баб. — Вор смачно харкает на фотопортрет.

На треснувшем стекле оседает вылетевший из его мертвого рта ком пыли и пепла, полностью скрывая собачку.

— Ты что творишь, Циркач? — он поворачивается ко мне. — Не знаешь, как дела делать? Тихо зашел, тихо взял свое, тихо вышел! А ты тут корни уже пустил, кума из себя строишь, в следопыта играешь, по болотам шляешься, фоточки проявляешь! За тобой уже псы идут, тебя завтра к стенке поставят!

— Я нашел ниточки к Лене, Флинт. Деев мог ее видеть. И подопытный из «Отряда-512». До завтра есть шанс размотать клубок.

— Мотней смотри не зацепись, пока будешь разматывать... — Он хихикает пустым черным ртом с единственным металлическим зубом. — Баб с кичмана за ручку выводишь — тоже ради жены?

— Не вывел бы — пошли бы в лагеря.

— А ты добренький у нас, да? Или просто на знахарку глаз положил, пока жена в непонятном? Не, ну девка — огонь, я б такой и сам...

Он хихикает, скребет себя костлявой рукой между ног, и из дыры в бесформенных серых штанах высовывается сплетенная связка бледных, извивающихся червей.

Я отворачиваюсь и иду к выходу.

— От себя не убежишь, Кронин, — он вырастает в дверном проеме. — Я — в твоей голове.

Я прохожу сквозь него, на секунду ощутив в животе сырой холод, а во рту — привкус гнили.

— Слышь, Циркач-ч-ч... — шипит он мне вслед. — Пока пленоччка проявляется, давай ч-ч-чифирнем. Принеси воды с озера. В тот раз не успели.

Я снимаю одежду, захожу в Лисье озеро и ныряю с головой в ледяную, хрустальную осеннюю воду. Я плыву к горизонту — туда, где тонет в этой стылой воде закатное солнце. Я хочу очиститься от пота, грязи и тины, от чужой и собственной крови, от чужой и собственной гнили.

Когда я возвращаюсь на берег, там стоит Лиза. Ее черные волосы трепещут на ветру, как крылья летучей мыши. Ее шелковое платье, слишком летнее, слишком легкое, хлещет вышитым подолом ее голые ноги, и я думаю, что они, наверное, очень холодные. Она зябко обнимает себя руками за плечи, и мне вдруг мучительно хочется подойти и тоже ее обнять. Вместо этого я отворачиваюсь.

Она подходит ко мне сама.

— У тебя знак ван, — она касается холодными пальцами моей груди слева. — Знак вожака. Откуда у тебя этот шрам?

— Я не помню.

Она вдруг наклоняется и обнюхивает мой шрам, раздувая ноздри, как зверь, как почуявшая самца самка. Ее волосы щекочут мне подбородок. Они пахнут смолой и полынью...

Она смотрит мне в лицо. В ее глазах — остывающие искры заката и впервые — испуг:

— С тобой рядом смерть ходит.

Я молча киваю.

— Ты меня отпустил на волю, — говорит она ровно. — В благодарность я должна приготовить и разделить с тобой пищу. Это традиция. Очень древняя.

Она ждет, пока я оденусь, и берет меня за руку, и ведет куда-то по берегу. И я знаю, что должен вырваться и уйти, но ее рука такая холодная, что я не могу отпустить ее, не согрев. Я послушно иду за ней. На песке, у самой кромки воды — фарфоровое блюдо, а на нем — нанизанные на тонкий прутик янтарные шарики карамели с просвечивающими через застывший сироп багровыми сердцевинами.

— Это танхулу. Традиционный десерт. Внутри ягоды восковницы.

Она берет с тарелки прутик, подносит к губам, облизывает три нанизанных на него шарика и протягивает мне.

Вкус у ее десерта — как у жженого сахара, но с резкой горчинкой и травянисто-пряными нотками. Ягоды — с шершавой шкуркой, нежной мякотью и крупным семенем в центре. Похожи на ежевику.

Последний шарик танхулу мы с Лизой едим вдвоем, откусывая по очереди застывшую карамель. Когда остается ягода, я снимаю ее с тонкого прутика, кладу в рот и сдавливаю зубами так, что тонкая шкурка рвется и терпкой слизью выпрастывается мякоть.

И она прижимается своими липкими губами к моим липким губам и языком снимает с моего языка скользкое семя восковницы.

ГЛАВА 10

«...Нас было четверо пр**о**клятых. Не считая двух китайцев-проводников, нас было четверо в той экспедиции весной девятьсот четырнадцатого.

Иржи Новака я знал хорошо и давно, еще с 1901-го, я был тогда в звании капитана. Мы с ним вместе служили в охранной страже КВЖД, в штабе Заамурского округа, и очень сдружились. Уже тогда, в свои двадцать четыре, он имел большой опыт, успел даже поработать судовым доктором. Вместе с Иржи мы изучали китайский и японский в школе при штабе округа, а также маньчжурскую топографию, картографию и мифологию: генерал Чичагов считал, что знание местных реалий поможет службе. Кажется, в 1903-м мы впервые услышали легенду о существовании в этих краях, где-то в окрестностях Лисьих Бродов, тайного святилища с проклятым золотом, которое принадлежит бессмертному даосу и магу мастеру Чжао и которое охраняют лисицы-оборотни, по-китайски потешно именуемые «хулицзин». Легенда показалась нам любопытной, мы стали расспрашивать местных и изучать старинные карты и книги, и то, что представлялось нам тогда просто сказкой, обрастало все новыми романтическими подробностями. Якобы святилище это располагалось в том самом месте, где в далекой древности первый император династии Цинь, заклятый враг мастера Чжао, незадолго до смерти спрятал армию своих самых жестоких, беспощадных и сильных воинов. По приказу императора их тела были обмазаны глиной и в этой глине обожжены, и оставлены в строю в усыпальнице в ожидании дня, когда император восстанет из мертвых и их оживит. Так что лисы-оборотни охраняют на самом деле не золото, а именно воинов — чтобы никто никогда их не пробудил. Лисье же золото, в изобилии разложенное в святилище рядом с входом, якобы плохое, заговоренное: оно сводит с ума или убивает любого, кто захочет его присвоить, а присвоить его хочет каждый, кто к нему прикоснется или просто увидит.

По легенде, рядом с гробницей императора, в другой части Китая, для отвода глаз была зарыта фальшивая армия терракотовых воинов — только глина, без тел внутри. Посвященным же известно, что истинная глиняная армия спрятана здесь. Где-то рядом с Лисьими Бродами.

Потом случилась Русско-японская. Я воевал, мой друг Иржи латал раненых в военном госпитале в Харбине. Мы оба были у генерала Чичагова на хорошем счету. «Смирницкий и Новак пойдут далеко», — говаривал он.

В 1910-м у нас появилась идея отправиться в экспедицию на поиски святилища с лисьим золотом, и генерал Чичагов нашу идею одобрил. Мы не успели: в том году в Лисьи Броды пришла чума. Иржи Новак самоотверженно, рискуя жизнью, лечил больных. В том же году генерал скончался, и идея с экспедицией как-то забылась.

Она снова возродилась осенью 1913-го, когда в Лисьи Броды впервые приехал необычный путешественник. Рижский немец, майор в отставке, из аристократов, старый род. Действительный член Императорского географического общества. Исключительной образованности и блестящего ума господин, однако же, болезненно увлекался магией и алхимией. Его звали барон Вильгельм Гейнц фон Юнгер. Золото его мало интересовало, но он был буквально одержим идеей отыскать захоронение глиняных воинов императора Цинь Шихуанди, а также и даоса, мастера Чжао. Вильгельм Юнгер верил, что даос владеет секретом бессмертия, с его помощью, кажется, планировал оживить войско и повести за собой. Все, что он говорил про глиняную армию, мы с Иржи воспринимали как артистичные бредни. Однако же, существование святилища с древними сокровищами, а может быть, и какими-то глиняными истуканами, мы и сами давно ужс допускали — и даже в него почти верили.

У Вильгельма фон Юнгера были связи и деньги; мы решили объединить усилия. Зимой барон уехал, в Риге его ждали жена и десятилетний сын Антон, а весной 1914-го вернулся, и мы отправились в экспедицию. С нами также пошла одна местная, китаянка, — вернее сказать, не с нами, а с Юнгером. Он был весьма обаятельным человеком, на женщин действовал магнетически.

Ее звали Аньли. Она была странная. Никогда не уставала и не ныла по-бабьи. Ее панически боялись наши лошади, не подпускали к себе, и она единственная передвигалась пешком. Ходила быстро и ловко, через топи, через заросли и болота. Часто шла какими-то своими окольными тропами — и умудрялась, пешая, нас обгонять. Мы на конях выезжам из леса на сопку — а она уже ждет. Глаза у нее были как будто нечеловеческие, заглянешь — и страшно, и хочется отвернуться. Как будто зверь на тебя из чащи таращится — голодный, безжалостный. На Юнгера, впрочем, она смотрела совсем по-другому. Позднее выяснилось, что уже тогда Аньли носила его ребенка.

В походе мы сразу же стали нести потери. В первый же день проводник отравился ядовитыми ягодами насмерть, другого проводника задрал ночью тигр, когда он вышел по малой нужде из палатки. Наши лошади увязли в болоте — и утонули все, кроме двух. Выжил сильный вороной в загаре Цыган и серая в гречку лошадка, щуплая и легкая, почти жеребенок.

В итоге нас осталось четверо: я, Иржи, Юнгер и его китаянка-любовница. И с нами Гречка с Цыганом. Еще пару дней мы беспомощно бродили кругами, как слепые котята. Мы с Иржи считали, что нужно идти назад, но Вильгельм стал просто как одержимый. Он не хотел возвращаться, говорил, что поиск святилища — дело всей его жизни, что лучше ему умереть, идя к цели, чем жить без цели и смысла. Он сделался бледен, задыхался, у него шла кровь носом. Мы не могли оставить его в таком состоянии среди лесов и болот.

Тогда Аньли сказала, что знает, где искать захоронение воинов. И что она — одна из хранительниц... Мы с Иржи ей не поверили. Но Юнгер воодушевился и загорелся.

Она привела нас на место после заката. Ничем не примечательный холм с единственным раскидистым деревом на вершине; в его ветвях змеились шелковые белые ленты. Когда мы поднялись, в неверном сумеречном свете мне вдруг почудилась под деревом шахматная доска с расставленными фигурами, а рядом — трубка для курения опия. Приблизившись, я убедился, что это была лишь игра теней и моего живого воображения. В корнях валялся сухой бамбуковый стебель; из россыпи черных и белых камней, которые я принял за пешки, торчали выбеленные солнцем и ветром косточки какого-то мелкого зверя.

Аньли сказала, чтобы мы развели костер, а сама куда-то ушла. Вернулась ночью с охапкой ароматных цветов, кореньев и трав; но от нее самой странно пахло землей и псиной. Она сварила растения в котле над костром, беззвучно шевеля губами и щуря эти свои хищные, безжалостные глаза. Потом сказала, мы должны выпить отвар из священных трав, перед тем как войти в святилище, иначе злые духи нас не пропустят. Мы с Новаком посмеялись над суеверием, но выпить все-таки согласились: сочли забавным принять участие в туземном обряде. И я, и Иржи уже выпили из кружки по несколько глотков, когда заметили, что Вильгельм к своему напитку не прикоснулся. Зато Аньли протянула ему пузырек из горного хрусталя с рубиновой жидкостью, и он отхлебнул. Она сказала:

— Я отрекаюсь от хозяина и выбираю другого. Отныне ты мой хозяин, Вильгельм. Я буду исполнять твою волю.

И они вместе направились к дереву. Мы с Иржи хотели последовать за ними, но наши ноги потеряли чувствительность и подкосились, и мы одновременно осели на землю напротив друг друга. Иржи Новак сидел спиной к дереву, я — лицом. Мое тело было парализовано, я не чувствовал ни рук, ни шеи, ни живота, я не мог шевельнуться, не мог сомкнуть веки, не мог вдохнуть. В первую секунду мне показалось, что сейчас я умру, — но, как ни странно, я продолжал жить, как будто вовсе не нуждался в дыхании.

Немигающими глазами я смотрел, как в свете костра Аньли присела на корточки под раскидистым деревом, потянула за один из корней и открыла замаскированный люк, и Вильгельм фон Юнгер начал спускаться в святилище. Китаянка же разделась, встала на четвереньки и содрогалась всем телом, будто в предсмертной агонии. А потом с ней произошло нечто настолько жуткое, что я отказался верить своим незакрывающимся глазам. В тот момент я решил, что у снадобья, помимо паралитического, был также галлюциногенный эффект. Я увидел, как тело ее почернело и как будто бы утратило форму, как будто бы разложилось. Это длилось секунду, не больше. Потом оно снова воссоздалось — но уже в другой форме: передо мной стояла лисица с тремя искрящимися хвостами. Она смотрела оранжевыми глазами на что-то у меня за спиной. Туда же смотрел и Юнгер, по пояс высовывавшийся из люка. И даже Иржи с ужасом таращился немигающими, слезящимися глазами мне за спину.

А я не мог обернуться, но я знал, что позади меня — нечто чудовищное. Я чувствовал затылком сырой, пронзительный холод склепа. В мои ноздри проникал дым курящихся благовоний, и я откуда-то знал, что эти благовония нужны для того, чтобы заглушить запах гниения.

— Мастер Чжао, — в экстазе прохрипел Юнгер.

— Ты привела в святилище чужаков, — послышалось у меня за спиной. — Ты отреклась. Ты нарушила мой запрет.

То был не голос, а несколько голосов — мужской и женский, детский и старческий, они звучали в унисон, соединяясь в гудящий хор, но ведущим был старческий, дребезжащий.

— За это я прокляну весь ваш лисий род.

Он, наконец, вышел из-за моей спины и медленно направился к треххвостой лисе. На нем был черный просторный плащ с большим капюшоном, скрывавшим лицо. В руке он держал пузатую лампочку с дрожавшим внутри огоньком; стекло украшал орнамент в виде рубиновых треххвостых лисиц, каждая из которых сидела на вершине холма у одинокого дерева. Мастер Чжао поставил лампу под деревом рядом с треххвостой лисой; та заскулила и улеглась на спину, как собака в позу покорности. Он склонился над ней и положил морщинистую желтую руку, испещренную пигментными пятнами, ей на живот.

— Ты носишь в утробе дитя. Это девочка, — в хоре голосов теперь отчетливей всего звучал женский. — Она станет последней в вашем роду, кто сможет пережить превращение.

Я вдруг заметил, что морщинистая рука, поглаживавшая лисий живот, теперь изменилась — кожа разгладилась и побелела, узловатые пальцы стали тонкими, женственными, ороговевшие стариковские ногти покрылись красным блестящим лаком.

— Теперь убирайся.

Лисица покорно поднялась и направилась прочь. Тогда мастер Чжао повернулся к Вильгельму Юнгеру, и я впервые увидел его лицо. Оно менялось. Каждую секунду менялось. Как будто он с невероятной скоростью старел и вновь молодел, и все в нем было текучим, пульсирующим — и форма черепа, и цвет глаз, и морщины, и седина, и копна иссиня-черных волос, и борода, и гладкая женская кожа, и детская пухлость щек, и красота, и уродство. Я был бы счастлив зажмуриться или отвернуться — но я не мог. Мои глаза непроизвольно слезились, и через слезы я был вынужден наблюдать его непрекращающуюся метаморфозу. Особенно жутким был переход от глубокой старости к фазе младенчества. В мучительной попытке вдохнуть кривился беззубый рот, лицо старика синело и сморщивалось — и застывало в гримасе боли и в неподвижности смерти, чтобы потом вновь расправиться и ожить на втянувшем в легкие воздух младенце с глазами мудрыми и усталыми, измученными непрерывностью перехода.

— Зачем тебе моя глиняная армия? — детским голосом, не выговаривая часть звуков, спросил мастер Чжао: на вид ему теперь было года два или три.

— Я хочу возглавить ее. И одержать великую победу в грядущей войне.

— Аньли дала тебе испить мой чан-шэн-яо, эликсир бессмертия, — ответил даос ломающимся мальчишеским голосом. — Я выполню твою просьбу. Сделаю тебя глиняным воином и поставлю во главе войска. Ты не умрешь. Но ты будешь стоять там вечно. Война пройдет без тебя. И эта, и следующая.

Нескладной, непропорционально длинной рукой подростка он потянулся к земле, набрал пригоршню комковато-глинистой почвы — и осыпал ею Вильгельма. В тот же миг барон покрылся — словно оброс второй кожей — слоем плотной коричневой глины; она залепила ему и глаза, и рот, затолкав ему в глотку отчаянный, хриплый крик. Мастер Чжао поднял с земли свою лампу с лисами, и из лампы рыжими огненными хвостами вырвалось пламя, и опалило, обожгло на Юнгере глину, и мастер Чжао сказал мужским голосом:

— Спускайся вниз и стань во главе терракотовых воинов. Ты найдешь проход, потому что теперь ты — никто. Ты исполняешь волю хозяина.

И глиняный истукан подчинился.

Тогда мастер Чжао встал рядом со мной и Иржи. Полы его плаща трепетали на ветру, источая густой и душный аромат благовоний и тонкий запах могильной гнили. Мы по-прежнему не могли ни моргнуть, ни пошевелиться. Неподвижные глаза Иржи казались нарисованными, неживыми.

— Женщина-лиса дала вам «Сон пяти демонов», — сказал даос; теперь он был средних лет китайцем с черной бородой клинышком. — Это яд. К тому, кто его испил, приходят его мертвецы, и сам он становится мертвецом. Я пощажу вас. Я позволю вам оплакать своих мертвецов и снова ожить.

И тогда я увидел мертвых. Как выяснилось позже, Иржи видел их тоже — только других, своих. Мертвецы поднимались на холм, и я узнал среди них свою мать, и бабку, и бандитов-хунхузов, которых подстрелил под Лисьими Бродами в девятьсот первом, и японцев, которых убил на войне в девятьсот четвертом. Они бродили рядом с нами, постанывая и ноя, не подходя, однако, ближе чем на полсажени, — как будто вокруг нас с Иржи был очерчен магический круг. Некоторые были мне незнакомы: какие-то солдаты с простреленной грудью. Какая-то утопленница — вся в водорослях, распухшая, синяя, с перекошенным, безумным лицом. Какой-то прямой, высокий старик в генеральских погонах, с простреленной головой.

— Ты не знаешь их, — угадав мои мысли, сказал мастер Чжао; борода его поседела. — Потому что не видишь будущего. Для меня же есть только прошлое. Все, что с нами происходит, уже случилось. Все, что с нами случится, уже прошло. Это тоже твои мертвецы. Оплачь их.

И я оплакал солдат, которых убил на войне, начавшейся тем же летом. И я оплакал старика-генерала, в чьих чертах сейчас угадываю будущего себя, а тогда не узнал. И я оплакал женщину, с которой познакомился в Харбине спустя восемь лет и которая стала моей женой, которая жива до сих пор. Все эти годы я не узнавал в Наталье ту жуткую женщину. До сегодняшней ночи, когда у нее сделалось такое же безумное, как у той утопленницы, лицо.

— Довольно, — произнес мастер Чжао, и мертвецы послушно побрели с холма прочь. Лишь только утопленница смотрела на меня диким взглядом и шамкала фиолетовыми губами. Я видел, как старик с прямой спиной и простреленной головой взял ее за руку и повлек прочь. Она подчинилась.

Когда они ушли, ко мне и Новаку вернулась способность шевелиться, дышать и моргать.

Седой, морщинистый даос в черном плаще поставил между нами шахматную доску и расставил вырезанные из слоновой кости фигуры. Все пешки были в форме черных и белых волков, слонов заменяли тигры, лисица вместо ферзя. На клетку короля он поставил фигурку даоса. Один даос был в черном плаще, другой в белом.

— Я буду к вам милосерден и отпущу, — сказал старик. — Но есть условие. Один из вас покинет Лисьи Броды и никогда не вернется. Другой навсегда останется здесь. Только смерть подарит ему свободу.

Мы с Иржи тут же хором ответили:

— Я уеду.

— Я знал, что вы оба выберете отъезд, — прошелестел он слабым старческим голосом. — Но кто-то должен остаться. Пусть решает судьба. Вам предстоит сыграть партию в шахматы. Проигравший останется в Лисьих Бродах. Победитель уйдет и никогда не вернется.

Тогда Иржи спросил, что будет с тем, кто ослушается.

— Ты не сможешь ослушаться, — беззубым ртом прошамкал даос, его глаза гноились, лицо мучительно трансформировалось из старческого в младенческое. — Если ослушаешься — умрешь.

— И я тоже? — спросил я мастера Чжао; теперь глаза его были ясные, любопытные, с веселыми детскими искорками.

— А ты — нет. — Даос показал мне язык; он не выговаривал часть звуков, как трехлетний ребенок. — У тебя другая судьба.

Если ты нарушишь запрет, дорогу к твоему дому узн***а***ют призраки, и они лишат твоих любимых рассудка.

Над холмом, над одиноким кряжистым деревом занимался рассвет. Мы сыграли партию, и я выиграл. Тогда, весной четырнадцатого года, я выиграл свободу.

Иржи взял с собой шахматы, и мы спустились с холма. У подножия нас терпеливо ждали Цыган и Гречка. К вечеру мы доехали до развилки. Одна дорога вела к мосту через канавку, окаймлявшую Лисьи Броды, другая — в Харбин. Иржи стал хорохориться и храбриться: мол, как медик он совершенно уверен, что случившееся там, на холме, — превращение китаянки в лису, а Вильгельма Юнгера в глиняного солдата, и наш с ним паралич, и беседа с мастером Чжао, и наложенные на нас «проклятия» — не более чем галлюцинация, вызванная приемом отвара. В доказательство он решил отправиться со мною в Харбин.

Как только мы отъехали от развилки, у Иржи пошла носом кровь, но он отмахнулся: это все недосып. Через полверсты он схватился за грудь, закатил глаза и обмяк на спине у Гречки. Я спешился, надежно закрепил бессознательного Иржи в седле (пульс у него прощупывался, но слабый, неровный), взял обеих лошадей под уздцы и довел до моста. Впечатленный событиями минувшей ночи и случившимся с Новаком приступом, я не решился пересечь границу Лисьих Бродов и довезти друга до лазарета. Вместо этого я стегнул Гречку и, убедившись, что она направилась в город, унося на себе Иржи, оседлал Цыгана и поскакал прочь.

Дальше — Первая мировая, революция и Гражданская. В двадцать первом я вернулся в Маньчжурию, уже генералом. Стал военным советником в китайских войсках. Обосновался в Харбине. Встретил Наталью и женился на ней. В двадцать втором родилась наша Глашенька.

Постепенно воспоминания о той ночи, что мы с Иржи провели на холме у святилища, притупились и смазались. Я вполне уже допускал, что Иржи был прав: все случившееся могло быть просто галлюцинацией, да и обморок его можно было объяснить действием употребленного вещества, переутомлением или истерикой. Меня очень тянуло сюда, в мой дом. Я мечтал показать его Наталье и подрастающей Глаше. И чем дальше, тем больше наложенное на меня даосом «заклятье» казалось игрой воображения, суеверием, бредом. Что за вздор вообще — «дорогу к дому узн***а***ют призраки»? Поэтому, когда в 1929 году начались китайско-русские столкновения на КВЖД неподалеку от Лисьих Бродов, я сам настоял на том, чтобы меня туда командировали вместе с семьей.

И я вернулся.

Иржи Новак все эти годы был здесь безвыездно. Он утверждал, что много раз пытался покинуть город, но всякий раз терпел неудачу. Сердечный приступ, внутренние кровоизлияния, частичный паралич, потеря памяти, слепота, глухота, удушье — такой была расплата за каждую попытку уйти. В конце концов он смирился.

Не то чтоб я ему не поверил — но для себя легкомысленно решил, что с его стороны это, возможно, самогипноз. Ведь мы с Натальей и Глашенькой провели в Лисьих Бродах три месяца, и ничего не случилось. Никаких бесов. Я завершил свою миссию, мы вернулись в Харбин, но стали бывать в Лисьих Бродах наездами.

Сегодня, после ночной Наташиной выходки, я действительно испугался. И эти слова — «дорогу к твоему дому узн***а***ют призраки, и они лишат твоих любимых рассудка» — наполнились смыслом. Она действительно вела себя как сумасшедшая. Как одержимая. Бесноватая...

Ну вот, впервые освежил в памяти и доверил бумаге те удивительные события — и полегчало. Наталья спит, и Глашенька спит. Во сне улыбается. Пойду немножечко прогуляюсь у Лисьего озера.

Авось обойдется.

2 сентября 1930 г.

Чем дальше, тем хуже. Сегодня Глашенька дивную нарисовала картинку: изобразила китаянку в позе лотоса, в желтом платье. Такой талант у ребенка! Назвала свою работу «Сифэн, или Западный Феникс». Неудивительно, что Сифэн — ведь именно это имя выкрикивала Наталья той ночью, когда ей помстилось, что в доме призрак.

Наталья снова впала в неистовство. Кричала, плакала, пена у нее вокруг губ, глаза больные, сумасшедшие, злые. Она себе вбила в голову, что это не Глаша нарисовала картину, а якобы сама китаянка Сифэн пришла к нам с кладбища и водила ее рукой. Пыталась сжечь картину, но я настоял, чтобы она висела в гостиной на видном месте. Нельзя потакать безумию.

21 сентября 1930 г.

Сегодня Наташа пыталась убить ребенка. Душила Аглаю плюшевым медведем, Месье Мишелем. Кричала, что у нее отняли дочь. Я оттащил ее и ударил по лицу. Она убежала прочь. Выкрикивала проклятья и выла.

Моя жена одержима, безумна. Это мне наказанье за нарушение запрета.

Страшно. Стыдно. Противно.

22 сентября 1930 г.

Наталья до сих пор не вернулась. Я нанял местных рыбаков, чтобы поискали на Лисьем озере.

24 сентября 1930 г.

Наташино тело выловили из Лисьего озера. О, мне знакомо это распухшее тело. Эти синие губы. Я видел ее такой в четырнадцатом году, среди мертвецов, под деревом на священном холме. Сейчас я не плачу. Я оплакал ее той ночью, когда мы с Иржи играли в шахматы и я выиграл свободу.

ГЛАВА 11

Белые начинают и выигрывают.

Помахивая саквояжем, Иржи Новак шагал к мосту над канавой, все эти годы очерчивавшей его тюрьму, Лисьи Броды. Именно белые. Сердце бешено колотилось. Когда игроки равны. Белые ходят первыми. И выигрывают.

Это была не судьба. Только иллюзия рока, судьбы. Проклятый старик с текучим лицом все подстроил, все сам решил. Он дал Смирницкому белые. Он дал ему черные. Несправедливо.

Новак остановился у начала моста, пытаясь привести в порядок дыхание и успокоить захлебывавшееся в крови сердце. На той стороне моста — простреленный, покосившийся щит, возвещавший конец проклятого города и начало его свободы. «Лисьи Броды», три надписи на трех языках, перечеркнутые размашисто краской цвета запекшейся крови. А за мостом — остов сгоревшего японского бэтээра.

Сейчас он сделает шаг, и, как обычно, начнется морок. Но в этот раз все будет иначе. В этот раз у него есть эликсир. Две рубиновых капли в пипетке. Две попытки. Две жизни.

У ног вертелся, поскуливая, глупый подопытный пес.

— Проваливай, Шарик.

Доктор Новак взглянул на серое небо, заляпанное следами заката, как нечистая повязка пятнами кровавого гноя, сжал в пальцах пипетку и ступил на мост. И мир изменился.

Исчезло блеклое, как присохшая к ране повязка, небо: как будто сдернули повязку, и под ней открылся сияющий, усыпанный нездешними звездами небосвод. Исчезла грязная болотистая канавка, сменившись быстрой, изумрудной, извилистой речкой, змеей скользившей со склона холма в пучину Лисьего озера. Исчез остов бэтээра и простреленный указательный щит, знаменующий конец города. А вместо деревянного, на сваях, моста под ногами у Новака закачался бамбуковый, подвесной.

Не выпуская из руки саквояжа, он вцепился в хлипкие веревочные перила, сделал шаг и застыл. На мосту, преграждая ему путь, стояла треххвостая лиса с рубиновыми глазами. Новак знал ее. В прошлый раз она его чуть не убила.

Где-то в прежнем, ненастоящем, невидимом мире настороженно зарычал облезлый бродячий пес, но Новак его не видел.

Лиса выгнула спину дугой, приоткрыла пасть и издала звук, похожий на визгливый сдавленный хохот. Три хвоста ее напряглись и конвульсивно задергались, и Новак зажмурился, чтобы не видеть того, что с ней происходит. Ее хохот перешел в мучительный, хриплый стон, на секунду умолк — а потом вернулся легким и беззаботным девичьим смехом. Доктор Новак открыл глаза и взглянул на юную китаянку в алом халате. Ее волосы были скреплены на макушке тонкой золотой спицей с изящным костяным наконечником.

— Я — Нуо, старейшина стаи посвященных, хранительница Усыпальницы глиняных воинов, младшая из сестер. Я пришла, ибо ты намерен нарушить запрет мастера Чжао.

Новак молча пошел на нее.

— Ты не можешь уйти из Лисьих Бродов живым, — она вынула из прически тонкую спицу и, улыбнувшись, вонзила ему в солнечное сплетение.

Крови не было. Аккуратно, почти заботливо Нуо потрогала пальчиком торчавший из его живота костяной наконечник, словно энтомолог, проверяющий, хорошо ли насажена на иглу коллекционная бабочка.

Он согнулся, корчась и держась за живот, и выронил саквояж.

— Если хочешь жить, отправляйся домой. Эта спица исчезнет, как только ты сойдешь с моста, перекинутого над Лисьей рекой.

Доктор Новак опустился на сплетенные бамбуковые стебли моста, с тихим, ноющим стоном подтянул к животу похолодевшие ноги. Китаянка Нуо перешагнула через него и исчезла. Новак взялся за торчавший из живота кончик спицы и потянул. Широко разинул рот, как будто для крика, — но не крикнул, а дрожащими пальцами капнул себе из пипетки алую каплю на белый, сухой язык.

Через все его тело, от горла к паху, прошла мгновенная судорога — не боли, но наслаждения. Избавления. Боль ушла мгновенно — вместе с тонким, острым металлом. Доктор Новак выбросил золотую спицу с костяным наконечником в воду и, расправив ноги, лежа на спине на качающемся мосту, глядя слезящимися глазами на яркие, непривычно близкие звезды, засмеялся и сквозь смех крикнул:

— Свободен!

Отсмеявшись, он поднялся и, даже не держась за протянутые над шатким, скрипучим настилом веревки, размахивая саквояжем, зашагал по мосту. Легко и свободно.

На середине моста, спиной к нему и лицом к реке, с развевающимися на ветру черными волосами, стояла женщина в шелковом лиловом халате и деловито перепиливала коротким ножом веревку перил.

Доктор Новак видел ее впервые. Никогда раньше так далеко на мост он не заходил. Она перепилила веревку и повернула к нему красивое, покрытое слоем пудры лицо. Ее раскосые глаза были изумрудными.

— Я — Биюй, старейшина стаи посвященных, хранительница Усыпальницы глиняных воинов, средняя из сестер, — ловкими пальцами она завязала консц всрсвки в пстлю. — Ты нс смсешь нарушить запрет мастера Чжао. Иди назад.

Новак сжал в правой руке пипетку и упрямо двинулся вперед по мосту. Когда он прошел мимо Биюй, она накинула ему на шею удавку — он успел отбросить свой саквояж и просунуть между веревкой и шеей левую руку — и, смеясь, как шаловливый ребенок, обеими ладонями толкнула Новака в спину.

Он повис над Лисьей рекой, раскачиваясь скрипуче вместе с мостом. Сапоги слетели с ног и упали в воду. Затянувшаяся петля вдавила левую руку в горло. Он попробовал ослабить веревку пальцами, но они онсмсли и казались холодными и чужими. Новак резко, со свистом выдохнул, попытался набрать в легкие воздуха — и не смог, потому что узенькая щелка в горле закрылась. Он почувствовал, как муторно и больно набухает в паху — словно гнилой, перезрелый плод за секунду до гибели силится лопнуть, пустить по ветру свое семя. Он почувствовал, как давит на глотку и вываливается изо рта вдруг ставший слишком большим язык, — и, давясь и пуча глаза, капнул прямо на этот распухший, мешавший вдохнуть язык из пипетки.

И веревка на горле лопнула одновременно с набухшим плодом, и, раскинув руки, как птица, он парил на Лисьей рекой, полной грудью вдыхая чистый, напоенный дождями, ароматом трав и его семени ветер. Этот ветер бережно подхватил его и поставил на мост, и принес из другого мира отголоски лая собаки, которую он не видел.

Наслаждаясь каждым вдохом и каждым шагом, Иржи Новак босиком прошел весь мост до конца. Там, где стебли сухого бамбука, из которых был сложен мост, опускались на песчаный откос противоположного берега, на границе миров, в одном-единственном шаге от свободы и новой жизни, в позе лотоса сидела обнаженная женщина в маске лисы. В руках она держала курительную свечу.

— Я — Тин, старейшина стаи посвященных, хранительница Усыпальницы глиняных воинов, старшая из сестер. — У тебя больше нет ни капли чан-шэн-яо. Ты не уйдешь. Ты не смеешь покинуть Дориби Догонь.

Один шаг, подумал он. Осталось сделать всего один шаг, и кончится этот морок. Он будет действовать быстро и неожиданно. Он пройдет.

Новак с силой ударил сидевшую на его пути женщину ногой в лицо, голой кожей ступни ощутив на секунду не искусственную поверхность маски, но настоящую, теплую и чуть влажную, шерсть. Тин со смехом опрокинулась на спину, не выпуская из рук свечу. Нужно просто переступить через эту тварь. Один шаг — и кошмар закончится.

Он занес над ней ногу — но перешагнуть не успел. Острый рыжий язычок курительной свечки стал вдруг длинным и липким, как язык приметившего муху хамелеона, и огонь лизнул его ногу и пах, перекинулся выше, на спину, на руки и волосы, на веревочные перила моста, в которые он вцепился рукой, на сухие стебли бамбука. И, объятый пламенем, порвался и обрушился в реку мост, унося с собой корчащегося в огне Новака. И с песчаного берега смотрела в воду лиса и смеялась, как человек, а потом нырнула в кусты и исчезла, полыхнув напоследок тремя огненными хвостами.

И погасло пламя. И исчезло ослепительное звездное небо, затянувшись мутной вечерней серью. Утекла за горизонт изумрудная Лисья река, уступив свое ложе затянутой ряской, стоячей, мелкой воде. И проткнула ряску опора нетронутого моста с деревянным настилом и косым, простреленным щитом, возвещавшим конец проклятого города.

Прислонившись к опоре, по пояс в вонючей жиже сидел доктор Новак. Суетясь и поскуливая, мокрый Телохранитель тыкался носом в его горячие руки и облизывал красное, потное от жара лицо.

Очевидно, его хозяин тяжело болен. Что-то дикое происходило с хозяином на мосту: он кричал от боли, задыхался и корчился, сбросил с ног сапоги, обмочился, перелез через перила и прыгнул в канаву. Теперь сидит, раскачивается и ноет.

Телохранитель принюхался: в воздухе пахло гарью. Похоже, где-то поблизости жгли бамбук.

ГЛАВА 12

Когда я возвращаюсь в фотоателье «Братья Гольдштейнъ», дверь в подсобку плотно закрыта. Уходя, я не до конца ее притворил.

Я достаю из кобуры «вальтер».

За обшарпанным столом сидит Бойко. В одной руке у него фонарь, в другой — лупа, во рту — дымящаяся сигарета с длинным пепельным кончиком. Сопя и щурясь, майор разглядывает под лупой проявленную мной пленку.

Я опускаю ствол.

— Извинений ждешь, капитан? — не глядя в мою сторону, цедит Бойко; пепельный хвостик срывается с его сигареты и осыпается прахом. — Хрен тебе. Не дождешься. Я должен знать, что натворил Деев. Это мой человек.

Он, наконец, поднимает ко мне лицо. В резком свете армейского фонаря оно кажется мертвенно-бледным, с заострившимися чертами.

— Мой человек, понимаешь?! — теперь он орет. — Ты обещал мне играть в открытую! А сам... — майор берет себя в руки. — Особист всегда особист. Ни про шифрованные записи у Деева в сейфе, ни про фотопленку ничего не сказал. От замполита-стукача узнаю...

— А ты, майор, пока меня нет, сюда пробрался играть в открытую? В мои дела нос совать?

Я подхожу к столу и через лупу, чуть подрагивающую в его шершавой руке, смотрю на кадр проявленной пленки. Там сидящая у кромки воды лиса.

— Это мои дела! — Бойко двигает лупу; на следующем кадре лисья голова торчит из воды. — Это мой друг фронтовой в лазарете загибается, пока ты ему дело шьешь! Моих ребят только что закопали!

— Там и моих ребят закопали.

— А по тебе не скажешь. Когда хоронили, ты даже не подошел.

Я застываю. Он даже не представляет, насколько он прав.

— Мое терпение на исходе, майор, — я вынимаю из его руки пленку.

Он поднимается из-за стола. Глубоко затягивается. Бросает на пол и давит егерским ботинком окурок. Подходит ко мне вплотную. Скалится зло. Буравит глазами — чуть снизу вверх, он слегка ниже ростом.

— Там все равно ни хера, на пленке, — из его рта вместе со словами сочится густой едкий дым. — Пейзажи и голые бабы. Юный натуралист.

Он направляется к выходу, нарочно задевает меня плечом.

— Что по подопытному? — я иду за ним.

— Прочесали окрестности. Не нашли.

— Погоди минуту, майор.

Он застывает на пороге:

— Арестовывать будешь?

Я смотрю ему в спину. Сейчас, пока он не видит, я могу не прятать тоску. В других обстоятельствах, если бы я был Максим Кронин, он мог бы стать моим другом. Но я ведь оборотень. Я особист Степан Шутов. И он меня презирает.

— Пока не буду. Расскажу тебе лучше историю.

Он не двигается. Не уходит — но и не оборачивается.

— Знал я как-то одного офицера — на тебя был похож, майор. Капитан, из разведки фронта. Допустим, звали его Максим. Ребята его любили. Да и начальство тоже. Языков таскал пачками, чинов фашистских покрошил — роту. И была у него особая гордость —

ребят своих из-за линии фронта живыми всегда приводил. За три года только двоих потерял. А ребята тоже — орлы. Всем, понятное дело, на грудь цацки, доппаек в зубы. Особенно старшина был хорош — снайпер, правая рука капитана и лучший товарищ. Прямо как Деев твой. Капитан ему доверял. И, конечно, оба они нашего брата особиста не слишком любили. Как-то выпили, делились историями. Капитан старшине рассказал, что чудом от ареста сбежал перед самой войной. А на следующий день капитана в штаб вызвали. Он заходит — а там его ждут мои сослуживцы. Из Особого отдела орлы. В общем, взяли его — как вражьего пособника и шпиона — и в лагерь. Искупать трудом. Уран добывать.

— И зачем ты мне, капитан, все это рассказываешь? — он по-прежнему стоит на пороге ко мне спиной.

— А затем, что сдал-то его старшина. Который был у него правой рукой, как у тебя Деев. И не враз сдавал, а долго и обстоятельно. У сослуживцев моих целая пачка донесений лежала. Я так понял — прихватили самого старшину на горяченьком, мародерство, там, или ляпнул что-то не то... Перед выбором поставили старшину. Ну, он выбрал.

Майор Бойко, наконец, поворачивается. В его глазах — ненависть.

— Ты на что это намекаешь? Что Деев на меня вам стучал?

Я улыбаюсь — холодной улыбкой садиста.

— Я — намекаю? Что ты, майор. Я просто историю рассказал. Мораль — это на твое усмотрение.

Я издевательски козыряю, давая понять: разговор окончен.

Он делает шаг назад. И второй. Пятится от меня, как от беса.

И он говорит мне:

— Я тебе, сука, не верю.

В свете красного фонаря черно-белые мутные снимки плавают в кювете с раствором, как в разбавленной крови, — и, напитываясь ею, обретают объем и четкость.

Я вылавливаю щипцами ученические открытки, виды природы: отпечатки звериных следов на песке, лесная кумирня, закатное солнце над Лисьим озером, лиса у кромки воды...

Я вылавливаю обнаженную женщину в разных позах: на коленях, на боку, со скрещенными ногами, на четвереньках. У нее длинные черные волосы, возбужденные темные соски и чуть раскосые глаза, насмешливо глядящие в объектив. Это Лиза. Которая час назад улыбалась мне и слизывала с моих губ карамель. На этих фото она улыбается тому, кто снимает ее обнаженной, — Олегу Дееву. Красноватые капли стекают по ее груди и животу и капают в кювету с раствором, туда, где плавают две последние карточки изображениями вниз.

— Красивая девка.

Костлявая рука забирает у меня щипцы с фотографией. Синюшный палец с черной каймой под ногтем трогает Лизину грудь. В венозном свете красного фонаря Флинт, как тогда, на полу ведьминой фанзы, с головы до ног залит кровью.

— Но не твоя. Твоя-то — блондинка. Или забыл?

Он комкает фотографию и швыряет мне под ноги.

— Деев — овощ. Подопытный скрылся. Тебе нечего ловить в Лисьих Бродах. А вот тебя тут завтра поймают.

Он хрипло хихикает, заходится кашлем и отхаркивает на пол парочку жирных червей вместе со сгустком крови. Берет одного из червей щипцами, подносит к моим глазам.

— Пока не поздно, Циркач, рви когти. А то пристрелят — и будут у тебя внутри вот такие.

— У меня есть время до завтра. Деев может очнуться.

— Да не поможет тебе Деев, Циркач! Тебе никто не поможет. Твою жену замучили в лагере. Ты сам это знаешь.

— Нет.

Он стряхивает червя на пол и лезет щипцами в кювету. Вытаскивает верхнюю из двух оставшихся фотографий и протягивает ее мне. Мне не приходится даже брать ее в руку. Она уже у меня в руке. В другой руке — щипцы. А Флинт хихикает у меня за спиной, и его сиплый смех пахнет погребом.

Я поворачиваю фотографию изображением вверх. На ней — вповалку лежащие трупы на нечистой клеенке. Обезображенные, истерзанные, обнаженные, с длинными космами, со следами ран и побоев и с черными метками пулевых отверстий во лбу. Их рты похожи на раззявленные пасти зажаренных летучих мышей, которых подают в кабаке у папаши Бо. На заднем плане — прутья вольера, японские иероглифы на стене. Подопытные «Отряда-512».

Я шарю взглядом по их оскаленным лицам — и не вижу лица Елены. Но облегчение не приходит. Как будто я не замечаю какой-то важной детали. Как будто сердцем я уже ее разглядел, эту чудовищную деталь, а умом еще нет.

И Флинт протягивает из-за моей спины руку и тычет черным пальцем в то, что от меня ускользало. Чуть слева от центра, на тощей шее одного из сваленных грудой трупов — цепочка с часами-луковицей. Я знаю эти часы. Они сейчас у меня. Под крышкой там мой портрет.

Часы моей женщины. Часы моей мертвой женщины.

На фотографии не видно ее лица, и в истощенном, замученном теле невозможно узнать Елену. Поэтому сердце не верит в то, что я вижу. Но разум холоден, как промерзший за зиму погреб, и голосом Флинта он говорит мне:

— Она мертва. Во время штурма Деев снял с нее часики и отдал своей бляди. Конец истории. Рви когти из Лисьих Бродов.

Я все стою и смотрю на фото — а Флинт уходит. Но холод погреба остается со мной. И заполняет меня.

ГЛАВА 13

— Я растопил камин.

Смирницкий протянул к огню худые, бледные руки — и так застыл, почти касаясь пальцами пламени. Аглае подумалось, что если совсем чуть-чуть подтолкнуть его, то узловатые его пальцы займутся и вспыхнут, и рукава, и седые волосы, и весь он, жесткий, сухой, с деревянно-прямой спиной, загорится, и станет метаться, разваливаясь на огненные куски, по этому проклятому дому, дорогу к которому знают бесы, и пламя перекинется на занавески, на скатерть, на стены, и дом сгорит вместе с бесами, вместе с Месье Мишелем, с отцом и с ней... Плохая мысль. Аглая сильно, до крови прикусила губу изнутри, чтобы плохая мысль отступила перед физической болью.

— Ты прочла мои записи, Глаша?

— Да, папа.

— Тогда сожги их. Я уже растопил камин.

Она послушно шагнула к камину, бросила тетрадь в огонь и молча смотрела, как черная кожа переплета морщится, складывается в гримасы и лопается — как будто бесы корчат ей рожи.

дорогу к дому узнают призраки

Раздался стук в дверь.

— Не открывай! — Смирницкий с неожиданным проворством метнулся к окну, встал сбоку, чуть приоткрыл занавеску и осторожно глянул во двор. — Красноармеец, — сказал он упавшим голосом. — Это за мной.

Стук повторился.

— Глаша, открой! Я знаю, ты там! Из трубы дым идет!

— Я, Пашечка, не могу сейчас! — прокричала она через дверь и шепотом пояснила отцу: — Это друг, не бойся.

— Кто — друг? Краснопузый? — Отец презрительно усмехнулся. — Гони подальше таких друзей.

— Как так — не можешь? — прогорланил с улицы Пашка. — Мы же договорились! Я и картоху принес. Мы ж с тобой картоху печь будем!

— Картоху!.. — шепотом повторил генерал Смирницкий. — И правда, глянь-ка, у него в руке авоська с картошкой и веник еще какой-то. Похоже, букет. Вот это, Глашенька, жених так жених... — Смирницкий затрясся в беззвучном смехе, вдруг оборвал его резко; лицо застыло. — Скажи ему, голова болит.

— Паш, уходи! Я сегодня дома. Мигрень.

— Тогда пусти меня! Я тебе картошку сварю и пюре намну. Когда мигрень, надо есть!

— Ты разве не понял? Барышня не хочет картошку, — раздался вдруг по ту сторону двери еще один голос — низкий, бархатный, с легким азиатским акцентом.

Аглая узнала его — даже прежде, чем выглянула в окно. Китаец Лама, подаривший ей черный жемчуг. Он был в белой рубашке и черном пиджаке, с гвоздикой в петлице. И тоже с букетом. Она увидела, как Пашка вскинул автомат:

— Ты кто такой, китаёза?!

— Тот, что в костюме, интересный молодой человек, — прошептал Смирницкий, поднимаясь наверх. — В нем чувствуется порода. Ты, Глашенька, с ним иди. Красноармейца гони взашей.

Когда отец скрылся в кабинете на чердаке, она распахнула дверь. Красноармеец лежал на животе на земле, вокруг него валялись картофелины и рассыпавшиеся полевые цветы. Его автомат Лама держал в руке, ствол упирался в Пашкин затылок. В другой руке у Ламы был букет чернильно-черных, мясистых, с хищными лиловыми язычками и изумрудными листьями, орхидей.

— Ты спрашивал, кто я. Я — тот, кто знает, чего эта барышня хочет, — Лама пнул Пашку ногой.

— Не надо, Лама! Не тронь его!

Лама кивнул, отшвырнул автомат и шагнул к ней:

— Как скажешь. Твое слово — закон.

— А ну стоять! Ни с места! — Пашка вскочил, подобрал автомат с земли и, поскользнувшись на картофелине и нелепо расставив ноги, прицелился Ламе в спину. — Глаша, не бойся!

Лама усмехнулся и молча протянул Аглае черные орхидеи. Они пахли сладко до приторности, как перезрелые сливы на пороге гниения, как мед, впитавшийся в прелую землю. Они пахли стыдным, темным, извращенным, мучительным наслаждением. Она приняла их — и Пашка растерянно опустил дуло автомата.

— Пойдем со мной, — Лама подал ей руку. — Тебя ждет сюрприз и незабываемый вечер.

— Она со мной! — Пашка с тревогой переводил взгляд с ее лица на протянутую, но пока что не принятую руку Ламы. — Мы идем печь картошку! Да, Глаша?

— Ну что ты, Пашечка, как ребенок...

Она физически чувствовала, как из окна кабинета за ней с насмешкой наблюдает отец. Ей захотелось бросить черные орхидеи на землю, и вместе с Пашкой подобрать картофелины и полевые цветы, и вместе с ним пойти к озеру, и разжечь там костер, и поужинать вкусно и просто, и до рассвета сидеть в обнимку на бревнышке, и знать, что он хочет поцеловать ее в губы, но не решается, и рассказать ему о проклятии, и попросить прогнать ее бесов, потому что если кто и может для нее это сделать, то только он, такой хороший, простой и светлый...

красноармейца гони взашей

Она отвернулась от Пашки и вложила свою руку в раскрытую ладонь Ламы. И Лама сжал ее пальцы сильно и больно, и она ощутила, как в животе сладким, сочным, гнилым цветком распускается для него, скользким пестиком и похотливыми лепестками прорастает в промежность ему навстречу что-то густое и темное — то ли страх, то ли похоть.

интересный молодой человек, иди с ним

— Я не хочу картошку, — она зарылась носом в черные орхидеи, втянула их медово-гнилостный запах. — Я хочу сюрприз, Лама.

ГЛАВА 14

— Отнеси платок крова-а-авый к милой любушке мое-э-э-эй! Ей скажи, моей люби-и-имой: я женился не на ней...

Красноармейцы жгут костер во дворе у штаба. Снайпер Тарасевич тренькает на гитаре, которая в медвежьих его лапищах кажется совсем крохотной, и выводит неожиданно чистым и сильным голосом «Черного ворона», остальные подпевают:

— ...Взял невесту тиху-скро-о-омну в чистом поле под кусто-о-о-ом, остра ша-ашка была сва-ашкой, штык булатный был дружком...

Сапер Ерошкин, в скорбную складку на переносице сведя мохнатые брови, щедро плещет в кружки мутный самогон из бутыли:

— Товарищ Шутов! Помянете с нами ребят?

Я принимаю наполненную до краев кружку, чуть расплескав, делаю несколько круговых движений рукой и, когда мутная жидкость закручивается в воронку — выпиваю до дна, не дыша и не глотая, винтом.

Мне нет дела до их ребят. Но мне есть кого помянуть.

Десантники одобрительно переглядываются. Я возвращаю пустую кружку на стол и захожу в штаб. Мне везет. Ни во дворе, ни в здании штаба я не встречаю ни Бойко, ни замполита, ни Пашку — это значит, не надо ни с кем объясняться. Завхоз горланит на полевой кухне «Черного ворона», а дверь склада не заперта — это значит, я могу взять консервы, сухари, чай и сахар.

Я кидаю провизию в вещмешок вместе со сменой одежды, картой, патронами, армейским фонарем, сигаретами, спичками, пачкой банкнот... Потом зачем-то сую туда же «Алису в Зазеркалье». Пригодилась настоящему Шутову — сгодится и мне. Развлечет меня по ту сторону, в зеркальном лесу.

Вероятно, это и есть тот лес, в котором вещи не имеют названий. Что-то будет с моим именем, когда я вступлю в этот лес? Я не хочу потерять мое имя.

...Пистолет, револьвер и нож, как всегда, при мне. И при мне золотые нагрудные часы с моим портретом под крышкой. И другие, пробитые пулей в том месте, где было лицо Елены.

У меня теперь нет даже ее фотографии. Постепенно ее лицо сотрется из памяти, рассыплется мозаичными, не связанными между собою обломками, и каждый обломок утонет в болотной, торфяной тьме.

Пока нс поздно, я пытаюсь прсдставить ссбс Елсну — живую, нежную, целую, — и меня охватывает липкая паника: за сегодняшний день я уже как будто забыл ее тело, и оттенок волос, и жесты, и смешные словечки, и голос; помню только кругляшок под крышкой часов, только картинку, застывшую, черно-белую.

Или вот, например, я помню, что, раскатывая тесто для штруделя, она собирала длинные волосы в какую-то домашнюю, простую прическу. Но в какую? В косу, в пучок или в хвост?.. И она всегда пересчитывала орешки и изюминки для начинки, чтобы вышло ее счастливое число. Но какое?..

Помню, как перед сном, уже в ночной рубашке, она любила читать, сидя в кресле. Но поджимала ли под себя босые ступни, сворачивалась ли клубочком, как кошка, — или сидела, закинув ногу на ногу, прямо и строго?..

Если бы меня сегодня не стало, как долго ты бы горевал по мне, Макс?

И я не помню, как пахли в постели, сразу после любви, кожа и волосы моей женщины. И я не помню, какими были на вкус ее губы. Зато я вдруг вспоминаю сосновый запах волос и привкус жженой карамели на губах Лизы.

Вместо того, чтобы оплакивать свою женщину, я вожделею чужую.

Это предательство, говорю я себе. За предательство полагается наказание. И я наказываю себя. Я заставляю себя вспомнить тридцать восьмой и больницу в Риге, и отвернувшуюся к стенке Елену, и молодого врача, прилежно конструирующего фразы на русском. Я заставляю себя вспомнить слова, которыми он, как продезинфицированными пинцетами, отщипывал и аккуратно удалял из солнечного сплетения надежду:

— Здоровье фрау пребывает почти вне опасности. Все жизненно важные органы пребывают в порядке. Большая удача, что фрау к нам попала так скоро. Но также есть неудача. Фрау Елена потеряла дитя. Мне жаль, но абортус... выкидыш, так?.. в таких обстоятельствах не является редкостью. Причиной явился удар ножом в область утерус... матка, так?.. У фрау открылось кровотечение.

Я заставляю себя вспомнить, как Елена, не поворачивая к нам головы, глухо сказала в подушку:

— У нас была девочка.

— Столь ранний срок... Мы не можем быть в известности, какого пола являлся плод.

— Я просто знаю, что девочка.

Я заставляю себя вспомнить, как закричал:

— Зачем ты пошла туда, Лена? Зачем ты, дура, так рисковала?!

И как она ответила кротко:

— Прости, Максим. Я хотела доказать тебе, что могу.

Я вспоминаю, как доктор вежливо покинул палату, оставив нас с ней вдвоем, как я орал на нее, и как она просила прощения, и как повязка на ее животе пропиталась кровью, и как после этого, только лишь после этого я присел на кровать с ней рядом. И как я гладил ее по волосам, оттенок которых не могу сейчас вспомнить; помню только, что очень светлые...

Но я не помню, что с ней случилось и кто ее ранил, — и никогда уже об этом ее не спрошу. Я только знаю, что это моя вина. Возможно, Лена, по своему обыкновению, вышла на сцену, чтобы побыть для меня живой мишенью, а я промахнулся? Все, что случилось в тот день до больницы, тонет во мраке.

Зато я помню, как заставил себя поцеловать ее обмотанный бинтами живот, и как почувствовал, что вместо ребенка там поселилась смертная пустота, и как она спросила:

— Если бы меня сегодня не стало, как долго ты бы горевал по мне, Макс?

И я сказал ей:

— Всю жизнь, Элена.

— И ты не полюбил бы другую?

И я сказал, что не полюбил бы. И я сказал, что больше ничего плохого с ней не случится, я этого не допущу.

Но я допустил. Плохое случилось. И мне уже никогда не вымолить у нее за это прощения.

Нашей девочке было бы сейчас семь. Мы потеряли ее в тридцать восьмом из-за удара ножом, который, наверное, я сам и нанес.

У меня нет ребенка, и жены тоже нет. Обрезаны все пуповины, которые связывают меня с настоящим и будущим. У меня есть только прошлое. Это делает меня неуязвимым. И равнодушным.

На заднем дворе у здания штаба припаркован мотоцикл капитана Шутова, на котором я въехал в город. На нем же я и уеду.

Солдатики всё поют. Только теперь вместе с ними на полевой кухне Флинт. На плече у него сидит ворон и, извернувшись, выклевывает кусочки червивой плоти из темных глазниц. Флинт подпевает, хрипло и мимо нот:

— Вижу, смерть моя прихо-о-о-одит... Черный ворон, весь я твой!..

Я завожу мотоцикл.

— Циркач! — во всю глотку орет мне Флинт, перекрикивая поющих и работающий движок, но никто, кроме меня, не слышит его. — Ты побрякушки из сейфа-то прихвати!

— Они чужие, Флинт.

— Ты что, дурак? — надрывается вор. — Это же чистое золото!

— Не бывает чистого золота.

Я срываюсь с места, и маньчжурская ночь заворачивает меня в холодный осенний кокон, под которым я совершаю новое превращение. Остается только тонкая прослойка человеческой плоти между холодом, который снаружи, и холодом, который внутри. Эта плоть как будто не имеет ко мне отношения. Я спокойно, без эмоций, наблюдаю за человеком, который едет на мотоцикле по Лисьим Бродам — через площадь, мимо пристани, мимо церкви и кладбища... В прошлых жизнях он был артистом, солдатом, зэком и смершевцем. Он был мужем светловолосой красивой женщины. Теперь он никто.

У него нет настоящего и нет будущего. Есть только прошлое. Все, что с ним происходит, уже случилось. Все, что с ним случится, уже прошло. Превращение завершится, и круг замкнется. Он умеет две вещи: воевать и выступать в цирке. Но война закончилась. Значит, остался цирк.

Почему бы не попробовать цирк в Харбине? Он умеет ходить по канату и метать ножи по живым мишеням вслепую. Никому ведь не придет в голову искать беглого зэка, притворявшегося сотрудником СМЕРШ, на арене. Ну а если придет — тогда дохлый номер. Он направит нож в себя самого. Все равно он давно живет, как будто он уже умер. Все равно с ним давно уже рядом смерть ходит.

Он едет мимо покосившихся фанз по направлению к мосту с пробитым щитом, знаменующим конец города. Но у харчевни китайца Бо вдруг глушит мотор. Он говорит себе, что зайдет совсем ненадолго. Он говорит себе, что это просто животный инстинкт, мужская природа, ведь у него чудовищно долго не было женщины. Он говорит себе, что полукровка Лиза — обычная шлюха, совокупление со шлюхой не может считаться предательством и изменой. Совокупление со шлюхой не оскверняет светлую память Елены.

И он заходит к ней, и она понимает, чего он хочет. Она раздевается и опускается на четвереньки на цветастой циновке. И он берет ее сзади, он двигается быстро и грубо, и ему нравится, что в комнате пахнет лесными травами, и что она поскуливает, как зверь. От этих звуков он как будто сам превращается в зверя и, потянув ее за волосы, ритмично двигаясь, шепчет:

— Ты знала, сука, что твой Деев снял часы с мертвой?

В ответ она смеется и стонет, и ее смех заставляет его содрогаться, и он кладет ей руку на горло, и, содрогаясь, сжимает пальцы... И в этот миг из-за ширмы слышится сонный голос ребенка:

— Мне страшно, мама. Звери воют в лесу.

Он разжимает пальцы и говорит себе: «Что я делаю?»

Что я делаю?

Я разжимаю пальцы и отшатываюсь от Лизы. Ее дочка за ширмой плачет. Ее дочке семь лет. Моей сейчас было бы столько же.

Я говорю:

— Прости. На меня вдруг что-то нашло.

Лиза набрасывает халат, наклоняется к моему уху и шепчет:

— Я думала, ты не такой, как все. Я ошиблась.

Потом она уходит к Насте за ширму, и я слышу ее ласковый голос:

— Все хорошо, моя девочка, это сон, это просто сон...

Я выхожу из ее спальни в харчевню. У окна на лавке, опустив взъерошенную голову на замызганный стол, дремлет Пашка. Перед ним — недопитый кувшинчик рисовой водки и нетронутая закуска: оскаленные летучие мыши на шпажке; они как будто над ним смеются. Автомат сполз с плеча, широко раскинуты ноги в безразмерных, заправленных в сапоги галифе. Я таким увидел его в первый раз — и таким же вижу в последний: нескладным щенком овчарки с большими лапами.

Только в этот раз я его не бужу, а бесшумно выскальзываю на улицу. Пора в путь.

Я в три затяжки выкуриваю сигарету, глядя на темное окно фанзы, — я знаю, там, во тьме, пахнет медом и лесом, и черноволосая женщина, с которой я зачем-то был груб, утешает ребенка, — включаю зажигание и сажусь в седло мотоцикла.

— Товарищ Шутов! Постойте!

Из харчевни, с грохотом своротив деревянную лавку и волоча по земле автомат, за мной бросается Пашка. В его руке фотография, и он протягивает ее мне с таким видом, как будто я тону, а этот черно-белый прямоугольник поможет мне выплыть.

И я хватаю это фото двумя руками — как единственную соломинку, соединяющую меня с миром живых.

— Я вас искал, искал... хотел спросить... — пьяно бормочет Пашка, — по поводу женщин совета... вот как мне сделать, чтобы женщина полюбила... Ребята сказали, вы в фотоателье...

Я вырубаю мотор мотоцикла. Он говорит, говорит, а я стою и смотрю на фото.

— ...Ну я пришел... Вас нет... Гляжу — в водичке карточка плавает, одна-единственная... Остальные-то все вы вытащили, а эту забыли... Так я подумал — вам надо на нее глянуть. Уж больно похожа на женщину, которая была у вас в часиках...

На фотографии — Лена. Темный плащ. Непривычно короткие волосы. Резко очерченные, высокие скулы. Незнакомый, колючий и затравленный взгляд. С короткой стрижкой она похожа на мальчика-новобранца. А с этим взглядом — на ощетинившегося зверька. Но это точно она.

— ...Я в штаб бегом, потом опять к ребятам — вас нигде нет... Дай, думаю, к Борьке загляну, вдруг вы тут...

Скорее всего, это последняя фотография на отснятой Деевым пленке, раз она была в самом низу. Скорее всего, она сделана после той, где нагрудные часы в куче мертвых тел. Скорее всего, Елена жива.

— ...ну, заодно и рисовой выпил... А то свидание у меня, товарищ Шутов, не получилось...

На фотографии она не одна. Напротив Лены — бородатый мужчина с охотничьим ружьем на плече. На заднем плане чернеют кладбищенские кресты.

— ...Я и цветы собрал, и картошку принес, а она со мной не пошла. А с косорылым почему-то...

Я перебиваю:

— Кто этот мужчина?

Я трясу фотографией перед самым его лицом.

— Так это же Сыч Андрон, Ермилов брательник...

Рядовой Овчаренко широким жестом указывает в сторону домов староверов, слегка пошатнувшись, хватается рукой за руль мотоцикла и только сейчас как будто замечает и сам мотоцикл, и набитый мой вещмешок, и баклажку с водой.

— Вы что же, товарищ Шутов... из Лисьих Бродов уже у... уезжаете?..

Я снова закуриваю. Смотрю на фотографию. На дома староверов.

— Уже нет, Овчаренко.

Он улыбается, но в глазах по-прежнему беспокойство:

— Товарищ Шутов. У вас кровь из носа идет.

ГЛАВА 15

Владивосток. Сентябрь 1945 г.

— Они в Маньчжурию шли, — с усилием ворочая языком, но горячо и часто дыша, сказал Пика. — Флинт и Циркач.

Он попытался распахнуть глаза, но не смог. Зажмуриться полностью тоже не получалось: начальник не позволял ему ни заснуть, ни проснуться. Пика стоял на коленях на земляном полу сарая, положив сжатые кулаки на перевернутый ящик. Разжать кулаки он тоже не мог, и не мог сменить позу, хотя не был связан.

Через неплотно сомкнутые, как у поломанной куклы, веки Пика видел руку начальника в кожаной черной перчатке. Начальник сидел напротив. В ладони начальника лежал кривой ржавый гвоздь. Гвоздь был наказанием — на случай, если Пика будет плохо себя вести. Но Пика вел себя хорошо. Он впустил начальника к себе в голову и в живот и отвечал на все вопросы начальника.

— Маньчжурия — это слишком общо. Где Максим Кронин? Конкретно?

Начальник, кажется, недоволен. Пика задышал еще чаще и через узкие щелки век покосился на гвоздь:

— Они Пике не говорили...

— А что говорили?! Думай! — рявкнул начальник и полоснул перед собой воздух гвоздем.

Кривая, резкая боль пронзила Пике нутро, и крутанулась в кишках зазубренным острием, и вкусом ржавчины и металла разлилась на небе и языке.

— Недалеко... от границы... озеро,— захлебываясь, сказал Пика. — Флинт говорил, там рядом японцы.

— Так, уже лучше.

В голосе начальника Пике почудилась похвала, но острие попрежнему ощущалось внутри.

— ...Но там везде озера и японцы. Конкретней?

Начальник медленно принялся вертеть в пальцах гвоздь по часовой стрелке.

— Японский лагерь! — взвыл Пика.

Гвоздь замер и выскользнул из ладони начальника. Пика облегченно вздохнул.

— Японский лагерь неподалеку от маньчжурской границы, — судя по голосу, начальник остался Пикой доволен; он даже позволил Пике открыть глаза, хотя и не позволил моргать. — Мы такой лагерь знаем. Верно, Силовьев?

— Отряд пятьсот двенадцать,— быстро отозвался Силовьев. Пика его раскусил. Этот Силовьев только делал вид, что тоже начальник, но гвоздь крутить не умел и сам боялся начальника.

— Чего стоишь как пень? Дай карту, Силовьев!

Силовьев суетливо извлек из планшета армейскую карту и, смахнув с ящика руки Пики, как будто его сжатые кулаки были просто мусором, разложил ее перед Аристовым.

— Так, вот здесь был японский лагерь... — начальник ткнул холеным пальцем в ничем не примечательную точку на карте. — А здесь вот озеро Лисье... Ближайший населенный пункт... — палец пополз по карте голодным червем, — Лисьи Броды.

— Вы думаете, товарищ полковник, Флинт и Кронин там, в этих... бродах?

— Макс — хитрый лис. В Лисьих Бродах ему самое место, — Аристов улыбнулся уголком рта. — Но он один. Флинта он, конечно же, устранил, это ведь азы. Мне только странно, что Макс вот этому клоуну дал уйти... — начальник брезгливо глянул на Пику. — Еще раз, как он тебя отпустил?

— Сказал, что я падаль, — стеклянно глядя в стену сарая, отчитался Пика. — И папиросу дал на дорожку.

— Ужасно непрофессионально, — поморщился Аристов. — Ничего, я это исправлю.

Начальник бережно свернул и убрал карту и положил на опрокинутый ящик топорик, которым Пика зарубил Лысого.

— Товарищ полковник! — напрягся Силовьев. — Уберите топор! У него же руки свободны.

— Свободны? Да неужели? — Аристов покосился на сведенные судорогой кулаки вора. — Я буду считать до трех, Пика. На счет «три» ты себя убьешь. Раз...

Пика с готовностью взял топор обеими руками. Начальника надо слушаться, у начальника гвоздь.

— Два...

Пика развернул топор к себе лезвием, вытянул руки и чуть запрокинул голову, метя себе между ключиц.

— ...Стоп.

Пика застыл с топором в руках. Начальник смотрел на него с интересом:

— Однако. Какая психическая пластичность. Такого я еще не встречал. Полнейшее подавление личности, никакого сопротивления... Может стать отличным помощником.

— А если он притворяется? — встрял Силовьев, и в его голосе послышались ревнивые нотки.

— Отруби себе левый мизинец, Пика, — невозмутимо скомандовал Аристов. — Это не больно.

Начальника надо слушаться. Начальник знает, как лучше.

Пика положил левую руку на ящик ладонью вверх, растопырил пальцы и резко рубанул топором. Как и сказал начальник, это было не больно, хотя крови потекло много.

— Перевяжи.

Аристов вынул из кармана платок и бросил Пике; тот ловко поймал его в воздухе и принялся перевязывать руку.

— Поедешь с нами в Маньчжурию. Будешь выполнять любой мой приказ. Будешь счастлив, выполняя приказы. Будешь обращаться ко мне «начальник». Это ясно?

— Ясно, начальник.

Пика радостно улыбнулся. Он был счастлив. Он вел себя хорошо, и начальник остался доволен.

ГЛАВА 16

Маньчжурия. Лисьи Броды. Сентябрь 1945 г.

Она стояла у забора уже часа полтора. За это время Полкан трижды порывался выть на луну, но Танька всякий раз швыряла ему хлебный мякиш, чтобы молчал. На всякий случай для Марфы с Ермилом, если все же проснутся и увидят ее во дворе, она заготовила отговорку: мол, ей был сон, что этой ночью вернется Андрон, поэтому она вышла встречать. Хорошее объяснение. Даже Марфа не сможет придраться. А Ермил так и вовсе растрогается. Хотя, конечно, ждала она не Андрона, а Славку Горелика.

После полуночи начал накрапывать дождь, и Танька тогда сняла платок, распустила косу и закрыла лицо волосами: боялась, что смоется мука, которой она запудрила синяки — один под глазом, другой на скуле. Ермил избил ее не так уж и сильно, она боялась, что он вообще ее прибьет за такое. И Марфа, сучка, была явно разочарована: она рассчитывала на большее, когда рассказывала мужу, что Танька изменяет его брату с красноармейцем. Гораздо страшнее Ермиловых кулаков показались Таньке его слова и то спокойствие, с которым они были сказаны: «Если эта мразь из красной казармы к тебе еще раз приблизится, я его пристрелю»...

...Услышав Славку, она швырнула Полкану уже не мякиш, а мясные обрезки, чтоб не залаял. Она сама была как собака: умела узнавать его по звуку шагов. Даже шаги у Славки Горелика были такие, что Таньке в животе становилось жарко... Когда он был уже совсем рядом, она скользнула за калитку, прижалась к нему всем телом, вдохнула жадно запах табака, одеколона, костра, самогона и влажной от дождя гимнастерки и зашептала, поднявшись на цыпочки, в горячее Славкино ухо:

— Сегодня не надо... Нельзя нам сегодня в сарае... Ермил все знает...

Он отстранился, закурил папиросу, но спичку не затушил. Убрал с ее лица волосы, провел рукой по щеке, посветил догорающей спичкой на пальцы: они были в муке. Зажег вторую, поднес ее к Танькиному лицу.

— Это Ермил тебя избил? — спросил охрипшим от злости голосом.

— Не надо, Славка! — Танька молитвенно сложила руки под подбородком. — Не лезь, Ермил тебя иначе убьет... Это наши дела, семейные!

— Семейные, значит? — Горелик рванул из кобуры пистолет, отодвинул Таньку и пошагал через двор к избе.

Она осталась стоять у калитки, оцепенев. Ей было и сладко, и страшно, щекотно в животе оттого, что Славка бросился ее защищать. Полкан, увлеченный мясными обрезками, да и знакомый уже в общем со Славкой, лаять не стал, и Танька подумала, обругав себя тут же за греховную мысль: авось зайдет он в избу и прямо спящего Ермила пристрелит.

Из дома послышался детский плач, какой-то грохот, звон битого стекла, Марфин визг, выстрел. По звуку Танька поняла, что стреляли из охотничьего ружья. Не из пистолета. Она заскулила, но так и осталась стоять на месте. Тут ничего не могло помочь, кроме горячей молитвы.

— Спаси и сохрани его, Господи! Помоги ему, Господи!..

Господь был милостив и Таньку сразу услышал. Как только она стала молиться, он прислал на помощь Горелику нужного человека: решительным шагом к калитке приближался капитан СМЕРШ Степан Шутов.

— Мне нужно переговорить с Ермилом Сычом. У меня к нему...

— Скорее, товари-и-ищ! — заголосила истошно Танька. — Убивает он его! Убивает!

И тут же из избы, как бы в подтверждение ее слов, послышался еще один выстрел и крики. Товарищ Шутов выхватил «вальтер» и рванул в дом.

Негнущимися холодными пальцами Танька заплела волосы в косу, повязала платок и медленно, как во сне, пустая и как будто бесплотная, побрела следом за смершевцем, безучастно соображая: когда она увидит убитого Славку, ей очень захочется выть. А выть нельзя над ним — при Ермиле, при детях...

Но Славка сидел на лавке, живой, только кровь под носом и в углу рта. А у Ермила — ссадина на скуле и глаз заплывший. Ермила удерживал на полу, заломив руку за спину, капитан Шутов. У ног капитана валялось Ермилово ружье, за пояс небрежно заткнут пистолет Славки. Дети молча таращились сверху, с полатей. Нельзя при детях, сказала себе Танька, но все же не удержалась — сорвала с себя платок и бросилась к Славке:

— Тебе больно? Больно тебе? — Она скомкала платок и стала промокать ему кровь на разбитом лице.

Марфа, с завистью покосившись на Таньку, нерешительно стянула с себя платок и склонилась над мужем, мечтая проделать с ним то же самое, и чтобы он, как Горелик, благодарно и нежно мычал. Она была в исподнем, и под ночной рубашкой выпирал большой, как у беременной бабы, живот. Ермил брезгливо оттолкнул ее свободной рукой. Марфа тут же кинулась к Таньке, ухватила ее за косу и оттащила от Славки:

— Проблядовка ты! Девка гулящая! Дом опозорила!

Ермил поморщился, аккуратно сплюнул на пол под ноги Шутову и, косясь на лейтенанта Горелика, процедил:

— Забери отсюда кобеля своего, капитан. У нас нравы простые. Если кто позорит наш дом, тому пуля в башку.

— Свой дом ты сам позоришь, охотник, — спокойно ответил Шутов. — В Красной Армии нравы попроще будут. У нас кто женщин бьет, — он кивнул на Таньку, — тот за мужика не считается.

— Ты понял, да? — Горелик дернулся с лавки к Ермилу. — Еще раз пальцем ее тронешь, я тебя, сука...

— А ну назад, лейтенант! — скомандовал Шутов. — И шагом марш на гауптвахту! На двое суток. Там поразмыслишь о поведении, достойном советского офицера.

Горелик злобно зыркнул на Шутова и шмыгнул буратинистым носом, втягивая сгусток кровавой слизи:

— Ну спасибочки, капитан.

— Спасибо ты мне еще скажешь, Горелик, — Шутов протянул ему пистолет. — За то, что я тебе предъявляю за аморалку. А вот товарищи мои... могут за измену Родине предъявить. Иди давай. На гауптвахте целее будешь.

— Иди, куда товарищ послал, да, Славочка? — всполошилась Танька. — Товарищ дело говорит...

Горелик оторопело уставился на капитана, сунул пистолет в кобуру, неловко и механически, как будто рука крепилась к туловищу шарниром, козырнул и вышел вон из избы.

— Стрелять ты любишь, я смотрю, не только по зайцам, охотник, — Шутов выпустил наконец Ермилову руку и подобрал с пола его ружье. — По офицерам Красной Армии тоже.

— Я, капитан, офицера твоего хотел припугнуть. Если б я правда ему в голову целил, он бы сейчас лежал мертвый. Я не промахиваюсь — ни по зайцам, ни по офицерам.

— И много офицеров ты подстрелил? Не считая меня.

— Я в тебя не стрелял.

— Он не стрелял, Христом Богом клянусь, не стрелял! — заголосила Марфа; тут же заплакали дети. — Ой, не губи, товарищ, пожалей детей малы-ы-ых!

Шутов поморщился.

— А пуля-то — вот она.

Смершевец сделал неуловимое движение рукой, точно фокусник, и продемонстрировал явившуюся будто из воздуха, похожую на раскрывшийся железный цветок пулю. Еще движение — и пуля бесследно исчезла. Танька разинула рот.

— Двенадцатый калибр. Экспертиза покажет, что она из твоего «меркеля» выпорхнула. И смазана ядом, который ты, охотник, купил у травницы Лизы. «Сон Пяти Демонов». Она подтвердит.

— Опять ты к шлюхе этой ходил? — взвыла Марфа. — К бесовской ведьме! Вы лучше ведьму расстреляйте, товарищ! — Марфа вдруг бухнулась перед Шутовым на колени. — Господом Богом молю, расстреляйте! Она Ермилушку нашего прокляла и заговорила! Он сам не ведал, что творил, когда покупал ее адское зелье!

— Заткнись, — устало сказал Ермил. — Я, капитан, действительно у нее купил зелье. Но не для того, чтоб на пулю тратить. А чтобы увидеть брата, если он уже мертвый.

— Типун тебе на язык! — Марфа в ужасе перекрестилась, а следом за нею Танька и дети.

— И как, увидел? — прищурился капитан.

— Не увидел. Потому как «Сон Пяти Демонов» у меня кто-то украл.

— Ружье у тебя тоже украли? — смершевец тряхнул «меркелем». — Ты, Сыч, меня утомил. Пожалуй, не буду даже запрашивать экспертизу. Мигну — и к стенке тебя. Я ж чекист.

— Не забирайте у нас батю, товарищ Шутов! — захныкал с полатей Прошка. — Мне Настя говорила, что вы хороший...

— Я помогу твоему бате, если батя поможет мне, — сказал Шутов. — Как думаешь, справедливо?

— Справедливо, — пискнул Прошка и вытер соплю.

Смершевец вынул из-за пазухи фотографию и тряхнул ей перед Ермиловым носом:

— Ты знаешь эту женщину? Где мне ее найти?

— Впервые вижу, — буркнул Ермил.

— Из вас ее кто-то видел? — Шутов продемонстрировал снимок Марфе, Таньке и даже сгрудившимся на полатях детям, и Танька вдруг узнала на фото своего мужа Андрона с какой-то незнакомой, молодой бабой, явно не местной.

— Мы не видали, — за всех ответила Марфа.

— Красивая, — ревниво дополнила Танька. — А кто она такая, товарищ?

— Вопросы здесь я задаю. Ермил, где брат твой Андрон?

— Не знаю.

Капитан внимательно вгляделся в его лицо:

— Знаешь того, кто знает?

— Не знаю.

— Врешь.

— Могу на кресте поклясться! — Ермил осенил себя двоеперстием.

— А я неверующий. И ты небось тоже. Короче, так, охотник. Отведешь меня к брату — отпущу вас обоих. А нет — пойдешь под расстрел, обе бабы в лагеря как жены врагов народа, дети — сироты. Решай.

— Решать мне нечего, капитан. Я не знаю, где искать брата.

— И снова врешь. Даю тебе сроку — час.

Капитан Шутов переломил Ермилово ружье, выщелкнул патроны, швырнул «меркель» на пол и двинулся к выходу.

— Ты если жену свою не любишь, Ермил, так хоть детей пожалей, — нарочно громко, чтобы Шутов услышал, сказала Танька. Она не хотела уезжать в лагеря и чтобы у нее забрали двойняшек. Марфа уставилась на нее изумленно.

— Заткнись! — прошипел охотник.

Капитан Шутов застыл на пороге.

— Имеете что-то сказать, гражданка Татьяна Сыч, про вашего пропавшего мужа?

— Я слышала разговор... — сказала Таня, комкая измазанный в Славкиной крови платок. — На рынке у причала... недавно.

— Чей разговор?

— Молчи! — заорал Ермил.

— Говори, — приказала Марфа.

Танька зажмурилась и быстро затарахтела:

— Я, значится, яйцами в воскресный день торговала. И слышала, как Ермил говорил там с нищим китайцем. На пристани который сидит, с обезьянкой. Так тот китаец — он вроде как прислуживает китайским бандитам, Камышовым Котам. А те Коты — они вроде как Андрона вернуть обещали, если Ермил для них что-то выполнит.

— Что выполнит?

Танька открыла глаза.

— Про это я, товарищ, не слышала.

ГЛАВА 17

Когда зрачки ее стали крошечными, как две черные бисерины, а глаза сначала застыли, безучастно впуская в себя полутьму и покой, а потом закатились, потому что больше не было разницы между покоем внутри и снаружи, Лама встал на четвереньки у ее лежака и понюхал теплую, в ароматной испарине, ямку между выпирающими ключицами. Потом мягко положил Аглае руку на горло — как бы проверяя себя. Под его пальцами, под ее тонкой, до голубизны бледной кожей, билась венка, по которой текла ее кровь, ее жизнь. Как ни странно, ему по-прежнему не хотелось нарушать эту трепетную пульсацию, хотя обычно вожделение вызывало желание причинять боль. Но, еще когда они с Аглаей шли к заброшенной станции мимо причала и она болтала бессмысленно, возбужденно, этим щебетом как будто пытаясь заговорить, перекричать, усыпить своих демонов, он подумал вдруг, что не станет причинять ей вреда. Просто даст ей то, в чем она так нуждается, — покой и молчание, и пусть временное, но все же освобождение из телесного плена, и таинство смерти. И тогда же, впервые за долгие-долгие годы, он почувствовал легкое, давно забытое дуновение — словно волосы его на затылке задела кончиками трепещущих крыльев бабочка-однодневка. Та, которая когда-то вылуплялась из него, как из кокона, во время каждого превращения. Та, которая однажды не вернулась назад и навсегда улетела. Та, которую он когда-то считал своей бессмертной душой.

Лама бережно вынул бамбуковую трубку из ее чуть раскрытых, словно для последнего поцелуя сложенных губ. В тусклом свете опиумной масляной лампы лицо Аглаи казалось мертвенным, восковым. И почти азиатскими казались резко очерченные, застывшие скулы... Хочешь знать, какой будет женщина, которую ты вожделеешь, в гробу, — приведи ее в курильню даянь-гуань в Лисьих Бродах, в здании заброшенного вокзала. У хозяев этого притона, Камышовых Котов, лучший опий в Маньчжурии, а то и во всем Китае.

Лама тихо выскользнул за портьеру, отделявшую предоставленный им отсек от общего зала. Истощенные, полуголые, с приоткрытыми ртами, с нездешними, предсмертными взглядами, в мутном дымном чаду на циновках и лавках лежали, скрючившись на боку, курильщики опия. Всяк нуждается в перерыве, в коротком отдыхе от жизни, в короткой смерти. Даже эти ничтожества. Всяк стремится ненадолго выпустить душу вон, на свободу — и остаться просто пустым, невесомым коконом.

Лама жестом подозвал китайца с рыжей косичкой в жидкой бородке. Тот почтительно склонился в поклоне:

— Ваша спутница довольна? Подать и вам набор для курения?

— На меня не действует ваше зелье.

— Господин, наш опий лучший во всем...

— Заткнись. Приведи мне девку, — он почувствовал, как бабочка-однодневка, порхавшая над его головой, в тоске отлетела. — Какую не жалко.

— Раздень меня.

— Да, господин.

— Теперь сама раздевайся.

Она сбросила шелковый аляповатый халат. Еще не старое, но уже потасканное, бесстыдное тело. На груди бородавки.

— Теперь ложись.

— Куда мне лечь, господин?

— К ней.

Она улеглась на циновку рядом с неподвижной Аглаей — равнодушно, без удивления. Она привыкла, что у гостей бывают необычные фантазии и желания.

— Как твое имя? Я тебя здесь раньше не видел.

— Меня зовут Цяоэр, — она приподнялась, обозначая поклон. — Я приехала из Харбина.

— Цяоэр — значит «опытная», — Лама резко раздвинул ей ноги, обнюхал промежность, оскалился и вошел в нее. — Надеюсь, ты все умеешь.

— Имена не лгут, господин. Да!.. о-о-о!.. да-а-а...

Она застонала, механически и тонко, как кукла.

— Я не люблю притворные стоны, — он сунул руку под лежанку и вытащил нож. — Пока молчи. Можешь стонать, когда станет по-настоящему больно.

Цяоэр напряженно уставилась на тусклое лезвие, измазанное высохшим бурым на самом кончике.

Лама медленно, почти нежно провел острием по потной ложбинке между ее ключиц и дальше, вниз, до середины груди. Не переставая двигаться, наклонился и слизнул проступившую кровь. Цяоэр начала стонать уже после второго — горизонтального, от одного плеча до другого — надреза. Он слушал ее стоны и чувствовал вкус крови на языке, он был внутри нее, а снаружи вырезал на ней знак повелителя, священный знак ван — но не смотрел на нее. Смотрел на Аглаю. На спящую красавицу, выманившую из тьмы его душу, его бабочку-однодневку.

ГЛАВА 18

— Не бойся меня, — сказала она.

— Я и не боюсь.

— Боишься.

Оттого, что она почувствовала его страх, даже не видя его лица, Прошке стало по-настоящему жутко.

— Я знаю по запаху, — спокойно добавила Настя, будто слышала его мысли.

Стараясь не шуметь, Прошка вжался в сырые, рассохшиеся, пахнувшие рыбой и плесенью деревянные балки кормы, поднял руки над головой и осторожно положил ладони на днище, чтобы, в случае чего, сразу приподнять опрокинутую лодку, под которой они прятались с Настей, и убежать. Под лодкой было совсем темно, она не могла увидеть, что делал Прошка, но тут же сказала:

— Не уходи. Я не причиню тебе зла.

Она пугала его. Но ее голос звучал умоляюще. Он остался.

— А разве *ты* теперь решаешь, творить ли зло? — уточнил с опаской.

— Конечно, я, а кто же еще?

— Ну... бес, который внутри тебя.

— Во мне нет беса, дурак! — обиделась Настя. — Только лисичка.

Прошка насупился и снова попробовал представить себе Настю, покрытую мехом и с рыжим хвостом. Не получилось. Может быть, она его все же разыгрывает, смеется? Может быть, она просто придумала, что есть люди, которые превращаются в лис, и что она как будто сама такая?.. Нет. Она бы не стала так рисковать ради шутки, не попросила бы его прийти на рассвете на пристань и выслушать ее страшную тайну. Если их застукают вместе, достанется им обоим, но ей даже больше. Его мать с нее шкуру спустит, а уж если узнает, что Настя и правда ведьма...

— Ты думаешь, что я ведьма, да, Прошка?

Она знала, о чем он думал. Страх, который уже было улегся на дне живота, как задремавшая насытившаяся змея обвив тугими кольцами кишки и желудок, вновь пробудился, холодными челюстями сжал Прошкино сердце, спустя мгновение выплюнул его, неровно трепещущее, и скользнул в горло — так, что у Прошки онемел подбородок, как будто сейчас стошнит. Прошка сдержался, сжал губы, — он ненавидел и боялся, когда тошнило, — и страх тогда выпростался наружу вместе с волной ледяного, липкого пота, залившего лоб и спину.

Его мать была права. Настя — ведьма. Это она в тот раз его сглазила, когда он весь опух. А что сейчас она с ним задумала сделать? Зачем заманила его на пристань?..

— Я хочу с тобой попрощаться, — шепнула Настя. — Я, Прошечка, умру скоро.

Она вдруг засмеялась — незнакомым, визгливым смехом, совершенно не к месту.

— Почему... умрешь? — Прошка убрал правую руку с днища и стал креститься. Страх как будто обратился в нем вспять, мгновенно всосавшись в кожу, и холодным, ядовитым потоком устремился обратно — в сердце, в живот. Почему-то подумалось, если он перекрестится шесть раз подряд и за это время никто из них не скажет ни слова, тогда Настя даже если помрет, то не прямо сейчас. Не при нем. Не здесь, в темноте, под перевернутой лодкой.

Настя то ли теперь видела в темноте и специально ждала, пока он закончит креститься, то ли просто ему повезло, но она заговорила сразу после шестого креста.

— Потому что я проклята. Я не вынесу первого превращения. А оно уже совсем скоро. Может, даже сегодня.

— Но не прямо сейчас?

— Нет. Я думаю, превращение будет ночью. А сейчас уже рассвело. — Она снова хихикнула. — Что твой бог делает после смерти с такими, как я?

На этот раз ему следовало перекреститься не шесть раз, а восемь, и чтобы снова он при этом молчал и Настя молчала. Он загадал: если это получится, то бес тогда из нее уйдет, и Настя, даже если помрет, упокоится, а не станет навкой. Таких, как Настя, — некрещеных, одержимых бесами девочек — бог после смерти часто делает мертвушками-навками, и бродит такая навка рядом с озером в белой одежде, и просит ее поцеловать и перекрестить, а кто ей откажет, того она холодными руками щекочет, пока он не задохнется от смеха... Но если Прошка успеет перекреститься восемь раз в тишине... Не успел. Она снова заговорила, когда он занес руку для последнего, восьмого креста:

— А попроси своего бога, чтобы он мне помог?

В темноте она коснулась его руки — той, что так и застыла у лба в незаконченном крестном знамении. Ее пальцы были холодными и немного шершавыми — и ему, наконец, удалось представить Настю в обличье зверя. Нет, не всю. Только желтые, больные глаза и испачканную могильной землей переднюю лапу с обломанными когтями. Зверь был ранен и как будто молил его о пощаде...

Он отдернул руку — и страх вдруг прошел. Осталось только тоскливое понимание, что как раньше уже не будет, и что они больше не брат и сестра, и что он волен прямо сейчас уйти, и эта ведьма ему ничего за это не сделает.

— Хорошо, я за тебя буду молиться, — сказал Прошка, хотя и знал, что не будет: молиться за ведьму — грех, за который попадешь в ад. — Пора мне. Дома заметят, что меня нет.

— Погоди, — шепнула Настя. — Сюда идут.

Босой человек и маленький зверь шагали по песку тихо, но Настя все равно слышала. Еще до того, как они подошли, по их запаху она поняла, что лодка принадлежит им: здесь тоже пахло несвежими тряпками нищего и мочой обезьяны... Она увидела в темноте — в том сером мареве, что еще недавно было для нее темнотой, теперь же стало доступно глазу, — как Прошка упрямо уперся руками в днище, собираясь приподнять свой край лодки. Он не успел. На опрокинутую лодку сначала запрыгнула обезьянка, потом уселся, вдавив борта в песок, человек. Задорно брякнула металлом по дереву миска для подаяний — прямо над Настиной головой.

— Ешь, девочка, — сказал по-китайски нищий.

Обезьянка громко зачавкала, и Настя уловила запах перезрелого яблока, и даже плодовой гнильцы на его подбитом боку. В последние пару дней все запахи настолько усилились, что это стало мучительно. И слух обострился...

Она замерла, почуяв, как приближается к лодке еще один человек. Охотничье ружье побрякивало у него на боку в такт шагам. Она узнала его по запаху. От человека пахло вчерашней недопереваренной рисовой водкой, и кровью убитых зверей, и впитавшимся в бороду табаком, и впитавшимся в полы ватника порохом, и едким, трехдневным потом, и немытыми волосами, и Прошкой, потому что Прошка был его сыном. От человека пахло охотником, а значит, врагом. И в то же время от него пахло не чужаком, а своим: родным по крови и поту. До этой минуты Настя считала, что Прошкин запах кажется ей родным, потому что она с ним побраталась, смешала кровь и слюну. Теперь она поняла, что дело не в ритуале, что братом и сестрой они были и раньше, были всегда. Что крови Ермила в этом мальчике, сидящем рядом с ней в темноте, ровно столько же, сколько и в ней. Вот только этому мальчику Ермил захотел стать отцом, а ей — нет. Она была бракованным детенышем в его выводке, прижитым от чужой самки, отвергнутым...

— Веди меня к брату, Гуань Фу, — тяжело произнес Ермил, и Настя увидела, как в панике сжался Прошка, услышав голос отца.

— Не поведу, — ответил нищий. — Ты дал слово Братству Камышовых Котов и его не сдержал.

— Сдержал! Я провел ваших людей к лисьему золоту через лес! Я краснопузым зубы заговаривал всю дорогу!

— И где наши люди, охотник? Мертвы. Вернулся один — он золота не принес, зато от страха обгадился. Атаман в большом гневе.

— Вот с них пусть и спрашивает твой атаман, с мертвецов да обгаженных! — Ермил в сердцах стукнул дулом ружья о лодку над Настиной головой.

— Не пугай мою обезьянку, охотник, — спокойно произнес нищий.

— Мое дело было — «котов» ваших не замечать, — процедил Ермил. — На след их поставить! Я свое дело сделал. А что чекист этот, Шутов, их всех зарыл — не моя печаль.

— Шутов, — вдумчиво повторил Гуань Фу, будто пробуя слово на вкус, как дольку подгнившего яблока. — Где лисье золото? У него?

— Шутов в сейфе его хранит. В помещении Русско-Азиатского банка. Веди меня к брату.

— Сначала золото. Потом брат.

— Мне что же, сейф ломануть?! — взвыл Ермил. — Я охотник, а не бандит!

— Ой ли? — мягко уточнил Гуань Фу.

От Ермила вдруг запахло по-новому — гневом и яростью. Как от хищника, приготовившегося напасть. Спустя секунду Настя услышала, как Ермил снял ружье с предохранителя. Она ожидала, что от нищего теперь изойдет кислый кроличий запах страха, но этого не случилось. Он, похоже, тоже был хищником — хладнокровным, как бамбуковая гадюка.

— Для чего это, охотник? — скучным голосом спросил нищий. — Ты не выстрелишь в связного Камышовых Котов.

— Ты прав, «кот»! Но я выстрелю в эту мартышку, если ты не отведешь меня к брату!

Обезьянка тревожно заклекотала и просеменила по днищу лодки к корме. Насте вдруг показалось, что Ермил говорит нарочито громко, ненатурально. Будто рассчитывает, что его услышит кто-то еще, кроме нищего. Она закрыла глаза и принюхалась: с дальнего конца пристани, из-за груды бочек и мотков просмоленных канатов, плыл над берегом едва уловимый, знакомый запах того, кто ей не был родным по крови, но кого она в фантазиях называла отцом.

— Не смей трогать мою девочку, — угрожающе процедил Гуань Фу.

— Сделай вид, что испугался угрозы, — зашептал Ермил торопливо. — И веди меня к брату. Этот Шутов — он сейчас здесь, в засаде. С ним один рядовой. Они нам сядут на хвост. Как до места доберемся, они чуть выждут, а потом потребуют, чтоб вы выдали им Андрона, таков наш с Шутовым уговор. Из оружия у Шутова револьвер «смит-вессон» и «вальтер», но он больше на корочку свою полагается — привык, гнида, что против смершевца никто не попрет. Рядовой, шестерка его, с автоматом — но он бестолочь, стрелять не умеет. Приведем их к твоим — и возьмете чекиста тепленьким. Но учти — стреляет он хорошо. Так что нужно, чтоб его встретили ваши самые лучшие «котики». Сами с ним разбирайтесь, срывайте ногти или что там вы делаете, пусть скажет вам код от сейфа, потом обоих их прикопаете. Мне за это вернете Андрона.

— Интересный ты человек, охотник Ермил, — бесцветно произнес Гуань Фу. — Значит, нас обещал сдать чекисту, чекиста обещаешь сдать нам... А твой бог тебя за двойное предательство не накажет?

— Пусть наказывает. Я за брата и в ад готов.

— Ты, охотник, за дурака меня держишь? Легкий способ придумал избавиться от всех разом — и от смершевца, и от Братства? Мы Андрона тебе, значит, вернем, чекиста твоего прикопаем, а потом краснопузые и чекистские крысы, дружки его, набегут и нас прикопают. Ай ловко.

— Не прикопают вас. Краснопузые про наш с Шутовым уговор ничего не знают, куда он делся — ни сном ни духом. Банк никто не охраняет. Будет шифр от сейфа — я вам вынесу золото. Мне оно не надо — только брата отдайте. Крысы смершевские, говорят, сегодня прибудут. Сам подумай, «кот»: они явились — Шутова в городе нет, а в сейфе золота нет, а шифр от сейфа знал только он. На него и подумают: значит, взял и сбежал.

— А еще говоришь, что ты не бандит... — Гуань Фу помолчал. — Хорошо. Иди за мной. Поможешь нашим взять Шутова — я попрошу за вас с братом. Не обещаю ничего, только попрошу атамана. Решает он, а не я.

Настя услышала, как Гуань Фу зашагал прочь от лодки и на ходу пронзительно, коротко свистнул, подзывая к себе обезьянку. Та проворно спрыгнула с днища, отбросив недоеденное яблоко, и пошуршала за хозяином по песку и рыболовным снастям. Ермил, помявшись, двинулся следом — как будто тоже отозвался на свист.

Когда шаги их почти полностью стихли, когда на пристани послышались другие, осторожные шаги двух пар ног, Настя решительно приподняла свой край лодки. Темные спины Ермила и Гуань Фу еще виднелись вдали, а обезьянка уже растворилась в рассветном тумане. За ними следовали, держась на расстоянии, Шутов и Пашка.

— Не смей их предупреждать! — Прошка схватил ее за руку. — Если Шутов узнает, он моего батю убьет.

— А если нет, они убьют Шутова.

— Пусть убивают. Мне мой батя дороже.

— Мне — не дороже, — она сощурила глаза, и Прошке вдруг показалось, что они изменили цвет. — Пусти руку.

Прошка сжал ее запястье так сильно, что под ногтями у него побелело:

— Нет. Не пущу.

Она захихикала — и вдруг укусила Прошкину руку чуть ниже локтя. Он вскрикнул от боли и неожиданности и разжал пальцы. Из мелких дырочек, оставленных Настиными зубами, прорастали круглые зернышки крови. Он вытер их рукавом — но тут же проросли новые. Он вытирал их и смотрел, как она семенит через пристань, как нагоняет Шутова и как он к ней наклоняется, внимательно слушает и кивает.

Когда он бежал через поле к избам, янтарный полукруг восходящего солнца показался ему прищуренным лисьим глазом, выслеживавшим из засады добычу. Такого вот цвета были глаза у Насти, когда она его укусила, — невыносимые, жгучие, бесовские.

Он на секунду застыл у своей калитки, но передумал и ринулся вниз по улице к дому старосты.

— Она взаправду ведьма! — задыхаясь, выпалил Прошка мутному со сна Тихону.

— Кто — ведьма? — Тихон на всякий случай перекрестился.

— Настя. В нее бес вселился! Она отца моего краснопузым сдала! А мне смотри чего сделала! — Прошка продемонстрировал запекшийся след от укуса.

— Это лучше тебе богоявленской водой протереть, — опасливо посоветовал Тихон. — Чтоб бесовщиной не заразиться.

— Да, я протру, — послушно покивал Прошка. — А с ведьмой что будем делать?

— Сначала проверим, ведьма она иль нет, — весомо, подражая интонации дядьки-старосты, заявил Тихон. — Ибо все должно быть по справедливости.

— А как проверим? Найдем у нее третий сосок?

— Не у каждой ведьмы бывает третий сосок. Я знаю способ надежней, — в глазах Тихона заплясали огоньки предвкушения. — Мы ей камень к ногам привяжем, от берега отплывем — и кинем ее в озеро с лодки.

— Но она же тогда потонет... — прошептал Прошка.

— Ты что, дурак? Если ведьма, то не потонет. — Тихон принялся рыться в сундуке с тряпьем в поисках подходящей веревки. — Аще утопати начнеть, неповинна есть, аще ли попловеть — волховъ есть!

ГЛАВА 19

Случается так: ты теряешь себя почти целиком. Теряешь свое прошлое, свое имя, свою женщину, свою правду и свою душу. И все, что у тебя остается, — это чужое удостоверение СМЕРШ, чужое оружие и чужая офицерская форма. И ключ от сейфа, в котором хранится чужое грязное золото. И фотоснимок, на котором твоя женщина — рядом с чужим мужчиной. И юный, бестолковый, похожий на щенка овчарки солдат, которому ты лжешь и который тебе доверяет. И несколько часов до приезда в город людей, которые тебя арестуют и расстреляют.

И если ты сбежишь из этого города (ведь время у тебя все еще есть!), и если ты прихватишь с собой оружие и содержимое сейфа, и если ты оставишь доверчивого солдата на съедение тем, кто явится за тобой, и если ты порвешь это фото к чертям, и двинешься в Харбин, а оттуда в Шанхай, а оттуда пароходом в Австралию, где живут только каторжники и нет вертухаев, — да, если ты все сделаешь правильно, у тебя будет шанс прожить еще одну жизнь. И встретиться с бобром, у которого клюв как у утки.

Но если вместо этого ты пойдешь в дом к охотнику, который тебя ненавидит, к охотнику, чей брат почему-то стоит на фото рядом с твоей женой, и если ты заставишь его, шантажом и угрозами, действовать с тобой сообща и отвести тебя к брату, и охотник предаст тебя, и бандиты, которые именуют себя «котами», по наводке охотника будут ждать тебя у входа в притон, расположенный в здании заброшенного вокзала, и целиться в тебя и твоего щенка-рядового с крыши, — если так случится, по логике вещей ты будешь убит. И твой доверчивый рядовой тоже.

Но есть еще логика хаоса (его часто называют судьбой), и по этой логике семилетняя девочка подслушает разговор охотника со связником Камышовых Котов, и перескажет тебе, и ты позаимствуешь у рыбаков на причале шаровары, стеганые синие куртки, рваные башмаки и пару соломенных шляп — для себя и своего рядового, — и ты спрячешь под одеждой свой «вальтер», а военную форму, автомат и револьвер вы оставите на причале, и вы явитесь в притон как обычные любители хорошего опиума и дурных женщин, и китайские бандиты равнодушно пропустят вас внутрь, потому что они ждут капитана СМЕРШ и красноармейца, а не воняющих рыбой и потом трудяг в дурацких соломенных шляпах.

Вы войдете в курильню. Здесь когда-то был зал ожидания — в каком-то смысле он и сейчас сохранил свое предназначенье: истощенные люди с приоткрытыми ртами и остекленевшими взглядами в полумраке и дымном чаду ожидают легкой, короткой смерти, восхитительного забвения, которое подарит им опий. «Камышовый кот» с рыжей прядью в жидкой бородкс и выпирающим кадыком, похожим на торчащий из шеи крюк, принесет вам курительные наборы и лампу. Ты возьмешь его за кадык и надавишь пальцами, аккуратно и точно, на жилистую, колючую шею, и он тихо опустится на пол, к твоим ногам; ты уложишь его на циновку — пусть наслаждается забвеньем, как все.

И вы будете искать того, за кем вы пришли, и за кем чуть раньше вас пришел охотник Ермил, — искать его младшего брата, Андрона. И вы будете рыскать по залу, как охотничьи псы, среди скрюченных в блаженной истоме тел, и вас приметит еще один «кот» из тех, что разносят опий. Ты метнешься к нему бесшумно — как летучая мышь, как тень. Ты заткнешь ему раскрытый для крика рот прежде, чем он успеет набрать в легкие воздух, ты перехватишь его занесенную руку, сжимающую бамбуковую дубинку, ты ударишь его рукоятью пистолета в висок и уложишь на другую циновку.

И вы станете двигаться по периметру с двух сторон, ты и твой красноармеец-щенок, и вы будете проверять отдельные кабинеты, отдергивая портьеры и ширмы.

И тогда из-за одной из портьер тихо выскользнет гибкий, со змеящимися по обнаженному торсу татуировками, азиат. Его лицо покажется тебе смутно знакомым — впрочем, эти косоглазые все на одно лицо. А в его руке будет нож — и вот этот нож ты узнаешь точно. Потому что это будет твой нож. Тот, который ты забрал у убитого вертухая перед побегом из лагеря. Тот, который ты потом метнул в тигра ночью в тайге. В тигра с иероглифом «ван», что означает «хозяин», на лбу. В тигра, который не умер от удара острого ножа в сердце...

Азиат посмотрит тебе в глаза — с таким лютым гневом, как будто знает и ненавидит тебя, — и в два прыжка окажется у бамбуковой ширмы в дальнем, неосвещенном конце вокзала, и скроется там, в темноте. А за портьерой, оставшейся приоткрытой, красноармеец найдет двух женщин — плачущую китаянку с исполосованной грудью и русскую медсестру, в которую красноармеец влюблен. Ее лицо будет бледным и заострившимся, как у мертвой, ее слюна застынет в уголках пересохших, запекшихся губ. Она будет дышать так слабо и редко, как будто ей больше не нужен воздух. И когда он станет обнимать ее и трясти, она не сможет проснуться. Лишь на секунду вынырнут крошечные зрачки из-под пшеничных ресниц — и тут же снова утонут в беспробудном опиумном тумане. И ты прикажешь ему унести ее из этого ада, а сам метнешься вдогонку за азиатом... Он будет ловок и быстр (ты нечасто встречаешь кого-то, кто двигается быстрее тебя), и ты его не догонишь. Но за бамбуковой ширмой откроется черный ход, и ты пройдешь по узкому коридору, и спустишься вниз, туда, где раньше были камеры хранения багажа, и из-за двери донесется голос охотника:

— Андрошка! Брат! Что они с тобой сделали?

Ты вышибешь дверь. Ты оценишь обстановку за долю секунды. Ты насчитаешь в помещении пятерых. Там будет охотник Ермил — безоружный, в знак доброй воли отдавший бандитам ружье. И его брат Андрон — тот самый, с черно-белого фото, он будет связан и нездоров: с налипшими на лоб волосами, в потемневшей от пота рубахе, трясущийся в лихорадке. Там будут двое вооруженных автоматами «камышовых котов». И там будет нищий по имени Гуань Фу, который частенько просит подаяние на причале.

По их выражениям лиц, по их жестам и позам ты узнаешь среди них главного. Определишь вожака. Ты схватишь его, и заслонишься им, как щитом, и приставишь дуло к его затылку, и заорешь:

— Контрразведка СМЕРШ! Не дергаться! Оружие на пол! Руки за голову! Буду стрелять!

— Я маленький человек, товарищ Шутов, — спокойно скажет тот, кого ты схватил. — Моя жизнь не стоит и одного ли. Я Гуань Фу, тот, к кому приходят добрые люди, если хотят связаться с Братством Камышовых Котов.

И ты ответишь ему:

— По моим данным, ты — атаман. Удобно прятаться у всех на виду, не так ли, «кот» Гуань Фу?

По выражениям их лиц ты поймешь, что ты угадал. Ты будешь блефовать, вдохновенно и дерзко, и ты будешь орать, разбрызгивая слюну, не давая им ни мгновения тишины, не оставляя им шанса сосредоточиться, сообразить, что к чему. Ты проорешь, что их вражеское логово окружено, что сопротивление бесполезно, что все их планы известны твоим товарищам в СМЕРШ, что у тебя здесь есть внедренный агент. И они в панике побросают оружие на пол, и только атаман, которому ты целишь в затылок, останется невозмутим и тихо скажет Ермилу:

— Если ты сдал нас, охотник, тебе не жить.

Ермил будет клясться, что чист, и осенит себя крестом, и ухватит с пола брошенный автомат, чтобы тебя пристрелить, — ты ударишь его сапогом в висок, и он обмякнет у твоих ног, а его брат Андрон будет кричать и скулить. И ты укажешь на него атаману:

— Что с ним?

— Ему нужен опий, — скажет «маленький человек» Гуань Фу. — Чем больше мы даем, тем больше он просит. Без опия жизнь черна, и больно телу, и тесно душе.

— Зачем вы с ним это сделали? — спросишь ты.

— Чтобы он отвел нас к лисьему золоту. Но он не пошел — даже ради опия. Ты успел взять золото первым, товарищ капитан Шутов. Чего тебе нужно от вольных «Камышовых Котов»?

Ты ответишь:

— Мне нужен он. Я заберу его для допроса.

Ты выведешь Андрона из здания, вы выйдете к Лисьему озеру, а он будет сбивчиво бормотать:

— Я тебя к бесам не поведу, золото бесов не покажу...

Он вдруг захихикает:

— Я солдатиков красных туда отвел, попутали их бесы, и они друг друга убили, стали красными, все в крови!..

Он выкрикнет:

— Мне демон явился в лисьем обличье! Сказал, чтоб я больше никого туда не водил, иначе он горло моим детям перегрызет!

Он будет шептать сухими, растрескавшимися губами:

— «Коты» меня поймали, посадили на цепь, дали сатанинское зелье... От зелья попадаешь сначала в рай ненадолго, потом на целую вечность в ад... «Коты» мне говорят, веди нас к золоту лисьему, тогда снова рай будет... Ты тоже один из них?

Он посмотрит на тебя мутным, страдающим взглядом:

— Я к бесам не пойду! Детишек невинных на съедение не отдам!

Ты скажешь ему:

— Не бойся. Меня вести никуда не надо.

И ты покажешь ему черно-белое фото, на котором он стоит рядом с твоей женой:

— Расскажи мне про эту женщину все, что знаешь, и я тебя отпущу.

— Это Елена... — скажет он.

Это будет последнее, что он скажет. Потому что в следующую секунду послышится короткий, хищный свист лезвия, разрезающего упругий осенний воздух, и Андрон запнется, и посмотрит сосредоточенно внутрь себя, как будто что-то забыл и пытается вспомнить, и попробует вдохнуть, но не сможет, и рухнет ничком на землю, и в спине его, в центре алого, расползающегося по рубахе пятна, ты увидишь торчащую рукоятку ножа, и это будет твой нож. Тот, который ты забрал у убитого вертухая. Тот, который ты метнул в тигра. Тот, который ты видел в руке азиата со смутно знакомым лицом...

И тогда ты обернешься туда, откуда прилетел этот нож, и увидишь, как, петляя между камней и сосен, исчезает за гребнем ближайшей сопки крупный, поджарый тигр.

И еще ты увидишь, как по желтому серпантину, обвивающему сопку повыше, равнодушной саранчой ползут по направлению к Лисьим Бродам армейский «виллис» и два грузовика «студебеккер» с брезентовым верхом. Бригада СМЕРШ.

Акробаты приближаются к цирку. А ты все еще на сцене, нелепый клоун...

И ты бросишься к причалу. Ты отвяжешь одну из рыбацких лодок, ты запрыгнешь в нее, толкнешься веслом и заскользишь прочь от берега, распарывая нежную мякоть кувшинок. Ты попробуешь уйти по воде. Дохлый номер.

Твой коронный номер, Макс Кронин.

ГЛАВА 20

Телохранитель сбегал наверх проведать хозяина — тот лежал в постели, поджав к животу ноги, прямо в мокрой одежде, обутый, и тихонько скулил; он лежал так с тех пор, как они добрели до дома, — и вернулся на первый этаж, в лазарет. Растянулся на своем привычном месте у койки раненого солдата, который не просыпался. Майор Бойко, местный вожак, по-прежнему сидел рядом с ним. Телохранитель не знал, сколько времени майор тут провел. Когда они с Доктором вернулись, Бойко уже был здесь. Он смотрел на спавшего солдата тяжелым, пристальным взглядом, как будто с трудом его узнавал. На Телохранителя так однажды тоже смотрел Вожак — когда выяснил, что Телохранитель не принес ему добытую кость, а заначил ее для себя. Такой взгляд добром не кончается, Телохранитель это хорошо понимал: в тот раз Вожак чуть не загрыз его насмерть. Что способен сделать со спящим этот местный вожак, Телохранитель не знал, но на всякий случай счел своим долгом спящего охранять. Когда твой хозяин сначала прыгает в канаву с моста, а потом лежит и скулит, как больная собака, ты вынужден сам принимать решения. Остаться за главного.

В лазарете было тепло и тихо, и Телохранитель уже начал соскальзывать в дрему, когда почуял, что что-то в помещении изменилось. Дыхание спавшего солдата, до сих пор почти неслышное, редкое и поверхностное, стало глубже и чаще. Телохранитель принюхался: привычный запах близкой смерти, исходивший от раненого солдата, пропал. Солдат просыпался. Телохранитель лизнул ему руку — солдат пошевелил пальцами.

— Олежка! Живой!.. — вожак вскочил и склонился над койкой. На всякий случай Телохранитель предостерегающе зарычал — но вожак как будто и правда был рад, и больше не было этого тяжелого, неузнающего взгляда.

— Товарищ... майор... — солдат попытался поднести руку к виску в жесте покорности и подчинения, но не смог, он был слишком слаб.

Тогда вожак взял его худую, бессильную руку и крепко пожал.

— А мне про тебя такого наговорили, Олежка. Сказали, мол, Деев на тебя СМЕРШу стучал...

Не прерывая рукопожатия, вожак очень пристально посмотрел солдату в глаза — и взгляд его снова налился свирепой, мучительной тяжестью, а скулы и челюсть застыли в притворяющемся улыбкой оскале:

— Не отводи глаза, капитан. Скажи, что это неправда.

— Прости, майор... Нет у меня сил тебе врать.

Вожак разжал руку — выпустил ладонь своего солдата брезгливо и резко, как будто дотронулся до несвежего, скользкого. И отошел на пару шагов — к столу с разложенными медицинскими железяками. Он говорил очень тихо:

— Что же, Олежка, ты им сказал? Мародера из меня сделал? Ведь мы ж с тобой вместе брали. Немного брали. Трофеи брали. Как все.

— Я не хотел... Заставили... Месяц назад... Самого прихватили... на камушках.

— Кому стучал? Кто там твой куратор? Имя!

— Капитан... Шутов.

— Шутов?! — вожак пошатнулся, как от удара.

— Ребята наши... которых ты отправил... со мной... за золотом... — Солдат облизнул сухие, бледные губы. — Ребята живы?

— Ребята мертвые все. Один ты, Олежка, живой.

В словах вожака Телохранителю почудилось что-то недоброе. На всякий случай он сел и сгруппировался.

— Майор... послушай, важно... там, в пещере... как будто бесы...

Вожак не смотрел на него. Смотрел на стол. На острые железяки.

— Нет времени слушать тебя, Олежка. Совсем нет времени... Сейчас приедут сюда к нам смершевцы твои. Целая стая...

Майор Бойко вынул из металлического лотка одну из длинных больших стекляшек с иглой на конце и подошел к своему солдату. Телохранитель знал, что эта штука называлась шприцом. Он старался прилежно запоминать названия всех хозяйских предметов и их назначение. Шприц, к примеру, это больно, но для здоровья полезно, в него набирают лекарство. Берут ампулу, отламывают кончик, оттягивают поршень, всасывают из ампулы жидкость — и колют больному под кожу. От этого ему становится легче. Получается, вожак сейчас хочет своему солдату помочь?

— Майор, ну прости меня... — солдат попытался взглянуть вожаку в лицо, но тот по-прежнему смотрел мимо. — ...Четыре года... верой и правдой...

— Ты мне брат фронтовой, Олежка, — кивнул майор. Он оттянул поршень, но лекарство в шприц не набрал. Это показалось Телохранителю странным. — Не только враг и предатель. Мы ж вдвоем с тобой столько прошли... И ты прости меня.

Вожак внезапно закрыл своему солдату ладонью рот, воткнул иглу ему в шею и резко нажал на поршень. Солдат задергался, и от него опять сладковато запахло близкой, уже свершающейся, уже ужалившей в горло смертью. Телохранитель впился зубами майору в ногу, сознавая, что опоздал и солдата не уберег, но все еще отчаянно пытаясь понять, как это возможно — ведь там же нет ничего, в шприце, ни лекарства, ни яда, только воздух, пустой и прозрачный воздух... Бойко оскалился, но от солдата не отступил, и, пока Телохранитель рвал в лоскуты его штанину и кожу, продолжал зажимать своему солдату ладонью рот, а солдат барахтался все слабее, и по щекам вожака текли слезы, и он шептал своему солдату, глядя не на него, а чуть в сторону:

— Тише, тише, брат, ну все, потерпи, сейчас все закончится...

И только когда солдат затих и обмяк и от него перестало пахнуть живым, а пахло только свершившейся смертью, вожак ударил Телохранителя егерским ботинком с набойкой, и еще, и еще. И когда пес отполз от него, поскуливая и подволакивая лапу, в другой конец лазарета, майор обтер иглу и положил шприц на место.

Потом вернулся к койке — и взглянул, наконец, в остановившиеся глаза своего офицера. Без гнева, без ненависти. Устало. Как смотрят в глаза фронтовому другу после трудного боя.

ГЛАВА 21

Через хрустальную толщу воды тончайшими стальными прожилками прорастали солнечные лучи. Она как будто оказалась внутри ледяного кристалла. По ту сторону зеркала.

Утянувший ее на дно камень выскользнул из наскоро завязанной размякшей петли, но Настя уже не пыталась всплыть: под водой ей было покойно, безмолвно и мирно. Больше не было страха. Больше не было обиды на Прошку, который предал ее, заманил ее в лодку. Она больше не злилась на белобрысого племянника старосты, привязавшего к ее ноге льняной пояс с булыжником на конце, и на двух его бритых дружков, которые держали ее, пока он, сопя, возился с петлей.

Больше не было смысла задерживать дыхание и бороться за жизнь. Можно было спокойно, полной грудью вдохнуть священную воду Дориби Омо. Утонула — значит, не ведьма.

Она сделала вдох — и стальные прожилки солнца проросли ей в горло, в сердце, в живот. И она поняла, что скоро сама станет священной водой, и ледяным хрусталем, и солнцем. И когда чьи-то сильные руки схватили ее за волосы и повлекли из этого кристально-ясного мира назад, к мутным омутам, лживым словам и нечистым помыслам, она с тоской подумала: для чего?

А потом стальные ошметки солнца вышли из нее вместе с песком и водой, и человек, который не был ей отцом, обнял ее как отец, и отвязал от ее ноги льняной пояс, и бережно уложил на дно лодки, и взялся за весла, и развернул лодку к берегу, и сказал:

— Проклятое место эти твои Лисьи Броды. Не отпускает.

ГЛАВА 22

Она бормочет:

— Я не утонула, значит, я ведьма...

Я возвращаюсь на пристань, причаливаю и вытаскиваю Настю из лодки. Она совсем слаба, и я несу ее на руках мимо церкви и полуразрушенных фанз. Она говорит:

— Расскажи мне, пожалуйста, сказку.

И я рассказываю ей сказку про девочку, которая прошла через зеркало. И очутилась в странном, проклятом месте.

Она говорит:

— Я знаю, это Алиса...

И я рассказываю ей про заколдованный лес, в котором забываешь, как твое имя. Я не оглядываюсь, хотя за спиной слышу шум моторов. Я знаю, что это «виллис» и два грузовика «студебеккер» — бригада СМЕРШ, моя смерть.

Я заношу ее в харчевню. Ее мать кидается к нам, а Настя говорит, что тонула, и что смерть — это все равно что пройти через зеркало, и что я ее спас. И ее мать, с которой ночью я был так груб, обнимает меня. Я обнимаю ее в ответ и из-за ее плеча смотрю в открытую дверь. И вижу, как из «виллиса» выбираются незнакомый майор и замполит Родин.

И мне становится спокойно и ясно. Нет больше смысла спасаться, притворяться, бежать. Я вижу, как замполит указывает на харчевню, и как майор брезгливо кивает, и из грузовиков один за другим выпрыгивают смершевские «акробаты».

И я говорю этой женщине, которая обнимает меня, и ее маленькой дочке:

— Это СМЕРШ. Меня убьют. Не смотрите. Прощайте.

И я целую женщину в губы, а ее дочь говорит:

— Дядя Шутов! Но ведь СМЕРШ — это ваши! Вы же их капитан!

И я отвечаю:

— Я не Шутов. Меня зовут Максим Кронин. Я обманул вас. Простите.

Я выхожу из харчевни. Сейчас я буду исполнять дохлый номер, последний номер: фальшивый клоун и настоящие акробаты. Дворняжка и волкодавы. Я улыбаюсь смерти — она идет мне навстречу. Нас разделяет тонкая зеркальная пленка.

ЧАСТЬ 6

Отнеси платок кровавый к моей милой, дорогой.
Ей скажи, моей любимой, я женился на другой.
Взял невесту тиху-скромну в чистом поле под кустом,
Остра шашка была свашкой, штык булатный был дружком.

(«Черный ворон», русская народная песня)

ГЛАВА 1

Майор, который привез мою смерть в Лисьи Броды в затянутых брезентом кузовах «студебеккеров», в мою сторону даже не смотрит. А вот стукач замполит, возбужденно приплясывающий рядом с майором, зыркает на меня, как голодная сявка, которая рассчитывает, что ей перепадет пара ошметков, когда насытится стая.

Глухо рычат на холостом ходу моторы грузовиков и командирского «виллиса». Под это рычание вслед за волкодавами СМЕРШ из кузова выбирается тощий радист, рысит к майору, протягивает ему наушник и микрофон. Я вижу, как шевелятся, а потом застывают губы майора, и как он выслушивает кого-то на том конце провода, и как ему становится страшно. Рождение страха сложно спутать с чем-то еще, оно одинаково у всякой разумной твари: глаза на мгновение закрываются, голова слегка вжимается в плечи, губы плотно смыкаются — тело ждет физической боли. Собака обычно еще поджимает хвост. Майор — не собака, поэтому он просто вытягивается по струнке и молча кивает тому, кого он боится, — как будто верит, что тот всемогущ и даже здесь его видит.

Он возвращает микрофон и наушник радисту, машет рукой своим волкодавам и коротко отдает им приказ, который тонет все в том же рычании.

Расстрел на месте, думаю я. Похоже, будет расстрел на месте. Я закрываю глаза. Я не вижу себя, но уверен, что вжимаю голову в плечи — как всякая разумная тварь в ожидании боли. Я жду — секунду, другую, третью. Боли нет. Есть только рычание моторов и топот человеческих ног.

Когда я снова открываю глаза, последние волкодавы забираются назад в кузов. Я вижу, как замполит Родин пытается ухватить майора за локоть, указывая при этом на меня и что-то горячо лопоча. Майор брезгливо стряхивает с себя его руку, но все-таки на меня смотрит. Я по-прежнему в шароварах и рыбацкой стеганой куртке. Его лицо не выражает ничего, кроме досады и раздражения. Он отворачивается, что-то коротко говорит Родину, ныряет в свой «виллис» и, взревев мотором, рвет с места. За ним, послушно урча, уползают по улице грузовики.

Мы стоим и смотрим им вслед — я, стукач замполит, черноволосая Лиза и ее семилетняя дочка. Акробаты почему-то отменили свой номер и покинули цирк.

Когда смершевцы скрываются за поворотом в облаке пыли, замполит поворачивается ко мне. У него пунцовые пятна на скулах, а губы дрожат:

— Это что же, так сказать, происходит?..

— Не могу сказать, — отвечаю я ему почти честно. — Дело особой важности и секретности. Вас не касается.

Как будто в подтверждение моих слов, как будто это заранее отрепетированный цирковой номер, из пыльного облака, в котором только что скрылась бригада СМЕРШ, выныривает радист Артемов и вприпрыжку бежит ко мне:

— Товарищ капитан! Вас штаб вызывает! Срочно! Особая важность!

Я жду, пока Артемов покинет радиоточку (уже дрессированный, он дает связь и тут же выходит), я вдыхаю и выдыхаю (выдох длиннее вдоха) и голосом человека, которого я убил и закопал в землю, произношу в трубку:

— Клоун на сцене.

На том конце — настороженный и хищный шорох помех, как будто змея разворачивает кольца перед броском.

— Шпрехшталмейстер? Куда отбыли акробаты?

Змеиный шелест и шипение нарастают.

— Шпрехшталмейстер! Подполковник? Как слышно меня, прием?

Еще секунда — и из помех, как из старой змеиной кожи, выпрастывается глубокий, спокойный, бархатный голос:

— Вас слышно нормально, капитан Шутов. Подполковник Алещенок отстранен от руководства операцией.

Я отвечаю, мучительно силясь вспомнить, чей это голос:

— Кто говорит?

— Ваш новый шпрехшталмейстер. Полковник Глеб Аристов.

Я не знаю полковника Аристова, но на секунду невольно отшатываюсь от трубки: вместе с его именем и фамилией мне в висок раздвоенным жалом впивается боль.

— ...Пункт первый. Усиленную бригаду я отозвал. Пункт второй. Ваши полномочия по делу Деева снова в силе. Работайте тихо. Это ясно?

— Не совсем, товарищ полковник. Отсутствует важный пункт. В чем реальная причина отзыва бригады?

Несколько секунд я слышу только вкрадчивый шепот помех.

— Реальная причина... — произносит, наконец, полковник мечтательно. — Меня обычно окружают трусы и дураки. А вы, товарищ Шутов, похоже, не дурак и не трус. Задаете правильные вопросы. Мы раньше встречались? Ваш голос мне как будто знаком...

И его голос мне как будто знаком.

Знаком до боли, до чудовищной мигрени, до тошноты. И, тем не менее, я не помню этого человека. Я ковыряюсь в памяти, как в засохшей, полузажившей болячке. Но все, что я нахожу под содранной черной коркой, — обрывок сна, в котором седой человек в перчатках глубоким, бархатным голосом считает от одного до пяти...

— Никак нет, товарищ полковник, — говорю я голосом Шутова. — Мы не встречались. Я бы запомнил.

— Что ж, значит, встретимся. А «реальная причина» — пункт третий. Взвод волкодавов в этой вашей Лисьей дыре исключен: они спугнут моего фигуранта. Он должен скоро у вас появиться — или уже появился. Найти его — абсолютный приоритет. Он мне нужен живым. От вас — никакой самодеятельности, никаких задержаний и слежки. Он диверсант, профессионал высочайшего класса, убьет вас и закопает. Ваша задача — обнаружить его и немедленно сообщить. Это понятно, Шутов?

— Так точно. Вас понял.

— Я уже отправил к вам посыльного с его фотографией. Пока фиксируйте словесный портрет. Славянский тип. Атлетическое сложение. Рост — метр девяносто один. Волосы русые. Глаза серо-голубые. Особая примета — шрам на груди: три продольных рубца, один поперечный...

Горячий пот стекает по шее за воротник рыбацкой стеганой куртки. Щекотные капли ползут по спине, по груди, по гладким рубцам моего старого шрама. Я закрываю глаза. Я вдыхаю и выдыхаю. И голосом человека, которого я убил, а потом закопал, интересуюсь:

— Как зовут фигуранта?

И он отвечает:

— Его зовут Максим Кронин.

ГЛАВА 2

Мать расчесывала ей волосы гребнем, заплетала их в косу и все повторяла:

— Я скучала по тебе, моя девочка.

Косу тут же подхватывало течение, и растрепывало, и путало пряди, и мать все начинала сначала, но Глаше это было приятно, по затылку ползли мурашки. Было тихо и спокойно на песчаном дне озера, и ей нравилось покачиваться из стороны в сторону, как в колыбели.

— Я и не знала, маменька, что можно говорить под водой, — шепнула Глаша, жмурясь от удовольствия.

Мать улыбнулась:

— Под водой что угодно можно. Я всему тебя научу. Останешься тут со мной?

— Не могу, — Аглая почувствовала, как царапнули кожу острые зубцы гребня: рука матери дрогнула. — Мне надо домой.

— Зачем домой? — голос матери изменился. В нем прорезались недобрые, визгливые нотки.

— Я волнуюсь за папу. Он совсем ничего не ест.

— Не волнуйся. Папу уже забрали, — мать еще раз полоснула Глашину голову гребнем.

— Кто забрал?

— Ну как же кто? Красные. На рассвете въехали в город, отец один дома. Ты же, дочка, одного его оставила, помнишь?

Аглая поморщилась, вспоминая, как ушла ночью с Ламой, как он привел ее в китайский притон и как из длинной бамбуковой трубки, будто из твердого, сухого соска, она тянула горящее молоко кроваво-красных цветов, дарящих забвение и избавление от печалей.

Она не помнила, как попала сюда, на дно.

Вертлявая серебристая рыбка скользнула в приоткрытый рот матери, задев плавником отекшие синие губы, и тут же вынырнула из уха. Так не бывает, подумала Глаша. С этим местом что-то не так.

— Как мы здесь дышим, мама? — спросила она, с тоской предвидя ответ.

— А мы не дышим, Глашенька. Не надо тебе дышать.

Распухшей рукой с черными шипами ногтей мать потянулась к ее горлу, и Глаша подумала, что не было у матери гребня — и что причесывала она ее негнущимися, крючковатыми пальцами. Тогда, увернувшись от этой мертвой руки, неловко толкнувшись ногами от скользкого дна, через густую, студенистую воду она устремилась наверх, туда, где тончайшими стальными прожилками прорастали солнечные лучи, — и вынырнула, и сделала глубокий, мучительный вдох, и увидела ритмично подрагивающее осеннее небо и напряженное лицо Пашки, который нес ее на руках, как ребенка, мимо покосившихся фанз и церковной ограды.

Когда прошли кладбище, навстречу им выползли два военных грузовика и армейский «виллис», и Пашка сказал, что это, наверное, бригада СМЕРШ, которую как раз с утра ждали, вот только странно, что они уже уезжают из города, ведь не могли же они так быстро с Деевым и погибшими ребятами разобраться, и найти виновных, и наказать... И Глаша вдруг тогда рванулась с Пашкиных рук, и кинулась прямо к этим грузовикам, чуть не под колеса, потому что вдруг поняла, что вовсе не ради Деева и каких-то его безвестных ребят эти люди приехали в богом забытые Лисьи Броды, а ради Смирницкого, ради белого генерала Смирницкого, и что они его прямо сейчас увозят, и что она его не уберегла.

ты же, дочка, его одного оставила, помнишь?

Она упала, сделав всего пару шагов: после опия ноги сделались как будто бескостными и дрожали. Пашка тут же ее поднял, прижал к себе и не отпускал, пока она кричала и билась, и все шептал ей в ухо:

— Не надо тебе к ним, Глаша, не надо...

Только когда колонна скрылась из виду, он разжал хватку и ее выпустил.

— Ты знал?! Пронюхал? — она выплюнула ему в лицо слова вместе со слюной. Слюны почему-то было во рту так много, что она не успевала ее глотать.

— Что пронюхал?

— Не прикидывайся! Что я папу прятала в доме! Конечно, ты с ними заодно! Ты же красный!

— Ради бога, Глаша, что ты городишь?

— А, Бога вспомнил! — Она выплюнула на землю скопившуюся слюну. — Не ходи за мной! Не смей за мной ходить, понял?!

Он пошел за ней все равно — через площадь, мимо штаба и лазарета, до самого дома. Дверь была открыта — и он не дал ей закрыть перед ним эту дверь, удержал ее руку силой, шагнул за ней упрямо в прихожую.

Он стоял, ссутулившись виновато, пока она металась по первому этажу и звала отца, давясь сухим, без слез, плачем, и поплелся за ней по скрипучей лестнице наверх, в кабинет.

Она резко рванула дверь — и вскрикнула от радости и от злости. Генерал Смирницкий сидел за конторкой и что-то писал, аккуратно и невозмутимо.

— Я же звала тебя! Почему ты не отзывался?! — она почувствовала, что слезы наконец-то пришли, и заструились горячо и обильно по скулам и подбородку; это было глупо и стыдно. — Я испугалась, что они тебя увезли! Эти чекисты, которые были в городе...

— Ты боялась за меня, дочка, — не глядя на нее и продолжая писать, констатировал генерал. — Значит, все-таки любишь отца.

Она подошла к столу и придвинула к отцу тарелку с остывшей едой. Он поморщился:

— Не мешай, я занят, не видишь?

— Ты совсем ничего не ешь. — Она беспомощно повернулась к Пашке. — Почему он не ест совсем?

— Кто — не ест? — Пашка страдальчески свел лохматые брови, отчего вдоль переносицы пролегла глубокая кривая морщина, и он как будто на секунду сделался стариком.

— Не паясничай! — взвизгнула Глаша. — Ты разве не видишь, кто?!. А ты что смеешься? — она снова повернулась к отцу, который трясся, беззвучно оскалив рот. — Не смей так смеяться, папа!

— Глаша... — Пашка обнял ее за плечи. — Тут нет твоего отца. Только мы с тобой. Больше никого.

Она зажмурилась, чтобы не видеть, как генерал Смирницкий задыхается и синеет от смеха.

— Все хорошо, я с тобой... — беспомощно убаюкивал ее Пашка. — Не бойся, милая, все пройдет... Смотри — здесь правда никого нет...

Она открыла глаза и уставилась на пустой пыльный стул перед конторкой.

— Куда он делся? — Аглая растерянно оглядела столешницу, заставленную тарелками с засохшей, подгнившей едой; по комнате тяжело кружили сытые мухи. — Где папа? Они его все-таки увели?

— Его тут не было, Глаш.

— Да что ты, Пашечка... Мы с ним все эти дни душа в душу... Он только совсем ничего не ел...

— Его расстреляли.

Пашка вдруг суетливо прикрыл рукой рот, как будто надеялся запихнуть обратно вывалившиеся без спросу слова. Не получилось: они повисли в спертом, зловонном воздухе вместе с мерно жужжащими мухами. А следом за этими двумя, самыми пронырливыми и жирными, полезли и другие слова:

— Мне рассказал сослуживец бывший. Они в Харбин вошли в августе. Аресты были. Когда пришли за генералом Смирницким, он, говорят, над красноармейцами посмеялся: назвал их шавками и кинул им кусок мяса. Они его уложили на месте. Он не мучился, Глаша...

красные въехали в город, а отец один дома. ты, дочка, его одного оставила

— ...Прости меня, ладно, что не сказал? Не хотелось делать тебя несчастной.

— Так, значит, я пыталась накормить мертвеца, — Аглая взяла с тарелки мякиш заплесневевшего хлеба и сунула в рот. — А вдруг я тоже мертвая, Пашечка?

Аглая размочила во рту, прожевала и проглотила покрытый нежным изумрудным пушком засохший кусок. Живот и горло свело; она согнулась пополам и исторгла мякиш обратно вместе с едким желудочным соком.

— Нет, я не мертвая. — Она вытерла рот рукавом. — Я больная, да, Паша? Сумасшедшая, как моя мама?

— Не знаю. Я в одной книге читал про людей, которые могут говорить с мертвыми. Вдруг ты такая? Даже если, Глаш, ты такая... я тебя все равно не брошу.

Он попытался снова ее обнять, но она отшатнулась. Взглянула в глаза ему, кольнув булавочными зрачками, и сказала хрипло и зло:

— Ты только что отнял у меня отца, Пашечка. Убирайся отсюда вон.

ГЛАВА 3

— Почему его оставили одного?! — майор Бойко оскалился, как от зубной боли. — Где вы были, доктор? Где была медсестра?

— Медсестра самовольно покинула пост, и я обязательно...

— Молчать, Новак! — майор заорал так, что лоб и шея побагровели. — Все пойдете под трибунал! Почему! Я! Нашел моего товарища! Мертвым?!

Пес опять зашелся надсадным лаем и рванулся к майору. Это было даже и хорошо. Объясняло сочившуюся через рваную брючину кровь. Человек орет над трупом лучшего друга от гнева и горя. И тупое животное бросается на человека.

— Шарик, фу! — Новак оттащил беснующегося пса от майора. — Да что с тобой сегодня такое?..

— Может, так сказать, пристрелим собачку? — замполит потянулся к кобуре.

— Отставить, — Бойко поморщился. — Уберите вашу шавку отсюда, доктор, чтоб я больше ее не видел. А сюда приведите пса покрупнее.

— Я не понял...

— Идите за капитаном Шутовым, Новак.

«Вот такие дела, Олежка. Сейчас придет сюда твой куратор. Но стучать ему на меня ты больше не сможешь...» Майор Бойко сжал челюсти до боли, до скрипа, заглянул еще раз в застывшие, как будто заискивающие глаза Деева — и закрыл их. Почему-то ему показалось, что Шутову глаза эти лучше не видеть.

— Отдыхай, Олежка, — сказал Бойко тускло и ровно; покричал — и будет, тут важно не переборщить. — И ты, Родин, иди, свободен.

Родин зыркнул на дверь, закрывшуюся за доктором и хромым псом, но с места не двинулся:

— Вот вы мнение мое, товарищ майор, не уважаете, а у меня охотничий, так сказать, инстинкт очень развит. Я ведь вам и про товарища Деева подавал тревожный сигнал в плане, так сказать, морального облика, — замполит понизил голос и покосился на труп, будто тот и сейчас мог опозорить честь офицера, подслушав их разговор. — И про доктора Иржи, так сказать, Францевича предупреждал, касательно благонадежности...

Майор Бойко устало прикрыл глаза:

— Ты сигналы свои для особиста прибереги, замполит. А я стукачей не люблю.

— ...Так вот именно относительно особиста, так сказать, капитана Шутова, я с вами хотел поделиться... У меня есть основания полагать, что товарищ Шутов — не тот, за кого себя выдает. То есть Шутов — это, так сказать, вовсе не Шутов.

Майор Бойко приблизил свое лицо к лицу замполита и потянул носом воздух:

— Ты что, бухой, Родин?

— Никак нет. Имею сообщить, что товарищ майор Голубков, прибывший в Лисьи Броды с оперативной следственной бригадой контрразведки СМЕРШ, то есть, теперь уже, так сказать, отбывший из Лисьих...

— Короче!

— Товарищ майор Голубков не признал капитана, так сказать, Шутова. Он меня сам спросил: где, дескать, капитан, ведите меня к нему. А я ему пальцем, так сказать, на товарища Шутова указал, товарищ Шутов в тот момент из харчевни, так сказать, вышел. А майор Голубков головой помотал, вот так... — замполит мотнул головой, изображая майора, и сальные пряди соскользнули с макушки на лоб. — ...И даже сказал, так сказать, «дурак».

— Про капитана Шутова сказал «дурак»?!

— Нет, про меня. Что я не на того указал. Но ситуацию мы, так сказать, обсудить не успели: майор Голубков по рации с начальством поговорил и немедленно отбыл.

Бойко выдохнул — медленно, выдавливая воздух скупыми порциями через сжатые губы.

— Что ж, майор Голубков был прав.

— Правда? — шепотом переспроси Родин и опять покосился на мертвого Деева.

— Да, — ответил майор тоже шепотом. — Ты действительно дурак, Родин.

А ведь он на секунду почти поверил, что замполит, этот пес помойный, этот стукач, и впрямь нарыл на особиста что-то серьезное. Но чудес не бывает. Кто копается в помойке — тот находит только объедки и мусор.

— Ты что думаешь, начальник следственной бригады головой бы помотал и уехал, если б в Лисьих Бродах вместо капитана СМЕРШ орудовал самозванец?!

— Но товарищ Голубков, вероятно, решил, что товарищ Шутов не в харчевне, а, так сказать, где-то еще, и что я по ошибке...

— Отставить! — бешено рявкнул Бойко.

Замполит причмокнул, будто заталкивая остаток фразы обратно в глотку, и дрожащей рукой распределил по влажной лысине волосы.

— У тебя, замполит, инстинкт не охотника, а стервятника. Капитан СМЕРШ Шутов тебе точно не по зубам. Я сначала думал, он крыса. Но нет. Он крупный, опасный хищник. А я — его дичь...

— Я вас, так сказать, не понял, товарищ майор...

— А не надо тебе, Родин, меня понимать. И больными фантази ями со мной делиться не надо. Будут факты — поговорим. А пока что сделай одолжение — отдохни.

— В каком смысле мне, так сказать, отдохнуть?

Гнев — не тот обжигающий, чистый, алый и яростный, какой бывает, когда на фронте смотришь в глаза врагу, — нет, гнев другой, полуостывший, мутный, лежалый, с гнильцой презрения, с приторной взесью гадливости, — этот давно разъедавший майора гнев привычно выплеснулся из живота в глотку. Но если раньше Бойко не давал ему выхода и, давясь, заглатывал снова — знал, что с такими вот замполитами нужно быть осторожным, не наживать себе среди чекистов врагов, — теперь, когда у него появился враг посерьезней, когда в затылок ему дышал крупный хищник, он с облегчением выпустил наконец из себя этот гнев вместе с надсадным криком:

— Отдохни от доносов! От стукачества! От подлости отдохни, Родин! У меня товарищ только что умер! Не маячь у меня, сука, перед глазами! Чтоб я сегодня тебя больше вообще не видел!

Майор Бойко, тяжело дыша, сел на койку рядом с мертвецом и добавил абсолютно спокойно:

— Свободен.

ГЛАВА 4

Смерть — опытная, хищная, осторожная тварь. Она умеет затаиваться в засаде и наблюдать. Она не любит нападать при свидетелях. Она дождется, когда жертва останется в одиночестве, в тишине.

Я не удивлен, что Деев умер, именно когда остался один. Майору кажется, что самый главный вопрос — почему его оставили одного? Но это не так. На самом деле это абсолютно не важно. Занемоглось пожилому доктору, и он прилег и заснул, а молодой медсестре пришла фантазия испытать на себе действие опия... На этот раз вышло так, могло быть как угодно еще. Смерть обязательно найдет способ всех усыпить, увести, отвлечь. Она останется со своей добычей один на один, сожрет ее, чавкая и хрипя. Она всосет в себя ее долгий, последний выдох — и нарисует фальшивые глаза на мертвом лице.

Ему уже закрыли глаза; поспешили: обычное дело. Живым, как правило, тяжело смотреть на этот муляж. Я — исключение из правил, и мне жаль, что я не успел взглянуть. Рисунок смерти может многое рассказать нам о ней самой — как и любое произведение о своем мастере.

— Причина смерти? — спрашиваю я сухо.

Доктор Новак энергично пыхает трубкой — как будто совершает обряд, окуривая покойника дымом.

— Я полагаю...

— Что за вопрос, капитан? — перебивает Бойко. — Смертельных огнестрелов и комы вам мало?!

— ...Причина смерти, предположительно, тромб, — бормочет Новак из дымовой завесы, за которой он прячется от бешеного взгляда майора. — Тромб образуется от неподвижного положения тела, отрывается, закупоривает артерию...

Майор сейчас как порох. Любое мое слово — как спичка. Я поджигаю спичку:

— Насильственную причину вы исключаете? Отравление ядом?

Доктор Новак вынимает изо рта трубку; его рука заметно дрожит.

— Да что ты несешь-то?! — взрывается Бойко. — Какие, мать твою, яды?!

— Майор! — одергиваю его так резко и властно, что от собственного голоса становится тошно.

— На насильственную смерть не похоже, — говорит доктор. — Новых ран у капитана Деева нет, следы удушения также отсутствуют. По поводу ядов — цианиды я исключаю, нет алой окраски слизистых, мышьяк, опять же, дал бы яркие проявления... Вообще, конечно, ядов мильон, но я не искал бы сложные объяснения, когда есть простое: тромбоэмболия и, как следствие, мгновенная смерть.

— Он, значит... не мучился? — хрипло спрашивает майор.

— Он умер легко, — отзывается из дымного кокона Новак.

А вот я в этом не уверен. Тончайшая ниточка, тянувшаяся от Деева к Лене, оборвалась вместе со слабой ниточкой его жизни, и заново их уже не связать. Вот только вопрос, оборвались ли эти ниточки сами — или кто-то нарочно порвал? Не могу объяснить — что-то в воздухе, в позах, в словах, что-то в рваной штанине майора, что-то в том, как трясется трубка в руке у Новака, что-то даже в доносящемся с улицы лае собаки... Не могу до конца объяснить, но, мне кажеся, Деев умер неправильно.

— Проведите вскрытие, доктор. — Я разворачиваюсь и иду к выходу. — Иногда простое объяснение оказывается враньем.

Майор Бойко шагает за мной. В другой жизни мы были бы с ним друзьями. В этой жизни я его враг. Мы стоим в дверях.

— Капитан... зачем вскрытие? — рычит он.

Он мучительно хочет меня ударить. И ему, похоже, физически больно оттого, что не может.

Я смотрю сквозь него:

— Таков протокол.

— Слушай, ты, капитан, — он скалится так, что обнажаются зубы и десны. — Не надо мертвого унижать. Вот же я, живой! Чего тебе Олежку вскрывать? Ты ж здесь, Шутов, по мою душу. Так бери меня, чего ждешь!

Он в истерике. Он говорит лишнее. Теряет контроль. В другой жизни я бы обнял его. Похлопал бы по спине.

В этой жизни я успокаиваю его по-другому:

— Ты просто мелкая сошка, майор. Не по твою я здесь душу.

— Не по мою? — он искренне удивлен. — А по чью же?

В другой жизни я рассказал бы ему про цирк и про лагерь, про Флинта и про Елену... В этой жизни простое вранье будет лучше, чем сложная правда:

— Я ищу Максима Кронина, опасного диверсанта.

Уже на площади меня догоняет Новак с медицинским своим саквояжем. Он весь расхристан, и теперь, когда он не прячется в коконе дыма, я вижу, как возбужденно и лихорадочно блестят его припухшие, с красной сеткой сосудов, глаза. С ним рядом вертится бездомный, лохматый пес.

— Я на два слова... Не хотел при майоре Бойко... Необходимо не только вскрытие... еще ряд опытов с препаратом!..

— Какие опыты, доктор?

— Я был уверен, что Деев выживет и очнется. Препарат очень мощный! А Деев явно принял достаточно, чтобы справиться с огнестрелом!.. А тут всего-то навсего тромб!.. Тогда вопрос: что пошло не так? Тут нужен четкий анализ, сопоставление, эксперименты с препаратом и мертвыми тканями... — он хватает меня за локоть. — Мне нужен весь препарат!.. Я мог бы вывести формулу, да, формулу... вы только представьте!..

Я осторожно снимаю с себя его руку.

— Что за бред вы несете, Новак?!

Он застывает с открытым ртом; в уголках его губ налипла сбитая в густую пену слюна. Он вынимает из кармана платок и промокает эти липкие уголки — как будто тщательно утирает следы вдруг выплеснувшегося наружу безумия. Пес лижет доктору руку.

— Вы дали мне несколько капель препарата из хрустальной пробирки, — говорит Новак, на этот раз вполне четко. — Пробирка была у Деева, когда его обнаружили. Я произвел ряд опытов и пришел к выводу, что Деев выжил именно благодаря препарату. Он обладает чудесными, потусторонними свойствами!..

Он все же безумен.

— Я работаю по эту сторону, доктор.

Он вдруг лукаво грозит мне пальцем — как ребенку, задумавшему проказу:

— Те огнестрельные раны, что были у Деева, — смертельные раны! — как, по-вашему, они зажили? Как удалось ему с этими ранами провести столько дней в пещере, без еды и воды? Вы, кстати, знаете, что порох изобрели как раз в этих краях даосы? Смешали серу, руду, селитру и мед, подожгли и — бах! Хотели сделать эликсир вечной жизни — а сделали огнестрельную смерть!..

— Вы отклонились от темы, доктор.

— От темы, да... А знаете, проще раз показать, чем сто раз объяснить. Достаточно капли, да, одной капли, чтобы вы поняли... Чтобы я мог явить чудо... Где вы храните флакон с оставшимся препаратом?

Он снова замер с открытым ртом. Он глядит умоляюще, но в то же время хищно и жадно. Он напоминает больную птицу с распахнутым клювом. Я сую ему крошку:

— Флакон при мне. Вы можете взять одну каплю, доктор.

Не знаю, сколь глубоко его помешательство, но есть шанс, что это поможет. Он убедится, что чудес не бывает, и помраченье пройдет.

Я вынимаю флакон с рубиновой жидкостью из кармана — он валялся там все это время без дела. А Новак распахивает докторский саквояж, вытряхивает прямо на брусчатку бинты, порошочки, шприцы, инструменты. Он роется в этом своем медицинском хламе и вылавливает пипетку. Его рука так трясется, что он не сразу попадает в хрустальное горлышко — и жадно засасывает рубиновую каплю пипеткой, как кровь хоботком. Потом он садится — прямо посреди площади. Озирается. Кроме хромой собаки, поблизости никого нет.

— Иди сюда, Шарик.

Пес брякается рядом с ним на спину, ждет, чтоб его почесали. Доктор протягивает руку и чешет. В его руке зажат скальпель. Медленный, как во сне, я не успеваю вмешаться — и этим скальпелем Иржи Новак распарывает собаке живот. Пес извивается, змеиными кольцами вываливаются на брусчатку кишки.

— О боже, Новак!

Я перехватываю его руку, но он и сам уже разжал пальцы и бросил скальпель. Другой рукой он капает из пипетки алую каплю в алое месиво.

И он являет мне чудо.

С голодным чавканьем уползают обратно в собачье брюхо кишки. И утекает обратно в рану собачья кровь. И зарастает рана. И остается на месте раны розовый шрам. И пес встает, отряхивается и виляет хвостом.

— Так не бывает, — я смотрю на пса: прижав уши, он нюхает и слизывает с брусчатки лужицу своей крови.

— Так вы дадите мне препарат? — Новак тянет к флакону окропленную алыми брызгами руку.

Я говорю ему:

— Нет.

Я иду через площадь к зданию банка.

Я запираю чужое чудо в железном сейфе вместе с чужим грязным золотом.

А доктор Новак все сидит в центре площади и гладит собаку.

ГЛАВА 5

Маньчжурия. Харбин. 1945 г.

Силовьев смотрел, как темнеет рубаха на спине рикши: сначала от шеи вниз, вдоль хребта, потом между лопаток — как будто на холстине проступил крест. Когда этот крест разбух и занял всю спину, а встречный ветерок ядовито завонял потом, Силовьев спрыгнул с телеги и последние пару кварталов до отеля «Модерн» неспешно прошел пешком. Особнячки в Харбине были какие-то совсем русские — как в центре Москвы, как будто и не уезжал, — а Силовьеву, раз уж он в Азии, хотелось экзотики, и он всякий раз ликовал, как ребенок, когда на нее натыкался.

Напротив «Модерна» китаец с застывшей улыбкой, как будто впечатанной в плоское морщинистое лицо, торговал жареными кузнечиками, жуками, сколопендрами и опарышами, насаженными на тонкие шпажки. В жуках, приглядевшись, Силовьев опознал тараканов, раздутые опарыши с запекшимися головками выглядели неаппетитно, а вот к кузнечикам и сколопендрам он приценился — ерунда, по пять фэней за шпажку. Силовьев так рассуждал: раз оказался в чужой стране — так уж не брезгуй, попробуй местную кухню. Себе он выбрал кузнечиков позажаристей, а полковнику — сколопендр. Полковнику тоже ведь интересно будет попробовать.

Хрустя кузнечиком — на вкус он напоминал горьковатую корочку от жареного картофеля, — Силовьев прошел через богатый, в коврах и мраморе, с китайскими вазами по углам, гостиничный холл, поднялся на второй этаж и пошагал к номеру; говорят, этот номер стоил чуть ли не пятьсот гоби, но полковнику его «предоставили».

В конце коридора Силовьев остановился, чтоб доесть кузнечика (полковник не терпел, когда чавкают), но прожевать не успел: за дверью грохотнул выстрел. Силовьев рванул дверь, споткнулся на пороге, чуть не поперхнувшись кузнечиком, и влетел в номер.

Полковник Аристов сидел спиной к входу в обитом кожей дубовом кресле, закинув ноги на дубовый конторский стол; в его руке дымился пистолет «браунинг». А за распахнутой настежь балконной дверью, спиной к чугунной резной решетке, стоял навытяжку Пика с застывшим, липко поблескивавшим лицом. В левой руке, отставив забинтованную культю мизинца, он держал плетеную корзину с желтыми яблоками; под ногами его валялись яблочные ошметки. Полковник Аристов положил «браунинг» на стол, извлек из верхнего ящика ППШ «вальтер» и едва заметно кивнул. Пика достал из корзины яблоко здоровой рукой и точным механическим жестом водрузил его на макушку. Полковник прищурился, выстрелил — яблоко разлетелось шрапнелью сочных ошметков, — положил «вальтер» на стол и вынул из ящика револьвер «кольт». Качнул головой. Непроницаемо глядя перед собой, вор нащупал в корзине новое яблоко и снова приладил на голову. Силовьев отвел глаза — марионеточная покорность Пики его завораживала, но вместе с тем и пугала — и протолкнул языком за щеку остатки кузнечика:

— Разрешите доложить, товарищ полковник!

Аристов молча нажал на спуск. На этот раз пуля сшибла яблоко с Пикиной головы почти целым: Силовьев даже увидел через прутья балконной решетки, как оно плюхнулось на брусчатку и покатилось. Пика моргнул и снова полез в корзину.

— Валяй, Силовьев, докладывай.

Силовьев просеменил к столу и разложил прямо поверх пистолетов армейскую карту.

— Ты чем это хрумкаешь? — поморщился Аристов.

— А это... местная кухня. — Силовьев проглотил наконец злосчастное насекомое и протянул Аристову промасленный бумажный кулек. — Я и вам прихватил...

— Что это? — полковник заглянул внутрь, не касаясь кулька.

— Сколопендра, товарищ полковник.

— Сколопендра?

— Такой шашлычок...

— Я шашлычок, Силовьев, в ресторане «Татос» поем, там кавказская кухня. Убери эту дрянь. Что у тебя, кроме жареных насекомых?

— Там смершевцы по вашему приказанию шпану трясут вдоль Лисьего озера на предмет Кронина. И перекупщик один сознался, что видел кой-кого в конце августа в бухте Змеиная, — Силовьев суетливо переложил кулек со сколопендрой в левую руку, а указательным правой ткнул в карту. — Вот бухта Змеиная. Там, со слов перекупщика, контрабандисты с лодки высадили двоих: один высокий, светловолосый, второй — доходяга в наколках.

— Кронин и Флинт? Вполне возможно... Правильно мыслишь, Силовьев.

— А вот — Лисьи Броды, — лоснясь от похвалы, майор поволок по карте палец на другую сторону полуострова, вдающегося в озеро Лисье. — Довольно близко. За сутки могли дойти.

— Что за контрабандисты, выяснил?

— Так точно! — Силовьев покосился на Пику.

Тот по-прежнему стоял на балконе по стойке смирно, с новым яблоком на макушке. Из-под яблока медленно, липкими языками облизывая неподвижное лицо вора, стекали две струйки крови. Силовьев облизнул губы:

— Некий дядюшка Веньян и его помощник. Я приказал, чтоб патрули всех подозрительных вязали и к нам волокли. Найдем Веньяна — выйдем на след.

— Молодец, Силовьев. В рот вот только тянешь всякую гадость, а так — хвалю. Ты еще свяжись-ка с Лисьими Бродами, пусть там этот капитан Шутов тоже ищет Веньяна. Максим Кронин ему явно не по зубам, а контрабандистов, может, найдет.

— Слушаюсь, Глеб Арнольдович — Силовьев сложил карту и снова посмотрел на балкон.

По щеке стоявшего навытяжку Пики, размазывая лапками кровь, ползала крупная навозная муха, а тот, словно парализованный, молча скашивал на нее взгляд. Сделав круг, муха подобралась к глазу и поползла по нижнему веку. Пика моргнул.

— Там... у этого... вашего... кровь.

Аристов гадливо поморщился. Протянул Силовьеву «кольт»:

— Вернешь в оружейную. Прицел сбит. — Повернулся к балкону. — Пика, вольно. Смой кровь. Можешь съесть сколопендру, если голодный.

— Да, начальник.

Пика с силой ударил себя по лицу, прихлопывая муху; невостребованное яблоко упало с его головы и вкатилось с балкона в комнату, оставляя на деревянном полу следы крови. Ровным шагом Пика прошагал в ванную и ополоснул руки, лицо и голову. Посмотрел, как в розовой воронке бешено крутится навозная муха. Он вернулся к начальнику, убедившись, что она утонула.

Он хотел бы съесть яблоко. Сочное, свежее яблоко из тех, что остались в корзине. Вместо этого Пика подошел к майору Силовьему и протянул руку за бумажным кульком. Из кулька высовывалась обугленная голова сколопендры.

— Теперь оба свободны. На час, — Аристов плеснул себе коньяку в пузатый бокал. — Ко мне придет девка.

— Кто придет?! — Силовьев выпучил глаза.

— Девка. — Аристов сделал глоток. — Продажная женщина. Шлюха. Слыхал про таких, Силовьев?

— Я... так точно.

Точно. Они столкнулись с ней в коридоре. Молодая китаянка в шелковом красном халате, из небрежного пучка выбивались черные локоны; за ней струился запах жасмина и течной суки. Силовьев застыл, раздувая ноздри. До сих пор он ни разу не видел, чтоб полковник приводил девок, да и просто чтоб смотрел на женщину с интересом... Эта женщина была первой. Она скрылась в номере Аристова, а Силовьев все стоял посреди коридора.

Пика с хрустом откусил сколопендре голову и потянул его за рукав:

— Начальник сказал: свободны.

ГЛАВА 6

— Отче-е! Где вы-ы? А-ау!

Доктор Новак, пошатываясь, прошаркал к распятию. В церкви было пусто. Под иконами тлел огрызок заупокойной свечи.

— Что вы прячетесь?.. Ни во флигеле нет вас, ни здесь... А впрочем, как вам угодно... — Новак хихикнул. — Я могу и один...

Он грохнул на пол расстегнутый докторский саквояж, достал оттуда пробирку, наполовину заполненную спиртом, зубами выдернул пробку и, запрокинув голову, сделал большой глоток. В снопах холодных лучей, целивших в алтарь из высоких окон, неистово, по часовой стрелке кружила пыль. Иржи Новак пошатнулся, споткнулся о саквояж и упал на колени, но пробирку в руке удержал. Поднял красное, злое лицо к распятию. Свесив голову набок, Иисус насмешливо кривил губы.

— Что не смотришь? Не нравлюсь я тебе? Отвернулся? — Новак залпом допил весь спирт, мотнул головой и рыкнул. — Это ж ты-ы-ы!.. Тридцать лет надо мной глумился!.. Тридцать! лет! я сижу тут, в этой дыре! Ты жизнь мою отнял!.. А тебе все мало! Явил мне чудо! Послал мне Чашу Грааля!..

Доктор принялся яростно копаться в раззявленном саквояже, расшвыривая бинты, зажимы, шприцы; наконец извлек пустую пробирку с присохшей рубиновой пленкой на дне. Подскочил, сунул пробирку в лицо распятому богу — как нашкодившему коту.

— Только мало! Так, чтоб мне не хватило! Чтоб я видел выход — но выйти не смог! Зачем?! Зачем искушал?.. Вот он я, приполз назад, как собака!.. Ты доволен?!. В чем твой промысел?!. Подай знак! Сделай что-нибудь!.. Пошли ангела! Подмигни хотя бы, скотина!..

Новак всхлипнул не то икнул, отошел от распятия и, слегка успокоившись, дрожащими руками принялся собирать все, что разбросал, в саквояж.

— Просто нет тебя, — бормотнул он. — Тебя нет. Вот ты и молчишь...

Иржи Новак подхватил саквояж и направился к выходу, внимательно следя за тем, чтобы идти по прямой. Посреди церковного двора он остановился, сунул в рот трубку и раскурил. В голове шумело, и этот шум, смешиваясь с табачным дымом, будто укутывал доктора теплым пледом, защищал, укрывал от боли и от этого проклятого места. На всякий случай доктор еще раз подошел к жилому флигелю и постучал костяшками пальцев в окно — вдруг отец Арсений вернулся, пока Новак был в церкви? В конце концов, даже если тот больше не хочет водить с ним дружбу, он обязан хотя бы вернуть его шахматы — они дорогие. Они дорого ему обошлись... Тишина. Он уже собрался уйти, когда за окном — всего на секунду — показалось лицо.

Доктор Новак поперхнулся табачным дымом и, мгновенно протрезвев, порысил к входной двери. Там, во флигеле за окном, был не батюшка. А Подопытный. Тот, который сбежал из его лазарета. Которого искал Шутов.

На пороге флигеля доктор снова распахнул саквояж. Руки больше не дрожали. Он уверенно достал марлю и пузырек с хлороформом. Оглянулся — в дальнем конце двора, как всегда, стояла двухколесная тележка с оглоблями: отец Арсений кидал в нее скошенную траву.

— Я за шахматами! — доктор мягко постучал в дверь. — Я только заберу свои шахматы и уйду. Батюшка велел, чтобы ты мне их отдал.

ГЛАВА 7

Она опустилась на колени, стянула с него ботинки и принялась массировать стопы. Полковник прикрыл глаза и откинулся на спинку дубового кресла:

— Как твое имя?

— Цяоэр, мой господин.

— Цяоэр — значит «опытная».

— Имена не лгут, господин. — Она расстегнула ремень на его брюках и продолжила шепотом: — Мой хозяин готов к обмену. Он располагает препаратом в нужном количестве в соответствии с образцами, которые вы получили... — она расстегнула ему ширинку. — Мой хозяин хочет знать, готовы ли вы к обмену? Максим Кронин у вас?

— Еще не у меня, но на днях будет, — отозвался полковник.

— Мой хозяин ждал от вас большего. Он говорит, если через неделю вы не предоставите Кронина, обмен отменяется, — она запустила руку ему в штаны. — Мой хозяин разочарован.

— Не так грубо, — поморщился Аристов.

— Я буду нежнее, господин, — Цяоэр убрала руку и принялась развязывать пояс на своем шелковом красном халате.

— Меня не интересуют женщины.

— Я вижу, мой господин. Но за нами могут подглядывать.

Она сбросила с себя красный халат. Он уставился на ее голую грудь — впервые с тех пор, как она пришла, с живым интересом, — и даже коснулся ее кожи рукой. Закрыл глаза. Провел холеными пальцами по трем продольным линиям ее свежего шрама, от левого плеча к правому, а потом по одной поперечной, от ямки между ключиц к животу. Пальцы Аристова немного подрагивали, и Цяоэр показалось, что в нем пробудилась похоть.

— Иероглиф «ван», — Аристов резко открыл глаза.

Нет, в них не было похоти. Не было ничего, кроме кристаллического холода стали. Цяоэр отвела взгляд.

— Смотри мне в глаза, — сказал полковник.

— Мой хозяин говорит, что этого лучше не делать.

Аристов дернул уголком рта и выдвинул ящик стола. Взял один из двух пистолетов. Цяоэр попятилась и споткнулась босой ногой об измазанное кровью яблоко на полу.

— В глаза, — спокойно повторил Аристов.

Она подчинилась, и тут же стала пустой, а потом холодные стальные кристаллы оказались внутри нее — и заполнили ее всю.

— Кто твой хозяин?

— Я не знаю этого, господин.

— Как же ты ему служишь?

— Его голос звучит в моей голове. Я делаю то, что он говорит. Он оставляет для меня деньги в укромном мсстс.

— Это голос мужчины или женщины?

— Это голос демона. Люди не умеют говорить в чужой голове.

— Тебе не страшно работать на демона?

— Он платит мне щедро.

— Да ты и впрямь опытная... — полковник встал, застегнул ширинку и ремень. — Откуда у тебя этот шрам? От твоего хозяина-демона?

— Нет. Мне оставил его один господин... вроде вас.

Полковник Аристов брезгливо поморщился:

— Я не такой.

Цяоэр кивнула, глядя на Аристова пустыми глазами. Он собирался уже ее отпустить — как вдруг заметил, что в этой покорной ему пустоте промелькнула чужая тень.

— Сейчас ты тоже слышишь голос хозяина?

— Да, господин.

— Что говорит тебе хозяин?

Она ответила не сразу:

— Хозяин смеется.

ГЛАВА 8

Я распечатываю конверт, который доставил из Харбина посыльный. «Капитану СМЕРШ Степану Шутову лично в руки». Внутри — фотоснимок. На снимке четыре человека на фоне старинных зданий; один из них обведен красной ручкой. Этот человек я. К моей голове, к центру лба, как будто помечая место для будущей пули, тянется красная стрелка от аккуратной, мелким почерком сделанной подписи в углу фото: «Максим Кронин, Рига, 1933 год». Я стою в центре, приобнимая Елену; она в черном вечернем платье. Справа от нее — блондин с пронзительным взглядом; это Юнгер, ее сводный брат. Слева от меня — человек в дорогом элегантном костюме. Его лицо очень тщательно заштриховано красным.

Я не помню, при каких обстоятельствах было сделано фото. Я не помню, кто заштрихованный человек. От этой штриховки начинает болеть голова — надбровные дуги, глаза и лоб, как будто на меня давит железный обруч, как будто череп сейчас захрустит и лопнет и фотография, исчерканная красным, обагрится моей кровью.

Я поджигаю фото. Я сжигаю его дотла, и боль отступает. Я созываю всю роту в штаб и говорю, что мы ищем трех фигурантов.

— Номер один: предатель и диверсант Максим Кронин, вооружен и опасен, профессионал высочайшего класса. Славянский тип. Атлетическое сложение. Рост — метр девяносто два. Русые волосы. Серо-голубые глаза. Особая примета — шрам на груди.

— Ну прям как вы, товарищ Шутов, — гогочет Пашка.

Кроме него, никто не смеется. Я говорю:

— В следующий раз за такую шутку, рядовой Овчаренко, под трибунал у меня пойдешь.

Улыбка сползает с его лица:

— Извините, товарищ капитан.

— Извиняю. Второй фигурант — контрабандист Веньян, китаец, на вид лет пятьдесят-шестьдесят, лицо без особенностей.

— Да все они на одно лицо! — лыбится Тарасевич.

На этот раз смеются все, кроме Пашки. И я смеюсь вместе с ними — не над шуткой Тарасевича. Над другим. Над тем, что фигурант номер два перевез фигуранта номер один через озеро Лисье. Над тем, что фигурант номер один — это я. Я смеюсь над собой.

И я говорю:

— Наш третий фигурант — абсолютный приоритет. Он мне нужен как можно быстрей, живым. Это пленный из «Отряда-512».

Я говорю им, что у третьего фигуранта все тело в шрамах, он истощен, у него длинные ногти и волосы. Я говорю, что японцы ставили на нем опыты. Я говорю, что он, похоже, психически болен.

Я не говорю им, что он — моя единственная зацепка. Последняя ниточка, которая протянута из этого богом забытого места к Елене.

Я выхожу из штаба и вижу Новака.

— Опять вы, доктор?

От него разит спиртом.

— Господин... капитан... товарищ!.. Я намерен сотрудничать!..

Я, не останавливаясь, быстрым шагом иду через площадь. Он тяжело рысит рядом, пыхтя перегаром, саквояж его погромыхивает.

— Ведь вас же интересует подопытный?.. Мой пациент, который сбежал...

Я останавливаюсь.

— Вы знаете, где он?!

Он довольный, потный и красный.

— Услуга за услугу, господин Шутов. Вам — подопытный. Мне — эликсир.

Он ведет меня через площадь, мимо банка и лазарета, мимо церкви и кладбища, мимо харчевни китайца Бо, мимо покосившихся, обгоревших хибар — к заброшенной чумной фанзе. За нами трусит бездомный пес, которому Новак сегодня утром вспорол живот.

Дверь в фанзу подперта опрокинутой набок тележкой с оглоблями. Доктор Новак рывком отодвигает тележку, распахивает дверь и, улыбаясь во все лицо, манит меня пальцем — как будто приглашает на праздник. Как будто там, внутри, ждут подарки.

Внутри — осколки стекол, щепки и камни. А на голом каменном кане лежит мой подарок. Подопытный. Беглый пленный из «Отряда-512». Он без сознания, в набедренной повязке, длинные ногти на руках и ногах выглядят почти что ухоженными. Спина и живот исчерканы шрамами. Кисти рук туго обмотаны грязной веревкой; ее свободный конец привязан к вбитому в стену крюку. Во рту кусок бурой тряпки.

Я поворачиваюсь к доктору:

— Это вы его так?

Он смотрит в сторону:

— Для его же собственной пользы. Он нестабилен. Может причинить себе вред.

— Кляп тоже для его пользы?

Он начинает нервничать:

— Капитан... Ведь мы же договорились?

— Договорились. Я задаю ему вопросы — вы получаете эликсир.

Новак кивает, раскрывает свой саквояж, извлекает бутылочку и кусок ваты. Смачивает вату нашатырем, подносит ее к носу подопытного. Тот морщит нос по-собачьи, вздрагивает, стонет и открывает глаза. Доктор Новак ретируется к выходу. А я, наоборот, подхожу и опускаюсь на корточки рядом с подопытным.

Он дышит часто и тяжело, высунув из-под кляпа обметанный белым язык, — как собака, которой жарко. Его глаза кажутся черными из-за огромных зрачков — ему страшно.

Я говорю:

— Не бойся. Я тебя не обижу. Я не сделаю больно. Просто спрошу.

Его зрачки чуть сужаются, и вокруг них проступает голубая каемка. На самом деле у него голубые глаз. Просто ему очень страшно.

— Я сейчас выну кляп. Но ты не кричи. Ты меня понимаешь?

Он раздувает ноздри, как будто принюхиваясь ко мне, и кивает.

— Вот молодец, — я вынимаю тряпку у него изо рта.

Он облизывает белым языком запекшиеся губы и садится на корточки — почти как я, только связанные руки пропускает между ног и опирается когтистыми пальцами о каменный кан. Он похож на цепного пса.

— Если хочешь, я могу тебя развязать.

Он снова кивает.

— Не надо этого делать! — встревает Новак. — Он сильнее, чем кажется.

Подопытный скалится и сипло рычит, затравленно глядя на доктора. С улицы ему вторит бездомный пес.

— Едва ли, доктор, он представляет для нас угрозу. В его состоянии. С его степенью истощения.

Я вынимаю нож. Подопытный дергается, жмурится и скулит.

— Все хорошо... Я сейчас тебя развяжу.

Я перерезаю веревку и разматываю его тощие руки. Он мелко дрожит.

— Я просто спрошу. Не бойся.

Я вынимаю из кармана смятую фотографию. На ней Елена, моя жена, и Андрон Сыч, старовер.

— Открой глаза. Ты знаешь эту женщину? Ты видел ее в лагере у японцев?

Он подчиняется. Он смотрит на фотографию. Его зрачки опять расширяются, заливая густо-черным голубизну. Рождение страха сложно спутать с чем-то еще, оно одинаково у всякой разумной твари: глаза на мгновение закрываются, голова вжимается в плечи, губы смыкаются — тело ждет физической боли. Собака обычно еще поджимает хвост. Но подопытный — не собака. Он заслоняет лицо руками и кричит:

— Убери-и-и! Убери Элену! Убери! Убери!

Потом он прыгает. Внезапно. Легко. Пружинисто. С проворностью зверя. Он перепрыгивает через меня, отталкивает стоящего в дверях Новака — тот отлетает на пару метров — и несется в сторону леса, опустившись на четвереньки. Бездомный пес, карауливший рядом с фанзой, кидается за ним следом.

Я тоже бегу. Я нечасто встречаю людей, которые бегают быстрее меня.

Я возвращаюсь к фанзе ни с чем. Навстречу мне бредет доктор Новак:

— А я ведь предупреждал. Он обладает нечеловеческой силой! Он утратил человеческий облик! Не надо было его развязывать...

Я молча иду мимо покосившихся, обгоревших хибар. Он идет за мной.

— Товарищ Шутов!.. Господин капитан!.. Я ведь выполнил свою часть договора! Вы должны мне дать эликсир! Он необходим мне... для опытов!

Я останавливаюсь. Мне хочется ударить его по лицу. Мне хочется избить его в кровь. Вместо этого я говорю:

— Нет подопытного — нет эликсира.

Он падает передо мной на колени:

— Я умоляю! Господин Шутов! Хотите, я поцелую вам ноги?

Он тянется ртом к моим грязным ботинкам. Я отхожу на шаг:

— Доктор Новак. Это вы утратили человеческий облик.

ГЛАВА 9

Телохранитель гнал Полуволка по кромке леса. Он гнал его, потому что Полуволк был нужен Хозяину для обмена: военный вожак в награду за Полуволка обещал дать Хозяину что-то ценное. Телохранитель не вполне понимал, что именно, но это было не его дело. Его дело было взять пленного и вернуть в фанзу.

Он уже видел Полуволка раньше около церкви — несколько дней назад, Телохранитель тогда еще бегал со стаей. Они в тот раз хотели его загрызть, но за Полуволка вступился Отец. Телохранитель не понял, зачем это существо понадобилось Отцу, ведь оно было явно *богопротивным* — выглядело как человек, вело себя как детеныш волка, а пахло зверем и человеком одновременно, и еще чем-то химически-медицинским.

За эти дни запах волка усилился — от существа пахло уже не детенышем, а матерым самцом. Оно бежало быстро — быстрей, чем тогда, на кладбище; Телохранитель слегка отстал и потерял Полуволка из виду, но запах был таким ярким, что не составляло никакого труда за ним следовать.

Полуволк описал широкий круг через лес и устремился обратно, в сторону Лисьих Бродов и озера. Телохранитель уже изрядно устал, когда след Полуволка внезапно оборвался у раскидистой высокой сосны. Телохранитель недоуменно обежал вокруг дерева и уселся, свесив из пасти язык. Без сомнения, Полуволк должен быть сейчас прямо здесь. Но его нет. Телохранитель помочился на ствол и вдруг замер: кора сосны пахла Полуволком, и запах уходил вверх...

В ту же секунду раздался треск сухой ветки — и с высоты, из густой разлапистой кроны на него спрыгнул Полуволк, повалил, прижал к земле и впился зубами в холку. Телохранитель взвизгнул и неуклюже замолотил лапами. Полуволк выдрал из него клок шерсти вместе с кожей и мясом — но вдруг застыл и ослабил хватку. Телохранитель отполз на полметра и, прижав уши, посмотрел на него. Существо сидело на корточках, пропустив тощие когтистые руки между колен, облизывало измазанный кровью рот и таращилось на Телохранителя как будто бы удивленно.

— Почему Никитка обижает собачку? — от него вдруг пахнуло потным и больным человеком. — Потому что собачка обижала Никитку.

Телохранитель отполз от Полуволка еще дальше — а потом рванул что есть сил. Побежал в сторону церкви и кладбища. В сторону своей стаи.

Это было ошибкой.

Существо среагировало мгновенно, и человеческий запах снова сменился запахом зверя — крупного, сильного. Все изменилось. Теперь Телохранитель был жертвой, а Полуволк гнал его через лес, и по берегу озера, и мимо разрушенных фанз.

Уже на подступах к кладбищу их заметил пегий Сигнальщик и разразился предупредительным лаем. Телохранитель прижался к кладбищенской ограде в ожидании стаи. Без согласия Вожака он пролезть между прутьями не решался: это больше не его территория, он ушел к человеку.

Полуволк тоже замер, раздувая ноздри и скалясь.

Стая явилась скоро. Вожак и Старшая Мать, и трое Воинов, и две тощие сучки. За ними вприпрыжку бежали подрощенные щенки. Увидев Телохранителя, щенки приветливо завертели хвостами, но Вожак на них рыкнул, и они подчинились и перестали.

Телохранитель принял позу покорности, моля о защите.

Вожак и Старшая Мать переглянулись. Он предал стаю, он ушел к человеку. Он больше не с ними. Нет смысла защищать его от богопротивного существа.

Старшая Мать отвернулась первая — как будто это ее решение. Она до сих пор текла, и Вожак ей многое позволял. Вожак помочился на кладбищенскую ограду, демонстрируя Полуволку границу своих владений, а Телохранителю — свой отказ помочь и презрение, и потрусил за ней вместе с другими членами стаи.

...Телохранитель ощерился, готовясь к последней драке. Она длилась недолго. Он даже не успел почувствовать боль. Полуволк перегрыз ему глотку мгновенно — и через дырки в горле он выпустил кровь и воздух, и перестал быть Телохранителем, а стал просто падалью, и землей, и травой.

ГЛАВА 10

Маньчжурия. Харбин. Сентябрь 1945 г.

— Нам шашлык из карбашка и красненького, — не глядя в карту, распорядился капитан Рябышев.

Замполит Родин поерзал на неудобном дубовом стуле. В ресторане «Татос» решительно все было неудобным — мебель, низкий потолок, запах специй, погреба и баранины, которую Родин терпеть не мог, и особенно неудобен был полковой уполномоченный СМЕРШ Витя Рябышев, который даже не удосужился поинтересоваться его, Гоши Родина, кулинарными предпочтениями.

— Я бы лучше какой-нибудь, так сказать, супчик, — промямлил замполит и тут же на себя разозлился. Прозвучало заискивающе, причем заискивал он как будто даже не перед Рябышевым, а перед официантом.

— Можем подать харчо, — отозвался официант, глядя мимо Родина.

— Не надо харчо, — Рябышев тускло уставился в стену из-под набрякших, складчатых век. Он был похож на рептилию, экономную в движениях, но способную к внезапному броску. — Пусть готовят карбашка. Вино подай сразу.

— Конечно. Сделаем.

Официант метнулся на кухню и вернулся с графином красного. Разлил по бокалам.

— Ну что, за встречу, так сказать... — Родин чуть пригубил вино.

Витя Рябышев медленно, сосредоточенно всосал в себя содержимое бокала и вместе с короткой отрыжкой скомандовал Родину:

— Пей.

— У меня от красного бывает, так сказать, несварение...

Дряблые веки Рябышева медленно сомкнулись и опять разлепились:

— Скучный ты, Гоша. Есть ты не хочешь, пить ты не хочешь. Зачем в Харбин приехал? Зачем за мной увязался?

Увязался! Как информацию по личному составу получать — по дисциплине, по моральному, так сказать, облику офицеров — так Вите нужен Гоша, милости просим. А как самому на пару дружеских вопросов ответить — так Гоша, получается, «увязался». Но ничего... Он, Гоша Родин, цену себе знает: он — хищник. Он встал на след очень крупной дичи, и, когда он ее завалит, все эти Вити Рябышевы, все эти майоры Бойки еще как сами за ним увяжутся, сапоги ему лизать будут...

— Да вот майор Бойко меня отпустил в увольнение, — замполит опять поерзал, пытаясь сесть поудобней: стул был ему высоковат, и ноги едва дотягивались до пола. — Ты, говорит, слишком много работаешь, капитан Родин, всего себя отдаешь без, так сказать, даже маленького остатка. Ты отдохни, говорит, денек...

Принесли шашлык из барашка. Капитан Рябышев сунул в рот приличного размера кусок и принялся вдумчиво пережевывать.

— Я твоего майора как-то допрашивал, — сказал он с набитым ртом. — Он тебя крысенком назвал.

Сохранять достоинство. Всегда, в любой ситуации. Держи себя в руках, капитан Родин. Но не давай себя унижать.

— Майор бывает вспыльчив и несдержан в словах. Я об этом не раз докладывал. Для офицера Красной Армии это недопустимо. Однако в этот раз речь, так сказать, не о нем... а о капитане СМЕРШ Шутове.

— Что, поприжал он вас там, в этих ваших Лисичкиных Бродах? — при упоминании Шутова Рябышев слегка оживился.

— Ведь ты его, Витя, лично, так сказать, знаешь? — осторожно уточнил Родин.

— А то ж. Несдержан и вспыльчив. Но под него ты, Родин, даже не думай копать. Не твоего полета он птица.

— Какой там копать! — замполит протестующее замахал руками и чуть не опрокинул бокал. — Я ж все понимаю. Капитан Шутов — не какой-нибудь, так сказать, этот... В нем есть железный, так сказать, стержень! И отвага! В боях участвовал, стреляет лучше нашего снайпера!.. А что вспыльчив — так это свойственно сильным, так сказать, личностям...

Витя Рябышев на несколько секунд перестал шевелить челюстями, и в жирной щели приоткрытого рта застыло недожеванное мясо барашка.

— Ты, Гош, со мной-то чо соловьем разливаешься? Мы оба с тобой знаем, какой он. А что стреляет хорошо — это да. Обычно в спину и с близкого расстояния! — Рябышев хохотнул и принялся снова методично жевать.

Замполит подлил Вите Рябышеву вина. Вот сейчас. Как бы вскользь, как бы походя, он задаст самый важный вопрос:

— Но ведь шрам-то у него боевой?

Рябышев дожевал и проглотил мясо, тщательно всосал в себя красное и блекло уставился на замполита вараньими своими глазами:

— Что еще за шрам?

— Так на груди! Такой вот! — Родин воодушевленно начертил пальцем на белой скатерти четыре невидимые полоски, три продольные и одну поперечную.

Рябышев равнодушно изучил скатерть из-под складчатых век:

— Какой там боевой. Шутов любит нарываться по пьяни. Пока к вам ехал, значит, накуролесил. Сам четырьмя царапинками отделался — а ребят его бандиты китайские перебили...

— То есть раньше этого, так сказать, шрама на груди у Шутова не было?

— В баню месяц тому ходили — не было.

Вот оно. Вот, вот, вот оно. У Шутова шрама не было! А у этого шрам-то — старый.

— Шутов пить не умеет, — Рябышев чуть шевельнул подбородком в направлении графина, и замполит снова наполнил ему бокал. — Да еще не закусывает. А закусывать надо. Причем жирным мясом. А он напьется на голодный желудок — и давай из пистолета палить. Или лезет в драку. Ему зубы уже все пересчитали, ему все мало...

— Зубы, — звонко повторил Родин.

— Ну. Коронки видел на месте нижних?

Замполит облизнул сухие губы:

— Я, так сказать, не приглядывался.

Не-е-ет. Приглядывался. Гоша Родин всегда приглядывается. У Гоши Родина инстинкт охотника развит. Никаких коронок во рту у этого, так сказать, лже-Шутова нету...

— Я бы все-таки супчика, — замполит поднял руку и попытался перехватить взгляд официанта, но тот вертелся у соседнего столика, поправляя салфетки и раскладывая приборы на три персоны.

— Скучно мне с тобой, Гоша, — Витя Рябышев равнодушно полоснул Родина взглядом из узких матовых щелок и откинулся на дубовую спинку, пережевывая барашка.

— Вот ты, Витя, меня не уважаешь, а меня, между прочим, скоро повысят в звании.

— Да? С чего бы?

— Я готовлю разоблачение. — Так и не дождавшись официанта, замполит с отвращением сунул в рот кусочек остывшей баранины. — Скоро выведу на чистую воду одну шпионскую, так сказать, гадину.

Последние слова замполит произнес совсем шепотом: за соседним столиком рассаживалась компания, и Родин выразительно округлил глаза — не для чужих, мол, ушей это дело, а совершенно секретно. Полковой уполномоченный Рябышев, не поворачивая головы — только тусклые радужки метнулись вбок в утопленных в складчатой коже щелках, — покосился на соседний столик следом за замполитом. И внезапно вышел из сонного своего оцепенения, подскочил, вытянулся по струнке и отдал честь.

Из-за соседнего столика Рябышеву снисходительно кивнул господин в дорогом полотняном костюме, с волевым и совсем не старым лицом, но абсолютно седой. Вместе с ним за столиком сидел лунолицый детина в костюме попроще и какой-то хмырь с забинтованным пальцем, в кургузом пиджачке и помятой кепке. Замполит на всякий случай тоже козырнул седому в костюме. Тот явно был большой шишкой и не удостоил Родина даже кивком, но пронзительные глаза его на секунду встретились с заячьими глазками Родина, и под этим взглядом замполиту вдруг стало тяжко дышать, а низкий сводчатый потолок и темные стены погреба навалились на него, вдруг схлопнувшись до размеров заколоченного гвоздями деревянного ящика, зарытого в землю...

Замполит мотнул головой, рванул ворот гимнастерки и засипел.

— Подавился, што ль?

По ту сторону обступившей Родина тесной тьмы Витя Рябышев ударил кулаком в днище гроба, и еще и еще — и с гнилым влажным хрустом доски переломились, Родин выхаркнул на скатерть бараний хрящ и тогда только понял, что Рябышев стучал не по гробу, а по его, замполита, спине, и трещали вовсе не доски — это он, замполит, надсадно и хрустко кашлял.

Замполит дрожащей рукой поправил волосы, соскользнувшие с влажной плеши, вытер рот салфеткой и покосился на седого в костюме. Тот на Родина не глядел. Круглолицый детина что-то ему горячо рассказывал, а седой слегка улыбался уголком рта и изучал карту вин. Хмырь в помятой кепке сидел неподвижно, как кукла с испорченным заводным механизмом.

— Это кто, так сказать... который седой? — шепотом спросил замполит.

— Это Аристов, — ответил Рябышев тоже шепотом. — Из Москвы. Полковник госбезопасности.

Замполит кивнул и поднялся. Ему страстно хотелось подойти к соседнему столику и доложить полковнику из Москвы про засевшую в Лисьих Бродах шпионскую гадину, обнаруженную и разоблаченную им, Гошей Родиным, в одиночку... Но не время. Держи себя в руках, капитан. Доведи до конца охоту, загони шпионскую тварь в капкан — и ты будешь лично докладывать об этом полковнику. Не здесь. В торжественной обстановке...

— Мне пора. Труба, так сказать, зовет.

По пути к оставленному чуть ниже по Китайской улице «виллису», повинуясь инстинкту — охотника ли, стервятника, — замполит завернул в торговый дом Чурина. «Все от иголки и до рояля» — гласила вывеска рядом с входом.

Интересно, есть ли у них лопата.

ГЛАВА 11

— Почитай мне про эту девочку, которая прошла через зеркало.

Настя лежала под двумя одеялами и все равно мерзла. Это не потому, что скоро метаморфоз, привычной мантрой попыталась забормотать свою панику Лиза. Это потому, что она долго была в холодной воде. Нужно скорее принести жертву Небесной Лисице Ху-Сянь, и та согреет ее девочку своим теплым мехом...

Лиза села на кан рядом с дочерью в позу лотоса и открыла книгу:

— Одно было уж верно: белый котенок был тут ни при чем. Это была всецело вина черного котенка...

— Нет, не с начала. Читай сразу про дом за зеркалом.

— ...Ты хотела бы жить в доме за зеркалом, Китти? Вот уж не знаю, давали ли бы они тебе там молоко. Может быть, зеркальное молоко и невкусное...

— Оно не пахнет, — сказала Настя.

— Что?

— Зеркальное молоко. Я думаю, там, за зеркалом, нет ни вкусов, ни запахов. А здесь плохо пахнет. Как будто что-то гниет...

Это не потому, что скоро метаморфоз. Это потому, что она ребенок с богатой фантазией. Нужно принести Небесной Ху-Сянь цыпленка, она любит цыплят...

— ...Давай играть, как будто зеркало стало вдруг мягким, как кисея, так что мы можем пройти насквозь. Смотри, оно уже начало превращаться во что-то вроде тумана. Честное слово! Нам будет легко пройти сквозь него...

— Мне будет легко пройти сквозь него, — бормотнула Настя, уже погружаясь в сон: Лиза дала ей отвар из тутовых ягод, китайского лимонника и пустырника, добавила туда ядра дикой юйюбы и жемчужного порошка. Ей нужно поспать. Сон лечит. Сон исцелит ее девочку.

Лиза отложила книгу и, прежде чем услышать шаги за дверью, звериным нюхом уловила запах мужчины, которого она приманила — соком бешеной вишни, медом из нектара болиголова, крыльями пчелы, собравшей нектар, кровью черной птицы и стеблями полыни айе, которыми она закалывала свои черные волосы... Он пришел к ней не потому, что хотел, но против собственной воли. Как вчера, он будет рядом с ней не как человек, но как зверь, попавший в капкан, и от этого, как и вчера, он будет с ней груб.

Он заходит и молча срывает с нее халат, и она покорно спускается с кана на пол, и встает на четвереньки на жесткой тростниковой циновке, закрывает глаза и ждет, когда он возьмет ее грубо, как зверь, рядом с ее спящим ребенком. Рядом с ребенком, которого она сможет спасти, если узнает как можно больше об этом мужчине.

Она ждет — но он не прикасается к ней. Она слышит шелест страниц и открывает глаза. Он листает «Алису в Зазеркалье»:

— Откуда у тебя эта книга?

— Ее оставил мужчина.

— Кто?

— Олег Деев.

Его лицо каменеет. Ревность — это хорошо; это то, на что она и рассчитывала. Ревность, как и совокупление, развязывает язык. Но тут явно что-то еще кроме ревности. Что-то большее.

— Отдай мне книгу, — говорит он.
— Для чего тебе сказка про Зазеркалье?
— Не твое дело.

Он уже держит книгу в руке. Он мог бы не просить — просто взять. Тем не менее он ждет ее разрешения. И она говорит:

— Бери. Только дай кое-что взамен.

— Что?

— Часы с твоим портретом. Те, что ты отнял.

— Для чего тебе мой портрет?

— Не твое дело.

— Это часы моей жены.

— Это трофей. Теперь он принадлежит мне.

Он вынимает из нагрудного кармана часы на цепочке, а она отворачивается. Приподнимает длинные волосы, открывая шею с просвечивающими венками и по-детски выпирающим позвонком.

— Надень. Там сложный замок, — говорит она шепотом.

И он надевает. Неуклюже возится с замочком, застегивает, но руку не убирает. Он проводит пальцами по ее коже — едва касаясь, будто гладит цветок и боится стряхнуть пыльцу. Он целует эту ее детскую шею, и покатые плечи, и греет ее холодные руки.

— Говорят, ты ведьма, — он зарывается лицом в ее волосы.

— Врут, — отвечает она и смеется.

— Ты смеешься не как другие. Смеешься, когда ты злишься.

Он нежен с ней — как будто его больше не держат здесь против воли. Как будто капкан открыли, а зверь ласкается, не уходит. Он нежен с ней — и он все делает тихо, чтобы не потревожить ребенка.

Она берет себе его семя и его силу ци. И, обессиленный, он называет свое настоящее имя и признается ей, кто он и откуда пришел. Она клянется, что никому не расскажет, ведь он спас ее дочь.

Когда он встает, у него идет носом кровь. Она дает ему отвар из крапивы, тысячелистника и корня бадана, а он отмахивается:

— Ерунда. Сосуд лопнул.

Уже в дверях он спрашивает:

— Ты любила Олега Деева?

Она качает головой отрицательно.

— Говорят, ты шлюха.

— Врут, — она звонко смеется.

— Зачем ты стала его любовницей?

— Были причины.

Она трогает Настин лоб: в испарине и горячий. Это от переохлаждения, и больше ни от чего...

— Деев не заслуживал любви, — говорит она. — Но такой плохой смерти он не заслуживал тоже.

— Что это значит?

— Я чувствую, что он умер неправильно. Не знаю, как объяснить.

Вранье. Она очень хорошо знает, как объяснить. Просто не хочет. Ему не надо этого про нее знать.

Ни одному из тех, кого она заманила, не положено этого знать.

Когда вместе с кровью, слюной или семенем мужчины ты забираешь себе часть его силы ци, она остается в тебе все время, пока его сердце бьется. Его сила ци иссякнет в тебе, когда он умрет. И то не сразу. Только когда его дух смирится и покинет бездыханное тело.

Дух быстро смиряется, если смерть была закономерным результатом болезни.

Дух не желает уходить и тоскует, если смерть была насильственной и внезапной.

Ты чувствуешь связь.

Ты чувствуешь боль и смятение его бессмертного духа.

Ты чувствуешь смертное оцепенение и беспомощную наготу его тела.

И когда доктор осмотрит обнаженное тело, когда он скальпелем поведет от рукоятки грудины вниз, когда разрежет реберные хрящи, отделит грудину от диафрагмы и средостения и перепилит ее на уровне вторых межреберных промежутков, разрежет ножницами околосердечную сорочку, приподнимет края разреза пинцетами и наполнит полость околосердечной сорочки водой, — ты вдруг почувствуешь тягучий укол тоски под ребрами слева, хотя ты никогда его не любила, а в это время доктор скальпелем проколет желудочки мертвого сердца, и по воде поплывут воздушные пузырьки.

И вместе с этими пузырьками, вместе с воздухом, который остановил это сердце, смятенный дух покинет, наконец, свое тело — и ваша связь навсегда прервется.

ГЛАВА 12

Замполит Родин поставил джип «виллис» рядом с обугленным остовом того, что тоже было когда-то «виллисом», снял с борта своего джипа лопату и направился по сожженной траве к дверному косяку фанзы, одиноко возвышавшемуся перед грудой золы и сгоревших дочерна досок и как будто приглашавшему усталого путника перешагнуть на ту сторону, где есть только прах, и пепел, и тлен.

Замполит суеверно обошел эту распахнутую в никуда дверь, тут и там поворошил лопатой руины, скинул с каменного кана изъеденную черными струпьями балку. Вместе с балкой с кана соскользнуло что-то блестящее и беззвучно упало, оставив маленькую круглую лунку в золе. Родин встал на четвереньки, залез рукой в лунку и выудил монету в пять фэней. Хороший знак. На удачу.

Он уже был здесь совсем недавно — когда забирали погибших товарищей Шутова. Только в тот раз он смотрел не туда. Смотрел не на то. Доверял убийце, шпиону, оборотню.

На этот раз он все осмотрит как надо. Здесь должен быть еще один труп. Труп самого капитана СМЕРШ Шутова.

Едва ли он в доме. Какой шпион и убийца оставит труп в доме? Нет, он его закопает. Значит, ищем свежеразрытую землю... Где ищем?.. Инстинкт подскажет...

Со стороны леса вместе с порывом ветра прилетел обрывок колокольного звона. Замполит замер посреди пепелища, по-птичьи наклонив голову.

Она совершила обратный переход, не выпуская зажатую во рту тушку цыпленка. Прошла босиком по изумрудному, хрусткому мху. У самого алтаря мох был сухим, порыжевшим, и лежал не бархатным ковриком, а рваными лоскутами. Это значит, богиня злилась.

Она опустилась на колени, воскурила благовонную палочку, воткнула ее в чашку с пеплом — и только тогда разжала зубы. Задушенный цыпленок мягко шлепнулся на жертвенный пень; он был еще теплый. Небесная Лисица Ху-Сянь поблагодарила Лизу за подношение гулким, чугунным голосом. Ху-Сянь говорила со стадом живых посредством колокола, подвешенного к навесу.

— Я принесла тебе пищу, Небесная Лисица Ху-Сянь. Я для тебя убила цыпленка. Возьми его, а к моему детенышу будь милосердна! Согрей мою дочь своим теплым мехом, обереги ее от всякого зла...

Лиза умолкла и вслушалась: кто-то шел прямо сюда, к лесному храму Лисицы-Отшельницы. Шел от сожженной ведьминой фанзы, которую прозвали «ведьминой», потому что после изгнания из Лисьих Бродов там жила Аньли, ее мать.

Она лизнула пальцы, сжала рыжий кончик курительной палочки — он беспомощно зашипел и погас — и метнулась в кусты. И еще прежде, чем увидеть пришедшего, почуяла и узнала его душный, козлиный запах: кислятина старого пота и резкая сладость выдохшегося советского «Шипра».

Замполит Родин пришел с лопатой. Брезгливо оглядел храм Лисицы-Отшельницы, цыпленка и деревянного идола на жертвенном пне:

— М-мракобесие...

Подцепил лопатой лоскут засохшего мха у алтаря — тот отошел легко, и под ним открылась рыхлая, недавно взрытая, оскверненная кем-то земля.

Замполит Родин разделся до пояса и начал копать, оскверняя священную землю повторно. И терпкий запах богини — запах прелой земли, и хвои, и можжевеловых ягод — смешался с запахом его кислого пота, а чуть позже, когда Родин стоял в яме почти по бедра, — с запахом мертвечины.

— Двое, — тихо сказал замполит и резко согнулся в сторону алтаря в рвотном спазме. Лиза зажмурилась, чтоб не видеть. Это плохо. Очень плохо. Богиня разгневается и не захочет помочь ее девочке.

О Небесная Лисица Ху-Сянь, накажи осквернившего храм твой, но не тронь мою девочку...

Когда Лиза снова открыла глаза, замполит натягивал резиновые перчатки. Наклонился. Сунул руки в яму по локоть. Что-то чавкнуло, и Родин издал ликующий вопль, перешедший в отрыжку и кашель:

— Есть... коронки!..

Накажи недостойного, который вторгся к тебе...

Замполит, тяжело дыша, выбрался из ямы. Помялся у края, не зная, что делать дальше. Потом трижды выстрелил в воздух. Богиня отозвалась погребальным звоном чугунного колокола.

— Спи спокойно, товарищ Шутов, — проблеял Родин.

Он зачерпнул лопатой землю из свеженарытой кучи, бросил обратно в яму — и вдруг застыл:

— Или не спи. Я лучше, так сказать, потревожу... Для твоего же блага, товарищ Шутов...

Замполит Родин бросил лопату и быстрым шагом направился обратно к ведьминой фанзе.

Когда он скрылся из виду, Лиза вышла из зарослей и встала на краю ямы. Слепившись разлагающимися телами, как сиамские братья, там лежали два мертвеца. У одного на дымчато-сизой коже, под редеющим сонмом встревоженных светом червей, угадывались разводы татуировок. У другого не было головы — только кусок нижней челюсти, ухмылявшейся металлическими коронками.

Максим Кронин сказал ей, что занял место капитана СМЕРШ Шутова, но не сказал как. Теперь она знала.

Она вырвала у себя волос и привязала его к кусту можжевельника, а рядом — белую ленту:

— Я завязываю черный узел на смерть, а белый на жизнь.

Она встала на четвереньки и, прежде чем совершить переход, помолилась:

— О Небесная Лисица Ху-Сянь, если ты меня еще видишь, если ты меня еще любишь! Пощади мою девочку! Она хорошая, добрая, оставь ее в стаде живых. Забери из стада ничтожество, забери Георгия Родина. Пусть не сможет рассказать о могиле, потому что сам в ней пребудет...

Она услышала нарастающий шум мотора, треск перемалываемых колесами корней и веток и сделала переход.

Замполит подогнал «виллис» к лесному храму, к самому краю ямы. Неловко выпрыгнул, чуть не свалившись в могилу, и сложил брезентовый верх.

Она не стала смотреть. Она знала, что он сделает дальше.

Она хохотнула по-лисьи, с подвизгиванием и стоном, и побежала в сторону города, заметая следы раздвоенным, с опаленными кончиками, хвостом.

ГЛАВА 13

Когда стемнело, озноб, наконец, прошел. Как будто Небесная Лисица Ху-Сянь согрела ее своим теплым, сумрачным мехом. Она стянула с себя одеяла и села на кане, свесив голые ноги. С опаской принюхалась — но резких, ярких, многократно усиленных, невыносимых запахов, которые мучили ее в последние дни, больше не было. Все пахло тускло и едва различимо — как обычно, как раньше.

А это значит, что она обычная девочка. А не лиса и не ведьма.

Она надела красные войлочные туфли с вышитыми тигриными мордочками и побежала к дедушке Бо.

В харчевне был единственный посетитель — рядовой Овчаренко. Судя по красной его физиономии, он уже выпил пару кувшинчиков рисовой. А может, дело было в том, что стоял он вниз головой, задрав к потолку покачивающиеся ноги в безразмерных кирзовых сапогах и упираясь в пол взопревшим лбом и ладонями. Дедушка Бо стоял рядом с Пашкой на выпрямленной правой руке, небрежно отведя левую вверх, раскинув ноги в воздухе ножницами и не касаясь головой пола, лицо его казалось совершенно бесстрастным. Похоже, дедушка нашел себе ученика вместо нее.

— Я тоже хочу пробуждать свою силу ци! — Настя присела напротив Пашки и Бо на корточки. Их опрокинутые лица выглядели чужими, а глаза казались узкими щелочками, даже у Пашки.

— Да мы березку просто делаем! — пропыхтел Пашка и еще больше побагровел.

— Не белезка, — невозмутимо сообщил Бо. — Китайская вишня в цвету.

— Я тоже буду делать вишню в цвету! — Настя встала на четвереньки, уперлась лбом в пол и безуспешно попыталась задрать в воздух ноги.

— Давай я ноги тебе подержу? — Пашка тяжело обрушился на пол и уже из лежачего положения встал.

— Нельзя, — не меняя позы, сказал китаец.

— Чего ж нельзя-то, Борь?..

— Мне мама не разрешает, — объяснила Настя, по-прежнему пытаясь встать на руки. — Из-за проклятия. Меня проклял китайский даос.

— Тебя? За что?! — изумился Пашка.

— А вот ни за что! За грехи моей бабушки. Он очень несправедливый даос! Говорят, у него есть тысяча лиц!

Дедушка Бо, слегка согнув руку в локте и выгнув спину, вернул ноги на пол и, легко спружинив, поднялся.

— Мы не говорим чужим про наши дела, — сказал он Насте по-китайски и тут же во весь рот улыбнулся Пашке. — Еще лисовой, друг?

— Неси, Борян, — лицо Овчаренко по-прежнему было красным, как будто он что-то натворил и теперь стыдился. — А может, этот ваш даос с тех пор передумал?

— Не передумал, — сказала Настя, когда дедушка Бо отошел. — Он злой. Мама говорит, проклятие до сих пор действует.

— А может быть, он не злой, просто сам не знает, как снять проклятье? — неуверенно предположил Пашка.

— Так не бывает, — Настя встала, наконец, вниз головой, на руках, опираясь корпусом и ногами о стену.

— Борян! — Пашка блаженно потянул носом. — Что ты там такое вкусное жаришь? Шашлык?

— Я не чувствую запах... — удивленно сказала Настя.

Бо явился с кухни с улыбкой до ушей, с кувшинчиком рисовой водки в одной руке и с нанизанными на шпажку, еще дымящимися тушками летучих мышей в другой:

— Закусим! Летала мышь!

— Борян... тут Насте плохо... — испуганно сказал Пашка и отступил на шаг, чтобы китаец тоже увидел.

По опрокинутому лицу Насти, все еще стоявшей у стенки на голове, двумя кривыми тонкими ручейками текла из носа, густыми каплями наливалась и повисала на ресницах, бровях и челке — и, наконец, срывалась вниз и сливалась с расползавшимся по дощатому полу пятном, похожим на раскрывавшийся цветок мака, густая, темная кровь.

Бо уронил кувшин и закуску и бросился к ней. Вдвоем с Овчаренко они уложили Настю на пол, на правый бок.

— Сейчас пройдет, — успокоительно бубнил Пашка. — Это потому что вниз головой...

— Нали тэн? — побелевшими губами спрашивал Бо.

— Внутри больно, — ответила Настя. — И еще... Я не чувствую ни вкуса, ни запаха крови. Будто кровь у меня ненастоящая... Зеркальная кровь...

Она вывернулась из объятий дедушки Бо и встала на четвереньки.

не дыши, убей в себе человека и беги в лес

— Деда Бо, — она выгнула спину и уставилась на оскаленные пасти насаженных на шпажку мышей. — Чем мы становимся, когда умираем?

— Мы становимся чем-то другим, — ответил Бо. — Он смотрел не на Настю, а на ее мать, застывшую на пороге.

— Нет! Нельзя на четвереньки! — Лиза вышла из оцепенения, вбежала в харчевню и подхватила дочь на руки.

— Почему нельзя? — прошептала Настя. — Я больше не могу терпеть, мама...

— Потому что еще не время!

— Отпусти ее, — сказал Бо по-русски и совсем без акцента. — Ее время пришло.

— Не отпущу. Мне нужен еще один день.

Она баюкала на руках Настю, как маленькую. Рядовой Овчаренко, вдруг протрезвевший и мраморно-бледный, смотрел, как она переминается босыми ногами по осколкам кувшина.

— Баю-бай, засыпай, детка, я с тобой посижу...

— Ты же знаешь, что это неизбежно, — прошелестел Бо; сейчас он выглядел как глубокий старик. — Не мешай переходу.

Лиза помотала головой.

— ...Если ты не уснешь, монетку... В руку тебе вложу... — Она внезапно прервала пение. — Ты должен помочь мне, папа! Сейчас я уйду, а ты держи ее вместо меня.

— Нет. Мешая переходу, мы продлеваем ее мучения. — Китаец Бо отвернулся и, сутулясь, ушел на кухню.

Лиза вслед ему зарычала — с отчаянной, звериной угрозой.

— Я не знаю, что у вас тут происходит, — глухо произнес Пашка. — Но, если надо, я ее подержу.

Лиза слепо посмотрела не на Пашку, а как будто бы сквозь, на висевшую за его спиной в оконном проеме луну — тусклый шар с едва заметной неровностью сбоку.

— Ее нужно качать всю ночь, — сказала она. — До рассвета. Не давай ей уйти. Пой ей колыбельную. Я тебя научу.

Он кивнул, протянул свои большие, нескладные руки, и она осторожно переложила в эти руки ребенка.

ГЛАВА 14

Никитка бежит. Никитка убил собачку, которая его обижала. Никто не обидит больше Никитку и его стаю.

Никитка поможет стае. Он выполнит приказ Старшей Матери. Она говорит в Никиткиной голове. Рассказывает Никитке, что делать. Вообще-то у нее есть имя — Аньли, но для Никитки она просто Старшая Мать.

Никитка должен найти в лесу мину. Здесь много мин осталось после войны. Никитка был раньше воином. И теперь воин. Просто теперь он за другую стаю воюет.

Никитка нюхает землю, стоя на четвереньках. Отдирает мох и жухлую траву с дерном. Находит место. Роет руками землю. В лицо Никитке летят комья с оборванными корнями и мелкими камушками, а потом он натыкается на деревянную крышку, исписанную значками. Когда-то раньше Никитка умел читать и отличал свои значки от чужих, но больше не умеет. Не отличает.

Никитка роет по бокам деревянного ящика. Он оббит металлической лентой и заколочен гвоздями. Никитка хочет вытянуть ящик из ямы — но он слишком тяжелый. Никитка рычит от натуги, но это не помогает. Тогда Никитка бьет кулаком по крышке, снова и снова. Доска вминается, трескается, окрашивается Никиткиной кровью. Никитка с хрустом выламывает куски досок — руками, зубами...

Никитке везет. Там, в ящике, целых три мины. Две длинные и хвостатые, а под ними — другая, круглая. Никитка раньше знал названия разных мин, а теперь забыл все названия. И все же Никитка знает, что ему нужны длинные. И что с ними нужно быть осторожным. Никитка их вынимает, аккуратно кладет на землю и зарывает яму обратно.

Никитка бежит по лесу, а под мышками у него хвостатые мины. Они тяжелые очень, но Никитка сильный, он справится. Так считает Старшая Мать.

Никитка поможет стае.

Никитка спешит, поэтому спотыкается о торчащий из земли корень, и мина выскальзывает. Он падает на бок и у самой земли ее ловит.

«Никитка упал», — жалуется он в голове Старшей Матери, и она отвечает: «Вставай. Ты — воин. Ты нужен стае».

ГЛАВА 15

В котелке на примусе закипает вода. Я высыпаю в воду всю пачку чая и опять сажусь на пол. На полу исписанный книжным шифром дневник капитана Деева и две одинаковые книжки, шутовская и деевская. Две «Алисы». Два зазеркалья.

Вещи многое могут нам рассказать, если правильно их допросить. Я веду допрос неудачно: книги молчат. Я листаю то одну, то другую. Я отхлебываю водку из фляжки. Я пытаюсь найти фрагмент текста, на основе которого сделан шифр. Ничего. Ни пометочки, ни галочки, ни закорючки.

В котелке дымится мазутно-густое, черное. Тонкой струйкой я вливаю туда всю водку из фляжки.

...Я наполняю два стакана тюремным варевом. Из одного я пью. Другой оставляю нетронутым.

Я жду друга, которого не оплакал. И он приходит ко мне.

— Чифирнем? — Вор берет свой стакан и, жмурясь от удовольствия, пьет. — Непонятен ты мне, Циркач.

— Что тебе непонятно, Флинт? — я наливаю нам обоим еще.

Он вдруг резко наклоняет ко мне лицо, гневно таращит опухший глаз:

— Кто такой полковник Аристов?

— Я не помню.

— Кто ты сам таков, если такой волчара у тебя на холке повис?! Назови себя!

— Это просто ошибка. Я артист цирка. Меня зовут Максим Кронин.

Флинт буравит меня немигающим глазом:

— Кр-ронин. Звучная фамилия у тебя. Есть в ней крона древесная. И корона есть царская. Только ты — не царь, а слуга. Ронин, вот ты кто. Не Кронин, а Ронин. Изгнанный хозяином самурай. Вспоминай, кто хозяин? Почему он тебя прогнал?!

— Я не помню.

— Конечно, не помнишь. — Флинт хихикает, внезапно смягчившись. — А монетку твою я стукачу одному отдал. Ему скоро понадобится. Ну — не чокаясь.

Пока он пьет, с него сползает истлевшими лоскутами лицо. Под ним — другое лицо. Тоже мертвое. Лицо Деева.

Его глаза закрыты. Он подставляет пустой стакан, и я плещу ему из котелка, разбрызгивая смолистые капли на пол. Он пьет.

— Где ключ от шифра? — я сую ему в нос «Алису». — На какой странице нужный фрагмент? Что написано в дневнике?!

Не открывая глаз, он трогает книгу посиневшими пальцами. Как будто слепой, читающий азбуку Брайля:

— Я умер неправильно. Ты взял мою женщину. Ты предал Елену.

Он вынимает из моей руки книгу, швыряет на пол — и сливается со стеной.

Я слышал, что мертвые могут многое о себе рассказать, если правильно их допросить. Я не умею допрашивать мертвых. Они приходят и уходят, когда хотят.

Последним приходит Шутов. Вместо лица у него слипшиеся комья земли. Из этих комьев косо торчит кусок нижней челюсти с массивной коронкой. Он заливает в то место, где прежде был рот, густой, как деготь, чифирь. Он говорит, и земля скрипит о металл и кость:

— Ты должен себя найти. Ты опасен. Ты можешь себя убить.

Я прохожу сквозь него и падаю на кровать лицом вниз. Пусть пьет один. Я его не звал. Я звал только Флинта.

ГЛАВА 16

Она выбралась на палубу и прошла все четыре стадии превращения за восемь секунд.

Хуань-е — гниение и распад. Это первая стадия, самая неприятная. Увядание. Умирание. Агония. Разрушение. Мучительное обострение нюха. Резкий запах падали и прелой листвы.

Вторая стадия — *хэй-е*. Чернота. Пустота. Ничто. Нет ни запахов, ни вкусов, ни звуков. Покой и небытие.

Потом *бай-най* — новорожденность, воскрешение. Третья стадия. Ты одновременно и роженица, и младенец. Молоко приливает к груди, и ты чувствуешь молочный привкус на языке.

Наконец, последняя стадия — *синь-сюэ*. Молоко превращается в новую кровь. И ты становишься новой плотью.

...Она умела пройти все стадии за восемь секунд. Но дочь ее — нет. Дети таких, как она, после проклятия мастера Чжао погибали во время первого превращения. Они не могли перейти от распада и пустоты к молоку и крови.

Перевертыш совершает переход, когда хочет, — но только не в первый раз. В первый раз за него решает богиня, Небесная Лисица Ху-Сянь. Переживший семь зим и семь весен детеныш чувствует ее зов в одну из ночей на растущей луне. Сопротивляться этому зову мучительно. И бесполезно. Можно сдержаться, задержаться в одной из стадий, оттянуть *переход*. До полнолуния. На убывающей луне ты неизбежно станешь *ничем*. И если род твой проклят — ты уже не воскреснешь.

Она запрокинула голову к небу, смолисто-черному, как внутренности оборотня в стадии *хэй-е*. Молочная луна, почти идеально круглая, с легкой выщербиной на левом боку, обещала миру завтрашней ночью перерождение. Всему миру — но только не ее дочке.

Лиза отщелкнула крышку мокрых часов, висевших на груди на цепочке, оглянулась — и вдруг быстро и воровато поцеловала мужской портрет. Может, все еще обойдется. Необязательно приносить его в жертву.

На этот раз она не взяла с собой платье, оставила его на камне на берегу. Прошла к каюте Юнгера обнаженная. Какая ей разница. Три коротких тука, два длинных, и еще три коротких...

— А, полукровка, — Лама загородил ей проход и нагло обнюхал грудь. — Господина это не впечатлит. Он предпочитает голых блондинок.

— Мне нужна вакцина.

— Не получишь. Господин на тебя сердит.

— Почему?

— Потому что ты его обманула. Ты отметила на карте святилище. Но в том месте святилища нет. Там только трясина.

Она вдруг почувстовала, как нестерпимо холодно стоять на ветру. Очень холодно человеку под этой гладкой и безволосой, голой и мокрой кожей.

мама, я обещала, что никому не скажу

Значит, Настя тогда отметила фальшивую точку. Решила соврать, чтобы не выдать секрет Макса Кронина. Как знакомо...

— На этот раз у меня правдивая информация для барона.

— Неужели?

— Я расскажу ему про... Шутова. В обмен на вакцину. Шутов мне доверяет.

— Пусти ее, Лама! — послышался голос Юнгера из каюты. — Пусть расскажет. Это будет забавно.

Она вошла. Остановилась, теребя в руке часы-медальон. Барон фон Юнгер равнодушно ее оглядел.

— Красивое тело. Но мне не нравится грудь. Соски слишком темные.

Барон отхлебнул из хрустального бокала вино, взял с подноса кусочек рубленой мыши и угостил сидевшего на его плече ворона.

— Так кто там тебе доверяет? — уточнил Юнгер. Ворон вывернул шею и уставился на Лизу мутноватой бусиной глаза, как будто вместе с хозяином ждал ответа.

— Капитан СМЕРШ Степан Шутов... Вы велели, чтобы я сблизилась с ним.

Барон улыбнулся — гадючьей, ядовитой улыбкой.

— Так вот как, значит, зовут капитана... А я-то забыл. Что ж, расскажи нам, что ты узнала об этом загадочном человеке.

— Он... не так прост. Отдайте вакцину — и я все расскажу.

— Ты смеешь со мной торговаться?! — Юнгер поставил бокал с такой неожиданной яростью, что расплескал содержимое. Ворон спрыгнул с плеча барона на стол и принялся клевать залитую вином мышиную голову. — Его зовут Максим Кронин, твоего капитана Шутова, и он беглый зэк! Ты это знала, так? В глаза мне смотри!

Она опустилась перед ним на колени и покорно посмотрела в глаза. Барон кивнул, как будто даже довольный:

— Знала, но не сказала.

Он потянулся рукой к ее груди, отщелкнул крышку часов, царапнул указательным пальцем портрет:

— Знакомые часики. Они принадлежали Элене, моей сестре. Она была женой Кронина... Да, Макс всегда умел влюблять в себя женщин. Ты тоже влюбилась, да, лисичка? Как романтично.

— Я расскажу все, что про него знаю, если получу за это вакцину.

— Преда-ашь любо-овь ради до-очери! — манерно проблеял Юнгер, растягивая слова, будто читал с выражением дамский роман. — До тошноты романтично. Ну что же, начнем с простого. Какого черта в Лисьих Бродах его считают капитаном СМЕРШ Шутовым?!

— Кронин убил настоящего Шутова и присвоил его документы. Его скоро разоблачат. Один... подлец сегодня выкопал труп настоящего капитана. Он везет тело в город.

— Да, Макс по-прежнему действует на баб магнетически, — сказал Юнгер. — Нет, ты подумай! — он повернулся к Ламе. — Макс убил человека, взял себе его имя, его документы — но кто подлец? Макс Кронин подлец? О нет. Подлецом является тот, кто выкопал труп!

— Я думаю, подлость — понятие относительное, мой господин, — сказал Лама.

— А ты не думай. Ты убийца, а не философ, — барон почему-то впал в раздражение, допил вино и протянул Ламе пустой бокал.

Тот долил из кувшина. Юнгер сразу сделал большой глоток:

— Что Кронин тут ищет? Святилище с золотом? Эликсир?

— Он уже нашел и золото, и эликсир чан-шэн-яо, господин, — ответила Лиза. — Но они ему не нужны. Он искал не их.

— А что же?

— Свою жену.

— Неужели? — на лицо барона снова выползла змеиная угрожающая улыбка. — И как — продвинулся в поисках?

— Насколько я знаю, нет.

— Вот и славно. А где он хранит то, что нашел? Лисье золото и чан-шэн-яо эликсир?

— Он хранит их в сейфе. В здании Русско-Азиатского банка.

— Ты слышал, Лама? — барон фон Юнгер поднялся с подушек и прошелся по комнате.

— Да, господин.

— Тогда почему ты до сих пор здесь?

— Прошу прощения, господин. Я немедленно доставлю вам золото и эликсир.

— Мне не нужно грязное золото. Только чан-шэн-яо.

Лама склонился в поклоне и выскользнул из каюты.

— Встань с колен, — сказал барон Лизе. — Не люблю, когда женщина теряет достоинство. Вы, брюнетки, обожаете унижаться... Вставай и проваливай.

— Умоляю, — Лиза не двинулась с места. — Дай мне вакцину. Времени нет. Она погибнет. Она уже погибает!

— Я не люблю, когда меня пытаются обмануть, — барон отвернулся.

— Я заманила его! Я предала его! Я все рассказала! Ты должен выполнить свою часть договора!

— Я ничего не должен тебе, полукровка. Но я не люблю, когда умирают дети. Ты получишь вакцину из нашей лаборатории.

— Спасибо! Спасибо... — продолжая стоять на коленях, она попыталась обнять его ногу, но он брезгливо отступил в сторону.

— Ты получишь вакцину завтра, если заслужишь. Ты должна еще кое-что сделать.

ГЛАВА 17

Капитан Ояма шел по гулкому коридору бункера в сопровождении двух рядовых с автоматами, и каждый шаг их отскакивал от стен эхом, ритмично отсчитывавшим последние секунды Оямы перед предательством. Ронин. Вот кем он станет. Самураем, отрекшимся от господина. Опозорившим себя — но свободным. Или убитым.

я постиг, что Путь Самурая — это смерть

Ояма свернул за угол и остановился перед железной дверью, ведущей в лабораторию. Сделал быстрый вдох, долгий выдох...

в ситуации выбора без колебаний предпочти смерть

...вошел. Рядовые застыли в дверях. За столом перед несгораемым шкафом лаборант-капрал в медицинском халате поверх формы каллиграфическим почерком выводил иероглифы в разграфленном журнале исследований. При виде Оямы вскочил и склонился в поклоне.

— Господин капитан! Вакцина распределена и готова к использованию, — он кивнул на несгораемый шкаф. — Я как раз вношу последний номер в журнал. Прикажете привести испытуемых?

— Что за номера вы записали в журнал, капрал? И каких испытуемых вы собираетесь привести?

Капрал почувствовал, как пальцы, сжимавшие ручку, заледенели. Где он ошибся? Что он сделал не так? Ояма-сан говорил с ним тихим, вкрадчивым голосом, но в этой вкрадчивости, в бесстрастном лице капитана сквозили угроза и гнев.

— Я записал номера десяти испытуемых, господин капитан. Их уже подготовили к введению вакцины.

— Кто дал вам право выбирать испытуемых для *моего* эксперимента, капрал? Для эксперимента с терапевтической вакциной, которую создал я?!

Ояма-сан говорил отрывисто и больше не скрывал злости. Капрал с облегчением понял, что его вины ни в чем нет и Ояма-сан злился напрасно. Теперь единственной задачей капрала было не дать господину капитану потерять перед ним и рядовыми лицо. Он поклонился еще ниже — как кланяется виноватый.

— Прошу прощения, господин капитан. Я неправильно объяснил. Я никогда не осмелился бы принимать самостоятельные решения. Испытуемых выбрал господин Лама-сан.

— Ах вот как. Господин Лама-сан.

— Да, капитан.

— По какому принципу господин Лама-сан отобрал испытуемых?

— Насколько мне известно, он выбрал самых ненужных. Самых слабых, господин капитан. Кого не жаль будет потерять.

— Скажите, капрал, — голос капитана Оямы снова зазвучал вкрадчиво. — Возможно, я что-нибудь упустил. Является ли Лама-сан ученым-биохимиком?

— Никак нет.

— Тогда по какому праву вы внесли в журнал исследований эти номера?! — Ояма схватил со стола журнал и с хрустом вырвал страницу, старательно заполненную капралом. — Не посоветовавшись со мной! С биохимиком! Который знает! Кого и как выбирать! Для научных! Экспериментов!

Капрал затравленно вжимал голову в плечи с каждым выкриком капитана — как будто тот вбивал железные гвозди в гроб его карьеры и чести.

— Я виноват. Я выполнил приказ Ламы-сан, не посоветовавшись с господином Оямой-сан. Я сделал это потому, что господин Лама-сан — помощник господина Юнгера-сан, а Юнгер-сан финансирует все исследования нашей лаборатории. Я думал...

— Твоя задача — выполнять приказы старшего по званию, капрал, а не раздумывать, кто чей помощник и кто за что платит.

Старший по званию — я. Поэтому сейчас я выберу других испытуемых, и ты заново внесешь номера в журнал. Это ясно?

Выполнять приказы старшего по званию — это просто. Гораздо проще, чем думать. И безопасней.

— Так точно, — кивнул капрал.

— Этот. Эта. Вот эта... — Ояма кивал на клетки, а капрал записывал новые имена.

Капитан выбирал самых сильных. У них есть шанс. Ослабленные не смогут сбежать.

— А это кто? Я его не помню, — Ояма указал на клетку с бородатым мужиком славянской наружности. Мужик раскачивался вперед-назад, невнятно бормотал и непрерывно крестился, позвякивая кандалами. На спине у него виднелся розовый, свежезатянувшийся шрам.

— Это новенький. Номер девятьсот семь. Господин Лама принес его вчера.

— Принес?

— Да, он был очень тяжело ранен. Лама-сан ввел ему штамм «Хатимана» самостоятельно. Номер девятьсот семь отреагировал на штамм позитивно. Произошло исцеление.

— Как тебя зовут? — спросил девятьсот седьмого Ояма.

— Андрошка. Сыч, — не переставая раскачиваться, сообщил тот. — Я укол не хочу. Я хочу домой.

— Этого тоже берем в исследование, — распорядился Ояма. — Проверим действие вакцины на ранних стадиях трансформации.

Я не плачу, сын. Я верю в «Отряд-512» и в «Хатиман» — твое великое дело. Настанет день, и ты создашь воинов, несущих смерть и неуязвимых для смерти. И да свершится возмездие.

У капитана Оямы больше не было фотокарточки с письмом матери на обороте. Он обронил ее во время бегства на новое место. Но он помнил текст наизусть. И каждое слово разъедало его нутро кислотой стыда. Год он работал над «Хатиманом», но не создал неуязвимых для смерти воинов, а создал жалких и неуправляемых тварей. Год он истязал невиновных и верил, что служит высокой цели, — а служил лишь барону фон Юнгеру, безумному маслоеду. Тот хотел, чтобы подопытные плакали живой водой, умирая, — как перворοдные кицунэ. Твари, созданные Оямой, плакали водой мертвой...

В общем, все, что ему теперь оставалось, — спасти тех, кого можно спасти.

И спасти свою женщину.

— Вот эту, — Ояма указал на клетку с Аньли. — Номер восемьдесят четыре.

— Но, господин капитан... Эта женщина... она же не такая, как все. Эффект от вакцины может быть необратимым... фатальным...

— Вы снова возражаете мне, капрал?! Вы будете учить меня, как работать? Перед нами — не женщина, а кусок необычного мяса. Наша задача — такое мясо исследовать.

— Простите. Я виноват.

— В последний раз прощаю, капрал. Всех испытуемых, которых я выбрал, немедленно привести ко мне в кабинет. Туда же доставьте вакцину, — он посмотрел на часы. — Даю вам ровно восемь минут. Через десять минут я приступлю к испытанию.

ГЛАВА 18

Майор Бойко зажал рукой рот и отшатнулся от кузова:

— Это... что?!

— Это, так сказать, не только фантазии, но и факты, — жестом фокусника Родин сдернул с трупа кусок брезента. — Перед вами настоящий товарищ, так сказать, Шутов. Зверски убит врагом и закопан вместе с каким-то уголовником — вероятно, в целях глумления. Нам повезло, что уцелела нижняя челюсть, а на ней, так сказать, коронки. Особая примета капитана СМЕРШ Шутова.

Замполит покосился на застывшего у джипа майора — тот курил, глядя на него, Гошу Родина, не как раньше, а совершенно по-новому, — и, воодушевленный, продолжил:

— Что же касаемо шрама, на груди у товарища Шутова его не было. А вот у врага, который проник к нам под его, так сказать, личиной, шрам на груди как раз есть. А равно и остальные приметы — рост, цвет волос, цвет глаз и так дальше — полностью совпадают.

Замполит мысленно похвалил сам себя за отточенность формулировок: он как будто уже читал вслух еще не написанный, но уже почти сочиненный текст докладной.

— С кем совпадают?

— Так ведь, так сказать, с диверсантом... — Родин понизил голос до шепота. — ...Максимом Крониным. Которого товарищ полковник Аристов разыскивает как раз в Лисьих Бродах.

Майор Бойко затянулся. Остаток сигареты молча протянул замполиту. Никогда майор так раньше не делал. Не оставлял ему, Гоше Родину, покурить. Это знак особого расположения. Мужской дружбы. Это даже, если подумать, жест извинения.

— Вот вы меня, товарищ майор, стукачом недавно назвали... — Замполит многозначительно затянулся. — А я на вас не в обиде. Я, заметьте, не в Особый отдел докладывать... и даже не к полковнику Аристову — а уж у меня на полковника есть, так сказать, выходы, — я сразу к вам, первому. Потому что уважаю всей, так сказать, душой.

— Что, никому, кроме меня, не сказал?

— Ни единой, так сказать, душе. Только вам.

Майор помолчал, пристально глядя на замполита. Выдержать взгляд. Выдержать этот прямой, честный взгляд. Не опускать глаза. Они теперь ровня.

— Недооценил я тебя, — сказал наконец майор и хлопнул Родина по плечу. — Ты и я, мы вместе возьмем диверсанта Кронина.

— Так точно! — голос замполита от счастья дрогнул. Он потрогал через нагрудный карман счастливую монету, найденную на пепелище.

— Но сначала мы с тобой, Родин, выпьем, и ты мне расскажешь подробности. У меня в кабинете самогон есть отличный. Пятьдесят оборотов. Ты пока что товарища Шутова обратно прикрой. И верх у «виллиса» подними.

Так бывает — судьба принимает форму монеты. Ты берешь ее в руку и чувствуешь — теперь изменится все. Тебе улыбнется удача.

В тот же день ты находишь то, что искал, и получаешь то, что хотел. Нет, пока еще не повышение в звании — но уже уважение.

Твой майор (ты скоро тоже будешь майором!) — он больше не презирает тебя. Он теперь наливает тебе самогон и смотрит в глаза. Он внимательно слушает. Он смеется, когда ты шутишь. У него такой хороший, заразительный смех. Ты хмелеешь, а он тебе подливает.

Ты показываешь ему счастливую монетку в пять фэней. Да, наивно верить в то, что погнутая монетка — к удаче. Но майор теперь свой. Пусть он знает, что Гоша Родин бывает немного ребячлив.

Он выходит из-за стола, чтоб получше разглядеть твой трофей. Он встает у тебя за спиной, и ты оборачиваешься к нему. Ты протягиваешь ему монету на открытой ладони.

Он обхватывает твое горло одной рукой — твой кадык в его сгибе локтя — и сцепляет ее с другой. Он берет твою шею в замок — и тянет, тянет, сжимает.

Ты не можешь говорить, поэтому не спрашиваешь, за что. Ты извиваешься и хрипишь. А в руке упорно сжимаешь свою погнутую удачу.

Ты ее выпускаешь, только когда он ломает тебе гортань. У тебя открыты глаза, но ты не видишь, как майор подбирает твою монету.

У тебя открыты глаза, но ты нс видишь, как он тащит тебя в оружейную. Как из длинного снарядного ящика осторожно вынимает хвостатые мины. Как кладет тебя в этот ящик на груду опилок. Как засовывает монету твоей удачи в твой нагрудный карман. И зачем-то присыпает опилками твое свернутое набок лицо.

Твой майор накрывает тебя брезентовым полотном — очень бережно, как простуженного ребенка. А потом водружает на ящик деревянную крышку и берет молоток. В напряженных его губах зажаты тонкие гвозди. Ты под крышкой, ты накрыт с головой брезентом, и ты не видишь, что майор сейчас похож на насекомое с множеством хоботков.

Он вытягивает изо рта эти хоботки и один за другим вонзает их в крышку твоего гроба.

Ты не слышишь, как он бьет по ним молотком.

И тем более ты не слышишь, как в такт ударам он шевелит набитым гвоздями ртом:

— Я не убийца. Я убиваю. Только. Врагов.

ГЛАВА 19

Он не убийца. Бойко приладил очередной гвоздь. Он убивает. Только. Врагов. На каждый гвоздь — три удара молотка. Только мразей. Стукачей. И подонков.

А что их столько расплодилось после войны — не его вина. Там, на войне, было проще. Только свои и враги. Олежка Деев был свой на войне. Потом зачем-то стал врагом. Стукачом. Решил его сдать.

А с замполитом все, конечно, было ясно давно. Он прирожденный стервятник. Таким родился. Таким и сдох. Майору Родин в общем-то не мешал. Пока не вышел из-под контроля. Пока не выкопал падаль.

Он вбил последний гвоздь и вышел на улицу. Закурил, стоя рядом с «виллисом». С водительской стороны на борту красовалась лопата, измазанная землей. Под слоем брезента в кузове лежало то, что из этой земли достали.

Вот, значит, Шутов, капитан СМЕРШ, почему ты майора Бойко не тронул. Хотя Олежка тебе на майора Бойко исправно стучал. Ты просто гнил. Ты все это время, оказывается, спокойненько гнил. Пусть так и будет. Так пусть и остается.

Майор хихикнул. А ведь он сам чуть было все не испортил. В тот первый вечер, когда он с Марфой договорился. Когда спиной к окошку этого Кронина, или кто он там, посадил. Но повезло. Он-то думал, не повезло, а, выходит, вышло удачно. Что эта дура промахнулась, недострелила...

Он докурил и раздавил окурок ногой — размазал по булыжнику, как червя. Куда теперь тебя, товарищ Шутов, прикажешь везти? Может быть, искупаться? Поедем-ка к озеру, товарищ, с тобой, а то что-то ты грязный. Майор уселся на водительское сиденье и снова хихикнул. Нервный смех. Бывает. Пройдет.

Майор не успел завести мотор. Он даже понять не успел, как это все вообще получилось. Как получилось, что из сгустка осенней тьмы вдруг бесшумно возник человек, мгновенно скользнул на сиденье «виллиса» рядом с ним и растянул азиатское, плоское, смутно знакомое майору лицо в бесстрастной улыбке. Как получилось, что он, безоружный, вышиб из рук майора Бойко ТТ, потом трофейный японский пистолет «намбу», а следом десантный нож. Как вышло, что человек нанес майору небрежный, кошачий удар в горло и тут же в живот, и майор согнулся, сипя и хватая ртом воздух. А человек, по-прежнему улыбаясь, приставил «намбу» к его виску и вежливо произнес:

— Позволь представиться, товарищ майор. Я — Лама. Мы уже однажды встречались в «Отряде-512». Ты стрелял в меня из пулемета, но не попал.

Майор Бойко, скалясь от напряжения, втянул в себя воздух. Вместе с воздухом пришло осознание: если кто-то, кто сильнее тебя, хочет тебя пристрелить, он не тратит время на болтовню — он просто стреляет. Если он называет тебе свое имя — значит, ему от тебя что-то надо.

— Я пришел с предложением, — сказал Лама. — Я так понял, ты любишь золото?

Майор осторожно кивнул.

— Тогда с телом товарища Шутова ты разберешься чуть позже, — Лама убрал пистолет. — Сейчас иди в оружейную. Возьми гранаты, динамитные шашки, ракетницу, что там у вас еще...

— Я не убийца, — прошептал Бойко.

— Конечно, нет. Ты просто устроишь салют. Никто не пострадает, майор.

ГЛАВА 20

Лама оставил майора Бойко у начиненной взрывчаткой чумной фанзы — рядом со змеиным клубком бикфордовых шнуров, тянувшихся к динамитным шашкам, гранатам, сигнальным ракетам и трассирующим патронам, обильно политым керосином, — и пошел назад, к площади. Через пару минут майор подпалит клубок, и огненные гадюки, пожирая сами себя, поползут в фанзу, и несмирившиеся духи убитых чумой людей, которых был не способен увидеть майор, навсегда покинут свой дом.

Взрывы раздались, когда Лама проходил мимо харчевни папаши Бо. Тут же — частая пальба и разноцветные сполохи. Лама удовлетворенно кивнул, замедлил шаг и сквозь дробный грохот тончайшим своим, в ночной охоте незаменимым кошачьим слухом уловил разговор находившихся в фанзе девочки и мужчины.

— Почему стреляют? Ведь война уже кончилась, — слабый голос ребенка.

Это дочь полукровки, и по голосу слышно, что она уже *переходит*. И *переход* ее убивает.

— Я так думаю, война никогда не кончается, — отозвался мужчина.

Его голос Лама тоже узнал — рядовой Овчаренко, убогий, придурковатый. Но ответ он дал верный. С убогими так бывает.

— Я умру? — спросила дочь полукровки.

— Не умрешь, если я буду держать тебя на руках и петь песню. Так твоя мама сказала. — И он запел: — ...Баю-бай, не кричи, не плачь, в доме открыта дверь... Спи, скорей засыпай, иначе в дом явится зверь...

Очень трогательно. Прямо до тошноты. Лама двинулся дальше. Расхристанные, заспанные бойцы уже бежали ему навстречу по направлению к чумной фанзе. Военных легко обмануть. Достаточно звуков войны.

Прогулочным шагом он пересек площадь и слился с тьмой, разлитой под аркой одного из особняков. Макс Кронин вышел из штаба последним — он, похоже, был пьян. Перебродивший запах водки и чифиря. Походка шаткая. Повезло.

Нарочно ступая громче обычного и двигаясь медленней, чем привык, чтобы быть и узнанным, и замеченным, Лама рванул из арки к зданию Русско-Азиатского банка и скрылся в провале выбитой двери.

Свет не нужен тому, кто рожден охотиться в темноте. Лама вынул из кармана куртки фарфоровую изящную склянку со спиртом, щедро плеснул на сейф, чиркнул спичкой. Дверца сейфа вспыхнула бледно-голубым пламенем. Гори, гори ясно.

Лама быстро отступил к выходу и прижался к колонне. Свет не нужен тому, кто сам становится тьмой... Через несколько секунд мимо него тяжело пробежал Максим Кронин, неуклюже шаря во тьме пистолетом и керосиновым фонарем. Застыл у объятого огнем сейфа. Сорвал с себя гимнастерку. Сработало.

Старейшины стаи ловко заговорили свои грязные лисьи сокровища. Тот, кто слаб, будет вожделеть их. Кто силен — охранять.

Максим Кронин сбил пламя, отшвырнул гимнастерку и принялся быстро вращать верньеры. Распахнул дверцу сейфа, посветил керосиновым фонарем, чтоб понять, все ли цело. Тускло светится грязное золото. Сияет хрусталь с рубиновым эликсиром. В глубине мерцает меч самурая. Человек, пошатываясь, рассматривает сокровища. Его спина беззащитна.

А у Ламы есть нож — и он может метнуть его в спину. Под лопатку слева — в то место, куда человек вонзил этот самый нож Ламе. У него есть нож, но он обещал господину, что не убьет человека. Так что он разворачивает нож острием к себе, и бесшумно подходит сзади, и коротко бьет человека в голову рукояткой. И когда тот сползает на пол, он пинает его ногой, поднимает упавший фонарь, забирает из сейфа пузырек с рубиновым эликсиром чан-шэн-яо и выходит.

Пусть не Лама, а кто-то другой прикасается к грязному золоту.

Пусть не Лама, а кто-то другой вгонит нож под лопатку лежащему человеку.

Пусть не Лама, а кто-то другой сегодня будет отмщен.

Лама сдернул кусок брезента и склонился над кузовом. Чуть поморщился. Он не любил запах падали. *Хуань-е.* Запах первой стадии *перехода.*

Он раскрыл хрустальный пузырек с эликсиром и трижды капнул рубиновым за коронки — туда, где у капитана СМЕРШ Шутова когда-то был рот.

Когда от падали резко запахло свернувшимся молоком, а обломки черепа засочились густой черной кровью, Лама вложил в изъеденные тлением руки штык-нож и керосиновый фонарь и шепнул:

— Сливаются в сердце твоем воды мертвые и живые. Встань и иди. Найди пролившего твою кровь по запаху его крови.

ГЛАВА 21

Не надо было спускаться под землю. Не надо было брать золотого идола. Нельзя притрагиваться к грязному золоту. В последние дни Андрон так часто себе повторял, в голове и вслух, чего ему было делать никак нельзя и не надо, что эти слова вроде как стали частью покаянной молитвы. Не надо было мне под землю спускаться, избави, Господи, мене от всякаго зла, очисти многое множество беззаконий моих! Не надо было к грязному золоту прикасаться, подаждь исправление злому и окаянному моему житию... Не надо было золотого идола брать, от грядущих грехопадений лютых всегда восхищай мя... Не надо было указывать Дееву краснопузому путь, имже покрывай мою немощь от бесов, страстей и злых человеков... Попутал бес краснопузых, польстились на грязное золото, впали в грех, и брат пошел на брата, а Ты же, Господи, меня не оставь, врагом видимым и невидимым запрети, руководствуя мя спасенным путем, доведи к Тебе, пристанищу моему и желаний моих краю...

Он знал, что совершил тяжкий грех, польстившись на бесовское, грязное золото, и все, что с ним происходило потом, воспринимал как справедливую кару: и встречу с бандой Камышовых Котов, и то, что он был ими пленен, и цепь, которой его приковали к грязному лежаку в их грязном притоне, и ежедневные избиения, и опиумный туман, который кажется доказательством существования Бога, пока он в тебе и вокруг тебя, но который, рассеиваясь, оставляет после себя только демонов.

Андрон принимал это все как возмездие, но и как путь к искуплению, и получал даже почти удовольствие, когда отказывался вести китайскую банду к бесовскому святилищу и осенял себя троекратно крестом, а они его били по лицу и в живот и опий переставали давать.

И даже когда он сбежал, и умер у Лисьего озера от удара ножа, и душа его с выдохом выпросталась из тела, он принял это как должное, принял даже с надеждой, что искупил грехи и прощен, и будет теперь у Бога, и что с небес присмотрит теперь за Танькой, и за Ермилом, и за детьми.

Но Бог его не простил, и дух Андрона не воспарил. И вместо ангела ему явился демон в обличье тигра, и обратился тот демон в прах, и принял облик голого человека с азиатском лицом, и вынул нож из тела, на которое Андрон смотрел в тоске и скорби со стороны, и рёк неясное, темное:

— На острие клинка был штамм «Хатиман», запускающий метаморфоз. Теперь для тебя все станет не так, как было, охотник.

Андрон не понял темные речи демона. Понял только, что с ним случилось дурное. А дальше тело Андрона содрогнулось и сделало вдох — и дух его вернулся в тело через посиневший, оскаленный рот. А может, это был вовсе не рот, а разверзся ад.

И все стало не так, как было.

Тот демон, имя которому Лама, отвел Андрона под землю. Он задавал ему вопросы, много вопросов. Про бесовское золото, про святилище, про белокурую женщину, которую звали Елена. Андрон отвечал на вопросы демона прилежно и честно, чтобы тот не убил его снова. Когда допрос был окончен, его посадили в клетку и дали новое имя — Девятьсот Семь.

Андрон уселся на измазанное мочой и кровью дно клетки и попытался прочесть Символ веры, но Господь от него отвернулся, и слова, знакомые с детства, забылись. Вспомнил только: «Чаю воскресения мертвых». Все другие молитвы забылись тоже, кроме одной:

не надо было мне под землю спускаться, избави, Господи, мене от всякаго зла... Не надо было к грязному золоту прикасаться, подаждь исправление злому и окаянному моему житию...

И в нем самом как будто тоже забылось что-то важное, что-то главное. На месте главного, которое он больше не знал, образовалась темная пустота, которая тут же заполнилась запахами и греховными мыслями. Он чуял запах шкуры убитого зверя, смешанный с запахом медицинского спирта. Он чуял запах гнилой листвы и засохшей крови. А мысли тоже были о крови — только теплой и свежей. И в этих мыслях Андрон был как будто зверем. Чтобы прогнать греховные мысли, Андрон крестился и повторял единственную молитву, которую помнил.

Потом к нему пришли узкоглазые демоны, выволокли из клетки и повели на укол. Андрон боялся укола, поэтому выл, визжал и кусался.

Андрона и еще пятерых пленников в кандалах привели подземными коридорами в белую комнату. Там ждал еще один демон, которого звали Ояма, у него были маленькие шприцы, а в них — прозрачная жидкость, которую демоны называли Вакцина. Андрон и пятеро пленников стали выть еще громче; шестая — красивая китаянка в тюремной робе, которую звали Аньли, — молчала и казалась спокойной. Андрон почувствовал, что эта женщина — старшая и ему как будто родная. Как будто мать. А остальные пленники — как будто братья и сестры. Он заскулил от тоски и страха, потому что все еще помнил свою настоящую мать и настоящего брата...

Потом Ояма приказал всем младшим демонам выйти, но демоны стали спорить. Они говорили, что у них есть инструкция, и по инструкции они должны быть рядом с Оямой, когда он вводит Вакцину. Они говорили на своем демоническом языке, и Андрон с изумлением обнаружил, что теперь его понимает. Ояма кричал и все время поглядывал на часы. И по тому, как пах его пот, Андрон догадался, что этому демону очень страшно.

Потом Андрон почуял, что наверху — не под землей, на земле — появился еще один брат из его новой семьи, сгрузил на землю что-то тяжелое и принялся рвать траву и выламывать зубами и пальцами прутья решетки. Из белой комнаты вверх, к решетке, к их свободному брату, через другие комнаты, через машинное отделение, через стены и потолки, вела гудящая вентиляционная шахта. Андрон услышал — не ушами, но в голове, — как Старшая Мать Аньли, не размыкая губ, сказала их брату: «Никитка — Воин. Воин должен бросать мины в шахту».

Раздался взрыв, и сразу еще один, известка и пыль посыпались с потолка, и белая комната содрогнулась и стала черной. В звенящей тьме послышалось звяканье кандалов и тихие вскрики демонов. Пьяняще запахло свежей, горячей кровью. Спустя полминуты включилось аварийное освещение, и в тускло-ржавом свете Андрон увидел Старшую Мать в разорванных кандалах, стоящую над убитыми демонами. Она улыбалась, часто дыша и слегка раздувая ноздри. Ояму она не тронула. Она сказала ему только: «Освободи их всех, мы уходим», и он покорно расстегнул кандалы на Андроновых сестрах и братьях, сложил шприцы с Вакциной и еще какие-то ампулы в чемодан, взял автомат и повел их вверх через завалы разрушенных коридоров к дымящемуся пролому, а следом за ними бежали другие демоны, выползавшие из-под завалов, как тараканы.

Они выбирались наружу по одному, и брат Никитка каждому протягивал руку, тянул, помогая вылезти. Ояма шел последним. Никитка на него зарычал и отдернул руку, но Старшая Мать сказала, что демон — с нами. Она оттолкнула Никитку и сама протянула Ояме руку, но схватиться тот за нее не успел — в него выстрелил кто-то из младших демонов. Андрон увидел, как Старшая Мать нырнула обратно в пролом, услышал выстрелы, потом хрип и стоны.

Она вернулась в простреленной, окровавленной робе, держа Ояму на руках, как ребенка. Он прижимал к животу чемодан, и из дыры в его чемодане текла на землю Вакцина, а из дыры в его животе и изо рта его текла кровь. Она приказала братьям и сестрам не отставать — и побежала через лес с раненым демоном на руках, легко и быстро, как будто собственных ранений не замечала.

Они остановились на берегу Лисьего озера, и Старшая Мать положила демона Ояму на землю, взглянула на содержимое чемодана — месиво блестящих осколков — и издала короткий то ли рык, то ли стон. Распахнула на демоне китель, осмотрела и обнюхала рану в животе и стала зализывать ее, стоя на четвереньках, как зверь. Потом сняла с себя покрытую бурыми пятнами робу и стала зубами рвать на бинты. На обнаженном теле Аньли виднелись раны от пуль. Они совсем не кровоточили. Они уже затянулись.

— Он умирает, — сказала она Андрону и его новым братьям и сестрам. — Я останусь с ним. Вы дальше пойдете сами. Держитесь вместе. Оставайтесь в лесу.

— Нет! Оставь его и иди с нами! — заныл Никитка. — Он плохой. Он черный рыцарь!

— Он демон! — поддакнул Андрон.

— Он исправился, — сказала Старшая Мать. — И я его не оставлю. Уходите, — она бросила взгляд на висевшую над темной водой луну со сколотым краем. — Завтра будет тяжело. Не суйтесь к людям. Терпите. Войте. Я хотела помочь — но у нас больше нет вакцины.

Аньли поворошила осколки. Выловила со дна простреленного чемодана единственную уцелевшую пробирку с темной, как чифирь, жидкостью.

— Вакцина осталась! — захлопал в ладоши Никитка. — Старшая Мать Аньли нас спасет!

— Нет. Это не вакцина, — Старшая Мать задумчиво вертела пробирку в пальцах. — Это «Хатиман» — то, что Ояма создал из моей крови, пока он был черным рыцарем. То, что сделало вас такими, как вы сейчас.

— Что такое Вакцина? — вмешался Андрон. — Андрошка не знает. Не понимает.

— То, что снова могло бы сделать тебя человеком, — ответила Старшая Мать.

Андрон перекрестился двумя перстами и захихикал:

— Аз есмь человек.

Все вдруг встало на свои места. Он человек. А голая баба и остальные — посланные ему во искушение бесы. Притворяются его новой семьей. Это просто проверка. Бог его проверяет.

— Я охотник! Я Сыч Андрон! В Бога верую! — он снова перекрестился. — Я домой иду, меня ждет семья! Изыдите, бесы!

— Мы теперь твоя семья, идиот, — сказала бесовка в робе с номером девяносто.

— Чур меня! — Андрон попятился, развернулся и побежал по берегу в сторону города.

По земле стелился туман, пахший прелой, захлебнувшейся дождями листвой и издохшим зверем.

Никто его не преследовал.

ГЛАВА 22

Я открываю глаза и рывком сажусь — но остаюсь в темноте. В ушах трещит и клокочет — как в неисправной армейской радиостанции со сбитой частотой; затылок ломит, мутит. На четвереньках шарю по полу в поисках гимнастерки — там в кармане должны быть спички — и замираю, так и не успев их найти: раздаются чьи-то шаги.

Они звучат неуверенно — как будто через фойе Русско-Азиатского банка, спотыкаясь и шаркая, ковыляет недавно выучившийся ходить огромный ребенок. Или разбитый ударом, подволакивающий ноги старик. Я отползаю обратно к сейфу, вынимаю «вальтер» и жду.

Какое-то время он бродит по фойе, чем-то глухо постукивая о стену. Как будто слепой, который двигается на ощупь. Потом заходит, наконец, в помещение с сейфом — а вместе с ним сюда проникают могильный запах и тусклый свет. В руке он держит керосиновый фонарь — похоже, тот самый, который я обронил. Он останавливается и подносит фонарь к лицу. Но у него нет лица.

Ну да, конечно. Я же так и не оплакал всех своих мертвых. «Сон Пяти Демонов» все еще действует. Плюс удар по голове, чифирь с водкой.

Я убираю пистолет и, словно паяц на сцене, отдаю призраку честь:

— Здравия желаю, товарищ Шутов! Мы ж сегодня уже встречались. Чем я снова обязан?

Осколок челюсти с присохшей землей и массивной металлической скобой чуть вздрагивает — как будто призрак хочет ответить. Из-под коронок тугими черными бисеринами проступает стылая кровь. И тут же слышится тихое шипение и стрекот из обломанной глотки — как будто в груди его ворочается змеиный клубок.

Он ставит фонарь на груду досок, когда-то бывших конторским столом и стульями, и, нетвердо ступая, идет ко мне.

Его тут нет. Если я к нему прикоснусь, я почувствую только сырость и холод. Если я пройду сквозь него, он исчезнет.

Я направляюсь к нему, привычно готовясь к секундному дуновению погреба при столкновении с его призрачной плотью. Но плоть не призрачная: я утыкаюсь в нее, зловонную и гнилую. И застываю, как парализованное животное. Он кладет мне на горло холодную, липкую руку. В другой руке он сжимает нож. Шипение нарастает. Когда столкнулся с хищником сильнее себя, замри и притворись мертвым, это древний инстинкт. Возможно, хищник не любит падаль и отойдет. Но если хищник сам мертв, непритворно и не первый день мертв, если твой кореш две недели назад на твоих глазах прострелил ему голову, а он тебя все равно нашел — тогда, наверное, притворяться мертвым нет смысла.

Я бью его в грудь — кулак влипает в разлагающуюся, скользкую кожу, под ребрами у него что-то чавкает и хрустит, — отпрыгиваю назад, выхватываю из кобуры пистолет и стреляю. Он чуть отшатывается, но не падает. Из раны в груди скупо сочится густая и темная, как чифирь, кровь. Наверное, это сон. Я пытаюсь проснуться. Я бью себя по щекам. Я стреляю снова и снова. Я расстреливаю все патроны и пячусь. Его раны почти что не кровоточат. Он идет на меня с ножом.

В тусклом свете керосиновой лампы я узнаю этот нож. Тот, что я отобрал у убитого вертухая. Тот, что я метнул в тигра.

Я отбрасываю «вальтер», отступаю еще на шаг — и упираюсь спиной в распахнутый сейф. Не оборачиваясь, слепо шарю внутри рукой, отшвыриваю грязное золото, пытаясь дотянуться до сокровища в глубине. Тот, кто раньше был капитаном СМЕРШ Шутовым, подходит ко мне, шипя и потрескивая. Будто в чреве его холодная кровь течет по раскаленным камням.

Мы наносим друг другу удары с разницей в три секунды. Я ему — трофейным самурайским мечом, он мне, уже в падении, — трофейным вертухайским ножом. Тяжелый клинок рассекает мертвеца от шеи до паха. Штык-нож рассекает наискось мой живот.

Две половины его гниющего тела беспомощно копошатся на полу рядом с сейфом. Его шипенье стихает.

Я дохожу до конца помещения, беру с груды досок фонарь, роняю его, делаю еще два шага — и падаю. Я лежу на боку в луже собственной крови. Как собака. Как та дворняжка со вспоротым животом.

Из разбитого фонаря вытекает керосин, чтобы смешаться с вытекающей из меня кровью. Языки огня скользят по залитому кровью полу, чтобы зализать мою рану.

На границе огня и мрака, которые меня пожирают, кто-то бодро ко мне подходит. Я не вижу лица. Только егерские ботинки с набойками. На секунду застыв, ботинки переступают через меня и направляются к сейфу. Раздается звяканье грязного золота — и тьма смыкается надо мной.

ЧАСТЬ 7

Лес высок!
Четыре голубки летят на восток.
Четыре голубки
летели, вернулись.
Четыре их тени
упали, метнулись.
Лес высок?
Четыре голубки легли на песок.

(Федерико Гарсиа Лорка. «Охотник»)

ГЛАВА 1

Он был как ребенок, которому не терпится разорвать упаковку, разобрать подаренную игрушку и посмотреть, как работает механизм. Пока они шли, барон потратил две драгоценных капли чан-шэн-яо без всякого смысла. Он нашел под деревом трупик птицы, по которому сновали черви и муравьи, и капнул из пузырька в раззявленный клюв, хотя Лиза говорила ему, что так делать нельзя, что соловьиный дух улетел, а пустое тело без духа голодно и безжалостно и жаждет только отмщения.

Соловей приподнял облепленную муравьями головку, слепо глянул на Юнгера, клюнул его в ладонь и взлетел, оглашая рассветный лес дребезжащими, хриплыми стонами и мотаясь из стороны в сторону.

— Это мне и нужно, — прошептал барон фон Юнгер в экстазе, — сотни мертвых безжалостных тел, оживших ради отмщения...

Из ладони его на снующих в примятой траве муравьев закапала кровь. Он потратил вторую каплю, чтобы рана на руке затянулась. Он топтал муравьев и хохотал, как безумный.

— Успокойся, барон, — с тревогой сказала Лиза. — И не трать священный чан-шэн-яо на царапины и гниющую плоть. Ты ведь помнишь, как нужно говорить со старейшинами?

— Склонив голову, — ответил Юнгер сквозь смех. — Почтительно. Уважительно. Я все помню, лисичка.

— Дай мне каплю чан-шэн-яо, барон.

— Зачем? Ты и так живучая.

— Я — да. А ты — нет.

Лиза прежде не бывала в Гроте Посвященных, но легко его отыскала — по голосу крови.

Из пещеры, почуяв их приближение, вышла Нуо, младшая из сестер:

— Как ты посмела?!

Лицо Нуо под густым слоем пудры казалось мертвым; на белой коже, как на холсте, нарисованы лиловые дуги бровей и стрелки у глаз; поверх настоящих, замазанных пудрой губ — лоснящиеся алые губы, застывшие в полуулыбке. У нас обеих кроваво-красные губы, подумала Лиза. И в нас обеих — дурная, хищная кровь...

— Как ты посмела сюда прийти, дочь отступницы, и привести с собой чужака?

— Я прошу прощения у Стаи Посвященных, — Лиза смиренно склонила голову, избегая смотреть младшей из старейшин в глаза: никогда не заглядывай в глаза хищнику; зверь не терпит прямого взгляда. — Я пришла потому, что моей дочери нужна помощь. Я нижайше прошу старейшин выслушать этого человека, — она указала на Юнгера.

— Старшие сестры не станут говорить с чужаком, — нарисованный рот едва заметно скривился. — Я тоже не стану.

Нуо стояла, преграждая вход в Грот, в бесстыдно распахнутом шелковом красном халате. Она не запахивалась не потому, что чужак был вправе увидеть ее наготу — он, напротив, был недостоин настолько, что его как будто и вовсе не было. Нуо безмятежно смотрела мимо него, и глаза ее были как угли, тихо тлеющие на ветру в узких прорезях на белом лице. Ее черные блестящие волосы были стянуты в узел и заколоты костяным гребнем. Если выдернуть гребень, вдруг подумалось Лизе, тогда узел развяжется, и лицо упадет, как маска, и останутся только угли. Только угли, горящие чистой и беспримесной ненавистью — к чужаку, и к ней, и к Аньли-отступнице, навлекшей на Стаю проклятие...

— Она сказала, что Посвященные не будут с тобой говорить, — перевела Лиза Юнгеру.

— Тогда скажи ей...

— Ты можешь сказать ей сам. Посвященные знают все языки.

— Тогда слушай внимательно, лисичка-сестричка. — Барон фон Юнгер вынул из кармана пузырек, демонстративно повертел в пальцах, и в венозном его содержимом, плескавшемся по ту сторону треугольных хрустальных граней, отразилось блеклое рассветное небо. — Вы все будете со мной говорить, и немедленно. Потому что у меня есть то, что вам нужно.

Юнгер прямо взглянул своими бледными северными глазами в подведенные лиловым, раскосые глаза младшей старейшины. Идиот. Его ведь предупреждали. Говорить почтительно. Смотреть в землю.

Нуо по-прежнему казалась невозмутимой, но прорези ее глаз стали такими узкими, что почти слились с нарисованными лиловыми стрелками, а угольки, мерцавшие в темных щелках, раскалились почти до треска. Нуо сейчас убьет его, подумала Лиза. Одно движение — и она перегрызет ему глотку.

— Я прошу прощения у младшей из сестер за грубые слова гостя, — Лиза склонила голову еще ниже. — И все же я умоляю старейшин поговорить с ним. Его зовут Антон фон Юнгер, и он действительно обладает тем...

— Я вижу, — равнодушно перебила Нуо. — Он обладает тем, что украдено из Святилища Посвященных. Я вижу в его руках эликсир чан-шэн-яо, который мы веками собирали по капле. Еще я вижу, что он не проявляет почтения. Зачем мне с ним разговаривать? — Нуо вдруг резко вынула из волос гребень, метнулась к Юнгеру и вонзила острые костяные зубцы ему в шею; все вместе заняло не больше секунды. — Я просто заберу у грубого гостя то, что принадлежит моей Стае. А гость пусть сдохнет.

Барон фон Юнгер опустился на колени рядом с Нуо, хрипя и перхая. Она наклонилась, забрала из его руки пузырек с чаншэн-яо, потом выдернула гребень из раны, и барон повалился на бок.

Из дырочек в шее Юнгера ритмично выхлестывали три тонкие струйки крови. Три дырочки. Три острых зубца на костяном гребне; четвертый отломан. У каждой старейшины был такой гребень с отломанным четвертым зубцом, чтобы они всегда помнили: их было четыре сестры, четвертая изгнана за предательство, но трех старейшин достаточно, чтобы управлять Стаей.

Нуо собрала свои длинные волосы в узел и опять заколола. Трех острых зубцов достаточно, чтобы держалась прическа. И чтобы убить человека.

Антон Юнгер лежал на боку, то подтягивая к животу ноги, то распрямляя. Он как будто бы прилег отдохнуть и искал удобную позу, и лицо его с неплотно сомкнутыми веками казалось мечтательным, а раскрытый рот застыл как будто в сонной зевоте. Кровь, которой он беззвучно захлебывался и обильно поливал землю у входа в Грот Посвященных, эта кровь обещала, что сон его будет глубоким и беспробудным. И что дух сейчас покинет это ищущее подходящую позу для смерти тело. Неизбежно покинет — если кто-то не явит чудо.

Лиза встала на четвереньки рядом с бароном и коснулась губами его синеющих запекшихся губ.

— Настоящая дочь своей матери, — нарисованная лиловая бровь Нуо презрительно дрогнула. — Вы умеете влюбляться в ничтожеств.

Лиза молча целовала барона Юнгера, прижимаясь ртом к его языку, небу, деснам, — до тех пор, пока не отдала ему полностью ту каплю чан-шэн-яо, что размазала по своим губам по дороге сюда. Когда раны на шее Юнгера затянулись, а дыхание выровнялось, поднялась и с отвращением вытерла рот.

— Младшая из сестер права: он ничтожество, — она склонила голову в почтительном кивке. — Но его нельзя убивать. Он владеет тем, что поможет не только моей семье, но и всей Стае. Я нижайше прошу проводить нас к старейшинам. Речь идет о продолжении рода.

— Произведенная в моей лаборатории вакцина творит чудеса, — в голосе Юнгера все еще слышалась хрипотца.

Барон покосился на трех сестер исподволь, не поднимая застывшую в вежливом кивке голову. Боль в горле уже прошла, но гнилостный смрад, клубившийся над гадючьими кольцами нездешней черной реки, тот вязкий туман, которого он наглотался на *той стороне*, по-прежнему ощущался в носу и легких; его не могли перебить даже курившиеся в гроте палочки-благовония. Раз этим тварям так важны церемонии — что ж, Юнгер готов немного с ними поцеремониться: опять оказаться на берегу той реки не хотелось.

Они сидели на круглых серых камнях, такие же древние и такие же гладкие, как эти серые валуны, бесстыдно нагие, раздвинув тонкие, поросшие рыжеватым пушком девчоночьи ноги и опустив их по щиколотку в теплую воду. Их белые лица оставались непроницаемыми застывшими масками за завесой густого пара. Вместе с вплетавшимися в него струйками благовонного дыма пар медленно поднимался над горячим источником к сводам грота. Старейшины молча болтали босыми ногами в воде.

Барон поспешно опустил глаза, чтобы не встретиться с ними взглядом.

А он недооценил их, цепных зверушек мастера Чжао. Судил по той, что была у них в «Отряде-512». По экземпляру номер восемьдесят четыре. Та отличалась потрясающе крепким здоровьем — ни разу не кашлянула, даже когда ей ввели чумную бациллу, — и недюжинной физической силой, но в плане ментальном, волевом была достаточно слабой. Когда ее поймали в лесу, она голыми руками убила двух японских солдат, но воле Юнгера, гипнотической силе *менталиста*, подчинилась безоговорочно, сразу. Сдалась им в плен. И дальше, в лаборатории, восемьдесят четвертая оставалась и остается кроткой и смирной. Исправно отдает свою кровь для экспериментов... Наверняка она в их стае какая-то гамма. Эти три так называемые «старейшины» — альфы. В ментальном смысле они оказались даже сильнее, чем Лама, а ведь Лама та еще тварь — жестокий зверь, хладнокровный убийца, но Юнгер сделал его верным слугой... А с этой троицей его талант менталиста-гипнотизера дал сбой. Даже младшая ему не подчинилась. Но говорит ли это о том, что в ментальном плане они выше его, барона? Конечно, нет. Они все равно по сути хищные твари, примитивные звери, и в наготе своей бесстыдны вполне по-звериному, и убоги в своих желаньях и помыслах. Их совершенные тела не разрушаются временем, но управляют этими телами простые инстинкты. Инстинкт подчинения. Инстинкт выживания. Инстинкт размножения.

Он поощрил их. Дал им то, что они так ценят, — видимость уважения. Он говорит с ними в этом дурацком полупоклоне. Это нормально. Дрессировка есть система наказаний и поощрений, он уже прошел это с Ламой. Сейчас он снова их поощрит. Сыграет на их главном инстинкте. На звериной тоске по детенышам.

— Эта вакцина даст вам возможность иметь потомство. Ваши детеныши больше не будут гибнуть при переходе в возрасте семи лет.

Барон фон Юнгер склонил голову еще ниже — и, даже не видя их, ясно почувствовал, что все три напряглись и вздрогнули, как будто слова его нырнули в горячий источник, поднялись по ногам сестер и ударили в промежность разрядом тока.

— Никто не властен снять со Стаи проклятие, — сказала наконец, Биюй, средняя из сестер.

Проклятие. Тут важно не выдать свою неосведомленность. Юнгер мало что знал о проклятии — только то, что мастер Чжао проклял всех своих тварей разом за грех какой-то одной. Дрессировка есть система наказаний и поощрений... Мастер Чжао явно отдает предпочтение наказаниям.

— Вы сможете убедиться в моей правоте, уважаемые. Уже сегодня. Когда я дам вакцину ее ребенку, — Юнгер кивнул на застывшую с опущенной головой полукровку. — Я дам вакцину вам всем. Но я хочу кое-что взамен.

— Чего ты хочешь от нас, барон? Чан-шэн-яо? — Тин, старшая из сестер, раскрыла в облаке пара ладонь, на которой лежал отобранный у Юнгера пузырек с рубиновым эликсиром. Прическу Тин венчал не только костяной гребень, но и маленький веер, украшенный черными и перламутровыми жемчужинами и искусственными цветками из шелка.

— Можно сказать и так, — Юнгер слегка улыбнулся. Голос старшей сестры прозвучал впервые, и сразу взволнованно и просительно. Это значит, он обретал над сестрами власть.

— Это все, что у нас есть — Тин кивнула младшей, Нуо. Та слезла с камня, забрала у Тин пузырек и отдала Юнгеру.

— Я благодарю Посвященных, — отозвался Юнгер с поклоном. — Но этого недостаточно для моих целей.

— Ты хочешь умереть еще раз, барон? — Нуо ощерила нарисованный алый рот.

— Не следует грубить гостю, — одернула ее Тин и посмотрела долгим взглядом на Юнгера. — Хорошо ли ты знаешь, что такое чан-шэн-яо, барон? Смотри на меня.

Барон послушно поднял глаза, и она пришпилила их своим внимательным взглядом, как двух лазурно-голубых бабочек тонкой, острой иглой.

— О да, я знаю. Мне ли не знать! — из зрачков Юнгера на Тин уставился бес. Он был безумен, этот бес. Он считал, что управляет сейчас ее волей. — Чан-шэн-яо — живая вода. Эликсир вечной жизни. Красная киноварь. Содержится в крови таких, как вы, тварей. В крови лис-оборотней.

Она кивнула, простив ему слово «твари»: пока он смотрит на нее, пусть говорит от души, от сердца.

— Всего две капли — в каждой из нас, — уточнила Тин. — И эти капли выходят только в час нашей смерти — из сосков или глаз. А умираем мы редко. Очень редко, барон. Мне, например, восемь сотен лет. Поэтому то, что ты держишь сейчас в руках, мы собирали веками. Последние слезы наших сестер.

— Я знаю и это. В моей лаборатории есть экземпляр — лисичка вроде вас, но попроще. Мы выкачали из нее столько крови, что можно было бы залить еще одно Лисье озеро, но не выделили даже крошечную каплю чан-шэн-яо. Но все равно ее кровь пригодилась. — Юнгер хихикнул. — С ее помощью мы вывели таких же тварей, как вы. Мы вывели оборотней, чтобы они стали нашими медоносными пчелами. Вот только они, умирая, не выделяют живую воду. Только черную, мертвую...

— И как зовут эту лисичку попроще, которую ты держишь в плену?

— Почем я знаю. Ее номер — восемьдесят четыре.

Старейшины клана переглянулись.

— Ты говоришь, что нашего чан-шэн-яо мало для твоих целей, — продолжила Тин. — Позволь узнать, какие у тебя цели, барон.

— О, я хочу править миром. — Барон опять захихикал; Тин понимала, что это живший внутри него бес щекочет его своим тонким, голым хвостом. — При помощи эликсира я оживлю терракотовых воинов императора Цинь Шихуана, возглавлю их войско и буду непобедим. А вы мне в этом поможете. В обмен на вакцину.

— Чего ты хочешь от нас?

Барон фон Юнгер поморщился:

— Глупый вопрос. Для начала вы укажете мне на того, кто сам готовит чан-шэн-яо — не по капле, как вы, его жалкие ручные зверушки, а сколько угодно. На того, кто прожил тысячу жизней и имеет тысячу лиц. Понимаете, о ком я? — Тонкий смех барона летучей мышью заметался между сводами грота. — Вы укажете мне на даоса, мастера Чжао.

— Ты ведь сам сказал: у мастера Чжао тысяча лиц. И никто не знает, чье лицо он выбрал на этот раз. Мастер Чжао явит себя сам, когда сочтет нужным. Так было всегда.

— А на этот раз все будет иначе! — резко выкрикнул Юнгер. Тин уже его отпустила, но он все пялился на нее, воображая, что подчиняет ее волю гипнозом, пучил глаза, похожие на голубых мотыльков, запутавшихся в паутине кровеносных сосудов. — На этот раз вы мне укажете на даоса. Вы не можете не знать, где искать собственного хозяина! А еще вы покажете мне святилище — Усыпальницу глиняных воинов. Настоящую усыпальницу, а не чертову нору, набитую грязным золотом! Там и золота уже нет, там нет вообще ничего!

— Не следует повышать голос в Гроте Посвященных, барон, — спокойно сказала Тин. — Это непочтительно. Ведь ты уже знаешь, что делает младшая сестра с теми, кто не проявляет почтения.

Барон фон Юнгер быстро опустил голову. Вот тварь, соскочила. А ведь уже болталась на гипнотическом крючке его взгляда. Ну ничего, для первого раза неплохо: в конце концов, ему удалось, хоть и ненадолго, подчинить своей воле старшую, вожака стаи...

Тем временем старшая отвернулась от Юнгера, будто утратив к нему интсрсс. За нее продолжила средняя:

— Даже если бы мы хотели, мы не смогли бы помочь тебе в твоем деле, барон. Мы — хранительницы, но мы лишь запутываем следы. — Биюй тоже повернулась спиной.

— Мы не знаем, где скрывается наш хозяин, — подхватила Нуо. — И не ведаем, как найти вход в Усыпальницу глиняных воинов. Это знала только Аньли, самая старшая из сестер, сс мать, — Нуо изящной маленькой ручкой махнула в сторону Лизы. —

Сорок лет назад Аньли указала вход людям. За ее предательство мастер Чжао покарал весь наш род.

— Где сейчас эта Аньли?

Нуо пожала точеным голым плечом.

— Нам откуда знать? Мы изгнали ее из Стаи.

— Значит, вы не можете мне помочь?

— Увы.

— Я не верю.

Нуо скользнула по нему скучающим взглядом:

— Твое право, барон. Ты не веришь нам, а мы не верим тебе. Мы не верим, что твоя вакцина поможет нашим детенышам.

— Что ж, мои слова несложно проверить, — улыбнулся барон. — Рядом с гротом меня уже должен ждать мой слуга с единственной дозой вакцины. Я отдам ее вашей племяннице-полукровке, — Юнгер кивнул на Лизу. — Безвозмездно. Из чистого милосердия. Если средство поможет ее умирающей дочери — значит, я честен. В таком случае я буду рассчитывать на вашу ответную честность. Вы поможете мне найти мастера Чжао и глиняных воинов — а я избавлю от проклятия весь ваш род. Я готов даже стать вашим новым хозяином. Великодушным, в отличие от даоса.

Они вышли из грота. Лама ждал у входа — как и приказано, в облике тигра.

— Дай вакцину, — Юнгер протянул руку ладонью вверх.

Предполагалось, что тигр потрется о его ногу и положит на ладонь ампулу, которую держит в пасти. А потом на глазах у лисичек-сестричек совершит *переход*, чтобы они убедились — барон повелевает почти такой же, как они, тварью.

Тот действительно выгнул спину и совершил переход — но ампулу ему в руку не положил. Идиот. Испортил такой момент.

— Я сказал — вакцину! — раздраженно повторил Юнгер.

Лама поднялся на ноги:

— Вакцины нет, господин.

— Как так — нет?!

Лицо барона, аристократически бледное, побагровело от гнева. Он замахнулся и влепил Ламе пощечину. Дрессировка — чередование поощрений и наказаний. Лама прижал к щеке руку, и на секунду Юнгеру показалось, что в глубине его равнодушных, невыразительных глаз мелькнула тень не раскаяния, но ненависти.

— Ояма-сан сбежал из лаборатории, господин, — склонившись в поклоне, сообщил Лама. — Забрал с собой пленную номер восемьдесят четыре, еще шестерых... и всю нашу вакцину. Убиты двенадцать человек из сотрудников и охраны. Восемьдесят четвертая их убила.

Полукровка села на землю и закрыла лицо руками. Эти твари даже плакать нормально не могут. Как будто фыркают, скулят и хихикают. Барон фон Юнгер посмотрел в рассветное небо. Ему хотелось орать и топать ногами. Хотелось выхватить пистолет и всадить все пули, все до единой, в мускулистое, татуированное тело слуги — все равно он живучий, ничего с ним не будет, — но Юнгер вспомнил его взгляд и не стал. Вместо этого он сделал короткий вдох, затем длинный выдох. И еще раз. И снова. Зловонный кусок речного тумана, которым он подавился, по-прежнему сидел в легких — как облепленное муравьями перышко мертвой птицы.

— Это плохо, — сказал барон хрипло. — Но поправимо. Для всех, кроме полукровки. Ее ребенка мы спасти не успеем. Для остальных мое предложение в силе. Мои ученые воссоздадут вакцину в ближайшее время.

Он посмотрел на белые лица старейшин — под слоем пудры, в узких прорезях глаз клубилась надежда, — сделал знак Ламе и зашагал прочь от грота. Слуга покорно пошел за ним.

— Как звали ту, что сбежала? — спросил барон, когда они углубились в лес.

— Номер восемьдесят четыре.

— Дурак! Мне нужно настоящее имя!

— Ее звали Аньли, господин.

— У нас была старшая из сестер. А мы не знали... — Юнгер вдруг хрипло, зло захихикал.

Как будто внутри его кто-то пощекотал облезлым соловьиным пером.

ГЛАВА 2

— ...Я, значится, обернулся — а там, едрить твою в бога душу мать, вурдалак! На четвереньках стоит, ебстить его деда в плешь, сам с виду как человек, но не человек! Заросший, патлы длинные, до земли, зубы скалит, а глаза у него, значится, волчьи...

Тьма расступается не сразу. Сначала я слышу голос. По-деревенски уютный, обстоятельный, басовитый, он ведет меня за собой. Как будто я заблудился в чаще, а он знает дорогу. Как будто я ребенок, а он рассказывает мне старинную сказку.

— ...Я говорю: да заебись ты триебучим хуем, залупоглазая пиздопроебина, а он как прыгнет — и на меня. Зубами ватник мой, значится, разорвал, когтями по груди полоснул — вон, видишь, борозды какие оставил — и в шею, значится, впился, етить его через семь гробов в сраку...

Я совершаю усилие — и выхожу из темных зарослей забытья. Я вслушиваюсь в слова и понимаю, что текст этой сказки немного странный.

— ...А я его топором по спине — хуяк! Ну, он завизжал — и в лес, а топор у него, значится, между лопаток торчит, а ему на этот топор поебать, на то он и вурдалак...

Я открываю глаза. Лазарет. На соседней койке — лесоруб с забинтованной шеей. Это он рассказывает про вурдалака. Не мне, а сидящему у меня в ногах Пашке. Рядовой Овчаренко — слушатель благодарный. Изумленно пучит глаза, кивает, зажимает большой крестьянской лапищей рот.

Я откидываю одеяло и ощупываю себя — ни бинтов, ни ран, как будто и не вспорол мне живот восставший из могилы мертвец... Только тонкая, как волосинка, едва заметная косая царапина перечеркивает пупок.

— Товарищ Шутов! Очнулись! Ну наконец-то! — Пашка вскакивает на ноги и радостно мне козыряет, переминаясь в узком проходе между лазаретными койками. Как большой, неуклюжий щенок, который встречает хозяина, виляя хвостом.

Я сажусь — по всей видимости, слишком резко: забинтованный лесоруб и довольный Пашка разом трогаются и медленно едут вправо вместе с растрескавшейся стеной лазарета, как провожающие на вокзальной платформе.

— Рядовой... что было? — я с трудом фокусируюсь на его уплывающем, уплывающем, уплывающем вправо лице. Но его глаза смотрят на меня так прямо и озабоченно, что я цепляюсь за этот незабудковый, преданный взгляд — и карусель останавливается.

— Вы, товарищ Шутов, угорели в пожаре. Кто-то банк поджег — похоже, та же шайка, что и взрывы в заброшенной фанзе подстроила. Наши-то ребята все туда побежали, думали, война снова. А там просто вся фанза динамитными шашками упакована, а вокруг — никого... В общем, дело уже к рассвету, я смотрю — а с площади валит дым. Я — бегом. Еле вас из горящего здания выволок... И сюда принес. Мы потом с ребятами часа четыре пожар тушили...

— Что на месте пожара... — Мой голос срывается; в пересохшем горле саднит. — Что вы там обнаружили?

Я стараюсь звучать равнодушно, невозмутимо. Просто я задаю закономерный и естественный вопрос рядовому. Просто жду, когда он отрапортует о том, что видел.

рассеченный надвое полуразложившийся труп капитана Шутова

— Сейф, товарищ Шутов, злоумышленники открыли, все золото вынесли. И ту склянку — ну, с красненьким — тоже взяли.

За бумажной порванной ширмой кто-то что-то роняет — слышится звон стекла.

— А вот меч старинный остался, — продолжает свой доклад Пашка. — На полу у сейфа валялся. Я его вам сюда принес. —

Пашка быстро наклоняется и, едва не треснувшись лбом, выволакивает самурайский меч из-под моей койки; клинок покрыт черной копотью. — А еще вот нож. Это ж ваш, товарищ Шутов? Рядом с вами лежал.

Он протягивает мне штык-нож, рукояткой вперед. Нож, который я забрал у убитого вертухая. Нож, который я метнул в тигра. Нож, который этой ночью распорол мой живот...

— А мертвец? — говорю я тихо.

— Какой мертвец? — Пашка тоже переходит на шепот.

— Безголовый живой мертвец. Которого я разрубил мечом.

Пашка смотрит на меня, отвесив нижнюю губу, потрясенно. Лесоруб на соседней койке размашисто крестится. Наконец на Пашкином лице проступает как будто бы понимание — и облегчение:

— Мертвецов там не было никаких — ни живых, ни мертвых. Это вам, товарищ Шутов, из-за дыма привиделось. У меня как-то дядька двоюродный угорел — так ему тогда тоже покойница жена все мерещилась и пальцем манила...

— А мое такое мнение, что товарищу не привиделось! — встревает вдруг лесоруб. — Это точно вурдалак был! Они ночью набег на город устроили, вурдалаки!..

В приоткрытую дверь лазарета просовывается бабка из староверов в платке и вязаной кофте, пропитанной кровью. На руках она держит подрощенного козленка со вспоротым брюхом, его мутные глаза с горизонтальными прочерками зрачков похожи на вытекшие желтки, копыта подергиваются. Он тоскливо ноет и вскрикивает — тоненько, как ребенок. Вслед за бабкой в помещение заходит медсестра Глаша в строгом платье под горло. У нее такие черные круги вокруг глаз, будто ее кто-то избил изнутри. Пашка смотрит на нее тоскливым собачьим взглядом.

— Дядь Иржи! К вам там целая очередь в коридоре.

Из-за ширмы выходит Новак. Увидев козленка, раздраженно машет руками:

— Я уже сказал, я не коновал! Я скот не смотрю!

— Так ведь что ж мы без козочек делать будем, — причитает бабка, — они ж нас кормят!.. Всех загрызли ночью, один остался козленочек!..

Доктор Новак неохотно осматривает рану на животе у козленка. Мотает головой, морщится:

— Не жилец он. — Новак оглядывает пропитанную кровью бабкину кофту. — Сама цела?

Бабка скорбно кивает и уносит козленка.

— Глаш, кто в очереди ко мне? — сварливо интересуется Новак.

— Там, дядь Иржи, почти все со скотом, есть даже теленок. Без скота только товарищ замполит Родин, жалуется на горло...

— Замполит же вроде в увольнительную уехал, — удивляется Овчаренко. — Майор Бойко сказал, у товарища Родина кто-то умер, вот он и отбыл.

Медсестра, не обернувшись даже на Пашку, опустив глаза, тараторит:

— ...Говорит, застудился — шею не повернуть, и глотать не может. Только вы, дядь Иржи, теленка сначала бы посмотрели. У него пол-уха откушено, кровь... — Медсестра, вдруг застыв, вперяет взгляд в койку за распахнутой ширмой. Там, на койке, накрытое с головой мешковиной, лежит чье-то тело.

— Это Деев, Глашенька, — проследив ее взгляд, поясняет Новак. — Я вскрытие произвел.

Медсестра продолжает смотреть на мертвое тело, и глаза у нее больные и мутные, как у раненого козленка.

— Не могу! — говорит она как будто покойнику. — После смерти сердце не бьется. Не могу я ничего сделать!

Пашка хмурится, глядя на медсестру; Иржи Новак приходит в еще большее раздражение:

— Вам, Аглая Петровна, если боитесь покойников, медсестрой работать не стоит. Если можно, конечно, ваши редкие визиты назвать работой... Пригласите сюда товарища Родина.

Медсестра открывает дверь в коридор и долго стоит в проеме.

— Он ушел, — говорит она. — Ушел Родин. А вот теленок...

— Скот смотреть не буду! — рявкает Новак и уходит за ширму.

— Что за скот, рядовой? — я слезаю с койки. — Что тут стряслось помимо пожара?

Рядовой Овчаренко отвечает не сразу — он все смотрит на медсестру, а она на него не смотрит.

— То ли тигры из леса вышли, — говорит он рассеянно, — то ли волки...

— Да не волки, а вурдалаки, я ж говорю! — поправляет его лесоруб. — Столько скотины подрали за ночь! На меня вон даже напали. А собачка? Вы собачку тутошнюю видали? Она еще майора вашего не любила, все на него рычала... Так они той собачке, етить их через семь гробов в сраку, отгрызли голову!

Под кровавую сказку, которая помогла мне выйти из тьмы, я натягиваю покрытые золой сапоги и иду за ширму к доктору Новаку.

— Что скажете, доктор?

Он сидит, откинувшись в кресле, обмякший, как тряпичная кукла, с погасшей трубкой во рту.

— Ведь вы могли отдать этот эликсир мне, — говорит он тяжело, как будто во сне. — И что теперь? Он достался каким-то бандитам!..

— Вы не поняли, Новак. Меня интересуют результаты вскрытия Деева.

— Ах, это... Что ж, я выполнил пробу Сунцова. Первоначальный мой вывод был почти верным. Только это не тромбоэмболия, а эмболия воздушная. Кто-то ввел капитану Дееву в вену большой объем воздуха.

— Значит, смерть была насильственной?

— Выходит, что так, — отвечает он безразлично.

— Вы не слишком спокойны для человека, оставившего тяжелого пациента одного, без присмотра?

— Почему без присмотра? С ним был майор Бойко.

На секунду перед глазами возникают ботинки с набойками, перешагивающие через меня и через огонь. Егерские ботинки майора.

Я выхожу из-за ширмы.

— Рядовой Овчаренко. Как по-твоему, что за человек майор Бойко?

— Волевой. У него своя правда, — Пашка старательно выбирает слова. — Стукачей не любит. С характером.

— А хороший он человек?

Рядовой Овчаренко опускает глаза.

— Не могу знать, товарищ Шутов. Чужая душа — потемки.

ГЛАВА 3

Как унизительно. Нуо поставила на серебряный поднос фарфоровые чашки с изображением треххвостых лисиц и чайник из красной глины.

Она сама собирала чайные листья прошлой весной, строго соблюдая традиции: чай собирают после наступления сезона Пробуждения от Спячки, но до наступления сезона Ясной Погоды; чай собирают перед восходом солнца, пока не высохла утренняя роса; чай собирают руками, омытыми в четырех водах, и не пальцами, но ногтями. Сейчас изящные маленькие руки Нуо с заостренными ногтями тряслись от гнева. За кого ее принимают сестрицы Биюй и Тин — за прислугу?! Она всегда готовила и подавала чай старшим сестрам и считала это за честь: серебряной мельничкой измельчала чайные плитки до порошка, в медном чайнике на открытом огне кипятила чистейшую воду, бросала в нее порошок, успокаивая воду совсем ненадолго; когда она снова начинала бурлить, вычерпывала серебряной ложкой белоснежную пену паомо, нежнейшие сливки чая; когда же варево вскипало в третий раз не пузырями, но волнами, она возвращала пену паомо обратно, туда, где она была рождена, снимала медный чайник с огня, переливала содержимое в керамический чайник и бросала туда бутоны сливы или жасмина. Она любила подносить угощение сестрам, но обслуживать дочь отступницы — просто позор!

На этот раз помимо засушенных цветков сливы Нуо добавила в чайник еще кое-что: она туда плюнула. Это был лучший способ, не теряя достоинства и не вступая в спор, выразить и обиду на старших сестер, и презрение к полукровке племяннице.

Нуо отнесла поднос в бамбуковую беседку, скрывавшуюся в камышах на диком берегу озера неподалеку от грота, — прибрежный чайный домик только для посвященных, где сестры любовались водой, туманами и восходами. Теперь здесь сидела непосвященная — дочь отступницы, грязная полукровка. Нуо улыбнулась и с почтительным поклоном поставила поднос на маленький круглый стол. Налила чай старшим сестрам и Лизе, оставив пустой свою чашку.

— О, как мило. — Тин отхлебнула из чашки. — Но, Нуо, не стоило так утруждаться!

— Да, не стоило, — поддакнула Биюй, сделав крошечный глоток.

— Мне не в тягость, — Нуо поклонилась снова.

Лицемерки. Можно подумать, это не они повелели Нуо сделать чай. Перед кем они распушили свои хвосты? Перед этой зареванной, жалкой непосвященной?

— Я благодарю вас за доброту, — дочь отступницы отодвинула чашку и поднялась. — Но мне надо спешить домой. Если этот день последний для моей Насти, — ее голос дрогнул, — я должна быть рядом с ней.

— Мы сочувствуем твоему горю, племянница, — сказала Биюй. — Ужасно терять ребенка, который прожил семь лет. Мы-то сами давно уже перестали рожать, чтобы не обрекать детенышей на верную смерть.

— Тем не менее не следует отказываться от чая, — произнесла Тин. — Чай, заваренный любящими руками Нуо, придаст тебе сил в этот страшный день. Я *прошу* тебя выпить хотя бы чашку.

— Хорошо. — Полукровка опустилась в плетеное кресло, взяла свою чашку и отхлебнула. Ее глаза были опухшими и больными. Деревенщина невоспитанная. Даже не поблагодарила за угощение.

— Это так великодушно, — сказала Нуо, кротко глянув на старшую сестру, — утешать дочь отступницы, из-за которой наш род был проклят.

— Мы должны иметь сострадание к членам нашей семьи, — ответила Тин. — Выпить чаю всем вместе и полюбоваться священными водами Лисьего озера — это объединяет... Только ты, сестрица Нуо, угощая нас, забыла позаботиться о себе, — она кивнула на пустую фарфоровую чашку. — Налей себе чаю.

— У меня сейчас грязные дни, — потупившись, сказала Нуо. — Не хочу осквернять чистоту церемонии чаепития.

— С каких пор ты стесняешься крови? — прыснула в ладошку Бийой, средняя из сестер.

— Все мы дети природы, а у природы нет грязи, — изрекла Тин. — Пей спокойно, — в голосе старшей сестры прозвучала угроза.

— Ты такая добрая, Тин. — Нуо налила себе чаю и, превозмогая брезгливость, сделала осторожный глоток.

В конце концов, это же ее собственная слюна, она все равно у нее во рту.

— Предлагаю обсудить в семейном кругу предложение барона фон Юнгера, — сказала вдруг Тин.

В семейном кругу?! Нуо поперхнулась чаем. С каких пор непосвященные входят в семейный круг? И потом — что тут можно вообще обсуждать?

— Даже если бы мы решились предать даоса, — быстро сказала Нуо, — не смогли бы этого сделать. Мастер Чжао нам больше не доверяет. Мы не знаем, где дверь в Усыпальницу терракотовых воинов и как ее отворить. И не знаем, как выглядит сейчас мастер Чжао, у которого тысяча лиц.

— Но ведь мы... догадываемся, чье лицо носит мастер Чжао теперь? — понизив голос, возразила Бийой. — Кто пришел в Лисьи Броды в тот самый год, когда Аньли показала чужакам вход, и остается здесь до сих пор? Кто не брезгует простой работой, кто следует учению мудрых — прятать тайное на виду?

— Кто явил милосердие после гнева, — продолжила старшая, — взял на себя заботу о ребенке отступницы? Разве мы не догадываемся, что папаша Бо не так прост? Что ты думаешь о своем приемном отце, племянница? Что подсказывает тебе нюх?

Все три сестры внимательно уставились на дочку отступницы.

— Это не он, — прошептала Лиза, и по тому, как затравленно заметался по озеру ее взгляд, им стало ясно: она сама не верит в то, что сказала.

— Ну что ж, спасибо, — Тин холодно кивнула племяннице. — Теперь ты можешь идти.

Та поднялась:

— Даже если бы это был он... Вы не можете предать его снова!

— Я с ней согласна! — подала голос Нуо. — Последствия будут ужасны.

— С кем ты согласна, сестра? — уточнила Бийой, как будто не понимая.

— С племянницей...

— Она никто, — равнодушно сказала Тин. — Не стоит соглашаться с ничтожеством.

Ни слова не говоря, Лиза вышла из беседки и направилась по берегу озера прочь.

— Но как же... — Нуо растерянно посмотрела на удаляющуюся Лизину спину, на недопитый чай в ее чашке. Кровь закипела и прилила к лицу Нуо, как раскаленная чайная пена. Бийой и Тин, они опять договорились у нее за спиной. Решили выведать у Лизы про Бо — они давно подозревали, что он и есть Мастер, но кто может знать точней, как не живущая рядом с ним? Нуо в свой план не посвятили, предоставив ей прислуживать за столом. Они унизили ее. Да, она младшая — но она все же старейшина. Они обязаны учитывать ее мнение. А мнение ее было в том, что нельзя идти на предательство даже ради продолжения рода. Они ни в коем случае не должны уподобляться отступнице.

Нуо так разнервничалась, что ей даже почудился запах Аньли — как будто самая старшая из сестер незримо присутствовала в беседке...

Бийой и Тин вдруг тоже стали принюхиваться, раздувая напудренные дрожащие ноздри. Бредущая по кромке озера Лиза настороженно застыла на месте. А запах отступницы становился сильней, и теперь можно было определить, откуда он доносился: из-за ближайшей низенькой сопки, отделявшей песчаный берег от леса.

Минуту спустя на вершину сопки явились двое, мужчина и женщина. Мужчину они не знали. А женщина была той, кто обрек их стаю на вымирание. От обоих пахло загнанным зверем.

— Как ты посмела сюда явиться, да еще с чужаком?

Лиза отметила про себя, что младшая из сестер произносит эту фразу второй раз за утро. Только до этого Нуо обращалась к ней, а теперь к ее матери.

Лиза не видела мать с младенчества — не считая разве что случая у ведьминой фанзы, но то было мельком, — но она узнала Аньли даже раньше, чем та показалась на сопке. Узнала по запаху. Узнала по голосу крови.

На Аньли была разорванная, в пятнах засохшей крови, арестантская роба с нашитым номером «84». На ее спутнике — японская военная форма. Он пошатывался и выглядел сонным.

— Я пришла к своим сестрам по праву старшей сестры, — твердо сказала Аньли.

— Мы изгнали тебя из стаи за тяжкий грех, — сказала Биюй.

— Я пришла его искупить.

Все взглянули на Тин, пришла ее очередь говорить. Но она молчала, и напудренное лицо казалось безжизненным.

— Мы не примем тебя, — сказала Нуо, расценив молчание старшей как крайнюю степень презрения.

— Пошла вон, — процедила Биюй.

Аньли не двинулась с места. А японец, который стоял рядом с ней, вдруг оскалил верхние зубы и рыкнул, а потом лизнул Аньли руку. Точно пес, обозначивший, что предан хозяйке и будет за нее биться. Он, казалось, сам удивился своей проделке. Через пару секунд лицо его обрело прежнее сонное выражение.

— Нет, — сказала наконец Тин. — Пусть она объяснит, зачем явилась. И что это с ней за... тварь.

— Но она... недостойна говорить с нами! — потрясенно выпалила Нуо.

— С каких пор младшая сестра оспаривает решение старшей? — высокомерно отозвалась Тин. — Аньли уже получила свое наказание, как и все мы. И маленькая дочь ее дочери сейчас умирает от первого превращения. Пусть говорит.

— Я благодарю сестер за доверие, — Аньли слегка поклонилась. — Это Ояма, — она тронула его за плечо, и он тоже послушно им поклонился. — Человек, придумавший вакцину, которая спасет весь наш род.

— Существо, которое ты привела, не совсем человек, — Тин слегка потянула носом в сторону японца. — Если мне не изменяет мой нюх.

— Ты права, — кивнула Аньли. — Его постигла та же судьба, что и пленников, которых он мучил в лаборатории «Отряда-512». Он пытался сделать таких, как мы...

— Это существо не такое, как мы! — возмущенно перебила Нуо.

— Так и есть. В лаборатории вывели только жалкое наше подобие. Час назад он сам стал таким.

— Это ты наказала его, сестра? — одобрительно уточнила Тин.

— Напротив. Я спасла ему жизнь. Он был ранен и умирал. И я сделала единственное возможное, чтобы его спасти. Я вколола ему препарат, который превратил его... в это. Его раны зажили так же быстро, как заживают у нас.

— Но зачем ты спасла мучителя? — изумилась средняя из сестер.

— Он раскаялся. Он помог мне устроить побег из лагеря. Он мне предан.

— А вакцина? — не выдержала Лиза. — Вакцина у тебя, мама?

Она знала, что нарушает и субординацию, и традицию этим неуместным вопросом. По традиции следует поговорить на отвлеченные темы, прежде чем перейти к тому, что тебя на самом деле волнует. Если сразу продемонстрировать свое нетерпение, ты теряешь достоинство. Иерархия же предполагает, что тему беседы вправе изменять только старшие... Но сейчас ей было плевать и на достоинство, и на старших.

— Вакцины нет, — глухим голосом сказала Аньли. — Он нес ампулы, и, когда в него выстрелили, они все разбились.

Лиза быстро закрыла лицо руками — как будто заслоняясь от невидимого удара. Посвященные сбились в кучку и зашептались, косясь на отступницу и Ояму.

— Значит, ты пришла к нам с пустыми руками, Аньли? — разочарованно произнесла Тин.

— Не совсем. Я привела к вам Ояму. Он ученый. Биолог. Он может снова создать вакцину.

— Не похоже, что он может что-то создать, — хихикнула Тин, глядя, как японец возбужденно обнюхивает перекосившуюся от отвращения сестрицу Нуо. — В любом случае мы не доверяем мучителю.

Под насмешливым взглядом Тин японец вдруг замер и, как будто очнувшись от сна, посмотрел на сестер умоляюще и осмысленно.

— Ояма-ученый нижайше просит старейшин ему довериться, — сказал он хрипло и с явным усилием. — Ояма-ученый мечтает сделать вакцину и вернуться в человеческий вид. Ояма-ученый сделает вакцину сегодня, пока еще что-то помнит. Ояма-ученый составил список необходимого для работы, — он с поклоном протянул сестрам бумажку, вкривь и вкось исписанную японскими иероглифами. — Ояма-ученый просит прощения за ошибки: он уже забыл написание некоторых иероглифов.

Младшая из сестер брезгливо приняла у Оямы листок и передала его Тин. Та бегло просмотрела неаккуратные, покосившиеся столбцы.

— Микроскоп... препараты... еще препараты... пробирки... кровь старейшин?! — она возмущенно уставилась на Ояму, но он уже отвлекся от разговора и лакал остывший зеленый чай из Лизиной чашки.

— Если не только я, но каждая из сестер пожертвует немного своей крови, он управится с вакциной быстрей, — сказала Аньли.

— Умоляю, — Лиза встала перед сестрами на колени. — Умоляю, помогите ему сделать вакцину! Если он закончит до ночи, моя девочка, моя Настя спасется!

— Умоляю, — Аньли опустилась рядом с дочерью на колени. — Если он успеет сделать вакцину, пока еще что-то помнит, вы сможете снова иметь детей.

— Умоляю, — бормотнул японец и тоже бухнулся на колени.

Тин молчала, даже не глядя, как эти трое себя унижают. Ее взгляд блуждал по хрустальным водам Лисьего озера.

Наконец она что-то шепнула на ухо средней сестре Биюй, и та с кивком удалилась.

— Хорошо, — сказала Тин вслух. — Мы предоставим старшей сестрице Аньли и Ояме-ученому убежище и все необходимое для работы. Если нам повезет, к концу дня у нас будет и вакцина, и эликсир чан-шэн-яо.

— Но откуда у нас возьмется чан-шэн-яо? — удивилась Нуо.

Тин загадочно улыбнулась.

— Ты решила обменять моего отца на чан-шэн-яо? — не поднимаясь с колен, тоскливо спросила Лиза.

— Не тебе обсуждать мои решения, полукровка, — продолжая улыбаться, Тин смотрела на озеро. — Иди к дочери, жди вакцину и молись Небесной Лисице Ху-Сянь о спасении. Ну а ты, Нуо, принеси-ка нашим гостям свежий чай.

ГЛАВА 4

Я выхожу из лазарета, и рядовой Овчаренко увязывается за мной. Говорю ему, что в сопровождающих не нуждаюсь, но он упрямо следует за мной через площадь к штабу — как встревоженная пастушья собака за нерадивой овцой. Я, конечно, мог бы его прогнать, по-начальственному и жестко, но не делаю этого — и даже не потому, что он спас мне жизнь. Мне, пожалуй, хочется ненадолго почувствовать себя человеком, которым я не являюсь. Человеком, у которого есть настоящий друг.

В моей убогой крысиной келье все на тех же местах, что и ночью. Зашифрованные записи Деева и две «Алисы» валяются на полу. Недопитый чифирь подернулся сизой пленкой.

— Вы продвинулись с расшифровкой, товарищ Шутов? — Пашка кивает на дневник и на книги.

— Так продвинулся... — я прихлопываю ползущую по стене муху, — что уперся в глухую стену.

— Я так думаю, что дверь-то всегда имеется, — с идиотской серьезностью изрекает рядовой Овчаренко. — Или окно хотя бы. Иногда его просто не в той стене ищут.

Он садится на корточки рядом с упавшей мухой. Подбирает ее, кладет на ладонь. Я ее не добил, и она дрыгает лапками и помятыми крыльями. Рядовой подходит к окну, раскрывает его свободной рукой, разбавляя застоявшийся, затхлый дух помещения струей осеннего воздуха, и высовывает ладонь с копошащейся мухой наружу. Ждет, когда она расправит крылья и улетит, — и она действительно улетает.

— А у меня знаете какой один способ есть, когда я вроде как не знаю, где выход? Рассказать, товарищ Шутов?

— Расскажи, товарищ Овчаренко.

— Ну, я это... у судьбы спрашиваю.

Я ухмыляюсь.

— Вот вы зря смеетесь, — обижается Пашка. — Хотите, вместе попробуем? Это просто. Называется метод тыка. Надо взять какую-то книжку, любую, что подвернется, — он подбирает с пола обеих «Алис в Зазеркалье», одну протягивает мне, другую вертит в руках, — потом зажмуриться... вы глаза-то закройте, товарищ Шутов!.. а дальше открыть вслепую на какой-то странице и пальцем тыкнуть. Куда тыкнул — то, значит, судьба и сказала.

Мне так хочется его хоть чем-то порадовать, что я послушно зажмуриваюсь и наугад раскрываю книгу.

— Ну, давайте смотреть, кому что судьба сказала! — восклицает Пашка с детским азартом. — У меня вот... «Палач говорил, что нельзя отрубить голову, если кроме головы ничего больше нет; он такого никогда не делал и делать не собирается; стар он для этого, вот что! Король говорил, что раз есть голова, то ее можно отрубить». Непонятно только, что это значит... — он, похоже, разочарован. — Ну, послания судьбы, они бывают... туманные. А у вас что, товарищ Шутов?

Я молча смотрю в открывшийся текст. «Король говорил, что раз есть голова, то ее можно отрубить». Пашка сует нос в мою книгу и расплывается в торжествующей улыбке:

— То же место! Это ж чудо, товарищ Шутов! У вас там же открылось! Значит, точно судьба! Теперь вы в мой метод верите? Только я все равно не понимаю, что нам судьба говорит...

— А я, кажется, понимаю.

— Да? И что же?

— Метод твой, товарищ Пашка, хорош. В чудеса я, правда, не верю, зато верю в закономерности. Если обе книги на одном и том же месте легко открываются — значит, кто-то их постоянно на этой странице и открывал. Чтобы записи зашифровывать и расшифровывать... Здесь ключ к шифру, рядовой Овчаренко.

— Ничего себе, — он недоверчиво таращится на картинку, где над карточными правителями и придворными парит ухмыляющаяся кошачья голова с встопорщенными ушами. — А как вы будете этим ключом шифр вскрывать?

— Повторяющиеся последовательности... — я сажусь прямо на пол и начинаю делать пометки, — числовые и буквенные... Подстановка... Ты иди, товарищ Пашка, свободен...

Я даже забываю сказать спасибо. Я не замечаю, в какой момент он уходит. Но его уже нет, когда текст открывается мне, как взломанный медвежатником сейф:

Для капитана Ш.

Продолжаю наблюдать за майором Бойко. Я также установил наблюдение за Андроном Сычом. Он, вероятно, сотрудничает с японцами...

Для капитана Ш.

Еще один факт мародерства. В ходе штурма японского лагеря «Отряд-512» майор Бойко нашел и присвоил 2 миллиона японских иен. Я в качестве трофея взял себе самурайский меч. Но японца, хозяина меча, упустил. Позже выяснил, что это был капитан Ояма, главный их биохимик. По всей видимости, именно он тайком передавал в Москву образцы. Также Бойко подобрал золотые часы на цепочке. Часы валялись на груде трупов. Он уступил их мне: «Забирай, Олежка, шалаве своей подаришь»...

Кто-то колотит то ли в дверь, то ли в стену с такой чудовищной силой, что больно в ушах. Я отрываюсь от тетрадки, прислушиваясь, — и понимаю, что это стучит мое сердце. Надежда — верткая, приставучая, докучливая, живучая тварь. Она пролезет в любую щель — как недобитая муха.

часы валялись

он их подобрал

подобрал

Он подобрал их. А не снял с трупа.

Для капитана Ш.

Я выяснил расположение тайника, в котором Бойко хранит нажитые преступным путем ценности. Рядом с лесной кумирней...

Я переписываю координаты майорского тайника. Иду по списку его мародерств, любовно собранных и запротоколированных его лучшим другом «для капитана Ш.», — их, похоже, не меньше, чем гомеровских кораблей, и я расшифровываю список только до середины. Пролистываю тетрадь. Последнее в списке:

Для капитана Ш.

Завтра иду за золотом. Андрон Сыч утверждает, что там его не менее нескольких кг в виде украшений и идолов. Бойко останется при штабе. Добычу мы с ним договорились разделить поровну. Бойко считает, что после этого надо уходить. Так что брать его необходимо сейчас.

Дальше — пустые страницы. Но на самой последней есть еще одна запись.

Для себя.

Все хуже и хуже. Носовые кровотечения, лихорадка, головная боль, слабость. Каким-то образом это все связано с Лизой. Или, может быть, это мне божье наказание за предательство. Или просто схожу с ума? Дошел до того, что перед штурмом исповедался в местной церкви попу. На случай, если убьют. Майора Бойко я, конечно, не называл — только сказал, что предал лучшего друга. А вот про Лизу все рассказал, как есть. И что бесовка она, не человек, я это сам видел. И что меня все равно к ней тянет невыносимо. Приворожила?

ГЛАВА 5

Силовьев задвинул языком за щеку недожеванный хрустящий кусочек — в последние дни майор пристрастился к зажаренным сколопендрам на шпажках, — прищурился и глянул в глаза китайцу-портье:

— Мне ключ от номера полковника Аристова.

— Полковника, — кивнув и разулыбавшись, отозвался китаец, но с места не сдвинулся и ключ с крючка на стене не снял.

Силовьев дожевал сколопендру, протянул к портье сложенную лодочкой пустую ладонь и, тщательно артикулируя, повторил:

— Ты дашь мне ключ от номера полковника Аристова. Сейчас.

— Полковника усла, — портье закивал болванчиком, не отводя зачарованного взгляда от сощуренных глаз майора. — Усла полковника, да.

Силовьев шепотом выматерился. Какого черта не получается? Он делает все по правилам. Глубинный взгляд через дымку — он как раз освоил его на прошлой неделе. Небольшая расфокусировка, прищур и сосредоточение на объекте. Как будто наводишь на резкость. Как будто смотришь через прицел. Возможно, гипноз не работает с косорылым, потому что тот плохо владеет русским. Не понимает, чего от него хотят...

Силовьев взял со стола портье канцелярскую скрепку, отогнул металлический острый кончик, выковырял застрявший в зубах кусочек панциря сколопендры и выплюнул на мраморный пол. Поднялся на второй этаж отеля «Модерн», прошел по выстланному коврами коридору к номеру Аристова. Замок был простой; Силовьев вскрыл его той же скрепкой — но дверь не подалась. Похоже, полковник еще и запечатал вход охранными рунами. Ну чистой воды пижонство.

Силовьев достал из внутреннего кармана блокнот и, послюнив палец, принялся листать аккуратным бисерным почерком исписанные страницы. Охранные руны, которые Аристов использовал вместо дополнительных дверных щеколд и засовов, майор скопировал к себе в блокнот еще на Лубянке. Слегка унизительно, но при этом весьма удобно, когда твой начальник считает тебя необучаемым дураком и теряет бдительность. И раз за разом использует одну и ту же элементарную комбинацию рун.

Альгиз — руна жизни, похожая на чахлое дерево. Между прочим, нацистский символ. Турисаз — похожая на топор руна воина. Если она начертана вертикально — это не просто защита, но еще и угроза. Иса — лед. Прямая черта. Руна замораживания и сковывания. И опять Альгиз, только на этот раз перевернутый: руна смерти. Все четыре вписаны в углы треугольников, образованных перекрестьем иероглифа «ван» — хозяин.

Сосредоточенно сопя, Силовьев погрузился в изучение отпирающей рунической формулы. Он использовал ее не раз, но никак не мог нормально запомнить, научиться воспроизводить самостоятельно, без блокнота. Нужно было сначала начертать иероглиф «чэнь» — слуга, раб, — соблюдая при этом порядок написания черточек. Если просто скопировать — один в один, но в другой последовательности, — не работает. Он уже пробовал.

Полковник как-то сказал, что от магических рун произошли современные европейские буквы. Поэтому наши слова таят в себе великую силу — несравнимую, впрочем, с той, что содержится в доживших до наших дней древних знаках, составляющих письменность азиатов.

Майор достал из-за пазухи коробочку с огрызками угольков и разноцветных мелков. Начертил на двери, сверяясь со шпаргалкой, иероглиф «чэнь», якобы символизирующий униженно склоненное лицо слуги, а на самом деле если на что и похожий, то на полуразрушенную кирпичную кладку. В центры трех уцелевших «кирпичиков» вписал нужные руны: Эваз — движение вниз и вверх, преодоление мертвой точки; Тейваз — стрела, преодолевающая преграды; Хагалаз — разрушение и небесная кара.

Когда дверь открылась, он стер рукавом свой отпирающий рунический знак, присел на корточки, осторожно подтер мизинцем хвостик одной из рун в змеившейся вдоль порога белой цепочке — вечно он об нее спотыкался — и шагнул внутрь.

В номере Аристова, как и всегда, царил идеальный порядок. Не порядок даже — а подчеркнутое отсутствие. Как будто Аристова здесь вовсе никогда не было. Каждый раз, выходя из гостиницы, полковник забирал все свои вещи — их таскал в чемодане Пика. У Аристова это называлось «сматывать за собой лески». Любая личная вещь — крючок, на который опытный менталист сможет тебя подцепить, как глупого окуня.

Силовьеву же как раз нужна была личная вещь полковника. Не для крючка — полковник был слишком крупной рыбой, чтобы ловить его на блесну, — скорее, для обороны. На предпоследней странице силовьевского блокнота имелась схема устройства оберега для защиты от могущественного господина. Он все уже сделал по этой схеме, и выжег оборонные знаки, и нанизал все нужные камушки, волчьи клыки, когти тигра, ракушки, перья. Не хватало последнего элемента — чего-то, что принадлежит господину.

Майор Силовьев обошел номер, заглянул в стенной шкаф и в ящик конторки — пусто. Залез под кровать, поворошил подушки и одеяло. Сунулся на балкон в надежде обнаружить аристовский окурок — но нет, все чисто.

Оставалась уборная. Силовьев сдернул зубами последнюю сколопендру с деревянной тоненькой шпажки и, энергично перемалывая насекомое челюстями, почти целиком погрузил шпажку в дыру рукомойника и принялся поворачивать по часовой стрелке.

Спустя минуту, с четвертой попытки, под пулеметный стук сердца он вытянул из раковины обвитый мутной соплей комочек седых волос и благоговейно коснулся находки пальцем, боясь поверить в собственное везенье.

Почти неслышный за оглушительной дробью сердца, как будто из-под воды, до Силовьева донесся стук в дверь и молодой, петушиный голос:

— Товарищ полковник! Откройте! Срочное дело!

Силовьев тихо сунул скользкий комочек седых волос в карман гимнастерки и замер. Стук повторился.

— Товарищ полковник! Мы взяли вашего фигуранта!

Майор Силовьев решительно вышел из уборной и открыл дверь:

— Вы взяли Максима Кронина?!

Плюгавенький лейтенант из харбинского штаба армии — его фамилии Силовьев не помнил — растерянно застыл на пороге.

— Мы... никак нет, товарищ майор... Мы взяли контрабандиста Веньяна в Змеиной бухте... и с ним еще одного, помощника... Обоих сразу гидропланом сюда... — он попытался сунуться в номер. — Мне нужен товарищ полковник.

— Полковник Аристов отбыл по важному делу. Я за него.

— Но... это же личный номер товарища полковника... — мышино-серые глазки лейтенанта заметались по круглому лицу Силовьева. Тот ухмыльнулся:

— Товарищ полковник секретов от меня не имеет. С контрабандистами я сам побеседую. Готовьте срочно допросную.

— Но ведь... товарищ полковник четко же приказал... доложить ему лично, немедленно!.. Может, с ним можно как-то связаться?

Ухмылка расползлась по гладко выбритому лицу Силовьва еще шире — как разбитое яйцо по раскаленной сковороде:

— Я не связываюсь. И вам не советую.

— Не помнишь, значит? Так я умею освежать память.

Силовьев коротко ударил китайца левой в скулу и тут же правой в висок, с оттяжкой — не кулаком, а ребром почти открытой ладони. Веньян пошатнулся на табурете, но лицо его осталось бесстрастным, он лишь слегка поморщился от удара: как будто даже и не от боли, а просто дряблая стариковская кожа собралась складками. И даже кровь из разбитой губы текла как-то вяло... Еще удар — и китаец упал с табурета на каменный пол допросной. Пергаментно-желтые, неестественно вывернутые и скованные за спиной стариковские руки походили на крылья ощипанной птицы. Силовьев наступил сапогом на эти сухие, бледные пальцы. Раздался хруст, но Веньян не вскрикнул. Силовьев досадливо пнул его ногой в бок. Удовлетворения не было. Как будто он избивал неодушевленный предмет.

Второй китаец, совсем молодой, казался более перспективным. Смотрел он дерзко и яростно, как отчаянный хорек, готовый кусаться, но в глубине этой ярости притаился звериный, нутряной страх. Силовьев присел рядом с ним на корточки.

— Два беглых зэка. Вы забрали их на русском берегу, перевезли по воде в Маньчжурию и высадили в Змеиной бухте. Что вам известно о них? Куда они пошли дальше?

Молодой китаец молчал, уставившись в пол и заполошно дыша. Силовьев взял его пальцами за подбородок и потянул вверх, заставляя встретиться с собой взглядом. Глубоким голосом, копируя манеру Аристова, произнес:

— На счет «три» ты скажешь мне все, что знаешь. Раз... два...

— Не говорить русский, — с ненавистью отозвался китаец.

Силовьев поднялся и носком сапога ударил молодого под ребра. Тот грохнулся на пол рядом со старшим и застонал.

— Ну что ж. Давайте тогда по старинке, — Силовьев вынул ТТ из кобуры. — Один из вас будет жить. Тот, кто успеет заговорить первым, пока я считаю. Я буду считать до пяти. На счет «пять» стреляю. Раз... два... — Силовьев навел пистолет на старшего; тот устало, по-птичьи прикрыл глаза. — Три... — перевел дуло на младшего, тот рефлекторно дернулся и подтянул к подбородку ноги. — Четыре... Тебя, пожалуй, пристрелю первым, щенок. Ты ж все равно по-русски не говоришь.

— Не надо! Я говорю! Говорю! — завизжал молодой.

Старик открыл глаза, посмотрел на него с презрением и угрозой и что-то прошипел по-китайски.

— Рассказывай все, что знаешь, — Силовьев медленно перевел дуло на Веньяна, но в глаза глядел молодому. — И умрешь не ты.

Бывает так. Ты убиваешь животных и птиц. Ты ловишь их в капканы, сети, силки. Ты знаешь, как дышит и какими глазами смотрит попавший в ловушку пушной зверек. Теперь ты сам в ловушке — и ты выглядишь точно так же, как он. И точно так же хочешь спастись. Пусть даже для этого тебе придется загрызть своего сородича.

И ты говоришь по-китайски:

— Прости меня, дядя! Я не хочу умирать!

И ты говоришь на русском, который ненавидишь, но давно уже знаешь:

— Они пришли к нам сами... Мы не звали, не ждали... Один с татуировками — Флинт, он раньше работал с дядей... Больной был, сильно кашлял...

И вырастивший тебя, любимый, добрый дядя Веньян кричит:

— Замолчи, предатель!

А тот, кто поймал вас в капкан, бьет его сапогом в лицо и тихо, почти ласково просит:

— Расскажи про второго.

И ты говоришь:

— Высокий, сильный, похож на солдата... Мы свежую одежду им дали... Когда он переодевался, я увидел на груди шрам — по форме как иероглиф «ван», я запомнил...

— Как звать его?

— Флинт звал Крониным. И еще Циркачом...

— Отлично. Куда они направлялись?

Бывает так. Ты становишься противен себе. Ты думаешь, что лучше умереть, чем предать. Ты хочешь умереть вместе с дядей. И ты пытаешься быть смелым, и в последней попытке не предать ты кричишь:

— Не знаю! Ничего я больше не знаю! Мы просто перевезли их через границу! Они ушли — не знаю, куда!

— Не знаешь, значит? — человек, поймавший тебя в капкан, утыкает ствол ТТ тебе в потный висок. — Обмануть меня решил?! Сдохни, мразь!

И ты сдаешься. Ты теряешь достоинство навсегда. И ты зажмуриваешься, чтобы не видеть гневных глаз воспитавшего тебя дяди Веньяна, и ты говоришь:

— Не надо! Я видел его потом! В Лисьих Бродах! В курильне Камышовых Котов! Он ваш! Он же ваш!.. Большой начальник! В курильне проводил обыск!

— Что ты несешь? Начальник?! Макс Кронин?!

Твои зубы стучат так сильно, что ты выговариваешь не с первого раза:

— В Лисьих Бродах его называют не так.

— А как?

Ты зачем-то открываешь глаза:

— Они зовут его капитан Шутов!

— Вот молодец.

Ты слышишь два выстрела. Ты успеваешь подумать, что это убили дядю Веньяна и что кровь его на тебе. Ты удивляешься тому, как плохо стреляет майор — не смог прикончить человека с первого раза. Но это тут же становится далеким, неважным. А важно то, что ты свободен теперь. И ты встаешь и проходишь мимо майора, и мимо влетевших в допросную часовых, и мимо бегущего по коридору расхристанного лейтенанта, и никто тебя не удерживает. И ты выходишь из штаба Советской армии не на шумную харбинскую улицу, а на залитый дождем и закатом луг, такой у них, оказывается, есть тайный запасной выход.

В закатном небе с хриплыми стонами кружат утки и гуси — так низко, что задевают твою голову мягким крылом. А ты идешь босиком по теплым лужам и ручейкам, сплетающимся и расплетающимся в траве; в них отражается красное солнце, и оттого вода похожа на кровь. Ты останавливаешься и втягиваешь трепещущими ноздрями запах крови, птиц и ханшина. И ты ложишься прямо в траву, опьяненный, рядом с такими же, как ты, усталыми птицами. Вы отдохнете — а потом полетите над озером Лисьим...

— Что тут случилось?

Лейтенант ошалело переводил взгляд с одного трупа на другой. У молодого китайца был прострелен висок, у старого — лоб.

Майор Силовьев сунул ТТ в кобуру и с диковатой улыбкой сказал:

— Ошибочка вышла. Не наши это контрабандисты.

— Зачем вы их застрелили?!

— Попытка к бегству. Напали. Вынужден был применить оружие.

— Напали? — лейтенант перевел ошеломленный взгляд на майора. — Но они же в наручниках!

— А ты зубы их видел, лейтенант?.. Во! — Силовьев вдруг громко захохотал.

— Я... вынужден буду, товарищ майор, подать на вас рапорт полковнику Аристову. Считаю ваше поведение... возмутительным... и даже преступным.

— Да на здоровье, лейтенант. Подавай. Мне твоя принципиальность близка и понятна. Только сначала позволь-ка я тебе кое-что проясню. — Силовьев вынул из внутреннего кармана сложенный вчетверо листок и протянул лейтенанту.

Тот развернул:

— Настоящим уведомляю, что майор Силовьев Вэ Эс... наделяется чрезвычайными полномочиями для проведения операции государственной важности... А именно...

— Да ты все не читай, там длинно, — весело перебил Силовьев. — Лучше сразу в конце смотри, там как раз про полковника: «включая физическое устранение лиц, препятствующих и тэ дэ». И еще смотри, кем подписано.

Лейтенант вдруг сглотнул так громко, как будто в горле у него лопнул воздушный шарик.

— То-то, — Силовьев вынул листок из трясущейся лейтенантской руки. — Ты, кстати, знаешь, что самурай, предавший своего господина, называется ронин?

— Никак нет, — ответил лейтенант хрипло.

— Я тоже только недавно узнал. — Силовьев перешагнул через тело молодого китайца и направился к выходу. — Как фамилия твоя, я забыл?

— Базанов.

— Ты прибери здесь, Базанов. А потом ко мне приходи. Обсудим с тобой вопросы государственной важности.

ГЛАВА 6

Он был полностью готов. Отсюда, из леса, обратно в штаб он уже не вернется. Все с собой — провизия, смена одежды, оружие. Он оставил «виллис» у кромки леса в надежном месте. Теперь нужно только взять чемодан с деньгами и золотом. И — пора. Пора, мой друг, пора... Как там дальше?.. Покоя сердце просит... И что-то там еще... И что-то там уносит...

Он не предатель, нет. Майор Бойко — это вам не предатель. Просто война закончилась. Он победил — и имеет право на счастье. Или хотя бы на покой и на волю. План остался, в сущности, прежним. Для начала через Гуань Фу и его бандитов в Шанхай. Оттуда в Австралию. Собирались рвануть с Олежкой Деевым. Но тут уж вышло как вышло. Деев сам виноват. Как там у Пушкина? А мы с тобой вдвоем... чего-то тра-та-та... И глядь — как раз умрем... Чуть впереди и справа, там, где тропа ныряла в заросли сухостоя, хрустнула ветка. Бойко метнулся за ствол раскидистой ели.

Тридцать секунд спустя мимо него по тропе прошел капитан Шутов с увесистым рюкзаком. То есть не Шутов и не капитан, а кто он там есть — Максим Кронин, враг народа, диверсант, беглый зэк... Все одно — крыса. Бойко застыл, стараясь не дышать и не шевелиться. Не стоит попадаться на глаза крысе, когда замыслил побег: она может вцепиться в ногу.

А впрочем, майору на крысу грех жаловаться. Этот урка, как ни крути, его счастливый билет. Если бы настоящий капитан Шутов приехал в город живым, майора Бойко в живых бы уже точно не было. При мысли о настоящем Шутове к горлу подкатила тошнота. Майор вспомнил рассеченное надвое, разложившееся, безголовое тело, которое он ночью собственноручно вытащил из здания банка, замотал в брезент, отвез на «виллисе» к дикому песчаному пляжу у озера и зарыл, надеясь, что в этот раз капитан обретет покой. Машина разве что после него будетованивать. Но это ничего. Это выветрится, если ехать с открытыми окнами.

Бойко не знал и знать не хотел, как и зачем труп смершевца оказался вдруг в Лисьих Бродах. Это его не касалось. Чужое безумие. Чужие души. Чужие потемки. Только вот труп особиста — совсем не то, что облегчило бы майору побег. Труп особиста — это новые особисты. Они же как тараканы. Одного прихлопнешь — семеро набегут... Так что он выполнил эту грязную работу по поручению Ламы. Да, он не гордый. А грязная работа стоила своего грязного золота.

Когда диверсант Максим Кронин скрылся из виду, майор Бойко выбрался из укрытия и пошагал по тропе под похоронный гул колокола: кумирня, где местные молились каким-то тварям, была уже близко. А от кумирни до тайника — всего ничего.

Привычно взобравшись по кряжистым ветвям столетнего дуба, Бойко сунул руку в обширное, похожее на пустую глазницу великана, дупло. Там было пусто. Под гул и стук взбесившейся в ушах крови он вспомнил рюкзак за плечами Кронина, такой большой, что туда легко мог влезть его кожаный чемоданчик. Вот, значит... Ах ты ж сука, вошь лагерная. Унес.

А может, не унес? Может, перепрятал до лучших времен? Майор взобрался по ветвям еще выше, оглядел окрестности и торжествующе рыкнул. Метрах в десяти с поверхности холмика, обтянутого сухим изумрудным мохом, как будто содран лоскут. Подгнившая трава и дерн валяются в стороне. Оголенная под мохом земля топорщится оборванными корнями и крупными комьями — здесь явно копали, а потом небрежно, наспех зарыли.

Земля была такой рыхлой, что он даже не пошел к «виллису» за саперной лопаткой. Стал рыть руками. Пальцы ткнулись в деревянное, острое; майор отдернул руку и вскрикнул. Из-под ногтей закапала кровь.

В раскопе не было чемодана с деньгами и золотом.

Там был деревянный ящик с искореженной крышкой. А в ящике — японская мина-ловушка. Из тех, что кладут под противотанковые мины. Устройство неизвлекаемости.

Майор потянулся к мине перепачканным в крови и грязи указательным пальцем и раздавил зазевавшуюся мокрицу. Она оказалась тверже, чем он рассчитывал, но он давил со всей силы, пока не проломил ее панцирь. Пока ее тельце не распалось на две половины. Пока деревянная заноза, застрявшая в подушечке его пальца, не ушла целиком под кожу.

ГЛАВА 7

Маньчжурия. Харбин. Сентябрь 1945 г.

Агент Верный стоял на Сунгарийском железнодорожном мосту и вдыхал полной грудью сырой, чужой, стылый воздух. Воздух взаймы. Агент Верный уже шесть лет как был мертв. Он был мертв с тридцать девятого года. С того дня, как в торговых рядах, между лавкой с чуринскими колбасами и духами Коко Шанель, агент Кронин передал ему два шелковых свитка, две старинные карты, на которых было отмечено захоронение терракотовых воинов императора Цинь. С того дня, как один из этих свитков — с картой Сианя — Верный передал дальше, в Москву, а другую — с окрестностями Лисьих Бродов — оставил себе.

Он был мертв для Москвы, для Лубянки, для полковника госбезопасности Аристова. Он прилежно и четко инсценировал свою смерть от рук японских военных — а сам просто сделался муравьем, смешался с насекомой азиатской толпой трущобного Фуцзядяня.

Он был мертв, когда Аристов и его люди раскопали фальшивое войско — просто глиняные статуи, пустые внутри — и зарыли обратно. Настоящие воины, мертвецы императора, закованные в доспехи из жженой земли, покоились не в Сиане.

Он был мертв, когда, следуя отметкам на карте, сам нашел в окрестностях Лисьих Бродов подземелье, полное золота. Но, однако же, не нашел прохода к Усыпальнице терракотовой армии. Он взял столько золота, сколько смог унести на себе, трудолюбивый маленький муравей. Золотые монеты, кольца, идолы в форме лисиц кормили его все эти шесть лет.

За то время, что агент Верный был мертв, он обзавелся семьей, но его женщина и маленький сын жили отдельно в другом конце города. Агент Верный строго держался принципа: мертвый не вправе делить один дом с живыми. За ним в любой момент могут прийти — и сделать мертвым снова, на этот раз окончательно.

С остатками золота, обернутого в холстину, загнанного под скрипучие половицы, с китайским шелковым свитком под грудой рваного тряпья в сундуке, — он жил в одной из сот убогого улья слепленных вместе нищенских деревянных хибар, увитых веревками с вечно выстиранным, но вечно недостаточно чистым бельем.

Все эти шесть лет, пока агент Верный был мертв, он методично и терпеливо искал усыпальницу настоящей терракотовой армии. И если он начинал задыхаться в тесной своей комнатушке, как закованный в глину китайский воин, и если ему вдруг казалось, что армию императора он никогда не найдет, что он, агент Верный, стал предателем и похоронил себя зря, то он поднимался на мост через реку Сунгари и полной грудью вдыхал чужой, сырой воздух. Он очень любил этот мост, построенный на стыке эпох, — оглушительную железную артерию КВЖД, соединившую два берега и два века.

Сунгарийский мост был дорогой в Россию, по которой он никогда не пройдет.

Сунгарийский мост был его личной полосой отчуждения.

В этот день агент Верный простоял на мосту дольше обычного: на рассвете ему приснился такой тоскливый и душный сон, что он проснулся, задыхаясь и хватая ртом воздух, с прилипшим к небу сухим языком, и теперь ему казалось, что воздуха недостаточно даже здесь — на холодном ветру, на речном просторе.

Ему снилось, что он полностью голый. В центре своей каморки, с петлей на шее. Под босыми ногами — разломанный шаткий сундук. Рядом с ним — обнаженная женщина с оскаленной лисьей мордой.

— Я — Биюй, — сказала она. — Старейшина Стаи Посвященных, хранительница Усыпальницы глиняных воинов, средняя из сестер. Я пришла, чтобы взять с тебя плату.

Он спросил: «За что?» Не губами спросил, а в мыслях, но она его поняла.

— Как за что? Конечно, за наше грязное лисье золото. Ты же взял его? Значит, будешь теперь расплачиваться.

И она засмеялась девчоночьим звонким смехом, и выбила из-под него деревянный сундук, и встала перед ним на колени. И пока он хрипел и бился, покачиваясь в петле, она лизала его живот липким и жадным, звериным своим языком. А когда он со свистом выдохнул и больше не смог вдохнуть, и когда язык его распух и перестал помещаться во рту, и когда набухло, муторно и больно, в паху, как будто там лопался гнилой плод, — вот тогда она подставила свою раскрытую пасть, чтобы выпить его последний, густой и горячий сок... Он проснулся в мокрой постели.

Агент Верный выкурил самокрутку и сошел, наконец, с моста. Нужно было зайти домой, взять машинку, которую он смастерил для сына, — подарок на день рождения. А потом еще купить у уличного торговца танхулу — ягоды в карамели. Сын любил с клубникой, а жена с вишней.

Он почуял дурное еще на подходе к дому. Просто кожей, просто по россыпи мурашек на спине и затылке — профессиональный инстинкт. Агент Верный сжал в руке револьвер и свернул в вонючую, зассанную арку, ведшую во внутренний двор.

На его балконе во втором этаже, за потемневшими от сырости, местами проломленными перилами, полускрытый гирляндой бедняцкого, застиранного белья, спиной к нему стоял человек с седой головой и курил. Агент Верный застыл посреди двора и прицелился.

— Твое оружие раскалено добела, — не оборачиваясь, глубоким голосом произнес Аристов.

Агент Верный уронил револьвер. К привычному запаху мочи и помоев, плотным облаком висевшему во дворе, добавился запах паленой кожи.

— Поднимайся к нам, агент Верный, — спокойно сказал полковник, и Верный почувствовал, как вместе со словами заглотнул невидимый крючок с заточенным острием и бородкой-зазубриной. И понял, что теперь он не может просто развернуться и убежать, потому что человек, который стоит на балконе, уже сделал подсечку — и тянет, тянет его за невидимую леску наверх по скрипучей лестнице.

Гнилые половицы в его каморке были по большей части отодраны, сундук разбит и распахнут. Хвостатые идолы, отлитые из грязного китайского золота, стояли на низком столе рядком, и тут же игрушечная деревянная машинка и развернутый свиток с древней китайской картой.

Плюгавый мужичонка с наколками, типичный урка, вскрывал остатки пола, и взгляд его воспаленных, с присохшими катышками гноя, глаз казался таким отрешенным, словно он медитировал, а не орудовал ножом-выкидухой. Он извлек из-под половицы последний сверток — замотанные в холстину золотые браслеты, —

бесстрастно продемонстрировал полковнику, брякнул на стол и застыл — как будто внезапно выключился.

— Не оправдал ты свой оперативный псевдоним, агент Верный, — миролюбиво сказал полковник. — Карту припрятал. Золото своровал. Родину предал. Думал, если мертвым прикинешься, я тебя не найду?

Верный хотел ответить, но только шамкнул слипшимся сухим ртом и вздрогнул всем телом — как поддетый за губу окунь.

— Глупый предатель Верный... На что ты, интересно, рассчитывал? Разве не знаешь: я людей из-под земли достаю. А ты даже и не в земле, — Аристов брезгливо оглядел комнату. — А просто в грязи. Ну и как, они того стоят?

— Кто? — с трудом просипел Верный.

Полковник цокнул языком и разочарованно качнул головой. Его подручный тут же выщелкнул нож и сместился за спину Верному.

— Терракотовые воины императора Цинь, кто еще? *Настоящие* воины. Не пустые глиняные подделки, которые ты нам подсунул в Сиане. Они где-то здесь, в Маньчжурии, верно, Верный? В этих дивных местах, где все вопиет о чуде. Ты нашел их?

— Нет, — прошептал агент Верный и почувствовал холодное прикосновение остро заточенного металла к горячей шее. — Их там нет! Я действительно нашел место, но там не было ничего, кроме золота!

— И я должен тебе поверить? — Аристов пристально посмотрел в глаза Верному. Глаза полковника были такого же цвета, как лезвие складного ножа, приставленного к горлу его когда-то преданного агента, и так же пронзительно холодны. — Что же, верю. Не в то, что на этой карте нет усыпальницы. А в то, что ты за целых шесть лет умудрился ее не найти. Так глупо, Верный. Я буду считать от трех до нуля. Ты совершенно потерял форму. Зачем тебе жить?

— Пожалуйста, Аристов...

— Три.

— Глеб Арнольдович!.. Ради прошлого... Я просто исчезну... Мешать не буду... Отпусти меня, а?

— Два.

— У меня сын есть! Понимаешь?! Два годика сыну сегодня...

— Все понимаю, Верный. Но ни к чему тебе жить.

Холодное лезвие врезалось в кожу глубже. Нож едва заметно вибрировал в руке вора. Как будто смычок в ожидании взмаха руки дирижера.

— Один.

— Убьешь меня, Аристов? — тоскливо уточнил Верный.

Полковник медленно свернул карту и сунул за пазуху:

— Нет. Живи, сколько сможешь.

Он сделал знак урке:

— Уходим, Пика.

Тот убрал нож.

— Я... Глеб Арнольдович! — Верный грохнулся на колени. — Спасибо! До гробовой доски не забуду!

— Что ж, это будет недолго, Верный. Ты больше не хочешь жить. Ноль.

Он постоял на балконе, глядя, как полковник и его помощник-урка уходят. Он выкурил сигарету. Снял вечно недосыхающее, вечно сырое это белье. Он сделал петлю и привязал свободный конец бельевой веревки к крюку в потолке. Встал на проломленный, шаткий сундук. С края стола на него смотрела трехвостая золотая лисица-идол.

Жить не хотелось. Он оттолкнул сундук и задергался. Какая разница. Он все равно уже шесть лет как был мертв.

ГЛАВА 8

Маньчжурия. Лисьи Броды. Сентябрь 1945 г.

К обеду поток пациенов иссяк. Доктор Новак ушел по вызовам, и она осталась в лазарете одна. Почти одна. Был еще Олег Деев. За ширмой. Под простыней. Со вскрытой грудной клеткой.

Она старалась его не слушать.

— Сестричка... у меня что-то с сердцем... мне вынули сердце...

Она вколола себе дозу морфия, украденную у Новака в утренней суете, и на какое-то время Деев успокоился и затих. Но час спустя из-за ширмы снова послышался его монотонный, ноющий голос:

— Позови майора, сестричка... майора Бойко... скажи, что он мне должен монету...

Она заткнула уши, но это не помогло.

— ...пусть принесет золотую, из моей доли... во рту должна быть монета... без монеты не пускает паромщик...

Она сидела на свободной койке, покачиваясь из стороны в сторону, в такт доносившемуся из-за ширмы нытью, и не уходила. В конце концов, кроме нее, его было некому выслушать.

Потом кто-то резко замолотил в дверь, и Деев тут же умолк.

— Лепила есть? — раздался хрипатый голос из коридора. — Человеку плохо!

Она поднялась, поправила сползший на плечи плат и открыла дверь. На пороге стоял сухой, востроносый тип лет под шестьдесят, с заплывшим глазом и татуированными руками. Нездешний, но она уже видела его в городе. Какие-то были у него дела с капитаном СМЕРШ Шутовым. Несколько раз она их встречала вместе.

— Доктора Новака сейчас нет.

— А ты ж сестричка, да? — он улыбнулся нагло и одновременно заискивающе, блеснув железной коронкой. — Я — Флинт. Пойдем-ка со мной на пристань. Худо там старичку...

На пристани, тихо переговариваясь, кучковались люди. Аглая пробралась в центр толпы следом за Флинтом — и увидела Новака, склонившегося над лежавшим на земле человеком. Аглае было его не видно — только фрагмент покрытой водорослями хламиды с маленькими бубенчиками, тихо позвякивавшими на ветру. Тут же, рядом, стояли смершевец Шутов, Пашка и Тарасевич.

— Вот же доктор! — пробормотала Аглая. — Зачем вы меня позвали?

— Так мы вроде... не звали, — растерянно отозвался Пашка.

Она заметила, как Флинт что-то на ухо шепнул смершевцу; тот вздрогнул, но ничего не ответил, только коротко взглянул в его сторону.

— Доктор ему уже не поможет, — Флинт ухватил Аглаю за запястье ледяной татуированной пятерней и потянул к лежавшему на земле. — А вот ты поможешь, сестричка. Он хочет тебе что-то сказать.

Теперь она смогла его разглядеть. Раздутый, посиневший утопленник. Вода вернула его, как когда-то вернула маму. Вода всегда возвращает тех, кого забрала... Черты лица безобразно искажены — но, кажется, азиат. В виске — промытое водами Лисьего озера пулевое отверстие.

Она не успела зажмуриться прежде, чем дрогнули его распухшие, синие губы:

— Меня убили несправедливо. Я не даос. Я не мастер Чжао...

Вместе со словами изо рта его выплескивались струйки мутной воды, кишащей гнойно-желтыми маленькими рачками.

— ...Назови им имена моих убийц, дочка...

Вода всегда возвращает тех, кого забрала. Выталкивает их на поверхность. На этот раз она запеленала в рыболовные сети какого-то китайца в лохмотьях, с простреленной головой. Подбросила его рыбакам, как подбрасывают монашкам младенца.

В толпе, обступившей тело, я вижу Флинта; он опускается перед трупом на корточки, заскорузлыми, перепачканными в земле пальцами теребит пришитые к хламиде утопленника колокольчики, с интересом ковыряется в пулевом отверстии на виске. Хорошо, что, кроме меня, ни одна живая душа моего кореша Флинта не видит.

— Кто-нибудь знает этого человека? — мне наплевать, но раз уж я здесь, я должен что-то спросить.

Китайские рыбаки испуганно опускают глаза и молчат.

— Та он нищеброд, на пристани уси дни сидел, милостыню ему кидали, из еды кой-шо приносили... — отвечает за них Тарасевич. Похоже, снайперу искренне жаль старика.

— Товарищ Шутов, позвольте уточнение? — подает голос рядовой Овчаренко.

— Позволяю.

— Он не то чтобы нищий, скорее наподобие ихнего здешнего святого. Отшельник, вроде того.

— Как думаешь, Кронин, кто замочил святого отшельника? — хихикает Флинт, но я стараюсь не смотреть в его сторону.

— Я знаю, кто его убил, — внезапно говорит медсестра. Она еще бледней, чем была с утра, глаза — как две неподвижные мишени, пригвожденные крошечными булавками зрачков к огромным темным кругам. — Почтенного Лю убил Лама по приказу какого-то барона... — Она замолкает, будто во что-то вслушиваясь. — ...Это несправедливо, потому что Лю — не даос. Он не мастер Чжао. У него нет тысячи жизней...

Какие-то местные дрязги, местные сказки. Неинтересно и непонятно. С Еленой и японцами явно никак не связано. Я спрашиваю лениво:

— Откуда информация об убийцах?

Она отвечает, глядя на раздутое тело:

— От него. Он мне сам только что сказал.

По толпе электрическим разрядом проходит испуганный шепоток. Кто-то крестится, кто-то суеверно плюет на землю; китайские рыбаки отводят глаза и пятятся, один из них шепчет:

— Гуй...

— Гуй — по-ихнему это демон, дух, — довольный собой, сообщает Пашка. — Мне Борян сказал. Он меня китайскому учит.

— Глаша, Господи! Бедная моя девочка!.. — доктор Новак раскидывает руки, по-отцовски приглашая ее в объятия, но она не шевелится, а все смотрит и смотрит на тело. — Ее мать сошла с ума, — поясняет мне Новак шепотом. — Тоже с мертвыми говорила... Наследственность! — он находит, наконец, куда пристроить руки: распахивает медицинский саквояж и энергично в нем шарит. — Неизлечимо... Но я дам ей успокоительное...

— Я не хочу это слушать, — монотонно и тяжело, как во сне, говорит Аглая и поворачивается ко мне. — Скажите вашему другу, пусть не заставляет меня это слушать.

— Какому другу? — я оглядываюсь на Пашку. Тот стоит, по-собачьи глядя на медсестру и ссутулившись так, что кажется на голову ниже меня, хоть мы и одного роста.

— Ему вот! — взвизгивает она и указывает рукой не на Пашку. А на того, кого вижу я один, только я. — Скажите Флинту! Это он меня сюда притащил!

— Еще и Флинт какой-то... Да как же я проглядел... — бормочет Новак, втягивая содержимое ампулы в шприц. — Такой регресс!.. Такое резкое обострение...

Вор корчится от смеха, зажимая руками простреленное дырявое брюхо:

— Не ссы, сестричка! Мы почти закончили тут. Осталось только погоняло барона. Ну, вспоминай, ишак! — Флинт с силой пинает утопленника ногой, но этого не видит никто, кроме меня и, судя по всему, медсестры. — Вспоминай, как зовут того, кто приказал тебя замочить!

— Почтенный Лю просит денег, — говорит Аглая бесстрастно. — Ему нечем платить за паром.

Один из рыбаков, самый пожилой, понимающе кивнув, кладет рядом с трупом помятую, засаленную купюру — последнее подаяние. Чиркает спичкой, поджигает ее и отступает назад.

— Ладно, она не в себе! — доктор яростно затаптывает горящие деньги. — Но вы-то что вытворяете?!

Рыбаки беспокойно косятся на обугленную купюру. Пожилой решительно шагает вперед, поджигает ее опять, но на этот раз не отходит, а стоит, склонившись над огоньком и явно оберегая его от посягательств доктора Новака.

— Гуй деньги дать — гуй не злой, уходить отсюда туда, — пожилой неопределенно машет рукой то ли на озеро, то ли на низкие облака, а может быть, на полосу густого тумана, склеивающую небо и воду.

— Мракобесие! — морщится Новак и поворачивается к Аглае; в неподвижных ее глазах пляшут рыжие отблески огонька. — Сейчас я, Глашенька, укол тебе сделаю, станет легче... — доктор Новак задирает на ней рукав, вгоняет успокоительное в предплечье; она не сопротивляется.

— Почтенный Лю вспомнил имя убийцы, разыскивающего мастера Чжао, — говорит она, обмякая. — Перед отплытием он желает назвать его. Это Антон фон Юнгер.

ГЛАВА 9

— Твари проклятые!.. Креста на них нет!.. Столько скота сгубили!.. Гореть им в аду!..

Ермил в два глотка опустошил стакан самогона. Охотничьим ножом отчекрыжил ломоть вяленого мяса, целиком сунул в рот и проглотил, почти не разжевывая, так, что болью полоснуло от глотки до ребер. Плеснул из графина в граненый стакан еще, до краев.

— У соседей и петушка, и цыпляток!.. А у нас собачку нашу, Полкана... прям во дворе растерзали, нелюди!..

Жена, в косынке и фартуке, возилась у печи по хозяйству, и ее голос впивался ему глубоко в нутро назойливо и ритмично, так же как пальцы ее впивались в тесто, которое она исступленно месила. Ермил залил в себя еще самогона.

— ...я кровь потом подтирала... а дети по нем плакали... любили они Полканушку... скоро, видно, и за детей невинных возьмутся...

— Хватит, дура! — прорычал Ермил и поднялся.

— Ты куда?

— Выйду, воздухом подышу.

— Что же, дома тебе нет воздуха?

— Нету! — гаркнул Ермил так страшно, что Марфа вздрогнула и попятилась. — Ты! Ты весь его... — он схватил себя рукой за горло, — сожрала! Сожрала весь воздух!

Марфа поджала губы, выждала несколько секунд и снова продолжила ему в спину:

— А ты жизнь мою молодую, честную, во Христе Господе праведную, поганой ведьме, девке-блуднице под ноги кинул, чтобы топтала да надсмехалася... А ведь тварь твоя проклятая заодно с ними, нелюдями... Петушка-то нашего и собачки будет ей мало, ведьме... А Полканушка, небось...

Ермил вдруг застыл и резко, с размаху, грохнул кулаком по столу.

— Собаку жалеешь. А что Андрона, брата моего родного, убили, тебе не жалко?

— Да как же не жалко? Я уж и повыла, и за упокой души его грешной молюсь непрестанно, верю, Господь мои молитвы услышит, хоть Андронушка наш и сквернословил, и блудно жил, и возлияния совершал... — Марфа укоризненно покосилась на граненый стакан.

— Ну а ты, значит, молитвой своей безгрешной душу его спасаешь? — Ермил ухватил ружье, и Марфа, перекрестившись, попятилась. — Ты зачем из моего ружья в особиста стреляла, сука?! Если б не ты, особист до Андрюхи бы не добрался. Ты ж и меня, и всю семью подставила, тупая ты баба!

Марфа побелела, судорожно поправила сползшую косынку облепленными тестом, трясущимися руками.

— Так ведь мне твой майор сказал, чтоб я стрельнула. Майор Бойко!

— Майор?..

Ермил снова сел за стол и попытался протолкнуть слова Марфы в сознание, но шли они тяжело, как непрожеванные ломти вяленого мяса по пищеводу. В избе воцарилась вдруг небывалая тишина — без гомона детей, без заунывно-кликушеского Марфиного голоса. Но даже и тишину осознать Ермил не успел: кто-то мощно замолотил кулаками в дверь и тут же, не дождавшись ответа, ее толкнул. В избу гурьбой ввалились мужики-староверы со старостой Капитонычем во главе.

Капитоныч огладил клочковатую бороду и быстренько огляделся, по обыкновению сильно пуча глаза, отчего казалось, что даже в самых обыденных явлениях вроде графина с самогоном видит он нечто необычайное и из ряда вон выходящее.

— Здрав будь, Ермил, — провозгласил староста высоким, скопческим голосом, а Марфе просто кивнул.

Изумленно вытаращенные глаза Капитоныча, казалось, вот-вот вывалятся из орбит и укатятся в красный угол, где сидел за трапезой хозяин дома.

— Милсти прошу, Авдей Капитоныч, милсти прошу в дом!.. — Марфа то суетливо обтирала руки о фартук, то делала приглашающие жесты, и Ермил с отвращением подумал, что она похожа сейчас на ручную мартышку, которую водит за собой по пристани Гуань Фу.

— Я смотрю, не блюдешь ты, Ермил, законы древлеотеческие, зелье отравное пьянствуешь, — на одной заунывно-высокой ноте затянул староста, — чревоугодничаешь, во грехе погряз, ибо...

— Зачем пришел, Капитоныч? Наставлять меня? — Ермил демонстративно опрокинул в себя порцию самогона.

— Дерзишь... — Капитоныч вытаращился на образа, как бы вопрошая святых, как такая дерзость возможна. — Пусть тебя Господь наставляет, он и не таких наставлял. А мы к тебе за другим делом. Ты, Ермил, хоть отступник — а все ж лучший меж нас охотник. Посему вот тебе наше слово — снаряжай сейчас же охоту.

Мужики, обильно потея, одобрительно загудели и закивали.

— На кого охоту? — Ермил аккуратно рыгнул в ладонь.

— Так на оборотней. Али не слышал? Оборотни у нас. Перевертыши. Сами вроде как люди, а приглядишься... — Капитоныч сделал выразительную паузу и перекрестился двоеперстием.

— Так волки, — закончил за него один из мужиков.

— Али лисы, — поддакнул другой. — Скот дерут, на людей кидаются, совсем распоясались...

— Нужно облаву на них устроить и изничтожить, — закончил общую мысль староста.

— Верно, верно говорите, Авдей Капитоныч, — затараторила Марфа. — Пусть горят в аду, твари, нехристи!

Ермил руками оторвал кусок мяса, старательно разжевал, проглотил и только после этого тихо, но твердо произнес:

— Нет.

— Что — «нет»? — опешил староста Капитоныч.

— Я промышляю изюбря, — Ермил ткнул острием охотничьего ножа в кус вяленого мяса на блюде. — Соболя. Вепря. Тигра. А оборотня — не промышляю.

— Я ж говорил, Капитоныч, — вроде тихо, но так, чтоб слышали все, сказал свояк старосты. — Этот честных людей защищать не будет. Он с ведьмой путается.

Лицо Марфы побагровело, и Ермил с тоской подумал, что теперь весь вечер, да, наверное, и всю ночь, она будет придавленной мухой жужжать про то, как он ее опозорил. В драку лезть не хотелось. Хотелось просто выставить их всех вон, лечь на лавку и заснуть тяжелым, как могильная плита, пьяным сном. Но жена смотрела на него таким побитым и в то же время голодным и жадным взглядом, что он резко поднялся из-за стола, схватил Капитонычева свояка за грудки, припер к стене и, набычившись, рявкнул:

— Повтори!

Обвел мутным, бешеным взглядом всех:

— Ну, кто повторит?!

Никто нс повторил. Все молчали. Зато со двора не то из хлева донесся визг такой раздирающий, отчаянный и пронзительный, что невозможно было понять, кто кричит, свинья или человек. И тут же раздался выстрел.

— Это я виновата... Это мне... За грехи... За мной пришел с того света...

Полуголая, мокрая Танька — Марфа вылила на нее ушат воды, чтоб перестала визжать и биться, — копошилась теперь на сене, бормоча про грехи, одной рукой неустанно крестясь, а другой пытаясь прикрыть от мужиков срам. Рядом с ней, окаменев, со спущенными штанами и с пистолетом в руке, сидел лейтенант Горелик.

Мужики-староверы, понимая неловкость момента, старались на сеновал не глядеть. А глядели вниз, на свинью с разорванной глоткой, которая уже не дышала, но все дергалась и дергалась в луже крови, и никак не удавалось ей умереть, и глаза ее то застывали, как нарисованные, то опять наливались мукой и болью.

Ермил резко сдернул с плеча ружье и навел ствол на Горелика. Обе бабы, Танька и Марфа, хором завыли. Горелик не шелохнулся.

— Ты, Ермил, в красноармейца-то при нас не пали, — вытаращившись так, будто впервые в жизни видел ружье, предостерег Капитоныч. — А то ж мы все сядем. Это ваши дела, семейные. Это без нас.

Ермил, рыкнув, опустил ствол и выстрелил в свинью — та, наконец, застыла.

— Он свинье этой шею перекусил и кровь пил, — словно вдруг разбуженный выстрелом, сообщил лейтенант. — Я в него стрелял. А ему хоть бы хны. Сбежал.

— Кто, оборотень? — быстро уточнил Капитоныч.

Горелик кивнул. Староверы дружно перекрестились.

— Дети! — охнула Марфа. — Они за калиткой играли! — Она выскочила во двор.

— Даст Бог, детишек невинных нечисть не тронет, — без уверенности сказал Капитоныч. — А ты, товарищ, лучше иди отсель, от греха, — посоветовал он лейтенанту.

— Иди, Славка, иди, вот правда, — судорожно закивала Танька.

Лейтенант натянул штаны, спрыгнул с сеновала, с вызовом оглядел мужиков:

— Я уйду. Но если хоть один волос... с ее головы... все сядете, ясно?

Горелик переступил через мертвую свинью и под мрачными взглядами мужиков пошагал прочь. У выхода из хлева на секунду остановился:

— Вы не думайте. Я на Таньке женюсь.

Побагровев лицом, Ермил рванулся было за ним, но Капитоныч взял его за рукав:

— Погодь, Ермил. Это все потом. Сейчас нам с нечистью надобно разобраться. Ты что ж, останешься в стороне, когда эти твари пришли в твой дом, убили твой скот? Разуй глаза, погляди!

Ермил покорно уставился на свинью, мучительно силясь собраться с мыслями и протрезветь. Из шеи свиньи был вырван целый кус мяса — так что оголились жилы и кость. Ему стало тошно. В желудке муторно шевельнулся и больно двинулся наверх, к глотке, непереваренный, пропитанный самогоном и желудочным соком изюбрь.

— Сыно-о-чек мо-о-ой! — завывая, влетела в хлев Марфа. — Сыночка нашего, Прошечку, в лес утащи-и-и-или!

— Кто утащил?

Предчувствуя ответ, мужики принялись суетливо креститься.

— Тварь адская, богопроти-и-ивная! — на одной невыносимо высокой ноте проголосила Марфа. — Я видела! Ви-и-и-дела! Догнать не смогла! Ухватила только за космы-ы!

Продолжая подвывать, она раскрыла перепачканную в тесте ладонь и показала измазанный кровью клок серой звериной шерсти, спутанной с русыми, человечьими волосами. Мужики отшатнулись.

— Помоги Господи! — проблеял староста Капитоныч.

Ермил отвернулся, согнулся пополам и исторг из себя душившее его мясо и самогон.

— А ты лицо его видела? — спросила вдруг Танька. — Лицо оборотня?

Подвывая все громче, Марфа мотнула отрицательно головой.

— А я лицо видела, — глухо сказала Танька. — Это Андрон пришел с того света. Он теперь не такой, как раньше. На четвереньках. Косматый...

— Ты что несешь, сука?!

Ермил сдернул Таньку с сеновала, замахнулся, чтобы ударить, но вдруг передумал. Отшвырнул ее наземь, к мертвой свинье:

— Андрона убили. Нож в спину воткнули. Особист это видел. Ныне мой брат у Бога. А ты, проблядовка, подстилка армейская, не смей своим грязным ртом марать его имя!

— Помстилось ей, дуре, ибо живет во грехе, — со знанием дела покивал Капитоныч.

Танька тихо скулила, прижавшись животом к свиной туше.

— Охоту хотели? — Ермил обвел присутствующих бешеным взглядом. — Так я возглавлю охоту. За сына моего всех тварей до одной перебью.

ГЛАВА 10

Маньчжурия. Харбин. Сентябрь 1945 г.

Умирая, вы о нас забы-ы-ы-ли-и-и... Перед смертью попрощаться не могли-и-и...

Из-за двери аристовского номера доносился голос Вертинского — ненавистный, комариный, жеманный, путающийся в патефонном треске, как в паутине.

Го-осподи, хотя бы позвони-и-или!.. Просто к телефо-ону подошли-и-и...

«В последний раз», — подумал Силовьев. Он слышит этот голос в последний раз. Еще немного, и он с наслаждением сломает эту пластинку — после того, как сломает ее владельца.

А потом он возьмет и Кронина. Сам возьмет, лично. И — в Москву. В Москву, в Москву, а там — повышение, личный кабинет на Лубянке. Он возьмет, пожалуй, тот, что занимал Аристов: и привык уже, и вид на город хороший. Лейтенантика этого, Базанова, с собой в Москву заберет — чтобы был при нем сразу преданный, благодарный, порядочный человек.

Мы придем на ва-а-шу панихи-и-иду...

Шестеро «волкодавов» с ППШ на изготовку заняли позиции в коридоре. Силовьев сделал им знак. Двое резко выбили дверь, и все шестеро тут же влетели в номер. Майор вздохнул с облегчением. Больше всего его беспокоило, как бы полковник не заметил подтертые на полу руны, — но ни один из группы не оступился на пороге. Силовьев кивнул лейтенанту Базанову, и они шагнули за «волкодавами» следом.

И, поко-о-орно проглотив оби-и-иду, мы с соба-а-акой затаи-и-им печа-а-аль...

Полковник Аристов, в распахнутом банном халате, сидел в дубовом кресле, по обыкновению своему закинув ноги на конторский стол, и рассматривал старинную карту. Ворвавшиеся в номер и окружившие его «волкодавы» большого впечатления на полковника, судя по всему, не произвели.

— Полковник Аристов, вы арестованы! — срывающимся от возбуждения голосом произнес Силовьев. Он ждал этого момента так долго.

Лицо полковника оставалось непроницаемым — он попрежнему сидел, уставившись в карту. Лейтенант Базанов растерянно переступил с ноги на ногу. Силовьев почувствовал, как возбуждение сменяется бешенством. Нет, он никому не позволит испортить такой момент.

— Взять, — коротко скомандовал майор «волкодавам».

Они рванули к креслу — но тут же дружно рухнули на колени, побросали оружие и раззявили кривящиеся рты, как будто на всех шестерых вдруг напала мучительная зевота.

Лейтенант Базанов удержался на ногах, но лицо его тоже перекосилось, а нижняя челюсть отвисла и мелко подрагивала в непродуктивном, сухом рвотном спазме; ниточка слюны стекала за воротник гимнастерки.

А потом они стали петь. Заунывным, гундосым хором подпевали Вертинскому. Все, кроме Силовьева.

— Вы не бо-о-ойтесь, пес не бу-у-удет пла-акать...

— Хитрая ты вражина, Глеб Арнольдович, — Силовьев навел пистолет на полковника. — Только меня твои штучки теперь не берут. Потому что вот!

— ...А тихо-о-о-нечко оше-эйником звеня...

Продолжая целиться в Аристова, майор поднял левую руку. На запястье его болтался браслет-оберег.

...Так бывает. Ты трудишься над оберегом без малого год. Собираешь воедино все то, что однажды сделает тебя неуязвимым. На браслете твоем — оборонные знаки, выжженные на маленьких круглых дощечках, и «куриные боги», исписанные иероглифами и рунами, и верхние клыки течной волчицы, и когти ранненого в живот тигра, и перья белой голубки, заклеванной сизыми голубями. На браслете твоем — перевязанный сизой нитью белоснежный клочок волос могущественного хозяина.

А он даже не смотрит. Твой хозяин не смотрит ни на тебя, ни на твой браслет. А они все поют. Про какого-то пса, который не будет плакать, идя за гробом.

И ты кричишь, потрясая в воздухе рукой с оберегом:

— Думал, я необучаем, да, Глеб Арнольдыч? А вот кое-чему я все же у тебя научился!

И тогда, и только тогда ты вдруг понимаешь: перед тобой не хозяин. Между полами распахнутого халата — чужая кожа. И на ней нет шрама в форме иероглифа «ван». Зато есть купола церквей, черепа и ангелы...

Так бывает. Человек перед тобой расплывается — и снова складывается в кого-то другого. И ты видишь, что в дубовом кресле сидит вор по имени Пика. И ты слышишь сзади сухой хлопок и голос хозяина:

— Ничему ты не научился, Силовьев. Так дураком и помрешь.

Тебе больно, тебе так больно от этих слов, что во рту ты ощущаешь железный привкус.

Он пойдет за вашим гро-о-обом в слякоть...

Так бывает. Ты роняешь пистолет и падаешь на колени, и ты смотришь на расползающееся по животу алое пятно, и не понимаешь, как слова могли ранить тебя до крови. И тогда из-за твоей спины выходит хозяин. У него в руке «браунинг». Он отбрасывает использованный глушитель. И, захлебываясь кровью, ты поешь вместе с остальными:

— Не за мной, а впереди-и-и-и...

Не за мной, а впереди-и-и... Не за мной, а впереди-и-и...

— А ведь я до последнего в тебя верил, Силовьев. Что проявится хотя бы зачатки вдохновения и фантазии. Ведь предать меня тоже можно изобретательно, с огоньком. Ну хоть немного импровизации!.. Нет, ты тупо пришел меня брать по приказу Москвы. Не дождался даже, пока я разыщу Кронина, не говоря уже про даоса и воинов... Это что у тебя за цацка? — брезгливо сощурившись, полковник пригляделся к браслету.

— Не за мной, а впереди-и-и... — с трудом просипел Силовьев.

— Обереги не работают, идиот, — полковник Аристов носком ботинка оттолкнул пистолет Силовьева и прошел мимо него к патефону. — Вот на что ты рассчитывал? Что бы дальше без меня делал? Ты же серость, Силовьев. Пустое место. — Он приподнял заевшую иглу, подул на нее и поставил обратно на пластинку. — Добей его, Пика.

Пика быстро поднялся с кресла, шагнул к Силовьеву, взял за волосы левой рукой, а правой выщелкнул лезвие выкидухи.

Он пойдет за вашим гро-о-обом в слякоть...

Так бывает. Ты хочешь сказать ему, что проявил изобретательность и фантазию. Что он, как всегда, к тебе несправедлив. Что он в тебе ошибается. Ты хочешь сказать, что ты не пустое место, не серость. Ведь ты нашел Кронина. Ты хочешь сказать, что знаешь, под чьим именем он скрывается.

И ты шепчешь:

— Кронин... под чужим именем... — но тут же сбиваешься, забываешь, о чем говорил, и просто поешь вместе с группой захвата, Вертинским и лейтенантом про пса, который пойдет за гробом.

— Не за мной, а впереди-и-и-и меня! — хрипишь ты, и вор профессиональным движением распарывает тебе глотку.

Жизнь выходит из тебя пульсирующим горячим потоком. Жизнь заканчивается — и заканчивается ненавистная песня. И последнее, что ты слышишь, — патефонный треск и шипение. Или это шкварчит на сковороде горячее масло: бабушка жарит блинчики. Тебе снова шесть, и ты умираешь счастливым.

ГЛАВА 11

Андроша — хороший. Он не зверь какой, он человек, в Бога верует. Андроша детишек любит, он Прошу-мальчика не обидит, только покажет его своей стае.

И собачек Андроша любит. Он собачку Полкана убивать не хотел. Полкан Андрошу раньше любил, руки ему лизал, а теперь Андроша вернулся, а Полкан его не узнал, набросился, как на чужого. Как будто забыл, что Андроша тут раньше жил, в этом доме.

У Андроши тут раньше была жена, ее звали Таня. Она тоже Андрошу раньше любила. Даже деток ему родила. А теперь Андроша вернулся, пришел в сарай и увидел, что Таня там голая с каким-то солдатом. А когда она Андрошу заметила, то совсем не обрадовалась, а стала кричать, и Андроша подумал, что она, как собака Полкан, его больше не узнает и забыла. И тогда Андроша захотел ей, как собаке Полкану, в наказание перегрызть горло. Но Андроша верует во Христа, он знает, что это грех... Не убий и не укради, Андроша эти две заповеди хорошо помнит, а остальные почему-то забыл.

Так что Таню Андрон не тронул, Божью заповедь не нарушил. Вместо Тани Андроша наказал свинку, глотку ей перегрыз. А потом он кровь у свинки стал пить и тем попрал древлеотеческие законы, впал в грех кровоядения.

Стал Андроша теперь скверноядцем — как другие из его стаи.

А солдат, который Таню голую трогал, стал в Андрошу стрелять, и Андроша тогда убежал, хотя раньше ведь это был его дом и его сарай, его территория...

А детишек Андроша любит. И Прошу-мальчика любит. А что схватил его и в лес потащил, так это потому, что мальчик стал убегать. Когда кто-то убегает, тогда Андроше хочется за ним гнаться, потому что Андроша — охотник.

Проша-мальчик был раньше его племянник, сын его брата. А теперь у Андроши другая стая, другие братья и сестры. Он им Прошу-мальчика только покажет, они добрые, зачем им мальчика обижать. Просто им будет интересно, как мальчик пахнет.

Только вот Андроше не нравится, что Проша-мальчик кричит и икает, да еще обмочился. Потому что, когда мальчик себя так ведет, он похож не на человека, а на грязную свинку, а уж свинку можно и наказать, и обидеть, нет в том греха, если только кровь у свинки не пить...

У Андроши теперь острый нюх, и он быстро находит свою стаю по запаху. Почти все спят, только сестра Номер Девяносто зализывает брату, который зовет себя Кули, на спине рану; Кули в спину ударили топором. В новой стае Андрошиной все заботятся друг о друге, и Андроше тоже залижут рану в плече, которую ему сделал солдат. Рана быстро заживет, на них теперь быстро все заживает. Их теперь чтобы убить, надо в голову или точно в сердце стрелять.

Брат, которому зализывают рану, тихонько постанывает.

— Кули раньше был парфюмер, — бормочет он. — У Кули был почетный диплом. Кули делал дамские ароматы, фруктовые, шипровые. В начальных нотах у Кули была корица, бергамот, персик, розовое дерево, слива... В нотах «сердца» — розмарин, гвоздика, ирис, иланг-иланг... В нотах базы — кожа, пачули, кора дуба, мох и мускус... А теперь Кули различает тридцать два оттенка запаха человеческой крови... У человека кровь пахнет как у свиньи, только гораздо вкусней. Особенно у детенышей. Кули чует детеныша...

— Это Проша-мальчик, — говорит Андрон. — Мы раньше жили с ним в одном доме.

Кули-брат и сетра Номер Девяносто обнюхивают Прошу, а он все кричит и кричит, как будто он не мальчик, а свинка.

ГЛАВА 12

Днем стало лучше. Она выпаивала дочь отваром липового цвета, ивовой коры, женьшеня, мяты и стеблей полыни, и жар спадал, выцеживался, сочился соленой моросью из истончившейся, до прозрачности бледной, готовой к превращению кожи, пропитывал Настины волосы, ночные сорочки и простыни, и Лиза то и дело меняла белье и давала Насте еще отвара, и та уже не пыталась вставать на четвереньки, а лежала на спине и дремала, и даже дышала ровно, не по-собачьи.

А после обеда Настя совсем очнулась и заговорила внятно и связно, и взгляд был ясным, только цвет глаз изменился, и к сине-серому примешивался теперь янтарный оттенок, как будто через плотную завесу дождевых туч проглядывало нездешнее солнце.

— Попей еще, — Лиза поднесла пиалу с отваром к ее губам. — Я мед добавила, чтобы тебе не было горько.

— А мне не горько. — Настя послушно сделала пару глотков. — Я не чувствую вкус.

Лиза сжала пиалу так, что побелели подушечки пальцев. Вторая стадия превращения — *хэй-е*. Пустота, ничто. Нет запахов и нет вкусов. Молитвами, травами, з**а**говорами, уговорами она продлит это Настино *хэй-е* до полуночи. До полнолуния. И если вакцина не будет готова — эта ночь станет для Насти последней.

— Сегодня ночью я умру до конца, да, мама? — словно услышав Лизины мысли, спросила Настя.

— Нет. Ты получишь лекарство и не умрешь. Все станет как раньше!

— Все никогда уже не будет как раньше...

Настя снова стала проваливаться в дремоту — но вдруг всем телом вздрогнула и резко села на кане:

— Они поймали Прошу. Он кричит. Он очень кричит!

Она попыталась встать, уже свесила с кана худые голые пятки, но Лиза нежно уложила ее обратно и стала гладить по волосам:

— Это сон, моя девочка, никто не кричит...

— Но я ведь слышу его, — прошептала Настя.

— Тебе просто кажется, — соврала Лиза.

Когда лисица смешивает с человеком кровь и слюну, она всегда потом чует его боль и животный страх. И если Настя слышит сейчас его крик — значит, этот поганец правда в беде и теперь зовет ее в смертной тоске... Что ж, пусть кричит. От этой семьи они видели только зло. Пусть подыхает. Ее дочь останется дома.

Из высушенных пучков, висевших под потолком, она выбрала самые сильные снотворные травы — котовник кошачий, снотворный мак и кровавец, — добавила их в потогонный отвар, довела до кипения и дала Насте. Дождалась, когда дочь заснет, притворила дверь, прошла по узкому, захламленному кухонной утварью коридору в харчевню. Тут было пусто, только за столом у окна рядовой Овчаренко и поп Арсений сидели над шахматами с кувшином рисовой водки. Раскрасневшийся Овчаренко лихо опрокинул в себя стаканчик, уже явно не первый и не второй, и двинул одинокую пешку.

— Во дает! — отец Арсений оглянулся на Лизу, как бы призывая разделить его изумление. — Да разве ж так ходят? У тебя же конь под ударом. Ладно, милостью Божьей, сегодня я добрый. Переходи, — он вернул Пашкину белую пешку обратно.

Рядовой Овчаренко налил еще рисовой себе и Арсению.

— Вы-то, батюшка, добрый. Только я считаю, перехаживать — это неправильно. В жизни мы же не перехаживаем: на какую дорожку встали, по той и идем, — он упрямо переставил пешку на прежнее место.

Поп глотнул из фарфорового стаканчика рисовой, крякнул в рукав, смел с доски белого коня и водрузил на его клетку ферзя:

— Ты вообще, солдат, играть-то умеешь — аль в первый раз?

Пашка вывел ладью, немедленно поставив ее под удар.

— Что ни ход — то вздор, — отец Арсений сокрушенно покачал головой и забрал ладью. — Ни смысла, ни логики...

— Как и в жизни, — безропотно покивал Пашка и подвинул одинокую пешку.

Лиза тихо стояла, наблюдая за их игрой. Она мало что понимала в шахматах, но от кроткого, уютного стука фигур по доске ей становилось спокойно. Деревянные воины, не способные предать и переметнуться в лагерь врага. Безболезненные, быстрые смерти. Ненапрасные жертвы. Перерождение пешки у последней черты. И всегда, всегда фигуры можно расставить заново на доске.

Она заставила себя оторваться от созерцания и направилась в кухню, отделенную от обеденной комнаты узорчатой занавеской.

— Это что же, мат? — услышала она за спиной озадаченный голос попа.

— Да не может быть, какой такой мат? — не менее удивленно отозвался рядовой Овчаренко.

— Вот те крест, солдат! Ты мне мат только что поставил! — Отец Арсений добродушно захохотал.

— Вот ведь!.. — радостно бубнил Пашка. — Бывают же такие случайности!.. И опять-таки, батюшка, прямо как в жизни: дуракам и пьяным везет... Ну, еще партейку?

Она задернула за собой занавеску.

В дымной кухне, пропитанной запахом пряностей, приемный отец варил рис в огромном котле и обжаривал на воке мясо и овощи. Заготовка на вечер — для тех, кто придет в харчевню поужинать.

— Я возьму немного риса для Насти?

— Она не будет есть рис, — его лоснящееся лицо за завесой пара и дыма казалось суровым и неподвижным, как у золотого священного идола. — Я приготовил для Насти цзисюэ-гэн. Это ее укрепит.

кто не брезгует простой работой, следуя учению мудрых

Бо протянул ей пиалу дымящегося, студенистого супа из вареной куриной крови. Он держал ее в раскрытых ладонях — и ему как будто вовсе не было горячо.

— Она не любит кровь, — поморщилась Лиза. — Ты же знаешь. Она жалеет животных.

— Теперь полюбит. Ты же знаешь. Она изменилась.

кто прячет тайное на виду

Лиза почтительно кивнула, протянула руки — но принять угощение не успела. Прорвав натянутый между деревянными рамами бычий пузырь, в окно влетел увесистый камень — и угодил в пиалу, которую держал Бо. Дымящаяся бурая кровь со слизистыми ошметками потрохов и глиняными осколками растеклась, разбрызгалась по полу.

— Эй, ты, ведьма! Выходи, ведьма!

Через прореху в бычьем пузыре было видно, как толкутся у фанзы охотники. Их выкрики, перемежавшиеся хриплым, надсадным лаем — у некоторых болтались на поводу охотничьи псы, — доносились и с заднего двора, и со стороны улицы. Потом громыхнула входная дверь, и послышался топот множества ног. Мужицкая толстопалая лапища сорвала занавеску, отделявшую кухонный закуток от основного помещения харчевни.

— Говорил же, тут она! — бабьим голосом, плохо вязавшимся с клочковатой бородой и двустволкой на плече, провозгласил шедший в авангарде староста Капитоныч. В трех шагах от Лизы и Бо Капитоныч замер, выпучившись на разлитую по полу кровь, попятился и перекрестился. Мужики сбились гурьбой за его спиной, не решаясь переступить через кровавую лужу и приблизиться к ведьме и ее папаше вплотную. Только двое псов все рвались вперед, натянув веревочные поводки и сдавливая себе глотки ошейниками. Один — брылястый, здоровенный Буран, — извернувшись, начал жадно загребать языком кровавую жижу; Капитоныч пнул его сапогом, и Буран, печально присвистывая, отполз в толпу, к ногам хозяина-лесоруба. Другая псина, длинная и верткая, как мохнатая гусеница, принадлежавшая одному из охотников-староверов, надсадно и безостановочно лаяла, вздыбив шерсть и скалясь на Лизу.

— Ты, значится, нам логово ваше дьяволиное в лесу покажи... — перекрикивая собаку, провизжал Капитоныч, — и мы тебя, бесиха, и дочку твою не тронем!

Лиза без страха оглядела толпу — позади всех, угрюмо уставившись в пол, топтался Ермил — и спросила:

— Какое такое логово?

— Ну так, нору вашу, мурью али гнездо — в общем, где вы там прячетесь от людского и Божьего гнева, богопротивные твари?

Она засмеялась — как смеялась всегда, когда была в ярости. Выдавила сквозь смех:

— Простите уж, люди добрые, в Лисьих Бродах, кроме вас, ваших баб, детей и собак, я тварей других не знаю.

— Ах ты ж сука! — совсем по-бабьи взвыл Капитоныч.

— Щас мы с ней по-другому поговорим! — хозяин зашедшейся в лае псины притянул ее к себе и стал отвязывать поводок. Мужики возбужденно и одобрительно загудели.

— Собаська фу, — забеспокоился Бо. — Собаська не надо. Хотите лисовая холосая водка?

— Хватит спаивать наш народ! — староста Капитоныч вытаращил глаза на китайца, потом на псину. — Спускай собаку, Игнатьич.

— Ну-ка, сявку свою брехливую придержите! — угрожающе рявкул Ермил и полез вперед через потную, в жаркой кухне изнывающую толпу, срывая с плеча ружье. — Договор был: перевертышей не щадим, а бабу не трогаем.

— Да какая же она баба? — возразил Игнатьич. — Перевертыш и есть. Вишь, как Шумка ее облаивает? А она ж у меня притравлена на лису и на волка, — он спустил-таки исходившую слюной и злобой собаку. — Ату ее, Шумка!

Псина тут же рванула к Лизе, клацая челюстями, но Ермил успел первым: замахнувшись, поперек хребта ударил собаку прикладом. Шумка, взвизгнув, повалилась в бурую лужу, и азарт в ее глазах сменился тоскливым непониманием: это за что ее? Ведь она была хорошей собакой, выполняла команду...

Ермил сапогом придавил собачью голову к полу и уткнул ей в пасть ружейное дуло:

— Забери собаку, Игнатьич, а то пристрелю. Считаю до трех. Раз...

Игнатьич кинулся к Шумке, быстро подхватил на руки и унес ее, скулящую и заляпанную остывшей куриной кровью, на улицу.

— Значит, правду говорят, что ты, Ермил Сыч, погряз во грехе с бесовскою ведьмой, — раздумчиво сказал староста. — А я-то не верил...

— Да, Сыч ведьму ебёт! — послышалось из толпы. — Дочку с нею прижил!.. И жену свою, и всех нас опозорил!..

— Разъясни-ка, Ермил, ты с нами — или ты с ведьмой? — Капитоныч прищурил выпученные глаза и стал похож на больную жабу.

— С вами я, — ни на кого не глядя, буркнул Ермил. — Но псов на бабу спускать негоже.

— Отрекаешься от ведьмы?

— Отрекаюсь. Мне она никто, она смершевская подстилка.

— А от дитя ее? — не унимался староста Капитоныч.

— Отрекаюсь. Не моя это дочка.

Лиза снова заливисто засмеялась.

— ...Мои дети — от законной жены моей, Марфы. И одного из них сейчас спасать надо, а мы тут время теряем!

— Пусть она логово волкодлаково нам покажет — вот время и сбережем, — парировал Капитоныч. — А ты, Ермил, если с нами да за правое дело — так не встревай.

— Вы что тут... дети мои? — в толпу протиснулся расхристанный, пунцовый от рисовой водки отец Арсений. — Что здесь происходит?!

— Мы нечисть изводить идем, батюшка! — охотно объяснил лесоруб и потянулся губами к руке священника; в отличие от старообрядцев, он к ручке всегда прикладывался. — Волкодлаков-перевертышей истреблять!

Арсений отдернул руку:

— Каких еще перевертышей?

— Да вот таких, как она.

Лесоруб указал на Лизу. Потом вдруг выхватил топор из-за пояса:

— Благослови оружию, батюшка, сделай милость!

— И мне! — плюгавый мужичок в рваном ватнике тряхнул допотопной берданкой. — И святой водицы б нам, отче!

— А еще иконку, иконочку! — взревел мужик с вилами. — Георгия Святого, змееборца, образок нам пожалуй!

Отец Арсений попытался поймать взгляд Ермила, но тот отвернулся; зато открыто и с вызовом таращился на него старообрядческий староста.

— Ты, Капитоныч, чего ж народ взбаламутил?

— Не я, а оборотни народ взбаламутили. А я работу твою делаю, отче. Тебе Господь велел во человецех зло истреблять, разве нет?

— В душах истреблять, Капитоныч, — мрачно ответил поп. — Любовью и милосердием... — Он оглядел мужиков. — Расходитесь-ка по домам, дети мои. Не трогайте Боряна и Лизу. Вообще никого не трогайте.

— Что ж ты, батюшка, ужели за ведьму тянешь? — оторопел лесоруб. — И за перевертышей?..

— Сам ты, отче, делай как знаешь, — недобро осклабился Капитоныч, — только нам не мешай вершить правый суд!

— Не судите, да не судимы будете, — неуверенно парировал батюшка.

— Мне отмщенье и аз воздам! — с кликушеским задором провозгласил Капитоныч. — А ты иди отсель подобру-поздорову, отче, займись свои делом: помолись, выпей водки...

Несколько мужиков ухмыльнулись в бороды. Лесоруб глумиться не стал: наоборот, посерьезнел. Такое обращение с батюшкой... Неподобающе, непочтительно. Но, с другой стороны, отец Арсений тоже вел себя не как подобает священнику: встал на сторону ведьмы, не дал ему к руке приложиться, для благого дела оружие не благословил...

— Буду Господа просить, чтоб вас вразумил, — кротко ответил Арсений и двинулся прочь из кухонного закутка нетвердой походкой. — Впрочем, только лишь Господнего вразумления будет здесь недостаточно, — пробормотал он себе под нос.

За одним из пустых столов сидел Лама и ножом выцарапывал что-то на деревянной столешнице. На отца Арсения не взглянул; только едва заметно затрепетали остроугольные его ноздри.

У окна, уткнувшись физиономией в шахматную доску с недоигранной партией, пьяным сном спал рядовой Овчаренко; у ног его валялся автомат.

— Шах! — Арсений громко ударил конем перед Пашкиным носом; тот открыл непонимающие глаза и выпрямился на лавке. — Твой ход, рядовой. Смотри, тут белые распоясались, — поп кивнул на мрачно кучковавшихся в харчевне охотников-староверов и вышел вон.

Несколько мужиков, перекрестившись, шагнули-таки в кровавую лужу; обступили Лизу и Бо, похоже не вполне понимая, что дальше делать — с безоружной-то бабой, и тем более стариком. На огне на воке шипели до углей сожженные куски овощей и мяса. Лиза тоненько захихикала, и Буран, лесорубов пес, разразился отчаянным, хриплым лаем.

— Это ты, бесовка, волкодлаков натравила на Лисьи Броды! — специально накручивая себя, выкрикнул лесоруб.

— Да, она!.. Она!.. — завелись остальные. — Подговорила упырей, дьяволица, чтоб наш скот подрали!

Лесоруб, стоявший ближе всех к Лизе, попытался потянуть дьяволицу за волосы, но Лиза укусила его за палец. Тот взвыл — скорее от изумления, чем от боли, — размахнулся широко для удара, но папаша Бо с неожиданной для сухого старика ловкостью перехватил его руку, извернулся и опрокинул лесоруба в размазанные по полу куриные потроха.

— Гун-фу, — как бы оправдываясь, развел худыми руками китаец.

...разве мы не догадываемся, что папаша Бо не так прост...

Мужики, найдя, наконец, веский повод для мордобоя, набросились на папашу Бо скопом, повалили и стали пинать ногами.

— Пр-р-рекратить!!

За спинами мужиков раздался звук передергиваемого затвора. Все обернулись. Лунатически пошатываясь, перед ними стоял рядовой Овчаренко с автоматом.

— Именем Кр... расной Арм... ии... — Пашка выпучил глаза и задержал в груди воздух, чтоб побороть икоту, но это не помогло, — а ну пош... ли все отсюда!

Мужики переглянулись. С Красной Армией лучше не связываться. И особенно с тем ее предствителем, который в шестерках ходит у смершевца. Ненасытившейся, униженной хищной стаей они направились к выходу.

— Вон! — как раз перестав икать и закрепляя успех, проорал Овчаренко им в спины; наклонился к папаше Бо. — Давай, Борян, помогу.

Вместе с Лизой они подняли старика и вывели с пропахшей дымом и гарью кухни.

Лиза вздрогнула: за столом в углу, поигрывая ножом, сидел Лама. Когда их обступили охотники, страшно не было, а только противно. Но от Ламы — сейчас в большей степени, чем обычно, — исходила угроза лишенного жалости, древнего хищника. Лама-хищник был опасней всех охотников, вместе взятых. И по жадным, немигающим глазам, которыми он смотрел на ее отца, она поняла, что он знает: средняя из сестер ему рассказала про их догадку.

кто явил милосердие после гнева

кто заботился о ребенке отступницы

— Тебя тоже касается! — Пашка пьяно грохнул ладонью по столу Ламы. — Давай, топай отсюда!

Лама не шевельнулся и не удостоил его даже взглядом. Неотрывно, как кот, приметивший усталую птичку, он глядел на владельца харчевни.

что подсказывает нам нюх

— Косорылый! К тебе обращается боец Красной Армии! — Пашка вздернул автомат ППС.

— Значит, вот как, достопочтеннейший Бо, в твоем доме принято обращаться с гостями? — вкрадчиво сказал Лама.

— Я прошу простить моего юного друга, — по-китайски ответил Бо с глубоким поклоном. Повернулся к Пашке: — Китайски гость уважать, китайски гость улыбаться!

Пашка мрачно опустил ствол.

— Господину угодно отужинать? — Бо опять перешел на родной язык.

— Люди говорят, ты делаешь лучший ханшин во всей Маньчжурии, — Лама развалился на лавке.

Папаша Бо кивнул и принес кувшин. Наполнил изящный фарфоровый стаканчик и поставил на стол перед Ламой. Тот понюхал прозрачную жидкость и, не притронувшись, отодвинул стаканчик:

— Люди редко говорят правду.

Небольшим треугольным ножом Лама принялся выкорябывать на столешнице горизонтальную линию — параллельную двум другим, которые он вырезал раньше.

— Полукровка твоя приемная меня знает. А ты знаешь, кто я, достопочтенный?

Бо помедлил, потом кивнул.

— Вот и славно. Значит, мы знаем, кто мы. Только этот пьяный ишак ничего не знает, — Лама кивнул на Пашку. — Впрочем, он и не способен понять, даже если бы мы говорили по-русски...

Лама закончил третью горизонтальную линию и аккуратно сдул со стола мельчайшие деревянные стружки.

— А вот я понятлив, и вот что, достопочтеннейший Бо, я про тебя понял... — он принялся выцарапывать острием ножа вертикальную линию, перечеркивая ею горизонтальные. — Ты чужак, который тридцать лет назад пришел в эту жалкую, проклятую дыру на берегу озера. Студент или, может, просто бродяга, кто сейчас вспомнит... Ты пришел и остался, открыл харчевню с дешевой водкой, которую местные считают лучшей во всей Маньчжурии. Ты явил милосердие: удочерил малышку-сиротку, прижитую матерью-хулицзин от какого-то проходимца; она подбросила ее тебе на порог. Когда ей исполнилось семь и она совершила превращение, ты помилосердствовал снова — и оставил в доме лису, дочь отступницы, изгнанной своим кланом... Что ж, на свете есть милосердные дураки, это мне понятно. Но еще понятно, что в этой истории не хватает чего-то главного...

Лама снова подул на стол и удовлетворенно оглядел получившийся иероглиф. Три горизонтальные линии, перечеркнутые одной вертикальной. Хозяин. Ван.

— ...Ты ведь не откажешься добавить недостающую часть к моему рассказу?

Старик устало, без выражения смотрел на вырезанный на столешнице знак:

— Мне нечего добавить. Это вся история, господин.

— Жаль, почтеннейший Бо...

Лама вытянул нож над столом и острием приподнял край линялой рубахи, оголив стариковский живот. Под седыми курчавыми волосками, чуть ниже сморщенного пупка у Бо виднелось родимое пятно в форме иероглифа «ван». Четыре линии, три горизонтальные и одна поперечная, такие четкие и изящные, как будто их вывел старинной тушью опытный каллиграф.

— ...Или правильней называть тебя мастер Чжао? — Лама приставил кончик ножа к перекрестью в центре иероглифа «ван». — Не ты ли — живущий тысячу жизней и носящий тысячу лиц, владеющий секретом изготовления красной киновари чан-шэн-яо? Не ты ли — Учитель, прогнавший меня с позором?

— Ты что творишь?! А ну нож убрал! — взревел Пашка и снова схватился за автомат.

— Гость улыбаться, — невозмутимо осадил его Бо и даже сам коротко улыбнулся, как бы подавая Пашке пример. — Китайски тладиций.

— Ну и традиции у вас! — Рядовой уселся на лавку и отвернулся, нахохлившись.

Папаша Бо стоял неподвижно, с непроницаемым, бесстрастным лицом. А в центре родимого пятна у него на животе под кончиком ножа наливалась алая капля.

ведь мы же догадываемся, что он не так прост

Лиза завороженно глядела на эту каплю. Почему он не защищается? Если отец ее — и правда тот, кто носит тысячу лиц, то почему сейчас он не явит силу, не накажет наглеца и убийцу, не разорвет его в клочья? И потому ли он так спокоен, что смерть ему не грозит, — или, напротив, он перед этим хищником беззащитен и просто замер, как замирает слабый зверь перед настигшим его сильным зверем?

— Давай, почтенный, — Лама еще немного вдавил острие ножа. — Назови мне настоящее имя — или умрешь. Только без фокусов. Ты ведь знаешь, что я сильней. Ты совершенствовал дух, а я тело. Я был сильнее уже тогда. Просто покорнее и глупей.

Багровая капля выпросталась из центра иероглифа «ван» и скатилась по животу вниз. Бо молчал.

— Ты не боишься умереть? — с непосредственностью ребенка-садиста, препарирующего улитку, полюбопытствовал Лама.

— Иногда лучше умереть.

— Смотря как умирать, почтенный. Мой нынешний господин ищет великого даоса мастера Чжао, чтобы под пытками выведать у него место захоронения глиняной армии и секрет приготовления эликсира чан-шэн-яо, ибо он хочет воскресить эту армию. С моим господином мастера Чжао ждет мучительная, медленная, позорная смерть... — Кончиком ножа Лама принялся «освежать» иероглиф. — Между прочим, мой господин появится здесь совсем скоро, — верхняя горизонтальная линия налилась кровью. — Через восемь минут. Мой господин настоящий немец, он никогда не опаздывает... — Лама медленно повел лезвие по второй, параллельной линии. — Но я могу не указывать моему господину на мастера Чжао. У меня ведь другая цель. Я готов отпустить Учителя. Я согласен даже не мстить ему за унижения, — он старательно пропорол третью, вертикальную линию. — Все, чего я хочу, — стать тем, кем мне давно положено быть. Его преемником. Новым мастером Чжао!

— Ученику, даже бывшему, негоже не знать, что не бывает нового мастера, — прервал молчание Бо. — Только тело становится новым. Мастер Чжао — все тот же. Он — дорога, и каждое воплощение — лишь еще один камушек у него под ногами. Он — бескрайнее озеро, и каждое воплощение — лишь еще одна капля.

— Мне плевать. Я ступлю на эту дорогу, и ее завалит камнями. Я вольюсь в это озеро — и оно выйдет из берегов. — Лама кончиком ножа «обвел» последнюю, горизонтальную нижнюю линию. — Ну же, сделай меня собой. Назовись мне. Произнеси свое имя, Учитель.

— А если я не Учитель, но ученик, отверженный, как и ты?

По неподвижному лицу Ламы прошла легчайшая судорога — как будто рябь по Лисьему озеру ветреной ночью, — и Лиза увидела, что бездушные его, пустые глаза, лишенные сияния ци, изменили цвет. Будто темное каменное масло чао-тун переродилось в янтарь, но и в этом янтаре не проглядывала душа — только тусклая, древняя, застывшая навеки смола. Полуметаморфоз — тяжело, мучительно, больно, почти невозможно. Лиза тоже умела делать такое — но дольше нескольких секунд не могла продержаться. Он сильнее нее. Он значительно сильнее нее.

Лама хищно, по-кошачьи оглядел янтарными глазами папашу Бо и прильнул щекой к его животу:

— Если ты не Учитель, а ученик, значит, я ошибся и принял изделие за мастера. — Он обнюхал кровоточащий иероглиф и лизнул его языком. — За что он тебя изгнал? Ты тоже кого-то убил?

— Напротив. Я полюбил. Сначала женщину, а потом и ее ребенка, — папаша Бо посмотрел на Лизу. — Идущий путем дао не должен позволять себе ни жестокости, ни привязанности. Так говорил Учитель.

— Однако же, я верно почуял, чьим духом от тебя так воняет. Может, ты — не он, но ты знаешь.... ведь ты же знаешь... — Лама резко отстранился от Бо и приставил острие ножа к центру «ван». — Чье лицо он носит сейчас?

— Не знаю, о чем вы тут, Борян, говорите, — снова не выдержал Пашка. — Я вашу культуру местную уважаю — и что значки у вас непонятные вместо букв, и что вы жрете тараканов и летучих мышей, и что вы вилку держать в руке не обучены... Но эта ваша традиция тыкать ножичком человеку в пупок мне прямо дико не нравится!

Не отрывая взгляда от кончика ножа, Лиза тихо сказала:

— Паша...

— Да понял, понял! — тот раздраженно от нее отмахнулся. — Китайский гость улыбаться.

— Нет, ты не понял. Он хочет убить моего отца. Пожалуйста, помоги.

ГЛАВА 13

Я останавливаюсь у поворота к радиоточке и делаю пару глотков из фляжки. Ханшин, китайская водка. Надеюсь, она немного меня обезболит. Все разговоры с полковником Аристовым сопровождаются страшной мигренью: как будто звук его голоса оголяет в голове невидимую проводку и вызывает короткое замыкание, разряды боли, от которых перед глазами мелькают серебристые сполохи, а во рту появляется вкус паленой резины. Полковник снова спросит меня, есть ли новости по беглому зэку Кронину, и, судорожно сглатывая горелую эту резину, я снова отвечу, что ребята делают все, что в их силах, но до сих пор его не поймали. До сих пор меня не поймали...

У самого входа в радиоточку стоит майор Бойко и курит — сосредоточенно и как-то остервенело, втягивая в себя разом по полпапиросы. Под ногами у него целая россыпь раздавленных папиросных окурков. Я коротко козыряю, подступаю к нему вплотную, но он не отходит.

— Пусти-ка, майор. Меня штаб вызывает.

— Да неужели? — он ухмыляется, не двинувшись с места. — С чего б это штабу тебя вызывать? Ты ж враг народа и диверсант, — он тянется рукой к кобуре. — Где мое золото, Кронин?

— Так разве ж оно твое, мародер и убийца Бойко? — я широко улыбаюсь. — Ты вроде его украл. Значит, золото — воровское.

В его руке — трофейный японский «намбу», в моей руке «вальтер». Мы с Бойко стоим нос к носу и направляем друг на друга стволы — не в открытую, от бедра. Мы говорим приглушенно, почти интимно. Со стороны, наверное, кажется, что мы изливаем друг другу душу. В каком-то смысле все так и есть: мы изливаем друг на друга давно копившуюся в наших душах злобу и грязь.

— Морали блатные мне будешь читать, вошь лагерная?! — его ухмылка все больше напоминает оскал.

— Тебе морали мои не помогут, — говорю ровно. — Ты, Бойко, гад конченый. Ты друга убил. Своего фронтового товарища.

— А я пересмотрел свои с капитаном Деевым отношения перед лицом беспощадного факта. Что ж это за друг и товарищ, который меня с потрохами тебе сдает? Ой, то есть, прости, обознался — не тебе, а другому Шутову, которого ты угандошил... За Шутова, кстати, большое, от всего моего пролетарского сердца, спасибо. Он по мою ведь душу сюда торопился, правильно рассуждаю? Ты его грохнул — а мне отсрочечка вышла... — Он чуть откидывает голову и заразительно, во всю глотку хохочет.

— А не боишься, что тебя тоже грохну? Уж больно ты мне, майор, неприятен... в своем истинном виде.

— Так ты же умный, подонок. Не грохнешь. Тебе лишний шум не нужен. Ты ж у нас тут инкогнито... А мне вот, Кронин, если обойму в тебя всажу, потом медальку дадут.

— Не всадишь, Бойко. Тебе без золотишка — не жизнь. А в медальке его на копейку, — я убираю «вальтер».

— Что ж, философию ты верно секёшь, — он тоже прячет «намбу» назад в кобуру. — Верни мне золото, Кронин, — и дальше делай что хочешь. Хоть баб ищи, хоть покойников мечом потроши — я вмешиваться не буду. Просто золото возьму и уйду...

— Ты что, дурак, майор? Ты правда думаешь, я цацки тебе отдам и на все четыре стороны отпущу? Тебя поймают, ты меня сдашь... нет, так не пойдет.

Он понимающе щурится:

— Вижу, куда ты клонишь. Давай поделим. Половину золота забирай. И уходим вместе. Есть выход на людей. В Шанхай доставят, оттуда двинем в Австралию.

— В Австралию, значит?

— Да. Но вообще как захочешь. Весь мир будет твой. Давай, решай, Макс. — Он возбужденно закуривает новую папиросу. — Хотя чего тут решать. По рукам?

Он протягивает мне раскрытую, дружескую ладонь. Ладонь, в которой только что держал нацеленный на меня пистолет.

— Товарищ Шутов, вы скоро? — из радиоточки высовывается переполошенный радист Артемов. — Там вас прям срочно штаб вызывает!..

Радист озадаченно смотрит на протянутую для рукопожатия пятерню Бойко. Потом на мою опущенную, неподвижную кисть. Рука майора медленно опускается. Он зачем-то вытирает ее о штанину. Косится на радиста:

— Иди, Артемов. Пока настрой там. Капитан сейчас подойдет.

Мы снова остаемся вдвоем. Он бросает окурок на землю и яростно давит его тяжелой подошвой егерского ботинка.

— Послушай, ты. Я тебе предлагаю вместо параши — золото и свободу. Такое — только раз в жизни... Такое больше никто тебе никогда не предложит!

— Ты мне, майор, предлагаешь подлость обыкновенную. Так что становись в очередь. Я тут дела свои пока не закончил. С дороги.

Радист Артемов больше не пытается оставаться при радиостанции, когда я говорю со штабом. Он проверяет связь, протягивает мне трубку, козыряет и сразу выходит — цирковой дрессированный пудель, обученный сложному трюку.

Я подношу трубку к уху, ожидая услышать полковника Аристова. Я говорю «прием» и готовлюсь к разряду боли.

Но боли в этот раз нет.

— Шпрехшталмейстер на связи, — голос подполковника Алещенка.

— Клоун на сцене.

Мне так мучительно тяжело давались разговоры с полковником, что Алещенку я радуюсь почти как родному. Шпрехшталмейстер и клоун, что может быть проще. Особенно теперь, когда я, наконец, понял, что фокусник — это у нас майор Бойко. Ведь Шутов был сюда командирован по его душу...

Но разговор не о фокуснике.

— Полковник Аристов оказался оборотнем, — говорит Алещенок. — Предателем. Гнидой. Пока ты в этих... Бродах мудохался — он тут творил... свое черное дело. А когда его... разоблачили — сбежал. Погибли три офицера. Ты понимаешь, Степашка, что это значит?..

Я понимаю, что подполковник взвинчен и пьян. Он пьян настолько, что говорит не шифруясь, а язык его заплетается.

— ...Это значит, Степашка, ты выполнял приказы врага.

— Мы выполняли, товарищ подполковник, — поправляю я его осторожно.

— Молчать! — его крик тонет в треске помех, а когда всплывает опять, я слышу, что подполковник слегка задыхается, как будто и правда идет ко дну. — Москва... рвет и мечет... Меня отстранили... до выяснения... Штаб... на ушах... Не до тебя сейчас, клоун... Но дай день, много два... вспомнят и про тебя. Всех перетрясут... в твоих Лисьих Бродах... до донышка вычистят, до кишок... Так что ты, Степа, если не хочешь, чтоб тебе кишки вынули, на допросах должен правильно все сказать. Что вся эта херотень — и с твоими парнями... и с этим... Деевым... это все полковника Аристова рук дело... Он устроил заговор, запоминай, Степа... А мы с тобой — мы! — заговор этот вскрыли... Пресекли гада... Только арестная группа подкачала... Ты меня понял?..

— Так точно. Значит, беглого зэка Кронина мы больше не ищем?

— Забудь про Кронина! Не о том ты думаешь, Степа! Твоя задача — на допросе вести себя правильно...

Он снова повторяет мне то, что уже сказал, он ходит по кругу, захлебываясь треском радиоволн и ледяным страхом. Он все еще говорит, когда радист Артемов без стука влетает в радиоточку:

— Там поп пришел! Говорит, в харчевне папаши Бо собрались революционеры!

ГЛАВА 14

Когда убийца, утративший душу, но в совершенстве владеющий оружием и собственным телом, убийца, за долгую жизнь проливший столько человеческой крови, что ее бы хватило на еще одно Лисье озеро, убийца, который ходит дорогой тигра и давно уже не считает себя человеком, — когда такой убийца приставляет к животу твоего отца острый нож, по логике вещей этот живот неминуемо будет вспорот.

Особенно если кроме тебя рядом с отцом есть только добрый, пьяный, нелепый, неуклюжий солдат, который плохо понимает, что происходит и у которого убийца одним коротким, точным движением выбивает из рук автомат, как только тот пытается вступиться за старика.

Особенно если ты сама не можешь ничего сделать, потому что ты знаешь, что убийца сильнее тебя, а в соседней комнате спит твоя смертельно больная дочь.

Но есть еще логика хаоса — его иногда называют судьбой, — согласно которой дуракам и пьяным везет. По этой логике у пьяного солдата разъедутся ноги, и он рухнет на пол, опрокинув на себя стол с кувшином водки и шахматами, ровно в тот момент, когда убийца прицелится ножом ему в горло, — и острие угодит в столешницу.

По этой же логике пьяный солдат попробует запустить осколком кувшина в убийцу и, конечно же, промахнется, но, уклоняясь и по-кошачьи отпрыгивая чуть вбок, убийца не учтет валяющуюся на полу белую пешку, и поскользнется на ней, и, конечно, удержится на ногах, но все же потеряет несколько драгоценных секунд, что даст возможность пьяному солдату перевернуться со спины на живот и встать хотя бы на четвереньки.

И на четвереньках пьяный солдат поползет к своему автомату, но убийца, конечно, успеет раньше, и подхватит автомат первым, и прицелится, и выстрелит пьяному в голову — но ничего не случится, потому что пьяный солдат забыл его зарядить.

И убийца отбросит автомат и снова занесет нож, и солдат беспомощно заслонит руками лицо, готовясь к неминуемой смерти, но по логике хаоса, который еще называют судьбой, ровно в эту секунду в харчевню ворвутся десантники и тот, кто называет себя капитаном СМЕРШ, потому как священник сказал им, что мужики затеяли бунт.

И они откроют огонь. И убийца, совершив нечеловеческий, тигриный прыжок, ускользнет в окно, и его не догонят. Но и твой отец, и пьяный солдат останутся жить. И тогда ты при всех обнимешь того, кто выдает себя за сотрудника СМЕРШ.

Ты обнимешь человека, которого полюбила.

Говорят, что женщина-лиса может влюблять в себя по мужчине хоть каждый день, но сама влюбляется не чаще чем раз в сто лет.

Тебе тридцать лет, у тебя были сотни мужчин. Но Макс Кронин — твоя первая в этой жизни и последняя в этом веке любовь.

ГЛАВА 15

Она обнимает меня — и мир вокруг послушно пустеет. Любовь, как смерть, помечает свою территорию и не терпит присутствия посторонних. Она обнимает меня — и Пашка уводит папашу Бо в лазарет, а Тарасевич с Гореликом и остальными десантниками молча уходят.

Она обнимает меня — и я обнимаю ее в ответ. Любовь умеет мгновенно сплести себе из объятий кокон. И в этом коконе на несколько бесконечных секунд я забываю, кто я такой и зачем я здесь. И мне вдруг кажется, что весь путь от рудника «Гранитный» до Лисьих Бродов я проделал только лишь для того, чтобы сейчас обнять ее в этой вонючей, душной харчевне...

— Майн гот, как трогательно. А мне говорили, ты в городе, чтобы искать Элену.

...В любви, как в смерти, нет никакого высокодуховного смысла. Любовь, как бабочка-поденка, рождается из кокона с единственной целью: подняться в воздух, в полете слиться с другой поденкой, а дальше — сдохнуть...

Я отстраняюсь от Лизы, почти отталкиваю ее — и оборачиваюсь к тому, кто стоит на пороге. Антон фон Юнгер. Сводный брат моей Лены.

— Я рад, что ты утешился, Макс, — добавляет он с этим своим обаятельным, мягким акцентом и подмигивает Лизе так сально и так небрежно, что я понимаю — они знакомы.

Он заходит в харчевню и брезгливо озирает перевернутые столы, и осколки посуды, и потроха, застывшие в бурой луже, и выбитое окно.

— Мой слуга, похоже, тут с кем-то слегка повздорил... — он переводит взгляд на меня, — в поисках мастера Чжао.

Юнгер смотрит на меня испытующе — словно ищет в моем лице ответ на какой-то незаданный, но важный вопрос. Мне плевать. У меня к нему свой вопрос.

— Где моя жена? — мой голос звучит как будто издалека, невнятно и глухо, словно сам я не здесь, а замурован где-то под полом.

— Макс, твоей жены больше нет. Смирись. Она стала частью эксперимента.

— Какого... эксперимента? — там, где я замурован, резко кончается воздух.

— В моей лаборатории. «Отряд-512». Неужели не слышал?

Мне так хочется заорать. Мне хочется бить его по лицу, пока с него не сползет эта самодовольная ухмылочка вместе с кожей. Но я не могу ни вздохнуть, ни пошевелиться. Как во сне. Как под каменным завалом в заброшенной штольне. Камни, камни внутри и снаружи, и я выдавливаю сквозь каменное крошево, которое забило мне горло:

— Она была твоей подопытной крысой?!

— Отчего же крысой. Меня интересуют только высшие формы жизни.

Мне, наконец, удается выбраться из-под невидимого завала. Я бью его по лицу. Я припираю его к стене:

— Что ты сделал?

Я бью его снова. И снова:

— Что ты с ней сделал?

Он улыбается. У него полный рот крови.

— Я вижу, Макс, ты пока не готов к научному разговору... Давай мы лучше поговорим о чем-то, что тебе ближе? К примеру, о том, что ты сделал с капитаном СМЕРШ Шутовым. И с тремя его подчиненными. И с вертухаем на зоне. Я просто тревожусь... — он смотрит на Лизу, — вдруг эта стукачка что-нибудь упустила при пересказе?

— Он врет, — она закрывает лицо руками, и я понимаю, что это правда.

Я говорю ей:

— Тварь.

Ее плечи мелко трясутся — то ли от смеха, то ли от плача. Я отворачиваюсь. Я на нее не смотрю. Я больше не хочу на нее смотреть.

Любовь — пузатая комариха, которая пьет твою кровь. Когда она к тебе присосалась, ее надо прихлопнуть, стряхнуть с себя и забыть.

Я приставляю к виску Юнгера револьвер:

— Что. Ты сделал. С Еленой?

Он смотрит мне в глаза своими арийскими голубыми глазами. Он говорит:

— Твой револьвер раскален добела.

И происходит какая-то чертовщина.

Он обжигает мне руку. Мой «смит-вессон» действительно обжигает мне руку. Я машинально отшвыриваю его от себя, я чувствую запах паленой кожи. И я смотрю, как на воспаленной ладони вызревает мутно-желтый волдырь. И Юнгер тоже смотрит — с таким лицом, как будто перед ним редчайшее произведение искусства.

— Майн гот! А раньше ты мне не подчинялся. С тобой мог справиться только Аристов.

Обруч боли стискивает мне череп.

— Со мной мог... справиться... кто?

— Полковник Аристов. На которого ты работал.

Мой обруч лопается. Его осколки вонзаются глубоко в виски и в затылок. И я ору:

— О чем ты?! Я не работал ни на какого полковника! Я был артист цирка!

В его глазах — беспримесный, детский восторг:

— О боже, Макс. Ты и правда *совсем* ничего не помнишь!

— Товарищ Шутов! Там мужики на площади у оружейного склада! — в харчевню вбегает Пашка. — Совсем помрачились! Требуют им выдать стволы и взрывчатку для охоты на оборотней! Вас ребята срочно зовут...

Он застывает, заметив, наконец, барона фон Юнгера. Таращится растерянно на его разбитое в кровь лицо и на мои измазанные красным костяшки, на мой револьвер, валяющийся в куче осколков:

— Товарищ Шутов... вы этого гражданина что — арестовываете?..

— Представь, Максимка, сколько интересного я расскажу на допросе! — ухмыляется Юнгер.

— Товарищ Шутов, а почему он вас называет Максимкой?!

никогда не смотри в глаза хищнику

— Гражданин обознался, — я смотрю в голубые, безумные глаза Юнгера и почему-то не могу отвернуться. — Дай мне свой автомат, рядовой, — я протягиваю руку, не глядя на Пашку.

— А ваш револьвер... поломался? — спрашивает он, но послушно сует мне автомат.

— Бессмысленно, Макс, — кривится Юнгер. — Автомат тебе не поможет...

В его глазах — уверенность, наглость и скука...

...Я видел такие глаза у льва. В прошлой жизни. Когда я был цирковым. В шесть лет мне поручили кормить не только собак и кошек, но и хищных животных.

— Ты, пацанчик, никогда не смотри в глаза хищнику, — лениво посоветовал укротитель. — Но если уж все-таки посмотрел — не отводи взгляд. Смотри на зверя уверенно. Он должен поверить, что ты сильней.

Я спросил:

— Как же я заставлю его поверить?

— Представь, что смотришь на зверя через прицел. Слегка сощурься. Сфокусируйся на нем. Остальное должно стать расплывчатым и нерезким... Но самое лучшее — просто избегай встречаться с ним взглядом.

Он протянул мне миску с заветренным мясом:

— Начнешь со льва.

Его предплечья и запястья были исполосованы шрамами.

— Когда вас бьет лапой лев или тигр, вы бьете его в ответ? — спросил я.

— Я делаю вид, что мне совершенно не больно. А потом уже бью его плеткой.

— Почему?

— Если он увидит, что способен меня поранить, просто слегка махнув лапой, он почувствует свою власть. Пусть считает, что я силен и неуязвим. Что больно только ему.

В первый же вечер я сунул в клетку льва миску и посмотрел ему в глаза — как будто через прицел. Через неделю я уже кормил его мясом с ладони. Моя рука была покрыта узором свежих царапин.

— А у тебя большое будущее, пацанчик, — сказал укротитель. — Ты можешь выступать с хищниками.

Я ответил:

— Нет. Это слишком просто.

Если мои слова его и обидели, он не подал виду.

— Что же ты хочешь делать?

— Метать ножи. Точно в цель. С завязанными глазами.

Он засмеялся:

— Этого не будет, пацанчик. Мадам Эсмеральда собирается сделать из тебя клоуна.

Притворись, что тебе не больно. А потом ударь плеткой.

— ...Твой автомат, как и револьвер, раскален добела, — говорит Юнгер небрежно.

Он смотрит мне в глаза, и я больше не пытаюсь отвести взгляд. Я смотрю на него так сосредоточенно, что остальной мир становится расплывчатым и нерезким. Я смотрю как будто через прицел.

Раскаленный металл опять обжигает мне кожу. Ладонь покрывается новыми волдырями. Я перехватываю автомат второй, здоровой рукой, обжигаю и ее, но отвечаю беззаботно и ровно:

— Мне кажется, все остыло.

В его глазах больше нет ни уверенности, ни скуки. Там удивление и досада.

— Я буду считать от трех до нуля, когда я скажу «ноль»...

Я бью его прикладом в висок, и он оседает на пол. Я засовываю ему в рот завонявшуюся влажную тряпку, которой папаша Бо вытирает столы, и, не глядя на Лизу, говорю:

— Принеси веревку.

Со стороны площади доносятся автоматные очереди.

Я связываю Юнгера, возвращаю Пашке автомат и командую:

— Стоять у входа. Никого не впускать. Если этот очнется — выруби его снова. Я вернусь — и мы с ним договорим. Все понятно?

— Так точно, товарищ Шутов!

Я иду на площадь, а Лиза семенит за мной следом. Как попрошайка. Как бездомная собачонка.

— Максим, постой! Позволь мне все объяснить!

Я говорю, не оборачиваясь:

— Пошла вон, стукачка.

Любовь — как хищник. Она будет жрать у тебя с руки. А потом исполосует когтями твою ладонь.

ГЛАВА 16

Придурковатый солдат, который его охранял, практически сразу заснул — прямо в дверях, привалившись спиной к косяку, широко раскинув ноги в грязных, заляпанных галифе, отвесив губу и источая запах водочного перегара, который, выпрастываясь из открытого рта рядового, сливался со сквозняком и гулял по харчевне, как бесплотный неприкаянный дух, отчаянно жаждавший вернуться в породивший его кувшинчик с рисовой водкой.

Юнгер попробовал избавиться от веревок и кляпа, но не преуспел — Кронин связал его крепко. Из-под скомканной тряпки, вонявшей прогорклым жиром, на подбородок сочились слюни. Он мог, конечно, просто дождаться, пока за ним придет Лама, — но представать в таком жалком виде перед собственным слугой барон не хотел.

Оставался рискованный, но красивый способ освободиться. Войти в сон охранявшего его, похрапывавшего солдата, обмануть его спящий разум, овладеть его спящим телом и заставить себя развязать. Можно даже оставить его в живых. Неблагородно стрелять в сомнамбул.

Барон фон Юнгер был, как сам он про себя говорил, стихийный менталист-самоучка, теоретические познания в области *ментального* имел весьма фрагментарные, но всевозможным, в особенности опасным и рискованным, практикам отдавался с азартом и страстью. Искусство входа в чужие сны он освоил практически в совершенстве — хотя и сознавал, что каждый раз может быть последним. Прыжок над воющей, гудящей от безысходности бездной, шаг над клокочущей разверстой утробой небытия — вот что такое вход в чужой сон; всегда есть вероятность сорваться.

Он убаюкал себя мантрой *аум* — ее несложно петь даже с кляпом. Из брахманизма, которым барон увлекался по молодости, он в итоге только эту мантру и взял. Аум. «Слово силы», давшее начало вселенной, которая родилась от вибрации, вызванной тремя священными звуками. Звук «а» — гудение в животе, возникновение жизни из утробы, из-под земли. Звук «у» — бурление крови в груди и горле, гул земной жизни. Звук «м» — протяжная колыбельная, пронизывающая все тело от ног до макушки, стон умирания, уносящийся в небо.

Он был перевозбужден, к тому же в последнее время для погружения в сон чаще использовал вино или опий, чем мантры, — поэтому «слово силы» Юнгеру пришлось повторить много раз, прежде чем он смог наконец перенестись в Обитель Снегов, принять обличье орла, воспарить над горной грядой и занять привычное, насиженное место на одной из снежных вершин.

Он создал этот мир сам. Обитель Снегов — территория его личного сна, его взлетно-посадочная полоса. Горная цепь его собственной Шамбалы, где все под контролем, кроме слегка припорошенной снегом, призывно гудящей, вибрирующей бездны *межсонья* у подножия гор.

Он огляделся вокруг, стараясь не фокусироваться на том, что внизу (*межсонье* может затянуть, заманить; однажды он чуть было не сорвался в пике), но пристально и детально изучая окрестные склоны, отроги и пики. Как распознать другого сновидца в собственном сне? Довольно просто, если физически, географически спящие находятся рядом: их сны невольно вторгаются на соседнюю территорию, взаимопроникновение неизбежно. Ищи нестыковки, несовпадения, выпадения. Ищи что-то чуждое, привнесенное, или, напротив, недостающее в привычной картинке. Вот это чужеродное, нарушающее логику твоего сна, иногда едва различимое, ненавязчивое вкрапление — и есть точка входа. Притаившийся в твоем сне отросток чужого сна.

Сейчас чужеродным элементом был камень. Округлый валун на одной из горных вершин, который Юнгер не создавал, — а если и создал, то под густым слоем снега. А этот камень был черным и гладким, без единой снежинки. Его поверхность маслянисто мерцала и, если приглядеться, казалась даже текучей. Как будто под тонкой матовой пленкой бурлили каменные течения и дули черные ветры.

Что может сниться этому солдафону? Возможно, что-нибудь про войну. И, кстати, камень похож на пушечное ядро. Наверняка на территории его сна сейчас идет бой. Ну что ж, орлу там самое место — в небе над полем боя.

Орел поднялся в воздух, сделал круг над заснеженной Шамбалой — и спикировал к черному валуну. Его поверхность, как Юнгер и ожидал, оказалась не плотнее воды. Он погрузился в мякоть чужого сна глубоко, с разгону, с лёту, без боли.

...Там не было боя. Не было войны и не было мира. Не было земли и не было неба. Не было вообще ничего. Одна лишь черная, непроглядная пустота, которая заполняла его, затекала в глаза и горло и медленно каменела, густела и внутри него, и снаружи — чтобы он больше не был ни птицей, ни человеком, чтобы он тоже сделался частью этого камня, сделался пустотой.

Он задержал дыхание и, с трудом преодолевая сопротивление тьмы, двинулся вслепую, на ощупь. Он угодил в ловушку: этот сон был без сновидений. Самый опасный для менталиста. Глубокий и непроглядный, как накрытая гранитной плитой могила, сон мертвецки пьяного человека. В такие сны нельзя входить глубоко. В такие сны вообще не стоит входить.

Он брел в пустоте, потеряв ориентацию, не представляя, с какой стороны он сюда проник. Он больше не рассчитывал найти выход из тьмы, но надеялся хотя бы нащупать ее границу. Когда есть граница — есть надежда эту границу так или иначе преодолеть, пусть даже и рискуя оказаться в межсонном месиве приграничья. Все лучше, чем дать себя разъесть этой чужой пустоте, навеки раствориться в пьяном сне без сновидений. Такой бесславный конец.

Задерживать дыхание стало невмоготу; он все-таки втянул в себя порцию пустоты — и понял, что больше не помнит отца. Со следующим вдохом он позабыл свое имя. Во тьме его сознания, стремительно густевшей, как густеет сворачивающаяся кровь мертвеца, беспомощно металось имя Элена, но он никак не мог сообразить, чье оно.

Превозмогая сопротивление пустоты, уже не понимая зачем, он снова пошел вперед, а может, вниз или вверх — и вдруг увидел чье-то лицо в дрожащем овале света. Лицо человека, но с птичьим клювом. В клюв — вымазанный высохшей кровью, раззявленный — всунута скомканная серая тряпка...

Тогда он все вспомнил. Его имя — Антон фон Юнгер. Его тело избито и связано, его сознание спит. Он внутри чужого сна без сновидений — и сейчас он смотрит на свое отражение. Это значит, он прошел пустоту насквозь и все-таки нашел выход — чужеродный, нарушающий логику элемент: висящее во тьме зеркало. Это также значит, что в харчевне папаши Бо они с солдатом — не единственные сновидцы. Тут спит кто-то еще. Спит тот, кому снится зеркало.

Он тихонько постучал в зеркальную гладь разинутым клювом. Заповедный, сказочный вход. Когда не знаешь, кто по ту сторону, имеет смысл быть вежливым.

Она проснулась и опять услышала его крик: он, как и раньше, доносился из леса. Вернее, нет. Этот крик звучал в ее собственной голове — но она знала, что Прошка кричит в лесу.

Похоже, она проспала весь день: в комнате было совсем темно, и только керосиновая лампа на полочке с идолами сочилась тусклым дрожащим светом, выхватывая из тьмы деревянные лисьи головы.

Она вскочила с кана — легко, проворно, как будто и не болела, но очень тихо, чтобы не разбудить спавшую рядом маму. Она спасет его, хоть мама и будет против. Мама считает, что Прошка ее помощи недостоин. Ведь сам он Настю спасать не стал, когда его братья связывали ей ноги, а белобрысый Тихон прилаживал к шее камень. Он им позволил столкнуть ее с лодки в озеро.

аще утопати начнеть, неповинна есть; аще ли попловеть — волховъ есть

Она не утонула — что ж, значит, она *волховъ*. Она перевертыш, бесовка, ведьма. Но Прошка все-таки ее брат. Пусть они знают, что перевертыши не бросают родных в беде. Так делают только люди.

Она взяла с полки керосиновую лампу, подошла к двери... Но двери там больше не было. Сплошная стена — плотно подогнанные кирпичики из мелко истертой соломы, смешанной с глиной. Она метнулась к окну, уже предчувствуя, уже зная... Не было и окна. «Нас здесь замуровали, — подумала Настя. — За то, что мы ведьмы, они замуровали меня и маму». Она вернулась к кану и, с трудом ворочая языком, — рот был как будто чужой и плохо ей подчинялся, — шепнула:

— Мама.

Та не откликнулась и не пошевелилась. Она лежала на спине, накрытая белой простыней с головой. И рядом с головой стояли на кане Настины красные войлочные туфельки с тиграми, наполненные до краев пеплом.

Настя поставила лампу на кан, сдернула простыню — и только тогда закричала, но вместо крика получился почему-то высокий, лающий смех. Под простыней была не мама, а сама Настя. Неподвижное ее тело. В раскрытых ладонях поблескивали монеты. Босые ноги в области щиколоток связаны грубой веревкой.

Послышался стук. Негромкий, вкрадчивый, осторожный, он доносился из зеркала, накрытого почему-то шелковой красной тканью. Тихонько поскуливая — эти звуки получались у нее теперь вместо плача, — Настя подошла к зеркалу и стянула с него красное покрывало. Зеркало было металлическим, очень старым.

Она поднесла к лицу лампу и взглянула на свое отражение. Янтарные глаза, лисья пасть. Звериная голова на человеческой шее... Настя опять попыталась закричать — ее отражение широко разинуло пасть, исторгло струю горячего, булькающего хохота, и поверхность зеркала изнутри заволоклась паром. Спустя секунду кто-то протер ее рукавом. Лиса исчезла. В комнате по ту сторону зеркала стоял человек с окровавленным птичьим клювом.

Она отшатнулась. Человек по ту сторону, наоборот, придвинулся еще ближе и сказал с легчайшим, мягким акцентом:

— Не бойся. Мне нужна твоя помощь.

Она спросила:

— Кто ты?

Получилось невнятно, но он ее понял:

— А ты угадай. И кстати, если ты представишь, что у тебя человеческий рот, говорить станет проще.

— Ты птица Додо? — она последовала его совету, и это сработало. — Ты живешь в Зазеркалье?

— Ты угадала. Смотри, кого я нашел! — ему на руки запрыгнула кошка.

— Но это же Мими! — воскликнула Настя. — Она ушла год назад. В лес, умирать...

— Теперь ты можешь ее погладить, — он поднес кошку к самому зеркалу. — Если переберешься сюда.

Она оглянулась. Ее тело по-прежнему лежало на кане.

— Я что, умерла? — спросила Настя и показала на кан. — Она умерла?

— Она просто спит, — ответил Додо. — И ей снится, что человек внутри нее умер. А жив только зверь.

— Почему у нее в руках деньги?

— Такая традиция у вас тут была в Маньчжурии, — ответил Додо. — Когда человек умирал, ему в руки клали монеты, чтобы он отдал их паромщику — как плату за переправу. За переход души на ту сторону. На самом деле нужна только одна монета, и лучше класть ее в рот. Но и так тоже можно. А зеркала завешивали, чтобы душа не попыталась переплыть на ту сторону одна, без парома.

— А почему у нее связаны ноги?

— Чтобы душа не увлекла за собой и тело. До положения в гроб покойнику ограничивают свободу перемещений.

— А почему в моих туфельках пепел?

Додо не ответил.

— Мне страшно, — сказала Настя. — Очень страшно, Додо.

— Если хочешь, я ее разбужу, — охотно предложил он. — Чтобы ей не снились такие страшные сны.

— Да, очень хочу!

— Тогда нам надо с тобой поменяться. Ты тут пока поиграешь со своей кошкой, а я там все сделаю. Давай, моя девочка. Иди сюда через зеркало.

— А это больно?

— Нет, просто немного холодно.

Она кивнула, зажмурилась и прошла через зеркало, на секунду сама превратившись в ледяное, покрытое амальгамой стекло.

На той стороне не было кошки Мими. Там было пусто. И абсолютно темно.

Он шагнул в ее сон через зеркальное ледяное стекло, содрогнувшись, когда этот лед на секунду соприкоснулся с его желудком и сердцем.

Первым делом он вытряхнул из красных войлочных туфелек пепел: обувь с пеплом ставят в изголовье того, кто видит страшные сны, — он совсем не хотел, чтобы она вдруг догадалась, что спит.

Он забрал из ее ладоней монеты. Потом развязал веревку, стягивавшую ноги.

— Вставай, — сказал Юнгер. — Только не просыпайся. Мне нужна твоя помощь.

Она медленно встала.

— Я развязал тебя, а ты за это развяжешь меня. Это ясно?

Она кивнула — безразлично, покорно.

— Ты выйдешь из комнаты, освободишь человека, который сидит на полу в столовой. Потом пойдешь куда хочешь. Через четверть часа проснешься. Приказ понятен?

Настя кивнула снова.

— А-а-у-у-у-м-м-м... — промычал Юнгер и проснулся от звука своего голоса.

Сомнамбула как раз перерезала на нем веревку кухонным ножом. Закончив, она вынула у Юнгера изо рта кляп и двинулась к выходу — в ночной рубашке, не выпуская из руки нож. Перешагнула через храпевшего на выходе из харчевни солдата и пошла прочь.

Барон поднялся, размял затекшие руки и подобрал автомат, валявшийся в ногах у красноармейца. Прицелился было в голову — но раздумал: неблагородно убивать пьяного, спящего черным, мертвецким сном. Он развернул автомат и врезал красноармейцу по затылку прикладом. Тот даже не застонал — только сполз по дверному косяку еще ниже...

Антон фон Юнгер вышел во двор и полной грудью вдохнул сырой, вечерний осенний воздух. Увидел, как сомнамбула бредет по дороге вдоль полуразрушенных фанз по направлению к лесу. Если во сне она не станет углубляться во мрак — через четверть часа проснется. Но, к сожалению, судя по атмосфере и сюжету этого сна, девочка все равно не жилец. Такие сны снятся тем, кто уже на пороге.

ГЛАВА 17

— Та яки таки оборотни? — громогласно, но беззлобно прогудел Тарасевич. — До дому идите, хлопцы! — он оглядел мужиков, толпившихся у оружейного склада.

Было их десятка четыре с гаком, с керосиновыми фонарями и факелами, вооружены кто охотничьими ружьями, кто вилами и дубьем.

— А такие оборотни, что прошлой ночью скот наш подрали! — визгливо отозвался дедок с козлиной бородкой. — А сегодня Ермилова сына в лес утащили!

— Нам не верите, вон его спросите про оборотней! — Ермил кивнул на Горелика. В свете факелов бледное лицо лейтенанта с буратинистым длинным носом казалось деревянным, бескровным.

— Тут и правда есть оборотни, — прошептал лейтенант. — Я одного видел.

— Ты шо городишь, Слав? — выпучил глаза Тарасевич. — С глузду съехал?

Сапер Ерошкин скорбно прицокнул языком и покачал головой:

— Вот так и ебнемся тут, один за другим, в этой забытой богом дыре...

— Иди проспись, лейтенант Горелик! — взревел майор Бойко, до сих пор молчаливо и мрачно куривший в сторонке. — Идите все проспитесь! А ну вон с площади!

— Мы не уйдем, майор! — надсадно заорал Ермил. — Раздайте люд**я**м стволы!

— И взрывчатку! — послышалось из толпы. — Бесью нору заминируем!.. Подорвем!.. Лес зачистим!.. Айда с нами на охоту, бойцы!.. Покажите, что вы с народом!

Майор Бойко выплюнул окурок и размазал по брусчатке ботинком:

— Отставить охоту! Всем приказываю отступить от здания штаба и разойтись! В противном случае мы откроем огонь!

Мужики в толпе зашумели.

— Значит, вот оно как, майор! — ощерился Ермил. — В нас будешь стрелять? В народ? А я думал, ты только баб деревенских горазд науськивать, чтоб по особистам палили...

— Огонь! — рявкнул Бойко.

Десантники оторопело уставились на него.

— Товарищ майор, — примиряюще забубнил Тарасевич. — Не надо огонь. Це ж дурни, а не враги!

Из толпы кто-то кинул в сторону Бойко булыжник — судя по траектории полета, без намерения попасть, скорее, обозначить отношение к краснопузым. Камень глухо бухнулся в нескольких шагах от майора.

— Огонь, снайпер, — повторил Бойко. — Это приказ.

— Ну, раз приказ... — Тарасевич посмотрел в перекошенное, незнакомое лицо командира, поднял ствол автомата к небу и выдал длинную очередь.

В первых рядах мужики присели, остальные слегка попятились, швыряя в сторону штаба камни и факелы. Один из факелов ударился в окно оружейной. Послышался звон стекла. Какой-то смельчак пальнул из двустволки.

— Да шо ж вы творите, дурни?! — проорал Тарасевич. — Там же ж горючее, порох!.. Зараз бабахнет!

А вот этого вот не надо. Майор Бойко быстро оглянулся на оружейную и вынул из кобуры пистолет. Нет, не надо. Когда в ящике из-под снарядов лежит задушенный тобой замполит, тебе ой как не надо, чтоб в оружейной что-то бабахнуло.

— Разойдись! Стреляем на поражение! — майор Бойко, не целясь, выстрелил по толпе. Тарасевич, Горелик и двое рядовых, стоявших у штаба, выпалили в зенит.

Толпа распалась, рассыпалась стайкой растревоженных насекомых, бегущих суетливыми, слепыми зигзагами из-под выкорчеванного пня. На опустевшей площади перед штабом остались чадящие факелы, чьи-то в панике брошенные вилы — и лесоруб, неподвижно лежавший на спине на брусчатке. Его правая рука, мертвой хваткой сжимавшая топор, была закинута за голову, словно он занес ее для решительного удара. Словно он грозил топором кому-то там в черном, беззвездном небе.

— Мужика убили... — горестно констатировал Тарасевич и обернулся к майору, но тот на мужика не смотрел. Он смотрел на разбитое окно оружейной, из которого валил густой дым.

Бывает так. Какой-то дурак кидает в оружейную факел. Он даже не залетает в окно, он просто разбивает стекло и падает на брусчатку. Но маленький клок горящей промасленной пакли залетает в оружейную комнату и приземляется в темную лужицу рядом с опрокинутой, неплотно закрытой канистрой. Ты сам ее опрокинул. Опрокинул — и не заметил, потому что был занят: укладывал тело в ящик из-под снарядов. И вот теперь эта темная жидкость оказывается горючей и вспыхивает.

Бывает так. В дверном проеме ты видишь отблески пламени. Твой лейтенант плещет воду из ведра, и ты слышишь шипение заливаемого огня, но тебе почему-то вдруг кажется, что шипит не огонь. А тот, кого ты похоронил в длинном ящике из-под снарядов.

Бывает так. Твой лейтенант выволакивает из оружейной цинк патронов, а твой сапер пытается вытянуть длинный снарядный ящик, но он тяжелый, не поддается. Через завесу огня и дыма ты видишь, как сапер деловито роется в ящике с инструментами — в том самом ящике, в котором ты сам нашел молоток и гвозди, — и находит там гвоздодер, и наклоняется над снарядным ящиком-гробом, и с хрустом вырывает из него гвозди...

Ты говоришь:

— Отставить, Ерошкин. Не трогай ящик.

А он отмахивается:

— Так ведь рванет, товарищ майор.

И поддевает доску, и налегает, и крышка падает вбок... Он смотрит в ящик — на труп замполита Родина со свернутой шеей, — потом на тебя. В его глазах — недоумение и печаль. Ты бьешь его в челюсть — просто от безысходности, просто чтобы не видеть этот его доверчивый, вопросительный взгляд, и он падает на колени, ухватив снарядный ящик за край. И ящик кренится, и скрюченный труп выпадает на пол, и из нагрудного его кармана выкатывается монета. А твой сапер размазывает кровь по разбитой губе и шепчет:

— Товарищ майор, это что?..

Бывает так. Ты оборачиваешься — и видишь других. Встречаешься взглядом с лейтенантом Гореликом, и с двумя рядовыми, и с подоспевшим Максимом Крониным, которого все зовут другим именем. Он наклоняется и подбирает с полу монету. И говорит:

— Сколько ж ты своих убил, Бойко?

И ты орешь, глядя только на него, потому что на других, на своих, на тех, кто верил тебе, ты больше смотреть не можешь:

— Да кто тебе тут свой, и-ди-от?! Что, замполит-гнида?! Или Деев, стукач смершевский?! Страна тебе — своя?! Которая в лагеря тебя, и-ди-ота, за твою фронтовую доблесть?!.

И ты выхватываешь ТТ, и дергаешь на себя сапера Ерошкина, заставляя подняться, и, прихватив его локтем за горло, упираешь ствол саперу в висок.

И ты рычишь:

— Дор-рогу! Всем отойти! Пристрелю любого!

...Бывает так. Ты пятишься по коридору, волоча перепуганного сапера, прикрываясь им от своих.

А твой лейтенант все повторяет:

— Товарищ майор... как же так... товарищ майор... да как же?..

И твой снайпер целит тебе в голову из автомата, но выстрелить не решается, опасаясь попасть в сапера.

Бывает так. Тебе, наконец, везет. В оружейной что-то взрывается — и тех, кто преследует тебя, сшибает с ног ударной волной. Ты бросаешь свой живой щит и бежишь через площадь, ты петляешь, как заяц, перепрыгиваешь через потухшие факелы, через брошенные вилы, через мертвого дровосека, замахнувшегося на небеса топором.

И ты чувствуешь, что снайпер, твой снайпер целит тебе в затылок.

И ты знаешь, что, скорее всего, он не выстрелит. Потому что, в отличие от тебя, он не привык стрелять по своим.

ГЛАВА 18

Она сделала несколько шагов во тьме и потеряла равновесие. Тьма не имела пределов. В ней не было ни верха, ни низа, ни будущего, ни прошлого. Она опустилась на четвереньки и забыла, человек она или зверь.

Потом раздался выстрел — и разорвал эту тьму. Она проснулась, стоя на четвереньках на влажной, прелой листве, и поняла, что идет охота, и побежала как зверь, и только когда выстрелы и собачий лай стали почти не слышны, только у храма Отшельницы-Лисицы она встала на ноги и вспомнила свое имя.

Земля у пня была рыхлая — ее явно недавно рыли. Это плохо. Запрещено трогать землю у алтаря. А на самом алтаре лежал задушенный, сизоклювый цыпленок. В его потускневших перьях суетились насекомые-падальщики. Тоже плохо: богиня не приняла подношение, и колокол, подвешенный под сводом кумирни, казалось, звонил по его напрасно отнятой жизни.

Настя не помнила, как оказалась в лесу. Обрывки сна расползлись насытившимися опарышами и мгновенно забылись. Осталась нелепая, чудная идея, что ее привел сюда, спящую, человек с птичьим клювом — птица Додо.

Прошка был где-то рядом — похоже, что и во сне она шла на его плачущий голос, — и сейчас этот голос как будто сам приближался к кумирне. А вместе с ним — еще несколько голосов... Она снова опустилась на четвереньки и спряталась за можжевеловый куст.

Их было четверо, если не считать Прошки, и они были стаей. Костлявая женщина и трое мужчин, среди которых Настя с трудом узнала Андрона. С ним что-то случилось. Что-то случилось со всеми с ними. На всех, кроме одного, — тюремные робы с нашитыми номерами. У всех — чудовищно длинные, частично обгрызенные или обломанные грязные ногти. У всех — янтарные, с пепельными зрачками, глаза. Такие же глаза, как стали теперь у Насти.

Андрон тащил на себе связанного Прошку, перекинув через плечо, а тот безнадежно, безостановочно, на одной ноте ныл:

— Пусти меня, дядь Андро-о-о-ша-а... Дядь Андро-о-ша, пусти-и-и...

— И пришли они на место, о котором сказала Андроше Богиня-Лиса! — возбужденно протараторил Андрон, сгружая Прошку рядом с пнем-алтарем. — И устроил там Андроша жертвенник, и связал Андроша племянника своего Прохора...

— Может, не надо? — беспокойно запустив пятерню в слипшиеся длинные космы, сказал тот, что был без робы, в набедренной повязке из связанных грязных тряпок. — Никитке не нравится, когда обижают деток.

— Заткнись, — рыкнула на него костлявая с номером девяносто. — Ты же знаешь, что сказала Богиня. Мы должны принести ей хорошую жертву. Иначе она нас не полюбит. И не будет нас защищать от охотников.

— Никитка не слышал, чтобы Богиня говорила слова, — нерешительно возразил тот.

— Андроша слышал! — Андрон смахнул с пня трупик цыпленка. — Богиня говорит только с Андрошей!

— Почему?

— Потому что Андроша верует и знает молитвы.

— Мальчик все равно что как свинка, — пробормотал их товарищ; в руках он держал топор. — Свинку надо зарезать. Кули нравится, как пахнет кровь свинки.

— И принес Андроша племянника своего на жертвенник! — Андрон уложил на пне Прошку; руки и ноги его неуклюже свисали к земле, он больше не ныл, а только часто дышал и икал.

Кули вручил Андрону топор.

— И простер Андроша руку свою, чтобы заколоть племянника своего...

— Нет, не надо! — Настя выскочила из укрытия, подбежала к Андрону и повисла на его когтистой руке, сжимавшей топор. — Дядя Андрон, пожалуйста, не трогайте Прошу!

— Ты хорошо пахнешь, — завороженно бормотнул Кули. — Ты пахнешь как наша сестра. Даже лучше.

— Она пахнет как истинная дочь стаи, — прошептал Никитка.

— И Ангел Господень воззвал тогда с неба, — в экстазе завопил Андрон и опустил руку с топором. — И сказал: Андроша! Не поднимай руки твоей на отрока и не делай над ним ничего, ибо теперь я знаю, что ты боишься Богиню и не пожалел своего племянника для нее!

— Богиня приказывает вам развязать жертву, — сказала Настя. Она вдруг почувствовала, что имеет над ними власть. Как будто в их стае она почему-то стоит рангом выше. А значит, ближе к богине.

Андрон суетливо разрубил топором грязные тряпки, стягивавшие Прошины запястья и щиколотки. Настя взяла его за руку и потянула с пня.

— Нет, так не пойдет! — Костлявая оскалила сухой рот и впилась когтистой рукой в плечо Прошки. — Я хочу, чтобы Богиня меня любила! Я хочу жертву!

В ту же секунду раздался выстрел. Костлявая задрала голову, несколько секунд неподвижно стояла, глядя на колокол, потом рухнула на алтарь. Под простреленным затылком по жертвенному пню растекалась лужа, и из желтых, застывших глаз что-то тихо сочилось тоже. Но не кровь. Не кровь и не слезы, а густое и темное, точно деготь. И расчерченный столетними кольцами сруб, и то алое, что было теперь на срубе, и рассохшаяся кора, и хрустящий мох у подножия алтаря превращались под этими темными каплями в угли, в рассыпчатый тлен, в ничто.

— Отойдите от детей, твари! — из-за дерева вышагнул майор Бойко с дымящимся пистолетом.

Все еще держа Прошку за руку, Настя новыми своими, янтарно-золотыми глазами смотрела на тварей. Как они, рыча и скалясь, отступили от алтаря, и опустились на четвереньки, и бросились во тьму, в лес.

Майор Бойко подошел к ним с Прошкой и обнял обоих левой рукой — той, что без пистолета. И тогда, беззвучно плача и вздрагивая, они уткнулись ему в живот.

— Я икать перестал, — счастливо пробормотал Прошка. — Вы стр**е**льнули — и я перестал... А то все не мог... Вы меня спасли — вы и Настя... Спасибо!

— Да не стоит, — ответил Бойко.

Что-то в голосе его, безучастном и ровном, смутило Настю. Она хотела отступить на шаг от майора, но он прижимал ее к себе рукой крепко, не давая ни отстраниться, ни запрокинуть лицо.

— Ты, пацан, иди, — все так же отрешенно сказал майор и выпустил из объятий одного Прошку.

Она почувствовала прикосновение металла к виску и почему-то не поняла, горячий он или холодный.

— Вы не думайте, я не такой, — он вдавил пистолетное дуло ей в кожу. — Я не обижаю детей. Просто мне должны вернуть кое-что. Ты иди, найди ее мать или дядю Шутова. Скажи, чтобы он отдал мое золото. И все будет у нас хорошо. И я ее отпущу.

ГЛАВА 19

— Товарищ Шутов, то, что я заснул на посту и упустил пленного, прошу считать непростительным!

Рядовой Овчаренко пытается стоять по стойке смирно, но его заметно шатает; на затылке волосы в запекшейся крови — это Юнгер его ударил. Вокруг глаза наливается сизо-лиловое кольцо синяка — это ударил я.

— ...За случившееся готов понести наказание по всей строгости. Полагаю, вам надо меня расстрелять.

Я смотрю в его ясные, полные раскаяния глаза: левый сильно припух и слезится, и от этого кажется более виноватым, чем правый. Злость проходит. Остается только усталость. Я говорю ему:

— Ты совсем дурак, Пашка.

— Так точно, товарищ Шутов.

— Иди отсюда.

— Куда мне? На гауптвахту?

— Просто иди. На глаза мне больше не попадайся.

Он уходит, а я склоняюсь над чаном с китайской водкой. На дне лежит свернувшаяся в кольца змея с разинутой пастью. Ее положили сюда живой, и перед смертью она выпустила в чан весь свой яд.

— Товалищ Шутов хотить ханшин? — папаша Бо приносит стакан.

— Скажи, Борис, сколько нужно выпить этой бурды, чтобы пришло избавление? — я наблюдаю, как он зачерпывает кристальную жидкость. — Хотя бы на один вечер.

Я не рассчитываю на ответ, но он так внимательно на меня смотрит, как будто и впрямь рассчитывает пропорцию.

— Один стакан избавит от боли здесь, — он трогает себя в районе солнечного сплетенья.

Я говорю:

— Ты не понял, Борь. У меня не болит живот.

— Нет, не зивот! Не зивот... — Он морщит лоб, как ученая обезьянка, похоже пытаясь вспомнить какое-то слово, и вдруг лицо его разглаживается. — Душа! Пить ханшин — не болеть душа!

Я выпиваю залпом, до дна — и выхожу на воздух. Закуриваю.

— Дай на затяг, — хрипатый голос Флинта из-за спины. — Или брезгуешь?

Я не оборачиваюсь:

— Флинт, тебя нет.

— Тебя, Циркач, тоже завтра не будет, если не свалишь. Давай, докуривай, чемодан с золотишком бери — и рви когти.

— Сначала отыщу Юнгера.

— Да на хера?! Он же ясно сказал: жену твою уморили.

— Я должен знать, как она умерла. И за нее отомстить.

В который раз за сегодняшний день я представляю себе вонючий клубок обнаженных, распухших тел, в который туго вплетено ее неузнаваемое, безобразное тело. На этот раз картинка кажется привычной и почти выносимой — папаша Бо не обманул, его змеиная водка действует как наркоз.

— Да у тебя, смотрю, большие планы, Циркач.

Флинт проходит через меня насквозь, обдав картофельной сыростью погреба, встает напротив, запихивает в полуистлевший рот пальцы и вдруг свистит. Его свист — как протяжный, низкий звук горна, и на него из тьмы выходит лохматый пес с разорванной глоткой и застывшей оскаленной пастью. Я узнаю его: тот самый Шарик, что околачивался в лазарете и недолюбливал Бойко.

— Собачку вот завел себе, — вор ласково гладит синей рукой окровавленные ошметки шкуры у пса на загривке. — И кличку придумал — Сколл. В день Рагнарёка Сколл должен схавать луну.

Пес запрокидывает окоченевшую морду к полной луне, но вместо воя издает стрекочущее шипение.

— ...Слышь, Кронин. А ты точно из-за жены из этой дыры все никак не вылазишь? Я тут подумал — может, дело вообще в другой телке? Пизда у нее сладкая, да? Как мед...

Он облизывает синие губы раздвоенным языком, и в животе у меня становится горячо и щекотно от отвращения и похоти, и на секунду я вспоминаю, какая она на вкус и как она пахнет *там:* кислой вишней и медом, кровью и диким зверем...

— Только она ведь конченая. Стукачка. А вот и она, Циркач. Знаешь пословицу: вспомнишь черта...

Он исчезает, не попрощавшись, — и вместе с ним его мертвый пес.

Я вижу Лизу. Она бежит ко мне мимо остовов сгоревших фанз, и ее длинные волосы, разделенные надвое ветром, развеваются, как черные крылья. Я отворачиваюсь и иду прочь.

Она бежит за мной. Догоняет. И встает на колени.

Она говорит:

— Умоляю, помоги моей Насте! Отдай за мою девочку золото.

ГЛАВА 20

Андроша бежит на четвереньках, а охотники за ним следом. Но он быстрее и сноровистее, чем они. Когда-то Андроша тоже был не зверь, а охотник. Поэтому он знает, как загоняют дичь, и делает все по-своему. Андроша бежит не туда, куда они ждут.

— Вот же хитрая какая тварь, нечисть! — слышит он за спиной.

Андроша узнает голос. Когда-то у Андроши был брат Ермил, и он говорил таким голосом. Он раньше любил Андрошу. Не называл его тварью и нечистью. Когда они были дети, он Андрошу от всех защищал. Однажды отец хотел Андрошу выпороть за то, что тот пробрался тайком в красный угол и пририсовал углем святому на иконе смешные рожки, но брат Ермил сказал, что это его рук дело, и выпороли не Андрошу, а брата, и вся спина у него была во вздутых багровых бороздах — как будто так грубо вспахали гаоляновое поле, что из земли засочилась кровь...

Андроше так хочется, чтобы брат не называл его тварью, что он замедляет бег и поднимается на ноги. Он хочет обернуться к Ермилу-брату, но не успевает: он слышит выстрел и по звуку узнает двустволку Ермила-брата. Андроше больно в спине — и в животе больно. Он опускает голову и видит, как на месте пупка проступает кровь. Но он теперь сильный. Андроша стал очень сильный. Он просто идет вперед.

Еще один выстрел в спину. Андроша опускается на колени и скулит от обиды и боли, а потом поднимается и снова идет. Он идет к своей стае. К настоящим братьям и сестрам, которые его не обидят, которые залижут все его раны.

— Ишь, живучий, демон!.. — с ужасом шепчут сзади.

— Ничего, от меня не уйдет, отродье... — отзывается брат Ермил. — Я щас его... в сердце.

Брат стреляет, и Андроша падает лицом в гнилые иглы и листья, и, сложив губы трубочкой, выдыхает в землю тоненькой струйкой воздух — как будто учится свистеть, как тогда, в детстве. Как будто брат Ермил его учит свистеть, а у Андроши не получается, и он хочет вдохнуть еще воздух, чтобы снова попробовать, — но не может. Потому что воздуха больше нет. И Андроша тогда выдыхает все без остатка, и вместе с тоненьким свистом и тоненькой струйкой крови выходит в звездную маньчжурскую ночь, и не узнает ни одного из низко нависших созвездий.

А брат Ермил склоняется над тем уродливым, нагим, волосатым, что только что было Андрошей, и переворачивает его на спину, и гладит по щеке, и кричит. И позади него безмолвно стоят охотники, которые гнали Андрошу по лесу, и крестятся, а Андроша не помнит, никак не может припомнить, почему так важно креститься двумя перстами — и что значит этот их жест.

— Андрюха... брат... — Ермил трясет Андрошино тело, а самого Андрошу не видит. — Да как ты здесь?.. Давай, вставай уже, хватит... Ну что лежишь?! Пойдем домой!.. Я отведу тебя домой, слышишь?..

Андроша хочет, очень хочет домой. Ему не нравится небо с незнакомыми звездами. Он даже пробует вернуться в то остывшее, голое, что лежит на земле, — как однажды уже возвращался у озера, — но на этот раз почему-то не может.

Тогда Андроша плачет, больно и тяжело, как новорожденный, который вышел из лона, и из застывших, нарисованных глаз того, что осталось от него на земле, выкатываются густые, черные слезы. И все, чего коснулись они, — трава и мох, еловые иглы и корни, и сам Андрон — все превращается в тлен, в перегной.

ГЛАВА 21

— Прости, Господи, грехи мои тяжкие... — отец Арсений отложил скребок и смёл в аккуратную кучку отчищенные от пола катышки воска.

Потом подошел к распятию и вытянул из-за головы Иисуса скрученный в подобие тернового венца моток гибкой проволоки с набалдашником на конце: последние пару лет он старался хранить радиоантенну поближе к Христу — и это не было богохульством. Вообще сотрудничество свое с британской разведкой батюшка грехом не считал, хотя и сказано любить врагов своих, благословлять проклинающих, молиться за обижающих и не противиться злому.

Солдат белой армии в прошлом, солдат Божьей армии в настоящем, отец Арсений для Лисьих Бродов, агент А46 для британцев, он принял единственно возможную сторону в этой войне — и бсзмятсжно, искренне полагал, что против Врага рода человеческого, прошедшего полмира со свастикой, использовать ему дозволяется не только распятие, но и радиоантенну, и даже двустволку, если понадобится. И это вовсе не мешает ему благословлять при этом врагов и молиться за спасение их душ. Отец Арсений регулярно молился и за немцев, и за японцев, даже за тех, что служили в «Отряде-512», — и регулярно же передавал информацию тем, кто их уничтожит.

Он был безмятежен до той поры, пока точно знал, кто свой, а кто враг. Он был безмятежен до лета сорок пятого года — когда вдруг возлюбил врага не молитвенно, а в плоти и крови. Он был безмятежен, пока не встал перед выбором спасти одного или многих. Пока в августе сорок пятого не взял на душу грех. Пока из-за него не пролилась кровь невинных.

Но не много ли он на себя берет?

ты оказал «Отряду-512» услугу стукача...

— Не много ли я на себя беру? — отец Арсений заглянул в нарисованные глаза Иисуса и съежился от привычного уже ощущения, что с середины августа он разговаривает в этой церкви не с Богом, а только с самим собой, как выживший из ума одинокий старик. — Ведь сказал же Ты Моисею: кого миловать, а кого нет, только Ты и решаешь. Ты решаешь, не я. Я лишь делаю по воле Твоей...

как ты отличаешь божью волю от дьявольской?

— Я лишь делаю по воле Твоей, как Ты меня создал... А изделие скажет ли сделавшему его: зачем ты так меня сделал? Не властен ли горшечник над глиною, чтобы...

Кто-то вдруг распахнул дверь в церковь — ногой, пинком, — и от резкого сквозняка заупокойные свечи на кануннике мотнули желтыми язычками — как будто демоны облизнулись.

Отец Арсений быстро сунул моток проволоки обратно за распятие и обернулся. Из притвора, с усилием задирая колени, будто ноги его увязали в глине и с каждым шагом их приходилось выдергивать, направлялся к алтарю охотник Ермил. На руках он нес, как больного ребенка, худого, косматого человека в пропитанной кровью робе, и по тому, как механически болтались в такт Ермиловым шагам его ноги, по тому, как глухо уткнулось его лицо Ермилу в живот, отец Арсений понял, что человек этот мертв. И еще до того, как охотник сгрузил человека на пол у алтаря, опустился перед ним на колени и убрал запутанные космы с заострившегося лица, он также понял, что это брат Ермила, Андрон.

— Тогда зачем же Господь спросил Каина... — хрипло сказал Ермил, будто продолжая давно уже начатый разговор. — ...где Авель, брат твой? Будто же он не знал... Ведь знал же! А Каин — зачем он ответил Господу: разве я сторож брату моему? Ведь он же тоже знал, что тот знает...

Ермил хихикнул, застонал, кашлянул, как будто примериваясь, как лучше выдавить из себя ледяную, обвившую кольцами внутренности змею; потом оставил борьбу и на одной высокой ноте, как от зубной боли, заныл.

— Ты лучше поплачь, Ермил. По-людски, со слезами, — Арсений расстегнул на Андроне затвердевшую от высохшей крови робу.

Как будто роба на мертвеце окоченела в первую очередь — раньше, чем мышцы...

— Я не могу. Вот тут... не дает. — Ермил сглотнул и взялся левой рукой за горло. — А ведь ты меня урезонивал... С охотой этой... Как мне жить-то теперь, отец? Смотри!

Он вытянул вперед правую руку. Она была черной, как головешка.

— Я брата убил, оте-е-ец! Оттого рука моя омертвела!

— Ты, Ермил, с каким отцом говоришь: со мной — или с ним? — Арсений кивнул на распятие.

— С тобой. Он меня все равно не слышит.

— И ты сюда ко мне брата принес... зачем?

Ермил умолк и прикрыл глаза — будто так устал, что никак не мог сосредоточиться и припомнить, зачем пришел в церковь. Наконец, разлепил запекшиеся губы:

— Чтобы ты его похоронил по-людски. По христианскому чтобы обряду.

— А чего ж ты к Капитонычу не пошел? Он же там у вас обрядами ведает.

— Он сказал, что не станет... хоронить... — Ермил поморщился, будто слово, шедшее следом, резало ему глотку, — нелюдя.

— А я, значит, стану?

— Откажешь? — с непривычным смирением, горестно отозвался Ермил.

— Не откажу. Всякий невинно убиенный достоин христианского погребения. Се человек. А нелюди — те, кто надругались над человеком... Обмыть его надо.

Отец Арсений пошаркал к себе во флигель, а когда вернулся с тазиком, в церкви кроме Сычей, покойного и живого, уже были их бабы — одна выла, другая, поджав губы, молчала — и с ними маленький Прохор; Марфа держала его за запястье так крепко, что оно побелело.

— У-у-у... Андро-о-о-шечка-а-а... На кого ж ты нас поки-и-ину-ул...— хорошо поставленным, грудным голосом выводила Танька.

Отец Арсений опустился подле Андрона, мокрой тряпицей обтер ему грудь и живот и обмакнул ее в таз — вода сразу побурела от грязи и крови. Прошка покосился на таз и зажмурился.

Ермил молча сидел на полу, уткнув голову в колени и обхватив ее руками, живой и мертвой.

— ...За что же тебя Боженька-то прибра-а-а-ал! — опять затянула Танька.

— Да уж есть за что, — глухим, деревянным голосом произнесла Марфа. — Праведный человек нелюдем стать не может. Ребенка на растерзание в лес не утащит. Раз он нелюдем стал — значит, туда ему и дорога. Пусть горит в аду. Ты себя, Ермилушка, не казни. Все ты правильно сделал. Раз он нелюдем стал, Андрон наш...

— Это ты стала нелюдем, — не поднимая головы, но спокойно и четко сказал Ермил.

— Кто?.. — растерянно переспросила Марфа и оглянулась, не веря, что он обращается к ней.

— Ты, ты, — Ермил поднял голову и указал на жену обугленной, черной рукой. — Сатана в тебе, Марфа. Языком твоим поганым ворочает. Душу твою сжирает...

— Я? Да как ты смеешь?! — взвизгнула Марфа. — Это ж ты родного брата сгубил! У тебя на руке кровь братина, печать Каинова!

Каково тебе жить теперь?! А и хорошо тебе жить, во смраде твоем греховном, ты же ведьму свою вожделеешь, а она погибели сыночки нашего хочет, кровиночки, Прошечки, и отродье ее поганое...

— Нет! Мне Настина мать плохого не хочет! — вдруг вклинился Прошка. — И Настя тоже! Меня Настя спасла! А теперь ее...

— Я кому сказала — молч-чать!.. — зашипела Марфа и, одной рукой продолжая его держать, другой залепила сыну пощечину.

Отец Арсений поморщился:

— Дитя-то бить — разве ж можно?

— О чем молчать? — Ермил поднялся на ноги и, мутно глянув в таз с кровью, двинулся к Марфе и Прошке.

— Мне мамка сказала не говорить, сказала, если расскажу, то прибьет... — Прошка попробовал вырваться, но Марфа держала крепко.

— А ну пусти ребенка, — бесцветно сказал Ермил, глядя в сторону.

— Ты о ребенке, значится, вспомнил? — загундосила Марфа. — А когда с ведьмой-шалавой путался, меня с детьми в избе нетопленой оставлял, тогда...

Ермил вдруг резко выбросил вперед руку и схватил жену за горло. Косынка ее сползла с головы, Марфа вытаращила глаза, разинула рот с белыми катышками слюны в уголках губ и выпустила Прошкину руку.

— Пальцем тронешь его — убью, — спокойно сказал Ермил. — Брата сегодня убил. И тебя — убью.

Танька, левой рукой закрыв рот, правой судорожно и как-то криво крестилась, как поломанная, покосившаяся мельница. Отец Арсений невозмутимо продолжал обмывать покойника.

— Можешь мне рассказать, — Ермил оттолкнул от себя хрипящую Марфу и присел на корточки рядом с сыном. — Тебе ничего не будет.

— Меня дядя Андрон привел к оборотням!.. А Настя меня спасла!.. А потом ее поймал дядя Бойко!.. У него пистолет! Он сказал, что Настю убьет, если дядя Шутов не отдаст ему какое-то золото!.. Он сказал, чтоб я Настиной маме это сказал!

— Ты сказал?

— Да, — Прошка съежился и зажмурился, готовясь к побоям.

— Молодец, — Ермил погладил его по голове здоровой рукой. — Что дальше?

— Дядя Шутов с Настиной мамой пошли за Настей в лес, к дяде Бойко. С этим золотом.

— Где? — Ермил поднялся на ноги. — Где Бойко ее схватил?

— Недалеко от кумирни, — прошептал Прошка.

Ермил поднял с пола ружье, надел на плечо. Покосился на распятие, собрался было перекреститься, соединив в двоеперстие два черных, холодных пальца, — но раздумал и молча двинулся к выходу.

— Папа, стой! — Прошка бросился за ним, сунул что-то Ермилу в черную руку. — Отдай это Насте!

Ермил кивнул и пошагал дальше.

— Ты куда? — хрипло каркнула Марфа, нахлобучивая обратно на голову косынку.

— В лес, — ответил Ермил не оборачиваясь. — Спасать своего ребенка.

— Твои дети все в городе! — сорвалась на визг Марфа.

— Не все.

Прежде чем охотник скрылся в притворе, отец Арсений быстро перекрестил его спину.

ГЛАВА 22

— Встань сюда, — майор Бойко указал на масленую спинку вкопанной в землю мины.

Его сердце билось часто и тяжело, и так же часто и тяжело дышала девчонка, и раскачивался, гудя, чугунный колокол над кумирней, как будто помогая им держать общий ритм. Он не такой. Не такой. Не такой. Он не обижает детей.

— Дядя Бойко... вы ведь раньше были хороший... ну, пожалуйста... я хочу к маме!

— Думаешь, я не хочу тебя отпустить?!

Он не такой. Его вынудили. А он не такой.

— Тогда отпустите... — она попыталась высвободить руку, но майор держал мертвой хваткой чуть выше локтя.

Ее рука была горячей, а лицо блестело от испарины.

— Ты что, больна?

— Да. Мама должна дать мне лекарство. Мне нужно к маме!

Он не такой. Он не обижает больных детей. Он и правда все еще может ее отпустить.

— Знаешь, что называют на войне точкой невозврата?

Она помотала головой отрицательно, и черные пряди налипли на влажный лоб.

— Это когда пилот видит, что количество горючего приближается к такому значению, при котором вернуть самолет в точку вылета будет уже невозможно. Ты меня понимаешь?

Она кивнула.

— Сейчас — моя точка невозврата. Либо я тебя отпущу. Потому что я не обижаю детей. Либо ты встанешь на эту мину. Потому что это мой единственный способ вернуть то, что у меня забрал... дядя Шутов.

— А если он не отдаст? Вы тогда меня убьете, да?

— А я всегда стараюсь верить в людей. Он отдаст — и ты сразу же пойдешь к маме.

— Помоги-спаси, о Небесная Ху-Сянь, — зашептала Настя. — Ты вознеслась и смотришь сверху на нас, на стадо живых...

— Заткнись! — он с яростью дернул девчонку за руку по направлению к мине. — Нет никаких богов! Ни китайских, ни русских, ни Ху-Сянь, ни Христа! Мы здесь одни, понимаешь, ты, идиотка?!

Она зажмурилась и сказала так тихо, что колокол заглушил ее голос:

— Есть боги.

— Значит, им все равно. Они даже не смотрят.

Она стояла с закрытыми глазами и шевелила губами: молилась. И почему-то — он и сам не мог понять почему — это привело его в ярость. Возможно, дело было в том, что на нее кто-то смотрел сейчас с неба, а на него — нет.

— Открой глаза, — скомандовал он. — Я кому сказал?!

Он резко встряхнул ее, и она подчинилась, но смотрела не на майора, а в землю. По пыльным щекам ее текли слезы, прочерчивая чистые, сияющие бороздки.

Он взял ее рукой за подбородок:

— А ну на меня смотреть!

Она подняла на него глаза. Они были рыжие, нечеловеческие, звериные.

Он резко отдернул руку — как от ядовитой змеи — и почувствовал, как вслед за испугом и отвращением пришло облегчение.

— А ты у нас, значит, и правда ведьма, — он ткнул ее в спину пистолетным стволом. — Давай, вставай. Ребенка я бы пожалел. А к сказочным тварям теплых чувств не питаю.

Он холодно наблюдал, как тварь встает, куда ей приказано, и сердце его билось ровно. Он не такой. Он бы, конечно, отпустил больного ребенка. А тварь не жалко.

Когда раздался щелчок, он сказал:

— Это взрыватель. Если ты сойдешь с мины — умрешь.

ГЛАВА 23

Тут что-то гниет. Тут пахнет зверем и смертью.
Я постиг, что Путь Самурая — это смерть. В ситуации выбора без колебаний предпочти... что? Самурай не помнит. Самурай забывает. Зверь заставляет его забыть. Если самурай не достиг цели и продолжает жить, он тогда... что делает? Становится зверем?

Цель. У самурая есть цель. Он должен сделать вакцину. Он записал на бумажке формулу — пока еще был ученым больше, чем зверем. Вакцина спасет дочь дочери его женщины. Его женщина — Старшая Мать. Самурай теперь в ее стае.

У самурая была раньше другая цель. Он был ученым. Он был военным. Какая цель была раньше у самурая?.. У самурая было раньше письмо от матери. У самурая была раньше другая мать. Со скорбью и гордостью сообщаю: твои отец и брат пали смертью воинов. Они погибли... как же они погибли?.. Взрыв был ярче тысячи солнц... Десятки тысяч погибли сразу... перед смертью теряя разум и человеческий облик...

Совсем как он. Самурай сейчас тоже теряет разум и человеческий облик. Самурай становится зверем. Самурай чует запах падали. Запах смерти.

Но я не плачу, сын. Я верю в «Отряд-512» и в «Хатиман» — твое великое дело. Настанет день, и ты создашь воинов, несущих смерть и неуязвимых для смерти. И да свершится возмездие...

Вот что за цель была раньше у самурая! Он вспомнил. Самурай хотел отомстить. Пытался сделать из людей еще самураев. Идеальных воинов — несущих смерть и неуязвимых для смерти. Но вместо самураев у него получились Звери. А вместо живой воды получилась мертвая.

Теперь самурай и сам становится Зверем.

Но он успеет. Самурай успеет сделать вакцину. Самурай уже смешал все ингредиенты. Самурай уже добавил туда свою кровь. Кровь пробуждающегося Зверя. Осталось добавить что-то еще. Последнее в списке. Тут на бумажке написаны знаки. Но самурай уже не может их прочитать...

Я помогу тебе

Самурай слышит голос Старшей Матери у себя в голове. Потому что он теперь в ее стае.

— Кровь Перворо́дного Зверя, — сказала Аньли. — Такая, как у меня и моих сестер, самурай. Вот что тебе осталось добавить.

Она закатала рукав халата, который сняла с себя и отдала ей сестрица Тин, — халат из красной парчи с золотыми нитями, халат Старшей — и укусила себя за запястье, глубоко вонзив зубы в кожу над вздутой веной. Сегодня полная луна; кровь Первородного Зверя стремится и взывает к луне.

— Вот, самурай. Возьми мою кровь.

Ояма трясущейся рукой набрал кровь в пипетку и застыл в полуприседе — как будто забыл, что ему полагается дальше сделать — то ли добавить содержимое пипетки в мензурку, то ли опуститься на четвереньки.

— Какой он жалкий, — шепнула Нуо вроде бы на ухо Тин, но так, чтобы Аньли тоже слышала. — Едва ли у него что-то получится.

— Не будем ставить под сомнение слова нашей старшей сестры, — беззаботно отозвалась Тин. — Она же сказала, что это лучший биохимик в Японии.

— Вы, сестры, тоже дайте ему свою кровь, — сказала Аньли.

Биюй, средняя из сестер, покосилась на Тин — напудренное лицо старшей сестры оставалось непроницаемым — и нерешительно закатала шелковый желтый рукав.

— С каких это пор отступница нами командует?! — возмутилась Нуо.

Аньли равнодушно пожала плечами, не глядя на младшую:

— Младшие сестры ублажают старших сестер и им подчиняются. Таков закон стаи. — Она повернулась к Тин. — Или, пока меня не было, закон изменился?

— Закон остался прежним, сестра, — с кивком ответила Тин. — Мы младше тебя, а значит, исполним все, что ты скажешь. — Она закатала рукав и прокусила кожу на локтевом сгибе.

Биюй с Нуо последовали ее примеру. Когда Ояма приблизился к ним с пипеткой, Нуо скривилась:

— Он воняет бездомной псиной.

— У самурая есть стая, — пробормотал Ояма, дрожащими пальцами капая кровь Перворордных в мензурку. — Теперь у самурая есть стая.

— У зверя есть стая, — поправила Аньли. — У самурая есть господин. Или госпожа.

Последняя алая капля повисла на горлышке мензурки снаружи, и Ояма слизнул ее, быстро и воровато, как будто боялся, что его остановят.

У крови не было вкуса.

— У зверя есть стая, — произнес он деревенеющим языком. — У самурая есть госпожа. Ее зовут Старшая Мать.

— Он не из нашей стаи! — прошипела Нуо.

— Сегодня ты так много тревожишься, моя милая. — Тин погладила младшую сестру по волосам, намотала на палец длинную черную прядь, прильнула ртом к белоснежной щеке Нуо, и на алых ее губах осело пятнышко пудры — как пыльца свежесожранной бабочки-капустницы, как первая робкая плесень на перезрелой ягоде вишни. — Не мучь себя... — Тин сложила губы трубочкой и подула Нуо в покрытый испариной и пудрой висок, как бы стараясь ее освежить, но изо рта ее пахнуло сытой духотой лисьей пасти. — Заткнись и залижи нашей старшей сестре Аньли укус на запястье, — она резко оттолкнула Нуо, и в руке ее остался оторванный клок волос, закрученный вокруг пальца черной спиралью.

Аньли, не глядя на младшую сестру, повернула руку прокушенным запястьем наружу. Нуо опустилась на колени и стала зализывать ранку, стараясь задевать ее верхними зубами, чтобы было больнее.

ГЛАВА 24

Мы идем по лесу — я и женщина, которая меня предала. Я несу чемоданчик с грязным, проклятым золотом — чтобы отдать его за жизнь ее дочери. Она первая прерывает молчание:

— Таких, как мы, в Китае зовут хулицзин. Ты что-то слышал об этом?

— Мне кто-то рассказывал, но я не помню, кто именно, — мой голос кажется мне чужим, как будто не я, а кто-то, кого я забыл, говорит с этой женщиной. — Лисы-оборотни. Никогда не стареют. Питаются жизненной силой мужчин. Местное суеверие. Сказка.

— Теперь ты тоже в этой сказке, Максим. Я предавала тебя, потому что должна была спасти свою дочь, — она задирает голову и смотрит на полную, в зените, луну. — В обмен на информацию о тебе Юнгер обещал вакцину для Насти. Без этой вакцины она не переживет превращение.

Я говорю ей:

— Врешь.

Но я вижу, что она искренне верит в эту глупую сказку.

— Люди беспомощны, — она все смотрит и смотрит на сияющий диск луны. — Без клыков. Без когтей. Без шерсти. Люди медлительны, потому что ходят на двух ногах. Их бессилие уравновешивается только их злобой. Дикой злобой, которой нет у зверей. Никакому зверю не придет в голову взять в заложники чужого детеныша... Ты идешь слишком медленно. Максим, ты идешь слишком медленно, а времени нет. Дай мне золото. Я пойду первой.

Это так нелепо, что мне хочется обнять ее — наивную, жалкую.

— Ты действительно веришь, что умеешь двигаться быстрее других людей?

— Слово «других» тут лишнее. Я умею двигаться быстрее людей, — она вдруг опускается на четвереньки. — Поставь на землю чемодан и отвернись. Не смотри.

Я делаю, как она просит.

За спиной я слышу короткий, утробный стон. И в ту же секунду ветер приносит знакомый запах. Запах погреба и увядших цветов. Вероятно, где-то рядом в лесу только что умер зверь...

Я выжидаю еще секунд пятнадцать и оборачиваюсь.

Нет ни чемодана, ни женщины.

В темном месиве палых листьев, в осенней грязи, запрокинув острую морду к луне, валяется золотой идол — лисица с двумя хвостами.

Лиза вынула ее из чемодана и оставила мне. Или она просто выпала.

ГЛАВА 25

— Вакцина готова? — Старшая Мать переводит тревожный взгляд с ампул на своды грота, как будто видит через толщу камней полную луну. — У нас мало времени! Отвечай!

Он понимает ее по движению губ. Он больше не слышит звуков.

И голоса у него больше нет.

Он говорит в своей голове:

самурай не может ответить

зверь отобрал у самурая слова

Зверю становится болью. Он опускается на четвереньки и выгибается в судорогах, выгибается в потугах, чтобы выпустить зверя, чтобы выпустить боль из куколки прежнего тела.

зверь убивает самурая

испытай вакцину на самурае

Старшая Мать набирает в шприц содержимое ампулы, а он пятится от нее и дрожит, и соски его каменеют, и он чувствует вкус молока и железа на языке.

— Ты боишься? — спрашивает Старшая Мать.

зверь боится

у самурая нет страха

самурай живет, как будто он уже умер

Она вводит ему вакцину за миг до того, как молоко превращается в новую кровь, и глаза его застывают, словно вдруг наполнившись янтарной, вязкой смолой. И он больше не может вдохнуть, но, пока его сердце бьется, он лижет Старшей Матери руку. А потом умирает. Зверь умирает.

А самурай остается.

И он втягивает в легкие воздух, как будто вынырнул со дна ледяного Лисьего озера, и глаза его снова живые и карие.

— Твоя вакцина работает, самурай.

ГЛАВА 26

Невидимый колокол монотонно и убаюкивающе гудит на ветру — как будто заботливо отбивает ритм колыбельной для девочки и ее матери, которые стоят, обнявшись, на мине.

Я смотрю на девочку. К запястью Насти привязана веревка, другой ее конец — в левой руке у майора Бойко.

Я смотрю на Бойко. В правой руке его пистолет. У ног — раскрытый чемодан. Он смотрит на грязное золото и скалится, как собака, откопавшая сладкую падаль и охраняющая ее от посягательств других членов стаи.

Я смотрю на Лизу. Она голая. Смятое платье валяется на земле, как сброшенный кокон. Босой ногой она мягко прижимает к темно-зеленой мине дрожащие детские стопы — чтобы Настя нечаянно не отпустила вжатый взрыватель.

— Ты не подумай, Кронин. Я ж не ты, меня ведьмы не возбуждают, — он наконец отрывается от своей добычи и переводит на меня и взгляд, и дуло ТТ. — Она разделась, чтоб я видел, что она безоружна. И ты давай, отсегни кобуру. Брось сюда. Теперь вторую пушку, я ж тебя знаю. Гимнастерку задери. Вертанись! И чтоб без глупостей. Мина разгрузочного действия. Если дерну за веревочку...

— Знаю.

— Если дерну за веревочку — сдохнут обе. Теперь руки за голову.

Я выполняю все, что он говорит. Чугунный колокол отбивает ритм колыбельной, которую я как будто знал, но забыл. Настя всхлипывает, и Лиза принимается тихонько ей напевать:

Баю-бай, засыпай, детка,
Я с тобой посижу.
Если ты не уснешь, монетку
В руку тебе вложу.

— А ну заткнись! — рявкает Бойко. — Здесь не все, — он кивает на чемодан. — Я жду.

— Отпусти их, и я отдам все.

Он смеется — отрывисто и хрипло, как будто лает:

— Ты будешь мне условия ставить, гнида?

Он натягивает веревку.

— Максим... Отдай ему... — шепчет Лиза.

Я очень медленно приближаюсь к майору и кладу в распахнутый чемодан лисицу-идола. Он смотрит на нее, потом на меня. И снова скалится.

— Давай последнюю.

— Что последнюю?

— Золотую лисицу, чо. Их было три. Одна в чемодане. Другую ты положил. Гони теперь третью. За дурака меня держишь?

Я молчу. Я осторожно смотрю на Лизу. Пытаюсь понять, где третий золотой идол. А она тихонько поет:

Баю-бай, не кричи, не плачь,
В доме открыта дверь.
Спи, скорей засыпай, иначе
В дом явится зверь.

— За дурака я тебя, майор, не держу...

Я закрываю глаза и не думаю ни о чем, позволяю тьме сложить слова колыбельной в мозаику других смыслов. В колыбельной всегда есть другие смыслы...

Баю-бай, придет на порог,
Обернется бурой лисой.
Если ты не уснешь в срок,
Заманит тебя в свой сон.

...В колыбельной всегда есть угроза. Предупреждение. О чем она меня пытается предупредить? Не кричи, не плачь... Не делай резких движений. Усыпи бдительность. Открыта дверь. В дом явится зверь... К нам кто-то придет. Кто-то, кого не ждут. Если ты не уснешь в срок... Кто-то придет. Моя задача — потянуть время.

— ...Ты не дурак. Ты, майор, подлец.

— А ты мне даже нравишься, Кронин. Совсем меня не боишься. Совсем не боишься смерти. Ты ж сам понимаешь. Не могу я тебя... такого... у себя за спиной оставить. А вот девок твоих, перевертышей, как обещал, отпущу. Все по-честному будет. Давай сюда идола. А то я за веревочку дерну.

— Перевертыш тут только один, майор. Это ты... — говорю безмятежно.

Он смотрит на меня завороженно. Как тигр на дрессировщика, сующего голову в его раскрытую пасть. Нет лучшего способа усмирить взбешенного хищника, чем безмятежность. Если ты безоружен и при этом спокоен — значит, сила на твоей стороне. Зверь не станет нападать, пока не выяснит, в чем твоя сила.

— ...Говорят, ты не всегда таким был. Но теперь... — я ловлю его взгляд. — Ты украл у своих. Ты предал своих. Ты убил своих. Ты поставил на мину ребенка и женщину. Ты больше не человек.

Баю-бай, у лисы в норе
Столько веселых игр.
Но ты не играй, засыпай скорей,
Иначе явится тигр.

Он по-прежнему на меня смотрит, и я вдруг понимаю, что, пока я говорю размеренно и спокойно, низким голосом — с хищниками нужно говорить низким голосом, — и пока я сам смотрю на него, и пока она поет колыбельную, он не в силах отвести взгляд. Он находится в моей власти.

— Разве это свои, капитан? — говорит он тяжело, монотонно, как будто спит. Он зовет меня капитаном, как будто не помнит, кто я. — Кто свои?.. Стукач Деев?.. Или стукач замполит?.. — он опускает левую руку, ослабляя натяжение веревки. — Или те, кто тебя в лагерях гноили?..

Я смотрю на него неотрывно, но замечаю боковым зрением, как, продолжая петь, Лиза быстро перехватывает веревку и наматывает несколько витков на ладонь. Если Бойко дернет теперь — он дернет сначала ее.

Баю-бай, в меду его пасть,
А лапы его в снегу,
И если ты не захочешь спать,
Он тебя уведет в тайгу.

— ...Не стыди меня ребенком... Ты сам виноват, капитан... Я тебе предлагал свободу... а ты хочешь подохнуть в этом проклятом месте... как цепной пес...

Где-то слева в темноте хрустит ветка. Машинально перевожу туда взгляд — и тут же упускаю майора. Он вдруг дергается всем телом, как огромная рыба, сорвавшаяся с крючка, и веревка, ведущая к мине, резко натягивается. Лиза ее удерживает.

— А ну быстро идола мне вернул! — орет Бойко. — До трех считаю и дергаю! Раз!

— У меня с собой его нет, — я стараюсь звучать спокойно, но голос срывается.

— Где он?! Два!

— Он у меня, — раздается голос оттуда, слева, где хрустела сухая ветка.

Это голос Ермила. Он идет к нам. На плече у него двустволка. Он сжимает золотую лисицу с тремя хвостами мертвой черной рукой.

— А ну ружье бросил! — щерится майор Бойко.

— Я держу! — кричит Лиза.

Ермил снимает с плеча ружье — но не бросает, а, выронив лису и неловко прицелившись, палит в Бойко. Тот издает звериный, нутряной крик гнева и боли, и отпускает веревку, и сгибается пополам, и тоже стреляет, и роняет ТТ — а Ермил застывает и глядит на Лизу и Настю слезящимися глазами, как будто они его ослепляют. А потом он опускается на колени. Как будто обнаженная женщина и прижавшаяся к ней девочка — его золотые идолы и он молится им в кумирне.

Я подбираю свой револьвер и шагаю к Бойко. Я опрокидываю его на землю ударом ноги. Я приставляю дуло к его виску — а Лиза кричит:

— Нельзя убивать в кумирне! Богиня смотрит! Богиня тебя не простит! Пусть забирает грязное золото и идет! Он все равно уже проклят! Он все равно получит свое! Но без тебя! Не твоими руками, Максим!

Она права. Смерть — жадная, ненасытная тварь, но это не повод кормить ее прямо с руки. Пускай сама загоняет свою добычу. И я пинаю ворочающегося на земле Бойко, и я стреляю в воздух, стреляю в небо, с которого на меня смотрит чужая богиня, и я кричу:

— Бери свое золото и убирайся!

Он недоверчиво копошится, ожидая подвоха. Он подползает к чемодану, подхватывает его, поднимается на ноги и припускает прочь, но рядом с коленопреклоненным охотником останавливается, как будто не может уйти без его прощения... Это иллюзия. Не в прощении дело. Майор подбирает с земли золотую лисицу с тремя хвостами, сует ее в чемодан и скрывается в зарослях.

— Я все сделал, как ты сказала... Я помог... Да, Лиза? Я сделал правильно?

— Да, все правильно. Теперь не смей умирать!

Кровь выходит из простреленной груди Ермила толчками, но он как будто не замечает.

— Я, считай, уже умер. Я ж охотник. Знаю толк в ранах. Эта — смертельна.

— Нет! Есть средства, есть з**а**говоры, есть целебные травы! Я тебе помогу, когда мы выберемся отсюда. — Она поворачивается ко мне. — Ты же знаешь способ, как обезвредить эту чертову мину?

— Заменить один вес другим, — отвечаю я.

Он достает охотничий нож:

— Этот способ я знаю.

Он прислоняет лезвие к поверхности мины своей черной рукой — и вместе с рукой осторожно проталкивает, просовывает между детской ступней и взрывателем, прижимает. Из-под синюшной от холода Настиной пятки, из-под пальцев охотника высачиваются черные капли.

— Ай, — говорит Ермил.

— Ты руку порезал, — шепчет Настя. — Тебе больно?

— Нет. Моя рука мертвая. «Ай» — это по-вашему значит «любовь». — Он протягивает Насте золотой крестик. — Это Проша тебе передал, чтобы Бог тебя поберег. Вы сейчас должны сойти с мины. А я останусь.

Охотник стоит на коленях перед обнаженной женщиной и ребенком, а они стоят на круглой зеленой мине, как на пьедестале, и он смотрит на них снизу вверх, он как будто умоляет богинь принять его жертву.

Он смотрит на Лизу, потом на меня. Он говорит:

— Я держу. Крепко.

Тогда они сходят с мины, женщина и ребенок, и отбегают, а я обхватываю их обеих, накрываю собой, и мы валимся наземь, и замираем в ожидании взрыва — но взрыва не происходит. Он действительно держит крепко. Навалившись на мину, держит смерть, затаившуюся под зеленым взрывателем, своей мертвой рукой.

Он говорит:

— Повезло тебе, капитан. Обнимай их вместо меня.

Я выпускаю из обьятий обнаженную женщину и ребенка, я велю им отойти на безопасное расстояние и дождаться меня, а сам подхожу к Ермилу.

Я говорю:

— У этой штуки задержка секунд пять-семь. Есть шанс успеть. Я сейчас тебя сдерну. Шагов десять хотя бы пробежать сможешь?

— Не смогу. Уходи. А то со мной сдохнешь.

Кровь выплескивается из его раны в дерганом ритме, через неравные интервалы, и все слабее. Он дышит со свистом. Я смотрю на луну, только чтобы не смотреть на него, потому что он прав. Он не сможет. Мне придется его здесь оставить. Его смерть — не в зеленой мине. Она уже в нем самом.

Я смотрю на охотника снова. Теперь он не один удерживает взрыватель. Поверх черной его руки лежит черная рука Флинта. Вор смотрит на меня нарисованным тусклым глазом:

— Говорил братан мой, а я не верил. Потому что живой был. Живые все дураки. Говорил мне Веня: всех Кронин рядком положит, а сам по жмурам до конца пойдет.

— Кто?.. — с натугой сипит Ермил. — Кто здесь?.. Кто меня держит за руку? Это ангел?..

— Да как скажешь, охотник, — Флинт лыбится гнилым ртом. — Ангел — так ангел.

— Значит, я прощен?.. Искупил?..

— Прощен, прощен. Пора нам с тобой, охотник. Я в файное место тебя отведу. Там такой есть зверь — сам бобер, а клюв как у утки. А другой еще — вроде волк, а на пузе сумка, будто у кенгуры. Люди вольные там. Вертухая нету ни одного. Ну ты понял. Рай, в общем.

— Тяжело... дышать... где воздух... нет воздуху...

— Так и не надо больше, охотник.

Флинт снимает свою черную руку с черной руки Ермила и кладет ладонь ему на лицо, зажимает и рот, и нос.

— Уходи, — говорит мне вор. — А то с нами сдохнешь.

И я киваю и ухожу. И я слышу взрыв. Влажные комья летят мне в спину — как будто мертвые швыряются землей из свежей могилы.

ГЛАВА 27

— Ты покидаешь нас, Аньли? И самурая уводишь? — Тин стояла на выходе из грота с озабоченным личиком. — Мы разве недостаточно гостеприимны? Умоляю, останься. Мы готовы на все, чтобы ты осталась.

Нуо опустила глаза, чтобы не видеть позора Тин. Сколько можно пресмыкаться перед отступницей? Для чего?

— И к тому же это нечестно, — подала голос Биюй. — Раз Оямасан сделал вакцину и мы теперь снова можем рожать, пусть он ляжет с каждой из нас, — она погладила пряжку ремня на брюках Оямы. — Мы жаждем зачать лисят!

Похотливая сучка. Она, кажется, и правда готова родить уродца от мясника. Смешать с его грязной кровью кровь Первородных. В этой стае гордость, похоже, осталась только у самой младшей.

— Я с ним не лягу, — скривилась Нуо. — Он недостоин.

— Как хочешь, милая, — Тин сбросила халат, по-прежнему стоя в проходе. Ее обнаженное тело отбрасывало на посеребренную луной стену грота длинную острую тень. — Нам достанется больше его силы ци. Раздевайся, Биюй. Раздевайся и ты, Аньли.

— Сейчас не время для этого, — Аньли попыталась выйти, но Тин не двинулась с места. — Мы оставили вам вакцину. Три ампулы.

— Целых три! Как щедро, — проворковала Биюй. — А остальное вы, значит, уносите? — она кивнула на чемоданчик в руке Оямы.

— Потом он сделает вам еще, — сказала Аньли. — Сейчас нам надо идти. Без вакцины Настя погибнет.

— Неужели погибнет? — охнула Тин. — Несчастное дитя! О Небесная Лисица Ху-Сянь, помоги ей! Давайте вместе помолимся, сестры.

— Да, помолимся! — Биюй встала рядом с Тин. — Мы так тебе сострадаем, Аньли. Мы ведь знаем, что значит терять детей. Мы теряли их много раз — с тех пор, как из-за тебя были прокляты. И никто их не спас. Никто не дал им вакцину.

— Ты правда думала, что мы поможем тебе спасти твое предательское отродье? — хихикнула Тин. — Неужели ты настолько глупа, Аньли? Неудивительно, что из-за такой дуры пострадала вся стая.

— Наконец-то, — с облегчением прошептала Нуо. — Слава Небесной Ху-Сянь, вы прозрели...

— Ты еще глупее, чем наша младшая, — добавила Тин. — Она тоже поверила в наше гостеприимство.

— Почему... — Слова застряли в горле Нуо.

Как будто ей кинули мясо, а внутри была кость. Как будто она подавилась трубчатой костью.

— Нужно было, чтоб ты вела себя естественно, милая, — ответила Тин. — Иначе у нашей сестрицы-отступницы и ее мясника возникли бы подозрения. — Она коротко кивнула Бийой, и та непринужденно, как у ребенка, отняла у Оямы чемоданчик и молниеносным броском опрокинула японца на каменный пол.

— Я слабее вас, — сказала Аньли. — Я умоляю вас, сильных, о снисхождении.

— Разве так умоляют? — Тин вскинула нарисованную бровь. — Встань на колени.

Аньли подчинилась.

— Умоляю, позвольте мне спасти девочку.

Вместе с сестрами Нуо наблюдала, как отступница ползает на коленях, но невидимая кость, застрявшая в горле, мешала насладиться ее унижением. Она пнула Аньли ногой, но даже это не помогло.

— Умоляю, позвольте мне спасти девочку... Позвольте мне спасти девочку...

— Мы отказываем, — сказала наконец Тин. — Пусть подохнет.

— Пусть подохнет, — повторила Нуо, и кость наконец проскользнула и перестала ее душить.

ГЛАВА 28

Мы втроем у кумирни, и в гудении колокола слышится вой взбудораженных полной луной зверей. Или, может быть, дикие звери и правда воют во тьме за сопкой. Я сижу на земле, Лиза молится, стоя перед пнем на коленях, каким-то своим китайским богам, а ребенок ее лежит на расстеленной на земле гимнастерке и дышит часто и поверхностно, по-собачьи, с подскуливанием. Узкие щелки полуприкрытых глаз желтовато мерцают — будто сочатся застывающей клейкой смолой. И так же мерцает и подрагивает на шее золотой крестик.

— О Небесная Лисица Ху-Сянь, спаси мою девочку!.. Поторопи мою мать!

— Это дикость! Ее нужно отнести в лазарет, — говорю я в который раз.

— Нет. Аньли обещала прийти в кумирню. Она придет. Она принесет вакцину. Нужно просто еще чуть-чуть продержаться...

Лиза касается губами покрытого испариной белого лба — и Настя резко вздрагивает всем телом, как будто поцелуй причинил ей боль, как будто под кожу вогнали невидимое тонкое жало, как будто кожи у нее вообще нет... Она встает на четвереньки и шепчет синеющими губами:

— Мне страшно, мама... спой мне... ту колыбельную... про зверей...

И Лиза поет.

Баю-бай, будет тигр рычать,
Оберегать твой сон.
Но если ты не заснешь тотчас,
Тигр обернется псом.

Баю-бай, будет пес лизать
Монету в твоей руке.
Если ты не захочешь спать,
Он тебя отведет к реке.

— Я вижу реку... — Настя выгибает спину дугой и конвульсивно подергивается — как мотылек, старающийся выпутаться из кокона. Она раскачивается в такт с гудящим чугунным колоколом, и в том же ритме раскачивается на шее цепочка с крестиком.

Баю-баю, мягок песок,
Вода блестит серебром.
На берегу погружайся в сон,
Иначе придет паром.

— Паромщик... здесь... — шепчет Настя и как будто вдруг успокаивается, укладывается обратно на мою гимнастерку, и обмякает, и делает долгий, очень спокойный выдох, и больше не шевелится, а Лиза все гладит ее по голове и поет.

Баю-бай, я паромщик, детка,
В лодку иди ко мне.
Я заберу у тебя монетку
На той стороне.

Я прикладываю руку к влажной от пота Настиной шее — и не чувствую пульса. Я наклоняюсь над ней и делаю искусственное дыхание.

Всего-то и нужно, чтобы мой выдох стал ее вдохом.

Всего-то и нужно, чтобы мой выдох стал духом, который она испустила.

Баю-баю, темна как ворон
В стылой реке вода.
Просто дыши этой тьмой, и скоро
ты уснешь навсегда.

ЧАСТЬ 8

Репу и редьку мы рвали вдвоем —
Бросишь ли репу с плохим корешком?
Имя свое не порочила я,
Думала: вместе с тобою умрем.

(Ши-цзин, или «Книга песен».
Песнь оставленной жены)

ГЛАВА 1

Никитка бежит и воет. Потому что луна говорит Никитке: стань зверем. А Никитка не хочет быть зверем. Зверь злой.

Никитка мог бы сейчас обратно стать человеком. У него есть стеклянный пузырек, а в нем яд, который умеет убивать зверя. У него есть даже несколько таких пузырьков.

Но Никитка не смеет: Старшая Мать ему запрещает. Ее голос звучит в его голове.

спаси мою девочку

Это Старшая Мать помогла Никитке украсть пузырьки. Говорила с ним в его голове. Призвала его туда, где живут старейшины ее стаи. Объяснила, как сделать подкоп и взять пузырьки, пока старейшины, ее младшие сестры, не видят.

Они плохие, старейшины. Они связали Старшую Мать и не выпускают. Никитка хотел за нее заступиться, но она сказала:

не надо

тебе с ними не справиться

спаси мою девочку

Она сказала, чтобы Никитка выкрал пузырьки с ядом, убивающим зверя, но в себе чтобы зверя пока не трогал, не убивал. Потому что, пока в нем зверь, он чует всю стаю. Чует, где ее девочка. И где все остальные.

Она сказала:

сначала помоги моей девочке

потом найди своих

дай им вакцину

своего зверя убьешь последним

если успеешь

Никитка бежит к кумирне, потому что он чует, что девочка и зверь внутри девочки там. Но когда кумирня уже совсем рядом, он вдруг теряет след. Как будто девочка и ее зверь куда-то исчезли. Как будто они перестали быть частью стаи.

Никитка не знает, куда теперь должен бежать. Он встает на четвереньки и чувствует во рту вкус крови и молока, и он воет, чтобы заглушить призывы луны

стань зверем

стань зверем

стань

А Старшая Мать говорит в его голове:

я тоже ее больше не чую

это очень плохо

спеши

Никитка тогда выходит к кумирне и все понимает. Он видит тело девочки на земле, и видит, как мама девочки, тоже одна из стаи, трясет это тело и плачет, и как мужчина, которого зовут Шутов, пытается заставить это тело снова дышать, но у них ничего не выходит, потому что девочка уже не внутри, а снаружи. Она пока еще с ними рядом, и вместе с ними тоскует, но скоро уже уйдет. Никитка видит. Никитка знает.

Никитка помнит, как он сам сидел снаружи и тосковал.

— Никитка тоже умирал, — говорит он девочке. — Никитка тоже хотел обратно. И не знал как.

Никитка дает им пузырек с вакциной и шприц, и смотрит, как они делают Насте укол, и дрожит. Никитка не любит уколы. Укол — это больно, и ты после него умираешь.

Никитка пытается считать — раз, два три... а дальше не помнит. Он хочет посчитать, сколько времени прошло после укола, но не знает, что идет после трех.

Она все лежит на земле неподвижно, а Никитка считает в такт с ударами колокола:

— Раз, два, три... Раз, два, три...

Никитка считает шепотом до трех много раз, а потом вдруг вспоминает и кричит так громко:

— Четыре!

И тело ее вздрагивает, и она возвращается, как и он возвращался — на вдохе.

А зверь умирает, и душа его тоскует, и Никитка скулит, потому что ему жалко зверя.

Они уносят девочку в город. А Никитка бежит к своим через лес. А убитый зверь уходит наверх к Небесной Лисице.

ГЛАВА 2

Он нес ее спящую дочь на руках всю дорогу: от леса до Лисьих Бродов, от кумирни до дома, от полной луны до тонкой красной нити рассвета. В фанзе он осторожно, не разбудив, переложил Настю на кан и сразу хотел уйти, но Лиза не отпустила. Тяжело отпускать того, кто так долго нес на руках твоего ребенка.

Она попросила, чтобы он просто ее обнял. Сказала, что у нее сейчас грязные дни, в эти дни нельзя, но это было вранье. Она не хотела забирать его силу ци — и это была та правда, которую она не сказала.

Она расстегнула на нем пропахшую ее дочерью гимнастерку и обвела холодным пальцем шрам на его груди:

— Ты правда не помнишь, откуда это?

— Не помню.

— Знак хозяина. Как ты можешь не помнить?

— Контузия на фронте. Я много чего забыл.

— Обычно «ван» считают знаком власти и силы. А я вот думаю, это на самом деле знак подчинения. Клеймо от хозяина. Он ставит его на тех, кто призван служить его воле.

— И что это за хозяин? — он зарылся лицом в ее волосы.

— Мастер Чжао. Хозяин смерти.

— Как все у вас тут торжественно... и серьезно. — Кронин лизнул ее сосок, и он тут же сделался твердым и потемнел, как ягода можжевельника. — На самом деле шрам — это просто шрам. Я сам себе хозяин...

Он потянулся губами к ее губам — не к тем, что раскрываются, чтобы дышать и говорить, есть и пить, но к тем, что в скользкой темноте разбухают и раскрываются от совсем иной жажды. Тогда она повторила, что нечиста, но он сказал:

— Неважно. Люблю твой запах. Ты пахнешь лесом.

Она сдалась, но решила ничего у него не брать. Пыталась не допустить, не испытывать, а лишь имитировать наслаждение, но оно перетекло в нее из его горячего рта, и захлестнуло, и она перестала сопротивляться, и зверь внутри нее распахнул голодную пасть, и, заскулив, она оттолкнула его и тут же пристроилась сверху на четвереньках, и в скользкую пасть — не в ту, что стонала и скалилась, а в ту, что с чавканьем стискивала его глубоко внутри, — излился его густой и теплый, прозрачно-белый, как рисовый отвар, как пар над рисом, жизненный сок.

Ци — иероглиф из двух частей: разбухшая рисинка и ее испарения.

Сюэ — иероглиф, похожий на прутья клетки. На самом деле он изображает сосуд, в который стекает кровь жертвенного зверя.

Ци и сюэ забрала она у мужчины, который принес ее дочь на руках домой. По светлой циновке растеклись его семя и кровь, тут же хлынувшая из носа.

Она с тоской сказала:

— Это из-за меня.

— Ну что за чушь, — он вытерся рукой и беззаботно изучил измазанную красным ладонь. — Ты тут ни при чем. Переносица всегда была моим слабым местом, я даже...

— Нет. Это все я. Мы больше никогда не должны с тобой делать... это.

— Делать что? — он улыбнулся по-мальчишески и как-то вдруг очень счастливо. — Давай, произнеси это вслух — что мы с тобой делаем?

— Мы делаем ай.

— Ай? — Кронин расхохотался, и из носа снова брызнула кровь. — Какое детское слово.

— «Ай» по-китайски значит «любовь», — сказала Лиза, а он перестал смеяться и ничего не ответил: он явно не ожидал услышать от нее это слово и вряд ли был готов это слово с ней разделить. — Такие, как я, забирают у мужчин их силу... и жизнь.

Он усмехнулся, на этот раз без всякого ребячества:

— Многие пытались забрать у меня силу и жизнь. Как видишь, не справились. — Он оглядел ее насмешливо, но все-таки с нежностью. — Не думаю, что ты опаснее их.

— Я очень опасна, Максим, — она надела халат, потому что стало вдруг тоскливо и неуместно оставаться рядом с ним обнаженной. — Я не хочу тебе зла. Но это моя природа... Ты что, не веришь?

Он промолчал.

— После всего, что ты видел, после того, что случилось с Настей... Как ты можешь не верить? Не чувствовать?!

— Я просто уже не знаю, во что я верю. И что я чувствую, — сказал Кронин глухо. — Еще недавно все было предельно просто. Казалось, я не чувствую ни-че-го. Казалось, из меня кто-то вынул душу. Я жил как будто за кого-то другого, как будто я уже умер. Но я надеялся... я верил, что найду мою Лену — и жизнь вернется ко мне вместе с ней, и все станет как раньше...

Она отодвинулась от него. Лена. Такое нежное имя. Такое светлое. Должно подходить блондинке. Его блондинке. Его жене.

Она засмеялась — звонко и высоко, а он сказал:

— Ты смеешься не как другие. Не когда тебе весело, а когда ты напугана или зла.

Она ответила:

— Просто это вообще не смех. Лисица издает такие звуки, когда чует угрозу. Она так защищается.

— Тебе нужно от меня защищаться?

— Ты отдал мне свое семя, а теперь рассказываешь, как тоскуешь по другой женщине. Конечно, мне нужно от тебя защищаться.

— Не нужно, Лиза...

Он посмотрел ей в глаза, и она почувствовала, как губы — не эти, которые она до боли сжимает, а те, что спрятаны, — снова раскрываются для него.

— ...Я не нашел жену. А нашел — тебя. И Настю. И ничего не стало как раньше, но все же... Теперь я снова живой. Понимаешь, Лиза? Живой!

Когда ее губы опять набухли и стали скользкими, когда голодная пасть начала раскрываться снова, она сказала — против собственной воли, только чтобы заткнуть эту пасть:

— Ты все еще хочешь найти жену?

Он отвернулся.

— Какая разница, раз это невозможно.

— Возможно.

Он поднял на Лизу изумленный, но полный надежды взгляд — и голодная пасть внутри нее тут же захлопнулась, тоскливо и больно, будто прокусив зубами кишки.

— Когда я просила тебя спасти мою дочь, я обещала сделать для тебя что угодно. Поэтому я...

— Ты знаешь, где она?!

Он вскочил — высокий, голый, сильный, нелепый. Засохшая кровь под носом. Засохшая слизь, ее и его, на мошонке. Знак ван в пушистой поросли на груди. Клеймо хозяина стада на породистом вожаке.

— Где моя Лена? — повторил он громко и требовательно. Как будто он — хозяин, а она его дрессированный зверь. Возможно, так и есть? Она опять засмеялась. И сказала сквозь смех:

— Я знаю, где моя мать, Аньли. Она была пленницей в «Отряде-512». И знаю, где японец, который истязал мою мать, а потом полюбил. Наверняка они что-то расскажут про *твою* Лену.

Она специально выделила голосом слово «твою» — подчеркивая обиду и почему-то надеясь, что он это слово возьмет обратно, оспорит, — но он только кивнул и стал одеваться.

— Где я могу их найти, Аньли и японца?

— В убежище, которое оказалось капканом.

— Прекрати говорить загадками.

— Ты прав. В этой сказке слишком много загадок. Я скажу как есть. Моя мать Аньли — лисица-оборотень, хулицзин, старейшина клана. Сейчас она в плену у своих сестер, тоже хулицзин. И японец там же. Я могу тебя отвести.

— Твоя мать в плену у хули знает кого, а ты ничего не предпринимала?

— Мы не близки. То, что Настя чуть не погибла... это из-за нее. Весь наш род был проклят по вине моей матери.

— Снова сказки... — Кронин пристально посмотрел ей в глаза. — Но ты в них и правда веришь.

Он сунул за пояс револьвер и поправил кобуру с «вальтером». Лиза устало покачала головой:

— Против моей семейки огнестрел не поможет. Только древнее оружие. Такое же, как они сами.

ГЛАВА 3

— Мы идем к Аньли? — Ояма слепо вглядывался во тьму. Младшая из сестер вела японца по неосвещенным катакомбам Грота Посвященных за руку, как ребенка. Он был так жалок, что Нуо почувствовала желание. Пожалуй, сестры были не так уж неправы, когда хотели с ним лечь. Пожалуй, ей не следует быть такой гордой. Да, после казни она тоже возьмет у него немного ци, как они.

Ояма делал маленькие, неуверенные шажки, а цепи, сковывавшие его запястья и щиколотки, звенели, как те медные погремушки, что Нуо подвешивала над люлькой своего малыша тридцать лет назад. Он был чистокровным — ее детеныш, ее первенец, ее маленький перевертыш. Он родился спустя два месяца после того, как старшая сестрица Аньли произвела на свет свою полукровку. Они играли вместе, полукровка и ее сын, двоюродные брат и сестра. А потом им исполнилось семь, сначала ей, а потом ему. Полукровка пережила превращение, а он нет — из-за проклятия, которое Аньли навлекла на их род. Несправедливо. Мастер Чжао всегда был несправедлив. Аньли была его любимицей, и даже в гневе, даже проклиная ее, он пощадил дитя в ее чреве, а других детей — нет. «Ребенок, которого ты носишь под сердцем, станет последним, кто сможет пережить превращение» — так мастер Чжао сказал Аньли.

Теперь все изменится. У них снова будут детеныши. У них будет вакцина.

— Мы чтим традиции, Ояма-сан, — сказала Нуо. — По традиции за предательство полагается наказание. Сестрица Аньли предала нас. Она помогла чужаку пробраться в Грот Посвященных и отдала ему вакцину, которую ты для нас сделал. Она будет сурово наказана. А ты будешь на это смотреть.

Нуо ввела японца в Нижнюю Пещеру, и он на несколько секунд зажмурился от света факелов, закрепленных в нишах каменных стен и вокруг горячего источника. Беспомощный и слабый. Не приспособленный ни к свету, ни к темноте. Она снова ощутила желание. Или просто предвкушение хищника, идущего по следу раненой жертвы.

Сестрицы Биюй и Тин, с высокими прическами, в вышитых жемчугами шелковых платьях — старшая в красном, средняя в желтом, — небрежно кивнули младшей. Какого черта они сказали, чтобы она пришла в обычном халате — а сами нарядились для казни?! К чему это унижение на каждом шагу?..

Сестрица Аньли, раздетая донага, стояла на коленях в бамбуковой клетке, помещенной на возвышении в центре пещеры. Она скосила глаза на вошедших через решетку, но повернуться к ним не смогла: мешала шейная колодка с шипами, в которой была закреплена голова.

Ояма смотрел на Аньли слезящимися глазами: то ли никак не мог привыкнуть к яркому свету, то ли и правда плакал, видя свою хозяйку такой бессильной и жалкой. Как бы то ни было, Нуо это возбуждало. Она почувствовала, что между ног стало скользко и жарко — как будто зверь в ее животе приоткрыл пасть и пустил горячие слюни.

— Это ли-цзя, традиционное китайское приспособление для пыток и казни, — Нуо кивнула на бамбуковую клетку. — Ты не знаком с ним, Ояма-сан? Дно опускается постепенно — до тех пор, пока приговоренный не повисает с зажатой колодкой шеей. Смерть наступит от удушения.

— Но это скучно, — Биюй, средняя из сестер, капризно надула алые губы. — Мне больше нравится казнь змеей, — она отстегнула от пояса черный бархатный мешочек; он шипел и подрагивал. — Это казнь специально для женщин. Молоко заливают в лоно, и змея заползает туда, чтобы им полакомиться... Принеси-ка нам кувшин молока, младшая сестра.

Нуо поклонилась и пошла к выходу.

— Ты всегда здесь будешь на побегушках, — спокойно сказала Аньли ей в спину. — Ты для них прислуга.

Нуо взяла кувшин и направилась к заячьей норе: еще неделю назад она приметила там запах нового выводка. Она сделала переход и зашла в нору. Самка как раз кормила. Увидев лису, она тоненько заныла, поднялась и попыталась пробраться к выходу, но на ней висели присосавшиеся зайчата; она была слишком грузной, медлительной. Нуо перегрызла ей глотку, вытащила из норы и после обратного перехода сцедила в кувшин остывающее молоко из ее сосков.

Нужно будет вернуться сюда до ночи, придушить и сожрать зайчат. Ей было жаль детенышей, но без матери им в любом случае не выжить. Если их не сожрет она, это сделает кто-то другой.

Когда Нуо вернулась в Нижнюю Пещеру, Аньли уже подготовили к казни змеей: ее голые ноги были раздвинуты и зажаты в капканы. Напротив клетки стояли Биюй и Тин, в руках Биюй держала охотничий нож. Аньли улыбалась и казалась очень спокойной. Японец смотрел на нее неотрывно, как преданная собака, — и по-собачьи же, часто-часто, дышал. На всю пещеру от него воняло любовью и страхом.

Нуо с поклоном протянула сестрам кувшин.

— А, молоко... — рассеянно бросила Тин. — Уже не надо. Мы со средней сестрой передумали. Аньли не заслуживает казни змеей. Она заслуживает казнь кровью. Кровь решает все, — Тин выплеснула молоко на каменный пол и вернула Нуо кувшин. — Помой его в источнике, милая.

— И руки заодно вымой, — поморщилась средняя. — Они у тебя все в заячьей крови, молоке и моче. Ой, и халат испачкан. Как хорошо, Нуо, что ты не надела красивое платье — а то и его бы заляпала.

Нуо почувствовала, как кровь прилила к лицу. Кровь решает все. Она стиснула кувшин липкими от молока и крови пальцами и погрузила его в пузырящуюся, обжигающую воду источника.

— Ты зря позволяешь им себя унижать, Нуо, — сказала Аньли.

— Нуо чтит традиции стаи, — возразила Тин. — Младшие ублажают старших. Мы все чтим традиции. — Она повернулась к средней сестре. — Ублажи-ка нашу старшую, дорогая.

Биюй поклонилась Тин, потом развернулась к клетке, поклонилась Аньли — и, резко просунув между бамбуковых прутьев руку с ножом, вонзила лезвие сестре в живот по самую рукоять. Аньли оскалилась и издала такой же тонкий, ноющий звук, как та кормящая зайчиха, которую Нуо напрасно убила.

— Чего стоишь? Подставляй кувшин, младшая, — скомандовала Биюй.

Нуо просунула дрожащую руку с кувшином через решетку и прислонила к ране Аньли; в кувшин закапала кровь. Она ожидала, что страдания отступницы доставят ей удовольствие, но вместо этого почувствовала ноющую боль в животе. Глаза Аньли порыжели и застыли в мучительной потуге начатого, но незавершенного перехода, и Нуо отвела взгляд, чтобы самой не опозориться, не совершить бесконтрольный и неуместный сейчас переход.

— Нам всем сейчас тяжело, — с наигранным сожалением вздохнула Тин. — Ведь мы чувствуем боль нашей старшей сестры через нашу общую кровь. Но что поделаешь. Предательство должно быть наказано. Разве что... — она повернулась к японцу, — ...ты снова сделаешь для нас вакцину взамен украденной. И много. Нам нужно много.

— Отпустите ее, и я сделаю что угодно! — хрипло сказал японец.

— Так не пойдет, Ояма-сан. Сначала ты даешь нам вакцину — потом мы даем ей свободу.

— Но на изготовление вакцины нужно время! Она столько не выдержит!

— Она выдержит. Такие, как мы и она, способны вытерпеть многое — и умеют терпеть очень долго, тебе ли не знать? Она умрет от потери крови, только если мы не будем давать ее ране зажить. Но мы будем, — она кивнула Биюй.

Та вытащила из живота Аньли нож, и струйка крови, стекавшая в кувшин, мгновенно иссякла.

— Рана будет затягиваться, но мы будем ранить снова и снова...

Тин забрала охотничий нож у средней сестры и ударила Аньли в живот — в то место, где уже наметился розоватый рубец. Нуо подставила кувшин.

— ...а ты будешь смотреть, Ояма-сан.

Он опустился перед Тин на колени:

— Прекратите! Я все сделаю, я все сделаю...

— Прекратим, когда получим вакцину.

— Не слушай... их... самурай, — прошептала Аньли.

Слова давались ей тяжело, она как будто выдавливала их из себя, и с каждым словом в кувшин, который держала Нуо, выплескивалась щедрая порция крови, и эта кровь говорила гораздо громче, чем слабеющий голос сестры:

— ...если дать им... то, что они хотят... они меня... не отпустят... казнь... не будет отменена... настаивай... на своем...

— Остановите казнь, и я сделаю для вас сколько угодно вакцины, клянусь. Даю вам слово самурая!

— Нам недостаточно слова. Встань на колени и проси милосердия! — приказала Тин.

Ояма грохнулся на колени; его цепи ударились о каменный пол и на секунду словно бы рассыпались, раздробились мелкими осколками эха, а потом сковали его, коленопреклоненного, снова:

— Я умоляю о милосердии. Пощадите ее!

Тин медленно вытянула нож из живота Аньли, облизнулась, как хищник, идущий по кровавому следу, и сказала мечтательно:

— И они ее пощадили, а самурай изготовил для них волшебное средство для продолжения рода, и жили они долго и счастливо... таким тебе видится финал этой сказки, да, самурай?

Он резко кивнул — и застыл со склоненной головой, демонстрируя безоговорочную покорность. Тин наклонилась к нему и поцеловала, размазав по его губам и подбородку багровую, цвета сырого мяса, помаду:

— Сказки со счастливым концом появились не так давно. Наша сказка слишком древняя и кровожадная, самурай. В ней нет места милосердию.

Она снова всадила нож в рану.

— Род все равно не продолжится... — едва слышно сказала Аньли. — Вакцина... убивает именно зверя... человек выживает...

— Тебе трудно говорить, сестра, — Тин выпустила рукоять ножа, торчавшую из живота Аньли, заботливо погладила ее по голове и вернула руку на прежнее место, нарочно надавив на рукоять. — Твои мысли путаются. Постарайся сейчас молчать.

— Нет! Пускай она объяснит! — вмешалась Нуо. — Что ты там бормочешь про вакцину и человека, отступница?

— Ты всегда была... моей любимой сестрой, Нуо... ты заботишься о стае... думаешь о традициях... не то что они... От вакцины ваши дети... станут просто людьми... Это ли... не позор?

— Это позор, — согласилась Нуо. — Уж лучше мы просто вымрем.

— Идиотка, — оскалилась Биюй. — Хорошо, что ты младшая и ничего не решаешь. Лично я не собираюсь вымирать. Я хочу рожать детенышей. Кормить их грудью. Петь им колыбельную. А не вытравливать их в зародыше ядовитыми травами.

— Сделай нам вакцину, Ояма, — кивнула Тин.

Она повернула нож в животе сестры — три неспешных движения против часовой стрелки, — и отступница захлебнулась визгливым, отчаянным лисьим смехом и кровью. Нуо заскулила, зажмурилась, выронила кувшин и сделала переход — одновременно с отступницей.

Они стояли по обе стороны решетки, две треххвостые лисы. Та, что в клетке, — с зажатыми в капканах задними лапами, в луже крови. Другая — нелепо высовывая нос из-под влажного, воняющего падалью халата, который не успела скинуть до перехода.

— Удивительно, как можно настолько не контролировать свое тело? — Биюй сдернула с нее халат, отшвырнула в сторону и брезгливо обтерла руку о подол. — Хорошо, что мы не разрешили ей надеть платье из тонкого шелка, оно бы сейчас порвалось.

— Ничего удивительного, — отозвалась Тин. — В момент слабости становишься тем, кто ты есть на самом деле, — загнанным зверем.

не смотри на них, Нуо. они тебя презирают

Голос крови. Древний язык Перворechoдных. Когда две лисы одной крови, они могут объясняться без слов.

не смотри на них. смотри на меня

Нуо подчинилась. Когда две лисы одной крови, младшая подчиняется старшей.

— я всегда тебя любила и уважала. ты помнишь?

— я помню

— мне так жаль, что твой детеныш не выжил. прости меня, милая

— я прощаю

— мне известен древний ритуал передачи старшинства. отпусти меня на свободу — и я сделаю тебя Старшей Матерью

— как же я отпущу тебя? сестры сильнее меня

— сейчас придет помощь

ГЛАВА 4

Она осторожно гладит клинок катаны, которую я хранил в сейфе. Она говорит:

— Это древний меч, но против трех сестер его мало. Мы победим, только если ты явишь *силу*.

Она говорит:
— В тебе точно есть эта сила.
Она говорит:
— Ты просто забыл, как ей управлять.
Она говорит:
— Не спорь. Я видела, как ты держал взглядом Бойко. Я чувствую, как сейчас ты держишь взглядом меня.
Она говорит:
— Мы зовем таких, как ты, у-чжу — колдун-заклинатель. У-чжу умеет подчинять себе зверя.
— А человека?
— В каждом человеке есть зверь.
Она говорит:
— Ты должен удерживать самую сильную, ее зовут Тин. Смотри на нее, только на нее — ни на кого больше.
Она говорит:
— Нам надо спешить. Там происходит плохое.
Я ускоряю шаг.
— Откуда ты знаешь, что там происходит?
Она отвечает:
— Моя мать говорит со мной голосом крови. Но голос слабеет.

И мы заходим в Грот Посвященных и спускаемся все ниже и ниже по подземному лабиринту сырых коридоров. Здесь пахнет как в штольне.
Она ведет меня за руку. Она видит во тьме.
И мы заходим в пещеру, и на секунду я слепну от света.
Она говорит:
— Не смей! Открой глаза и смотри.
Я не смотрю на истекающую кровью лисицу в бамбуковой клетке. И на другую лисицу, скулящую подле. Я не смотрю на закованного в цепи японца. Я не смотрю на китаянку в желтом шелковом платье. А я смотрю слезящимися глазами только на ту, что сильнее прочих, — она скалит зубы, как зверь, и взгляд у нее как у зверя, и она шепчет мне:
— У-чжу...

Она пытается отвернуться, но я не пускаю. Это оказывается сложнее, чем в цирке, сложнее, чем с тиграми или львами, но принцип, в сущности, тот же: смотреть в глаза нужно так, будто ты охотник — и целишься в зверя. Тогда зверь замирает.

Так мы стоим друг напротив друга, я и скалящаяся женщина в красном шелковом платье. И я смотрю только на нее.

Я не смотрю на то, во что не могу поверить.

Я не смотрю на женщину в желтом — как она встает на четвереньки, и умирает, и рождается вновь лисицей с тремя хвостами.

Я не смотрю на ту, которая меня целовала, ту, чьи руки я грел, ту, которая смеется от злости и которая пахнет лесом... Я не смотрю, как она перестает быть человеком и как вгрызается той, другой, в глотку.

Я не смотрю, как к ним присоединяется та, что скулила.

Я не смотрю, как японец берет свой меч и замахивается. Не смотрю, как брызжет на стены кровь. Не смотрю, как смерть рисует на отрубленной лисьей голове глаза из стылого янтаря.

А я смотрю на женщину в красном платье, и прямо под моим взглядом она тоже становится зверем, как будто это я ее превратил, и зверь визжит и путается в вышитом жемчугами намокшем шелке, пока не встречает смерть от древнего меча самурая, и этого я уже не могу не видеть. В это я уже не могу не верить.

Я подбираю с пола охотничий нож с окровавленным лезвием — и рассекаю себе ладонь.

Когда по твоей вине гибнет зверь, за кровь платишь кровью

Кто мне сказал? Откуда я это знаю?

Я опускаюсь на пол и сжимаю виски руками. В ушах стучит — как будто рвется наружу, просит выпустить — моя кровь. Я закрываю глаза. Я ни на кого не смотрю.

Я не смотрю, как звери снова оборачиваются людьми. Как та, что еще недавно скулила, вынимает связку ключей из красного платья той, что еще недавно была сильней. Я не смотрю, как они отпирают клетку. Как раскрывают капканы. Как расстегивают кандалы.

Я не смотрю на тварь, которую чуть было не полюбил. Она подходит меня обнять, а я отталкиваю ее холодные руки.

Я не смотрю на другую тварь, ее мать, которая перешагивает через двух мертвых лисиц, прикрытых, как саванами, красным и желтым шелком, и говорит:

— Нам пора идти.

Я не смотрю, как та тварь, что скулила, та, что осталась в живых, преграждает ей путь и кричит:

— Ритуал, Аньли! Ты обещала мне ритуал передачи власти!

— Как ты глупа, Нуо, — я не смотрю, но знаю, что Аньли указывает на два лисьих трупа. — Это и был ритуал. Теперь ты за старшую.

ГЛАВА 5

Вот как они с начальником в штабе замочили Силовьева-стукача и нескольких вертухаев, это Пике понравилось. Но потом начальник должен был сесть за руль, а не Пика. Пика-то водить не умеет. Только уже когда бежали к машине, начальника подстрелили. Пика верный, Пика хороший, он начальника взял под мышки и потащил.

А начальник сказал:

— Ты поведешь.

Пика ему ответил, что не умеет.

— Плевать... Научу...

Начальник показал Пике шелковую карту, там одно место было отмечено знаком, таким же, как у начальника на груди: три продольные полоски и одна поперечная.

— Вот туда... гони... это лисье святилище... тайный вход... все обползаешь... найдешь знак, как у меня...

И Пика погнал. Из штаба за ними выскочили, стреляли, но Пика ловко ехал, зигзагом, быстро и с ветерком, потому что за него как будто ехал начальник. А уже когда к святилищу подъезжали, начальник с заднего сиденья прохрипел:

— Сейчас я... потеряю сознание... но ты меня до места... хоть зубами... доволочешь... Антибиотик в аптечке... Будешь колоть каждые шесть часов... Рану промывать... Вокруг раны будешь рисовать руны... такие... — начальник накорябал на оборотной стороне карты несколько загогулин. — Тогда пуля выйдет... Теперь повторяй за мной: «Я никто»...

— Я никто, — с готовностью откликнулся Пика.

— Дальше придумай сам...

— «Дальше придумай сам»...

— Идиот... Сам закончи фразу... Отрекись... от себя...

— Я никто... — Пика попробовал придумать окончание фразы, но в голове была пустота.

Он не знал, как правильно заканчивать фразы. Не понимал, чего от него хочет начальник. Он хороший, он делает как хочет начальник, просто нужен четкий приказ.

— Я делаю как хочет начальник, — Пика затравленно уставился в зеркало заднего вида. — Я делаю как хочет начальник. Я делаю как хочет начальник!..

Начальник улыбнулся ему из зеркала белыми, растрескавшимися губами:

— Так сойдет... Будешь говорить каждый час... Пока я не очнусь... Рану обработаешь... Перевяжешь...

Дальше Пика сам поехал как мог, но без начальника у него получалось плохо, Пика врезался в дерево, и машина заглохла. Так что он поволок начальника через лес — руками, зубами... Он все делал, как начальник велел, и каждый час говорил:

— Я никто. Я делаю как хочет начальник.

Один раз Пика попробовал промолчать. Потому что он чувствовал, что эти слова — как подзавод у часов: если он их не скажет, часы тогда встанут, и Пика будет свободен, и уйдет от начальника, оставит его в лесу подыхать... Когда было пора говорить «я никто», Пика зажал себе рот, чтобы слова не вышли наружу, — но слова оказались острыми, как металлические стрелки часов. Эти стрелки воткнулись Пике в язык и в глотку, больно и тошно, и Пика, скорчившись, залез себе пальцами глубоко в рот, чтобы вырвать, вытащить стрелки, — и его стошнило, и вместе с едкой вонючей жижей он выблевал слова, которые душили его:

— Я никто! Я делаю как хочет начальник!

Больше Пика не пытался сопротивляться. Доволок начальника до места, отмеченного на карте, но там был только холм и на вершине кривое дерево, обвешанное колокольчиками и лентами. Пика ползал по склону долго — успел произнести слова трижды, — прежде чем нашел знак, как у начальника на груди. Он был сложен из древесных корней: три продольных и один поперечный. Пика взялся рукой за поперечный, потянул и открыл крышку люка. Святилище пахло погребом и мертвечиной.

Он стащил начальника вниз по каменной лестнице, сделал укол, стараясь втыкать иглу помедленней, побольнее, нарисовал загогулины вокруг раны, а потом пришло время сказать, что Пика никто и исполняет волю начальника.

И как только Пика сказал слова, стена, к которой он сидел спиной, задрожала, и посыпались камни, и Пика тогда лег на начальника, чтобы закрыть его своим телом. Потому что он был никто, а важен только начальник.

ГЛАВА 6

Ояма сунул клинок в костер, в самую его синюю сердцевину, чтобы огонь очистил от чужой крови и чужой грязи фамильный меч, доставшийся ему от отца, отцу от деда, деду от прадеда. Огонь, забравший его отца, был куда сильнее, чем этот, он был ярче тысячи солнц и жарче погребального костра на кладбище Окуно-Ин, и в том огне сгорело все, что могло гореть, во всем Нагасаки не осталось целых домов, так писала мать. Она писала: настанет день, и Ояма отомстит за отца и всех, кто сгорел в огне, — создаст солдат, несущих смерть и неуязвимых для смерти. Она писала, что не сомневается в нем: ведь он не только ученый, но еще и воин, он справится.

Но он не справился, не создал, не отомстил. Он лишь служил безумцам и истязал невинных, воевал на чужой войне. Теперь настало время уйти с войны, забрав с собой женщину-кицунэ, которая была его пленницей, а стала его госпожой.

Он посмотрел на Аньли. Она грела над костром свои вечно холодные пальцы, и то же делала ее дочь, и их тонкие бледные руки походили на покрытые инеем ветки, смотрелись частью этого стылого маньчжурского леса, который их породил.

Они казались ровесницами, обе выглядели на двадцать, его кицунэ и ее тридцатилетняя дочь. Ояма так и не позволил Аньли признаться, сколько лет ей на самом деле, сколько столетий. Он не хотел это знать. Ему достаточно было знать, что она не будет стареть, и что она никогда не поборет свою природу, что, не желая того, она высосет всю его силу — и что он будет с ней, пока не умрет, и только смертью искупит свою вину перед нею.

Ояма вынул клинок из огня, и его женщина, его кицунэ, провела по раскаленному металлу рукой, неотрывно глядя ему в глаза. От этого жеста и от этого взгляда ему сделалось горячо в животе.

— Ты обожжешься.

— Нет, — Аньли показала ему гладкую, розовую ладонь. — Я просто согрею руки.

Ее дочь тоже вдруг взялась за раскаленный клинок рукой — и тут же, сдавленно вскрикнув, ее отдернула. Запахло паленой кожей. На покрасневшей ее ладони набухали золотистыми гроздьями волдыри.

Она посмотрела на мужчину, который упорно на нее не смотрел, и сказала:

— Я обожглась.

Сказала не жалобно, а как будто даже довольно. Как будто хотела показать этому холодному мужчине, который на нее не смотрел, что в ней больше человеческого, чсм в матери.

Он так и пе взглянул на нее. Он смотрел в огонь. Ояма подумал вдруг, что в фамилии этого человека — лишняя буква. Не Кронин должны его звать, а Ронин. Самурай, лишившийся господина. А заодно и души.

— Вы благородный человек, Кронин-сан, — сказал Ояма с глубоким кивком. — Вы спасли нас. Вернули мне меч. Я ваш должник.

Кронин молча, без выражения развернул и протянул Ояме армейскую карту.

— Это мне... зачем?

— Это чтобы вернуть мне долг. — Кронин выудил из-за пазухи карандаш. — Начертите маршрут к «Отряду-512».

— Для чего?

— Я рассчитываю найти там женщину. Белокурая, голубоглазая, родинка над губой... — Его голос вдруг сорвался, и Ояма с изумлением понял, что Кронин не равнодушен, а из последних сил держит лицо, как будто он и впрямь самурай. — ...Ее зовут Елена. Она моя жена. Она там?

Ояма взял у Кронина карту и карандаш:

— Она вам очень нужна? Елена?

Тот впервые с тех пор, как они покинули грот, посмотрел на Лизу — долгим, тоскливым взглядом — и произнес:

— Да. Очень.

Лиза откинула назад голову и заливисто рассмеялась. Как и мать, она смеялась, когда ей причиняли боль.

Ояма прочертил на карте извилистую тонкую линию, поставил крестик и только тогда сказал:

— Она там.

Кронин прикурил от горящей ветки, глубоко затянулся.

— Она жива? — голос Кронина звучал твердо, но рука с сигаретой дрожала. — Что с ней сделали? Скажи, чего мне там ждать.

Ояма покачал головой:

— Я указал тебе дорогу. Но там... ты сам должен встретить свою судьбу.

Кронин открыл было рот, чтобы возразить, — но не стал. Долго, внимательно смотрел Ояме в лицо, будто силясь через кожу и череп прочесть ответы, скрытые в голове. Потом поднялся. Сверился с картой. Швырнул окурок в огонь.

Лиза вскочила, бросилась к нему и обняла. Кронин застыл, потом взял ее руки в свои и медленно их разжал, убрал, оттолкнул, а на лице его отобразилось такое страдание, будто он стягивал с шеи удавку — через боль, из последних сил.

— И что дальше? Допустим, она жива... — Лизо говорила тихо и сбивчиво. — Что тогда между нами?.. Все?

Кронин глядел поверх ее головы на осенний лес, сухой, колючей щетиной окаймлявший дальнюю сопку:

— Между нами все — в любом случае. Лиза, ты... и правда не человек.

Она хихикнула, глупо, тонко и жалобно:

— А если б я была человеком? Если бы я сделалась человеком ради тебя, Максим? Для тебя!

— Не унижайся, дочь, — сказала Аньли. — Не теряй достоинство.

— Не указывай мне, что делать! — взвизгнула Лиза. — Ты — чудовище! Мы обе с тобой чудовища! Он прав, прав!

Что-то знакомое, знакомое и очень неправильное, мелькнуло в ее руке. Ояма увидел, что это, только когда она отломила тонкий кусок стекла и выплеснула себе в рот содержимое. Ампула с вакциной — из тех, что унес из Грота подопытный. Одну ампулу подопытный отдал Насте. Вторую она, значит, украла.

— Нет! Плюнь! — Ояма бросился к Лизе. — Ты не станешь от этого человеком! Ты просто...

Она улыбнулась и сделала глотательное движение.

— ...умрешь.

Она расхохоталась — безудержно, дерзко, звонко, — хотела набрать полную грудь воздуха, чтобы захохотать снова, но не смогла.

— Что с ней? — теперь Кронин, наконец, смотрел на нее неотрывно.

— Вакцина ее убивает, — глухо сказал Ояма.

— Но ведь подопытные...

— Они люди. Переделанные — но люди. Вакцина убивает в них оборотня — а человек остается. Она же — истинная кицунэ. Когда зверь в ней умирает, она умирает с ним.

...Она опустилась на четвереньки у ног Оямы и Кронина и содрогнулась всем телом, надеясь, что получится втянуть в себя ставший вдруг плотным, как ком линялой шерсти, воздух если не ртом, так хоть хищной пастью, но ей не удалось сделать *переход*.

— Но как же Настя? Ведь она тоже кицунэ — и выжила!

— Она еще не успела стать кицунэ, когда получила вакцину.

...Лиза попробовала еще раз — но снова не *перешла*. Тогда она легла на прелую, пахнувшую мертвыми листьями землю и повернулась на спину.

Баю-баю, темна как ворон

В стылой реке вода

И когда Кронин склонился над ней, и обнял ее, и попытался вернуть ее холодные руки туда, откуда минуту назад их сбросил, а они все соскальзывали, соскальзывали с его шеи, — тогда она опять улыбнулась, это было легко, ведь для улыбки не нужен воздух, и взгляд ее сделался мечтательным и пустым, как если бы она заснула, но забыла закрыть глаза.

Просто дыши этой тьмой, и скоро

ты уснешь навсегда

— Неужели ничего нельзя сделать?! — заорал Кронин, но она его больше не слышала.

Потому что Небесная Лисица Ху-Сянь пела ей колыбельную, все громче и громче.

ГЛАВА 7

Полковник Аристов застонал и открыл глаза, мутно-серые, как каменная пыль, в которой он копошился, и хрипло спросил:

— Сколько я был без сознания?

Из серого марева явилось и нависло над ним освещенное фонарем бесстрастное лицо Пики:

— Тридцать семь часов сорок две минуты, начальник.

Аристов сел, привалившись спиной к каменной стене. Осмотрелся. В святилище было пусто: ни лисьего золота, ни глиняных воинов, только запах падали и следы засохшей крови на земле и на стенах, да еще их распахнутый дорожный саквояж, разложенные на камне шприцы, армейская рация, помятая фляга, китайская шелковая карта, развернутая той стороной, на которой полковник изобразил исцеляющие руны. Оглядел себя: запекшаяся круглая ранка в области солнечного сплетения, вокруг нее — неумелое плетение рун:

— Не бросил начальника подыхать. Молодец.

В пустом взгляде Пики промелькнула тревога:

— Пика хороший. Делал все как велел начальник. Колол антибиотик. Рисовал загогулины. Волшебные слова говорил...

Аристов ухмыльнулся:

— Но хотел-таки бросить?

Пика принялся раскачиваться из стороны в сторону:

— Хотел, начальник.

— А не смог.

— Не смог, начальник. Очень стало больно.

— Вот и славно. Впредь будет неповадно... Пуля вышла?

— Вышла. Всё как сказал начальник.

Пика протянул полковнику сплющенную пулю, и Аристов с изумлением уставился на руку вора, обтянутую кольчужной перчаткой: тонкое плетение металлических колец, бронзовые пластины с полустершейся изящной резьбой.

— Это еще что?

— У Пики пальца нет. Начальник велел — Пика отрезал палец. Видно, что пальца нет. Неаккуратно. Пика нашел железную рукавицу. Пика надел железную рукавицу. Не видно, что пальца нет. Аккуратно.

— Идиот. Надо было тебе велеть отрезать твой дурацкий язык.

Пика застыл, осмысляя услышанное. Потом поставил на землю фонарь, вынул из кармана наваху, щелкнул лезвием, после секундного колебания высунул дрожащий, обметанный белым язык.

— Отставить, — поморщился полковник. — Это была фигура речи.

Пика закрыл рот и одновременно защелкнул наваху — как будто язык металлическим лезвием звякнул во рту.

— Где ты нашел... железную рукавицу?

— Там, — Пика кивнул на стену за спиной Аристова. — Там много железных рукавичек, начальник.

Полковник тяжело поднялся, оперевшись на предупредительно протянутую руку вора, взял фонарь и посветил на стену. Это был глухой свод: ни малейшего намека на дверь или хоть какой-то проход. Аристов приложил ладонь к холодной, покрытой тонкой зеленой патиной плесени каменной кладке и плотно закрыл глаза: иногда они только мешают, иногда лучше слиться с тьмой. Пусть тьма глядит вместо него в эти камни.

— Как ты прошел через стену? — спросил он глухо.

— Начальник Пике велел говорить волшебные слова каждый час. Пика хороший, он говорил волшебные слова каждый час. После волшебных слов стена ломалась, начальник. Становилось неаккуратно. Потом опять аккуратно.

Аристов открыл глаза — серые и холодные, как своды святилища:

— Скажи-ка сейчас волшебные слова, Пика.

Пика вдруг метнулся в дальний конец святилища — и вернулся с двумя старинными шлемами; один нахлобучил на себя, другой протянул Аристову:

— Надо надеть. Камни будут падать. Могут ранить начальника.

Аристов завороженно оглядел шлем.

— Я никто, — бесстрастно сообщил Пика, дождавшись, когда полковник наденет шлем. — Я делаю как хочет начальник.

...Когда грохот булыжников стих, а пыль немного осела, Аристов посветил фонарем в открывшийся в проломе обширный пещерный зал. Встревоженные шумом и светом, под потолком метались летучие мыши. На каменном же полу, на всем его протяжении, уходя вдаль и теряясь в безразмерных сумерках, стояли шеренгами глиняные воины в полном обмундировании.

Полковник Аристов широко раскрыл рот — и дико, повизгивая и всхлипывая, захохотал.

— Я делаю... как хочет... начальник... — давясь этим смехом, содрогаясь всем телом, повиснув на плече Пики, повторял Аристов. — Как хочет начальник!.. Нет, ты подумай, Пика! Начальник!..

— Пика подумал. Пика не понимает... шутку, — опасливо признался Пика.

— Ты открыл Усыпальницу терракотовых воинов, — простонал сквозь смех Аристов. — По легенде, она скрыта от глаз непосвященных, — он, наконец, отсмеялся. — Посвященные же знают слова, открывающие скрытое... — Полковник посмотрел в пустое лицо вора. — Это как пароль, понимаешь?

— Нет, начальник.

— Ты угадал пароль, Пика. Я, конечно, сомневаюсь, что в древнем китайском оригинале было слово «начальник». Скорее, «хозяин» — ван. Но ты сохранил общий смысл... — полковник Аристов шагнул через пролом в усыпальницу, — в переводе.

Он медленно подошел к двухметровой фигуре терракотового солдата, замыкавшего строй. Потрогал пальцем тусклую бронзовую кольчугу.

— Ты хочешь жить, я знаю, — он любовно погладил поросшее мхом и лишайником глиняное лицо. — Тебе нужна красная киноварь.

ГЛАВА 8

— Красная киноварь — чан-шэн-яо, — сказала Аньли бесцветно. — Так можно спасти мою девочку. Только действовать нужно быстро. Душа ее зверя уже вознеслась к Небесной Лисице. Но душа моей девочки еще здесь.

Ояма взглянул на Лизу. Та лежала на спине неподвижно, и лицо ее было мирным, таким мирным, что отчаянные попытки Кронина вернуть ее к жизни казались жестокими, неуместными, словно он совершал насилие над спящей. Он то делал ей искусственное дыхание, так жадно прижимаясь ртом к ее рту, будто заставлял ее принять в себя те поцелуи, что он ей не дал, когда она их желала, то принимался за непрямой массаж сердца — и давил, давил ей на грудь, упорно, остервенело, будто это могло заменить ту ласку, в которой он ей отказал.

— У нас нет эликсира, — Ояма обнял Аньли за плечи. — Но даже если бы был, он бы не помог. Ты сама говорила: в чистокровной кицунэ человек и зверь слиты. Если зверь убит, человека не воскресить.

— Моя девочка — не чистокровная кицунэ, — Аньли вывернулась из его рук и стала торопливо раздеваться. — Ее отец был человеком. Его звали барон Вильгельм Гейнц фон Юнгер. Моя Лиза — единокровная сестра этого вашего фашистского упыря, Антона Юнгера. Не та кровь, которой можно гордиться. Но человеческая. Это дает ей шанс на спасение.

Аньли встала перед Оямой — обнаженная, по-звериному гибкая, юная. Невыносимо юная навсегда. Она протянула ему его собственную катану на вытянутых руках, с глубоким кивком. Он почувствовал холодок в животе, точно кусочек льда скользил по хитросплетенью кишок, и, уже предвидя ответ, спросил:

— Для чего это?

— Твой меч достаточно древний, чтобы убить меня, самурай, — сказала Аньли. — Умирая, перворoдная кицунэ плачет двумя слезами. Эти слезы — красная киноварь, эликсир жизни, чан-шэн-яо. Забери у меня обе капли — и отдай ей. Пусть она похоронит меня по древнему обряду Дориби Догонь — просто бросит мое тело в лесу, чтобы оно накормило зверей.

— Я не стану тебя убивать!

— Тогда я попрошу вот его, — она кивнула на Кронина. — Или сделаю это сама. Но мне будет больней. Смерть от любящей руки спокойней и проще. Меть прямо в сердце.

Лисица лежала, свернувшись клубком, спокойно и мирно — будто просто отдыхала после трудной охоты, обнимая саму себя тремя рыже-огненными хвостами. На секунду Лизе показалось, что хвосты затрепетали, — но это просто ветер потеребил мех.

Она перевернула лисицу на спину. На груди ее запеклась глубокая рана, а застывшие глаза были как две крупные бусины из темного янтаря, что придавало ей сходство с чучелом.

— Я сказала ей, что она чудовище... — прошептала Лиза. — Чудовище... Это последнее, что я сказала маме.

Она хотела засмеяться, как всегда, когда чувствовала душевную боль, — но вместо лисьего смеха получился беспомощный человеческий плач. И вместе с плачем излился душивший ее вопрос, который она задавать не желала:

— Кронин... ушел?

— Убедился, что ты жива, и ушел за своей женой, — сказал Ояма бесстрастно.

Он стоял на коленях рядом с телом лисы, склонив голову и сжимая в руках катану с багровым клинком.

— Твоя мать просила похоронить ее по древнему обряду Дориби Догонь. Я прошу о том же.

— Ты любил ее? — спросила Лиза.

— Люблю, — Ояма склонил голову еще ниже.

— А я люблю человека, который ушел за своей женой.

— Если любишь, лучше догнать, — Ояма резко развернул меч клинком в свою сторону.

Он вспорол себе живот крест-накрест, строго следуя предписаниям: совершая сеппуку, самурай сначала делает поперечный разрез от левого бока до правого, а потом вертикальный — от солнечного сплетения до пупка.

ГЛАВА 9

Есть логика вещей, их порядок, и согласно порядку — один вооруженный человек не может противостоять десятку вооруженных людей. Тем более вертухаев. Тем более вертухаев японских. Но есть еще логика хаоса, согласно которой один человек может оказаться незаметным, как движение воздуха, внезапным, как смерть, многоликим, как перевертыш, бесшумным, как тень.

Есть логика хаоса, но в этот раз я выбираю порядок. И я даю обезоружить себя, и связать, и бросить в вонючую клетку — одну из многих. И я оказываюсь среди тех, кто бьется головой о железные прутья, или сидит, обняв руками колени и раскачивась из стороны в сторону, или меряет клетку шагами, целеустремленно и без всякого смысла, как пленный зверь. Я так хотел в эту клетку — чтобы среди подопытных пленных увидеть Елену.

Но Елены здесь нет.

Я опускаюсь на каменный, измазанный мочой и кровью, холодный пол и обнимаю руками колени. И я сижу неподвижно, пока не открывается с лязгом железная дверь, отделяющая наш зверинец от лаборатории. Пока в эту дверь не заходят барон фон Юнгер, и его слуга Лама, и два безликих японских офицера, и белокурая женщина в красном платье и кожаном черном плаще. Моя женщина. Моя Лена.

И я смотрю на нее, а она говорит мне с улыбкой:

— Здравствуй, Максим.

ГЛАВА 10

— Хочешь есть? — Елена открыла маленькую дверцу-кормушку своим ключом, просунула в клетку сидевшего на цепи Кронина замызганную жестяную миску с бурой баландой и поспешно убрала руку, словно в клетке был дикий зверь, который мог ее укусить.

Кронин не шевельнулся. Все так же сидел, уставившись в бетонный пол.

— Он, похоже, не голоден, — Елена заперла дверцу и тряхнула головой, чтобы откинуть упавшую на глаза прядь, но волосы налипли на лоб: в вольерном отсеке не работала вентиляция.

Тогда она требовательно, но в то же время и по-женски кокетливо, и по-детски беспомощно взмахнула руками — мол, грязные после миски, — и Юнгер потянулся к ней и убрал светлый локон с влажного лба.

Ее волосы уже отросли — не до пояса, как когда-то, но почти до плеч. С такой прической она походила на Марлен Дитрих, и Юнгер ей любовался. А впрочем, он любовался ею всегда. Любовался, когда они жили вместе в отцовском доме, и она была наглым подростком с непропорционально длинными, худыми руками, и этими руками все задевала, роняла, как птица, случайно залетевшая в комнату и размахивающая в тесноте крыльями. Он любовался ее огромными, испуганными зрачками, ее распущенными, спутанными светлыми волосами, когда она однажды ночью скользнула к нему в постель и прошептала: «Антоша... Я, кажется, вижу то, чего нет». Он любовался ею всю ночь, пока они играли в «верю — не верю», и он ей говорил то правду, то полуправду, то ложь, и всякий раз она угадывала верно, потому что видела *цвет*. «У каждого человека есть цвет, свой цвет, Антон, он как маленький ореол над головой, и если человек врет, его ореол чернеет, теряет форму, становится похожим на кляксу». Он любовался этим ее взглядом поверх голов, казавшимся кому-то мечтательным, иным же — высокомерным, и только Юнгер точно знал, на что она смотрит: на *цвет*, который никто, кроме нее, не способен видеть...

Он любовался, когда она была замужем не за ним — элегантная, недоступная, такая нагло красивая, и так нагло влюбленная не в него, и так нагло не с ним счастливая. Любовался, когда в сорок первом, с мокрыми волосами, под ливнем, в брезентовом безразмерном плаще, вместе с ним она переходила границу в Финляндии и все повторяла: «Я предатель, я предала Макса...» Любовался, когда в сорок третьем она приняла его предложение — но все же отказалась снять с шеи часы-кулон, подаренные ей Крониным: «Да не люблю я его больше, Антон, я просто привыкла к этим часам, они мне идут! Твоя ревность просто нелепа!»

Он любовался ею, когда сам обрил ее наголо, и обрядил в арестантскую робу, и посадил в вонючую клетку рядом с клеткой подопытной номер восемьдесят четыре, чье имя было Аньли. Он любовался ею, когда через три часа ее привели назад к нему в кабинет, и она разделась догола, потому что «эти мерзкие тряпки воняют смертью», закурила тонкую сигарету и сказала: «Она говорит о себе правду, Антон. У тебя в руках действительно лиса-оборотень». Он спросил, какой цвет у этой Аньли, и Элена ответила, что не видела ее цвета. Он спросил: «Как же ты поняла, что она не врет?» Он любовался ею, когда она затянулась, погладила себя рукой между ног и сказала: «Dummkopf! У нее нет цвета — значит, она не человек». Он любовался ею, когда она раздвинула ноги и позволила ему лизать себя там, а сама, постанывая, шептала: «Этот новый биохимик, Ояма... Он не такой, как другие... Не говори ему, что ты хочешь превращать обычных двуногих в таких, как она... Чтобы они умирали и плакали красной киноварью... Не говори ему того, во что он откажется верить... Пусть лучше думает, что столкнулся с уникальным... феноменом... который позволит ему... вывести породу суперсолдат... во славу микадо...»

Он любовался ею, когда она кончила, коротко заскулив, и быстро оделась, и потребовала дать ей машину, потому что ей нужно в церковь. «Для чего?» — «Исповедаться перед Богом».

Он любовался ею, когда она расстреляла неперспективных подопытных при передислокации лаборатории, и обронила часы-кулон в груду трупов, и потянулась было рукой, но оглянулась на него — и поднимать их не стала.

Он любовался ею, когда она сказала: «Ты врешь! Я вижу черное облако над тобой, Антон! Скажи мне правду: что случилось сегодня?» И он ответил, давясь отчаянием, неуверенностью и ревностью, что Кронин — здесь, в Лисьих Бродах, и, похоже, ищет ее, но при этом мало что помнит. Он любовался, когда она на секунду закрыла глаза, а потом сказала: «Плевать. Я не люблю его больше. Он жалок. Но не смей его убивать — ты обещал мне».

Он любовался ею сейчас, когда она так игриво издевалась над Крониным:

— Ну же, Макс. Ты искал меня — и нашел. Неужели тебе нечего мне сказать?

Кронин по-прежнему не глядел на нее, и Юнгер вдруг желудком, кожей почувствовал, как ее это бесит.

— ...Или дело в том, что ты искал пленницу? Думал, здесь меня истязают, да, Макс? Вот я — целая, невредимая, а ты, похоже, не рад. Предпочел бы найти меня покалеченной... И спасти. Геройски. Ведь ты герой. Да, Макс? Посмотри на меня, — она сорвалась на крик. — На меня смотреть, я сказала!

Кронин медленно, по-прежнему глядя в пол, поднялся и подошел к прутьям. Глухо брякнула железная цепь, тянувшаяся от кандалов на его ногах к массивному штырю в углу клетки, и Елена отступила на шаг — так отходят от непредсказуемого дикого зверя, даже если он за решеткой. Кронин поднял голову и, наконец, посмотрел на нее. Сверху вниз.

— ...Ты всегда во мне видел то, что сам хотел видеть. Беспомощную и слабую самку. А теперь, Максим, кого ты видишь перед собой?

— Я вижу подлую и злобную самку.

Она улыбнулась этой своей ледяной улыбкой, от которой становится холодно между лопаток, будто за спиной распахнули форточку. Юнгер знал эту улыбку. Раньше Элена так улыбалась ему, а Максу — совсем иначе. Вот теперь все стало наоборот. Теперь все стало как надо.

— Ты видишь перед собой главу лаборатории «Отряда-512», — сказал Юнгер. — Я доверил Элене должность.

Кронин вдруг зажмурился — как-то по-детски старательно, будто ждал, что вот сейчас откроет глаза и морок исчезнет, — а спустя секунду, убедившись, что все осталось на месте, оглядел барона Юнгера и Элену спокойно и чуть насмешливо. Макс всегда умел перевоплощаться в раненого ребенка, а потом обратно в сурового альфа-самца, а Элену эта метаморфоза всегда покоряла. «Это кронинская харизма, — говорила она. — Дар от Бога. Превращать даже слабость в силу». Юнгер быстро взглянул на Элену. Лицо ее оставалось бесстрастным.

— Головокружительная карьера, — произнес Кронин. — Расскажи мне об успехах моей жены, Антон, чтобы я мог гордиться. Сколько людей она здесь замучила до смерти?

Барон скривился:

— Вот только не надо, Макс. Мы не мучаем здесь людей. Мы занимаемся здесь наукой. Вот, погляди, прелюбопытный эксперимент, — он указал на тесный вольер напротив, с заиндевевшим стеклом. — Что ты видишь, Макс?

— Я вижу двух запертых, голых, умирающих от холода людей, мужчину и женщину. Они пытаются друг друга согреть. И вижу вас двоих. Вы — опасные сумасшедшие. Вы убийцы.

— Сумасшествие идет рука об руку с гениальностью, не так ли, дружище Макс? А вот ты, как я вижу, стал человеком несколько... ограниченным. Мы с Эленой помним тебя другим. Сейчас ты просто не видишь всей картины... не видишь картины в целом... Тебе кажется, мы убиваем этих людей, — а мы делаем их сильнее! Там минус двадцать, Кронин! Они сидят там уже неделю! Они — сверхлюди! Вот что я с ними сделал. Увы, пока что я не добился от них самого главного...

— А знаешь, что любопытно, Макс? — перебила Элена. — Наши опыты показали, что самцы становятся гораздо выносливей, если держать их не поодиночке, а в паре с самками. Это трогательно, не так ли?

— Как, Лена, как... — снова он состроил это лицо растерянного ребенка. — Когда ты стала... такой?

— Ну... — она нахмурила лоб, как бы припоминая. — В сорок первом я сбежала с Юнгером из СССР... Осенью сорок четвертого его направили в «Отряд-512» в качестве советника «Аненербе»... Он взял меня с собой. В отличие от тебя, Макс, Антон всегда соглашается брать меня с собой, если я хочу.

Она отвернулась от клетки и поцеловала Юнгера в губы. Совсем не сестринским поцелуем. Юнгер ответил ей горячо, но специально не стал закрывать глаза, чтобы смотреть, какое у Кронина будет лицо, какое на этом его суровом лице отразится мучение, какая тоска собачья. Терпи, Макс, терпи. Как я сотни раз терпел, когда она тебя целовала. Теперь ты на моем месте...

— Тогда ты меня предала? — глухим голосом спросил Кронин. — Когда сбежала с ним в сорок первом? Или... чуть раньше, когда мы с тобой еще жили вместе? Отвечай! — он ударил кулаком по решетке, и цепи на нем загремели, заглушая его же крик.

Элена прервала поцелуй:

— Как это трогательно: праведный гнев. «Я предала». А ты, милый, хранил мне верность? Тогда почему у девки, которая прибежала сюда за тобой следом, как шавка, на шее мои часы?

Кронин прижался лбом к железной решетке, и в глазах его Юнгер наконец-то увидел страх:

— Здесь Лиза?.. Что ты с ней сделала?!

— Задала ей пару вопросов. Например, спросила, спит ли она с тобой, и она сказала, что нет. И это было вранье: ее цвет стал черным.

— Ты сумасшедшая! Что ты несешь?! Где Лиза?

— Ты скоро ее увидишь. А она... красивая. И цвет ее интересный. Чистый, как у младенца. Как будто она родилась сегодня. Это очень необычно. Ты всегда имел тягу к необычным женщинам, Макс. Эта, если я правильно понимаю, в недавнем прошлом — оборотень?

Кронин, разом вдруг успокоившись, пристально взглянул Элене в глаза:

— Это ты оборотень.

ГЛАВА 11

Отец Арсений, в массивных наушниках, стоял на коленях перед распятием в пустой церкви, и деревянный Иисус с укором смотрел растрескавшимися, нарисованными глазами на металлический провод антенны, тянувшийся от перекладины креста к рации, на самого Арсения, выстукивавшего ключом стремительную морзянку, и на ружье, лежавшее на полу рядом с батюшкой.

Арсений предпочитал это время — с четырех утра до пяти. Час между собакой и волком. Час, когда хочется выть от тоски. Час, когда волка не отличить от собаки в предрассветной маньчжурской мгле. Час, когда точно никто не придет, ни волки, ни собаки, ни люди: одни уже спят, другие еще не проснулись...

И все же — в этот раз кто-то зашел к нему в церковь в час волка. Из-за наушников батюшка услышал шаги слишком поздно, когда вошедший уже стоял у него за спиной. Арсений сорвал с себя наушники, схватил ружье, прямо на коленях развернулся, вскинул ствол...

Над ним нависал, неловко растопырив большие руки в жесте скорее изумления, чем капитуляции и испуга, рядовой Овчаренко.

— Товарищ... батюшка... вы, что ли, выходит... шпион?

Отец Арсений опустил ружье и поднялся. Набрал в грудь воздуху, готовясь к длинной и туманной тираде, готовясь соврать, наплести что-то несусветное этому дураку, — но посмотрел в его недоуменно распахнутые глаза, и вдруг выдохнул, и неожиданно для себя произнес:

— Аз грешен.

— Ну вы хоть... за наших? — рядовой так и стоял, задрав руки.

— За наших. Честно. Вот те крест, Пашка.

Овчаренко опустил руки.

— Ну я... пойду тогда... значит?

— А пришел-то зачем?

— Я... грех хотел отмолить.

— Больше не хочешь?

Овчаренко пожал плечами — бесхитростно и растерянно:

— Ну, вы ж... шпион?

— Это только перед британской разведкой. Перед Господом я — слуга. Если надо тебе покаяться — так покайся.

Несколько секунд рядовой Овчаренко смотрел на батюшку, напряженно и мучительно что-то решая. Наконец сказал:

— Есть грех на мне. Не знаю теперь, как жить. Недавно я пленного упустил. Немца. Товарищ Шутов во мне разочаровался. Сказал на глаза ему больше не попадаться. Вообще никогда. Ну, я и не попадался. А надо было за ним смотреть! Теперь он в беду попал. Пропал товарищ Шутов. Мое такое мнение — его в плен захватили. Японцы недобитые, из «Отряда-512».

— А что же ты в церковь пришел, а не к командиру? — удивился Арсений.

— Да я пришел к командиру! — с досадой ответил Пашка. — Командир-то у нас теперь — лейтенант Горелик... после того, как товарищ Бойко оказался вроде как гнидой и подлым предателем... А товарищ Горелик сказал, что товарища Шутова искать мы не будем, потому как он особист и если с ним что случилось, так туда ему и дорога. А что есть у него дела поважнее. Например, товарища замполита похоронить с почестями. А когда я с товарищем Гореликом начал спорить, он оружие у меня отобрал и отправил на гауптвахту.

— А ты, значит, с гауптвахты сбежал?

— Так точно. То есть, я хотел сказать — грешен. И сбежал, и пистолет прихватил... Из которого они собирались палить над могилой товарища Родина. Потому что я так рассудил, что стукач может обойтись и без почестей, а вот мне без оружия товарища Шутова спасать совсем невозможно.

— Значит, ты, раб Божий Павел, собрался спасать товарища Шутова от японцев?

— Так точно. Только я не знаю, где те японцы. Буду, значит, искать. Потому как это я за товарищем Шутовым не уследил и во всем виноват, — рядовой Овчаренко зачем-то бухнулся на колени. — То есть грешен.

Отец Арсений не удержался и погладил Пашку по голове — как большую и верную пастушью собаку. Потом произнес:

— Господь и Бог наш Иисус Христос, благодатию и щедротами Своего человеколюбия, да простит тебе, чадо, вся согрешения твоя, и аз, недостойный иерей, властию Его, мне данною, прощаю и разрешаю тя от всех твоих грехов, во имя Отца и Сына и Святого Духа. Аминь.

А потом накрыл ушастую Пашкину голову епитрахилью, перекрестил и на ухо ему прошептал:

— Я знаю, где базируется «Отряд-512» сейчас.

— Откуда?! — Пашка сдернул с головы епитрахиль.

Отец Арсений надулся, крякнул — а потом вдруг молодо, звонко захохотал:

— Так я ведь... Пашка... шпион!..

ГЛАВА 12

Лама пришел в процедурную первым, за полчаса до назначенного времени. Проверил крепежи и ремни на пыточном кресле. Отмыл до блеска кафель: подопытные пленные, убиравшие помещение после опытов, были нерадивы и вечно оставляли неоттертые брызги крови своих собратьев над плинтусами и по углам, а Лама этого не терпел. Его раздражало, когда запах старой, вчерашней, остывшей крови смешивался с запахом свежей.

Ровно в восемь утра конвоиры-японцы ввели в процедурную Кронина, усадили его в кресло — и Лама небрежным кивком отослал их. Самолично пристегнул и защелкнул на запястьях, щиколотках, коленях и шее крепежи, ремни, кольца.

Тот молчал.

Как тогда, в Харбине, в тридцать девятом, когда Лама привязывал его к стулу в кавэжедэшной «пыточной избушке». Кронин этого не помнил. Но Лама помнил. Это мертвое молчание и бесстрастный взгляд человека, равнодушного к своему будущему.

Как тогда, в Харбине, когда Лама понял, что Кронин ему почти ровня, что он силен и опасен, и что с ним дрессированной ручной обезьянкой доверчиво ходит смерть.

Сейчас Кронин ему не был ровней; оскопленный, забывший все чудеса, он был слаб и безвреден — но смерть-обезьянка попрежнему ходила с ним рядом.

Господин пришел с большим опозданием, он это любил — чтобы жертва понервничала в ожидании. Но Кронин не нервничал; он просто дремал, а когда господин вошел в процедурную, неохотно открыл глаза и спросил с ленцой:

— Будешь пытать меня, Юнгер?

— Примитивно мыслишь.

— Значит, просто сделаешь сверхчеловеком?

— В каком-то смысле, Макс, в каком-то смысле, — господин пренебрежительно улыбнулся, но Лама заметил, как немецкий его акцент, обычно мягкий и почти что неуловимый, вдруг усилился, стал лязгающим и резким, как всегда, когда господину казалось, что над ним насмехаются. Впрочем, сейчас ему не казалось.

— Интересно, мне полагается самка в пару? — паясничал Кронин. — Правда, я женат, но мой брак, похоже, себя изжил, так что я теперь...

— Прекрати юродствовать! Ты не в цирке!

Лама выщелкнул лезвие ножа:

— Господин, прикажете напомнить ему, где он находится?

Не дожидаясь ответа, Лама принялся «обновлять» им же вырезанный когда-то знак ван на груди у Кронина: молниеносно вспорол острием ножа один продольный белесый рубец, уже было взялся за второй, но господин заорал:

— Не сметь!

— Но, я думал, мой господин...

— Тебе не полагается думать, животное! Подай мне красную и черную киноварь.

Лама покорно кивнул, открыл один из железных шкафчиков, громоздившихся вдоль стены процедурной, и подал господину два хрустальных пузырька, избегая встречаться с ним взглядом, чтобы тот его не *подцепил*. В последнее время Юнгер усовершенствовал приемы гипноза и *цеплял* почти виртуозно — не самого его, но дикого зверя в нем. Природный талант в одной области удивительным образом сочетался в господине с природной же ограниченностью во всех прочих — как будто порода его, многовековое близкородственное аристократичное скрещивание, предполагала развитие одних качеств и затухание других... Настанет день — и настанет скоро! — когда Лама разорвет этого самодовольного выродка в клочья. Зубами, когтями, бездумно. Не глядя в глаза. Как животное, не поддающееся дрессировке.

— Тебе знаком этот предмет, не так ли? — господин продемонстрировал Кронину чан-шэн-яо, красный эликсир. — Какое-то время ты хранил его в сейфе.

— Как скучно, — Кронин скривился. — Значит, все же допрос.

— Допрос будет позже, Макс. Сейчас допрос не имеет смысла. Сейчас я могу тебе рассказать куда больше, чем ты мне. Ведь ты теперь — как ребенок. Так что я объясню тебе как ребенку. Помнишь сказку о живой и мертвой воде? Вот это — вода живая. Иначе — красная киноварь, чан-шэн-яо, эликсир бессмертия. Она сделана из кровавых слез лисиц-оборотней. К сожалению, для моей цели мне нужно больше, гораздо больше...

Кронин кивнул — как будто бы понимающе. Господин любовно погладил пузырек и протянул Ламе; тот вернул его на место в железный шкафчик.

— ...К еще большему сожалению, нам не удалось синтезировать аналог при помощи подопытных. Вместо живой воды мы создали мертвую, — господин натянул резиновые медицинские перчатки и встряхнул пузырек с черной жидкостью, а Кронин снова кивнул. — Что само по себе неплохо. Великие всегда начинают с малого...

Кронин молча, с серьезным лицом кивал в такт словам господина — увлеченный собственной речью, тот, похоже, не замечал, что над ним глумятся.

— ...Сейчас главное — найти армию терракотовых воинов. Оживить хотя бы нескольких... Авангард!

Кронин снова отвесил настолько глубокий кивок, насколько позволял ему железный ошейник, — а потом захохотал, задорно и заразительно, как если бы Юнгер рассказал ему замечательный анекдот.

— Ты совершенно... безумен... Юнгер, — сквозь смех простонал Кронин. — Что ты несешь?.. Какая-то армия... глиняных... фрицев... Ты просто Мартовский... Заяц!..

Сейчас он взбесится. Господин сейчас взбесится: он не выносит, когда над ним насмехаются. Сейчас господин прикажет, наконец, пролить кровь. Уже готовый, уже возбужденно предчувствующий боль, которую причинит, Лама замер в ожидании приказа — но приказа все не было. Господин, напротив, залился смехом вместе с Максимом Крониным. Они напоминали старых товарищей, вспоминавших забавные приключения молодости.

— Ты и правда... ничего не помнишь... да, Макс?.. — давясь хохотом, выдавил господин. — Он отлично сделал свое дело... наш друг... полковник Аристов... Но и я в этом деле... сильно... поднаторел...

Кронин резко оборвал смех, и в глазах его Лама увидел панику:

— Кто такой Аристов?

— Ты все вспомнишь, Макс. И Аристова, и все чудеса... когда я выпущу твоих бесов на волю, — господин разложил на полу японскую карту местности. — Но лично меня интересует одно: где находится Усыпальница глиняных воинов императора Цинь Шихуанди. Я думал, что она здесь... — он ткнул бамбуковой указкой в красный крестик на карте. — Но там было только золото. И никаких воинов.

Господин извлек из кармана золотые часы на цепочке. Отщелкнул крышку, демонстрируя Кронину его собственный черно-белый портрет. Тот рванулся в кресле:

— Где Лиза?

— Сейчас ты ее увидишь.

Господин любил театральные жесты, и на этот раз не отказал себе в удовольствии. Конвоиры распахнули дверь в процедурную — и вошла полукровка. Ее руки были связаны за спиной, рот заткнут нечистым кляпом. Вслед за нею вошла Элена с пистолетом в руке. Улыбнулась Кронину ледяной змеиной улыбкой — и приставила дуло к виску полукровки.

Что-то было не так с полукровкой. Она пахла иначе. Она больше не пахла зверем...

— Самка в пару! — провозгласил Юнгер. — Сразу две любимые самки!

Максим Кронин глядел на женщин больным, страдающим взглядом:

— Для чего это, Юнгер? Я ведь правда ничего не знаю... не помню.

— Я верну тебе память, — господин держал часы за цепочку, отставив мизинец. — Ты вспомнишь — и ты расскажешь. Для этого здесь полукровка.

— Она твоя сестра, Юнгер, — тихо произнес Кронин, глядя на пистолет, который его жена держала у головы его шлюхи.

— Сколько можно, Макс! — господин поморщился. — Мы с Эленой — сводные. Не родные по крови. Нет помех для нашей любви, да, милая?

— Да, дорогой.

— Я закончу свою великую миссию — и мы с Эленой дадим потомство. Это будут самые...

— Я говорю про Лизу, — перебил Кронин. — Она твоя сестра, Юнгер. Твой отец — ее отец. Пощади ее. У вас общая кровь.

— Лжешь, подлец! — чем больше господин нервничал, тем литературнее изъяснялся по-русски. — Я не верю! — он беспомощно обернулся к Элене.

Та взглянула в сторону Кронина и тут же — в сторону полукровки, не на них, а поверх голов. Так смотрят на небо, чтобы выяснить, есть ли тучи, будет ли дождь... Повернулась к Юнгеру — и кивнула:

— Он сказал правду.

С наслаждением Лама наблюдал за реакцией господина. За багровым его лицом. За трясущимся подбородком. За подергивающимися в дрожащей руке часами. Господин, казалось, сейчас заплачет — как ревнивый старший ребенок, не желающий мириться с появлением младшего. Нет, сдержался. Сделал яростный вдох и долгий, неровный выдох. С ненавистью зыркнул на полукровку. Потом вдруг обратился к Ламе:

— Значит, мой отец в поездках пользовал шлюх... И вся наша дружная семья теперь в сборе. Что-то мне не везет на сестер — все влюбляются в Макса Кронина... Впрочем, не по собственной воле. Эту вот сестренку... дочь шлюхи... толкнул к нему в постель я. А другую, — он кивнул на Элену, — подложил под него наш друг Аристов.

Элена нахмурилась:

— Что это значит, Антон?

— Помнишь ваше знакомство в цирке? Макс Кронин, непревзойденный метатель ножей вслепую... Это Аристов заставил тебя выйти на сцену.

— Нет. Я вышла сама, — она смотрела поверх головы господина.

— Он толкнул тебя на сцену. Гипнозом. С чего бы ты сама так глупо рисковала собой?

Элена смотрела все в ту же точку — напряженно, сосредоточенно. Не отрывая взгляда, кивнула, признав его правоту:

— Ты мне раньше не говорил.

— Не хотел расстраивать тебя, милая. Ты так ценишь свое чувство собственного достоинства. А гипноз — это унизительно.

Сродни дрессировке... Собственно, к ней нам пора сейчас приступить, — господин принялся мерно раскачивать перед лицом Кронина часы на цепочке.

— Ты бы так никогда не поступил со мной, да, Антон? — она внимательно глядела поверх него. — Не стал бы меня дрессировать, милый?

— Отвлекаешь, Элена!.. — Он раздраженно поморщился и продолжил глубоким, спокойным голосом: — Ты будешь следовать за мной, Максим Кронин. Я заберу твою волю. Я буду считать от десяти до нуля — а ты будешь вспоминать. Когда я закончу счет, ты покажешь, где усыпальница. Потом ты умрешь. Ты сам не захочешь жить... Смотри на меня. Смотри в глаза, Максим Кронин. Десять...

ГЛАВА 13

...Девять.

Раннее утро. Час между собакой и волком. Серый и тусклый, как шерсть убитого волка, свет. Лошадиное ржание. Прокуренная кибитка бродячего цирка. Мне двенадцать. Я болею, а может быть, умираю. Мадам Эсмеральда называет мою болезнь «гнилая горячка». Я лежу на груде тряпья, пропитанного моим потом. И когда передо мной появляются люди в кожанках с «маузерами», я не знаю, ворвались ли они сюда с улицы или из моего горячего бреда.

Вслед за кожаными заходит господин, на них не похожий. Он в элегантном костюме цвета молочного шоколада. Совершенно седой, но молод. У него холодный, как наледь на окне, взгляд. Он красив.

Вместе с ним в кибитку заходит смерть. Я узнаю ее безошибочно. За те дни, что я болен, я привык ее узнавать.

Господин и кожаные ищут кого-то в нашем бродячем цирке. И я думаю — вдруг он ищет меня. Вдруг он мой отец. Ведь я же не знаю, как мой отец выглядит. Мне хотелось бы, чтобы он был таким — красивым, седым и сильным... но нет. Они ищут не меня. Какого-то бандита, налетчика. Заполошно квохчет мадам Эсмеральда:

— Это ошибка! Здесь только артисты цирка!

Тот, кого я хотел бы видеть моим отцом, господин в элегантном костюме, приставляет к моему виску пистолет. Ледяной металл касается липкой, горячей кожи. Это почти приятно.

— Что вы делаете? — причитает мадам Эсмеральда. — Он просто больной ребенок!

— Ваш ребенок? — господин внимательно на нее смотрит.

— Сирота... Родители погибли...

— Но он вам дорог.

— Нет! — отзывается она быстрей и громче, чем надо. — Просто у него талант к фокусам.

Она врет. Она меня бьет, но любит. И я вижу, что он видит, что она врет.

— Я убью его, если вы сейчас же не скажете, где тот, кто мне нужен.

И она говорит:

— Он в шатре. Там, где клетка со львом.

Господин, его смерть и кожаные выходят. А мадам Эсмеральда улыбается им вслед змеиной улыбкой. И я вдруг понимаю: она сделала так, что они не уйдут из цирка живыми. Она дружит с тем, кого они ищут. Она их ненавидит.

Мне становится жарко. Так жарко, что мысли теряют форму и плавятся. И, проваливаясь в бред, я кричу:

— Не подходи ко льву! Лев горит! Решетка летит!

Я кричу, кричу — а потом раздается взрыв. И мадам Эсмеральда удовлетворенно кивает. Но я знаю, я откуда-то знаю, что смерть забрала только кожаных. Что седой господин меня услышал и не пошел.

Он заходит в кибитку — расхристанный, в обгоревшем и порванном пиджаке. В его правой руке пистолет, а в левой — кусок решетки, за которой сидел мой лев: три коротких продольных прута скреплены одним поперечным. На груди его рана точно такой же формы — от этой самой решетки. Значит, клетку со львом разорвало взрывом.

Он протягивает мадам Эсмеральде свой пистолет и говорит ей:

— Мадам, вы хотели меня убить. Теперь вам стыдно. Так стыдно, что самой не хочется жить.

И она берет пистолет, и обхватывает дуло напомаженными губами, будто целует, и звучит выстрел.

Она падает рядом со мной на груду тряпья, и глаза ее становятся поддельными, нарисованными.

Он стоит над нами. Над грудой тряпья. Он говорит:

— Поднимайся. Пойдешь со мной. Всю свою жизнь я тебя искал. Ты — менталист. Такой же, как я. Вместе мы станем непобедимы.

...Восемь.

Лес. В моей руке револьвер. Мне четырнадцать. Я должен попасть в даму пик. Папа Аристов выбрасывает из-за дерева карты, а я должен выстрелить один раз — и попасть. Я стою далеко. Я не вижу, не вижу карт. А он злится на меня. Он даже не разрешает называть его папой. Он говорит, я должен полностью слиться с тьмой и тьма все сделает за меня. Он завязывает мне глаза.

Я в отчаянии. Я отдаюсь этой тьме. И черное сердце с обрубком хвоста является мне — совсем не в той стороне, где Аристов расшвыривает свои карты. Я оборачиваюсь и стреляю. Я срываю повязку. На земле лежит Филя. Его гимнастерка залита кровью.

Полковник Аристов склоняется над ним, проверяет пульс. Вытаскивает из простреленного нагрудного кармана окровавленную и тоже простреленную даму пик. Оборачивается ко мне — и на лице его радость:

— Молодец! Попал.

Я говорю:

— А Филя?..

Аристов качает головой и вдруг спрашивает:

— У тебя есть монета? Положи ему в рот. Когда забираешь чужую жизнь, полагается заплатить.

...Семь.

Шпрехшталмейстер на сцене трясущимися руками застегивает на запястьях, на лодыжках и на горле блондинки тонкие ремешки. Зал аплодирует и ревет — им нравится смотреть на блондинку, потому что ей страшно. Она боится боли. Боится, что я в нее попаду. Но между болью и унижением она выбрала боль.

Мне нравится ее имя — Елена.

Я опускаю на глаза глухую повязку, достаю первый нож и дожидаюсь, когда стихнут аплодисменты. Обычно в этот момент я слышу легкий перезвон колокольчиков Аннабель. На этот раз перезвона колокольчиков нет.

Я делаю вдох на счет «три», а потом на счет «семь» длинный выдох, чтобы унять биение сердца. И я сливаюсь с тьмой. Тьма все сделает за меня.

И я бросаю нож в тишине. Блондинке ничего не грозит.

...Шесть.

Она говорит:

— Возьми меня с собой, ну пожалуйста.

Я отвечаю:

— Нет.

— Но у твоей жены есть талант! — поддерживает ее Аристов. — Его надо использовать.

Я отвечаю:

— Нет.

— Она хочет работать с нами. Она физически видит ложь, Макс! Она может быть нам полезной.

Я отвечаю:

— Нет.

Она выходит из комнаты, хлопнув дверью. Он пожимает плечами — раздраженно, разочарованно — и тоже выходит.

Тем же вечером он привозит ее в больницу с ножевым ранением в живот. Мы стоим у ее постели, и он говорит безразлично:

— Ты был прав. Я взял ее с собой. Она действительно не годится. Понимает, когда враг врет, — но не оценивает опасность. Говорит ему прямо в лицо. Провоцирует. Запорола мне операцию.

Я отвечаю:

— Ты чудовище, Аристов.

— Все будет хорошо. — Он уходит.

Молодой рижский врач прилежно конструирует фразы на русском. Он орудует словами, как продезинфицированными пинцетами, аккуратно удаляя из солнечного сплетения надежду:

— Здоровье фрау пребывает почти вне опасности. Все жизненно важные органы пребывают в порядке. Но также есть неудача. Фрау Елена потеряла дитя. Мне жаль, но абортус... выкидыш, так?.. в таких обстоятельствах не является редкостью. Причиной явился удар ножом в область утерус... матка, так?.. У фрау открылось кровотечение.

Она говорит в подушку:

— У нас была девочка.

— Столь ранний срок... Мы не можем быть в известности, какого пола являлся плод.

И я кричу:

— Зачем ты пошла туда, Лена? Зачем ты, дура, так рисковала?!

Она говорит:

— Прости, Максим. Я хотела доказать тебе, что могу.

...Пять.

Трое китайцев таращат глаза и мычат через грязные кляпы. Харбин. Пропахший кровью одноэтажный каменный домик с деревянными ставнями. Тридцать девятый год.

Перед каждым выстрелом Юнгер спрашивает:

— Куда ты дел карту?

Я не отвечаю. Они по очереди расстреливают всех троих.

— Ты жестокий человек, — говорит мне Юнгер. — Продал жизни своих соратников за старый шелковый свиток... Где карта?

Я не отвечаю.

Они срывают мне ногти — на руках, потом на ногах. Они сажают мне на живот голодную крысу и накрывают сверху жестянкой. Они стучат по жестянке прикладом, сводя эту крысу с ума. Пока она с визгом вгрызается в мою кожу и мясо, Лама выводит у меня на груди острием ножа три продольные черты и одну поперечную.

Я кричу. Но я им не говорю, что отдал карту агенту Верному.

И тем более я не говорю про ключ от усыпальницы, про пароль, без которого карта фактически бесполезна.

...Четыре.

Полковник Аристов любуется моим шрамом:

— Наконец-то и у тебя есть знак ван. Знак хозяина смерти.

Мне мучительно хочется сказать ему, что он неправильно трактует знак ван. Мне мучительно хочется доверить ему ключ, открывающий усыпальницу:

«Я никто. Я исполняю волю хозяина».

Я молчу. Я ему больше не доверяю. Я не знаю, распорядится ли он воинами правильно.

...Три.

— Я никогда не стал бы звать тебя с нами, но она Элена настаивает, — Юнгер сильно волнуется, от этого его акцент становится резче и он допускает ошибки. — Она спросит. Она узнает, если я тебе не предложил, если я ей соврал... Я хочу увезти Элену. Ты хочешь бежать с нами тоже?

Я отвечаю:

— Нет.

— Я говорю с тобой сейчас не как сотрудник абвера, а как брат твоей жены. Я не предлагаю тебе измену. Только свободу! У меня есть окно на границе, швейцарские паспорта...

Я отвечаю:

— Нет.

— Ты Dummkopf! — он меня почти уговаривает. — Ведь ты погибнешь тут, Макс. Тебя поставят к стенке твои же дружки с Лубянки...

Я отвечаю:

— Нет.

Я иду выступать. Моя жена сидит в первом ряду. Скоро будет антракт, и она спросит его, и узнает, что он предложил, а я отказался.

...Два.

Я дышу горячо и часто, как больная собака. Я хочу зажмуриться и погрузиться во тьму. Или открыть глаза и посмотреть ему прямо в лицо. Он не позволяет мне сделать ни того, ни другого. Тусклый свет, пульсируя, сочится в меня через неплотно сомкнутые веки. Я — собака, издыхающая у ног хозяина. Я — поломанная кукла в руках ребенка-садиста. Я закатываю глаза, оставляю ему только узкие прорези белков — но ему их достаточно. Через эти прорези его голос проникает мне в мозг — ритмично, в такт покачиванию часов.

— Если кому-либо когда-либо удастся вернуть тебе память... в чем я лично сомневаюсь... ты немедленно себя уничтожишь. Ты захочешь умереть, очень страстно, всем существом... Это ясно?

Я отвечаю:

— Ясно.

Его рука в черной лайковой перчатке вкладывает в мою мокрую от пота ладонь золотые часы.

...Один.

Я сжимаю в мокрой ладони золотые часы. Я голый, зубы стучат. Вертухаи стреляют в меня тугой, холодной струей из шланга. Я считаю от десяти до нуля — в такт стуку зубов. Я в чистилище. Лагерная баня, рудник «Гранитный», шмон для новоприбывших.

Я отдал им все — заначки, спички, табак, кусочек проволоки, горстку чая и душу. Я не отдал им только золотые часы с портретом моей женщины, моей блондинки на крышке. Ведь я циркач. Я показал им фокус с исчезновением. Ловкость рук. Так я думал.

Но я считал от десяти до нуля — в такт стуку зубов. И бессознательно я показал вертухаям совсем другой трюк: дрессировку. Поймал их взгляд, и выманил из тьмы их зрачков их лютых зверей, и приручил их, и заставил мне подчиняться, и ослепил — не навсегда, лишь пока я считал от десяти до нуля, а вертухаи разглядывали, не видя, часы в моей мокрой руке.

— ...Ноль.

Я никто. Я исполняю волю хозяина.

Он убирает часы на цепочке в карман. Мои зубы стучат, их стук мешает мне говорить, но я цежу сведенным, холодным ртом:

— Я никто... Я исполняю волю хозяина... Добей меня, Юнгер... Я не могу больше жить...

Он снимает резиновые перчатки.

— Конечно, Макс. Я дам тебе избавление. Но сначала ты мне поможешь. Теперь, когда ты все вспомнил...

Я так хочу умереть. Теперь, когда я все вспомнил, жить дальше — невыносимо. Невыносимо помнить то, что я помню. Невыносимо быть тем, кто я есть.

— ...Ты видел древнюю карту мастера Чжао, — он вкладывает мне в руку указку и предупредительно пододвигает поближе к моим скованным цепью ногам японскую карту. — Покажи мне, где усыпальница. Просто ткни в это место.

...Невыносимо помнить тех, кому я вложил в мертвый рот монету; их было так много, теперь я помню их всех...

Я касаюсь бамбуковым кончиком указки красного крестика и говорю:

— Я никто. Я исполняю волю хозяина... Я хочу умереть.

...Невыносимо помнить взгляд полковника Аристова, стальной, как цинковый гроб...

— Плохо, Макс! Очень плохо! — в его голосе звучит раздражение. Так разговаривает хозяин с нерадивой собакой.

Почему? Я же делаю все, как он хочет. Я все исполняю. Я заслужил умереть.

...Невыносимо помнить, какой была раньше эта светловолосая женщина. Невыносимо знать, какой она стала теперь. Невыносимо видеть, как она держит пистолет у виска другой женщины, черноволосой. Белая королева и черная королева, как в шахматах... Невыносимо видеть, как побеждает белая королева... И белый король...

— Соберись! Сосредоточься! Это место уже проверено. Там нет усыпальницы, только золото! Покажи мне правильное место. И все сразу кончится. Ну же!

Мои руки трясутся. Указка ходит ходуном над японской картой. Наконец я ударяю кончиком в то же самое, помеченное красным крестиком, место — так сильно, что бамбук хрустит и ломается:

— Я никто... Я исполняю волю хозяина... Это ключ.

В глазах барона появляется, наконец, понимание. В тот же момент из коридора слышатся выстрелы. Падает, чуть не задев покошачьи отскочившего Ламу, вышибленная дверь процедурной. Одним из первых вбегает Пашка.

Бывает так. По логике вещей — ее нередко называют порядком, — когда ты пленник в японском лагаре смерти и сидишь, безоружный, в пыточном кресле, ты обречен. Но есть еще логика хаоса — его часто называют судьбой, — согласно которой седьмая десантная рота семьсот восемьдесят третьего стрелкового полка вдруг приходит тебя спасать, и с ними почему-то священник. Они штурмуют японский лагерь и лабораторию, а тебе наплевать. Тебе хочется одного — умереть.

Бывает так. Когда они врываются в процедурную, та женщина, что была когда-то твоей женой и красавицей, а стала чужой и чудовищем, стреляет из пистолета. Но не в черноволосую пленницу и не в десантников, а в того, кто был ее братом, а стал ее новым мужем, в того, кто вернул тебе память, которая тебя разрывает. Тебе хотелось бы, чтобы она выстрелила не в него, а в тебя. Тебе так хочется умереть.

Бывает так. Тот, кто был ее братом и считал себя ее мужем, смотрит на нее изумленно. Из груди его хлещет кровь. Он опускается перед ней на колени, как будто просит ее руки, и на лице его бесконечное удивление и отчаяние, как будто она ему отказала. Он падает на кафельный пол, и ты чувствуешь к нему зависть. Тебе хочется лежать так, как он.

Бывает так. Она стреляет в других — в своих, — пока не расстреливает патроны. В слугу-китайца, в японских солдат и конвоиров, в кого-то попадает, в кого-то нет, но, как бы ни было, она как будто и не чудовище вовсе, она как будто тебе не враг, но тебе это все равно. И ты мечтаешь, чтобы она выстрелила в тебя. Тебе хочется умереть.

Бывает так. Пахнет кровью и порохом. Выстрелы рвут барабанные перепонки. На кафельном полу лежат трупы — своих и врагов. Ты безоружен и скован, ты надеешься, что чья-нибудь пуля тебя найдет. Тебе везет: перепрыгивая через трупы, к тебе спешит рядовой, который предан тебе, как собака. И он протягивает тебе пистолет и кричит:

— Товарищ Шутов! Держите!

Бывает так. Белокурая женщина, твоя красавица, твое чудовище, кричит рядовому:

— Не давай ему оружие, идиот!

Но он не слушает ее. И ты берешься за теплую, согретую его ладонью и пальцами рукоять, и приставляешь дуло к виску, и улыбаешься — и стреляешь.

И с облегчением ты забываешь все, забываешь всех, и в темноте слышишь голос:

— Что, Циркач, пришел смотреть утконоса? Иди за мной.

И ты киваешь и уходишь за ним во тьму. Тьма все сделает за тебя.

ЧАСТЬ 9

Баю-бай, я паромщик, детка,
В лодку иди ко мне.
Я заберу у тебя монетку
На той стороне.
Баю-баю, темна как ворон
В стылой реке вода.
Просто дыши этой тьмой, и скоро
ты уснешь навсегда.

(дальневосточная колыбельная)

ГЛАВА 1

В первый раз она вошла в церковь в сорок четвертом году. Юнгер настаивал, чтобы с ней всегда ходила охрана, и когда два японца с автоматами вели ее вдоль кладбищенской ограды, она даже перехватывала понимающе-сочувственные взгляды случайных прохожих. Те прохожие считали ее пленницей под конвоем. И ей нравилось хотя бы на миг, хотя бы чужими глазами увидеть себя такой: пленницей, а не тюремщиком.

В первый раз японцы хотели вместе с ней войти в церковь, потому что приказано «сопровождать везде и повсюду».

— Идиоты, — сказала она. — Я пришла покаяться перед Богом.

И они покорно остались ждать в церковном притворе. И в первый раз, и в последующие.

Поначалу она действительно каялась, не в силах уместить в себе зло, которое пусть не всегда по собственной воле, но причиняла. Это зло нужно было выплеснуть, выблевать, как отраву, чтобы почувствовать краткое облегчение, — и отец Арсений накидывал Елене на голову епитрахиль и отпускал ей грехи.

Потом грехов стало больше, чем Бог, если вдруг он и правда существовал, был бы готов ей простить, и всю зиму она не ходила.

Она снова явилась в церковь весной сорок пятого — но холодно отказалась от исповеди. Поп достал из-за амвона початую бутылку с вином:

— Не желаете вот, Елена Августовна?.. Завтра станет кровью Христовой, а пока что просто кагор, недурной... Я же вижу — вам нужна помощь. Если выпьете — может, проще будет открыться, довериться? Я же чувствую — душа ваша во тьме мечется, как загнанная лисица в норе. Но ведь Божий свет...

— Довольно! — она вынула маленький пистолет и направила на него. — Полагаю, что мне известна природа вашего интереса к моей душе.

Он уставился на черное дуло — без страха, скорее с горечью. И сказал очень тихо:

— Вряд ли.

— Японская контрразведка уверена, что в районе Лисьих Бродов работает резидент британской шпионской сети. Полагаю, этот агент — вы.

Он не выказал удивления. Просто спросил:

— Доказательства?

— Вы выросли в Лондоне — ваш отец служил в русском посольстве. Вы воевали на прошлой мировой — герой-авиатор, девять сбитых аэропланов противника. Ваш сын от жены-англичанки погиб в Испании... Я могла бы продолжить, но время дорого. Если вами займется контрразведка, вы сами предоставите им все доказательства.

Он глотнул из бутылки — как-то вдруг лихо, молодцевато, опустошив ее на треть сразу.

— Полагаю, есть причина, по которой мною занимается не контрразведка... а вы?

Она вдруг подумала, что, не будь у него стариковской этой седой бороды, он был бы даже красив.

— Вы правы, отче. Я нашла свой путь искупления. И мне нужна ваша помощь.

— Помочь страждущему — мой святой долг. Только, знаете, Елена Августовна... если вы хотите, чтоб я кого-нибудь предал... лучше сразу давайте в контрразведку.

— Что вы, отче. С предательством я справляюсь сама. От вас мне нужно другое. Нужен человек — местный, опытный, способный перебраться через советскую границу... и подбросить в ближайшее отделение Чека небольшую посылку. Незаметно подбросить — и незаметно вернуться обратно. Я заплачу.

Он сделал еще глоток.

— Думаю, я знаю такого. Андрон Сыч. Старовер, охотник, контрабандист.

— Организуете нам встречу?

— Что будет в посылке?

— А вы наглец, батюшка! — Она засмеялась, к собственному удивлению, совершенно беззлобно.

— Я никому не скажу...

Она смотрела поверх его головы. Его цвет был синий, глубокий, ясный — как небо, в котором он когда-то летал. Его цвет ей с самой первой встречи понравился. Такой насыщенный цвет без вкраплений, пустот и пятен бывает только у сильных, смелых людей. У Макса тоже был однородный, яркий и дерзкий, огненно-рыжий цвет; она когда-то шутила, что это потому что он клоун...

— ...Клянусь, это останется между нами. Просто мне нужно знать меру зла, в котором вы предлагаете мне участвовать.

Она смотрела поверх его головы. С его словами цвет ни на йоту не изменился. Он ей не врал.

— В посылке будет яд, — сказала она. — Страшный яд. Из нашей лаборатории.

Отец Арсений мрачно перекрестился.

— ...Но он послужит для того, чтобы спасти хорошего человека, с которым я поступила плохо. Я обменяю его жизнь на смертельный яд. Он русский офицер. Он когда-то был моим мужем. Он непременно бы вам понравился... Это все, что я могу рассказать.

Он кивнул. С достоинством: не как тот, кому угрожают и кого шантажируют, а как тот, кто обдумал предложение и его принимает:

— Я организую вам встречу с Андроном.

Она развернулась и пошла к выходу, спиной почувствовав, как он ее перекрестил.

— Елена Августовна! — его голос эхом разнесся под сводом церкви.

Она обернулась. Он стоял с бутылкой кагора — раскрасневшийся и какой-то нелепый.

— А вы все же... ошиблись. Насчет природы моего к вам интереса.

Его цвет оставался синим, пронзительно-синим. Он говорил искренне.

— Елена Августовна... я... с тех пор, как я овдовел... я никогда не думал, что вновь... смогу почувствовать...

Она вышла.

Отец Арсений тогда не взял на себя греха. Он помог ей — и это было во благо. Ради хорошего человека Максима Кронина.

Он взял грех на душу позже — в августе сорок пятого. Когда предупредил ее о готовящемся штурме, испугавшись, что она пострадает.

Хорошо, что он не знал и не видел ее греха. Того греха, о котором она, может быть, рассказала бы Богу — но отцу Арсению рассказывать не хотела. Того греха, который она совершила, когда перед налетом красноармейцев они уничтожали реактивы, бумаги и самых ослабленных, бесперспективных подопытных.

пристрели их сама, Элена, докажи, что ты с нами

Юнгер даже не пытался использовать гипноз, когда протягивал ей пистолет. Он хотел, чтобы она это сделала без принуждения. Подтвердила свою лояльность ему — и его «великому делу».

Она выкурила сигарету и сделала, как он велел. А потом обронила в груду трупов золотые часы, брезгливо скривилась — и поднимать не стала. Чтобы Юнгер видел, что для нее это больше не ценность — часы с портретом бывшего мужа. Чтобы он поверил, что в ней больше нет любви. Чтобы он ослабил контроль и утратил бдительность. Чтобы ее побег стал возможен.

Сначала в Шанхай. Оттуда — вместе с Максом — пароходом в Австралию.

Все пошло не так, как она задумала. Подчинилось не предусмотренному ею порядку — но хаосу, который нес с собой Макс. Если вдуматься, так было всегда. Он называл этот хаос судьбой.

Так сложилась судьба, что Аристов опоздал. Он явился в «Гранитный», когда Кронина там уже не было. И обмен в Шанхае не состоялся. Вместо этого Кронин сам явился за ней сюда. В это богом забытое, в это проклятое место, где она стала чудовищем...

Она прохаживалась от одной стены подвала к другой, и наручники дробно позвякивали в такт ее нервным шагам. Нестерпимо, отчаянно, до озноба хотелось курить. Но чудовищу не положена сигарета. Чудовищу положено быть запертым в подвале в цепях. В изоляторе временного штаба советского гарнизона.

Может быть, ей хотя бы дадут сигарету перед расстрелом?

Интересно, как скоро будет расстрел. Побыстрей бы. Курить очень хочется. Побыстрей бы.

Отследить ход времени в помещении без часов и без окон сложно — это, кстати, не раз говорили ее подопытные. Но, однако же, если исходить из того, что путь от стены до стены занимает секунды четыре, и если метаться по подвалу безостановочно, время можно хотя бы приблизительно контролировать. Так что, если она преодолела расстояние от стены до стены две тысячи семьсот раз, получается, она провела здесь десять тысяч восемьсот секунд, то есть три часа — прежде чем в коридоре раздался звук тяжелых шагов, и в замке повернули ключ, и дверь распахнулась с протяжным лязганьем, будто кто-то зевнул заржавевшей пастью, и в подвал вошел человек.

И она сказала ему самое неуместное, что только можно было сказать:

— Умоляю, Макс, угости меня сигаретой.

ГЛАВА 2

Чей-то голос обращается ко мне в темноте:

— Кто вы? Где вы?

— Максим Кронин, артист. Пришел смотреть утконоса.

— Бредит, — с горечью произносит другой.

Я открываю глаза — и вижу белый, со змеящейся трещиной, потолок лазарета. Невозможно. Как я могу быть жив? Я пытаюсь коснуться рукой виска — но мне не подчиняются руки. Хочу сесть — но и это не удается. Скашиваю глаза — мое тело стянуто и замотано полосами бинта. Как будто я мумия.

Надо мной склоняются доктор Новак и Пашка:

— Товарищ Шутов! Кто я такой, вы помните? А вы кто, товарищ Шутов?

Рядовой таращится на меня с такой собачьей радостью и надеждой, что мне хочется отвернуться и уткнуться в стену лицом, но мешают бинты, так что я просто отвожу взгляд. Потому что я помню — и кто такой он, и кто такой я. Потому что я снова лгу ему в эти его безоблачные глаза:

— Рядовой Овчаренко, я — капитан СМЕРШ Степан Шутов.

— Слава Богу! Тойсть, я хотел сказать... — Он внезапно кидается к двери, орет во всю глотку: — Скажите товарищу Горелику, товарищ Шутов очнулся! — Возвращается. — Я боялся, вдруг из-за меня вы дурачком бы остались... вы тут бредили утконосами, себя чужим именем называли...

Доктор Новак светит фонариком мне в глаза:

— Зрачковый рефлекс нормальный... Сколько пальцев? — он сует мне в лицо пятерню.

— Какого черта! Развяжите меня сейчас же!

— Это — нет, — Овчаренко мрачнеет. — Вдруг вы опять себя будете убивать.

— Рядовой, ты не понял. Это приказ, — говорю я с угрозой, и в его глазах появляется страх.

Не за себя, за меня.

— Я не буду себя убивать, — добавляю чуть мягче.

Пашка неуверенно теребит бинт, озирается на доктора Новака. Тот протягивает ему скальпель:

— Разрезай, а то будешь полдня разматывать.

— Как я жив? Я же выстрелил себе в голову.

Пашка становится вдруг пунцовым.

— Пистолет холостыми был... как выяснилось... заряжен, — он разрезает на мне бинты. — А я, дурак, и не понял. Товарищ Ерошкин холостыми его зарядил, чтобы, значит, товарища замполита в последний путь проводить, а боевые патроны не тратить... Ну а я пистолет прихватил — и вам потом сунул, дурак, чтоб вы от врага защищались... А вы, вместо того чтобы по врагу, — в самого себя... А там холостые... Получается, везет дуракам...

Я сажусь. Ощупываю голову. Она перевязана; правый висок и ухо прикрыты компрессом. Я начинаю смеяться. Даже Аристов, со всей его прозорливостью, не предугадал, что сложнейший механизм, который он встроил в меня, запнется об такого вот идиота.

Я смеюсь все громче. По логике вещей я должен быть сейчас мертв. Просто есть еще логика хаоса — я называю его судьбой. Механизм самоуничтожения был одноразовым, потому что полковнику Аристову в голову нс пришло, что я убью себя холостым.

— Получается, Пашка, ты опять меня спас, — говорю я сквозь хохот.

Он смотрит на меня с явной опаской.

— Вы, товарищ Шутов, в себя пальнули несознательно, так? Эти гады в японском лагере какой-то химией вам разбомбили сознательность?

— Разбомбили, да, — я резко обрываю смех. — Где Елена?

— Товарищ Елена на гауптвахте. Ну, в изоляторе. Товарищ Горелик товарища Елену определил туда до выяснения. Ну, тойсть, до завтра.

— Завтра?

— Да. Товарищ Горелик связался со штабом, запросил усиление. Завтра прибудет отряд гвардейцев. Я товарищу Горелику прояснял, что товарищ Елена — ваша жена и наш советский разведчик... Так ведь?

Снова эти доверчивые глаза. Мне противен собственный голос. Я просто киваю.

— ...А товарищ Горелик отчего-то считает ее вражеским элементом.

Я протягиваю руку ладонью вверх.

— Лейтенант. Ключ от гауптвахты.

— Для чего? — Горелик буравит меня недоверчивым взглядом.

— Тут вопросы задаю я.

— Завтра это изменится.

— Может быть. Но сегодня я старший по званию. Ключ, сейчас же.

— Нет, — он вздергивает буратинистый нос. — У меня приказ штаба. Ключ не дам. Пишите на меня донос, капитан.

Лейтенант смотрит мне в глаза — без страха и даже с вызовом. Я ловлю его взгляд, его честный и прямой взгляд, такие взгляды ловить легко. Я смотрю на него как будто через прутья решетки. Как будто через прицел. И я говорю ему глубоким, спокойным голосом, как дрессировщик, обращающийся к дикому зверю, я говорю ему:

— Лейтенант. Я буду считать от трех до нуля. Когда я скажу «ноль», ты поверишь в мои слова. Три... Елена — наш советский разведчик. Два... Она работала под прикрытием. Один... Выполняла ответственное задание в стане врага. Ноль... — я протягиваю руку ладонью вверх. — Ключ от гауптвахты.

Лейтенант Горелик кладет мне на ладонь ключ и отдает честь.

Я открываю дверь в подвал, она пронзительно лязгает — как будто монстр скрипит заржавевшими стальными зубами.

И я вхожу к ней. И она говорит мне самое неуместное, что только можно сказать:

— Макс, умоляю, угости меня сигаретой.

— Аристов ищет... искал тебя, чтобы доставить ко мне. Мы с тобой должны были воссоединиться в Шанхае.

Она курит. Точно так же, как раньше, — не стряхивая с сигареты пепельный хвостик. Эти хвостики падают на каменный пол изолятора. Отмирают и рассыпаются в прах.

— Как романтично. Аристов соединяет любящие сердца... Не забывай, что я больше не идиот. Полковник Аристов сделал из меня идиота, но теперь я снова Макс Кронин. Поэтому я тебя спрашиваю еще раз. Лена, зачем? Зачем я нужен Аристову? Зачем я нужен тебе?

Она подносит обе руки к губам, чтобы затянуться: я оставил ее в наручниках.

— Ты мне нужен... затем, что я люблю тебя, Макс.

Я улыбаюсь — криво, брезгливо. Брезгливостью проще всего маскировать гнев.

— Уверен, ты говорила это же Юнгеру. Мне больше не смей это говорить.

— Я убила его ради тебя!

— Не добила. Ламе удалось его вытащить.

— Хорошо: смертельно ранила. Это несущественно. Макс... Прости меня! Я струсила тогда, в сорок первом. Я сбежала. Это правда. Стала жить с Юнгером. Тоже правда. Но он... действовал не только уговорами, Макс. Антон применял гипноз. Многие вещи я делала не по своей воле.

— Четыре года, двадцать четыре часа в сутки ты была под гипнозом? Да ты просто заколдованная красавица! Или все же — чудовище? Предательница, фашистка, палач?

— Не знаю, Макс. Кем бы я ни была, я думала о тебе постоянно. Я не знала, где ты. Жив ли вообще. Я искала тебя... через свои связи в разведке. Я взяла твой след только в феврале сорок пятого. Узнала, что ты арестован. Отыскала Аристова и предложила ему обмен.

— И на что ты меняла лагерного раба с дыркой в памяти?

Ее сигарета отбрасывает последний пепельный хвост и гаснет, но Елена этого как будто не замечает и все сжимает ее губами.

— Ты вспомнил, что такое «красная киноварь»?

— Эликсир бессмертия. Даосы-алхимики якобы умеют его готовить.

— Умеют, Макс. И лисы-оборотни — как эта твоя шалава... умеют тоже. Но понемногу. Столетия — чтобы заполнить маленький флакон для духов. Потому что перворотных лис мало, а живут они долго, и только перед смертью производят две капли этой чертовой киновари. Мы попытались создать искусственных оборотней в лаборатории. Это был гениальный план! Представь себе: огромная фабрика, где людей превращают в подобие лис, а из их крови делают красную киноварь!..

Она возбужденно жестикулирует скованными руками. Она и правда считает, в «Отряде-512» занималась наукой. Сейчас мне не нужно камуфлировать гнев отвращением. В этот момент она действительно мне противна...

— Так вы создали эликсир бессмертия? Ты на бессмертие хотела Аристову меня обменять?!

— План провалился, Макс. Мы создали смерть. Случайно. Одна капля — и все живое превращается в тлен. Я собиралась обменять тебя Аристову на мертвую воду. Но ты нашел меня сам.

Я молчу.

— Ты жалеешь, Макс, что нашел меня?

Я молчу.

— У нас все еще есть возможность сбежать в Шанхай. Улететь. Я договорилась с одним человеком. Из Шанхая пароходом в Австралию...

Я зачем-то говорю:

— Там водятся утконосы.

— Полетишь со мной, Макс?

Она сжимает эту мертвую сигарету так крепко, что губы белеют.

Я молчу.

— Ты любишь эту местную девку?

Я говорю:

— Ее зовут Лиза.

— Я спросила: ты ее любишь?

Она смотрит поверх моей головы — на то, что, кроме нее, не видит никто. На мой цвет. На мое огненно-рыжее облако. Хочет знать, почернеет ли оно, когда я отвечу.

Мне нет смысла врать. Во-первых, она поймет. Во-вторых, я ей ничего не должен. Я готов дать честный ответ — но мне он, кажется, неизвестен. Что же, вот и проверю...

И я говорю ей:

— Нет.

А она отвечает:

— Врешь...

Она хочет добавить что-то еще, но в дверь подвала стучат:

— Товарищ Шутов, срочно, чепэ!

— Что случилось?

— Коты! — надрывается Пашка.

— Коты?!

— Камышовые! Ну, бандиты китайские! Совершили налет на лазарет! Похитили доктора!

— Иржи Новака?! На кой черт он им сдался?

— Вот и я, товарищ Шутов, не понял... Но товарищ Горелик вас велел вызвать!

— Ладно, Пашка. Ты иди, я через пять минут буду.

— Так точно!

Рядовой Овчаренко удаляется.

А я подхожу к ней — и вынимаю из ее рта потухший окурок, и расстегиваю наручники, и целую ее в эти пахнущие фиалкой и пеплом губы, и говорю:

— Уходи быстрее, Елена.

— Тебя убьют, Максим. Поставят к стенке. Ты не можешь тут оставаться.

Я молча киваю.

— Есть гидроплан. Для тебя есть место. Летим в Шанхай, оттуда пароходом в Австралию... Ты со мной, Макс?

Она смотрит поверх моей головы. Хочу ли я в Австралию, туда, где нет вертухаев, туда, где водятся бобры с клювами, хочу ли я в Австралию с ней? Нет смысла врать. Я говорю ей честно:

— Не знаю.

ГЛАВА 3

Сначала он решил, что это конец. Бесславная смерть от лихих людей — закономерный финал бесславной жизни в лихом, гиблом месте. Но в лодке он, малость успокоившись, понял: раз на голову ему надели глухой мешок — значит, не хотят, чтоб он видел, куда плывут, а это, в свою очередь, значит, что могут и отпустить. А раз велели в связанных руках, в посиневших скрюченных пальцах держать докторский саквояж — значит, кому-то нужна медицинская помощь. Какому-нибудь бандиту.

Из лодки чуть не волоком втащили его на борт корабля, по палубе повели, подталкивая в спину прикладом. Когда-то Новак был судовым врачом, и уж что-что, а равновесие умел держать славно — но тут вслепую по мокрым доскам идти было тяжело, и качало как будто больше. Он поскользнулся и грохнулся на четвереньки. Кто-то из китайцев выхватил из рук саквояж, остальные загоготали.

Мешок с головы убрали, только когда затолкали его в каюту. Доктор Новак опасливо огляделся, нарочно моргая сильней и беспомощней, чем требовал того скудный свет от пары масляных ламп. Рядом с ним, придерживая доктора за плечи слева и справа, стояли двое китайцев с красными косичками в бородах.

На полу, на восточном ковре, откинувшись на шелковые подушки, с закрытыми глазами лежал голый по пояс мужчина —

европеец лет тридцати пяти — сорока, восковая бледная кожа, блондин. Он мучительно походил на кого-то... на кого-то из прошлого...

Его грудь была перебинтована, сквозь повязки проступала алая кровь. Рядом с ним на ковре стоял таз с грязно-розовой водой, в ней дохлыми медузами плавали комки марли. По другую сторону таза в позе лотоса сидел молодой китаец с непроницаемым взглядом. Вот его доктор Новак узнал наверняка — тот как-то был в лазарете с загноившейся раной. Он представился тогда охотником за жемчугом. Потом ухлестывал за Аглаей. По-русски не говорил. Его звали Лама.

— Это ваш пациент, — на чистейшем русском языке сказал Лама и указал на воскового блондина. — Огнестрельное ранение. Пуля внутри.

— Кто он? — Новак изумился собственной дерзости.

— Ваше дело — извлечь пулю, доктор. Если вы согласны, мы развяжем вам руки, а после вознаградим. Если нет — убьем вас. Решайте.

— Мой долг — спасать жизни.

Губы Ламы расползлись в змеиной ухмылке; он сделал знак одному из китайцев, и тот резко вспорол веревку, стягивавшую запястья Новака, коротким ножом.

Доктор Новак опустился на колени рядом с блондином и раскрыл саквояж. Медицинскими ножницами разрезал бинты. Из пулевого отверстия выхлестнула порция алой крови, заливая, замазывая, скрывая татуировку на безволосой груди. Эту татуировку Новак узнал, тут же вспомнив и того, кто набил себе такую же тридцать лет назад, на кого этот раненый был так нестерпимо похож. Барон фон Юнгер. Этот — скорей всего, его сын.

Не приходя в сознание, раненый закашлялся с бульканьем; изо рта на щеки и подбородок брызнула кровь. Китаец Лама выловил из таза ком марли, отжал и обтер восковое лицо.

Доктор Новак осмотрел рану, ощупал грудь вокруг пулевого отверстия и вынул из саквояжа спринцовку и хирургические щипцы. Безнадежно. Этот человек — не жилец. Означает ли это, что он, Иржи Новак, не жилец тоже?

— Что вы медлите?

— Боюсь, я бессилен. Пуля слишком глубоко...

— Поэтому вас и привели! — сказал Лама раздраженно. — Если бы неглубоко, я бы сам ее вынул!

— ...И задета артерия. Если я потревожу пулю — он истечет кровью за полминуты. Если нет — за полчаса. В любом случае он покойник.

Лама резко подскочил к Новаку и схватил его двумя пальцами за кадык:

— Быстро делай, что велено. Или через секунду покойником будешь ты.

— Хорошо, хорошо, как скажете, — просипел доктор Новак. — Я введу ему дозу морфия.

— Тройную дозу, — Лама нехотя убрал пальцы. — К обычной пациент давно привык.

Доктор Новак ввел морфий, плеснул себе на руки спиртом, по возможности отсосал кровь спринцовкой. Потом ввел хирургические щипцы и вытянул из раны сплющенный кусочек свинца.

Кровь выплеснулась под напором из раны — на него, на ковер, на Ламу, на стену, на бандитов-китайцев. Кровь двумя извилистыми струйками потекла из уголков рта. Юнгер дернулся, захрипел, подался вперед, как будто пытаясь встать и дрожа всем телом от напряжения. Это была агония.

— Отойди, — ледяным голосом сказал Лама.

— Шансов не было... — залопотал Новак, пятясь. — Тут бы ни один медик... Понимаете, шансов не было!.. Я ведь предупреждал...

Лама молча стоял над умирающим и смотрел на агонию. На секунду доктору показалось, что на бесстрастном лице китайца появилось плотоядное, жадное выражение — будто тигр высунул из зарослей морду и снова спрятался. Когда Юнгер перестал дергаться, а хриплое его дыхание сделалось редким, когда он устало и мирно выдохнул, сложив губы трубочкой, и после этого уже не вдохнул, Лама вынул из кармана флакончик с рубиновой жидкостью — и доктор Новак вдруг тоже забыл, как дышат.

Еще пару секунд помедлив и явно приняв решение, Лама присел над телом, раскупорил флакончик и капнул одну каплю на рану, а другую Юнгеру в вытянутый трубочкой рот, похожий на окровавленный хоботок слепня. Потом встал и отвернулся, как будто не интересуясь дальнейшим.

Доктор Новак завороженно смотрел, как затягивается смертельная рана, и как, дрогнув, жадно всасывает воздух испачканный хоботок, как дыхание выравнивается, как хоботок расслабляется и становится снова ртом, и как плавится, розовеет и оживает восковая мертвая маска.

Он открыл глаза с булавочными зрачками и сел:

— Мне приснилось, что Элена меня предала...

— Это был не сон, господин, — отозвался Лама.

По измазанному запекшейся кровью лицу барона расползлась безумная гримаса не то улыбка.

— ...Мне приснилось, что ее предательство меня не сломило. И я поднял из мертвых глиняных воинов, и повел их с Востока на Запад вместе с отцом...

— Так и будет, мой господин. Но перед этим вам следует отдохнуть.

Барон фон Юнгер блаженно закрыл глаза и повалился на шелковые подушки. Лама вынул из кармана холщовый мешочек и швырнул Новаку:

— Твоя плата. Чистое золото.

— Мне не надо золота, — Новак не шевельнулся, и мешочек, звякнув, брякнулся на пол к его ногам.

Лама вопросительно изогнул бровь.

— Я прошу вас... эликсир... — доктор дрожащим пальцем указал на флакончик в руке Ламы. — Мне нужен ваш эликсир!..

— А ты наглец, доктор, — Лама окинул его равнодушным, но пристальным, как у сытого хищника, взглядом. — Я люблю наглых. Будем считать, ты и впрямь заслужил пару капель.

Лама присел над распахнутым докторским саквояжем, деловито там покопался, извлек пустой пузырек, открыл его зубами, капнул из хрустального флакончика две рубиновых капли, вынул крышечку из зубов...

— Мне надо больше... надо еще... я вас прошу... умоляю... — Новак грохнулся на колени.

— Не люблю пресмыкающихся, — Лама закрыл пузырек и сунул его в докторский саквояж, а хрустальный флакончик — себе в карман. — Ты получишь больше, если снова окажешься мне полезен.

— Что нужно?

— Мне нужен мастер Чжао. Но это не в твоих силах. Проваливай.

ГЛАВА 4

Полковник Аристов сидел на камне в солнечном свете, снопом свисавшем из круглой дыры в своде грота. Наверх, наружу, против солнечного потока в дыру тянулась проволочная антенна. Армейская рация «Север-бис» не издавала ничего, кроме патефонного шипения и треска, но Аристов упорно вращал верньер настройки.

Макс где-то рядом, Аристов это чуял. Макс скоро себя проявит. Подаст сигнал — и Аристов этот сигнал перехватит. Не во сне, так по рации. Не по рации, так через «языка». Минувшей ночью полковник даже пытался взять «языка» на *той стороне*. Пришел к реке поболтать с Силовьевым — уж больно странные слова тот выцедил перед смертью: «Кронин под чужим именем». Но толку от Силовьева не добился: тот поразительно быстро прошел через распад личности, забыл язык живых и только шипел и посвистывал, а на вопрос, за кого выдает себя Кронин, загундосил Вертинского:

— Он пой-й-й-дет за ваш-ш-шим гробом в с-с-слякоть...

Это был просто обрывок песни, отпечатавшийся в памяти Силовьева перед смертью, но отчего-то у полковника вдруг промелькнула мысль, что на *той стороне* не бывает случайных слов и это пророчество. Он почувствовал приступ тошноты, сплюнул в черную вонючую воду комок слюны, развернулся и пошел прочь, а Силовьев все семенил за ним с просительно протянутой рукой, стрекоча и клянча монету, без которой паромщик отказывался брать его на борт. Аристов оставил его одного, по-собачьи посвистывающего, на *границе*. Монету так и не дал. Предателям не полагается.

...Полковник, щурясь на свет, запрокинул голову вверх, чтобы Пике было проще снимать клинком навахи полоски пены, перемешанной со щетиной, с его намыленного горла. Ну и конечно, чтобы соблазн был больше. Чем больше соблазн, тем мощнее усилие по преодолению соблазна. Чем больше желание выйти из подчинения — тем убедительней страх, заставляющий подчиняться. Раб подчиняется господину, мечтая его прирезать. Зверь подчиняется дрессировщику, мечтая его загрызть.

Гипноз, по сути, мало чем отличается от дрессировки.

— Что, Пика, хочешь перерезать мне глотку?

— Хочу, начальник. Но это нельзя, начальник.

Пика ополоснул клинок в жестяной кружке с водой и принялся за скулы и щеки.

— Виски сделай прямые и покороче. Терпеть не могу бакенбарды.

— Так точно, начальник.

Аристов снова чуть провернул верньер на рации — и сквозь треск и хрип вдруг прорвался человеческий голос:

— ...В квадрате тридцать шесть — четырнадцать!.. Взяли майора Бойко!.. Из Лисьих Бродов!.. Как понял, Лотос?

Рука полковника замерла на верньере.

— Понял тебя, Резеда... — вынырнул из треска еще один голос. — А что он у вас забыл? Я Бойко знаю! Хороший парень!

— Этот хороший парень пятерых ребят покрошил, сука!.. Троих при задержании — и двух еще раньше... На юг рвал, зуб даю!.. При нем золота — полный чемодан! Мотоцикл, сука, захватил... Еле взяли его!.. В комендатуру к вам везем!..

— ...Понял тебя, Резеда. Отбой!

Несколько секунд Аристов вслушивался в воцарившийся в эфире клекот и треск — как будто Лотос и Резеда перешли вдруг на язык мертвых и он надеялся выцедить еще и с *той стороны* какую-то информацию. Потом вскочил, порезав висок о нож Пики.

пятерых покрошил
при нем золото
еле взяли его
Кронин под чужим именем

— Начальник. У вас кровь.

— Плевать! — полковник вытер висок рукой, потом слизнул с пальцев кровь. — Собирайся. Мы нашли Кронина.

ГЛАВА 5

С захватом мотоцикла все прошло гладко. Старшина в очках-«консервах», напоровшись на веревку, которую Бойко натянул поперек дороги сразу за поворотом, перелетел через руль и рухнул в пыль уже мертвым, со сломанной шеей. Рядового, сидевшего в коляске, пришлось добить: один удар десантного ножа НР-40; он не мучился, умер быстро.

Майор Бойко — он не стервятник. Он забрал у них только необходимое. Очки-«консервы» у старшины и ППШ у рядового. Ну и сам мотоцикл. Взгромоздил в коляску чемодан с золотом и рванул по проселку, ревя мотором и клубя пылью. Чем наглей себя ведешь и уверенней — тем больше шанс проскочить.

Но на блокпосте все сразу пошло не так. Сопливый лейтенантик — плюгавенький, низкорослый, такие всегда злые, как сявки, и даже фамилия у него оказалась говорящая, Савкин — остановил его, попросил «документик», долго изучал майорскую корочку, уточнил зачем-то дату рождения, майорской шутке «вас тогда еще в живых не было» даже не улыбнулся, равно как и стоявший с ним рядом угрюмый солдат с ППШ.

— Куда-зачем следуете, товарищ майор?

Бойко быстро обшарил глазами блокпост — мешки с песком, стоящий на обочине «виллис» с ручным пулеметом и торчащей над задними сиденьями антенной, еще двое солдатиков, один из них голый по пояс, похохатывая, помешивали что-то в котелке над костром — и сказал спокойно и дружелюбно:

— Выполняю спецзадание разведки армии.

— Предъявите, пажалста.

— Что предъявить?

— Так эт-самое... спецзадание.

Спокойствие не сработало — попробуем, значит, склоку. Попробуем нервы.

— Ты чо, лейтенант Савкин, контуженный? — как бы теряя терпение, как бы на взводе зарычал Бойко. — Я командир седьмой десантно-штурмовой роты, место дислокации Лисьи Броды! Выполняю личное поручение начразведки армии! Следую с особо важными секретными данными!

Двое солдатиков у костра перестали гоготать и теперь смотрели на них. В глазах лейтенанта мелькнуло секундное сомнение, но он его подавил:

— Имею приказ задерживать в случае отсутствия письменного приказа. — Лейтенант обшарил глазами мотоцикл и уперся взглядом в чемодан. — Что везете? Предъявите груз.

— Строго секретно, не имеешь доступа, — с досадой сказал майор, уже понимая, что лейтенантик Савкин вцепился в него мертвой хваткой и оторвать его без крови едва ли выйдет.

— Имею приказ производить досмотр любых грузов! — визгливо сообщил Савкин и положил руку на кобуру.

— Да ты не нервничай, — майор Бойко широко улыбнулся. — Посмотреть хочешь? На, смотри.

Майор открыл чемодан и сделал приглашающий жест.

Бывает так. Сопливый, маленький лейтенант, которому бы еще жить да жить, оторопело смотрит на лисье золото, на пачки валюты и на драгоценные камни. И рядовой с ППШ, разинув рот и вытянув шею, тоже смотрит туда, в распахнутый зев чемодана. А тот, кто везет проклятое золото, вгоняет лейтенанту в солнечное сплетение нож, а в рядового, неловко и слишком поздно вскинувшего автомат, всаживает две пули в упор, и тут же переводит свой ствол на «виллис», и выпускает несколько коротких очередей. И пули дырявят «виллис» и котелок, и фасолевый суп, который никто никогда не съест, с шипением льется в огонь, и голый по пояс солдат падает ничком у костра, а второй успевает юркнуть за джип.

И тот, кто везет лисье золото, резко жмет на педаль, и мотоцикл рвет с места. Но уцелевший солдат дает пулеметную очередь, и двигатель глохнет, и тот, кто везет лисье золото, спрыгивает с седла. А пулеметчик, вопя, все водит стволом, и на ногах того, кто везет лисье золото, чуть выше колен возникают рваные дыры от пуль, и, выронив ППШ, он падает, скалясь, в дорожную пыль, а подоспевший пулеметчик бьет его в затылок прикладом, и целый час он наслаждается бесчувствием и беспамятством.

Он то проваливался в беспамятство, то выплывал навстречу боли, пыли и крови, но окончательно очнулся уже на заднем сиденье «виллиса», тесно зажатый между двух рядовых, со связанными руками, пропитанными кровью повязками поверх рваных штанин, со сломанным носом, заплывшим глазом и сорванными с мясом погонами. Его чемодан подрагивал на коленях усатого старшины, сидевшего спереди рядом с водителем. По брезентовой крыше «виллиса» и по лобовому стеклу нескончаемой очередью хлестал косой ливень, и автомобильные дворники, захлебываясь небесными хлябями, ритмично и тонко скулили: трибу-нал, трибу-нал, трибу-нал...

Бесславный конец. И главное, теперь никто не поверит, что человек-то он на самом деле хороший. А не такой, как может показаться, если судить только по последним, по выборочным фактам, если не видеть картины в целом...

Громыхнуло так оглушительно близко, что Бойко подумал: подорвались. Рядовой, похоже, подумал то же, даже голову машинально прикрыл рукой; пробубнил потом с облегчением:

— Хуясе гром ебнул...

— Рядовой, отставить нахуй нецензурную брань! — гоготнул старшина, и от этого их товарищеского, веселого матерка майору сделалось так тоскливо, что захотелось подохнуть — срочно, сейчас. Жаль, что гром, а не мина.

А вот бы как-то без трибунала. Как-то их довести, чтобы прямо здесь его замочили... Господи, помоги...

Снова грянул гром, и молния разорвала осклизло-серое небо, как негодную тряпку, и из этой дыры на майора Бойко впервые за всю его жизнь уставился Бог или, может быть, дьявол. В общем, кто бы он ни был, он услышал его молитву, и за пару километров до комендатуры их «виллис» остановился: поперек дороги лежало дерево.

— Ну чего, вылезайте, убирайте, — скомандовал старшина рядовым. — Я этого покараулю, — развернувшись на сиденье, он направил на Бойко свой автомат.

— Вдруг засада? — неуверенно предположил тот, который закрывался от грома.

— Да какая засада! Ураганом свалило, — расслабленно сказал старшина.

Рядовые оставили Бойко на заднем сиденье и пошли оттаскивать дерево. Это шанс. Да, шанс. Старшину можно спровоцировать очень просто — попыткой к бегству. В худшем случае — и в наиболее вероятном — его сразу пристрелят. В лучшем случае удастся сбежать. Он ничего не теряет.

Майор Бойко ледяными, скрюченными пальцами связанных рук рванул дверь и вывалился из джипа в ливень и грязь. Крича и скалясь, поднялся на четвереньки и пополз по грязи: пробитые пулями ноги почти не слушались. Нет, ему не уйти живым. Он услышал выстрелы и подумал — его убили. Но упал почему-то не он, а тот рядовой, что боялся грома, а следом другой, а простреленное в нескольких местах лобовое стекло джипа «виллис» растрескалось и стало похоже на покрытую кровавыми брызгами паутину, через которую мертвыми глазами смотрели на дождь старшина и водитель.

Потом все стихо, и, стоя на четвереньках, майор Бойко медленно поднял голову. Их было двое. Бандюган в обвисшем пиджаке и сдвинутой набок кепке, он держал пистолет рукой в железной перчатке, и высокий седой господин в дорогом, но грязном костюме, он выглядел явно разочарованным.

— Это не Кронин, — сказал седой, брезгливо глядя на Бойко. — Он нам не нужен.

— Пристрелить его, начальник? — бандюган равнодушным, механическим жестом вскинул пистолет и уткнулся дулом майору в лоб.

— Нет! Не надо! — визгливо, не узнавая собственный голос, вскрикнул майор. — Я нужен! Я знаю, где Кронин!

— Я вынужден извиниться за те условия, в которых проходит наша беседа, — произнес Аристов. — Я уважаю хищников. Вы, майор, мелкий хищник...

Боль в простреленных ногах была нестерпимой; Бойко на секунду согнул колени, но тут же выпрямил, захрипев: веревка еще сильнее сдавила горло. Майор стоял на капоте джипа с петлей на шее и, вцепившись в эту петлю обеими руками, балансировал на цыпочках искалеченных ног. Другой конец веревки крепился к толстому суку нависавшего над «виллисом» дерева.

— ...к сожалению, вас занесло в такое место, где выясняют отношения более крупные и страшные звери.

Он просил без пыток. Он очень просил без пыток. В пытках не было ни малейшей необходимости: он же сам готов был все рассказать! Но полковник сказал, что Бойко ведет себя как ребенок, который хочет показывать доктору воспаленное горло без ложечки. Только «с ложечкой» все равно получится лучше: глубже заглянем.

Когда Бойко рассказал, что Кронин выдает себя за капитана СМЕРШ Шутова, полковник начал смеяться.

— Гениально!.. — задыхаясь, повторял он сквозь смех. — Макс... мой мальчик... он просто неподражаем!..

Отсмеявшись, он приказал бандюгану выволочь трупы и вымыть сиденья, сам же вытащил из «виллиса» залитый кровью старшины чемодан, водрузил на капот у ног Бойко и открыл крышку:

— Лисье золото. Смело, майор... и глупо. С древними заклятьями столько, знаете ли, мороки... Это золото проклято. Вам никто не сказал?

— Мне сказал китаец... по имени Лама... Только я материалист... — прохрипел Бойко. — Не верю ни в заклятия... ни в бога... ни в волшебные... эликсиры...

— Ну, про Бога сейчас не будем, а про эликсиры хотелось бы услышать подробней.

— Я взял золото... из сейфа... Лама взял пузырек... с какой-то китайской дрянью... Он сказал, она оживляет мертвых... Дурацкая сказка...

Полковник Аристов помолчал, задумчиво поглаживая пальцем золотую фигурку лисицы с тремя хвостами, лежавшую в чемодане. Потом сказал рассеянно, явно думая о чем-то своем:

— Значит, ты так и не понял, майор, что сам теперь в этой сказке...

— Я оттер машину, начальник, — сообщил бандюган и плюхнулся на водительское сиденье. Полковник Аристов задумчиво устроился рядом на пассажирском.

— Нас, кажется, обманули, Пика, — сказал он, глядя через кровавую паутину лобового стекла на сипящего, балансирующего на капоте майора. — Нам хотели втюхать гнилой товар. Мертвую воду вместо живой. Они думали сыграть меня втемную.

— Я не понял, начальник, — ответил Пика.

— Тебе и не надо. Дай задний ход.

«Виллис» сдал назад, и майор повис и затрепыхался в петле, как пойманный на блесну окунь. Окровавленные, разодранные его галифе потемнели в паху, и на землю упало несколько мутных капель. Наконец он застыл, как будто по команде «равняйсь!» — руки по швам, с вывернутой вбок головой.

Нарисованными, в полопавшихся сосудах, глазами он смотрел на Олежку Деева. Тот махал ему рукой и смеялся, и Бойко понял, что Олежка на него зла не держит, да и сам он уже не помнит, что между ними было за зло.

— На этом месте будет адамов корень, — сказал полковник. — Он вырастает из семени повешенного мужчины.

— Я не понял, начальник.

— Неважно. Обрежь веревку.

Пика выпрыгнул из джипа, ловко, по-обезьяньи, вскарабкался по ветвям и полоснул навахой веревку. Тело грохнулось оземь, разбрызгав грязь.

Полковник Аристов не спеша подошел к майору, наклонился и сунул медную монету в его посиневший рот, протолкнув ее между нижней губой и распухшим, прикушенным языком.

ГЛАВА 6

Она перестала приходить в лазарет, а потом и вовсе заперлась дома. На два засова.

Но она не все время была одна. Заходил отец, копался в хламе на чердаке и что-то искал. Один раз заглянула мать: хотела зашить Месье Мишеля. В ее распухших, фиолетовых пальцах была иголка с коричневой ниткой.

— Ты знаешь, мама, — сказала Глаша, — наше с тобой проклятье — не сумасшествие. Мы с тобою не бесноватые. Мы видим мертвых. Такое у нас проклятье.

Мать зашипела, вывалив изо рта раздутый язык, и исчезла.

Еще приходили какие-то китайцы в старинных, полуистлевших нарядах. Она их не знала. Они указывали на нее пальцем и курлыкали, как голуби:

— Гуй, гуй, гуй!

И кланялись, кланялись...

В один из дней — она потеряла счет дням — пришел Пашка. Она его не пустила.

— Я не открою засовы! — крикнула через дверь. — Иначе как же я отличу живых от мертвых?

— Глаша... Глашенька!.. Что такое ты говоришь?!

— Все очень просто. Живые ко мне не могут зайти. И если кто в доме, я точно знаю, что это мертвый.

Он вышиб дверь и вошел, а она стала визжать:

— Мертвый! Мертвый! Паша, ты умер!

Он прижимал ее к себе и шептал:

— Глаша, милая, я с тобой... Я помогу тебе... Я тебя не оставлю...

Она сначала билась в его руках, потом обмякла, и он уложил ее на кровать и сказал:

— Поспи, тебе надо поспать. Я спою тебе колыбельную. Недавно как раз слова выучил.

Он прилег рядом с ней и обнял ее сзади, тесно прижавшись всем телом — но через одеяло, без похоти.

Он пел ей про лису, которая заманивает в нору, и про тигра с медовой пастью, и про пса, который провожает к реке, и про реку, и про паромщика.

Когда дыхание ее стало редким и ровным, он поцеловал ее в немытую макушку и прошептал, что вернется, и тихонько ушел. А она подумала сквозь сон: конечно, вернется. Мертвые всегда возвращаются.

Она очнулась оттого, что тигр разорвал на ней платье когтистой лапой и принялся лизать ее голую спину шершавым, как наждак, языком. Она подумала: как это возможно, что тигр явился из песни?.. Потом стряхнула остатки сна и поняла, что ошиблась: это был не тигр. Это Лама вошел в ее дом, и пробрался в ее постель, и разорвал на ней платье, и целовал ее спину. Не целовал — покусывал и вылизывал.

Она спросила:

— Лама, ты живой или мертвый?

Теперь, когда Пашка сломал засов, она не знала, как понять разницу.

Он лизнул ей шею и горячо, чуть хрипло пробормотал в ухо:

— Я чувствую себя живым только рядом с тобой... Ты возвращаешь мне душу...

От него пахло дорогим одеколоном и кровью. Он был абсолютно голым и почему-то очень горячим. Он поставил ее на четвереньки и начал вылизывать ей промежность. Она задрожала.

Он прошептал:

— Если ты не хочешь, я перестану.

Она сказала:

— Хочу.

Он вошел в нее сзади, по-звериному прикусил зубами кожу на шее.

Она спросила, двигаясь с ним в одном ритме:

— Ты правда убивал людей, Лама?

Он замер и разжал зубы. Потом задвигался резко и быстро:

— Да... это правда... Но, Глашенька... ты не бойся... Ты не должна меня бояться... Я тебя не обижу... ты так похожа... на одну девушку... я очень ее... любил... — Он вскрикнул и дернулся. — ...душа... Аглая!.. я чувствую свою душу!..

Она спросила, холодно и спокойно:

— Что случилось с той девушкой?

Он застонал, и выплеснул в нее свое семя, и выдохнул:

— Умерла...

И то ли с семенем, то ли с выдохом, его душа, пробывшая с ним так недолго, опять исторглась из тела, снова его покинула.

Аглая молча перевернулась на спину, прикрыла голую грудь руками крест-накрест и застыла, как мертвая. Он с отвращением от нее отстранился, поднялся с кровати, натянул штаны и вышел из спальни.

Она хотела попросить его остаться, но промолчала.

Мертвым лучше молчать.

ГЛАВА 7

До дальней бухты они дошли уже в сумерках. У самого берега в зарослях камышей, полунакрытый драной маскировочной сетью и вечерним туманом, покачивался на воде гидроплан. Она разглядела фанерные заплаты на фюзеляже и трещину на стекле кабины. До этого, когда они обсуждали побег в Шанхай, Елена представляла себе совсем другой самолет. А этот гидроплан не выглядел как что-то, что способно подняться в воздух. Он, скорее, выглядел сбитым. Зеленые стебли и темные наконечники камышей, торчавшие из тумана, казались сбившими его стрелами.

Отец Арсений перехватил ее взгляд:

— Мотор наново собрал, за него ручаюсь... Еще вот с тягами днем повожусь — и послезавтра можем лететь.

— Нет, это поздно. Мне нужно завтра отсюда убраться. Красные вызвали подкрепление. Завтра к вечеру здесь будет целый взвод.

— Что ж, завтра так завтра.

— А долетим мы до Шанхая на этом... сундуке?

Отец Арсений выпятил нижнюю губу, как ребенок, который сам смастерил что-то полезное для хозяйства, а взрослые над поделкой вдруг засмеялись, и ей тут же захотелось, как ребенка, его утешить, и даже странно было при этом называть его батюшкой.

— Простите, батюшка... Вы большой молодец!

Он и правда тут же утешился, разулыбался:

— Сундук и есть, Елена Августовна, вы правы! Сундук и рухлядь. Хотя мотор я перебрал, поверьте, на совесть! Нет, будь у нас другой способ, я бы никогда... не осмелился рискнуть вами. Только ведь нет другого-то способа. Попустит Господь — так и долетим до Шанхая. — Он помрачнел. — А нет — так хоть сразу к ангелам небесным. Все лучше для вас, чем... взвод.

— Скажите, батюшка... А вам-то зачем в Шанхай? Со мной понятно, я шкуру свою спасаю. А вы со мной почему решились лететь?

Он принялся стягивать сапоги и пробормотал, на нее не глядя:

— Моя миссия здесь закончена.

Его ясное синее облако потемнело по краям, как будто обуглилось, а в центре покрылось бурой коростой, как запекшаяся рваная рана.

— Вы говорите неправду, батюшка.

— Хотите правду? — он взглянул на нее с каким-то дерзким отчаянием и сразу помолодел. — Я люблю вас, Елена Августовна! И не зовите меня больше батюшкой, бога ради!

Его облако снова сделалось пронзительно-синим. А он пробормотал, вдруг опять состарившись и поникнув:

— Простите. Я не должен был... Я ни на что ведь не притязаю. Я понимаю, вы замужем. А я стар. Но вы же сами хотели... правду.

Она хотела. Да, ей хотелось снова услышать эти слова — не от чудовища Юнгера, а от хорошего человека с таким ясным и чистым цветом, какой до сих пор она видела лишь у Макса. От человека, который, в отличие от Макса, смог ее полюбить чудовищем.

Она сказала:

— Спасибо. Я не заслуживаю такой вашей правды.

Он отвернулся и ступил босыми ногами в воду.

— Вы уж не обессудьте, Елена Августовна, но я на ночь вас здесь оставлю. В гидроплане спать неудобно — зато безопасно. Вас здесь никто не найдет.

— Хорошо, — она стала развязывать башмаки, но Арсений протестующе замахал руками и устремился к ней, разбрасывая холодные брызги.

— Даже не думайте, Елена Августовна! Я вас отнесу!

Он донес ее на руках до кабины, усадил и, стоя по колено в воде, спросил — как будто вскользь, как будто это было не самое важное, что его волновало:

— Ваш муж... он полетит с нами?

Врать не было смысла. Она сказала:

— Не знаю.

Она зябко скрючилась на заднем сиденье, готовясь к бессонной ночи, — но гидроплан покачивался на воде и поскрипывал, точно люлька, — и эта люлька ее бережно укачала.

Ей снился цирк. Она сидела в первом ряду между Юнгером и Аристовым, а на сцене метал ножи в живую мишень неподражаемый Максим Кронин. Все тот же сон, который снился ей тысячу раз, который снился ей каждую ночь. Тот сон, в котором она все делала правильно. В котором она не сбегала с Антоном в антракте, а оставалась с мужем в Москве.

— Пора, Элена, — как всегда, сказал Юнгер и взял ее за руку.

— Я не поеду! — она отдернула руку.

На этом месте ему полагалось встать и уйти, а ей остаться и послать воздушный поцелуй Максу, но сегодня все почему-то пошло не так. Не так, как снилось ей каждую ночь в утешительных несбыточных снах. Но и не так, как случилось в жизни.

Антон опять схватил ее руку, стиснул до боли — и вдруг рванул на себе пиджак и рубашку, и прижал ее руку к открытой, кровоточащей ране в груди.

— Смотри, Элена, что ты со мной сделала! Но не надейся, дрянь! Ты меня не убила.

Она увидела над его головой желтовато-кремовый ореол. Цвет нечищеных зубов. Его настоящий цвет. У тех, кто снится, тех, кого создал твой разум, цветов не бывает.

— Ты вошел в мой сон, — сказала Елена.

— Это только начало. Я тебя уничтожу за то, что ты меня предала.

— А на что ты рассчитывал? — включился в разговор Аристов. — Что она предаст только Макса?

У Аристова над головой переливался круг цвета стали. Это значит, он тоже *вошел* в ее сон.

Свободной рукой она попыталась ударить себя по щеке, чтобы проснуться, но полковник перехватил ее руку. Теперь они держали ее вдвоем.

— Вы хотели подсунуть мне мертвую воду вместо живой, Елена Августовна. Вы, похоже, забыли, с кем имеете дело. Но теперь условия нашей сделки меняются. Вы отдадите мне эликсир. Отдадите красную киноварь. Если нет — я вас уничтожу. А вместе с вами — весь город. Кронина я заберу с собой.

— Кронина теперь не так-то просто «забрать». Я вернул ему память! — Юнгер захохотал и уставился на арену, на Кронина, пустыми глазами — голубыми кругляшами без ресниц и зрачков. Похоже, чтобы заснуть, он вколол себе морфий.

— Я не могу вам ничего отдать, Аристов, — сказала Елена. — Нам не удалось получить эликсир от подопытных. Все, что есть, —

у Юнгера. Маленький хрустальный флакончик, — она попыталась высвободиться, но они держали ее мертвой хваткой.

— Там достаточно, чтобы оживить авангард! — воскликнул Юнгер с восторгом. — Теперь, когда мне известен ключ к Успыльнице глиняных воинов.

— Мне он известен тоже. — Полковник зевнул. — Этот сон становится скучным. И представление тоже.

Он кивнул на арену, по которой медленно, ленивой осенней мухой кружил на мотоцикле Макс Кронин:

— Сновидец из вас так себе, Елена Августовна. Вы не держите сон. — Аристов встал. — Мне все равно, кто отдаст мне красную киноварь. Если завтра я не получу эликсир, я уничтожу вас всех. Я сотру с лица земли Лисьи Броды.

Полковник Аристов приподнял край элегантной шляпы — и кресло его опустело.

— А я пока побуду с тобой, Элена, — сообщил Юнгер, и из уголка его рта свесилась мутная нить слюны. — Не могу проснуться, пока действует морфий.

Он вытащил ее на сцену, заставил раскинуть руки, как на кресте, и привязал ее ремнями к бархатной черной стойке. В ладони ее вложил спелые апельсины — и вернулся в зрительный зал.

Она не держала сон. Макс Кронин, в глухой повязке, метнул свой нож — и нож вошел ей в живот, и пригвоздил ее к черной стойке, как булавка коллекционную бабочку. Юнгер захлопал в ладоши.

Елена улыбнулась, махнула Максу рукой, и только когда изо рта ее вытекла струйка апельсиновой липкой сукровицы, она с криком проснулась.

ГЛАВА 8

Она сидит на кане, скрестив босые, бледные ноги, и смотрит, как огонь вылизывает синими и рыжими языками чугунный котелок в очаге. Я прикрываю дверь — тихонько, чтоб не разбудить Настю, — и подхожу к ней. Она говорит:

— Я тебя ждала.

В ее глазах и на крышке золотых часов, висящих на шее, отражается пламя.

— Твоя жена оставила мне часы. Сказала, что не пользуется подержанными вещами. В отличие от меня.

Я отвечаю:

— Прости ее. И меня прости, Лиза.

Я сажусь на кан рядом с ней. Я слышу запах ее волос. Ее волосы пахнут горящим лесом.

— Я пришел, чтобы ты дала мне оплакать моих мертвецов. Мне нужно Пробуждение Третьей Лисы. Последняя порция твоего зелья.

Она кивает на котелок:

— Я же говорю, что тебя ждала. Все уже готово.

Она встает, снимает с огня котелок и наливает отвар в пиалу. Сосредоточенно дует на пар, как будто остужает чай для ребенка. Потом протягивает мне пиалу в сложенных лодочкой полураскрытых ладонях. Я принимаю отвар, и наши пальцы соприкасаются. Ее руки впервые теплые.

Я делаю глоток — и становится больно глазам, и мой мир заволакивается дрожащей, непроницаемой пеленой, и она отгораживает, скрывает от меня и черноволосую женщину, и ее очаг, и ее спящего за ширмой ребенка.

А когда пелена спадает, превратившись в воду и соль, я стою с пиалой на пристани у черной реки. Я отхлебываю еще — и вижу всех моих мертвецов. Они молча окружают меня кольцом. Тут и Филя с высовывающейся из простреленного кармана игральной картой, он таращится на меня нарисованными глазами и постукивает перед собой по песку бильярдным кием, будто слепой. Тут чекист с торчащим из горла куском стекла, выковыривает из штруделя яблоки негнущимися окоченевшими пальцами. Тут солдатик со свастикой на плече, он держит в левой руке оторванную правую руку; он протягивает мне эту руку ладонью вверх, как будто ждет подаяния. Тут китайцы и немцы, русские и японцы, и многих я даже не знаю в лицо. Тут надсмотрщик из лагеря «Гранитный», вместо головы у него круглый камень с нарисованными глазами и ртом, он придерживает этот камень двумя руками, но все равно роняет в песок — и его подбирают и водружают обратно капитан СМЕРШ Степан Шутов и его старшина. Старшина мусолит в истлевших губах потухшую сигарету, и пар над черной водой сворачивается в колечки, и они улетают в небо, эти колечки; они пахнут убитыми птицами.

И я делаю третий глоток, и ко мне приближается Флинт в венке из ромашек верхом на бледной кобыле. И я плачу, и глажу ее седую мертвую морду, и снимаю с гривы нити засохшей тины.

— Глянь, Циркач, тут целый парад! — хихикает Флинт. — Я буду командовать. Пей!

И я пью. И к пристани причаливает паром.

— Ну-ка строимся! — орет вор.

Его окрик разрывает кольцо мертвецов, и они послушно выстраиваются в молчаливую очередь и гусиным шагом бредут к парому, как зэк***а*** к штольне.

— Ты не думай, я им не вертухай, — шепчет вор. — Вертухай наш — вон.

Он указывает на паром испачканным в земле пальцем, и я делаю новый глоток — и вижу паромщика. У него нет возраста, но много имен. В узких прорезях его глаз тлеют красные угольки.

— На меня с-с-смотреть! — шипит им паромщик, и мои мертвецы покорно поднимают на него нарисованные глаза. — У кого нет монеты, тот может с-с-спеть пес-с-сню!

Они все поднимаются на паром, и последним — Флинт, он ведет под уздцы Ромашку. Он кричит мне, свесившись через борт:

— Пей до дна, Циркач! Чифирни за нас!

И я пью до дна и плачу, глядя, как они уплывают. А потом и река, и пристань — все заволакивается густым, клубящимся п***а***ром, а когда он рассеивается, я лежу на циновке на кане, подтянув к подбородку ноги, и со мной лежит Лиза, она гладит мое мокрое от слез и пара лицо. У нее такие теплые руки.

Я беру ее руки в свои и целую их, ладони и подушечки пальцев, а потом говорю:

— Я должен идти.

Я встаю, а она сбрасывает халат и обнимает меня. Она шепчет:

— Останься на ночь, не уходи! Ты не должен уходить после того, что я с собой сделала для тебя!

Я отталкиваю ее — влюбленную, голую, слабую самку, которая носит на груди мой портрет:

— Я тебя не просил.

— Не просил, но мы не могли быть вместе из-за того, кто я есть.

Я ору:

— А теперь мы не можем быть вместе из-за того, кто *я* есть!

Своим криком я бужу Настю. Она высовывается из-за ширмы — испуганная, глазастая:

— Дядя Шутов, а кто ты есть?

Лиза быстро набрасывает халат и подходит к ней:

— Спи, малыш, дядя Шутов уже уходит, не бойся.

— Я хочу, чтобы он остался у нас, — хнычет Настя.

Лиза гладит ее по голове, но глядит на меня:

— Знаешь, я все равно не жалею о том, что сделала. Лисыоборотни — они ведь живут веками. Мне пришлось бы жить без тебя столетие за столетием. Так гораздо проще — прожить без тебя всего одну короткую жизнь.

Я стою в дверях — и не могу, не могу уйти. Я как будто заперт в капкане.

— Ты использовала приворотное зелье. Ты должна сама меня выгнать.

Она снимает с шеи золотые часы и швыряет их мне.

— Ты свободен. Я тебя отпускаю. Уходи. Уходи.

Ничего не меняется. Мне хочется здесь остаться.

— Уходи жс! — это уже не часть заклинания; она просто по-женски, со слезами, кричит. — Ты нашел жену, нашел себя — так проваливай!

Я безвольно стою на пороге. Я говорю ей:

— Лиза. Я как будто только рядом с тобой ощущаю себя живым.

— А с Еленой... что?

— Я думал, что Елена — моя судьба.

— А теперь?

— Теперь я запутался в судьбах, Лиза. Дай мне ночь — разобраться.

Когда не можешь ни уйти, ни остаться, хороший выход — выпить рисовой водки.

Я выхожу из Лизиной комнаты, но иду не на улицу, а в кабак, благо он в этой же фанзе.

Кроме меня здесь только один посетитель — женщина в плаще с капюшоном за самым дальним столом. Перед ней графин с водкой. Из-под капюшона выбивается светлая прядь.

Я сажусь рядом с ней:

— Какого черта, Елена? Тебе опасно здесь находиться!

Ее язык слегка заплетается:

— Максим, я видела сон.

— Да ты пьяна!

— Слегка, но это не меняет суть сна. Там были *лазутчики*. Юнгер и Аристов. Они угрожали. Макс... Аристов близко, и он очень опасен. Он сказал, что будет в городе завтра. Он ведет за собой людей. Перебьет здесь всех, если не получит то, что он хочет.

Я не задаю ей уточняющие вопросы. Теперь я помню, чего он хочет. Чего хотят они все — эликсир бессмертия. Красную киноварь.

— Максим, пожалуйста. Тут завтра будет... война! Будет Аристов. Ты же знаешь, на что он способен, особенно в гневе... А потом еще эта рота красноармейцев. Мы погибнем здесь, Макс! Здесь погибнут все! Летим со мной! Летим на рассвете! Я предлагаю тебе свободу, Макс! И, если хочешь, любовь...

Она нагибается ко мне через стол и целует, и я отвечаю на поцелуй, а потом отталкиваю ее — отчаявшуюся, надеящуюся, пьяную самку, которая когда-то была моей женщиной.

— Ты подлость мне предлагаешь. Предать своих и сбежать.

— Кто тебе здесь — свои?! — Она указывает на подоспевшего с закусками Бо. — Вот он? — Переводит взгляд мне за спину. — Вот они?..

Я оборачиваюсь. Дверь, ведущая в другую часть фанзы, распахнута. На пороге — босая Настя в ночной рубашке. И рядом с ней Лиза.

— ...Они свои, я — чужая? Сколько ей лет, этой девочке? У нас с тобой могла бы быть такая же дочь!

Она кричит и плачет. Две плачущие женщины в одну ночь — это перебор.

Я отхлебываю рисовой прямо из графина и поднимаюсь:

— Я провожу тебя до озера.

— А сам останешься?

— Я не могу отдать Лисьи Броды на растерзание Аристову.

Она встает из-за стола — красивая, пьяная, одинокая.

— Да, ты прав. Спасай своих. Только знаешь, Макс. Я ведь тоже теперь твоя. Я не предам тебя больше. Не полечу без тебя. Я буду ждать у гидроплана, пока ты не придешь.

ГЛАВА 9

Он объявил, что атаман примет решение на рассвете, хотя, конечно, ответ знал сразу: он скажет «да». Да, он пойдет с этим чудаковатым полковником на Лисьи Броды. А ночь нужна была ему, чтобы собрать все Братство Камышовых Котов в отряд и наладить меж них порядок: к большим отрядам они были непривычны, обычно совершали налеты малыми группами. Была и другая причина, по которой почтенный Гуань Фу взял ночь «на раздумья»: не показать свой голод. Негоже хищнику с урчанием накидываться на брошенные в миску объедки. Их нужно съесть чуть позже — снисходительно и с достоинством.

А голод был. И не по лисьему золоту — хотя чемодан полковника выглядел впечатляюще, — а по мести. В Лисьих Бродах хозяйничал капитан СМЕРШ Степан Шутов, а у почтенного Гуань Фу были все причины Шутова ненавидеть. Он ненавидел его за наглый обыск в опиумокурильне. И за убитых им и его людьми камышовых братьев — за брата Цуна, за брата Лина, за других. За то, что братья не дошли тогда до святилища, а капитан Шутов дошел. За то, что золото — вот это самое золото, лежащее теперь в чемодане полковника Аристова, — досталось тогда не братьям, а капитану. Это золото их по праву.

На рассвете почтенный Гуань Фу оседлал коня, посадил в седло впереди себя обезьянку — она привычно, преданно обняла его за живот, — взял с собой двух «камышовых котов», и они поднялись на сопку Черной Лисы, как было условлено. Полковник Аристов и пустоглазый бандит по имени Пика, почему-то служивший ему помощником, уже ждали их там.

По другую сторону сопки на пыльной дороге вхолостую тарахтели моторами три начальственных «виллиса» и колонна грузовиков-«студебеккеров».

— Моя армия, — полковник не без гордости кивнул на колонну. — Лучшие из лучших. Гвардейцы. Что вы решили, почтенный Гуань Фу? Камышовые Коты идут с нами на Лисьи Броды?

— Я только маленький человек, — Гуань Фу протестующе замахал руками, и обезьянка, пародируя его жест, замолотила лапами в воздухе и взвизгнула. — Я ничего не решаю. Но атаман сказал, что готов помочь. «Коты» идут с вами.

— Передайте мою благодарность вашему атаману, — полковник Аристов вежливо, как-то даже слишком вежливо, поклонился.

Уж не издевается ли? С каких это пор полковники вообще кланяются?.. Почтенный Гуань Фу взглянул на свою любимую обезьянку. Она прижималась к нему всем телом, указывала лапкой на Аристова, тряслась и скалилась. Полковник Аристов ей не нравился. Очень сильно не нравился. А уж она-то в людях хорошо разбиралась. Чуяла злой умысел и обман.

— Мой атаман также велел передать, что у него есть условие, — сказал Гуань Фу. — Половину золота он хочет получить сразу же, до налета.

Полковник Аристов помолчал. Тяжело вздохнул:

— Когда-то я мечтал о верных соратниках. Потом — о вольных наемниках. Плечо к плечу, спина к спине, мои соратники и наемники пойдут со мной к моей цели... Но нет, пустое. В который раз убеждаюсь, что куклы надежнее и удобнее. Куклы не ставят условий.

— Мой атаман будет оскорблен... — начал Гуань Фу, но застыл с приоткрытым ртом, глядя в глаза полковнику Аристову.

Глаза полковника были цвета плавящегося над огнем опия — и в накатившем опиумном дурмане почтеннейший Гуань Фу потерял себя. Он силился вспомнить, как зовут его атамана, но так и не вспомнил, что атаманом Братства Камышовых Котов был он сам. И больше он не знал, какое звание носит этот человек с кипящими от гнева глазами, считающий вслух от трех до нуля, — а только понимал, что это его хозяин.

Когда хозяин произнес «ноль», почтенный Гуань Фу поклонился, и присягнул хозяину на верность, и отказался от золота, и обещал, что он сам и Братство Камышовых Котов будут служить хозяину до последнего вздоха.

— Теперь пристрели эту отвратительную мартышку, — сказал хозяин.

Как будто поняв, о чем речь, обезьянка коротко вскрикнула, схватилась за голову и прильнула к Гуань Фу, ища у него защиты. Тот взял ее за шкирку, молча оторвал от себя и приставил дуло пистолета к ее виску. Она зажмурилась — и почтенный Гуань Фу выстрелил. Хозяин прав: обезьянка действительно была отвратительной.

— А это кто, хозяин? — майор Кожекин, еще вчера возглавлявший отряд гвардейцев, направленных в Лисьи Броды для подкрепления, теперь же возглавивший персональную армию полковника Аристова, пустыми глазами уставился на Камышовых Котов, примкнувших к колонне.

— Китайские бандиты, навроде хунхузов, — любезно пояснил Аристов, усаживаясь рядом с Кожекиным в его «виллис».

— Бандиты?.. — в мутном взгляде майора полыхнул короткий проблеск сознания. — Это разве было в приказе штаба?

— Так это новый приказ! — полковник повернулся к сидевшему сзади Пике. — Дай-ка нам сегодняшнюю бумагу.

— Вот, начальник.

Пика порылся в сумке рукой в кольчужной перчатке и протянул начальнику чистый белый листок.

Аристов взял его и, давясь улыбкой, сделал вид, что читает:

— «Пункт первый. Приказано принять в отряд Советской гвардии бандитское Братство Камышовых Котов в полном составе. Пункт второй. После этого направиться в населенный пункт Лисьи Броды...». Вот, видите? Ознакомьтесь сами, товарищ Кожекин, — полковник протянул ему лист.

Кожекин уставился в пустой белый лист, шевеля губами:

— Так точно, вижу, товарищ полковник.

Аристов забрал у него бумагу, чиркнул спичкой и подпалил с краю.

— А это... зачем? — спросил майор Кожекин потерянно.

— Так там же приписка еще была, в приказе. В самом низу. «После прочтения — сжечь».

Полковник Аристов свесил руку с горящим листком за борт «виллиса» и разжал пальцы. Оранжевое пламя, извиваясь, проползло по обочине и издохло, охряной бледной кляксой вознеслось в рассветное небо.

ГЛАВА 10

Он добрался до города на рассвете. Проходя мимо дома Аглаи, на всякий случай, без особой надежды, решил постучать — вдруг откроет. В последние дни Аглая доктора к себе не пускала, в лазарете не появлялась и вообще вела себя так, будто он ей враг, так что он из гордости оставил попытки ее навестить: он, в конце концов, не мальчик на побегушках, человек пожилой, и всегда к ней относился как к дочери, с вниманием и по-доброму, а что сделалась она спесивой и неблагодарной, так это яблочко, как говорится, от яблони — таков был и генерал... Но сейчас, промозглым этим осенним утром, после тех унижений, что постигли его ночью на корабле барона фон Юнгера, Иржи Новаку сделалось так тоскливо, что мучительно захотелось с кем-то живым перемолвиться словом; все же с Глашей были они не чужие...

Он помялся немного на пороге и постучал — дверь неожиданно подалась. Доктор Новак нахмурился: не просто открыта, а похоже, что выломана. Торопливо прошаркал в гостиную: Аглая стояла у мольберта в разорванном платье, и кожа у нее на спине и шее была в кровь исцарапана.

— Аглаюшка!..

Она обернулась к нему: блестящее, в испарине все, лицо. Чернющие круги вокруг глаз. Зрачки с булавочную головку. В руке она держала тонкую кисть, сочившуюся на дощатый пол черной тушью. А на холсте позади нее черной и алой тушью, искусными штрихами, мазками была выполнена картина: горит очаг, на кан наброшены звериные шкуры, на этих шкурах молодой китаец с искаженным лицом душит красавицу-китаянку; оба обнажены. У китаянки между грудей — черная жемчужина на цепочке. Она умирает: рот кривится, глаза закатились.

— Глашенька, что стряслось?!

Она закатила глаза — как китаянка на ее жуткой картине. Он вдруг заметил, что то, что он принял сначала за узор на звериных шкурах, на самом деле — столбцы змеящихся иероглифов. Он разобрал начало: «Рассказывают, что лазутчица императора...».

— Ты разве умеешь писать по-китайски, Глаша?..

Она улыбнулась и, уставившись на него пустыми белками, сказала:

— Меня зовут Сифэн, лекарь. Хочешь знать, как я умерла? Рассказывают...

...что лазутчица императора Цинь именем Сифэн, будучи умна и собой прекрасна, отыскала даоса именем Чжао в его

тайном укрытии, но была разоблачена учеником даоса именем Лама. Ученик сей любил Сифэн, но, узнав, что она подослана императором, задушил ее, ибо учителя любил еще больше.

Рассказывают, что великий мастер Чжао тоже любил Сифэн, однако, как истинный даос, не проливал свое семя.

Еще рассказывают, что Сифэн, умирая, шепнула Ламе, что вернется за ним с того света и все повторится снова.

Рассказывают также, что мастер Чжао явился в укрытие поздно ночью, когда душа предательницы уже отлетела, и сокрушался, что Лама ее убил, и впал в гнев, и воскликнул: «Ты так ничему и не научился! Нельзя растоптать прекрасный цветок лишь потому, что он растет в саду твоего врага».

Рассказывают, что мастер Чжао прогнал от себя ученика навсегда, и тот оставил путь дао и ходит дорогами тигра.

ГЛАВА 11

Всю ночь он не мог заснуть, и только под утро его замотало в скомканную и липкую, как пропитанная гноем марлевая повязка, дрему. Ему снился суд, и он знал, что это военный трибунал, но присутствовали там почему-то и Танька, и капитан Деев, и покойная его мама. Обвинитель, с лохматой, густой бородой, в генеральской форме и с охотничьим рогом в руке, задавал ему раздраженно вопросы:

— Лейтенант Горелик, как вы оказались в проклятом месте?

— Там была дислокация нашей десантной роты, — ответил он.

— Это не оправдание! — взревел обвинитель и протяжно, пронзительно затрубил в рог. — Лисьи Броды — пр**о**клятое, лихое, гиблое место! Там находиться хорошему человеку запрещено! Там в человеке рождается зверь, чудовище! Вы видели зверя, лейтенант Горелик?

Он ответил:

— Так точно.

— В ком вы встретили зверя?

— В товарище Дееве... В товарище Бойко... В товарище Родине... В японцах... В китайцах... В русских... В капитане СМЕРШ Шутове...

Бородатый снова протрубил в рог.

— А сам-то ты, лейтенант, не зверь? Ты город врагу отдал! Ты женщину опозорил! — бородатый подвел к нему Таньку, задрал на ней сарафан и начал гладить ей живот пятерней.

— У меня белье чистое, — заунывно заныла Танька. — У меня гостей второй месяц уже как нет... У меня будет ребеночек... Мне страшно... Страшно! Этот суд страшный!..

Он проснулся со стоном и весь в поту. Сегодня будут гвардейцы. Сегодня его, может быть, арестуют. А Танька так и останется в лихом, гиблом месте, с позором. Рассвет еще занимался, значит, проспал он совсем недолго. Со дна ящика, служившего ему комодом, Горелик вытащил парадную форму, торопливо на себя натянул, выскочил в пепельные, с сукровичными прожилками, предрассветные сумерки и побежал через площадь.

Танька, простоволосая, возилась с ведрами во дворе. Увидела его за забором, сначала обрадовалась, потом испугалась, тихонько выдохнула:

— Нельзя тебе сюда, Славка...

Он нашарил рукой крючок, распахнул калитку, вошел:

— Сегодня можно. Надень красивое платье. Есть у тебя белое платье? Надень и идем со мной.

Она прикрыла ладонью рот, как будто боялась, что оттуда непокорной, неверной птичкой вылетит ее счастье, вбежала в дом, вернулась в белом платке и платье. За ней во двор выскочила Марфа с опухшим от слез лицом.

— А ну вернись, шалава позорная! Не срами вдовий дом! Мы теперь вдвоем с тобой вдовы!

Горелик взял Таньку за руку, и, хихикая, как нашкодившие дети, они выскочили за калитку и побежали, хрустя еловыми ветками, которыми выложена была дорога от староверских домов до самого кладбища.

— Это чтобы покойники себе искололи пятки, если решат вернуться, — задыхаясь на бегу, счастливо сказала Танька. — Славка, знаешь, у меня белье чистое... уже второй месяц.

Он ответил:

— Я знаю.

Отец Арсений не спал, возился с какими-то железяками во дворе церкви.

— Обвенчайте нас, батюшка!

Когда шел назад в штаб, увидел, как выползает на дорогу из-за сопки Черной Лисы колонна грузовиков; издалека казались они стайкой жуков, копошившихся в рыжей пыли.

А на площади перед штабом подскочил к нему Шутов — на себя не похожий, всклокоченный — и прямо при всех ребятах давай орать:

— Лейтенант! Объявляйте боевую тревогу! Надо срочно перекрыть мост! Лисьи Броды будут атакованы превосходящими силами противника!

Голос смершевца от волненья дрожал. Вот ведь как ему, гниде, страшно. Избегая смотреть капитану в глаза — что-то очень неправильное случилось вчера, когда они встретились взглядами, — Горелик сказал:

— Может быть, для вас, капитан СМЕРШ Шутов, Советская гвардия и противник. А для нас, десантников, это — наши.

— Там не наши. Там банда. Там чудовище. Враг!

Смершевец вдруг показался лейтенанту каким-то совсем безумным; он как будто искренне верил в свои слова. Тарасевич, стоявший за спиной Шутова, покрутил рукой у виска, но в глазах его Горелик заметил сомнение.

— Я товарищу Шутову верю, — сообщил Овчаренко.

— А тебя, рядовой, кто спрашивал?! — озверел лейтенант.

— Лейтенант! — Шутов попытался заглянуть лейтенанту в глаза, беспомощно обернулся к остальным. — У меня есть информация. Секретные данные. Я могу... Я мог бы вас всех заставить. Но мне не хочется уподобляться... Вы должны мне сейчас поверить. Если мы не перекроем подступы к городу, он будет уничтожен. Время дорого. — Он снова повернулся к Горелику. — Ты командир. Решай.

Вдруг вспомнился утренний сон. Страшный суд. Бородатый генерал с рогом.

сам-то ты, лейтенант, не зверь? ты город врагу отдал

— Капитан, ну ты сволочь... — Горелик взглянул Шутову прямо в глаза и увидел в них отчаянную надежду. — Такая сволочь, капитан... — Обернулся к ребятам, гаркнул: — Боевая!.. тревога!

Лейтенант поставил у моста семерых, плюс еще Тарасевич со снайперской винтовкой, плюс ручной пулемет... Если это враги — ребята задержат их ненадолго. Ну а если свои — можно сразу быстренько сдать назад, мол, приветствуем вас, товарищи, с распростертыми, просто бдим.

Смершевец Шутов молча стоял у выезда на мост, напряженно вслушиваясь в нарастающий гул моторов. Наконец показалась мрачная морда «студебеккера» с советской армейской маркировкой, за ним «виллис», и Горелик выдохнул с облегчением и со злостью:

— Капитан, я же говорил, это наши!

Шутов, молча и как будто его не слыша, впился взглядом в «виллис» и грузовик, остановившиеся по ту сторону моста. Через несколько секунд из кузова «студебеккера» выпрыгнули китайцы, обвешанные винтовками, с алыми прядками в бородах.

— Это что за... — начал Горелик, но на полуслове умолк. Из «виллиса» вышел седой человек в дорогом костюме и ступил на мост.

— Никто, кроме меня, к этому человеку не подходит, — тихо произнес Шутов. — Если все-таки окажетесь рядом — в глаза ему смотреть запрещается.

Человек в костюме уверенной походкой прошел по мосту, остановился ровно на середине и, глядя прямо на Шутова, прокричал:

— Мальчик мой, обними своего создателя.

Он широко раскинул руки, как бы приглашая в объятия, и Шутов пошел к нему — как собака на свист.

ГЛАВА 12

— Ну же, Макс. Ведь мы свои люди.

Он стоит, раскинув руки и приглашая меня в объятья, а я дышу горячо и часто, как больная собака. Как бешеная собака, возненавидевшая хозяина. Я говорю ему:

— Мы — враги.

— Неужели? Посмотри мне в глаза, Макс Кронин. Ты же знаешь, ты мне как сын.

Я смотрю ему в лоб. Смотрю ему в подбородок. В глаза ему не смотрю:

— Ты мне не отец. Ты предатель, Аристов.

— А ты не предатель? Ты ж за это даже сидел, — он, наконец, опускает руки. — Тебе ли не знать, что никого мы не предавали! Мы служили честно своей стране, а она нас предала. Своих лучших солдат.

Мои губы горячие и сухие, как опаленная деревяшка, мои губы с трудом подчиняются мне, но я отвечаю:

— Ты предал меня. Забрал мою память. Забрал мою жизнь.

— Ошибаешься. Я спас твою жизнь. И спас наше дело. Тебя хотели поставить к стенке — свои же, наши же, с Лубянки, поставить хотели, Макс! — и ты бы послушно встал к ней. А перед этим еще и открыл бы им наши тайны... — его голос становится глубоким и монотонным. — ...Наши с тобой *чудеса*. Ведь ты же верил, что все будет по справедливости. Что без вины не накажут... Посмотри мне в глаза.

Я смотрю на небо. Смотрю на мост. Смотрю на «виллис» на той стороне моста.

— А ты упрямый, Макс. У тебя непросто забрать контроль.

В его голосе мне чудится похвала, и на долю секунды я даже испытываю гордость. Если бы я был псом, я бы начал вилять хвостом.

— Что мне еще оставалось, Макс? Юнгер предлагал тебе бегство — ты отказался. Они бы взяли тебя — а потом занялись бы мной. Как я, по-твоему, должен был поступить? Пристрелить тебя, как собаку, и сделать это раньше, чем сделали бы они?.. Посмотри на меня.

Я смотрю, как открывается водительская дверь «виллиса» на той стороне моста, за спиной полковника. Я смотрю, как из джипа выходит человек — лица не разглядеть, но манера двигаться кажется мне знакомой. Так двигаются шестерки на зоне. Так двигаются гиены. Так двигаются марионетки.

— Мы с тобой похожи, Макс, ты и я. Я образ, а ты подобие. Мы одинокие маги. Вернись ко мне, встань рядом, и вдвоем мы совершим чудо! — он хочет положить мне на плечо руку, но я на шаг отступаю, и протянутая его рука повисает в воздухе, как будто он меня благословляет. — Посмотри же ты на меня!

Я смотрю на человека, который вышел из «виллиса». Деревянной походкой он шагает к нам по мосту. Он несет какой-то продолговатый предмет.

— Это место проклято... — Аристов мечтательно улыбается и вдыхает полной грудью, как будто для него целителен здешний воздух. — Я пришел сюда за малым: за несколькими жалкими каплями киновари — и за тобой. Но это место... гиблое место! Оно даст мне гораздо больше. Теперь я чувствую — у меня же нюх на чудеса, ты это знаешь, мой мальчик! — да, я чувствую: здесь даос. Мастер Чжао. Он в этом городе. Так что план поменялся: возьмем даоса — и живой воды у нас с тобой будет не жалкая склянка, а сколько угодно.

— Нет никаких нас с тобой! — я чуть не попадаюсь в ловушку, чуть было не встречаюсь с ним взглядом, но вовремя себя останавливаю.

— На меня смотреть, я сказал! — На секунду он теряет самообладание, но тут же берет себя в руки и добавляет тихо и вкрадчиво: — Я слышал, Юнгер тут расстреливал старых китайцев, чтобы найти среди них бессмертного Мастера... А я пойду еще дальше. Я расстреляю весь город. Мужчин и женщин, стариков и детей — мы будем их убивать, пока не найдем того, кто сильнее смерти... Смотри мне в глаза. Я хочу, чтобы ты мне верил. Это не пустая угроза.

Я смотрю на человека, идущего по мосту. Теперь я вижу его лицо. Это Пика. У него пустые кукольные глаза. Это характерная пустота. Такая бывает, когда ты подчиняешься чужой воле. Когда ты лишен души — или, в случае Пики, душонки.

Его правая рука почему-то в старинной кольчужной перчатке. Он подходит, встает рядом с Аристовым и застывает. Недочеловек. Недорыцарь. В стальной, покрытой патиной пятерне Пика держит мегафон.

— Ты сделал ошибку, когда его отпустил, — полковник Аристов оглядел Пику презрительно, но вместе с тем ласково, как папа Карло вырубленного из гнилого ствола Пиноккио. — Недопустимо. Непрофессионально! Это я тебе, Макс, говорю как учитель. Нельзя оставлять свидетелей. А впрочем, все к лучшему. Теперь я тут. А из твоего Пики получилась отличная кукла. Так ты с нами, Макс? Хочешь, я подарю тебе эту куклу?

Я смотрю полковнику Аристову прямо в глаза — они цвета ледяной осенней воды в Лисьем озере. Зверю нельзя смотреть в глаза дрессировщику, если он не желает ему подчиняться. Но зверь может взглянуть в глаза зверю. Я ловлю его взгляд, когда он этого больше не ждет, и я ловлю в этом взгляде пытающегося скрыться, занырнуть на дно зверя. И я говорю:

— Слушай сюда, учитель... создатель. Нас достаточно много, чтобы какое-то время сопротивляться. Ты не способен управлять своей армией кукол долго, ты не сможешь бесконечно их *держать* в одиночку. Поэтому ты зовешь меня в помощь, не так ли? Но я — с ними. Это мой город. Тут мои люди. А ты устанешь — и твои куклы снова станут людьми. Не твоими. Ты проиграешь, учитель.

Он улыбается — или, может быть, просто скалится.

— Мальчик мой, ты даже не представляешь, на что я теперь способен.

Когда два зверя, два хищника перед схваткой смотрят друг другу в глаза, схватка может и не начаться. Тот, кто слабее, опустит взгляд и уйдет. Этот слабый зверь — я.

Я разворачиваюсь и иду по мосту к своим. Он мог бы выстрелить мне в спину или приказать Пике выстрелить, но я хорошо его знаю. Для него это слишком скучно, просто, банально. Он не стреляет мне в спину, он бросает в нее слова:

— Ты правда веришь, Макс, что эти люди вон там — твои? Они ведь даже не знают твоего настоящего имени.

Я иду. Я не оборачиваюсь.

— Когда они поймут, кто ты, тебе тоже придется *держать* их, сделать их куклами! Две кукольных армии, Макс, представь! Только я более опытный кукловод!

Я иду к своим. Я молча иду к своим.

Его голос меняется — становится громовым, чеканным и грозным. Этот голос теперь слышат все, а не только я, потому что он говорит в мегафон:

— Товарищи бойцы и офицеры Красной Армии! Я — комиссар, полковник госбезопасности Глеб Аристов. Вы должны узнать правду. Человек, чьим приказам вы подчиняетесь, называет себя капитаном СМЕРШ Степаном Шутовым. Но он лжет. Этот человек — оборотень, он изменник Родины, фашистский шпион, беглый заключенный, враг народа, диверсант Максим Кронин! Настоящего капитана Шутова он подло убил и явился к вам под его личиной с вредительскими целями. Товарищи советские воины! Ваш священный долг — выйти из подчинения перевертыша и шпиона, сложить оружие и пропустить нас в город. В этом случае никто, кроме Кронина, не пострадает. В противном случае мы вынуждены будем применить силу! Даю вам час.

Я схожу с моста. Я смотрю на своих, а они смотрят на меня. Смотрит Пашка, нелепо отвесив челюсть. Смотрят рядовые бойцы. Смотрит сапер Ерошкин — как всегда, скорбно, но теперь еще с осуждением, будто он пришел на поминки, а покойника подменили. Смотрит снайпер Тарасевич из-за заброшенной фанзы, и смотрит дуло его винтовки. Лейтенант Горелик смотрит — и смотрит его ТТ:

— Ну, что скажешь, капитан, — или кто ты есть?

Я подхожу к лейтенанту. Я ловлю его взгляд, но я его не *держу*. Я говорю не как дрессировщик со зверем, а как человек с человеком:

— Меня зовут Максим Кронин. Я убил капитана СМЕРШ Шутова. Остальное неправда. Хотите правду?

— ...Чему поверить? Во что ты предлагаешь нахуй поверить?! — Горелик дергает носом и трясет головой, он близок к истерике, направленный на меня ствол ТТ ходит ходуном. — В бесов и оборотней? В даоса с тыщей еблищ? В эликсир бессмертия?! В оживших глиняных мудаков, которые завоюют весь мир? Поверить в злого колдуна-чекиста, который уничтожит весь город? В тебя поверить, доброго колдуна, фронтовика-разведчика, безвинно осужденного? Вот прямо взять — и поверить в эту вот всю хуйню?

Я жду, когда его дыхание выровняется, и отвечаю:

— Вот прямо взять — и поверить.

Он орет:

— Да ты ебанулся!

— Тогда стреляй, лейтенант. Пристрели меня, как бешеную собаку, а потом пусти Аристова, потому что, пока я жив, он сюда не войдет.

Горелик медлит. Но дуло его ТТ смотрит прямо мне в сердце.

— Товарищ лейтенант! — рядовой Овчаренко вдруг встает между мной и дулом, заслоняет меня собой. — Вы сначала в меня шмаляйте! Я ему верю.

— А ну назад, дурак! — вопит лейтенант. — Ты уже на три расстрела наверил!

А я цежу сквозь зубы:

— Пашка. Немедленно вернись в строй.

— Да вы чего все?! — Пашка оглядывается растерянно. — Товарищ Шутов... тойсть, товарищ Кронин... Ведь он же наш! Он столько раз за нас дрался! А те — враги! А вы!.. Вы глаза разуйте! У вас что же, глаз нет?!

Я беру Пашку за плечо у основания шеи, сжимаю пальцы — и он со стоном сгибается; его автомат срывается с плеча и качается на ремне. Перемещаю скрюченного Пашку чуть вбок — он семенит за моей рукой, — а сам шагаю вперед и упираюсь грудью в подрагивающий в руке Горелика ствол:

— Ну же. Давай, лейтенант.

— Товарищ лейтенант, — доносится сбоку голос снайпера Тарасевича.

— Чего?!

— Та я... насчет особистов... можт, оно и неплохо, шо товарищ Кронин — не особист?.. Вы ж особистов сами не то шоб очень...

Горелик взвизгивает:

— Молчать!

Снайпер сокрушенно вздыхает. И вдруг, потупясь, становится рядом со мной и Пашкой.

— А я, товарищи, верю в оборотней, — меланхолично сообщает сапер Ерошкин. — Они водятся в этом месте. Я одного такого в лесу тут видел, — он встает рядом с Тарасевичем. — И в бесов верю. Вот взять того же товарища Бойко — в него ж не иначе как бес вселился...

Горелик смотрит на меня. На своих. Отводит руку с ТТ от моей груди, втыкает пистолет в кобуру. И говорит больным, тихим голосом:

— И что же нам теперь делать?

Я говорю:

— Вооружаем всех, кто способен держать оружие. Включая староверов, доктора и попа. Да, силы не равны, но нам нужно выиграть время...

— Мое такое мнение, что доктору Новаку пистолет доверять нельзя, — встревает вдруг Пашка.

— Кому нужно твое мнение, рядовой? — устало огрызается лейтенант.

— Кому-то, может, и надо, — рядовой с надеждой косится на меня. — Мое такое мнение, что у доктора Новака есть какая-то мрачная тайна.

— Наверняка, — отвечаю я. — Но в этом городе, Пашка, у каждой собаки есть какая-то мрачная тайна. Что ж нам теперь, оружие никому не давать? Нам ополчение нужно. Понимаешь меня?

Пашка морщит лоб.

— Так точно, товарищ Шутов... тойсть... товарищ Кронин. Вот же... не знаю, как вас теперь называть.

— Как хочешь зови. Имена — их знаешь сколько бывает? А рожа в зеркале та же.

ГЛАВА 13

— ...Она бредила этим призраком... этим духом, если угодно... с самого детства. Я считал, что речь идет о расстройстве — о мании, психозе, схизофрении. Я был слеп. Аглая — и есть Сифэн. Она одержима. Взгляните! — доктор Новак суетливым, лакейским каким-то жестом, от которого сам себе стал противен, указал им на мольберт, стоявший в центре гостиной. — Иероглифы на картине, видите? Но Аглая не владеет китайским. «Рассказывают, что лазутчица императора Цинь именем Сифэн, будучи умна и собой прекрасна, отыскала даоса именем Чжао в его тайном укрытии, но была разоблачена учеником даоса именем Лама. Ученик сей любил Сифэн, но, узнав, что она подослана императором, задушил ее...». Ученик даоса — это, как я понимаю... — доктор Новак многозначительно взглянул на Ламу.

— Это мог написать за нее кто-то другой, — проигнорировав последнюю реплику, ледяным голосом отозвался тот.

— Но она сама читала мне текст! — торжествующе сказал Новак. — И еще. Мастер Чжао хотел спасти ее, но опоздал. Перед смертью она сказала, что придет с того света и все повторится снова... Было такое?

— Этого здесь не написано, — процедил Лама. Он глядел на картину не мигая. Доктор Новак заметил, что что-то случилось с его глазами — они как будто выцвели. Пожелтели.

— Это она сама мне сказала, — робко пояснил доктор.

— Кто, Аглая? — уточнил Юнгер. Он смотрел то на обнаженного китайца на черно-красной картине, то на своего слугу Ламу, явно сравнивая, сличая.

— Не Аглая. Сифэн, — отозвался Новак. — Ее дух... Она хочет переиграть, понимаете? Если все повторить... если я ее вам предоставлю, и жизнь ее будет в опасности, мастер Чжао явится снова.

— Где она? — спросил барон.

— Она... наверху, в кабинете, — замявшись, ответил доктор. Он хотел сказать сначала «на чердаке», но это прозвучало бы как-то жестоко, что ли. — Я дал ей успокоительное, — все тем же лакейским жестом он указал на ветхие ступеньки, которые вели наверх.

— И взамен вы хотите?.. — Юнгер стал подниматься, припадая на больную ногу. Лама двинулся следом.

— Эликсир. Все, что у вас есть.

— Немало.

— Немного. Вы получите куда больше.

— А если он не придет?

— Он придет... Он непременно придет, — ответил Новак с тоской. — Вы разве, барон, не поняли? В этом проклятом месте все возвращаются, все по кругу. Люди, лисы, демоны, покойники, тигры, батюшка ваш, вы сами... Чертова карусель!

— А вы, доктор? — не оборачиваясь, спросил Юнгер.

Доктор Новак ступил на скрипучие ступеньки последним.

— А я сойти хочу.

Аглая сидела перед конторкой, привязанная к тяжелому дубовому стулу, свесив голову набок. В приоткрытых щелочках глаз поломанными маятниками метались зрачки. На конторке перед ней сидел плюшевый медведь с заштопанным брюхом и таращился черными пуговицами в пыльный угол. Там стояла картина: китаянка — та же, которую и сегодня изобразила Аглая, — только не обнаженная, а в желтом платье с вышитыми цветами, осами и драконами, в позе лотоса. Прямо перед картиной валялось распятие темного дерева, и Сифэн как будто молилась на свой азиатский манер чужому изможденному богу.

— Я дам ей нашатырь, и она очнется, — дрожащими руками доктор Новак поднес тряпицу к лицу Аглаи.

— Эта женщина много для меня значит, — глядя на связанную Аглаю, произнес Лама. — Я ее испытаю. Если ты, коновал, ошибся, я убью тебя за то, что ты над ней надругался.

— Ну и страсти, Лама! — глумливо воскликнул Юнгер. — Я впервые такое вижу — у тебя на лице почти что есть выражение!

Аглая судорожно вздохнула, открыла глаза и дернулась. С изумлением уставилась на веревки, потом на Ламу, Новака и барона.

— Что случилось? Развяжите меня! Дядя Иржи, что происходит?!

— Будет лучше, если ты останешься связанной... Сифэн, — Лама встал рядом с ней на колени и немигающими выцветшими глазами уставился на нее, снизу вверх.

— Почему ты называешь меня чужим именем?

— Потому что я желаю говорить с той, для кого это имя — родное. Я хочу говорить с Сифэн.

Аглая зажмурилась:

— Ты сумасшедший... Дядя Иржи, помоги мне, он сумасшедший!

Доктор Новак, запнувшись о распятие, отступил к стене — туда, где Аглая не могла его видеть, а он видел весь кабинет.

Раздувая ноздри, Лама обнюхал Глашину грудь. Лизнул языком черную жемчужину, висевшую у нее на шнурке на шее.

— Она такая теплая... — шепнул он. — Согретая твоей кожей. Говорят, душа человека заключена в жемчуге. Помнишь, как я подарил тебе свою душу?

— Да, в лазарете... — точно в трансе, не открывая глаз, ответила Глаша.

— Замолчи! — раздраженно прикрикнул Лама. — Тебя я не спрашивал. Я разговариваю с Сифэн, — он взял ее обеими руками за шею. — Ты помнишь, как я любил тебя? А как я тебя убил? Если мастер Чжао не явится за тобой в ближайший час, я убью тебя снова. Мне будет больно и сладко убивать тебя второй раз.

Она распахнула глаза — чужие, злые, с огромными, во всю радужку, зрачками:

— Я обещала, что вернусь за тобой с того света.

— Сифэн, любовь моя, — Лама отпустил ее шею. — Я рад, что ты, наконец, пришла.

— Браво! — барон фон Юнгер трижды хлопнул в ладоши, как в зрительном зале. Потом обернулся к Новаку:

— Ты получишь то, что просил.

У моста, соединявшего его тюрьму с миром, он увидел наскоро сложенный из мешков с песком импровизированный блокпост. За мешками — Тарасевич с винтовкой и ручным пулеметом. Доктор Новак хихикнул. Что ему теперь пулемет, что ему песок, разве сможет его теперь хоть что-то остановить?

Он достал из кармана пузырек с эликсиром, сделал крошечный глоток и шагнул к мосту. Снайпер, крякнув, выбрался из-за мешков и сказал добродушно:

— Сюда нельзя, доктор.

— У меня пациент. Срочный вызов!

Тарасевич, смущенно переминаясь, преградил ему путь.

— Так ить... Опасно тут сейчас, доктор. Лучше вам в город...

— Там пациент при смерти!

Доктор Новак хотел для убедительности тряхнуть медицинским своим чемоданчиком, но вспомнил, что чемоданчика при нем нет. Он решил уйти налегке. Никакого старого груза в новую жизнь. Только этот пузырек в одном кармане — и пистолет в другом. Пистолет ему выдали в штабе под расписку как ополченцу. Ему нравилось это слово — ополченец. Он ополчился. Против места этого проклятого ополчился, против своей судьбы...

— Ну, такая, значит, у пациента судьба, — уже решительней, без смущения возразил Тарасевич. — У меня приказ. Звиняйте, товарищ доктор. Никого не могу пустить.

— А, ну приказ есть приказ... — Доктор Новак, понурившись, отступил от моста на пару шагов. — Тогда что же... Пойду обратно.

— Вот и добре! — Тарасевич добродушно, с облегчением улыбнулся. — Вы на меня только не обижайтесь. Мы ж на одной стороне! Вы вот доктор, людей спасаете, а я военный, я старшина. Выполняю приказы... но тоже, в общем, спасаю, — он махнул рукой и повернул назад, к блокпосту. Оглянулся: — И то сказать... Вы нам, доктор, в городе сегодня нужны, лечить раненых. Заварушка тут у нас намечается.

Доктор Новак кивнул понимающе:

— Чем смогу, помогу.

— Вот спасибочки!

— Ты все правильно сказал, старшина: мы на одной стороне!

Тарасевич расплылся в улыбке, потом крепко, хоть и неловко, пожал доктору руку, повернулся к нему спиной и пошагал к блокпосту.

— Только я хочу на другую, — тихо добавил Новак и выстрелил.

Он не хотел убивать.

Только ранить. Только чтоб пропустил. И чтобы после — спасли.

Он, всю жизнь лечивший людей, точно знал, куда надо попасть, чтобы человек выжил. Но — всю жизнь лечивший людей, стрелял он из рук вон плохо.

Он попал гораздо левее. Тарасевич упал ничком.

Повинуясь инстинкту, многолетней повинуясь привычке, он его осмотрел. Нитевидный пульс, то есть pulsus vermicularis. Агональное дыхание. Рана была смертельной.

Доктор Новак убрал в карман пистолет, вынул пузырек с эликсиром и открутил крышечку. Если сбросить в протоку ручной пулемет и винтовку, если капнуть в этот разинутый в агонии рот всего одну каплю — снайпер выживет и, будучи безоружным, помешать ему уйти по мосту, вероятно, не сможет... Только тут ведь такое дело — эликсира не так уж много, и капли все на счету. Сейчас отдашь одну каплю — потом, случись что, именно ее может не хватить.

Доктор Новак закрыл пузырек и, помявшись, переступил через Тарасевича — иначе к мосту было не пройти.

ГЛАВА 14

По ту сторону моста, из населенного пункта с диковатым названием Лисьи Броды, уже полчаса как доносилась стрельба. Сержант Цыпкин закурил вторую подряд и мрачно спросил:

— Кто там с кем дерется? Война-то уже ведь кончилась...

Старшина Киреев, его товарищ, выпустил в небо колечко дыма:

— Война никогда не кончается.

— Вечно ты философствуешь. Я ж серьезно! Вдруг там наших щас убивают? А мы тут зачем-то торчим, — сержант Цыпкин взглянул на мост, на мутную протоку, на покосившийся щит с простреленной надписью «Лисьи Броды». — Какого хера мы тут торчим?

Старшина Киреев выпустил несколько колечек подряд, потом сплюнул с досадой:

— Ты ж сам знаешь, Цыпа. Приказ есть приказ.

— Эт-та что за хрен?! — сержант Цыпкин вскочил и сдернул с плеча автомат.

По мосту, шатаясь и подхихикивая, плелся всклокоченный, явно нетрезвый старик. Поравнявшись со щитом, он уцепился за деревянную ножку, запрокинул голову, вытряс в рот последнюю каплю из маленького флакона, отбросил его в канаву — и спустился с моста на берег. Заорал дурным голосом:

— Свободен! Свободен!

— Вот народ наш русский... Хоть в Сибири, а хоть в Китае, спивается все равно, — раздумчиво заметил Киреев, сдергивая с плеча автомат и выходя из укрытия.

— А ну стой! Р-руки! — рявкнул алкашу Цыпа.

Тот поднял дрожащие стариковские руки.

— Да я свой, ребята... Я же врач... Доктор...

— Назад, доктор! — скомандовал Киреев. — У нас приказ. Из города никто не уходит.

— Как же я могу... — алкаш затрясся и сделал неуверенный шажок от моста. — Ведь я не могу... Назад не могу...

Киреев и Цыпа синхронно навели на него стволы.

— А ну назад! — взревел Цыпа. — Считаю до трех и стреляю! Р-раз!

Старик закрыл лицо руками и грохнулся на колени, вздрагивая всем телом. Он, похоже, рыдал. Сержант Цыпкин выпустил короткую очередь — не по нему, а рядом, жаль было алкаша.

— ...Два! На счет «три» стреляю на поражение!..

Алкаш отнял руки от заплаканного лица, поднялся и пошагал по мосту обратно.

ГЛАВА 15

Лейтенант Горелик вышел из штаба хмурясь. Тарасевич вот уже час как пропал со связи, он направил к блокпосту подкрепление, четверых, с ними Кронина — но и те куда-то запропастились.

Во дворе под транспарантом «Смерть врагам советской Маньчжурии» рядовой Овчаренко выдавал оружие последним городским ополченцам, двум бородачам-староверам, они сосредоточенно расписывались в тетрадке. За их спинами, весь в грязи и расхристанный, маячил зачем-то Новак, а увидев Горелика, сразу к нему подскочил:

— Мне сказали, вы тут теперь командир!.. Я имею сообщить командиру очень важные сведения!

— Что у вас? Только быстро, доктор.

— Видите ли, лейтенант. До сих пор я полагал, что из города, то есть из зоны проклятия, можно выйти, если пересечь границу, рубеж, — доктор Новак нарисовал пальцем в воздухе круг. — Я был уверен, что достаточное количество эликсира... Но неважно, неважно... Я ошибся. Мастер Чжао гораздо хитрее. Смерть, только смерть!..

— Доктор, что вы несете?!

— ...Смерть — вот выход наружу! Для всех для нас! Раньше я считал, что проклятие касается только меня. Непростительная наивность. Все, решительно все, кто попал сюда, обречены остаться в этом месте навечно. Это как бы ад, но ад на земле, вы следите за моей мыслью? Но... — доктор многозначительно воздел палец вверх, — мертвые могут выйти. Им позволено! Парадокс...

— Да вы спирту, что ли, объелись? — догадался Горелик. — Нашли время, тоже... Рядовой! — он сделал жест одному из бойцов: уведи, мол, отсюда пьяного. Тот подошел к Новаку, попытался ухватить его под руку, но доктор с неожиданной для пьяного прытью отбежал на несколько шагов, выхватил из кармана пистолет и, направив ствол на рядового, продолжил:

— Нет-нет-нет. Так дело у нас не пойдет!.. Мой долг — сообщить, разъяснить... Ваш долг — выслушать, принять меры...

— Ну-ка... доктор... верни-ка цацку, — вкрадчиво сказал лейтенант и медленно протянул к пистолету руку.

Новак резко направил на него дуло. Горелик отступил и руку отдернул. Краем глаза заметил, как с бревенчатой лавки за спиной доктора поднимается Пашка.

— ...Нет и нет. Ваш долг — выслушать. Тогда никакого убийства. Вас убивать — не мой долг. Это вы уже сами. Мне это неприятно. Мне и так уже товарища вашего пришлось из города выпустить — то есть, читай, убить. Это было мне крайне неприятно. Особенно когда ваш товарищ...

— Какой... товарищ? — глухо спросил Горелик.

Доктор Новак нахмурился, припоминая.

— М-м... Тарасевич. Большой такой. Снайпер. Хохол. Похож на медведя. Но вежливый. «Спасибочки» мне сказал. Неприятно. Но он мешал выйти. Не пускал на мост. Пришлось убить. И все равно я не вышел. Очень расстроился, очень. Обратно шел, подумал: зря убил человека. Он мне «спасибочки», а я его в спину. Все зря, зря!

И Аглаю зря отдал убийцам... Но потом я понял — все правильно. Неприятно, но правильно. Все прокляты. Смерть — путь наружу. Причем единственный. Мертвые могут выйти. Которые умрут — те освободятся. Которые живые — те тут останутся, навсегда. Поняли меня, лейтенант? Жду ответа.

— Вас понял, — тихо сказал Горелик, глядя, как Пашка подбирается сзади к Новаку.

— Хорошо. Хорошо. Тогда я могу идти.

Доктор Новак упер дуло себе под челюсть, но выстрелить не успел. Овчаренко прыгнул на него со спины, сшиб наземь, выбил из руки пистолет.

— Где Аглая? Что ты сделал с Аглаей?!

— Она дома! С бароном, с Ламой! С ней будет все хорошо! Они убьют ее! Они ее выпустят! А вот вы не имеете права! — доктор Новак бешено засучил ногами, пытаясь сбросить оседлавшего его Пашку. — Я должен идти! Идти!.. Ваш долг — помочь, не мешать!

— Щас мы тебе поможем, чертов ты псих... — Лейтенант Горелик коротко ударил брыкающегося Новака ногой в ухо, выдернул свой ремень и принялся скручивать доктору за спиной руки.

Он как раз поднялся, когда на площадь, визгнув шинами, вырулил «виллис». На водительском месте — Кронин. Водитель — рядом, убитый. Сзади — раненый рядовой и оскаленный, возбужденно раздувающий ноздри сапер Ерошкин. И по этому его выражению, которое появлялось только во время боя, по отсутствию в глазах Ерошкина всегдашней тоски и скорби, лейтенант узнал, что случилось, еще прежде, чем это произнес Кронин:

— Они вошли в город!

— Артемов! Со штабом связь мне дай срочно! — Горелик толчком распахнул дверь, ворвался в радиоточку и тут же споткнулся о провод, тонкой черной гадюкой тянувшийся по полу от разбитой, искореженной армейской радиостанции РБМ к телефонной трубке.

Старшина Артемов лежал на спине в алой луже с перерезанным горлом; из надреза, всохшая в сгустки свернувшейся крови, торчала монета.

«К чему монета?» — успел подумать Горелик, прежде чем услышал за спиной короткий щелчок предохранителя, а затем выстрел.

Боли не было. Кто бы ни притаился у него за спиной у двери, он был мазилой и не попал. С такого-то расстояния! Лейтенант рванул из кобуры пистолет и с изумлением заметил, как расползается по гимнастерке на животе, огибая в ткани дыру, багровое, теплое. Но не попал ведь! Ему ведь даже не больно. Он обернулся и навел пистолет на стоявшего у двери невысокого, щуплого человека в заломленной набок кепке и почему-то в единственной кольчужной перчатке. Тот тоже целился в него, сжимая ТТ своей железной рукой.

В этот момент с опозданием пришла боль. Горелик выронил пистолет и стал медленно оседать — как будто кто-то невидимый, но значительно более сильный, чем он, навалился ему на плечи и придавил к полу.

Человек в железной перчатке выстрелил снова.

И тогда из валявшейся на полу поломанной черной трубки раздался голос, не мужской и не женский, древний, принадлежавший не человеку, но той же твари, что так больно давила Горелику на живот и на грудь:

— У тебя будет сын, но ты его не увидишь. Загадай, каким именем его назовут.

Он подумал, что сына назвать нужно Ваней. Потому что Ваней звали его отца, которого он тоже не видел, видел только на фотографиях. Он хотел объяснить это черной трубке, но не смог, а только выдохнул имя и больше уже не вдохнул.

А потом эта черная трубка стала огромной, стала просто тьмой и его поглотила, и во тьме он почувствовал прикосновение металла к губам. И рука в железной перчатке протолкнула монету ему за щеку. И убивший его человек произнес:

— Начальник велел платить мертвым.

ГЛАВА 16

Автоматные очереди, лай пулемета, древесная щепа, осколки камней, визгливое тявканье пуль, и фонтанчики крови и пыли, и крики живых, и безмолвие мертвых. В основном эти мертвые — наши. Среди павших есть и китайские братцы «коты», но наших убито гораздо больше. Тарасевич убит. Артемов убит. Горелик убит. Где Пашка, мне неизвестно.

А ведь есть еще в армии Аристова и красноармейцы, просто он их пока почему-то не выпускает. Мы проигрываем. Мы уже проиграли. Мой расчет оказался неверен: полковник не устает управлять всеми куклами разом. Он и раньше был сильнее меня, а за годы, что я прожил вообще без *чудес*, он выучил новые и усовершенствовал старые.

И, высовываясь из-за обшарпанной стены лазарета, выпуская в дыму почти что вслепую короткие очереди из ППШ, я невольно про себя повторяю: полковник Аристов великолепен. Он достиг совершенства. Вот уже три часа он дергает марионеток за ниточки, он *держит* целую армию.

Что могу я противопоставить на поле боя такому учителю? Я плохой ученик. Мне никогда с ним не справиться. Я пытаюсь выдергивать, вырывать у полковника бесплотные нити, которыми он связал пустоглазых китайцев. Я смотрю в их пустые глаза и пытаюсь отнять у полковника их душонки, их воли. Я пытаюсь подчинить их себе — и я даже преуспеваю, но я *беру* их по одному, и я больше одного не *удерживаю*. Это медленно и тяжело. Быстрее и проще стрелять в них.

И я стреляю. Хотя и вижу, что победить невозможно, перевес на их стороне. Я просто делаю то, на что натаскивал меня мой учитель полковник Аристов. Я делаю то, что написано в японском кодексе чести «Путь самурая», который Аристов заставил меня выучить наизусть...

Ты не знаешь, что случится с тобой в следующее мгновенье. Победа и поражение часто зависят от мимолетных обстоя-

тельств. Идти к цели нужно даже в том случае, если ты знаешь, что обречен на поражение. В любом случае избежать позора нетрудно — для этого достаточно умереть.

...В следующее мгновенье я вижу ее.

Она идет под пулями через площадь — так, как будто не помнит, что убила в себе свое чудо, что теперь она просто обычный, уязвимый, ничтожный, одним маленьким кусочком свинца изничтожаемый человек.

Рядом с ней, прижимаясь к ее ногам, как голодная домашняя кошка, идет лисица с тремя хвостами.

— Ты с ума сошла?! — я кидаюсь к ней. — Тут опасно! Уходи отсюда сейчас же!

— Я под защитой, — Лиза кивает на лисицу у своих ног. — Пули ее обходят. Никто не попадет ни в нее, ни в тех, кто с ней рядом.

Камышовые Коты стреляют по нам из винтовок — и мажут, мажут. Они подходят все ближе. И снова стреляют. И снова мажут.

Лисица выгибается дугой, прижимает морду к земле — и, кажется, издыхает. Я вижу ее гниющую шкуру, ее оскаленный череп, я чувствую запах лежалой падали. Это длится пару секунд. Потом я вижу стоящую на четвереньках обнаженную мертвую женщину. И тут же — живую. Это Нуо, та единственная, что выжила тогда в гроте.

Она поднимается на ноги и коротко кланяется мне среди пулеметных очередей. Из ее сосков течет молоко.

— Нуо теперь Старшая Мать, — говорит мне Лиза. — Старшая Мать умеет наводить лисий морок. Ты знаешь, что это?

— Нет.

— Знаешь, знаешь. Ты видел в святилище, как пал отряд Деева.

— Что она хочет за это?

— Она хочет вернуть реликвии из святилища. Лисье золото.

— Ты же знаешь, Лиза, у меня его нет. Я отдал его за Настю.

Она молчит. Зато говорит Нуо:

— Лисье золото всегда возвращается. Я его чую. Его привез с собой твой враг с седой головой и пронзительными глазами. Если я помогу тебе победить, ты отдашь мне это золото без всякой борьбы. Поклянись.

— Клянусь.

Она говорит:

— Мне нужно еще кое-что. Я никогда не покидала Лисьих Бродов, несколько сотен лет. Лошади меня боялись. А теперь... Я не умею вот это все — пароходы, поезда, самолеты... Ты мне поможешь попасть в Австралию? Я заплачу.

Она кусает себя за запястье — так глубоко, что кровь выхлестывает из ранок, — и этой кровью вычерчивает на площади вокруг нас с Лизой, вокруг валяющихся на брусчатке убитых, вокруг плаката «Смерть врагам советской Маньчжурии», вокруг сидящего под плакатом доктора Новака со стянутыми ремнем руками, — вычерчивает широкий багровый круг, извиваясь, хихикая и нечленораздельно, тоненько напевая.

Когда она замыкает круг, воцаряется почти полная тишина. Стрельба прекращается. Только доктор, раскачиваясь, бормочет:

— Имею сообщить, все правильно, только смерть... Имею сообщить... Выйдут мертвецы, только мертвецы...

К начертанному Нуо кругу со всех сторон площади стягиваются китайцы — «камышовые коты» с красными косицами в бородах. Их много, десятка три. Они молчаливо нас обступают. Они целятся в нас из своих винтовок и ружей. И разом стреляют, в последний момент изменив направления стволов. Они стреляют друг в друга. Мы оказываемся в кольце мертвых тел.

— ...Имею сообщить... Мертвецы уйдут — мы останемся...

Он идет к нашему кольцу мертвецов через площадь — молодой, уверенной, чеканной походкой. Дорогой костюм, седая голова, прямая спина. В руке чемоданчик с проклятым золотом. Рядом с ним семенит его рыцарь с навахой в железной длани. Их шаги отскакивают от забрызганной кровью брусчатки разнокалиберной дробью. Один шаг полковника — три шага Пики. Тигр и шакал.

А за ними — четкий строй советских гвардейцев. Полковник, не оборачиваясь, вскидывает вверх руку — и гвардейцы застывают по стойке смирно в ожидании приказа.

Он легко переступает через мертвых китайцев, входит в круг и затаскивает за собой Пику, ухватив его сзади за воротник, как кота за шкирку. Ставит на камни свой чемоданчик.

— Лисий морок — браво, Максим, мой мальчик! Тот слабак, что умеет привлечь на свою сторону силу, уже не слабак. Что же дальше? — он пинает один из трупов носком сапога. — Этих ты убил. Как думаешь поступить со своими... — он смотрит на неподвижных гвардейцев тяжелым, как предгрозовое облако, взглядом, — когда я отдам приказ наступать?

— Они тоже погибнут, если приблизятся. Лисий морок один для всех, — говорит Нуо.

Полковник Аристов на нее даже не смотрит. Он смотрит на меня. Он ждет от меня ответа.

И я говорю — не ему, а той, что создала этот морок:

— Своих убивать не будем.

— Я так и думал! — Аристов озаряется короткой, хищной улыбкой — она как высверк молнии в темном месиве неизбежной грозы. — Ты предсказуем, мой мальчик. Тогда давай решим вопрос как мужчины. Как маги. Как менталисты. Как учитель и ученик. Глаза в глаза... — Он смотрит на меня, смотрит, смотрит. — ...Моя воля против твоей. Кто победит, тому достается город. И мастер Чжао. И бессмертие. И армия терракотовых воинов... Ну, подними на меня глаза... И я буду считать от трех до нуля... И ты станешь счастлив...

Он смотрит на меня, и мне мучительно хочется отозваться на его взгляд. Мне хочется стать нулем, как Пика, таким же покорным и пустоглазым. Мне хочется снова стать его самураем. Самураю нужен хозяин. Самурай без хозяина — это ронин...

— Смотри мне в глаза! Не будь же ты трусом, Кронин! Не будь слабаком!

Он прав. Я трус и слабак. Он меня сильнее. Я проиграю, если посмотрю в глаза сильному. Мой удел — смотреть в глаза слабому...

— Куда башку свернул? Ко мне повернись, я сказал!

В той пустоте, которая смотрит на меня из глаз Пики, на самом дне ее, в самом темном и дальнем ее пределе скулит и корчится, как в камере-одиночке, гнилая его душонка, и я хочу ее выпустить, я хочу открыть эту камеру...

— Хватит пялиться на мою куклу! Мне в глаза смотри!

...и я ее выпускаю — его конченую душонку, его подлую волю. Не забираю, не подчиняю себе, а просто даю свободу — и разрываю сцепление наших взглядов.

И только тогда смотрю, наконец, в глаза полковнику Аристову. Он имеет на это право. Последнее желание умирающего — святое.

Пика вгоняет нож ему между лопаток резко, с размаху. И тут же с воплем выдергивает и всаживает снова. И снова. И снова. Он визжит:

— Падла! Падла!

Полковник Аристов глядит на меня, и глаза его широко раскрываются, словно от радости после долгой разлуки. Дрожа всем телом и хрипло дыша, он делает ко мне шаг. И еще один. И еще. Пика бредет за ним, теребя торчащую из полковничьей спины рукоятку навахи, и скулит:

— Сдохни, падла!..

Аристов делает еще один шаг — и я шагаю ему навстречу. Я обнимаю его, и он обмякает в моих руках, и шепчет восторженно, захлебываясь собственной кровью:

— Ты великолепен... мой... мальчик...

Я осторожно кладу его на брусчатку. Я закрываю его нарисованные глаза. Я достаю из чемоданчика одну золотую монету, все остальное протягиваю Нуо.

И я кладу пр**о**клятую монету в его липкий от крови рот. На *той стороне* пусть он тоже будет проклят, как и на этой.

На противоположном конце площади разрушается строй гвардейцев. Я смотрю, как они суетятся — разоренный, переполошенный муравейник. У меня есть фора минут, наверное, в десять, чтобы уйти, прежде чем муравьи организуют новый порядок.

Я смотрю на Лизу и говорю ей:

— Прощай.

Самый длинный путь оказывается самым коротким, это относится не только к дорогам. Так сказано в кодексе самурая. Я свой путь прошел до конца. Почти до конца.

Путь верности следует выбирать не только тогда, когда господин процветает, но и когда тот в беде. Самурай не покинет своего господина, но будет защищать его до конца.

Мне осталось одно последнее дело. Оно связано как раз с верностью. Самурай не покидал в беде своего господина, теперь очередь господина не покинуть своего самурая.

Мне осталось разыскать рядового Овчаренко среди живых или мертвых — и с ним попрощаться.

На бревенчатой лавке под плакатом «Смерть врагам советской Маньчжурии» валяется раскрытая тетрадка, весь разворот исписан Пашкиным каллиграфическим почерком: перечень выданного ополченцам оружия. Рядом с тетрадкой — обмусоленный Пашкой химический карандаш.

Для того, чтобы найти человека, достаточно одной его вещи.

Я беру его карандаш. Я закрываю глаза. Тьма все сделает за меня. Тьма его найдет.

...И она находит. И я сжимаю в руке карандаш так сильно, что обломки его до крови пропарывают мне кожу.

Потому что я вижу, где он.

Потому что я вижу, кто он.

ГЛАВА 17

— Час истекает.

Лама ковырнул ножом ямочку на ее шее, между ключиц. Так, чтобы выступила капелька крови — не больше жемчужины. Так, чтобы повредить только кожу. Пока что.

Сложно сказать, чего ему хотелось бы больше. Снова увидеть учителя — или снова ее убить. На этот раз он не станет ее душить. На этот раз он перережет ей глотку...

— На этот раз мастер успеет, — ее зрачки были такими большими, что глаза казались черными-черными; такими же черными, какими были тогда, столетья назад.

— Ты так уверена в этом, любовь моя?

— Да. На этот раз умрешь ты.

Спустя секунду, будто в подтверждение ее слов, послышались шаги — кто-то действительно вошел в дом. Он облизнул острие ножа и застыл, принюхиваясь и часто дыша; барон фон Юнгер замер в немом восторге — но нет, это был не Мастер.

Это был Пашка — нелепый, влюбленный в медсестру рядовой. Аглая взглянула на него — и зрачки ее резко уменьшились, сжались в точки:

— Паша... Пашечка...

Лама раздраженно поморщился. Этот придурок совсем некстати. Еще и спугнул Сифэн.

— Ты снова лезешь не в свое дело, придурок? — Лама шагнул рядовому наперерез, держа в руке нож.

— Он сумасшедший, Пашка! — заверещала Аглая. — Они сумасшедшие! Они убьют тебя, беги, Пашечка!

Придурок остановился посреди комнаты, взглянул на Ламу, бесстрашно и безразлично, и произнес усталым и чужим голосом:

— Ты так ничему и не научился, мой жестокий ученик.

Шторы в комнате были задернуты, и незабудковые глаза рядового при таком освещении казались темными и усталыми, как у древнего старика. От изумления, от резкого, как боль, понимания Лама опустился на четвереньки. Отнял руки от пола, сопротивляясь панической, инстинктивной потребности перехода, — и оказался, сам того не желая, перед учителем на коленях.

— Мастер Чжао?..

— Ты можешь встать, Лама.

— Назови себя!

— Зачем? Ты уже назвал.

— Рядовой Овчаренко... Хитр**о**! — восхитился Юнгер. — Легче спрятаться прямо на виду, не так ли, почтенный мастер?

— Предлагаю опустить церемонии и перейти сразу к делу, — ответил ему учитель с презрением. — Освободите ее — и берите то, что вам нужно.

— Сразу к делу — это я уважаю. — Юнгер, суетясь, распахнул чемоданчик, оставленный Новаком, и в голосе барона Лама явственно различил дрожащие нотки подобострастия. — Нам тут доктор оставил все необходимое для нашего дела... Лама, нужно связать почтенного мастера... Вы позволите, мастер?..

— Я позволяю.

Лама связал учителя по рукам и ногам, намотав веревки потуже, чтобы они врезались глубоко в кожу.

— Ты по-прежнему любишь причинять боль, — сказал мастер спокойно. — Я надеялся избавить тебя от твоих склонностей, бывший мой ученик. Мне это не удалось.

— Ты, сдается мне, вообще неудачник. Не поэтому ли на сей раз ты выбрал такое никчемное обличье, бывший учитель?

Юнгер вынул из медицинского чемоданчика толстую иглу с подсоединенной гибкой трубкой и грушей, затем жгут и объемистую бутыль. Перетянул учителю руку жгутом выше локтя. На лице его было выражение торжества и восторга.

— Для чего это? — спросил Лама.

Юнгер вздернул бровь удивленно:

— Ты не знаешь?! — Он перевел взгляд на учителя: — Мастер Чжао не доверил ученику свою тайну?

Мастер пожал плечами:

— Он был недостоин.

Юнгер расхохотался.

— Кровь! — сказал он сквозь смех. — На крови стоит мир! Начинается с крови — и возвращается к ней. Кровь даоса — это и есть чан-шэн-яо. Эликсир бессмертия! Красная киноварь! Я прочел это в одном древнем китайском манускрипте. Как печально, Лама, что ты не любишь читать...

Ловко, хоть и трясущимися пальцами, Юнгер ввел иглу учителю в вену. Надавил на грушу. Не произошло ничего.

— Почему кровь не льется? — удивился барон.

— Потому что я дам вам то, что вам нужно, только когда вы освободите ее, — он кивнул на Аглаю. — До тех пор кровь будет слишком густой.

— Освободи ее! — скомандовал Юнгер.

Лама прильнул к дрожавшей, тонко поскуливавшей Аглае, обнюхал ее шею и волосы, заглянул в распахнутые от страха глаза, в глубине которых, он знал, затаилась душа Сифэн, коснулся лезвием веревки, затем убрал нож. И сказал:

— Нет.

— Что значит «нет»?! — с таким чудовищным акцентом спросил барон, что Лама понял: господин в ярости. Это хорошо. Когда он слишком зол или возбужден, он не может правильно говорить, а без правильных слов он не может пользоваться гипнозом.

— Я не отпущу ее, пока учитель не назовется, — ответил Лама. — И даже более того. Если он мне не назовется, я перережу ей горло.

— Зачем ему назовется?! — с трудом выговаривая слова, визгливо вопросил Юнгер. — Это понятно, кто он!

— Ты разве не знаешь, зачем? — Лама издевательски подмигнул. — Не прочел в манускрипте, мой господин?

— Я буду считаю от три до... зеро! А ты будешь мне подчинишься! Будешь перерезать веревку! — Голос барона сорвался.

Лама захохотал.

— Ты можешь считать по-немецки, — подал голос учитель. — Тьме не важно, на каком языке идет счет, а тебе будет проще.

Барон фон Юнгер сделал короткий вдох, долгий выдох, снова вдох и произнес:

— Drei.

И когда Лама подчинился и перерезал веревку, когда Аглая выбежала из дома, темная кровь учителя, журча, полилась в бутыль.

ГЛАВА 18

...Товарищ Шутов, возьмите лошадь! Вороной бог знает куда ускочет и сгинет. А Ромашка — хоть и старая, но надежная. Довезет куда надо, она знает дорогу.

...Товарищ Шутов! Гляньте, какие корни тут интересные! Совсем как шрам у вас на груди.

Сколько было их с ним — случайных и нелепых удач, совпадений...

...А у меня знаете какой один способ есть, когда я вроде как не знаю, где выход? Рассказать, товарищ Шутов? Я у судьбы спрашиваю. Называется метод тыка. Надо взять какую-то книжку, зажмуриться, а дальше открыть вслепую на какой-то странице и пальцем тыкнуть. Куда тыкнул — то, значит, судьба и сказала.

Сколько было слепых тычков от судьбы, сколько делала она прозрачных намеков...

Рядовой Овчаренко! А ты везучий, собака, отделался легким ушибом.

Товарищ Шутов, меня ж разве не подстрелили?.. Часы спасли! Это ж чудо!

Дураков бог любит!

Сколько было этих «чудес», сколько божественной любви к «дураку»...

Пистолет холостыми был заряжен. А я, дурак, и не понял. Пистолет вам сунул, дурак, чтоб вы от врага защищались... А вы, вместо того чтобы по врагу, — в самого себя... А там холостые... Получается, везет дуракам...

Да прихлопни ты уже комара, Овчаренко!
Жалко самку убивать, она ж не со зла, ей детишек надо кормить.

Как упорно он следовал даосскому правилу «щади все живое»...

Товарищ Шутов, я нарочно промазал. Не хотел убивать человека.

Сколько раз говорил он мне прямо:

Чужая душа — потемки.

Получается, дуракам и правда везет. Дураком был я, а не он. Он творил для меня чудеса, а я их не видел. Он указывал мне дорогу, а мне казалось, что он бежит за мной следом. Он из жалости спасал меня, как мокрого слепого котенка, а я считал, что он мой преданный пес. Он был тем, кого искали веками императоры, воины и маги, — а я встретил его и не удостоил даже кивком. Он был Ван, хозяин, а я думал, он — рядовой, которому я отдаю приказы.

ГЛАВА 19

Можно ли отнять жизнь у человека с тысячей жизней? Да — если ты сначала отнимешь у него его силу, отнимешь у него его чудо. Да — если его чудо течет по венам. Да — если ты выжмешь, выдавишь, выцедишь, выкачаешь из него это чудо, которое и есть его сила.

Юнгер унес бутыль, наполненную до краев киноварью, жалкий фанатик, ушел будить свое войско. Лама остался с учителем, потому что он желал большего. Большего, чем армия глиняных истуканов. На место бутыли он поставил кувшин, который нашел у Аглаи в буфете. Теперь кувшин уже тоже был почти полон.

— Назовись мне!

Почти обескровленный, учитель стал бледен и сух и теперь даже в этом своем вызывающе молодом, сильном теле походил на того, кем являлся в действительности, — на древнего старика. Он ничего не ответил, только отрицательно качнул головой.

Лама нажал на грушу, выцеживая еще одну порцию крови, на этот раз совсем скудную:

— Скоро все кончится. Неужели я тебе настолько противен, учитель, что ты предпочтешь исчезнуть, сгинуть навсегда, но только не сделать меня преемником?

Тот кивнул и прошелестел одними губами:

— Ты сказал.

Лама в ярости снова нажал на грушу:

— Немощный, упрямый, жалкий старик! Если я тебе так ненавистен, почему не убил меня, пока еще мог?!

Мастер сделал глубокий вдох, собираясь с силами для ответа:

— Не моими... руками.

— Узнаю тебя, — Лама оскалился. — Ты всегда любил оставаться чистеньким, не мараться. Невмешательство и неделание — как удобно! Ты щадил все живое, пока другие за тебя убивали... Для чего же ты теперь вылез?! Зачем ты пришел сейчас?

— Совершай выбор делания... если неделание ведет к смерти.

— Что ж. Сдается мне, ты сделал свой выбор. И он привел тебя как раз к смерти. А меня теперь не убить — ничьими руками!

Лама склонился над полным кувшином и понюхал густую, теплую, пахнущую чудом и кровью, пахнущую жизнью и смертью красную киноварь.

— Как знать, — учитель взглянул на дверь. — Это уж как распорядится судьба.

ГЛАВА 20

Я целюсь в него из двустволки, снятой с плеча погибшего сегодня в бою старовера. В правую часть груди, туда, где у него сердце. Будь он человек, я бы использовал револьвер, но зверя следует убивать из охотничьего ружья.

А Лама смотрит на мою двустволку без страха. Смотрит с насмешкой:

— Дурак. Перевертыша можно убить только древним оружием. Не трать напрасно патроны.

Я говорю:

— Мои патроны начинены смертью.

И я стреляю.

Мои пули смазаны густой и черной мертвой водой — из патронташа с ампулами, который я обнаружил в вещмешке полковника Аристова.

Он прижимает руку к груди и с удивлением смотрит, как выхлестывает из раны, как течет между пальцев и как становится черной его древняя кровь.

Он опускается на четвереньки. Он хрипит, с трудом шевеля чернеющими губами:

— Меня не убить... ничьими... руками...

И он лакает почерневшим языком из кувшина красную киноварь, заветный эликсир жизни. И я готовлюсь выстрелить в него снова — но тот, кого я еще недавно считал рядовым, почему-то велит мне:

— Ложись!

И я бросаюсь на пол за секунду до взрыва, и хрусталь из серванта разлетается как шрапнель, и переливающиеся осколки осыпаются мне на голову.

Когда убиваешь человека, платишь ему монетой. Когда убиваешь зверя, платишь ему каплей крови. Когда убиваешь оборотня, следует расплатиться и тем, и этим. И я бы заплатил, если бы хоть что-нибудь осталось от тела, кроме черного выжженного провала в дощатом полу.

— Когда встречаются живая вода и мертвая, вещество и антивещество, происходит аннигиляция...

Я рефлекторно удивляюсь «умным словам», на секунду забыв, что этот человек с незабудковыми доверчивыми глазами, этот похожий на подрощенного овчарочьего щенка человек — не Пашка. Что Пашки нет.

Впрочем, нет в нем больше этой щенячьей повадки, и глаза его в темных провалах на обескровленном бледном лице кажутся больными и старыми.

— ...Высвобождение чистой энергии. Уничтожение. Превращение в ничто. У тебя еще остались такие ампулы?

Я киваю. Он протягивает руку ладонью вверх, повелительно:

— Отдай. Они мне скоро понадобятся.

Я подчиняюсь. Потом, не выдержав, спрашиваю:

— Зачем так сложно? Зачем все было так сложно? Все эти хитрости, пересеченья, случайности, эти предательства, эти смерти? Зачем ты просто не навел порядок, не сотворил чудо? Зачем позволил происходить злу?

— Ты, кажется, спутал меня с богом, Макс Кронин. А я не бог. У каждого человека своя судьба, каждый ткет свою нить... Я лишь вижу всю картину, весь узор в целом. Могу иногда подправить стежок. А иногда — оборвать.

— Как мне теперь тебя называть?

— Я — мастер Чжао, но ты волен звать меня как угодно. Имена — их знаешь сколько бывает?

Он вдруг смеется таким родным, таким задорным Пашкиным смехом, что меня охватывает тоска:

— Мне больше нравится Пашка. Но его ведь нет. И не было. Правда, мастер?

— Неправда, товарищ Шутов. Он действительно был, этот рядовой Овчаренко. Был одной из тысячи прожитых жизней. Он любил тебя и тобой восхищался. И я его понимаю. Мне нечасто везло с учениками. Ты был моим лучшим учеником.

Был. От этого прошедшего времени вдруг становится горько. Будто он от меня отрекся. Будто, если бы он позволил, я пошел бы сейчас за ним, а вовсе не к самолету, у которого ждет меня моя женщина.

Он встает, пошатнувшись. Он берется рукой за мое плечо — и говорит, по-моему, не от нужды, а из жалости:

— Сейчас я слаб. Проводи меня на моем пути еще самую малость, пока силы не восстановятся.

Если бы я был собакой, я бы сейчас вильнул ему хвостиком.

— Да, учитель. Куда лежит путь?

— В Усыпальницу терракотовых воинов. За фанатиком, который пошел их будить с ведром моей крови.

ГЛАВА 21

Я провожаю его до болота. Там он говорит мне:

— На этом все. Здесь наши пути расходятся. На прощанье ты можешь задать мне три вопроса, как в сказке.

Я смотрю на холм с одиноким кряжистым деревом на вершине.

Я смотрю, как на холм выбираются и становятся в строй терракотовые истуканы. Отсюда они кажутся игрушечными солдатиками.

— Они правда ожили?!

— Ты сказал.

— Что ты будешь делать?

— Аннигиляцию. У тебя остался один вопрос.

— Но у меня их так много!

— Тогда спроси первое, что придет в голову.

Я смотрю, смотрю на проклятый холм...

— Почему ты проклял всех, кто дотронулся до лисьего золота, а мне позволил забрать его из святилища безнаказанно? В том ли дело, что я не хотел присвоить его себе?

Он качает головой.

— Дело в том, что ты и так достаточно проклят.

Я смотрю, как он идет по болоту, уверенно переступая с кочки на кочку. Как обходит ловушки, как уклоняется от арбалетной стрелы, слегка подавшись вбок корпусом. Как другую стрелу он останавливает выставленной вперед раскрытой ладонью.

Я кричу ему в спину:

— Ты ведь выживешь там? Ты не можешь ведь умереть, рядовой Овчаренко?

Он молча уходит.

Я стою у болота и смотрю ему вслед, как смотрела мне вслед его кобыла Ромашка.

Я стою до тех пор, пока он не доходит до цели, пока гнойным нарывом не лопается проклятый холм, пока дерево на вершине не вспыхивает, как гигантский бикфордов шнур, пока в небо не ударяет столб оранжево-черного пламени.

ГЛАВА 22

Она бросается мне на шею и шепчет счастливо:

— Ты пришел, пришел!.. Я так боялась, что не придешь!..

Я позволяю обнять себя, я обнимаю ее в ответ. И отстраняюсь:

— Лена, я не лечу. Прости меня, если сможешь.

Она закуривает. Губы ее дрожат. Отец Арсений подносит спичку к этой трясущейся у нее во рту сигарете.

— Я понимаю, ты не любишь меня... Но ты не можешь остаться, Макс! Там ведь гвардейцы!.. Там скоро будет СМЕРШ... Тебя расстреляют! Это верная смерть!

Я отвечаю:

— Смерть не страшна, если жить так, как будто ты уже умер.

Я делаю знак, и из зарослей камыша выходит Нуо с набитым золотом чемоданом.

— Вместо меня полетит она. Она гораздо больше хочет в Австралию.

Я прохожу мимо полусгоревших фанз. Задираю голову: гидроплан закладывает вираж, переливаясь в лучах заката. Я иду дальше. Черноволосая женщина и ее семилетняя дочь, взявшись за руки, стоят во дворе харчевни, оцепленной красноармейцами. Они тоже смотрят на небо. Потом замечают меня. И я машу им рукой. И я иду им навстречу.

— А ну стоять! — красноармейцы вскидывают на меня автоматы. — Кто такой?!

Я ускоряю шаг. Кто я такой? Я тот, на ком больше нет клейма, нет метки хозяина, ибо я сам есть хозяин, хозяин смерти, и шрамы мои затянулись.

Я тот, кто видел поросшие плесенью лица оживших воинов. Я тот, кто гладил оскаленные морды их глиняных мертвых коней. Я тот, в чьих жилах течет живая вода. Я тот, кто выпил мертвую воду. Я тот, кто соединил в себе жизнь и смерть. Я тот, кто исчез во взрыве.

— Стой, падла! Жить надоело?!

Я тот, кому надоело жить. Тот, кто прожил тысячу жизней. Теперь я буду влачить еще одну. Пока не найду того, кто станет моим лучшим учеником. Пока не назову ему свое имя.

— Стой, мы стрелять будем!

Но я иду. Они не будут стрелять. Другие выстрелят — и я заранее знаю, где и когда, и почему я им это позволю.

Я вижу весь узор в целом и вижу тех, кто его плетет, я больше не капитан Шутов, я больше не рядовой Овчаренко, я больше не Максим Кронин. Я больше, чем они все.

И нет у меня ни привязанностей, ни страстей, ни желаний, а есть только путь, и я иду по нему, а рядом со мной идет смерть. И Кронин теперь — лишь одна из тончайших нитей, из которых этот путь соткан. Но все же он есть.

И он идет навстречу женщине, которую любит.

А тот, кто целится в него, орет:

— На меня смотреть!

И он смотрит.

Он говорит тем, кто держит его на прицеле:

— Ваше оружие раскалено добела.

И они бросают автоматы на землю.

Конец

ОГЛАВЛЕНИЕ

Вместо предисловия
Часть 0 5

ЧАСТЬ 1
Глава 1 12
Глава 2 20
Глава 3 25
Глава 4 31
Глава 5 33
Глава 6 35
Глава 7 45
Глава 8 54
Глава 9 62
Глава 10 65
Глава 11 69
Глава 12 74
Глава 13 76
Глава 14 81

ЧАСТЬ 2
Глава 1 87
Глава 2 91
Глава 3 94
Глава 4 98
Глава 5 107
Глава 6 111
Глава 7 114
Глава 8 116
Глава 9 123
Глава 10 129
Глава 11 135
Глава 12 137
Глава 13 138
Глава 14 144
Глава 15 148
Глава 16 155
Глава 17 157

ЧАСТЬ 3
Глава 1 160
Глава 2 166
Глава 3 169
Глава 4 177
Глава 5 181
Глава 6 183
Глава 7 190
Глава 8 191
Глава 9 195
Глава 10 200
Глава 11 203
Глава 12 205
Глава 13 209
Глава 14 214
Глава 15 217
Глава 16 220

Глава 17 222
Глава 18 225
Глава 19 228
Глава 20 233

ЧАСТЬ 4
Глава 1 237
Глава 2 239
Глава 3 242
Глава 4 250
Глава 5 253
Глава 6 257
Глава 7 260
Глава 8 265
Глава 9 267
Глава 10 273
Глава 11 276
Глава 12 281
Глава 13 285
Глава 14 289

ЧАСТЬ 5
Глава 1 294
Глава 2 297
Глава 3 301
Глава 4 304
Глава 5 308
Глава 6 313
Глава 7 321
Глава 8 324
Глава 9 331
Глава 10 334
Глава 11 344
Глава 12 349
Глава 13 353
Глава 14 356
Глава 15 363
Глава 16 366
Глава 17 372
Глава 18 374
Глава 19 382
Глава 20 387
Глава 21 390
Глава 22 391

ЧАСТЬ 6
Глава 1 393
Глава 2 396
Глава 3 401
Глава 4 404
Глава 5 409
Глава 6 413
Глава 7 414
Глава 8 416
Глава 9 421
Глава 10 423
Глава 11 428
Глава 12 432
Глава 13 435
Глава 14 439
Глава 15 440
Глава 16 442
Глава 17 446
Глава 18 449
Глава 19 452
Глава 20 454
Глава 21 456
Глава 22 461

ЧАСТЬ 7
Глава 1 465
Глава 2 476

Глава 3 481
Глава 4 488
Глава 5 492
Глава 6 500
Глава 7 502
Глава 8 508
Глава 9 512
Глава 10 518
Глава 11 522
Глава 12 524
Глава 13 537
Глава 14 541
Глава 15 542
Глава 16 548
Глава 17 556
Глава 18 560
Глава 19 563
Глава 20 565
Глава 21 567
Глава 22 572
Глава 23 574
Глава 24 577
Глава 25 579
Глава 26 580
Глава 27 586
Глава 28 588

ЧАСТЬ 8

Глава 1 591
Глава 2 593
Глава 3 597
Глава 4 603
Глава 5 606
Глава 6 608
Глава 7 612
Глава 8 615
Глава 9 617
Глава 10 618
Глава 11 623
Глава 12 625
Глава 13 631

ЧАСТЬ 9

Глава 1 641
Глава 2 646
Глава 3 652
Глава 4 656
Глава 5 658
Глава 6 664
Глава 7 666
Глава 8 670
Глава 9 675
Глава 10 678
Глава 11 680
Глава 12 684
Глава 13 690
Глава 14 695
Глава 15 696
Глава 16 700
Глава 17 706
Глава 18 709
Глава 19 710
Глава 20 711
Глава 21 714
Глава 22 715

Литературно-художественное издание

***Старобинец** Анна*

Лисьи Броды

Роман

Генеральный директор издательства *С. М. Макаренков*
Шеф-редактор *Татьяна Соловьева*
Ведущий редактор *Марианна Прангишвили*
Редактор *Алексей Толмачев*
Арт-директор *Андрей Сауков*
Младший дизайнер *Ольга Смирнова*
Дизайн макета и верстка *Елены Негуляевой*
Дизайн обложки *Арабо Саргсяна*
Корректор *Екатерина Свиридова*

Подписано в печать 28.02.2023
Формат 70×90/16. Гарнитура GaramondCTT
Усл. печ. л. 52,65. Доп. тираж 7 000 экз.
Заказ № У-1795/-23.

18+

Адрес электронной почты: info@ripol.ru
Сайт в Интернете: www.ripol.ru

Издательство «РИПОЛ классик» в соцсетях:
vk.com/ripolclassic

Редакция художественной литературы:
vk.com/ripol_fiction

ООО Группа Компаний «РИПОЛ классик»
109147, г. Москва, ул. Большая Андроньевская, д. 23

Отпечатано с готовых файлов заказчика
в АО «Первая Образцовая типография»,
филиал «УЛЬЯНОВСКИЙ ДОМ ПЕЧАТИ».
432980, г. Ульяновск, ул. Гончарова, д. 14.